Josef Giebel

Prophezeiungen im Spiegel wissenschaftlicher Fakten und Prognosen

Josef Giebel

Prophezeiungen

im Spiegel wissenschaftlicher Fakten und Prognosen

Ariston Verlag · Genf

Andere Werke aus unserem Verlagsprogramm finden Sie am Schluß dieses Buches verzeichnet.

Gesamtherstellung: Druck- und Verlagsanstalt Gutenberg, Linz

Printed in Austria 1981

ISBN 3 7205 1219 3

Inhaltsverzeichnis

1
Einleitung

Wenn ein Autor und mit ihm sein Verlag es unternehmen, ein Buch über *Prophezeiungen im Spiegel wissenschaftlicher Fakten und Prognosen* – die das Schicksal der Erde und von uns Menschen zum Inhalt haben – dem Publikum vorzustellen, erscheint es angebracht, den Leser über die Person des Verfassers nicht im unklaren zu lassen. Dem dient dieses Vorwort.

Der Verfasser ist Geophysiker, der im Umweltschutz tätig ist. Von der Ausbildung und beruflichen Erfahrung her ist er daher wissenschaftliches Arbeiten gewohnt. Andererseits ist er aber aufgrund seiner persönlichen Erfahrung von Jugend an auch mit den Phänomenen der außersinnlichen Wahrnehmung (ASW) vertraut.

Als Geophysiker kennt er die Fakten, die die Wissenschaft über die Erde, über Eiszeiten, Erdbeben, Vulkanismus usw. zusammengetragen hat, ist er gewohnt, in größeren Zusammenhängen und Wandlungen zu denken. Der Blick in einen Steinbruch, in übereinanderlagernde, emporgefaltete Schichten der Erdkruste, die sich am Boden vergangener Meere abgelagert haben, ist gleichzeitig ein Blick in die erdgeschichtlichen Vorgänge des Emporfaltens und Abtragens von Gebirgen und Überschwemmungen durch die Meere. Versteinerungen lassen die Evolution des Lebens auf der Erde lebendig werden. Ascheschichten aus Vulkanausbrüchen, von Gletschern zerkratzte Felsen und Meteoritenkrater erinnern an die Katastrophen der Vergangenheit und verweisen zugleich auf jene, die dieses Leben bedrohen.

Aufgrund der Tätigkeit des Verfassers im Umweltschutz wurde seine Aufmerksamkeit aber auch auf die Gefahren gelenkt, die dem »Raumschiff Erde« und seiner Besatzung infolge der Aktivitäten des Menschen selbst drohen. Er hatte sich mit den Prognosen und Katastrophenwarnungen zu befassen, die aufgrund zunehmender Umweltverschmutzung, Erschöpfung der Rohstoff- und Energiequellen und anderer bedrohlicher Entwicklungen im Umlauf sind. Dabei wurde ihm klar, wie unsicher diese Voraussagen vielfach sind. Die wirksamen Faktoren, ihre Verflechtungen und Rückkopplungen können nur zum Teil erfaßt werden, und über die Auswirkungen gehen die Annahmen der Fachleute bisweilen weit auseinander.

Auf der Suche nach Kriterien zur Beantwortung der Frage, welchen der einander widersprechenden Prognosen die größere Wahrscheinlichkeit zukommt, besann sich der Verfasser auf eine Informationsquelle, von der man zwar nicht weiß, wie sie funktioniert, wohl aber, daß sie funktioniert und aufschlußreiche Einblicke in zukünftiges Geschehen zu liefern vermag. Diese Informationsquelle ist die Präkognition (Vorauswissen, Zukunftsschau), also die außersinnliche Wahrnehmung zukünftiger Ereignisse (ASW in die Zukunft).

Der Verfasser war von Kind an mit außersinnlichen Wahrnehmungen konfrontiert. Sein Vater besaß eine auffallende paranormale Begabung, die während des Zweiten Weltkrieges und in der anschließenden entbehrungsreichen Gefangenschaft zum Durchbruch kam. Danach haben ihn dann mehr als dreißig Jahre lang jeden Tag Menschen aufgesucht und ihm alle möglichen Fragen gestellt. Lange Zeit hat er sich gegen die Rolle eines Sehers oder »Wahrsagers« gewehrt und viele der Ratsuchenden zurückgeschickt. Aber die Hartnäckigen gingen einfach nicht weg, so daß er ihnen schließlich seine Eindrücke schilderte, nur um die Bittsteller wieder loszuwerden. Nach und nach hat er dann seine Seherrolle akzeptiert und war sogar stolz auf seine Erfolge und vielfach auch fasziniert und tief beeindruckt von seinen Gesichten. Eine seiner bekanntgewordenen Vorhersagen betraf die Ermordung von John F. Kennedy einige Monate vor dem Attentat. Erregt sprach er zum Zeitpunkt des Attentates schon von den weiteren Morden, die das Attentat nach sich ziehen würde.

Da die Präkognition unserem naturwissenschaftlich etablierten Weltverständnis widerspricht, hat der Verfasser zunächst versucht, in die Zukunft hineinreichende paranormale Wahrnehmungen mit Hilfe näherliegender Faktoren wie dem Kombinationsvermögen des menschlichen Gehirns oder mit Erwartungshaltung oder auch Erfüllungszwang usw. zu erklären. Doch dem widersprachen einfach zahlreiche Fälle außersinnlicher Wahrnehmungen, und zwar eben präkognitiven Vorauswissens, von denen er als Zeuge genau wußte, wie sie sich zugetragen hatten. Sie zeigten ihm, daß solche näherliegende Erklärungsmöglichkeiten ausgeschlossen waren.

Es blieb nur der Schluß, daß es die Präkognition als echtes paranormales Phänomen gibt, und weiter auch, daß es möglich ist, aufgrund außersinnlicher Wahrnehmung drohende Gefahren zu erkennen und Unheil abzuwenden.

In dem vorliegenden Buch werden die Zukunftsprognosen der Wissenschaftler den Vorhersagen bewährter Seher gegenübergestellt, die über längere Zeit hinweg Welt- und Menschenschicksal verkündet haben. Ziel dieser Gegenüberstellung ist es zu erkennen, welchen der von den Wissenschaftlern entworfenen Prognosen und Szenarien die größere Wahrscheinlichkeit zukommt. Bei der Auswahl und Interpretation der durch außersinnliche Wahrnehmung gewonnenen Vorhersagen war sich der Verfasser der vielen Fehlermöglichkeiten – die schließlich von der Parapsychologie selbst aufgezeigt und herausgestellt wurden – voll bewußt.

Das Ergebnis der Vergleiche ist jedoch in vielen Fällen überraschend. Gar nicht so selten ergibt sich nämlich eine verblüffende Übereinstimmung zwischen den Prognosen der Wissenschaftler und der Zukunftsschau der Sensitiven, die ihr Wissen aus einer ganz anderen, nämlich seelisch-geistigen Quelle beziehen.

Der Verfasser glaubt mit dieser Verknüpfung von wissenschaftlicher und paranormaler Zukunftsschau, trotz aller Vorbehalte, ein Tor aufgestoßen zu haben, das die Menschheit auf einen neuen Weg führen könnte, ihre Zukunftsprobleme besser zu bewältigen.

2
Gibt es Prophezeiungen, die Kollektivschicksale zum Inhalt haben?

Dieses Buch befaßt sich im besonderen mit Prophezeiungen, die irdisches Welt- und Menschenschicksal vorwegnehmen. Sie überbrücken vielfach längere Zeiträume und enthalten Aussagen, die Kollektivschicksale, also das Schicksal größerer Menschengruppen, betreffen. Meist reichen Zukunftsprognosen – sofern sie überhaupt den Wert echter außersinnlicher Wahrnehmung haben – nicht weit in die Zukunft hinein und betreffen auch nur das Schicksal einzelner Menschen. Naturgemäß kommen Prophezeiungen, aus denen Kollektivschicksale erschlossen werden können, nicht so häufig vor wie Erlebnisse außersinnlicher Wahrnehmung, die »bloß« die Zukunft einzelner Menschen betreffen.

Das Phänomen der außersinnlichen Wahrnehmung (ASW)

Zunächst gilt es noch klarzustellen, was unter der außersinnlichen Wahrnehmung (ASW) – geläufiger unter der Bezeichnung Telepathie und Hellsehen – zu verstehen ist: Es handelt sich um Informationsempfang ohne Mitwirkung der Sinnesorgane über die Schranken der Zeit und des Raumes hinweg. ASW in die Vergangenheit nennt man Retrokognition, ASW in die Zukunft Präkognition. Von allen paranormalen Phänomenen ist jenes der außersinnlichen Wahrnehmung am besten gesichert. Die Parapsychologen haben deren Echtheit in zahlreichen streng kontrollierten Laborexperimenten bewiesen.

Ein Großteil der Menschen »glaubt« an Telepathie und Hellsehen, allerdings weniger, weil die Parapsychologen die Echtheit der ASW dem Phänomen nach nachgewiesen haben, vielmehr, weil die Menschen selber entsprechende Erfahrungen gemacht haben, und zwar gewöhnlich in Grenzsituationen des Lebens wie in Unglücks- oder Todesfällen und dergleichen mehr. ASW gelangt dabei gewöhnlich als Traumerlebnis oder als Ahnung ins Bewußtsein. Darüber hinaus gibt es eine ganze Reihe anderer Möglichkeiten, in der sich ASW-Erlebnisse äußern, etwa als akustische Eindrücke (Stimmen) oder optisch als Visionen, ferner als Handlungsantriebe, spontanes Wissen, vorhergefühlter körperlicher Schmerz u. a. m.

In der Zukunft liegende Ereignisse vorherzusehen, die ganz vom »Zufall« abhängen und beim besten Willen nicht auf rationale Weise erschlossen werden können, das geht dem sogenannten »gesunden Menschenverstand« wider den Strich. So sehr scheint die Möglichkeit des Vorauswissens außerhalb von dem zu liegen, was wir sonst über die Welt zu wissen glauben, daß gewöhnlich nur diejenigen Menschen das Phänomen akzeptieren, die selber wiederholt eindeutige, nicht wegzudiskutierende präkognitive Erlebnisse und somit Erkenntnisse gehabt haben, deren Vorhersehbarkeit oder Zufälligkeit ausgeschlossen war. Die Anzahl dieser Menschen ist gleichwohl relativ groß. Sie wissen, daß es Präkognition gibt, daß sie zur »Ausstattung« unserer Welt gehört, auch wenn sie noch so sehr jenseits des scheinbar Bekannten und Vertrauten zu liegen scheint und es bisher an einer gültigen Erklärung des Phänomens mangelt. Präkognition gibt es, weil die Erfahrung das zeigt. Die Erfahrung ist maßgebend. Theorien sind demgegenüber zweitrangig.

Darüber hinaus ist die Präkognition nur scheinbar unverständlicher als viele andere Tatsächlichkeiten unserer Welt. Unser vermeintlich so sicheres Verständnis der sogenannten materiellen Natur ist nur Oberflächenkenntnis. Die Natur manipulieren zu können – wie wir das ja tun – heißt noch lange nicht, sie wirklich zu verstehen. Wir verstehen weder zu erklären, wie ein Magnet es fertigbringt, den Raum zu überbrücken und einen Nagel zu sich heranzuziehen, noch verstehen wir den Mechanismus, aufgrund dessen ein Apfel zur Erde fällt. NEWTON hat »nur« herausgefunden, auf welche Weise die auf einen Apfel wirkende Kraft mit der Masse der

Erde und der des Apfels zusammenhängt und daß die Schwerkraft die gleiche Kraft ist, die auch die Planeten auf ihre Bahn um die Sonne zwingt. Informationsempfang aufgrund außersinnlicher Wahrnehmung, welche auf unbekannte Weise nicht nur den Raum, sondern auch die Zeit zu überbrücken vermag, entzieht sich also gar nicht um so viel mehr dem menschlichen Verständnis, als es zunächst scheinen mag. Man kann die Präkognition sogar mit relativ Bekanntem in Verbindung bringen, nämlich mit dem Kausalgesetz. Dieses Gesetz besagt, daß alles, was geschieht, etwas als seine Ursache voraussetzt, woraus es dann als deren Wirkung folgt. Auch jede Entscheidung und Handlung folgt danach aus einer Ursachenkette, deren Anfang letztlich außerhalb des Menschen liegt.

Die allgemeine Gültigkeit des Kausalgesetzes würde es erlauben, aus der Kenntnis der gegenwärtigen Zustände der Welt die Zustände der Welt zu jeder zukünftigen Zeit zu bestimmen – vorausgesetzt, daß die Gesetze, die das Geschehen in kausaler Weise beschreiben, bekannt sind. Menschen sind natürlich hierzu nicht in der Lage. Es würde ein sehr effektives Universalbewußtsein benötigt, das diese Gesetze sowie die gegenwärtigen Zustände der Welt kennt und aus ihnen die zukünftigen »berechnet«. Das von C. G. JUNG beschriebene kollektive Unbewußte wäre unzureichend und hierzu nicht »mächtig« genug. Man wird dieses Bewußtsein eher schon Gott zuordnen müssen; nicht zufällig sind ja auch viele Völker davon überzeugt, daß Weissagungen von Gott kommen.

In die Zukunft sehen heißt nun, die entsprechenden Informationen von diesem Universalbewußtsein auf irgendeine Weise zu erhalten. Wie das geschieht, das eben können wir bisher nicht erklären.

Das Phänomen der Psychometrie – eine ASW-Leistung anhand eines Gegenstandes – zeigt jedoch, daß Bewußtseinsinhalte außer im Gedächtnis der Lebewesen und in materiellen Hilfsmitteln wie Schrifttum, Computern usw. sozusagen auch noch von der »Welt« selbst gespeichert werden. Man hält den Gegenstand in der Hand, entspannt sich, und wenn man sensitiv genug ist, erhält man Eindrücke von dem, was sich in der Umgebung des Gegenstandes ereignet hat. Emotional besetzte Erlebnisse kommen dabei am leichtesten durch. Die Inder haben aufgrund entsprechender Erfahrungen den Begriff der Akasha-Chronik postuliert, eines Universalbewußtseins, das die gegenwärtigen Zustände der Welt kennt. Die Idee des Universalbewußtseins ist also uralt, wenngleich nur eine Hypothese.

Bezeugte Beispiele aus der Gegenwart und Geschichte

So sehr die Welt- und Menschenschicksal vorhersagende Prophezeiungen faszinieren, so schlecht ist andererseits ihr Ruf: Die Ereignisse, die für bestimmte Zeitpunkte angekündigt werden, treffen nur höchst selten ein. Wenn sich einmal eine Prophezeiung erfüllt, wird viel Aufhebens davon gemacht – die anderen werden vergessen. Viele einschneidende Ereignisse sind zudem anscheinend nie vorhergesagt worden. Und dann gibt es noch die zwei- und mehrdeutigen Prophezeiungen, die, ähnlich wie das berühmte Orakel von Delphi, verschiedene Deutungsmöglichkeiten zulassen. Und schließlich werden auch Zweckprophezeiungen in Umlauf gesetzt, die bestimmte Ziele durchzusetzen helfen.

Das ist alles richtig, und dennoch wäre es falsch, Prophezeiungen in Bausch und Bogen zu verdammen, wie eine ganze Reihe von Fallbeispielen zeigt. Dem Fall Aberfan kann man zum Beispiel entnehmen, daß nicht kalkulierbare, viele Menschen betreffende Katastrophen auf paranormalem Wege vorhergesehen wurden.

In Aberfan, einem Bergarbeiterdorf in Wales, fanden 1966 128 Kinder und 16 Erwachsene den Tod bei einem Haldenrutsch. Der englische Psychologe J. C. Barker suchte daraufhin durch einen Aufruf in der Presse nach Personen, die Ahnungen oder Wahrträume im Hinblick auf das Unglück gehabt hatten. Von 76 Zuschriften aus allen Gebieten Englands wurden 60 gründlich recherchiert, und in 24 Fällen konnte durch Zeugen dokumentiert werden, daß die Empfänger der ASW-Information vor dem Unglückstag anderen Personen von ihren präkognitiven Erlebnissen berichtet hatten. Das Alter der Betreffenden lag zwischen 10 und 75

Jahren. Meist handelte es sich um Träume mit schreienden Kindern, schwarzen Massen, walisischer Landschaft u. a. Zum Teil waren die paranormalen Eindrücke auch symbolisch verschlüsselt. Weitere Umfragen steigerten die Zahl der Personen mit präkognitiven Eindrücken von dem Unglück auf über 200 [Lit. 1].*

Auch die folgende Prophezeiung eines Lappenstammes, über die der Schriftsteller Robert Crottet berichtet hat, legt nahe, daß Kollektivschicksal vorhergesehen werden kann. Crottet verbrachte einen Teil seiner Jugend in Finnland und schrieb Bücher über die Lappen. Am meisten beeindruckte ihn, wie er schreibt, die hohe Begabung an Telepathie und der Fähigkeit des Zweiten Gesichtes bei diesem urtümlichen Volk. Im Vorwort zu seinem Buch *Verzauberte Wälder,* in dem er Geschichten und Legenden aus Lappland zusammengestellt hat, berichtet er von einer Prophezeiung der Lappen, die sich einige Jahre später erfüllte [Lit. 2]:

»Im Jahre 1938, zur Zeit der Münchener Konferenz, haben die Skolten, die nichts von Politik wissen, merkwürdige Zeichen im Mond und auf dem Fell der Rentiere bemerkt«, schreibt er. »›Das bedeutet Krieg‹, sagten sie, ›und unser Land wird vernichtet.‹«

1946 erhielt er dann einen Brief aus Helsinki: Ein Freund schrieb ihm: »Die Skolten haben alles verloren, ihre Hütten, ihr Land, ihre Rentiere. Petsamo gehört nun zu Rußland. Viele sind verhungert oder vor Kälte gestorben. Die Überlebenden werden von einem Ort zum anderen ›evakuiert‹. Sie hausen in Baracken, die die deutschen Soldaten verlassen haben. Die finnische Regierung kann nur wenig für sie tun.«

Crottet rief daraufhin in England und Schweden zu Spenden auf. Von dem Geld wurden Hütten auf dem Land gebaut, das den Überlebenden zugewiesen wurde. Durch seinen Hilferuf sei dann eine weitere Prophezeiung der Lappen in Erfüllung gegangen, nach der sein Schicksal mit dem der Skolten verbunden bleiben solle, gleichgültig, was geschehe.

---

* Die Literaturhinweise beziehen sich auf das Literaturverzeichnis, das Sie am Schluß dieses Buches finden.

Auch eine Reihe der Vorhersagen des französischen Pestarztes MICHEL NOSTRADAMUS (1503 – 1566) zeigt, daß Visionen weit in die Zukunft hineinreichen und daß sie Kollektivschicksal enthüllen können. Berühmt geworden ist Nostradamus durch die folgende Prophezeiung, die noch zu seinen Lebzeiten eintraf (Quatrain 1, 35) [Lit. 3]:

»Der junge Löwe wird den alten überwinden. Auf dem Kampfplatz in einem Einzelturnier. In einem goldenen Käfig [Rüstung] wird er ihm die Augen auskratzen. Von den beiden Kampfklassen ist es die eine, die ein grausames Sterben nach sich zieht.«

In diesem Quatrain wurde von Nostradamus das Ende Heinrichs II. von Frankreich vorhergesagt. Der König, von Nostradamus der »alte Löwe« genannt (er trug gelegentlich einen Löwen als Wappen), wurde 1559 versehentlich von dem Hauptmann seiner Leibwache bei einem Einzelturnier tödlich verletzt. Ein Splitter der hölzernen Lanze des Grafen durchbohrte den Helm des Königs, der in seiner goldenen Rüstung (»Käfig«) kämpfte, zerstörte sein rechtes Auge und drang ihm ins Gehirn. Der König lag dann noch zehn Tage lang in Agonie, bevor er starb.

Die Vorhersage wurde vier Jahre vorher in der ersten Teilausgabe der *Centurien* veröffentlicht. Nostradamus hatte den König bei einer Audienz in Paris zudem vor einem Turnier gewarnt, da seine Augen gefährdet seien.

Die folgende Prophezeiung ist ein Beispiel dafür, daß Nostradamus allem Anschein nach auch Ereignisse unserer Zeit vorhergesehen hat (Quatrain, 1, 64) [Lit. 3]:

»Man wird glauben, daß nachts die Sonne scheint, wenn man das Schwein in halb menschlicher Gestalt entdeckt. Schlachtenlärm und Gesang, am Himmel wird man kämpfen sehen, und wilde Tiere wird man brüllen hören.«

In dieser Vision hat Nostradamus offenbar eine der Materialschlachten unseres Jahrhunderts wahrgenommen. Leuchtmunition macht die Nacht zum Tage, während Sturmtruppen angreifen und am Himmel Luftkämpfe stattfinden. Das »Schwein in halb menschlicher Gestalt«, das könnten Piloten mit Sauerstoffmasken sein, die mit ihren Flugzeugen in den Kampf am Boden eingreifen, bzw. vorwärtsstürmende

Soldaten in Gasmasken, die sich selber »Frontschwein« nannten und im Ersten Weltkrieg auch noch mit Gesang in die Schlacht zogen. Der Vorderteil dieser Sauerstoff- bzw. Gasmasken erinnert stark an den Rüssel eines Schweins. Im »Brüllen der wilden Tiere« ist der Lärm der explodierenden Bomben und Granaten zu erkennen.

Die symbolische Verschlüsselung dieser Prophezeiungen ist ein Merkmal, das häufig hellseherischen Gesichten anhaftet, insbesondere wenn Kollektivschicksale vorhergesehen werden. Sogar ein angeblich so nüchterner Mann wie FÜRST VON BISMARCK, erster Kanzler des Deutschen Reiches, hat sich nach seinem eigenen Zeugnis auf innere Erfahrungen berufen, die wir heutzutage als ASW-Erlebnisse erkennen müssen.

Nachdem Bismarck von einem Wahrtraum erfuhr, den Kaiser Wilhelm I. gehabt hatte, schrieb er 1881 an den Kaiser [Lit. 4]:

»Euer Majestät Mitteilung ermutigt mich zur Erzählung eines Traumes, den ich im Frühjahr 1863 in den schwersten Konflikttagen hatte, aus denen ein menschliches Auge keinen gangbaren Ausweg sah. Mir träumte, und ich erzählte es sofort am Morgen meiner Frau und anderen Zeugen, daß ich auf einem schmalen Alpenpfad ritt, rechts Abgrund, links Felsen; der Pfad wurde schmaler, so daß das Pferd sich weigerte, und Umkehr und Absetzen waren wegen Mangels an Platz unmöglich; da schlug ich mit meiner Gerte in der linken Hand gegen die glatte Felswand und rief Gott an; die Gerte wurde unendlich lang, die Felswand stürzte wie eine Kulisse und eröffnete einen breiten Weg mit dem Blick auf Hügel und Waldland wie in Böhmen und preußische Truppen mit Fahnen, und in mir noch im Traume der Gedanke, wie ich das schleunigst Euer Majestät melden könnte. Dieser Traum erfüllte sich, und ich erwachte froh und gestärkt aus ihm.«

Der Traum zeigte an, daß Bismarck eine (oder mehrere) politische Zwangslagen, in die Preußen gerät, mit kriegerischen Mitteln lösen wird. In dem folgenden Jahrzehnt führte Bismarck drei Kriege, alle aus einer gewissen politischen Zwangslage heraus. Danach sorgte er zwanzig Jahre lang für Frieden in Europa. Jeder dieser Kriege endete mit einem Sieg und Machtzuwachs für Preußen. Der erste, der noch im gleichen Jahr stattfand, war der Feldzug gegen Dänemark um die Provinzen Schleswig und Holstein, der letzte der Deutsch-Französische Krieg 1870/71, der zur Gründung des Deutschen Reiches führte.

Da Bismarck von Hügeln und Waldland ähnlich wie in Böhmen sprach, könnte der Traum insbesondere die Auseinandersetzungen mit Österreich drei Jahre später vorweggenommen haben. Es ging um die Vormachtstellung in Deutschland. Da Österreich als die stärkere Macht galt, wurde ein langer Krieg erwartet, der dann jedoch mit dem Einmarsch der preußischen Armeen in Böhmen und dem Sieg bei Königgrätz relativ rasch zugunsten Preußens entschieden wurde.

Das zukünftige Geschehen spiegelte sich in Bismarcks Gesicht wiederum nur verschlüsselt und bruchstückartig, dennoch gab dieser Traum einen Hinweis darauf, in welcher Richtung die Geschichte vorwärtsschritt.

HERODOT (um 490 – 430 v. Chr.), der altgriechische »Vater der Geschichtsschreibung«, hat die mündliche Überlieferung von über zwei Jahrhunderten gesammelt und in den neun Büchern seiner *Historien* aufgezeichnet. In der von ihm überlieferten Geschichte spielen Weissagungen eine große Rolle. Darunter sind auch solche, bei denen aus individuellem Schicksal Kollektivschicksal erschlossen werden kann. Von Astyages, dem König der Meder, die zu dieser Zeit die Lehensherren der Perser waren, hat Herodot die im folgenden beschriebenen Wahrträume überliefert, die, symbolisch verschlüsselt, ankündigen, wie der Perserkönig Kyros die Herrschaft über Vorderasien gewinnen wird. Herodot schreibt [Lit. 5]:

»Es übernahm Astyages, der Sohn des Kyaxares, die Herrschaft. Ihm wurde eine Tochter geboren, der der Name Mandane gegeben wurde. Von ihr träumte Astyages, sie habe soviel Wasser gelassen, daß sie ihre Stadt überschwemmte, ja auch ganz Asien [Vorderasien] überflutete. Er legte den Traumdeutern unter den Medern das Traumbild vor und erschrak, wie er von ihnen erfuhr, um was es sich in den Einzelheiten wirklich handelte. Hernach gab er diese Mandane, als sie im heiratsfähigen Alter war, keinem von den Medern, die ihm ebenbürtig waren, zur Frau, aus Furcht vor dem Traumgesicht. Er gab sie vielmehr einem Perser, namens Kambyses, den er herausfand als einen Mann aus gutem Hause, der eine ruhige Gemütsart hatte und den er für weit geringer hielt als einen Meder aus mittlerem Herkommen. In dem ersten Jahr der Ehe der Mandane mit Kambyses hatte Astyages ein weiteres Traumgesicht. Es dünkte ihm, aus der Scham dieser seiner Tochter sei ein Weinstock gewachsen und dieser Weinstock reiche über ganz Asien [Vorderasien] hin. Wie er dieses Gesicht den Traumdeutern mitgeteilt hatte, ließ er seine Tochter, die schwanger war, aus Persien kommen. Nach ihrer Ankunft ließ er sie bewachen, da er das Kind, das sie zur Welt bringen sollte, zu beseitigen beabsichtigte. Denn die Traumdeuter hatten ihm aufgrund des Traumgesichts zu verstehen gegeben, daß der Sproß seiner Tochter an seiner Stelle den Thron besteigen werde. Dem wollte also Astyages vorbeugen . . .«

Im folgenden führt Herodot dann aus, wie sich die »Zufälle« so verknüpfen, daß es dem König nicht gelingt, das Kind zu töten und damit das Schicksal abzuwenden. Soweit Herodot.

Die beiden Gesichte des Astyages erfüllen sich. Kyros, wie das Kind genannt wurde, wird zum Herrscher über Vorderasien und führt Persien zur Weltmacht. Zum Mann herangewachsen, vereinigte er zunächst ganz Persien und vollzog dann den Bruch mit dem Lehensherrn der Perser, dem Mederkönig. Er eroberte das medische Ekbatana, marschierte in Lydien ein und unterwarf schließlich das neubabylonische Reich. Kyros war aber nicht nur ein Eroberer, sondern gleichzeitig auch ein bedeutender Herrscher und Mensch, der das Eroberte zu bewahren verstand. Er machte Babylon neben Susa und Ekbatana zur Residenz und gewann die Besiegten, indem er ihren Göttern opferte und ihnen ihre Sprache und Sitte ließ. Er gestattete auch den Juden, nach Palästina zurückzukehren.

Die Herrschaft des Kyros war also, kann man sagen, für die Perser und für andere Völker von Vorteil, was dem Traum von dem Weinstock entsprechen würde, der sich über

Vorderasien ausbreitet. Der Weinstock ist ja, insbesondere in diesen Ländern, von großem Nutzen.

Der jüdische Geschichtsschreiber FLAVIUS JOSEPHUS (um 37 – 100 n. Chr.), der die Belagerung und Vernichtung Jerusalems durch die Römer beschrieben hat, schildert, wie vier Jahre lang vor Beginn des Krieges ein Mann das Schicksal Jerusalems und der Juden unaufhörlich laut beklagte. Er verstummte erst, als er während der ersten Zeit der Belagerung durch einen Stein getötet wurde. Der Krieg führte dann zur Vernichtung eines großen Teils des jüdischen Volkes und zur Zerstreuung der jüdischen Nation in alle Welt [Lit. 6].

Soviel an Beispielen dafür, daß Prophezeiungen Kollektivschicksale enthüllen können. Wenn nun aber echte Prophezeiungen möglich sind, wie kommt es dann, daß die Kritiker auf so viele falsche Vorhersagen verweisen können? Dafür gibt es eine Reihe von Gründen.

Das Problem der »falschen Propheten« und Fehlerquellen

Von so manchen Zeitungen und Zeitschriften werden Vorhersagen veröffentlicht, die keine echten Gesichte darstellen. Viele sind einfach kalkuliert. Auch deuten die Autoren alte Prophezeiungen so um, daß sie gerade in der unmittelbaren Zukunft aktuell erscheinen. Daß dabei dem Original Gewalt angetan wird, kümmert sie nicht. Diese zweifelhaften »Vorhersagen« werden mit echten Prophezeiungen in einen Topf geworfen.

Doch auch im Fall ernstzunehmender Prophezeiungen – also echter ASW-Erlebnisse – ist mit den vielfältigen Fehlermöglichkeiten bei der Deutung paranormaler Eindrücke zu rechnen. Das führt ebenfalls zu Entstellungen. Fehlinterpretationen ergeben sich häufig dadurch, daß Ereignisse, die sich am entgegengesetzten Ende der Welt in der näheren Zukunft oder auch in der Gegenwart abspielen, viel eher wahrgenommen werden als Dinge, die sich im Heimatland oder am Heimatort in einer weiter entfernten Zukunft ereignen werden. Wie Fallstudien zeigten, überwinden ASW-Informationen offensichtlich leichter den Raum als die Zeit.

Die leichtere Überbrückung des Raumes als der Zeit würde allein meist noch keine Fehlinterpretation bewirken, wenn nicht noch die typische Verschlüsselung der paranormalen Eindrücke hinzukäme: In den Visionen stehen nämlich vielfach bekannte Landschaften und Personen für unbekannte ähnliche, und auch der Sensitive selber identifiziert sich häufig mit einem der in seinem ASW-Erlebnis auftretenden Akteure. Er erlebt die paranormale Wahrnehmung so, als ob er in das vorhergesehene Ereignis verwickelt wäre.

Dafür gibt es viele Beispiele. Wenn ein Sensitiver diese Fehlerquelle nicht auszuschalten vermag, so wird er beispielsweise annehmen, daß kriegerische Ereignisse, die er in seiner Vision über bekannte Orte und Personen hereinbrechen sieht, tatsächlich diese Orte und Personen in Mitleidenschaft ziehen werden, und er wird die Katastrophen noch erwarten, nachdem sie sich anderswo in einer ähnlichen Landschaft längst ereignet haben. So hatte der Schwarzwaldbauer ADOLF SCHWÄR, dessen Gesichte wiederholt eintrafen, zwei Wahrträume, denen er entnehmen zu können glaubte, daß sie die Zerstörung einer Stadt im Rheintal ankündigten, und er meinte sogar, daß der Name »Baden-Baden« gefallen sei [Lit. 25]. – Es ist aber sehr gut möglich, daß die in den Träumen gesehene Stadt im Rheintal für einen anderen Ort stand, der sechs bzw. vier Monate nach seinen Träumen völlig zerstört wurde: Dien Bien Phu, die Festung der Franzosen, die von den Vietminh 1954 in Schutt und Asche gelegt wurde, was die Beendigung des Indochinakrieges bedeutete. Der Ort lag ähnlich wie Baden-Baden in einem breiten Talkessel, und diese Verwechslung liegt um so näher, als auch eine Reihe anderer Gesichte des Schwarzwaldbauern sich auf den Indochinakrieg bezog.

Soviel zu dieser Art Fehlermöglichkeiten bei der Interpretation paranormaler Wahrnehmung.

Es gibt auch eine ziemlich plausible Erklärung dafür, daß viele Dinge nicht vorhergesehen werden. Damit, sagen wir, ein paranormaler »Kontakt« mit einem zukünftigen Ereignis zustande kommen kann, muß eine Art Einstimmung auf das Ereignis vorliegen. Ist sie nicht vorhanden, so ist kaum wahrscheinlich, daß jemand einen paranormalen Eindruck von dem Ereignis empfängt.

Namhafte Parapsychologen haben nämlich herausgefunden, daß zwischen der Lebenssituation des Sensitiven zum Zeitpunkt der außersinnlichen Wahrnehmung und dem Ereignis, das wahrgenommen wird, oft ein Zusammenhang besteht. Dabei handelt es sich entweder um eine ähnlich gelagerte Lebensproblematik, oder aber die Verbindung kommt durch zufällige Tageserlebnisse zustande, insbesondere wenn diese im Traum verarbeitet werden.

Bei einer ähnlich gelagerten Lebensproblematik dienen die durch ASW beschafften Informationen zur Darstellung und Bewältigung seelischer Probleme. Bevor der paranormale »Zugriff« erfolgt, treten beim Sensitiven Bewußtseinsinhalte auf, die mit jenen verwandt sind, die auch das spätere Ereignis auslösen werden. Eine wie auch immer zustande gekommene Einstimmung ist daher wahrscheinlich eine notwendige Voraussetzung für die Vorausschau zukünftiger Ereignisse. Wenn – umgekehrt – Ereignisse, auf die niemand eingestimmt ist, nicht vorhergesehen werden, so bedeutet das: Je weiter ein Ereignis vom Erwarteten, Vorstellbaren und Denkbaren entfernt liegt, um so geringer ist die Wahrscheinlichkeit, daß ein Sensitiver damit in paranormalen Kontakt kommt. Es ist deshalb ganz natürlich, daß viele gravierende Ereignisse nicht vorhergesehen werden.

Weitere Fehlinterpretationen ergeben sich aus der symbolischen Verschlüsselung vieler ASW-Informationen, insbesondere der Wahrträume, sowie ihrem fragmentarischen Charakter. Hinzu kommt, daß präkognitive Wahrnehmungen möglicherweise Zukunftsentwürfe darstellen, die eintreffen können, aber nicht müssen. Einige namhafte Parapsychologen nehmen das an.

Des weiteren ist in den seltensten Fällen eine auch nur einigermaßen genaue Zeitbestimmung möglich. Der Sensitive hat meist nur »so ein Gefühl«, daß sich das Vorhergesehene in einer näheren oder weiter entfernten Zukunft ereignen wird. Wenn ein Zeitpunkt angegeben wird, so ist von vornherein schon Skepsis angebracht.

Bei Berücksichtigung der verschiedenen Fehlermöglichkeiten müssen zwar so manche Prophezeiungen verworfen werden, und bei den meisten sinkt der Informationsgehalt.

Der feste Kern, der übrigbleibt, hat dafür aber eine wesentlich größere Wahrscheinlichkeit, sich zu realisieren, und häufig kann man ihm immer noch genügend wertvolle Aussagen entnehmen. Wenn ein Sensitiver zum Beispiel sagt, in einem Wahrtraum habe er kommunistische Truppen in seine Heimatstadt einmarschieren sehen, und sie hätten sein Haus beschlagnahmt, so würde ein Parapsychologe nicht annehmen, daß die Russen in der Bundesrepublik Deutschland einmarschieren. Das könnte natürlich auch verstanden werden, wenn noch andere Umstände darauf hinweisen würden. Ohne solche müßte man aber eher vermuten, daß sich der Sensitive mit einer anderen Person in einem anderen Land identifiziert hat, das in naher Zukunft von kommunistischen Truppen besetzt werden wird. Die ableitbare Aussage wäre hier also »nur«, daß kommunistische Truppen ein anderes Land besetzen werden.

Die zweideutige Antwort, die im Altertum dem König Krösus von dem Orakel in Delphi gegeben wurde, könnte durchaus auf paranormalen Wahrnehmungen beruhen, bei denen sich die ASW-begabten Priesterinnen der Fehlermöglichkeiten bei der Interpretation bewußt waren. Bekanntlich hatte der König die Frage stellen lassen, ob er gegen die Perser zu Felde ziehen solle. Die Antwort, die die oberste Priesterin, die Pythia, gab, lautete: »Wenn Krösus den Hades überschreitet, wird er ein großes Reich zerstören.«

Wenn dem Orakelspruch eine paranormale Wahrnehmung zugrunde lag, so hatte diese nur das Bild einer großen Niederlage ergeben, und es war unklar geblieben, wer der Verlierer sein würde. Krösus glaubte aber, daß er siegen werde, und zog gegen die Perser. Das Reich, das er zerstörte, war sein eigenes. Dem Orakelspruch hätte nur entnommen werden dürfen, daß der Krieg nicht unentschieden, sondern mit einer Niederlage für eine Seite ausgehen werde.

Es gibt viele Beispiele dafür, daß aufgrund paranormaler Wahrnehmungen Entscheidungen getroffen wurden, die ermöglichten, daß die Zukunft günstiger verlief, als sie sonst verlaufen wäre. ASW-Informationen zu nutzen ist selbst dann möglich, wenn das vorhergesehene Ereignis nicht abgewendet werden kann. Von den »großen Prophezeiungen«, das heißt jenen, die Kollektivschicksale zum Inhalte haben, kann man wohl nur dann profitieren, wenn man sie mit den rationalen Prognosen der Wissenschaftler und der Zukunftsforscher verknüpft.

Die Prognosen der Zukunftsforscher widersprechen sich, wie gesagt, vielfach, so daß unklar bleibt, in welche Richtung die Entwicklung tatsächlich gehen wird. Wenn nun aber Prognosen von Wissenschaftlern durch Prophezeiungen gestützt werden, so erhalten diese zweifellos ein größeres Gewicht.

Der »Club of Rome«, eine lockere Vereinigung von Wissenschaftlern aus aller Welt, die sich über »die Lage der Menschheit« aussprechen, befürchtet bekanntlich eine allgemeine Katastrophe, die mit der Erschöpfung der Rohstoffe, der Umweltverschmutzung und der Bevölkerungsexplosion unausweichlich auf die Menschheit zukommen soll. Die Optimisten unter den Zukunftsforschern, wie die im Institut am Hudson unter der Leitung von HERMAN KAHN tätigen Wissenschaftler, nehmen dagegen an, daß die Menschheit alle Probleme meistern und ein Zeitalter ewiger Fülle anbrechen wird. Welche dieser beiden Gruppen – mit diametral entgegengesetzten Prognosen – wird recht behalten? Wie sieht die Zukunft der Menschheit im Licht vorliegender Prophezeiungen aus? Können Sensitive, die ihre ASW-Informationen aus der Quelle ihrer inneren Erfahrung beziehen, darauf vielleicht einen Hinweis geben?

Diese Frage – eine Kardinalfrage der Menschheit – und viele andere in den folgenden Kapiteln aufgeworfene Fragen, zu denen Wissenschaftler wie auch ASW-Begabte Stellung genommen haben, gilt es im vorliegenden Buch zu klären, soweit dies möglich ist. Zunächst muß aber noch eine Art Vorfrage beantwortet werden; dies geschieht im folgenden Kapitel.

3
Gelangen Schriftsteller bisweilen in paranormalen Kontakt mit der Zukunft?

Schriftsteller, insbesondere Science-fiction-Autoren, die sich intensiv mit einem Thema befassen, vermögen, wie zahlreiche Beispiele der Literatur beweisen, aufgrund ihrer Einfühlung oder sogenannten Zufalls bisweilen ein oder mehrere Details eines zukünftigen Ereignisses richtig zu schildern. Das hängt mit den Gesetzmäßigkeiten der Imagination und der Einstimmung zusammen. Die intensive Beschäftigung mit dem gewählten Thema erweckt die Imagination, die zur Einstimmung und damit zum paranormalen Zugriff auf das Ereignis führen kann.

T. WILLIAM STEAD (1849 – 1912), ein englischer Journalist und Schriftsteller, der seine Werke zum Teil durch automatisches Schreiben produzierte, scheint beispielsweise in seiner 1893 erschienenen Erzählung *From the Old World to the New* (»Aus der Alten in die Neue Welt«) wesentliche Züge des Untergangs der Titanic vorweggenommen zu haben. Auch in anderen seiner Erzählungen spielen Schiffskatastrophen eine Rolle. Stead starb beim Untergang der Titanic.

Die seit neuerem in der Science-fiction-Literatur in Mode gekommenen Beschreibungen extraterrestrischer Kulturen haben zweifellos einen besonderen Reiz. Gleichgültig nämlich, welche intelligenten Lebensformen und sozialen Verhaltensweisen sich der Autor in seiner Phantasie ausmalt, auf irgendeinem Planeten unter den Millionen von Galaxien mit Milliarden von Planeten in der Weite des Alls dürfte es wegen der wahrscheinlich ungeheuren Vielfalt extraterrestrischen Lebens eine Lebensform geben, die in etwa derjenigen gleicht, die sich der Autor in seiner Phantasie ausmalt und mit der er dann wegen der Gesetzmäßigkeiten von Imagination und Einstimmung vielleicht auch in paranormalen Kontakt kommen könnte. Die Wahrheit wird dann das, was sich der Autor in seiner Phantasie ausmalt, noch weit übertreffen.

Um allerdings aufgrund von Science-fiction-Literatur in der Zukunft liegende Ereignisse zu erschließen, müßte man wissen, was Ausfluß der Phantasie und was allenfalls ASW-Information ist. Das erscheint nicht möglich. Doch kann Science-fiction auf jeden Fall dazu beitragen, den Blick für die vielfältigen Möglichkeiten zu öffnen, die die Zukunft unter Umständen bereithält.

Etwas mehr Wahrscheinlichkeit kommt allenfalls solchen Ereignissen zu, die von Autoren vorhergesagt wurden, von denen man weiß, daß auf dem Wege der außersinnlichen Wahrnehmung gewonnene Informationen in ihre Erzählungen eingeflossen sind.

Ein solcher Autor nun könnte JULES VERNE (1828 – 1905) sein. Viele Einzelheiten seines 1866 geschriebenen Zukunftsromanes *Die Reise zum Mond* stimmen mit dem hundert Jahre später tatsächlich verwirklichten Mondflugunternehmen überein:

- Bei Jules Verne startet eine wirkliche Weltraumrakete, die Amerikaner führen das Mondflugunternehmen durch, und der Ort des Startes ist die Halbinsel Florida, wo dann hundert Jahre später tatsächlich die Raketenabschußbasis gebaut wurde.
- Auf einer der Illustrationen, die der ersten französischen Gesamtausgabe beigegeben waren, ist eine Landzunge, ein Kap, zu erkennen, wie auch die wirklichen Raketenabschußbasen auf einem Kap, nämlich Kap Canaveral, installiert sind.
- In Jules Vernes Roman streiten sich Florida und Texas darum, wo die Basen errichtet werden; tatsächlich spielt auch hundert Jahre später nicht nur Florida, sondern auch Texas eine Rolle im Raumfahrtprogramm der Amerikaner, insofern nämlich, als sich das eigentliche Raumfahrtzentrum in Houston, Texas, befindet.
- Die Anzahl der Teilnehmer in dem Science-fiction-Roman

stimmt mit der Anzahl der Astronauten überein, die den Mondflug tatsächlich unternommen haben.

- Es besteht eine gewisse Verwandtschaft in den Namen der Akteure. Die Teilnehmer sind bei Jules Verne Impey Barbicane, Michel Ardans und Nicholl; die Namen der Astronauten waren Neil Armstrong, Michael Collins und Edwin Aldrin. Abgesehen davon, daß ein Vorname quasi übereinstimmt, Michel und Michael, besteht eine überzufällige Ähnlichkeit zwischen den Namen Ardans und Aldrin sowie Nicholl und Collins. Die Namen Ardan und Aldrin beginnen beide mit »A« und enden mit »n«, wenn man das »s« in »Ardans« vernachlässigt; sie sind zweisilbig, und die zweite Silbe beginnt bei beiden Namen mit »d«; außerdem enthalten beide Namen ein »r«. Bei den Namen Collins und Nicholl sind bis auf das »s« und das stumme »h«, die Buchstaben gleich; läßt man das »s« weg, so wird aus Collins Nicoll, wenn man die zweite Silbe rückwärts liest und an den Anfang stellt.
- Das Mondflugunternehmen ist bei Jules Verne ähnlich wie auch in Wirklichkeit eng mit dem militärischen Bereich verbunden, und die Bereitstellung der Gelder spielt eine große Rolle.
- Das Unternehmen zieht die Aufmerksamkeit einer breiten Öffentlichkeit auf sich: der sich Ende der sechziger und Anfang der siebziger Jahre abspielende Raumfahrtrummel wird von Jules Verne treffsicher vorweggenommen. Doch wie heute in der Realität, so gibt es auch bei Jules Verne erbitterte Gegner der Raumfahrt.
- Die Weltraumfahrer gehen bei Jules Verne in eine Umlaufbahn um den Mond wie auch später in Wirklichkeit; den Mond selber betreten sie jedoch nicht. – Wenn ASW am Werk war, so ist Jules Verne entweder nur in paranormalen Kontakt mit der den Mond umkreisenden Raumkapsel gekommen, oder aber er hat die Mondlandung als zu utopisch nicht akzeptieren wollen. Die Wirklichkeit hat in diesem Punkt die Utopie übertroffen.
- Die Rückkehr geht bei Jules Verne vonstatten, indem Raketen gezündet werden, welche die Raumkapsel zurück zur Erde treiben, das Raumfahrzeug stürzt in den Pazifik,

wo es von einem Schiff geborgen wird. – Die Übereinstimmung mit der hundert Jahre später erfolgten Ziellandung der Astronauten im Pazifik ist verblüffend.

○ Jules Verne beschreibt die Bergung der Raumkapsel folgendermaßen [Lit. 8]: »›Eine Boje quer vor uns unter dem Wind!‹, rief ein Matrose der amerikanischen Korvette ›Susquehanna‹, und die Offiziere erkannten mit ihren Fernrohren, daß der besagte Gegenstand wirklich den Bojen glich, womit man das Fahrwasser der Flüsse kenntlich macht. Auf der fünf bis sechs Fuß hervorragenden Spitze flatterte eine Fahne ... Es war die amerikanische Flagge. Ein Boot nähert sich dem Projektil und legt dort an. Die Matrosen finden eine Fensterluke offen. Muntere Stimmen dringen heraus. Die Insassen des Raumschiffs spielen Domino.« – In dieser Beschreibung nimmt Jules Verne selbst den burschikosen Ton vorweg, in dem sich die Raumfahrer gefallen.

○ Jules Verne beschreibt ausführlich den großartigen Empfang, der den Raumfahrern zuteil wird: ein Triumphzug durch die Vereinigten Staaten findet statt, und den Heimkehrern wird ein Bankett gegeben, an dem die ganze Nation teilnimmt – ähnlich wie auch in Wirklichkeit hundert Jahre später.

In seinem Roman *Fünf Wochen in einem Ballon* (1862) macht Jules Verne einen anderen Vorgriff auf zukünftige Ereignisse. In dem Roman heißt es nämlich [Lit. 9]:

»›Überdies‹, sagte Kennedy, ›wenn die Industrie einmal alles in ihren Griff bekommen und für ihre eigenen Zwecke nutzen wird, so wird das nicht besonders angenehm sein. Falls die Menschen immer weiter Maschinen erfinden, so werden sie am Ende durch ihre eigenen Maschinen umkommen. Ich habe oft denken müssen, daß die Ursache für den Jüngsten Tag ein kolossaler Boiler sein wird, der, aufgeheizt auf dreitausend Atmosphären, die Welt in die Luft sprengt.‹ ›Und ich wette, daß die Yankees eine Hand darin haben werden‹, sagte Joe ...«

Hier läßt sich eine Parallele zu den zuerst von den Amerikanern gebauten Atom- und Wasserstoffbomben ziehen. Durch die Explosion einer starken Wasserstoffbombe an der »richtigen« Stelle soll tatsächlich die ganze Erde in die Luft fliegen können. Der amerikanische Physiker HORACE C. DUDLEY hat die Wahrscheinlichkeit hierfür mit eins zu einer Million geschätzt. Das erscheint wenig. Die Wahrscheinlichkeit aber, im Lotto sechs Richtige zu haben, ist allerdings noch geringer; dennoch gibt es Woche für Woche Hauptgewinne. Das zeigt, daß auch das Unwahrscheinliche eintreten kann. Nach Dudleys Überlegungen könnten sich die gesamte Atmosphäre und der gesamte Ozean atomar entzünden und in einer riesigen, weltweiten Explosion abbrennen. Eine besonders starke Wasserstoffbombe könnte einen atomaren Fusionsprozeß in die Wege leiten, bei dem die Stickstoffatome der Luft jeweils paarweise zusammenschmelzen und dabei Siliziumatome bilden. Die Siliziumatome würden sich dann mit dem Sauerstoff der Luft zu Kieselsäure verbinden. Diese hat die chemische Formel SiO_2 und ist schlicht Sand. Die Folge wäre, daß nach der Explosion die Luft als Sand herunterrieselte und die Erde über einen Meter dick bedeckte. Ein phantastisches Ereignis, das allerdings auf der Erde niemand überleben würde! Gleichzeitig würde sich auch das Meerwasser in die Bestandteile Wasserstoff und Sauerstoff trennen und die Ozeane der Erde als eine riesige Wasserstoffbombe ins Weltall hinausschießen.

Von amerikanischen Kernphysikern wurde diese Kettenreaktion als sehr unwahrscheinlich, aber nicht als unmöglich bezeichnet.

In die Werke des Schriftstellers und Kenners paranormaler Phänomene GUSTAV MEYRINK (1868 – 1932) sind sicher außersinnliche Wahrnehmungen eingeflossen. Meyrink errang mit seinem Roman *Der Golem* (1915) einen Welterfolg. In diesem Roman, der in den alten Prager Ghettos spielt, stellte er die idealisierte Gestalt des Rabbi Hillel und seiner Tochter Mirjam der Welt des Hasses und der skrupellosen Niedertracht gegenüber.

Meyrink schrieb an den Schriftsteller Birven, der das Meyrinksche Werk interpretierte, daß er bald nach der Drucklegung des *Golem* eine Vision gehabt habe, die ihm in ihrer Eindringlichkeit noch lange nachgegangen sei. In dieser Vision sei ihm die Gestalt eines alten Juden erschienen, der ihn beschworen habe, doch ein Buch wie den *Golem* zu schreiben. Ein großes Verhängnis stehe den Juden bevor, und man müsse alles daransetzen, um dieses abzuwenden. Unter dem Eindruck dieses Gesichtes habe er dann im Jahr darauf (1916) seinen Roman *Das grüne Gesicht* geschrieben. Seine Vision habe er darin genau wiedergegeben, sie allerdings im Sinne der Romanhandlung in einen anderen Zusammenhang gestellt.

Die Umstände, unter denen das Gesicht auftrat, decken sich mit den Erfahrungen, die auch sonst in diesem Zusammenhang gemacht werden. Es könnte sich bei der Erscheinung des alten Juden um eine Projektion gehandelt haben. Dabei wird ein vom eigenen Unbewußten produziertes Bild als in der Außenwelt vorhanden gesehen. Die Fähigkeit, solche Projektionen hervorzubringen, ist bei den einzelnen Menschen verschieden stark ausgebildet. Sie stellt eine der Möglichkeiten dar, durch die ASW-Informationen ins Bewußtsein gelangen. Der Inhalt der Vision verweist ganz offensichtlich auf die Judenverfolgungen, die im Dritten Reich mehr als zwanzig Jahre später Wirklichkeit wurden. Meyrink selber erlebte das Eintreffen seines Gesichtes nicht mehr. Er starb im Jahre 1932.

Meyrink beschreibt am Schluß seines okkulten Schlüsselromanes *Das grüne Gesicht* die Zerstörung Amsterdams durch einen gewaltigen Orkan [Lit. 10]:

»... Ballen und Steine, Häusertrümmer und ganze Mauern, Sparrenwerk und Erdklumpen flogen unablässig – ein nicht endenwollender Schauer von Wurfgeschossen – am Fenster vorbei . . . da sah er mit Grauen, daß die Rinde der Pappel sich abschälte und, zu fasrigen Fetzen geworden, spurlos verschwand. Gleich darauf, noch ehe er recht erfassen konnte, was geschah, brachen die hohen, ragenden Fabrikschornsteine im Südosten des Hafens glatt an der Wurzel ab und verwandelten sich in fliegende Lanzen aus weißem Staub, die der Sturm mit Blitzesschnelle davontrug. Kirchturm auf Kirchturm folgte . . .«

Weiter heißt es:

»... dann, als er zögernd und voller Angst hinschaute, sah er, daß sie [eine Kirche] wohl noch unversehrt zum Himmel ragte, aber aus einer Insel von Schutt – fast das ganze übrige Giebelmeer war ein einziger flacher Trümmerhaufen.

Wieviel Städte mögen heute wohl noch in Europa stehen? fragte er schaudernd. Ganz Amsterdam ist abgeschliffen wie ein mürber Stein. Eine morschgewordene Kultur ist in stiebendem Kehricht aufgegangen.«

Hier wird die Katastrophe für Meyrink zum Symbol für das Absterben von alten überholten Strukturen und zur Vorbedingung für das Entstehen einer neuen, besseren Welt. Der dies alles Erlebende hat die Vision einer neuen Welt, die aus dem Chaos entsteht:

»Eine neue Erde, durchzittert von Lebendigkeit breitete sich vor ihm aus, ein Frühling voller Herrlichkeit . . ., das Vorgefühl von namenlosem Entzücken durchbebte seine Brust . . . Im nächsten Moment war Hauberrisser wieder mit seinem Körper vereinigt und sah in den heulenden Sturm hinein, aber er wußte, daß sich hinter dem Bild der Zerstörung das neue verheißungsvolle Land verbarg, das er soeben mit den Augen seiner Seele geschaut hatte.«

Auf welche Weise könnte sich das von Meyrink geschilderte apokalyptische Inferno verwirklichen? Wenn man mit einer symbolischen Verschlüsselung der Vision rechnet, dann zählt nur die Endaussage. Sie lautet: Städte (in Europa) werden sich in Trümmerfelder verwandeln. Diese Voraussage hätte sich inzwischen erfüllt, nämlich aufgrund der Kriegsereignisse, insbesondere der Bombenangriffe, des Zweiten Weltkrieges, durch die viele Städte in Schutt und Asche gelegt wurden. Wenn man die Vision jedoch wörtlich nimmt, dann sind die Bombenangriffe des Zweiten Weltkrieges nicht gemeint. Man könnte dann schon eher an die entfesselten Kräfte eines nuklearen Sprengkopfes denken, nämlich an die zerstörerische Wirkung der atomaren Detonationswelle, wie sie sich vom Zentrum aus kreisförmig ihren Weg nach außen bahnt und dabei alles in Schutt und Trümmer legt.

Meyrink hätte dann jedoch, sozusagen in Zeitlupe, nur den zweiten Teil des Vernichtungsaktes wahrgenommen, nicht aber den Lichtblitz bei der Explosion und die durch die Hitzewelle ausgelöste Feuersbrunst. Das ist jedoch nicht sehr wahrscheinlich. Übereinstimmung besteht aber mit einer anderen Katastrophe, nämlich einem Polsprung, der den gewaltigen Orkan zur Folge haben könnte, wie Meyrink ihn schildert.

Ein Polsprung ist eine Verlagerung der Erdachse innerhalb eines kurzen Zeitraumes, beispielsweise einiger Stunden. Die Enden der Rotationsachsen der Erde, die Pole, die jetzt in der Arktis und der Antarktis liegen, verschieben sich dabei um einige hundert oder auch tausend Kilometer, zum Beispiel nach Sibirien und in den Pazifik. Genaugenommen werden die Erdmassen umgelagert, denn die Drehachse der Erde ist wegen des Erhaltungssatzes des Drehimpulses gegenüber dem Fixsternsystem raumfest, wenn man von der Präzessionsbewegung absieht. Es geschieht etwas Ähnliches, wie wenn sich bei weiterhin senkrechter Drehachse ein unsymmetrischer Kreisel umlegt. Ursache eines Polsprungs können die an der Erde angreifenden Gravitationskräfte eines sich nähernden Planeten oder Planetoiden sein oder auch Vorgänge auf oder in der Erde. Letzteres wird allerdings für ziemlich unwahrscheinlich gehalten.

Bei einem Polsprung sind, wie von dem Geologen Jeffrey Goodman in seinem Buch *We are the Earthquake Generation* (»Wir sind die Erdbebengeneration«) beschrieben, Orkane zu erwarten, die die schlimmsten Hurrikans übertreffen. Der Himmel wird rot, gewaltige Staubwolken verfinstern die Sonne, die nicht untergeht oder einen anderen Weg nimmt, und in der Ferne ist ein dumpfes Brausen zu hören, das lauter und lauter wird. Ein stetiger Wind beginnt zu wehen und steigert sich immer mehr. Der Wind wird zum Sturm, zum Orkan, der alles übertrifft, woran sich Menschen erinnern. Bäume werden entwurzelt, Dächer fliegen davon, Kirchtürme, Schornsteine und Hochhäuser stürzen ein, und die Trümmer werden davon gewirbelt. Alles, was sich über dem Erdboden erhebt, wird zerschlagen. Die Vernichtungsorgie hält stundenlang an. Die Trümmer »schleifen tatsächlich die Städte ab wie einen mürben Stein«. Städte, Ortschaften und Wälder werden dem Erdboden gleichgemacht. Wenn der Orkan endlich schwächer wird, beginnen die Gegenstände, die in die Höhe gewirbelt wurden, wieder herunterzufallen. Es regnet Bäume, Autos, Dachziegel . . . [Lit. 11].

Ein Polsprung soll übrigens nach den Überlegungen des Psychologen Hans J. Andersen auch in historischer Zeit stattgefunden haben. Andersen hat Material, das diese These stützt, in dem Buch *Polwende – Zeitenwende* zusammengetragen. Auch für die nahe Zukunft erwartet er einen Polsprung. Dabei stützt er sich unter anderem auf die Visionen von Sensitiven [Lit. 12].

Durch einen Polsprung könnten sich die Prophezeiungen einiger nordamerikanischer Indianerstämme erfüllen, auf die in Kapitel 4 eingegangen wird. Die Katastrophe wird als die »große Reinigung« bezeichnet.

4
Kommt ein Goldenes Zeitalter oder die Apokalypse?

Geht der Fortschritt in Wissenschaft und Technik unaufhaltsam weiter? Werden Sozialprodukt und Lebensstandard, über längere Zeitspannen gesehen, immer weiter steigen? Wird einmal jeder, der das möchte, Haus und Garten besitzen, die vorgeschriebene Arbeitszeit auf wenige Stunden am Tage reduziert sein?

Kommt eine Heilszeit ewiger Fülle, ein Goldenes Zeitalter, oder geht gerade jetzt mit der Erschöpfung der Ressourcen ein goldenes Ausbeutungszeitalter zu Ende? Liegen die besten Jahre bereits hinter uns, und geht es nun abwärts? Wird unsere technisch-wissenschaftliche Kultur, belastet durch Energie- und Rohstoffmangel, Umweltverschmutzung und Übervölkerung, in naher Zukunft zusammenbrechen und wieder von der Erdoberfläche verschwinden, wie schon so viele andere mächtige Kulturen vor ihr? Schlittern wir unaufhaltsam in die Katastrophe, die endzeitliche Apokalypse?

Der Mensch hat sein Schicksal von Wissenschaft und Technik abhängig gemacht. Wissenschaft und Technik aber haben zwei Gesichter: sie haben uns Annehmlichkeiten und bestechende Errungenschaften beschert, wie zum Beispiel Autos und Fernsehen; in ihrem Gefolge aber werden neue, nur schwer lösbare Probleme sichtbar wie – um bei unseren Beispielen zu bleiben – Bewegungsarmut, Verweichlichung, Lärm, Abgase. Fluch und Segen gehen von unserem Fortschritt aus, und noch ist nicht entschieden, was überwiegt. Denn Wissenschaft und Technik verlängern zwar unser Leben, gleichzeitig aber schaffen sie fürchtliche Waffen, eine schreckenbringender als die andere, eine apokalyptische

Spirale ohne Ende. Sie haben dem Menschen der westlichen Industrieländer einen Überfluß an Nahrungsmitteln beschert, ihn von mancherlei Krankheiten befreit und ihm Wissen, Macht und Spielzeuge gegeben; aber sie haben ihn auch in starke Abhängigkeitsverhältnisse gebracht und haben ihm die Religion genommen, so daß er nun keinen Sinn mehr in seinem Leben zu erkennen vermag.

Übervölkerung und Umweltzerstörung, Energie- und Rohstoffmangel und mit Hilfe neuer Vernichtungswaffen geführte Kriege könnten tatsächlich bewirken, daß Wissenschaft und Technik der Menschheit nur noch zum Unheil gereichen.

Bei vielen Menschen steht dieser Aspekt heute im Vordergrund. Sie sehen mit Pessimismus in die Zukunft, befürchten den Zusammenbruch dieses immer komplizierter werdenden Systems, die Versklavung durch totalitäre Herrschaftssysteme und die Vernichtung durch Kernwaffen oder ein jämmerliches Dahinsiechen als Überlebende eines Atomkrieges.

Die Optimisten aber erwarten eine Wissenschaftsexplosion, welche die Grenzen, die dem Menschen von der Natur ursprünglich gesetzt waren, immer weiter hinausschiebt, bis schließlich paradiesische Zustände erreicht sein werden. Es werde zwar immer schwieriger und erfordere immer mehr Aufwand, neue Erkenntnisse zu gewinnen, sagen sie, dennoch habe der Fortschritt von Wissenschaft und Technik bisher die Lebensqualität nur gesteigert. Die Freizeit soll weiter zunehmen, die Arbeitswelt humaner gestaltet werden und der Mensch sich einer sich stets steigernden Überfülle an Waren und Dienstleistungen erfreuen.

Welche dieser beiden, einander ausschließenden Zukunftsvisionen hat die größere Wahrscheinlichkeit, sich zu realisieren? Werden die Optimisten oder die Pessimisten recht behalten? Argumente gibt es sowohl für die eine als auch die andere Möglichkeit.

Luft, Wasser, Rohstoffe und Energie sind nicht in beliebigen Mengen vorhanden, dennoch werden sie in immer größeren Mengen verbraucht. Um etwa 1800 begann eine ungeheure Entwicklung auf fast allen Gebieten. Dieses Wachstum übertraf alle Prognosen und hat sich bisher immer nur gesteigert. Dabei werden die in nur begrenzten Mengen vorhandenen Rohstoffe unbekümmert verwendet, die natürliche Umwelt wird ausgebeutet und zerstört. Die fossilen Brennstoffe im Boden, Ergebnis eines Hunderte von Millionen Jahren dauernden biologischen Prozesses, werden in einem gigantischen Feuerwerk verbrannt. Von 1830 bis 1930 nahm die Anzahl der Menschen auf der Erde von einer Milliarde auf zwei Milliarden zu. Die nächste Verdoppelung erfolgte in weniger als der Hälfte der Zeit, nämlich in vierzig Jahren. 1975 überschritt die Anzahl der Menschen die Vier-Milliarden-Grenze. Um die Jahrtausendwende werden es bereits sieben Milliarden sein. Nur eine Katastrophe kosmischen Ausmaßes könnte das verhindern. Und die Menschheit wird weiter wachsen, denn die Bevölkerungszunahme erfolgt vor allem in den unterentwickelten Ländern, wo – von China abgesehen – ein Geburtenrückgang vorerst nicht zu erwarten ist. So rasch wie die Anzahl der Menschen wächst aber auch der Bedarf an Nahrungsmitteln. Die Ackerflächen lassen sich jedoch nicht beliebig vermehren, die Nahrungsmittelerträge nicht unbegrenzt steigern. In Zukunft wird deshalb die Kluft zwischen Nahrungsmittelbedarf und Nahrungsmittelproduktion immer größer werden. Die Lebensmittelpreise werden unaufhaltsam steigen und Hunger und Unterernährung weltweit zunehmen.

Noch rascher als die Bevölkerungszahl vervielfacht sich der Energieverbrauch und die Produktion und damit der Verbrauch der Bodenschätze. Zwar ist das Wirtschaftswachstum in den Industrieländern schwächer geworden, aber selbst ein Wachstum von »nur« zwei Prozent pro Jahr, wie es derzeit (1980) im Mittel über längere Zeit für realisierbar gehalten wird, führt immer noch zu einer Verdoppelung in fünfunddreißig Jahren.

Insbesondere in Asien entstehen rund um den Pazifik neue Industriestaaten mit enorm hohen Wachstumsraten, u. a. in Indonesien, Korea und China. Für China, das heute eine Milliarde Einwohner hat, schätzt HERMAN KAHN das Wirtschaftswachstum auf wenigstens sieben Prozent pro Jahr. Bei dieser Rate verdoppelt sich das Bruttosozialprodukt alle zehn Jahre. In den unterentwickelten Ländern steigt der Verbrauch auf dem Weg vom Nomadenstamm zum Industriestaat auf das Vierzigfache an. Hier fällt zusätzlich also noch ein gewaltiger Nachholbedarf ins Gewicht [Lit. 13].

Mit der zunehmenden Verbrennung von Kohle und Erdöl, der wachsenden Produktion und Industrialisierung werden Luft und Wasser immer stärker verschmutzt, und die natürliche Umwelt wird zerstört. Die Lebensqualität sinkt. Luft und Wasser können die Schadstoffe nicht unbegrenzt aufnehmen. Wird in den Flüssen, Seen und im Meer ein bestimmter Verschmutzungsgrad überschritten, so erlischt die Selbstreinigungskraft, und alles höhere Leben in ihnen stirbt ab. Viele Flüsse und Seen sind heute bereits tot, und Binnenmeere wie die Ostsee befinden sich dicht vor dem Umkippen. Durch die Schadstoffe in der Atmosphäre werden Mensch, Tier und Pflanze geschädigt. Empfindliche Tier- und Pflanzenarten sterben ab, und die Lebenserwartung des Menschen sinkt. Nach dem 1980 erschienenen *Global 2000 Report* [Lit. 14] sollen in wenig mehr als zwei Jahrzehnten fünfzehn bis zwanzig Prozent der Pflanzen- und Tierarten der Erde aussterben. Das ist ein Verlust von wenigstens einer halben Million Arten.

Wenn ungünstige Wetterverhältnisse die Verdünnungsfähigkeit der Atmosphäre herabsetzen, treten in den Ballungsräumen die gefürchteten Smoglagen auf. Sie machen das Atmen zur Qual und lassen die Todesrate weit über den Durchschnitt hochschnellen. Mit steigender Produktion wächst die Luftverschmutzung immer mehr an. Zur Ableitung der Schadstoffe werden hohe Schornsteine gebaut, welche die Schadstoffe besser verteilen. Dadurch werden aber auch die ländlichen Gebiete immer stärker in Mitleidenschaft gezogen. Giftige Schwermetalle findet man seit langem schon an den Polen und im Grönlandeis.

Ein Forscherteam hat im Auftrag des »Club of Rome« die Auswirkungen des unbegrenzten Wachstums mit Hilfe von Computeranalysen untersucht. Die alarmierenden Überlegungen und Schlüsse, die 1972 in dem Buch *Die Grenzen des Wachstums* von Dennis Meadows u. a. [Lit. 15] veröffentlicht wurden, gelten noch immer. Eingangsdaten für das Modell waren Zahlen über das Bevölkerungs- und Wirtschaftswachstum, die Rohstoffvorräte der Erde und die Umweltverschmutzung. Es wurde vorausgesetzt, daß der bisherige Trend bestehen bleibt, die Menschen also so weitermachen wie bisher. Neue Technologien und Erfindungen wurden nicht in Erwägung gezogen. Das Ergebnis der Rechnungen und Analysen war, daß innerhalb der nächsten hundert Jahre alles zusammenbricht, weil die Bodenschätze zu Ende gehen.

In einem zweiten Lauf wurde dann vorausgesetzt, daß die Bodenschätze sozusagen unermeßlich wären und an ihnen kein Mangel auftreten könne. Das Ergebnis lautete: Dann erfolgt der Zusammenbruch, weil die Umweltverschmutzung untragbare Ausmaße annimmt. Als dann weiter vorausgesetzt wurde, daß neben dem Problem der Rohstoffversorgung auch das der Umweltverschmutzung gelöst werden könne, ergab die Analyse, daß dann Milliarden von Menschen verhungern, weil die Nahrungsmittel nicht mehr ausreichen. Nach dem *Global 2000 Report* wird das Anfang des nächsten Jahrhunderts der Fall sein.

Die Schlußfolgerungen, die das Forschungsteam zog, lauteten: »Wenn die gegenwärtige Zunahme der Weltbevölkerung, der Industrialisierung, der Umweltverschmutzung, der Nahrungsmittelproduktion und der Ausbeutung von natürlichen Rohstoffen anhält, werden die absoluten Wachstumsgrenzen auf der Erde im Laufe der nächsten hundert Jahre erreicht. Mit großer Wahrscheinlichkeit führt dies zu einem ziemlich raschen und nicht aufhaltbaren Absinken der Bevölkerungszahl und der industriellen Kapazität.«

Mit anderen Worten: Bei einem Anhalten des unkontrollierten Wachstums wird es innerhalb der nächsten Generation zu einer allgemeinen Menschheitskatastrophe kommen, bei der ein großer Teil der Erdbevölkerung verhungern oder, durch Hunger geschwächt, Krankheiten und Seuchen zum Opfer fallen wird. Die Katastrophe sei nur aufzuhalten, meinen die Forscher, wenn durch eine radikale Änderung unserer Lebensgewohnheiten der Übergang vom Wachstum zum Gleichgewicht gefunden werde. Andernfalls sei der Zusammenbruch unserer technischen Kultur unvermeidlich. Als unbestimmt wird lediglich der genaue Zeitpunkt des Zusammenbruchs angesehen – ob es uns schon trifft oder erst unsere Kinder oder Enkel. Die Bodenschätze sollen sich dieser Analyse zufolge allerdings schon Ende dieses Jahrhunderts erschöpfen. Viele Rohstoffe sollen bis zur Jahrtausendwende nur noch in ungenügenden Mengen und zu hohen Preisen zu beschaffen sein.

Ob nun der die Katastrophe auslösende Faktor der Mangel an Nahrungsmitteln, der Rohstoffmangel oder die Umweltverschmutzung sein würde, in jedem Fall sollen sich Hungersnöte und für den überwiegenden Teil der Erdbevölkerung ein früher Tod einstellen. Bei mangelnden Rohstoffen käme es deshalb zu Hungersnöten, weil infolge der starken Technisierung der Landwirtschaft die Nahrungsmittelerzeugung zurückgehen würde.

Über den Verlauf der Katastrophe läßt man uns nicht im unklaren: Geht zuerst die Schere zwischen Nahrungsmittelbedarf und Nahrungsmittelerzeugung auseinander, so trifft die Katastrophe als erstes die Entwicklungsländer. Versiegen zuerst die Rohstoffe, so sind die Industriestaaten am stärksten betroffen.

Pessimistischer noch als der »Club of Rome« vertreten andere Wissenschaftler die Ansicht, daß die Menschheit überhaupt nicht mehr die Möglichkeit habe, das unkontrollierte Wachstum aufzuhalten: Die Politiker der westlichen Demokratien, auf die es in diesem Zusammenhang ja ankommt, sähen kaum über ihre Wahlperiode hinaus. Von ihnen könne man deshalb keine Entscheidungen erwarten, die in der gegenwärtigen Situation ernsthafte Opfer zugunsten der Jahre nach der Jahrtausendwende erforderten. Die Entwicklungsländer andererseits aber würden nicht auf den Aufstieg zu Industrienationen verzichten. In den meisten Entwicklungsländern scheint es zudem gar nicht möglich zu sein, das Bevölkerungswachstum zu stoppen.

Aber ist die Lage wirklich so ernst? Sind die Zukunftsaussichten tatsächlich so düster, wenn nicht sofort alles unternommen wird, um das Bevölkerungs- und Wirtschaftswachstum zu stoppen? Wenn das der Fall ist, dann braucht man die Prophezeiungen der Seher kaum noch zu Rate zu ziehen. Da der Verbrauch von Rohstoffen und Energien weltweit immer weiter zunimmt und die Erdbevölkerung immer mehr anwächst, werden, wenn diese Wissenschaftler recht haben, die

Katastrophen unabweisbar über die Menschheit hereinbrechen. Und dennoch: Alle Zukunftsprognosen sind naturgemäß mit vielen Imponderabilien und Unsicherheiten behaftet. Infolgedessen ist immer auch noch Raum für andere Möglichkeiten vorhanden. Kritiker bezweifeln zum Beispiel, daß die Ansätze und Thesen der im Auftrag des »Club of Rome« durchgeführten Analysen richtig sind. Manche sagen sogar, daß es gefährlich sei, das Wachstum künstlich zu begrenzen. Lediglich drei Grundannahmen sind unbestritten:

1. Die Erde ist ein begrenztes System.
2. In einem begrenzten System ist ein unbegrenztes Wachstum nicht möglich.
3. Das Wachstum wird infolgedessen eine Begrenzung finden.

Alles andere dagegen wird in Zweifel gezogen. So ist zum Beispiel umstritten, wo die Grenzen liegen und ob sie überhaupt bestimmbar sind. Allerdings kann selbst ein Wirtschaftswachstum von »nur« ein Prozent pro Jahr, wie es die Industrialisierung bei gleichzeitiger Bevölkerungszunahme langfristig begleitet hat, nicht unbefristet aufrechterhalten bleiben. Das jährliche Sozialprodukt würde dann nämlich in tausend Jahren um gut den Faktor 20.000 anwachsen. Die meisten Experten schätzen, daß die Erde maximal fünf bis fünfzig Milliarden Menschen ernähren kann.

Der britische Physiker J. H. FREMLIN kommt jedoch auf wesentlich höhere Zahlen, indem er von radikal neuen Möglichkeiten der Nahrungsmittelerzeugung ausgeht und ohne Rücksicht auf Lebensqualität nur die Steigerung der Bevölkerungszahl im Auge hat. Nach seinen Überlegungen kann sich die Menschheit noch zehnmal verdoppeln, wenn die Erdoberfläche restlos ausgenutzt und das Meeresleben ausschließlich auf Nutzalgenproduktion umgestellt wird. Auf der Erde würden dann dreitausend Milliarden Menschen leben können, fast tausendmal mehr als jetzt. Auf jeden Menschen entfiele dann noch eine Erdoberfläche von zwölf mal zwölf Metern [Lit. 15, 16].

Die Erde kann nach Fremlin aber noch viel mehr Menschen ernähren, und zwar hauptsächlich indem die Nahrungsmittelproduktion durch Sonnenreflektoren gesteigert wird, die als Satelliten die Erde umkreisen und die beiden Polargebiete wie auch die jeweilige Nachtseite der Erde bestrahlen. Dämmerung und Nacht gäbe es dann nicht mehr, und die Sterne und den Mond könnten die Menschen nicht mehr sehen und wegen Platzmangels die Sonne nur noch einmal im Monat oder sonst auf dem Bildschirm. Das Grönlandeis und die Polarkappen würden abschmelzen. Überall auf der Erde würde tropisches Klima herrschen. In Arktis und Antarktis wüchsen Apfelsinen.

Die Nahrungsmittelproduktion könnte noch weiter gesteigert werden, wenn sich nicht ein neues Problem ergäbe, nämlich das der Überhitzung der Erde. Die Temperaturen lassen sich bei einer weiteren Zunahme der Bevölkerung eine Zeitlang konstant halten, indem die Ozeane überdacht würden und die Wärme von überhitzten Metallplatten in den Weltraum abgestrahlt würde. Die Temperaturen ließen sich jedoch nicht beliebig erhöhen. Die Grenze ist durch den Schmelzpunkt der Metalle vorgegeben, und damit erst wären endgültig die absoluten Grenzen des Bevölkerungswachstums auf der Erde erreicht.

Eine weitere Vermehrung der Menschheit scheitert also nach Fremlin überraschenderweise nicht an Nahrungs- oder Energiemangel, sondern an der Überhitzung der Erde. Auch Rohstoffe sollen bei einer Ausnutzung der Erdkruste bis zehn Kilometer Tiefe noch mehr als genügend vorhanden sein. Fremlin sieht die Erde dann mit sechzig Millionen Milliarden Menschen bevölkert, die leben können. Diese Zahl könnte bei zwanzig Verdoppelungen der Erdbevölkerung schon in etwa tausend Jahren erreicht sein. Auf den einzelnen Menschen entfielen dann nur noch 0,007 Quadratmeter Erdoberfläche.

Wo sollten aber so viele Menschen leben? Fremlin stellt sich ein zweitausend Stockwerk hohes, den ganzen Erdball umspannendes Gebäude vor, in dem für jede Person 7,5 Quadratmeter Wohnraum zur Verfügung ständen. Kleider wären bei der Hitze unnötig, und das Essen würde nur noch in flüssiger Form per Rohrpost serviert. Wie hoch aber wäre die Lebensqualität dieser Menschen, die eingesperrt in ihren Bauwerken leben und nie mehr das Gefühl von Freiheit und

Weite in der freien Natur erleben könnten? Ein Vergleich mit der modernen Hühnerhaltung drängt sich auf. Vor die Wahl gestellt, auf diese Weise oder gar nicht zu leben, werden sich aber immer noch genügend Menschen für ein solches Leben entscheiden. Vielleicht wäre ihre Lebensqualität nicht einmal um soviel schlechter als die mancher Großstadtbewohner von heute. Man würde wahrscheinlich über ausgiebig Freizeit verfügen und eine große Auswahl von Möglichkeiten haben, sich zu unterhalten. Die Kontaktmöglichkeiten zu gleichgesinnten Menschen wären noch nie so groß gewesen. Eine ungeheuer vielfältige Literatur würde angeboten werden. Abenteuer, Freiheit und Weite würde der Weltraum bieten, wenn die meisten auch nur am Bildschirm daran teilnehmen könnten.

Ein solches Zukunftsbild, von dessen Verwirklichung wir jedenfalls sehr weit entfernt sind, soll hier nur einen Begriff von den Möglichkeiten geben, die die Zukunft der Erde und des Menschen anders gestalten könnten, als wir heute denken.

Nach den meisten Prognosen soll indessen die Bevölkerungszunahme bald wieder zurückgehen und sich schließlich ein Nullwachstum einstellen, ohne daß es zu weltweiten Hungersnöten kommt. Dabei werden gewichtige Gründe ins Treffen geführt: Bekanntlich steigt ja in den industrialisierten Ländern die Bevölkerungszahl kaum noch an, sondern stagniert oder geht sogar schon zurück, wie zum Beispiel in den letzten Jahren in der Bundesrepublik Deutschland. Die gleichen Verhältnisse sollen sich auch in den unterentwickelten Ländern einstellen, sobald sich die Lebensweise dort an die der Industrieländer angepaßt hat. Der beträchtliche Bevölkerungszuwachs, der seit 1800 stattgefunden hat, soll demnach nur eine Welle darstellen, die nach dem Jahr 2000 langsam auslaufen wird. Wenn aber die Bevölkerungswelle ausläuft, dann soll auch das Ernährungsproblem nicht mehr bestehen, jedenfalls nicht mehr in einer Weltkatastrophen auslösenden Brisanz. Fraglich ist dabei allerdings, ob die Entwicklungsländer die Industrieländer rasch genug einholen werden. Nach dem *Global 2000 Report* wird die Kluft bis zum Jahre 2000 jedenfalls noch zunehmen.

Von diesen optimistischen Zukunftsforschern wird auch die hemmungslose Ausbeutung der Bodenschätze als nicht so gefährlich angesehen: Man soll mit ihnen nicht als fester Größe rechnen. Je knapper und rarer sie werden, um so eher sollen neue Lagerstätten und Energiequellen erschlossen werden. Als Reserven werden unter anderem die unter dem Meeresboden oder im Meer vorhandenen oder vermuteten Rohstoffe genannt, von denen man heute allerdings noch nicht sicher weiß, ob sie überhaupt ausgebeutet werden können. Schließlich wird auch bestritten, daß der Grad der Umweltzerstörung und -verschmutzung unmittelbar mit dem Bevölkerungs- und Wirtschaftswachstum zusammenhängt. Durch Herabsetzung der zulässigen Verschmutzungsgrade und Umstellung auf umweltfreundliche Produktionsarten soll die Luft- und Wasserverschmutzung mit wachsender Industrialisierung sogar wieder rückgängig gemacht werden können. Als sicher angenommen werden kann dabei aber nur, daß bestimmte Komponenten der Umweltverschmutzung (etwa die Schwefeldioxyd-Immissionsbelastung in den Städten) in einem bestimmten Stadium der Industrialisierung langsamer ansteigen als Bevölkerung und Wirtschaftskapazität und daß es möglich ist, die Freisetzung einzelner Stoffe, die als besonders schädlich erkannt wurden, zu unterdrücken.

Ferner wird hervorgehoben, daß in das Weltmodell des »Club of Rome« nur trockene Zahlen eingehen und ein sehr wichtiger Faktor, nämlich die Summe der technisch-wissenschaftlichen Erfindungskraft der Menschheit und deren Wachstumsrate, unberücksichtigt bleibt. Wenn die Anforderungen steigen, so sagen sie, finde der menschliche Erfindungsgeist zu umwälzenden Neuerungen; nicht zufällig gelte ja der Krieg sprichwörtlich als der »Vater aller Dinge«. Die von den Wissenschaftlern des »Club of Rome« befürchteten Notstände sollen über den Markt reguliert werden; aufgrund des Mechanismus von Angebot und Nachfrage solle im Fall von Rohstoffmangel und Umweltverschmutzung ein vermehrter Einsatz der Technik die Katastrophe verhindern. Der Forderung, daß die Erfindungskraft berücksichtigt werden müsse, liege auch die Erfahrung zugrunde, daß die Menschheit bisher noch mit allen Schwierigkeiten fertig geworden sei und der Mensch heute die Natur in einem Maße beherrsche, wie es zu früheren Zeiten unvorstellbar gewesen wäre. Er werde diese Macht noch vergrößern, wie auch die Kräfte und Fähigkeiten eines Menschen mit den Anforderungen wachsen, die an ihn gestellt werden.

Die Argumentation klingt plausibel, dennoch vermag sie nicht vollkommen zu überzeugen. Mit Hilfe der Technik einen Ausweg zu finden, wird immer schwieriger. Ein immer größerer Aufwand an Kapital und Menschen ist notwendig, um den wissenschaftlichen und technischen Fortschritt voranzutreiben. Dementsprechend dauert es auch immer länger, bestimmte Ziele zu erreichen, beispielsweise die Ablösung eines zur Neige gehenden Rohstoffes oder Energieträgers durch einen anderen. Manche Rohstoffe sind darüber hinaus auch gar nicht zu ersetzen. Ein Beispiel hierfür bietet auch die Nutzung der Kernenergie. Es dauert, wie man sieht, wesentlich länger als ursprünglich erwartet, diese Technik zu beherrschen und die Fehlerquellen auszuschalten. Schwer wiegt auch als Einwand gegen eine optimistische Sicht der weiteren Entwicklung das Argument, daß die freie Marktwirtschaft, auf welche die Optimisten bauen, Rohstoffmangel und Umweltverschmutzung nicht anzeige, so daß auch die erhoffte Stimulation des technischen Fortschritts nicht erfolge. Der Markt stelle nach den Überlegungen von Wirtschaftsexperten lediglich Anreize für das Vorantreiben der wirtschaftlichen Produktionstechnik zur Verfügung, nicht aber für rohstoffsparende und verschmutzungsarme Produktionsweisen. Bei einem Versiegen der Rohstoffe würde der Markt erst dann reagieren, wenn der Abbau der natürlichen Ressourcen bereits gefährlich weit fortgeschritten ist. Bei den meisten Rohstoffen würden die Preise erst in der Nähe des Erschöpfungspunktes ansteigen, dann aber naturgemäß abrupt und massiv. Da dann für eine Umstellung auf andere Stoffe und Techniken nicht mehr genügend Zeit vorhanden wäre, müßten ganze Industriezweige zusammenbrechen mit entsprechenden Konsequenzen.

Soviel zu den Prognosen der Wissenschaftler. Wer von ihnen wird nach Prophezeiungen und Gesichten der Seher recht behalten – die Optimisten oder die Pessimisten?

Im einzelnen lassen sich folgende Fragen stellen:

- Ist ein Zusammenbruch des gegenwärtigen Wirtschaftssystems zu erwarten?
- Wird die Bevölkerung weltweit zurückgehen oder zunehmen?
- Werden Hungersnöte auch innerhalb der westlichen Industrienationen auftreten?
- Wird die Menschheit in das vorindustrielle Zeitalter zurückfallen?
- Oder wird sie zwar in Katastrophen hineinschlittern, diese aber überstehen und dann die Probleme meistern können?

Es gibt eine ganze Reihe von Prophezeiungen, die mit einem Zusammenbruch des gegenwärtigen Wirtschaftssystems in Verbindung gebracht werden können. Dazu gehören Prophezeiungen von Edgar Cayce, Jakob Lorber, Nostradamus und Sehern aus dem Bayrischen Wald. Auch die *Apokalypse* des Johannes scheint in vielen Punkten auf unsere Zeit zuzutreffen.

JAKOB LORBERS Schriften [Lit. 18] enthalten Prophezeiungen, die Katastrophen für die Zeit nach der »höchsten Industrialisierung« vorhersagen. Eine der Vorhersagen lautet: »Bald nach jener Zeit der höchsten Industrialisierung wird es auf Erden für das Leben der Menschen sehr übel auszusehen anfangen, denn die Erde wird unfruchtbarer werden. . .«

Diese Vorhersage dürfte sich mit großer Wahrscheinlichkeit erfüllen. Ein Verlust von Anbaugebieten und Ausfälle in der Nahrungsmittelerzeugung im Zusammenhang mit der »höchsten Industrialisierung« sind aus einer ganzen Reihe von Gründen zu erwarten:

- Nach dem *Global 2000 Report* wird sich wahrscheinlich bis zum Jahre 2000 ein bedeutender Teil des Weide- und Ackerlandes der Erde in Wüste verwandeln.
- Aufgrund einer Klimaveränderung, wie sie bei einer Erwärmung der Erde aufgrund des Kohlendioxydanstiegs in der Atmosphäre zu erwarten ist, wird die Wüstenbildung ebenfalls fortschreiten (siehe Kapitel 7).
- Da immer mehr Randgebiete unter den Pflug genommen und Monokulturen angebaut werden, wird die Lebensmit-

telerzeugung in stärkerem Maße abhängig vom Wetter. Das Risiko von Mißernten wächst.

- Immer mehr landwirtschaftliche Flächen werden überbaut oder vom Straßenbau verschlungen.
- Die Verschmutzung der Meere nimmt immer größere Ausmaße an. Verschmutzungsquellen sind die Flüsse, Offshore-Lagerstätten und die Schiffe. Insbesondere von den Öltankern gehen starke Verunreinigungen aus. Immer wieder schlägt die Ölpest zu. Darüber hinaus ist es üblich geworden, Industrieabfälle und Kommunenfäkalien einfach ins Meer zu schütten. Die zunehmende Anreicherung von Giftstoffen im Meerwasser schädigt die Ozeane als Nahrungsquelle. Die Fischerei sieht ihre Existenz bedroht.
- Die Anreicherung von Schadstoffen in den Nahrungsketten hemmt Wachstum und Vermehrung von Pflanzen und Tieren.
- Die Ozonschicht in der Stratosphäre, die, auf Erdbodendruck und -temperatur reduziert, nur drei Millimeter dick ist, schützt Pflanzen und Tiere auf der Erde vor der starken Ultraviolettstrahlung der Sonne. Gase aus Spraydosen und Umwandlungsprodukte aus den in der Landwirtschaft in immer größeren Mengen verwendeten Stickstoffdüngemittel sind dabei, diesen Ozonschild in der Atmosphäre zu zerstören. Eine stärkere UV-Strahlung wird den Erdboden erreichen, die Hautkrebsrate erhöhen und Photosynthese und Pflanzenwachstum hemmen.
- In der Landwirtschaft werden wegen der zunehmenden Resistenz der bekämpften Pflanzen und Schädlinge immer stärkere Gifte in immer größeren Dosen versprüht. Die natürlichen Feinde der Schädlinge sterben aus, und die Giftrückstände in den Nahrungsmitteln wachsen immer mehr an. Wenn sie die tolerierbaren Grenzen auf breiter Front überschreiten oder im Fall einer Krise der Nachschub an Herbiziden, Pestiziden, Hormonen und dergleichen ausbleibt, werden die Ernteerträge rapide zurückgehen.

Weiter heißt es bei Lorber: »Es wird auch nicht mehr lange währen, bis eure sozialen Verhältnisse, von denen ihr glaubt, sie bestünden für immer, zusammenstürzen werden ... Es werden sich die Anzeichen furchtbarer Katastrophen mehren. Es werden eine große und allgemeine Not, Elend und Trübsal eintreten, wie die Erde eine größere noch nie gesehen hat... Die Elementarereignisse, Unglücksfälle und Krankheiten, welche dieser Zeit vorangehen, sind letzte Versuche, noch zu retten, was zu retten möglich ist, damit nicht alle im Schlamm des Egoismus ersticken.«

Als Hauptursache der in diesen und anderen Prophezeiungen vorhergesagten Entwicklung wird der hemmungslose Fortschrittsdrang von Wissenschaft und Technik angeklagt, der ja auch nach wissenschaftlichen Prognosen in eine Katastrophe einmünden soll.

Der große Sensitive EDGAR CAYCE sprach 1943 von harten Zeiten, die in den USA noch nicht begonnen hätten. Bedarf und Nachfrage nach Lebensmitteln würden in Zukunft ständig steigen. Dem *Global 2000 Report* zufolge sollen sich die Lebensmittelpreise allein schon bis zum Jahre 2000 verdoppeln.

Ein andermal sagte Cayce [Lit. 19]: »Jeder, der eine Farm kaufen kann, ist glücklich, er soll sie kaufen, damit er und seine Kinder und Freunde in den Tagen, die kommen werden, nicht hungern.« Die Rückkehr aufs Land hielt Edgar Cayce für wichtiger als die Beschaffung von Arbeit auf vielen anderen Gebieten, denn »... wenn der Hunger kommt, dann kommen auch Zerstörung, Aufruhr und Streit«.

Auch für Europa und die übrige Welt sind Hungersnöte vorhergesagt worden, z. B. in der »Amsterdamer Prophezeiung« vom 25. Februar 1946. Dort heißt es [Lit. 20]: »Und dann sehe ich das Wort Hunger stehen und politisches Chaos. Das ist nicht für euer Land allein [die Niederlande], sagt die Frau [eine Muttergottes-Erscheinung], sondern auf der ganzen Welt.«

Weltweite Hungersnöte kündigt auch NOSTRADAMUS in Quatrain 1, 67 an. Der Quatrain (Vierzeiler) lautet: »Die große Hungersnot, welche ich herankommen sehe, wird oft [in verschiedenen Gebieten] umgehen, schließlich wird sie weltweit werden. Sie wird so groß sein und so lange dauern, daß man die Wurzeln von den Bäumen und die Kinder von der Mutterbrust reißen wird.«

Diese Prophezeiung enthält keine Zeitangaben. Zeitmarkierungen sind jedoch in den Vierzeilern 2, 46 und 11, 27 enthalten, in denen Krieg und Hunger für das – jetzt anbrechende – Wassermann-Zeitalter vorhergesagt werden. Die letzte Zeile in Quatrain 1, 67 deutet darauf hin, daß es selbst zu Kannibalismus kommen wird.

Nach diesen Prophezeiungen wird der Übergang zum Nullwachstum nicht so problemlos vonstatten gehen, wie sich das die Optimisten unter den Zukunftsforschern vorstellen. Von den Sehern werden Hungersnöte und Chaos vorhergesagt. Nach den Prognosen des »Club of Rome« aber sind ja gerade weltweite Hungersnöte diejenigen Katastrophen, die sich bei einem Zusammenbruch unseres Wirtschaftssystems in jedem Fall einstellen werden, gleichgültig, ob der Zusammenbruch aufgrund Rohstoffmangels, Übervölkerung oder der Umweltverschmutzung erfolgt.

Bei den Indianerstämmen im Südwesten Nordamerikas sind ebenfalls Prophezeiungen über eine »große Katastrophe« überliefert, die über die Menschheit hereinbrechen soll. Über diese Prophezeiungen hat VINCENT H. GADDI berichtet [Lit. 21]. Die Katastrophe wird von den Medizinmännern und anderen der Tradition verhafteten Weisen für die nahe Zukunft erwartet. Dabei halten sie sich nicht für Pessimisten, erläuterte einer der Medizinmänner, sondern vertrauen lediglich den überlieferten Prophezeiungen.

Die Katastrophe wird als die große Reinigung bezeichnet, weil es so sein wird, als ob sich die Erde wie ein lebendes Wesen gegen die sie zerstörenden und verschmutzenden Aktivitäten des Menschen wehre. »Wir entstammen der Erde, sie ist unsere Mutter«, sagen sie, »aber die Menschen verhalten sich so, als ob sie ihr dauernd ins Gesicht schlügen.«

Nach der Katastrophe soll sich eine bessere, mehr dem Spirituellen zugewandte Menschheit über die Erde ausbreiten. Die Prophezeiungen sprechen ebenfalls von großen Hungersnöten. Es ist aber nicht klar, durch welche Art von Katastrophe sie ausgelöst werden. Da von Feuererscheinungen und der Erde als eines sich am Menschen rächenden Wesens die Rede ist, ist möglicherweise nicht der Zusammenbruch unseres Wirtschaftssystems infolge Erschöpfung der Ressourcen, Übervölkerung oder Umweltverschmutzung die Ursache, sondern eine Klimakatastrophe oder Erdumwälzungen, wie sie auch von Edgar Cayce vorhergesagt wurden. Allerdings können Feuersbrünste auch im Zusammenhang mit den Unruhen im Gefolge von Hungersnöten auftreten. Die Bevölkerung soll jedenfalls durch die Katastrophe beträchtlich dezimiert werden. Das wurde ja auch von den Zukunftsforschern aufgrund rationaler Überlegungen vorhergesagt.

Unter anderen kennt der Stamm der Hopis diese Prophezeiung. In der Religion ihres Volkes spielen Prophezeiungen eine wichtige Rolle. Die Hopis nennen viele Beweise dafür, daß ihre Prophezeiungen eintreffen. Das ist nichts Außergewöhnliches, da die Hopis ebenso wie die meisten übrigen Indianerstämme dem Kulturkreis des Schamanismus angehören, in dem der Umgang mit dem Paranormalen eine lange Tradition hat. So sollen die Hopis bereits im voraus gewußt haben, daß von Deutschland und Japan ein großer Krieg begonnen würde. Sie kennen einen speziellen Gesang, der vor dem Ausbruch eines Krieges gesungen wird, an dem die Vereinigten Staaten und die jungen Männer des Hopilandes teilnehmen. Er soll 1914 während der Wuwuchu-Zeremonie gesungen worden sein und dann erst wieder vor Ausbruch des Zweiten Weltkrieges.

1959 suchte eine Delegation der Hopis die Vereinten Nationen auf, um die versammelten Weltführer vor der »Katastrophe der großen Reinigung« zu warnen. Der Anlaß für diese Warnung war eine alte Prophezeiung, in der ein Haus aus Glas beschrieben wird, in dem sich die großen Führer vieler Länder versammeln, um Menschen zu helfen, die in Schwierigkeiten sind. Dieses Haus soll vorhanden sein, wenn die Katastrophe der großen Reinigung hereinbricht. Die Hopis erwarten den »wahren weißen Bruder«, der den Prophezeiungen entsprechend die Hopination während der Reinigungskataklysmen beschützen wird. Die Katastrophe soll hereinbrechen, wenn sich die Menschen mehr den materiellen als den spirituellen Dingen zuwenden, wenn das Land verschmutzt und zerstört wird und die Menschen etwas erfunden haben, das auf die Erde fällt und dann durch Hitzeeinwirkungen in weitem Umkreis alles zerstört, so daß das Land zu Asche wird, auf dem kein Gras mehr wächst.

Ein anderer Stamm, der ebenfalls die »große Reinigung« erwartet, sind die Mesquaki. Große Straßen sollen sich zum Zeitpunkt der Katastrophe über den Himmel erstrecken, die Tiere verenden und viele Arten aussterben. Wenn diese Anzeichen da sind, werde es nicht mehr lange dauern, bis die große Reinigungskatastrophe hereinbreche. Auch ist von einem »Haus am Himmel« die Rede, das zu dieser Zeit existieren soll. Die Indianer glauben, daß es sich dabei um die Raumstation »Spacelab« handelt.

Ein extremer Rückgang der Bevölkerung – wie ihn Hungerkatastrophen verursachen sollen, wenn das Wachstum die natürlichen Grenzen überschreitet – wurde auch von Sehern aus dem Bayrischen Wald vorhergesagt. Es handelt sich dabei um alte Prophezeiungen, die zum Teil dem MÜHLHIASL, dem sogenannten »Waldpropheten«, zugeschrieben werden. Die Merkmale, an denen zu erkennen ist, daß das Vorhergesagte bald eintreffen wird, sind in unserer Zeit vorhanden. Allerdings sind sie nicht sehr spezifisch. Eine der Prophezeiungen des Mühlhiasl lautet [Lit. 22, 23]:

»Es wird eine Zeit kommen, in der die Menschen wieder weniger werden und die Welt abgeräumt wird. Wenn man auf den Bergen steht, wird im ganzen Wald [gemeint ist der Bayrische Wald] kein Licht zu sehen sein. Zwiesel und andere Waldorte werden veröden, so daß schon nach wenigen Jahren Brennesseln aus den Fenstern wachsen.«

Einen Bauernhof soll man dann für ein Goldstück kaufen können. Land scheint also im Überfluß vorhanden zu sein. Andererseits wird Gold aber auch weiter im Wert steigen. Es gehört nämlich zu den Metallen, deren Erschöpfungspunkt nach dem Bericht des »Club of Rome« sich aller Wahrscheinlichkeit nach schon in naher Zukunft einstellen wird.

Neben dem Bevölkerungsrückgang werden Aufruhr und Chaos vorhergesagt: »In den Städten wird alles drüber und drunter gehen«, heißt es. »Die Städter, die aufs Land kommen, um selber zu ackern, werden von den Bauern mit der ›Pflugreutn‹ erschlagen. Die Bauern werden sich auch hohe Zäune ums Haus machen und aus den Fenstern auf die Leute schießen ... Wenn man diesseits der Donau noch eine Kuh findet«, heißt es weiter, »der soll man eine goldene Glocke anbinden.«

Für das Bergische Land hat der Klosterbote BERNHARD REMBOLD, genannt »der Spielbernd«, einen Bevölkerungsrückgang vorhergesagt. Rembold war ein Seher, der von 1689 bis 1783 lebte. Einige seiner Voraussagen, 1842 zum erstenmal gedruckt, scheinen auf unsere Zeit zu passen, wie eben die Prophezeiung, in welcher der Bevölkerungsrückgang vorhergesagt wurde [Lit. 22, 24]: »Das Bergische Land wird menschenleer und die Äcker werden herrenlos sein.«

Einer weiteren Vorhersage kann man dann entnehmen, daß die gleichen Verhältnisse auch zwischen Sieg und Riesengebirge herrschen. Als Ursache werden Krieg und Pest genannt. Verblüffend ist ein Merkmal, das der Spielbernd für die Zeit genannt hat, zu der seine Vorhersagen eintreffen sollen. Die Zeitmarkierung lautet: »Um diese Zeit werden in Deutschland keine Juden mehr sein.« Dieser Satz wurde immerhin fast hundert Jahre vor Auschwitz zu Papier gebracht.

Auch Sensitive unserer Zeit haben die Ahnung, daß es wie bisher nicht mehr lange weitergehen wird:

Eine Seherin vergleicht die Menschheit mit den Insassen eines Busses, der mit kaputten Bremsen einen Berg hinunterrast, immer schneller wird. Die Fahrt, die in einer Katastrophe endet, wird für viele Menschen den Tod bedeuten.

Auch der Vater des Verfassers sah pessimistisch in die Zukunft und war sich ziemlich sicher, daß das gegenwärtige System durch ein anderes ersetzt werden wird, wobei es nicht ohne Katastrophen abgehen soll.

Aus dem Schwarzwald kommen ebenfalls Vorhersagen, die das Ende unserer hochtechnisierten Landwirtschaft ankündigen. Sie stammen vom STEINBACH-BAUERN, der diese Gesichte zwischen 1950 und 1960 hatte, und wurden 1978 in *Esotera* veröffentlicht. Von dem Steinbach-Bauern wurden im übrigen Verlauf und Ausgang des Zweiten Weltkrieges richtig vorhergesagt [Lit. 25].

In einem seiner Träume hatte er folgende Vision: Die landwirtschaftlichen Maschinen am Kussenhof und am Hanissenhof (beides Höfe im Schwarzwald) lagen verstreut umher und wurden nicht mehr benutzt. Zum Teil waren sie auch auf einen Haufen gefahren, und Brennesseln wuchsen heraus. Zwei, drei Leute gingen zur Hintertür des Hanissenhofes hinaus mit Sensen zum Mähen.

Kann aus diesen Vorhersagen von Hungersnöten ein Nutzen gezogen werden, oder bleibt uns nichts anderes übrig, als abzuwarten, bis das Unheil über uns hereinbricht? Fallstudien zeigen, daß Ereignisse, die aufgrund solcher Visionen angekündigt werden, mitunter aufgrund dieses Vorherwissens abgewendet oder in ihren Folgen abgeschwächt werden können. Nun sind die vorhergesehenen Hungersnöte vielleicht nicht abwendbar. Aber dann können zumindest Vorkehrungen getroffen werden, um die Auswirkungen zu mildern. Ein Beispiel hierfür wird schon in der Bibel gegeben. Man denke hier an den Traum des Pharao, in dem er, symbolisch verschlüsselt, eine über Ägypten hereinbrechende Hungersnot vorhersah. Nach der Deutung des Traumes durch Josef, den Sohn Jakobs, ließ der Pharao Vorräte anlegen, welche die Menschen in den Dürrejahren vor dem Hungertod bewahrten. Natürlich können wir heute nicht mehr nachprüfen, ob diese Geschichte wahr ist. Sie zeigt jedoch, daß ihr Verfasser und die Kompilatoren, die sie in die Bibel übernommen haben, der Ansicht waren, daß sich ASW-Informationen auf diese Weise nutzen lassen.

Wir können heute kaum Vorräte für mehrere Jahre anlegen; auf jeden Fall aber sollte jedermann Lebensmittelvorräte für einige Wochen im Hause haben, wie das ja auch von den meisten Regierungen empfohlen bzw. gefordert wird. Im Zeitalter der Konserven bereitet das ja keine Schwierigkeiten.

Edgar Cayce empfahl die Rückkehr aufs Land. Zweifellos können dort Lebensmittelknappheit und Hungersnöte immer noch am besten überstanden werden, wie die Hungerjahre nach dem Zweiten Weltkrieg in Deutschland gezeigt haben. In den Städten sind damals viele Menschen verhungert, insbesondere ältere, die nicht zum »Hamstern« aufs Land fahren konnten. Auf dem Land dagegen war die Lebensmittelknappheit deutlich gemildert.

Eine Rückkehr aufs Land, wie Edgar Cayce sie empfohlen hat, ist für die Mehrzahl der Menschen nicht möglich. Aber es sollte alles vermieden werden, was die Landflucht noch weiter verschärfen könnte. Dies wäre zweifellos der Fall, wenn die staatlichen Subventionen für die Landwirtschaft verringert oder abgeschafft würden, wie das immer wieder gefordert wird und auf den ersten Blick auch gerechtfertigt erscheint. Einc Verringerung dieser Subventionen hätte jedoch zur Folge, daß heute noch als Äcker, Felder und Wiesen genutztes Land mit Wald bepflanzt würde und daher die Nahrungsmittelerzeugung stark zurückginge. Wir wären dann vermehrt auf Lebensmitteleinfuhren aus dem Ausland angewiesen, und Lebensmittelverknappungen und Hungersnöte würden sich viel schlimmer auswirken. Die in der Bundesrepublik Deutschland an die Landwirtschaft gezahlten Subventionen könnten sich eines Tages als die wichtigste Vorsorgemaßnahme der Regierung gegen die zu erwartende Nahrungsmittelverknappung erweisen, wenn sie zunächst auch nicht als solche geplant waren.

Die Prophezeiungen der Seher stimmen – wie wir insgesamt erkennen müssen – offensichtlich mehr mit jenen wissenschaftlichen Prognosen überein, denen zufolge das gegenwärtige Wirtschaftssystem zusammenbrechen und die Bevölkerung weltweit zurückgehen wird.

Auf welche Weise nun könnte dies konkret geschehen? Was genau wird die Katastrophe auslösen – Bevölkerungszunahme, die Erschöpfung der Ressourcen oder die Umweltverschmutzung?

5
Wie kann die Umweltverschmutzung das wirtschaftliche Wachstum stoppen?

Nach den Studien des »Club of Rome« bildet die Umweltverschmutzung eine natürliche Grenze für das wirtschaftliche Wachstum. Mit fortschreitendem Wirtschaftswachstum soll die Wasser-, Luft- und Nahrungsmittelvergiftung allmählich derartige Ausmaße annehmen, daß die Industriegesellschaften nicht mehr werden existieren können. Wenn die Umweltverschmutzung einen bestimmten Punkt überschreite, sei wegen der Langzeitwirkung der Schadstoffe die Katastrophe unvermeidbar, das heißt die Verschlechterung des Gesundheitszustandes und der Rückgang der Lebenserwartung der Bevölkerung nicht mehr aufzuhalten. Das komplexe System der wirtschaftlichen Verflechtungen soll zusammenbrechen und die Bevölkerung unkontrolliert zurückgehen.

Das ist eine düstere Prognose. Sie setzt voraus, daß das Wirtschaftswachstum unausweichlich mit zunehmender Umweltzerstörung und -vergiftung verknüpft ist, wie das trotz aller Umweltschutzmaßnahmen bisher der Fall war. Wenn diese Voraussetzung richtig ist, wird das Wirtschaftswachstum tatsächlich ein Ende finden, wenn die Vergiftung von Wasser, Luft und Nahrung einen bestimmten Grad überschreitet. Darauf kommt schon, wer sich das Bild unseres Heimatplaneten vergegenwärtigt, wie ihn die Astronauten aus dem Weltraum aufgenommen haben, und sich dabei der begrenzten Dimensionen, Endlichkeit und Einzigartigkeit unseres Raumschiffes Erde bewußt wird: Ein kugelförmiger Himmelskörper, eingehüllt in ein leuchtendes Aquamarinblau. Dadurch unterscheidet sich unser Wasserplanet Erde von den anderen Planeten des Sonnensystems. Als dritter Planet, von der Sonne aus gezählt, besitzt er als einziger die

Voraussetzungen für höheres Leben, wie wir es kennen, nämlich eine Wasser- und die richtige Gashülle sowie Temperaturen, bei denen Wasser in flüssiger und gasförmiger Form existiert. Die anderen Planeten umkreisen die Sonne in lebensfeindlicher Kälte oder Hitze, quasi ohne Lufthülle oder in dichte Gase eingehüllt. Auf der sonnenbeschienenen Seite unseres blauen Planeten schimmern graugrün die Kontinente, tiefblau die Meere. Gebirgszüge sind erkennbar und die großen Ströme. Ihre Fluten, beladen mit Abfallstoffen, verfärben die Ozeane vor den Mündungen schmutziggelb, und über den Ballungsräumen liegen graue Dunstglocken.

Die Existenz des Lebens und der Menschheit ist auf Gedeih und Verderb an die Unversehrtheit der hauchdünnen Wasser- und Lufthülle auf der Oberfläche dieser großen blauen Murmel geknüpft. Trotz ihrer Begrenztheit und Endlichkeit werden aber Luft und Wasser in immer größerem Ausmaß verbraucht und verschmutzt. Um etwa 1800 begann eine ungeheure Expansion auf fast allen Gebieten. Dieses Wachstum hat sich bisher immer nur gesteigert. Energie- und Rohstoffverbrauch und die Fremdstoffflüsse in Atmosphäre und Wasser verdoppelten sich in immer kürzeren Zeiträumen. Manche der langlebigen Stoffe haben die Neigung, sich zu akkumulieren, das heißt, sie reichern sich nach und nach in der Nahrungskette an und schädigen Mensch und Tier. Schon seit langem werden in den Organen von Mensch und Tier weit überhöhte Gehalte von Kadmium und Blei und giftigen organischen Verbindungen nachgewiesen. Eine unbegrenzte Vergiftung von Mensch, Tier und Pflanze ist natürlich nicht möglich. Die Verpestung von Wasser, Luft und Nahrungsmitteln wird infolgedessen irgendwann einmal nicht mehr weiter zunehmen, spätestens dann, wenn durch Krankheit, Siechtum und Tod großer Bevölkerungsteile das derzeitige Wirtschaftssystem zusammenbricht. Der Mensch wird dann wahrscheinlich das gleiche Schicksal erleiden, das er auch den auf Restbestände dezimierten oder ausgestorbenen Tier- und Pflanzenarten bereitet hat. Tiere und Pflanzen können sich nicht wehren; der Mensch wird immer wieder versuchen auszuweichen, indem er zum Beispiel als besonders gefährlich erkannte

Substanzen in ihren Emissionen beschränkt oder durch andere ersetzt. Es ist nur die Frage, ob ihm das auch immer rechtzeitig gelingt. Die große Vielfalt der Substanzen, ihre Langzeit- und synergistische Wirkung lassen das als fragwürdig erscheinen.

Die chemische Industrie produziert gegenwärtig etwa 40.000 bis 50.000 chemische Verbindungen in Mengen von jeweils mindestens einer Jahrestonne, und jährlich kommen 500 bis 1000 Substanzen neu hinzu. Die Gesamtproduktion organischer Chemikalien beträgt etwa 130 Millionen Jahrestonnen. Sie soll sich bis 1990 verdoppeln. Ein großer Teil der von der Chemie produzierten Stoffe wird in die Atmosphäre und ins Wasser freigesetzt. Andere reichern sich im Erdboden an oder finden sich in den Nahrungsmitteln wieder. Im Rhein, der Trinkwasser für fast 20 Millionen Menschen liefert, sind beispielsweise ungefähr 60.000 chemische Verbindungen enthalten, und von der Luft industrieller Ballungsgebiete weiß man, daß sie, abgesehen von lungengängigem Feinstaub, Schwermetallen und anderen Giftstoffen, um die 2000 organische Verbindungen enthält, von denen bisher nur einige hundert chemisch bestimmt wurden. Wenn sie so langlebig sind wie das DDT und seine Abbauprodukte oder die als Treibgas verwendeten Chlorfluormethane, so verbreiten sie sich über die ganze Erde. Von den wenigsten dieser Chemikalien ist bekannt, welche Auswirkungen sie langfristig gesehen auf den Menschen oder das Ökosystem Erde haben werden. Die von ihnen ausgehende Gefahr ist nicht abschätzbar.

Die industriellen und wissenschaftlichen Institutionen können diese Stoffe zwar entwickeln; sie sind aber vielfach nicht imstande, ihre krebsgefährdende und erbgutverändernde bzw. synergistische Kombinations- und Langzeitwirkung eindeutig zu bestimmen. Man denke an die Contergan-Affäre, bei der ein Schlafmittel die schlimmsten erbgutverändernden Wirkungen auslöste. Manche dieser Stoffe sind krebsfördernd. Einige der Gifte wirken noch in unglaublicher Verdünnung. Eine Substanz im Wasser von so überaus geringer Konzentration wie 0,1 Teile pro Milliarde kann für Fische hochgiftig sein.

Welche Wirkungen die in die Umwelt freigesetzten Schadstoffe auf Mensch und Tier haben können, schildert zum Beispiel die Biologin Rachel Carson in ihrem Buch *Der stumme Frühling* [Lit. 26]: »In einer Landschaft mit blühenden Farmen inmitten von Kornfeldern und Obstgärten finden zahllose Vögel ihr Auskommen. Die klaren Bäche sind voll von Fischen. In diese Gegend zieht eine Seuche ein. Rinder und Schafe werden siech und verenden. Die Fische gehen zugrunde, und die Vögel verschwinden. Die wenigen Vögel, die noch zu den Futterplätzen kommen, zittern heftig und können nicht mehr fliegen. Sie sind dem Tod nahe. Die Menschen werden von unbekannten Krankheiten befallen, denen die Ärzte ratlos gegenüberstehen. Ursache dieser Seuche ist ein weißes körniges Pulver, das vor einigen Wochen vom Himmel gefallen ist und von dem sich an geschützten Stellen noch ein paar Flecken zeigen.«

Die Biologin sagt, daß sie keine Gemeinde kennt, der alle diese Mißgeschicke auf einmal zugestoßen sind, wohl aber, daß sich jeder einzelne dieser Unglücksfälle irgendwo ereignet hat. Das war 1962. Inzwischen gibt es jedoch einen Landstrich, der von einer noch schlimmeren Katastrophe betroffen wurde, als die Biologin sie schildert. In Seveso, einer Stadt in Oberitalien, wurde am 10. Juli 1976 während einer Betriebsstörung von einem Chemiewerk weniger als eine Stunde lang ein starkes Gift in die Atmosphäre freigesetzt. Aus der vom Wind davongetragenen Abgaswolke rieselte ein feiner weißer Staub und setzte sich auf Bäume, Gras und Erdboden. Ein Gebiet von über hundert Hektar, über das die Abgaswolke hinweggezogen war, wurde unbewohnbar.

In dem Chemiewerk war aus Trichlorphenol, das für antiseptische Seifen verwendet wird, bei Temperaturen von über 200 Grad Celsius das Gift Dioxin entstanden. Dieser Stoff gehört zu den tödlichsten Kleinmolekülgiften, das die Menschheit kennt. Seine Wirkung ist noch schlimmer als die von Arsen und Strychnin. Während ein halbes Gramm Trichlorphenol jedes zweite Meerschweinchen tötet, dem man es verabreicht, reicht bei Dioxin der viermillionste Teil eines Gramms dafür aus.

In dem von der Giftwolke am stärksten betroffenen Gebiet fielen die Vögel tot vom Himmel, die Haustiere starben, und die Menschen wurden von schrecklichen Geschwüren befallen. In einem Gebiet von zwei Kilometern Länge und einem halben Kilometer Breite starben neunzig Prozent aller Tiere. Die Wirkungen traten nicht sofort auf, sondern erst nach Tagen und Wochen und manche erst nach Monaten. Die Langzeitwirkungen sollen sich bei den betroffenen Menschen sogar erst nach zehn bis fünfzehn Jahren zeigen. Da das Gift wasserunlöslich und sehr langlebig ist, mußten die am stärksten verseuchten Gebiete von den Menschen geräumt werden. Sie wurden abgesperrt und zur verbotenen Zone erklärt.

Mit fortschreitender Umweltvergiftung könnten, langfristig gesehen, immer größere Teile der Erde für den Menschen unbewohnbar werden infolge der allmählichen Vergiftung des Bodens durch Schwermetalle und giftige Abfälle. Völlig ausgeschlossen ist auch nicht, daß das bei der Verbrennung fossiler Brennstoffe freiwerdende Kohlendioxyd die Erde in eine Venussituation mit lebensfeindlicher Überhitzung bringt. Größer noch scheint aber die Gefahr, daß sich gefährliche Giftstoffe unerkannt in immer größeren Mengen im menschlichen Organismus akkumulieren und dort genetische Schäden, Krebs oder andere Krankheiten auslösen. Sehr leicht könnte sich das folgende Szenarium – eine hypothetische Zukunftsschau – verwirklichen:

Ende der siebziger Jahre wurde Erdöl und dann auch Erdgas immer teurer. Der Ausbau der Atomkraft verzögerte sich und statt Ölkraftwerken wurden wieder Kohlekraftwerke gebaut, und auch in der Industrie und zum Teil auch in den Haushalten wurde wieder mehr Kohle verheizt.

Zwischen 1970 und 1980 war der Schwefeldioxydgehalt der Atmosphäre, der lange Zeit als Indikator der Luftverschmutzung galt, trotz steigender Auswürfe in den meisten Großstädten nicht weiter angestiegen. Dafür gab es vor allem zwei Gründe: Niedrige Schornsteine waren durch hohe ersetzt worden, und die Haushalte waren von Kohle auf schwefelarmes Heizöl oder auf Gas umgestiegen, das überhaupt keinen Schwefel enthält. Die das Atmungssystem angreifenden giftigen Stickoxyde waren allerdings, wenn überhaupt, so nur in wesentlich geringerem Maße zurückgegangen und die Kraftfahrzeugimmissionen, darunter das das Blut vergiftende Kohlenmonoxyd, waren – von Blei einmal abgesehen – immer nur angestiegen, und zwar um so rapider, je mehr der Verkehrsfluß in den verstopften Straßen der Städte auf niedrige Geschwindigkeiten abfiel. Nachdem sich Öl und Gas um einige hundert Prozent verteuert hatten, stieg auch die Immissionsbelastung durch Schwefeldioxyd wieder an, denn Erdöl und Gas wurden zunehmend wieder durch Kohle ersetzt. Kohleöfen erlebten in den achtziger Jahren wahre Absatzrekorde. Darüber hinaus war auch die Umstellung auf hohe Schornsteine zu Ende der achtziger Jahre weitgehend abgeschlossen. Der Energieverbrauch und die Industrialisierung aber nahmen, wenn auch relativ langsam, weiter zu und damit auch die Schadstoffauswürfe. Neue Kraftwerke, die errichtet wurden, waren zwar mit Waschanlagen ausgerüstet, die einen Teil der Schadstoffe zurückhielten: dafür stiegen aber die nun kälteren Abgase weniger hoch in die Atmosphäre empor, gelangten also schneller und häufiger in die Lebenssphäre des Menschen.

Die Schwellwerte der Warnstufe eins des Smogalarms wurden im Ruhrgebiet erstmalig im Januar 1979 erreicht. Die Schadstoffkonzentrationen stiegen jedoch dann nicht weiter an, so daß keine Emissionsbeschränkungen angeordnet werden mußten. (Die Ursachen der Smoglage wurden von dem Verfasser in einer wissenschaftlichen Arbeit analysiert.) Zu diesem Zeitpunkt hatte sich der Schadstoffgehalt der Atmosphäre aufgrund der Ölverteuerung allerdings auch noch nicht erhöht. Das geschah jedoch im Verlaufe der achtziger Jahre.

Solange die Schadstoffe durch Wind und Turbulenz noch ausreichend verteilt wurden, traten Smoglagen noch relativ selten ein. Dann kam es, gegen Ende des Jahrhunderts, jedoch allmählich zu der Klimaveränderung, die von den Klimatologen aufgrund des Kohlendioxydanstiegs in der Atmosphäre vorhergesagt worden war. Wie in Kapitel 7 ausgeführt wird, erwärmten sich vor allem die polaren Breiten. Die Eisdecken gingen zurück. Das Temperaturgefälle zwischen dem Äquator und den Polen verringerte sich und damit auch das Druckgefälle, das die atmosphärische Zirkulation antreibt. Die Voraussagen von HERMANN FLOHN [Lit. 27] und anderen Klimatologen über die Abnahme der Windgeschwindigkeit erwiesen sich als richtig. Der Anteil der Westwinde ging zurück, dafür nahmen die Ostwindlagen mit geringen Windgeschwindigkeiten und ausgeprägten atmosphärischen Sperrschichten stark zu. Der Golfstrom verlor an Einfluß und das Klima in Mittel- und Nordeuropa wurde kontinentaler mit wärmeren Sommern und kälteren Wintern. Damit waren die Bedingungen für Smog wesentlich häufiger als früher erfüllt. Der Wind transportierte die von Industrie, Hausbrand und Verkehr freigesetzten Schadstoffe nicht mehr ab, und die Sperrschichten verhinderten, daß sie sich in höhere Luftschichten ausbreiteten. Über den Großstädten der Industrieländer mittlerer Breiten lagerten fast den ganzen Winter hindurch tiefschwarze Dunstglocken, die kein Sonnenlicht mehr durchließen. Die warme Luft über dem Stadtkern stieg wie in einem Kamin auf, um dann unterhalb der atmosphärischen Sperrschichten nach den Seiten abzufließen und in den Außenbezirken der Städte wieder abzusinken. Von dort strich sie vermischt mit Kaminabgasen wieder stadteinwärts. Mit fortlaufend mehr Schmutz, Kohlenmonoxyd, Stickoxyden, Schwefeldioxyd und anderen Schadstoffen beladen, wurde sie immer wieder in den Lebensraum und die Atemluft der Menschen am Boden zurücktransportiert.

Die windschwache Wetterlage, die im Dezember 1952 zu der berüchtigten Smoglage in London mit viertausend Toten über der Norm geführt hatte, wiederholte sich in ähnlicher Form vielhundertfach sowohl auf den britischen Inseln als auch auf dem amerikanischen und europäischen Kontinent. Infolge der Einrichtung des Smogalarms mit seinen Emissionsbeschränkungen in Industrie und Verkehr blieb der Schadstoffgehalt der Atmosphäre allerdings zunächst noch unter den hohen Werten, wie sie damals in London gemessen wurden. Die aufgrund des Smogalarms durchgeführten Emissionsbeschränkungen zeigten andererseits aber auch nicht die Wirkung, die man sich von ihnen erhofft hatte. Die Abgase der höheren Emittenten, die Emissionsbeschränkungen unterlagen, drangen nämlich, insbesondere bei Smogalarm, häufig in die Sperrschichten in der Höhe ein, wo sie festgehalten wurden und dann nur noch wenig zur Immissionsbelastung am Boden beitrugen. Außerdem verfeuerten die in Frage kommenden Großemittenten sowieso schon relativ schwefelarme Brennstoffe, deren Schwefelgehalt nur wenig über dem bei Smogalarm fixierten lag.

Neben Industrie und Verkehr und den Zuflüssen aus anderen Emissionsräumen war nämlich auch der Hausbrand in nicht unbeträchtlichem Maße für den Smog verantwortlich. Der Hausbrand emittiert zwar in den meisten Städten weniger Schwefeldioxyd, Stickstoffoxyd, Ruß und Kohlenmonoxyd als die Industrie, verursacht aber wegen seines niedrigen Auslaßniveaus und des geringen Auftriebs der Abgasfahnen dennoch hohe Schadstoffkonzentrationen. Wie von dem Verfasser abgeschätzt werden konnte, verursacht eine Tonne Schwefeldioxyd aus dem Hausbrand im Ruhrgebiet eine Schadstoffbelastung, die um wenigstens den Faktor sieben höher liegt, als wenn diese Menge aus einem der hohen Kraftwerkschornsteine emittiert wird. In weniger großen Ballungsräumen ist das Verhältnis noch ungünstiger.

Die von den Smoglagen in den Städten betroffenen Menschen reagierten mit Atembeklemmungen, Reizhusten, Schleimhautentzündungen und Erbrechen. Besonders betroffen wurden ältere Personen und solche, die an Brustbeschwerden litten oder früher an solchen Krankheiten gelitten hatten. Unter ihnen kam es zu überdurchschnittlich vielen Todesfällen.

Mit fortschreitendem Abschmelzen des Polareises gingen Temperatur- und Druckgefälle und damit die Windgeschwindigkeit und die Verdünnungsfähigkeit der Atmosphäre immer weiter zurück. Die Häufigkeit von Smoglagen aber stieg steil an. Smogalarm, Emissionsbeschränkungen und Einschränkungen des Kraftfahrzeugverkehrs wurden alltäglich. Die Wirtschaftsführer in den Industrieländern der mittleren Breiten erklärten, bei Fortdauer der ruinösen Betriebsbeschränkungen und -stillegungen mit den Ländern in günstigeren Klimazonen nicht mehr konkurrieren zu können. Ihren Forderungen nach Heraufsetzung der Schwellwerte für die

Auslösung von Smogalarm schlossen sich die Gewerkschaften mit dem Hinweis an, daß sonst Arbeitsplätze verlorengingen. Zunächst wurden in den Ländern, für die Ausfuhren lebensnotwendig waren, die Schwellwerte hinaufgesetzt. Die anderen Industrieländer der nördlichen Breiten zogen nach. Protesten der Bevölkerung wurde in der Bundesrepublik Deutschland mit dem Argument begegnet, daß es sonst nicht möglich sei, genügend Rohstoffe und Lebensmittel einzukaufen. Diesem letzten Argument war nichts entgegenzusetzen. Infolge der sich immer mehr abschwächenden Zirkulation blieben nämlich die regenbringenden Westwinde aus oder drangen nicht mehr so weit in das Innere der Kontinente vor. Der Niederschlag ging zurück, und nach und nach fielen immer größere Gebiete für die landwirtschaftliche Nutzung aus. Die Lebensmittelpreise stiegen doppelt so schnell an wie die Inflationsrate. Ihre Beschaffung auf dem Weltmarkt war nur noch zu hohen Preisen oder im Tauschgeschäft möglich.

Im ersten Winter nach Hinaufsetzung der Schwellwerte traten in der Bundesrepublik Deutschland drei Smogperioden hintereinander auf. Nachdem sie im März endgültig überwunden waren, wurden im Ruhrgebiet 20.000 Tote über der Norm gezählt. In den übrigen Industriegebieten ergaben sich, bezogen auf die Bevölkerungszahl, ähnlich hohe Werte.

Die Smogkatastrophen wiederholten sich von da an in jedem Winter. Da die Luftverschmutzung vor allem ein lokales und regionales Problem darstellt, hätte die Katastrophe nicht die Ausmaße angenommen, wenn die Industrieanlagen, anstatt weiterhin konzentriert in den Ballungsräumen, verteilt über das ganze Land errichtet worden wären.

Auch das Hausbrandproblem hätte entschärft werden können. Durch ein großzügiges staatliches Programm zur Förderung der Wärmedämmung in Wohngebäuden wäre es nicht nur möglich gewesen, die Heizungskosten, sondern auch die Hausbrandemissionen um mehr als ein Drittel zu senken. Außerdem hätte in wesentlich größerem Umfang Abwärme aus Kraftwerken zu Heizzwecken eingesetzt werden können.

Die Schadstoffkonzentrationen hätten in der Bundesrepublik bei Smog nicht die hohen Werte erreicht, wenn 1981 der

Fünfjahresplan zur verstärkten Nutzung von Abwärme aus Stromkraftwerken nicht wegen Geldmangels gescheitert wäre. Die Länder sollten mit einem Netz von Fernwärmeschienen überzogen werden, um den Ölverbrauch zu drosseln. Gleichzeitig wäre dann auch die Schadstoffbelastung in den Ballungsräumen und Großstädten zurückgegangen, weil die Abgase anstatt aus vielen niedrigen Einzelquellen aus einem einzigen hohen Schornstein emittiert und zusammengefaßt auch entsprechend hoch in die Atmosphäre aufgestiegen wären. Außerdem wären hauptsächlich die 60 Prozent der Primärenergie der verfeuerten Kohle genutzt worden, die bisher als Wärme im Kühlwasser der Stromkraftwerke verlorengehen. Für den Löwenanteil wären also überhaupt keine Schadstoffemissionen angefallen.

Als Segen erwies sich, daß in den stark belasteten Gebieten die Industrie- und Kraftwerkschornsteine Anfang der achtziger Jahre zu einem großen Teil beträchtlich erhöht worden waren. Auch andere Umweltschutzmaßnahmen fielen ins Gewicht, wenn sie auch bei weitem nicht ausreichten.

Nach Hinaufsetzung der Schwellwerte für die Auslösung von Smogalarm schien die Wettbewerbsfähigkeit der Industrie fürs erste nicht mehr gefährdet. Wie sich bald herausstellen sollte, war das jedoch ein Trugschluß, weil nämlich die Krankenstände aufgrund von Atmungs- sowie Herz- und Kreislauferkrankungen von Winter zu Winter auf immer höhere Werte anstiegen. Die Wettbewerbsfähigkeit der Industrieländer der nördlichen Breiten wurde nun aufgrund der überaus hohen Arbeitsausfälle immer mehr geschwächt. Die Krankenversicherungsbeiträge mußten drastisch erhöht werden, die Beiträge für die Rentenversicherungen blieben jedoch erstaunlicherweise relativ niedrig, obwohl in vielen Fällen aufgrund von Atmungserkrankungen Invalidität eintrat. Die Erklärung hierfür war, daß vor allem die Alten und Kranken an den Abgasen starben.

Wer es sich leisten konnte, floh aus den Großstädten und Ballungsräumen, wo der Gesundheitszustand der Bevölkerung immer schlechter wurde und die Lebenserwartung immer mehr absank, in die Randzonen. Ein wahrer Exodus setzte ein, der dazu führte, daß die Großstädte allmählich verödeten. Ein Wirtschaftswachstum gab es schon lange nicht mehr. Stromabschaltungen und Warteschlangen vor den Tankstellen und später vor den Lebensmittelläden gehörten zum Alltag. Die Produktionszahlen der Industrie gingen von Jahr zu Jahr mehr zurück. Mit sinkenden Produktions- und Einwohnerzahlen nahmen zwar auch die Schadstoffkonzentrationen bei Smoglagen ab, aber wegen der Langzeitwirkung der Schadstoffe und der sich nur langsam auswirkenden Maßnahmen zur weiteren Verminderung der Schadstoffemissionen war eine Verbesserung des Gesundheitszustandes der Bevölkerung in den Ballungsräumen bisher nicht zu verzeichnen.

6
Wird Energiemangel die Katastrophe verursachen?

Nach den Prognosen der Wissenschaftler und Seher soll unser gegenwärtiges Wirtschaftssystem zusammenbrechen. Wird Energiemangel diesen Zusammenbruch verursachen, fehlendes Erdöl in die Katastrophe, nämlich Hunger und raschen Bevölkerungsrückgang, hineinführen?

Voraussetzung für das Funktionieren unserer technisierten Zivilisation ist die Verfügung über große Energiemengen. Energie bewegt die Maschinen in den Fabriken wie auch in der Landwirtschaft. Energie treibt Autos und Flugzeuge an. Sie verrichtet die Arbeit, die früher mit Muskelkraft erledigt werden mußte, erzeugt Düngemittel, die in großen Mengen in der Landwirtschaft benötigt werden. Wenn heute ein Bauer in Deutschland 43 Personen ernähren kann, während es um 1900 nur etwa fünf waren, so beruht das nicht zuletzt auf der Verfügung über große Energiemengen. Mit sehr viel Energie ließe sich sogar der Rohstoffmangel beheben.

Erdöl war bisher die preiswerteste Energieform. Wer über Erdöl verfügt, besitzt die Wunderlampe aus dem Märchen aus *Tausendundeiner Nacht,* mit deren Hilfe alle Reichtümer dieser Welt herbeigeschafft werden können. Aufgrund des Erdöls verwirklichte sich eine über die Jahrhunderte hinwegreichende, in ein Märchen gekleidete Vision, in erster Linie natürlich für die ölfördernden Länder im Nahen Osten, darüber hinaus aber auch für die ölverbrauchenden Industrieländer (im Märchen der böse Zauberer, der die Wunderlampe aus der Erde heraufholen läßt und alleine für sich behalten will). Die gewaltigen Steigerungen des Lebensstandards in den zurückliegenden Jahrzehnten waren nur mit Hilfe des preiswerten Erdöls möglich.

Aber nun gehen Erdöl und Erdgas, die derzeit zwei Drittel des Weltenergiebedarfs decken, zur Neige. In wenigen Jahren schon wird die Ölförderung die Ölnachfrage nicht mehr befriedigen können. Benzinknappheit in den USA und weltweit steigende Ölpreise sind die Vorhut dieses herannahenden Desasters. Eine Erdölkrise mit drastischen Auswirkungen wird wahrscheinlich schon Mitte der achtziger Jahre auf uns zukommen. Noch eher, als nach den vorhandenen Vorräten zu erwarten wäre, wird Erdöl knapp werden, weil nämlich neue Industriezentren als Ölverbraucher hinzukommen und die Araber kein Interesse an einer Steigerung ihrer Ölförderung haben. Auf die Verknappung wird aber eines Tages die Erschöpfung der Erdölquellen folgen. Eine Wirtschaftskrise ungeahnten Ausmaßes könnte hereinbrechen, wenn das Erdöl zur Neige geht oder schon vorher infolge eines Krieges im Nahen Osten der Nachschub ausbleibt. Dem Benzinmangel wird man dann mit autofreien Sonntagen und auch mit den in manchen Ländern bereits gedruckten Benzinmarken nicht mehr abhelfen können.

Heizöl wird immer teurer werden und insbesondere in kalten Wintern überhaupt nicht oder nur noch zu Wucherpreisen zu erhalten sein. Um nicht zu erfrieren, werden die Menschen ihre Elektrogeräte einschalten. Aber die Elektrizitätsunternehmen werden nicht soviel Strom liefern können. Neben Warteschlangen vor den Tankstellen werden Stromabschaltungen zum Alltag gehören. Das Geschehen in New York in der Nacht vom 13. zum 14. Juli 1977 vermittelt einen Eindruck davon, was Energieknappheit allein schon infolge Stromabschaltungen und Netzzusammenbrüchen bewirken kann. Ab halb zehn Uhr stand in dieser Nacht in New York alles still, was elektrisch betrieben war. Ein doppelter Blitzschlag in die zentrale Stromversorgung der Elektrizitätsbetriebe hatte zu einem Netzzusammenbruch geführt. Keine Lampe brannte mehr. Die Kühlschränke standen still. Autofahrer bekamen von den elektrisch betriebenen Tankstellen kein Benzin mehr. Nach Hause Strebende waren in den U-Bahn-Schächten, Hochhausbewohner im Fahrstuhl eingesperrt. In den Vorstädten räumten plündernde Horden im Schutz der Dunkelheit die Geschäfte aus.

Mit fortschreitendem Energiemangel – wie er durch die islamischen Länder aus taktischen Gründen auch künstlich ausgelöst werden könnte – wird dann alles noch viel schlimmer werden: Autofahrer werden vor geschlossenen Tankstellen stehen, frierende Menschen in ungeheizten Wohnungen ihr Dasein fristen; am schlimmsten wird sich die Arbeitslosigkeit auswirken, in deren Gefolge Hunger und zuletzt auch politisches Chaos zu erwarten sind. Die Fabriken werden zur Kurzarbeit übergehen, bis schließlich in den meisten Betrieben die Maschinen ganz stillstehen und das komplexe System der wirtschaftlichen Verflechtungen zusammenbricht. Der Lebensstandard sinkt rapide ab, Unzufriedenheit und Resignation breiten sich aus. Da es an Maschinen, Treibstoffen und Düngemitteln mangelt, geht die Lebensmittelerzeugung zurück. Die Lebensmittelpreise steigen gewaltig an. Geld verliert seinen Wert. Schwarzmärkte bilden sich. Die Menschheit kehrt zum Tauschhandel zurück. Lebensmittel werden immer knapper und teurer. Lebensmitteleinfuhren aus anderen Ländern bleiben aus. Um nicht zu verhungern, kommen die Städter zum »Hamstern« aufs Land. Gold, Schmuck, Teppiche und was sonst irgendwie brauchbar erscheint, geht in die Hände der Bauern über. Schließlich haben die Stadtbewohner nichts mehr zu tauschen. Da nehmen sie sich die Lebensmittel mit Gewalt. Selbst drastische Strafen können das nicht verhindern.

Wie Hamstern in Plündern übergeht, davon gibt der sogenannte Kartoffelkrieg, der sich im Oktober 1923 im Bergischen Land in der Gegend von Overath abspielte, einen kleinen Vorgeschmack [Lit. 28]. Damals ließ – als Folge der Weltwirtschaftskrise – eine galoppierende Inflation die Lebensmittelpreise rapide ansteigen. Fabriken und Betriebe standen still, und große Teile der Bevölkerung waren ohne Arbeit und Geld. Der Hunger trieb die Städter in immer größeren Scharen aufs Land. In Massen quollen sie aus den überfüllten Zügen. Im Herbst 1923 ging es den Hamsterern dabei vor allem um Kartoffeln, von denen Mitte Oktober ein Sack den gewaltigen Betrag von einer Milliarde Mark kostete, einen knappen Monat später aber bereits 500mal soviel.

Da die Bauern bald keine Kartoffeln mehr tauschen konnten oder wollten oder auch zuviel dafür verlangten, gingen ganze Trupps von Hamsterern dazu über, sie aus den Feldern auszugraben. Den Preis dafür bestimmten sie selber. Das währte einige Tage. Dann bezahlten sie gar nichts mehr, sondern nahmen sich sogar noch Pferd und Wagen und fuhren die gestohlenen Kartoffeln zum Bahnhof. Die Bauern liefen hinterher. Auf den Feldern kam es zu Zusammenstößen zwischen Plünderern und Bauern, aber die Plünderer behielten wegen ihrer großen Zahl fast immer die Überhand. Die örtliche Polizei war machtlos. Ihre Anforderungen von Verstärkung und militärischem Schutz wurden abgeschlagen. Die englische Besatzung in Köln erklärte sich für nicht zuständig, und die französische Besatzung in Siegburg wollte nur unter der Bedingung helfen, daß die Bauern die »Rheinische Republik« ausriefen. Da schritten die Bauern zur Selbsthilfe. Mit Knütteln, Mistgabeln, Dreschflegeln bewaffnet, traten sie am Morgen des 26. Oktober vor dem Overather Bahnhof an, von dem die meisten Raubzüge der Plünderer ihren Ausgang nahmen. Die mit dem Frühzug ankommenden Kölner wurden zurückgeschickt, aber dann lief der 9-Uhr-Zug ein, vollgepfropft mit Menschen, die entschlossen waren, sich Lebensmittel zu verschaffen. Sie drängten aus dem Bahnhof hinaus und suchten die Absperrung zu durchbrechen. Einigungsversuche der Besonnenen fruchteten nichts. Steine und Flaschen flogen, Hacken wurden geschwungen, und unter lautem Johlen setzte ein so gewaltiges Vorwärtsdrängen ein, daß die Kette der Bauern nicht mehr standhielt. Die Plünderer brachen durch; über zahlreiche Verletzte hinwegtrampelnd, fluteten sie in den Ort hinein.

Eingekeilt in die hin und her wogende Masse fürchteten einige berittene Bauern um ihr Leben. Die Aggressiveren unter den Plünderern, unter denen sich auch freigelassene Zuchthäusler befanden, versuchten, sie vom Pferd zu reißen. Von Panik erfaßt, griff ein Knecht zur Pistole und schoß in die Menge hinein. Zwei Menschen sanken zu Boden. Einer war sofort tot, der andere starb im Krankenhaus. Eine rasende Wut erfaßte die Menge. Der Schütze wurde vom Pferd heruntergezogen; es gelang ihm noch, sich loszureißen und eine Strecke weit zu fliehen, dann wurde er eingeholt und zu Tode geprügelt, die Leiche bis zur Unkenntlichkeit verstümmelt. Nach dieser Bluttat rückten die Plünderer in Richtung Köln zurück.

Am nächsten Tag blieb alles ruhig. Doch am darauffolgenden Tag kamen sie wieder in großen Scharen an, und nun war niemand da, der sie aufhielt. Ausgerüstet mit Hacken, Säcken und Karren fielen sie über die Kartoffelfelder her. Von ferne sah es aus – wie der Chronist, der Overather Bürgermeister Simon, schreibt –, als ob Krähenschwärme sich auf den Äckern niedergelassen hätten. Große Trupps zogen auch über die Höfe, drangen in die Bauernhäuser und Ställe ein und stahlen alles, was sie an Eßbarem fanden. Hühner und Gänse wurden totgeschlagen und mitgenommen. Die Einheimischen schauten resigniert zu, wie die Plünderer ihren Raub zum Bahnhof schleppten, der fest in der Hand der Plünderer war. Dort gab es bereits Hehler, die das Gestohlene aufkauften und in Waggons verluden. Der ganze Ort glich einem Zigeunerlager.

Zu weiteren Raubzügen kam es in der Overather Gegend jedoch nicht mehr. Die Bergarbeiter, die um ihre Kartoffelversorgung fürchteten, blockierten gemeinsam mit den Bauern die Bahnhöfe an der Agger- und Sülztalstrecke. Etwas später konnte auch erreicht werden, daß sämtliche Tageszüge in diese Richtungen eingestellt wurden. Die Plünderer verlegten daraufhin ihre Tätigkeit in andere Gebiete.

Auf eine ähnliche Weise wird man auch zu Beginn einer künftigen Versorgungskrise – bei gleichzeitigem politischem Chaos – versuchen, die hungernden Menschen aus den Städten vom Plündern abzuhalten. Wenn noch private Autos fahren, wird man Straßensperren errichten. Von dort aus werden sich dann die Hungernden zu Fuß auf den Weg machen. Auf den Feldern wird man um die Ernte kämpfen. Es wird nicht möglich sein, jeden Acker von einer Polizeieskorte bewachen zu lassen. Rinder werden auf den Weiden geschlachtet, die Ernte vor der Reife geplündert, selbst das Saatgut wird nicht geschont werden. Geordnete Landwirtschaft wird unmöglich werden. Die Felder werden nur noch zu einem geringen Teil bestellt. Hungersnöte brechen aus, ähnlich wir vor einigen Jahren in der Sahelzone, allerdings mit wesentlichen Verschärfungen. Es werden keine Länder mehr da sein, die helfen können, und nicht alle Menschen werden apathisch den Tod erwarten. Hunger macht auch aggressiv. Banden werden sich bilden, die rauben und morden. Kannibalismus könnte alltäglich sein.

Die Bevölkerung wird die Regierungen für die Misere verantwortlich machen und nach dem starken Mann rufen. Demokratische Regierungen werden hinweggefegt. Chaos und Anarchie herrschen, bis dann Diktaturen Unruhen und Revolten im Innern niederschlagen und die Aggressionen der Massen nach außen lenken. Vermeintlich besser gestellte Nachbarländer werden überfallen. Es könnte üblich werden, Kriegsgefangene zu verzehren, Gefangenentransporte als Proviant mit sich zu führen. Bis zum Skelett abgemagerte Menschen werden auch in Europa zum Alltagsbild gehören. Kleinkinder wird man nicht mehr sehen. Die Kranken und Schwachen sterben zuerst, dann diejenigen, die noch einen Rest ethischer Grundsätze bewahrt haben. Grippeepidemien werden den Charakter von Seuchen annehmen und Millionen dahinraffen. Die Bevölkerung wird rapide zurückgehen – auf Bevölkerungszahlen vielleicht, wie sie nach dem Dreißigjährigen Krieg in Deutschland gezählt wurden. Höfe und ganze Dörfer werden leerstehen, die Bewohner geflohen oder von Plünderern ermordet sein. Auf freier Strecke halten Züge, die nie mehr einen Bahnhof erreichen. Die Städte werden veröden. Das Wort BERTOLT BRECHTS könnte sich erfüllen: »Von den großen Städten wird bleiben, wer durch sie hindurchging – der Wind.«

In den unbewohnten Häusern sind die Fensterscheiben zerbrochen, hängen Türen schief in den Angeln. Die Dachbalken verrotten, und die Dächer stürzen ein. Nach und nach verwandeln sich die Mauern in Steinhaufen, auf denen Brennesseln und Gestrüpp wachsen, ähnlich wie in den verlassenen Dörfern und Gehöften in Südfrankreich. Die freien Flächen sind schon lange von Gebüsch und Gestrüpp überzogen. Bei einem Erdbeben fällt auch die letzte Wand, und schließlich verraten nur noch unregelmäßige Kuppen und Bodenvertiefungen, daß hier einmal ein Haus oder Dorf gestanden hat. Man muß schon graben, um auf Steine und ab und zu einmal auf verrottetes Inventar zu stoßen.

Bei den ganz aus Beton errichteten Bauten wird die Natur allerdings mehr Mühe haben, sie wieder einzuebnen. Sie werden viele Jahrhunderte überdauern und könnten noch in ferner Zukunft den in ein vorindustrielles Zeitalter zurückgefallenen Menschen Unterschlupf gewähren. Möglicherweise ist das das einzig Nützliche, was unsere technische Zivilisation unseren fernen Nachfahren hinterlassen wird. Urwälder werden sich von neuem in Mitteleuropa und im Osten Amerikas ausbreiten. Die Asphaltstraßen werden sie mit ihrem Wurzelwerk unterminieren und von den Seiten her immer mehr einengen. Ab und zu stößt man in den Wäldern auf einen von Moos und Schlingpflanzen überwucherten Betonpfahl – als solcher nur zu erkennen, weil er keine Äste hat: ein ehemaliger Leitungsmast; die Leitungsdrähte sind längst verrostet. Selbst die Eisenbahnschienen werden eines Tages verrostet sein. Die in den Wäldern von der Jagd und ein wenig Landwirtschaft lebenden Menschen kommen vielleicht in die Ruinen der Ortschaften und Städte nur noch, um in den Kellern nach Eisenstücken zu suchen, die sie für ihre Speer- und Pfeilspitzen benötigen. Ein neuer Aufstieg wird enorm schwierig sein, da alle leicht zugänglichen Energie- und Rohstoffquellen erschöpft sind. Vielleicht wird dann der Menschheit gar nichts anderes übrigbleiben, als sich dem Spirituellen und der Erforschung der geistig-seelischen Innenwelt zuzuwenden. Technik und Ingenieurwissenschaften könnten auch als die faßbaren Ursachen der Katastrophe lange Zeit tabu bleiben. Aber irgendwann wird doch ein neuer Aufstieg beginnen.

Energiemangel könnte den Rückfall in das vorindustrielle Zeitalter verursachen, obwohl andere Energieträger wie insbesondere die Kohle geeignet sind, das Erdöl zu ersetzen. Kohle kann in sämtlichen technischen Systemen der gegenwärtigen Industriegesellschaft verwendet werden. Verflüssigte Kohle ersetzt Petroleum-Benzin und die Einsatzstoffe für die Chemie; allerdings fehlen die Fabriken, um Kohle in Treibstoff umzuwandeln. Atom- und Sonnenenergie kann Erdöl nur in bestimmten Bereichen ersetzen.

Kohle deckt derzeit dreißig Prozent des Weltenergiebedarfs, und die gegenwärtige Weltförderung kann noch mehrere hundert Jahre aufrechterhalten werden. Dennoch kann die Kohle die entstehende Energielücke nicht ausfüllen, wenn Erdöl und Erdgas ausfallen. Um das Erdöl ersetzen zu können, müßte nämlich ein so beträchtlicher Anstieg der Kohleförderung stattfinden, wie er praktisch nicht zu verwirklichen ist. Die Vorlaufzeiten, die benötigt werden, um neue Bergwerke aufzuschließen und einzurichten, betragen nämlich allein schon fünf bis fünfzehn Jahre. Kohle kann nur dann Erdöl und Gas ersetzen, wenn heute schon mit massiven Investitionen begonnen wird. Dazu besteht jedoch nicht genügend Anreiz. Die Entscheidungen müßten deshalb von den Politikern getroffen werden. Aber welcher Politiker fällt eine solch unpopuläre, weil mit Kosten verbundene Entscheidung, deren Nutzen sich erst jenseits der eigenen Amtsperiode erweisen wird!

So müssen wir letztlich noch dankbar sein, daß die erdölfördernden Länder die Preise für das Rohöl immer mehr anheben, so daß die anderen Energien in Wettbewerb mit dem Öl treten können und ihre Einführung über den Markt erfolgt. Dieser Prozeß ist derzeit im Gange. Um den Faktor zehn sind die Preise für das Erdöl zwischen 1970 und 1980 bereits gestiegen. Aber das reicht noch nicht aus. So unpopulär diese Preissteigerungen auch sind, weil sie den Lebensstandard absinken lassen, so erscheinen sie neben Sparmaßnahmen doch als das einzige Rettungsmittel. Zu einer Renaissance der Kohle wird es auf jeden Fall kommen, denn die Erschließung anderer Energiequellen geht noch langsamer vor sich.

Von den alternativen Energiequellen soll die Nutzung der Kernspaltung am weitesten fortgeschritten sein. Neben der Kohle gilt sie vielen als die wichtigste Energieform für den Ersatz von Erdöl und Erdgas. Allerdings sind die Uranvorräte, zumindest die billigen, knapp und halten selbst bei der gegenwärtigen Nutzung der Kernspaltung keine zwanzig Jahre mehr vor.

Eine wesentlich bessere Ausnutzung der Kernbrennstoffe sollen die fortgeschrittenen Reaktortypen erlauben, wie der gegenwärtig im Bau befindliche Plutoniumbrüter in Kalkar am Niederrhein. Es sind jedoch noch nicht alle Probleme gelöst, und der Grad der Verzögerung ist nicht absehbar. Fortgeschrittene Reaktortypen können frühestens Mitte der neunziger Jahre auf dem Energiemarkt eine Rolle spielen. Beim Einsatz der Plutoniumbrüter fällt das hochgiftige Plutonium 239 an, von dem schon geringe Mengen ausreichen, Atombomben zu bauen. Jeder Staat, der Plutoniumbrüter verwendet, kann zur Atommacht werden. Terroristengruppen werden leichter die Möglichkeit haben, sich das Material zum Bau von Atombomben zu verschaffen.

Atomenergie könnte die vorhandenen Kohle- und Ölvorräte strecken, sie für Transport und Chemie schonen. Die immer wieder unterschätzten Verzögerungen bei der Inbetriebnahme und die Unsicherheiten und Störfälle beim Betrieb der Kernkraftwerke zeigen jedoch, daß man von der Atomenergie kaum Rettung erhoffen darf. Der Widerstand der Bevölkerung gegen Atomkraft wächst. Das Sicherheitsrisiko, die Gefahren für Leben und Gesundheit sind eine schwere Hypothek. Die Atomkatastrophe in dem Kernkraftwerk »Three Mile Island« im US-Staat Pennsylvania hat das nachdrücklich ins Bewußtsein gerückt. Dort drohten im März 1979 hundert Tonnen Uran im Kern des Reaktors zu einem explodierenden Glutklumpen zu verschmelzen. Dabei wäre ein riesiges Gebiet radioaktiv verseucht worden. Tagelang strömte radioaktiver Dampf in die Atmosphäre, in dem eine Radioaktivität von 1200 rem gemessen wurde – eine für Menschen tödliche Dosis. Die Kühlung war ausgefallen, das Reaktorgebäude stand unter Wasser. Mehr als 1,5 Millionen Liter radioaktiv verseuchtes Wasser wurden in den Susquehanna geleitet. Erst nach Tagen gelang es, die Temperaturen im Reaktor wieder auf ungefährliche Werte zu senken. Bei einem weiteren Ansteigen der Temperaturwerte wären die Uranstäbe im Reaktor geschmolzen. Die völlige Kernschmelze ist die schlimmste Katastrophe, die sich in einem Atomreaktor ereignen kann. Dabei wird eine gewaltige Strahlung freigesetzt, die das Land ringsum in eine Todeszone verwandelt. Aus Angst vor der unsichtbaren tödlichen Strahlung flohen über fünfzigtausend Menschen aus der unmittelbaren

Umgebung des Kernkraftwerkes. Nicht schulpflichtige Kinder und schwangere Frauen im Umkreis von sechzehn Kilometern um das Kernkraftwerk wurden evakuiert. Die Evakuierung der gesamten Bevölkerung in einem Umkreis von dreißig Kilometern um das Kernkraftwerk wurde erwogen. Davon wären mehrere hunderttausend Menschen betroffen worden.

Bis kurz vorher wurde in einem häufig zitierten Bericht behauptet, daß die Wahrscheinlichkeit einer Kernkraftkatastrophe allenfalls so groß sei wie das Risiko, daß ein Meteor eine Großstadt trifft: höchstens einmal in einer Million Reaktor-Jahren. Der Störfall hat die Fragwürdigkeit solcher Abschätzungen entlarvt. Kernkraftwerke können sich offensichtlich doch in gefährliche Strahlungsherde verwandeln.

Zur Zeit des Unfalls lief am New Yorker Broadway das Atomdrama *China Syndrome* an. In dem Film droht ein Atommeiler durchzugehen, ein radioaktiver Feuerklumpen ist dabei, sich ein Loch durch die Erde zu fressen.

Die Endlagerung der radioaktiven Abfallstoffe, die beim Betrieb der Kernkraftwerke anfallen, ist ein weiteres unbehagliches Problem. Wir bürden unseren Nachkommen, die vielleicht an Kernenergie die Lust verloren haben, unübersehbare Lasten und Verpflichtungen auf. Hochradioaktiver Atommüll gibt seine todbringende Strahlung jahrtausendelang in fast unverminderter Stärke ab. Wer kann für derart lange Zeiträume schon garantieren, daß die von den Experten für notwendig gehaltene Überwachung gewährleistet ist. Irgendwann werden unsere Nachkommen wahrscheinlich mit einer atomaren Mülldeponie leben müssen, von deren Gefährlichkeit sie nichts wissen.

In der Bundesrepublik Deutschland soll Atommüll im Salzstock von Gorleben in der norddeutschen Tiefebene gelagert werden. Man ist dabei, in dem drei Kilometer tief in die Erde hinabreichenden Salzdom, der sich vor hundert Millionen Jahren unterirdisch aufgetürmt hat, ein verzweigtes Grubengelände auszuheben, um den Atommüll darin zu deponieren.

Ein Salzdom wurde ausgewählt, weil aufgrund der Plastizität des Salzes alle Poren und Spalten wasser- und gasundurchlässig verschlossen sind. Das wird als Gewähr dafür angesehen, daß die radioaktiven Stoffe nicht ins Wasser und die Atmosphäre gelangen. Darüber hinaus leitet das Salz die Wärme ab, die hochradioaktiver Atommüll mit 200 bis 400 Grad Celsius immer noch abgibt. Der Salzdom soll sich seit seiner Bildung vor hundert Millionen Jahren nicht mehr bewegt haben, und man hofft, daß er das auch weiterhin für eine lange Zeit nicht tun wird. Die Halbwertszeit von Plutonium 239 beträgt nämlich 24.000 Jahre. In dieser Zeit ist die Radioaktivität erst auf die Hälfte abgeklungen. Ob es tatsächlich möglich ist, den Atommüll im Salzstock von Gorleben relativ gefahrlos zu lagern, kann nur unvollständig geprüft werden. In Kanada und den USA wurden Pläne für eine Lagerung von Atommüll in Salzstöcken unter anderem auch aus diesem Grunde wieder fallengelassen.

Die Entscheidung über den Ort der Lagerung von Atommüll hat Auswirkungen auf Leben und Gesundheit vieler künftiger Generationen. Die Sünden der Väter müssen hier nicht bis ins dritte, sondern bis ins tausendste Glied gesühnt werden. Eine solche Entscheidung reicht für einen längeren Zeitraum in die Zukunft hinein, als es den modernen Menschentyp, geschweige denn unsere Kultur überhaupt gibt.

Welche Naturkatastrophen in diesem Zeitraum über Erde und Menschheit hereinbrechen können, darüber liegen keine Erfahrungen vor. Innerhalb der zehn bis zwanzig Jahre, die für die Untersuchungen angesetzt werden, kann nur geprüft werden, ob die Metall- und Glasbehälter standhalten und wie sich die Wärme auf die umliegenden Salzschichten auswirkt. Da Salzlagerstätten häufig Salzmischungen mit einem niedrigeren Schmelzpunkt darstellen, könnte unter Umständen das Salz schmelzen und die Behälter mit den radioaktiven Stoffen durch Korrosion zerstören.

Unmöglich sind Aussagen darüber, ob eine schadensfreie Lagerung auch über Zehntausende von Jahren hinweg gewährleistet ist. In einem solchen Zeitraum können geologische Kräfte die Erdkruste auf vielfältige Weise umgestalten. Die letzten Vulkanausbrüche in der Eifel fanden zum Beispiel vor etwa zehntausend Jahren statt. Der nächste Ausbruch kann schon morgen erfolgen. Gleichermaßen kann nicht ausgeschlossen werden, daß Erdbeben im Zusammenhang mit tektonischen Verwerfungen den Salzstock von Gorleben zerstören. Zwar wird die norddeutsche Tiefebene in der geologischen Gefährdungskarte als erdbebenfrei ausgewiesen, in diese Karte gehen aber im günstigsten Fall die Beobachtungen der vergangenen tausend Jahre ein. Ob die norddeutsche Tiefebene auch in Zukunft erdbebenfrei sein wird, ist ungewiß. In der norddeutschen Tiefebene existieren nämlich Bruchlinien, die parallel zum Oberrheingraben verlaufen und sich bis zum Oslograben verfolgen lassen. Sie sind augenblicklich zwar nicht aktiv, ob sie das aber auch in hundert oder tausend Jahren noch sein werden, weiß niemand.

Darüber hinaus könnten Wassereinbrüche aus Grundwasserverlagerungen oder Oberflächenüberflutungen den Salzstock auflösen und den hochgiftigen Stoffen den Zugang zur Biosphäre ermöglichen. Ein Millionstel Gramm von Plutonium 239 kann Lungenkrebs erzeugen. Oberflächenüberflutungen sind besonders wahrscheinlich. Im Nordseeraum senkt sich schon seit längerer Zeit das Land ab. Das Meer ist hier auf dem Vormarsch. Darüber hinaus ist auch mit einem Ansteigen des Meeresspiegels zu rechnen. Bei einer Erwärmung der Erde infolge des zunehmenden Kohlendioxydgehalts der Atmosphäre ist ein teilweises Abschmelzen der polaren Eiskappen und des Grönlandeises zu erwarten (siehe Kapitel 7). Der Meeresspiegel wird ansteigen, und wenn dann eine Flutwelle die Dämme durchbricht, wird das Meer die Küstengebiete überfluten. Die Unterläufe der Flüsse werden sich in Buchten verwandeln. Falls das Inlandeis, insbesondere das antarktische Polareis, völlig abschmilzt, steigt der Meeresspiegel um ungefähr sechzig Meter an. Das Meer wird dann nach und nach einen großen Teil von Norddeutschland überfluten. Sehr früh wird das Gebiet von Gorleben überschwemmt werden.

Eruptionen und Seebeben im mittelatlantischen Rücken zwischen Island und den Azoren könnten schon vorher seismische Flutwellen verursachen, welche die Dämme durchbrechen und weite Gebiete überschwemmen. Von Edgar Cayce wurden Landerhebungen im Atlantik vorhergesagt, die wahrscheinlich mit untermeerischen Verwerfungen, Seebeben und Flutwellen verbunden sein werden.

Der schwedische Sensitive Anton Johansson (1858 – 1929) hat eine gewaltige Überschwemmung für die an die Nordsee angrenzenden Länder vorhergesehen, für die es vielerlei Ursachen geben kann. Eingetreten ist die Prophezeiung offensichtlich noch nicht. Das Gesicht ist detailliert geschildert [Lit. 29]:

»Über allen Nordseestaaten lag Dämmerung. Kein Stern war zu sehen, und vom Meer her wehte ein starker Wind. In den norwegischen Gebirgen war noch kein Schnee gefallen. Im Geist wurde ich in die Nähe von Trontheim geführt. Ich stand am Strand und schaute über das Meer. Plötzlich begann der Boden zu erbeben. Die Häuser der Stadt zitterten wie Espenlaub, und einige hohe Holzbauten an der Küste stürzten zusammen. Gleich darauf erscholl vom Meer her ein furchtbares Getöse, und eine gewaltige Sturzwelle näherte sich mit rasender Geschwindigkeit der Küste und zerschellte an den Felswänden. In den flachen Gebieten rollte die Flut weit ins Land hinein, überschwemmte große Teile von Trontheim und richtete erheblichen Schaden an. Große Speicher und Lagerhäuser barsten auseinander und wurden ins Meer gespült.

Die Überschwemmung erstreckte sich über die ganze norwegische Küste, von Südnorwegen bis hinauf in die Gegend von Bodo. Ich vernahm die Namen mehrerer der dort liegenden Städte. Weiter wurde ich im Geiste zu den großen Städten an der englischen Ostküste geführt, wo die Naturgewalten den allergrößten Schaden anrichteten. Die ganze englische Ostküste stand bis weit ins Land hinein unter Wasser. Besonders gelitten hatte die Stadt Hull und ihre nähere Umgebung. Schottland mußte einem besonders heftigen Anprall ausgesetzt gewesen sein, denn es schien, als seien große Teile des Landes ins Meer abgesunken. Dann gewahrte ich London. Hier erschien die Katastrophe ihren Höhepunkt erreicht zu haben. Die Hafen- und Kaianlagen an der Themse waren völlig zerstört, unzählige Häuser eingestürzt, das Wasser von schwimmenden Wrackteilen bedeckt. Im

Hafen waren viele Schiffe gesunken, andere waren sogar weit auf das Land zwischen die Häuser geschleudert worden. Auf dem Meer sanken die Schiffe und zahllose Matrosen ertranken. Riesige Mengen toter Fische, vor allem Heringe, trieben auf der Wasseroberfläche. Danach zwängte sich die Sturzwelle durch den Ärmelkanal und zerstörte dort auf beiden Seiten Häfen und Städte. Besonders schwer betroffen wurde Rouen, aber auch andere Städte der französischen Nordküste litten stark. Der Namen dieser Städte entsinne ich mich nicht mehr. Auch große Teile Hollands, Belgiens und der deutschen Nordseeküste wurden schrecklich heimgesucht. Zu den Städten, die besonders große Schäden aufwiesen, gehörten Antwerpen und Hamburg. Letztere bekam ich zu sehen, und mir schien, sie habe nach London am schwersten gelitten. Auch die dänische West- und Nordküste und die dort liegenden Städte und die ganze schwedische Westküste, insbesondere Göteborg, Hälsingborg und Malmö, bekamen die Folgen der Katastrophe zu spüren.«

Die von Johansson wahrgenommene Flutwelle scheint sich ähnlich zu verhalten wie eine seismische Flutwelle, Tsunami genannt, wie sie im Pazifik mit seiner größeren Erdbebenhäufigkeit immer wieder als riesige Wasserwand aus dem Meer aufsteigt und die Ufer überrollt. Sie spült ganze Häuser hinweg, trägt Schiffe landeinwärts, und wenn sie zurückflutet, bleiben Fische in den Baumkronen hängen und Menschen werden ins Meer hinausgeschwemmt. Fast immer sind Tote und Vermißte zu beklagen. 1896 fielen in Japan einem Tsunami 27.000 Menschen zum Opfer. Um Menschenleben zu retten, wurde ein Warndienst eingerichtet, dem sich die meisten an den Pazifik grenzenden Länder angeschlossen haben. Die von einer Flutwelle bedrohten Küsten werden evakuiert.

Die Tsunamis sind eine Folge von Wellen, die von der Oberfläche bis zum Meeresgrund hinabreichen und auf Seebeben zurückgehen. In tiefen Gewässern pflanzen sie sich am schnellsten fort. Mit abnehmender Wassertiefe verringert sich ihre Geschwindigkeit, gleichzeitig schiebt sich die Woge zusammen und wächst in die Höhe. Die draußen auf dem Meer vielleicht fünfzig Zentimeter hohe Welle kann sich zu einer viele zehn Meter hohen Todeswoge auftürmen, die mit fünfzig Kilometern pro Stunde landeinwärts rollt. Es sind diejenigen Küsten gefährdet, an denen der Festlandsockel allmählich abfällt. Zu den schlimmsten Verheerungen kommt es, wenn sich zurückflutende und nachfolgende Wellen überlagern. Tsunamis können aus Gebieten heranrollen, die Tausende von Kilometern entfernt liegen. 1960 verursachte ein Erdbeben bei Conception in Chile Flutwellen, die in einem Tag den ganzen Pazifik überquert hatten. An den Küsten des Pazifiks fanden etwa tausend Menschen den Tod, davon zweihundert in Japan. Die Flutwarnung war wegen der großen Entfernung nicht ernst genommen worden.

Gorleben, wo das atomare Entsorgungszentrum gebaut werden soll, liegt knapp hundert Kilometer hinter Hamburg in der Nähe der Elbe. Die Meereshöhe beträgt nur wenig mehr als zehn Meter. Wenn Hamburg, dessen Entfernung vom Meer etwa hundert Kilometer beträgt, durch die Flutwelle stark beschädigt wird, so dürfte die Flutwelle die Elbe aufwärts auch noch bis Gorleben das elbenahe Land unter Wasser setzen, den Salzstock von Gorleben vielleicht auflösen und den radioaktiven Stoffen den Zugang zur Biosphäre ermöglichen.

Eine neue Eiszeit mit einer Rückkehr der Gletscher könnte die geplante Atommüll-Lagerstätte in Gorleben ebenfalls gefährden. Die Auflast mächtiger Eismassen könnte das Salz zu neuem Fließen veranlassen und die Deponie zerstören.

Die Nutzung der Kernspaltung in der derzeitigen Form ist aber, wie gesagt, wegen der begrenzten Uranvorräte jedenfalls nur eine Übergangslösung. Auch fortgeschrittene Brennertypen, die nach den Prognosen der Fachleute durch aufbereiteten Kernbrennstoff Hunderte von Jahren lang betrieben werden können, müssen vor dem Hintergrund längerer Zeiträume als Zwischenlösung angesehen werden.

Zugriff zu nahezu unerschöpflichen Energievorräten könnte der Mensch jedoch erlangen, wenn es ihm gelingt, die Kernfusion technisch zu beherrschen. Das ist der Prozeß, der sich im Innern der Sonne abspielt. Diese Technik befindet sich heute noch im Anfangsstadium ihrer Entwicklung, und niemand weiß, ob sie auch tatsächlich einmal beherrschbar sein wird. Lange Zeit vermochte niemand die Millionentemperaturen herzustellen, um die Kernreaktion erst einmal in Gang zu setzen, Dieses Problem scheint inzwischen jedoch gelöst zu sein. Bis das erste Fusionskraftwerk seinen Betrieb aufnehmen kann, sind allerdings noch erhebliche physikalische und technische Schwierigkeiten zu überwinden. Die Kernfusion kann deshalb, wenn überhaupt, frühestens in einem halben Jahrhundert auf dem kommerziellen Energiemarkt eine Rolle spielen. Bei der Nutzung der Kernfusion fallen zwar keine langlebigen Spaltprodukte an, durch den hohen Fluß energiereicher Neutronen wird jedoch das Inventar des Fusionsreaktors in starkem Maße aktiviert. Außerdem wird eine große Menge von radioaktivem Tritium umgesetzt, so daß schwierige, zum Teil neuartige Sicherheits- und Umweltschutzprobleme zu lösen sind. Darüber hinaus wird kaum auszuschließen sein, daß sich die Kernreaktoren nicht durch Terrorakte, Flugzeugabstürze oder atomare Treffer in Wasserstoffbomben verwandeln.

Die Energiequelle, welche die Menschheit vom Ende des nächsten Jahrhunderts ab unbeschränkt mit Energie versorgen könnte, ist die Sonne. Die in den oberen Schichten der Atmosphäre auf die Erde auftreffende Strahlung ist fast zwanzigtausendmal so groß wie der derzeitige Weltenergieverbrauch. Diese Energiemenge verteilt sich jedoch über die halbe Erdkugel. Zu ihrer Nutzung sind infolgedessen große Flächen und wegen der tages- und jahreszeitlichen Schwankungen der Sonneneinstrahlung außerdem Energiespeicher erforderlich. Dennoch hat ein weltweiter Aufbruch zur Solartechnik begonnen. Die Solartechnik ist auf dem Wege zu einem hohen Entwicklungsstand. Bei der Umwandlung der den Boden erreichenden Sonneneinstrahlung in andere Energieformen sind die Industrienationen des Nordens benachteiligt. Gegenüber den Ländern in niederen Breiten mit ihrer größeren Sonneneinstrahlung ist ein zusätzlicher Investitionsaufwand erforderlich, der auf lange Sicht die Waren verteuert und das heute bestehende Nord-Süd-Gefälle in Lebensstandard und Technologie umkehren könnte. Damit würden sich aber auch die Machtverhältnisse verschieben. Sonnenkraftwerke im All könnten das jedoch verhindern. Wenn die

Sonnenenergie von Energiesatelliten im erdnahen Weltraum geliefert wird, entfallen darüber hinaus auch die Energiespeicher – im Weltraum scheint die Sonne Tag und Nacht –, und die erforderlichen Flächen verkleinern sich.

Die Amerikaner planen tatsächlich die Errichtung großer Energiesatelliten im Weltraum, die in spätestens einem halben Jahrhundert billiger als jede andere Großtechnik Haushalte und Industrie mit Strom versorgen sollen. Fürs erste will man mindestens 25 solcher Stationen mit der jeweils zehnfachen Leistung eines Atomkraftwerkes in einer Höhe von 36.000 Kilometern über dem Erdäquator errichten. Bei einer Ausdehnung von vier mal zwölf Kilometern sollen sie eine Leistung von achttausend Megawatt erbringen, die über ein Mikrowellenbündel auf die Erde gefunkt werden, wo nach Abzug der Übertragungsverluste schließlich fünftausend Megawatt zum Verbrauch zur Verfügung stehen. Das ist die Nettoleistung von etwa zehn Kraftwerken herkömmlicher Bauart. Sämtliche Elemente dieser Technologie sind bereits entwickelt, nämlich Raumgleiter, Weltraumsatelliten, Photozellen und Mikrowellen. Nur noch eine gewaltige Ingenieursleistung ist notwendig, kein technischer Durchbruch wie bei der Kernfusion.

Auf der Erde ist eine Antennenfläche von etwa vierzig Quadratkilometern erforderlich, die allerdings als aufgestandene Konstruktion errichtet werden soll; unterhalb dieser Konstruktion kann die Erdoberfläche landwirtschaftlich genutzt werden.

Falls diese Pläne Wirklichkeit werden, gerät der Mensch allerdings in noch stärkerem Maße in die Abhängigkeit der Großtechnik, als das heute schon der Fall ist. Sein Sturz bei Revolutionen und Wirren, wenn niemand mehr die Anlagen in Betrieb hält, wird noch tiefer sein. Überschaubare Techniken zur Nutzung der Sonnenenergie, wie sie im folgenden beschrieben werden, sind deshalb vorzuziehen. Möglicherweise geht auch noch eine andere nicht zu unterschätzende Gefahr von dieser großtechnischen Nutzung der Sonnenenergie aus. Hierauf wird noch eingegangen.

Am weitesten fortgeschritten ist die Nutzung der Sonnenenergie in Form von Wärme. Für die Brauchwassererwärmung und die Beheizung von Gebäuden und Schwimmbädern werden in zunehmendem Maße Sonnenkollektoren hergestellt und Solaranlagen gebaut. Bei Schwimmbädern und Schwimmhallen ist das Sonnensystem auch in Deutschland, in dem die Sonnenscheindauer nicht sehr hoch liegt, jetzt schon preiswert. Die Vollversorgung von Häusern durch Sonnenenergie ist allerdings bis jetzt nur mit einem relativ hohen technischen Aufwand möglich. Aber auch schon eine Teilversorgung durch Sonnenenergie kann die zur Neige gehenden fossilen Brennstoffe entlasten. Darüber hinaus werden sich auch die Aufwendungen für die Nutzung von Sonnenenergie verringern, denn diese Technik steht noch ganz am Anfang ihrer Entwicklung.

Edgar Cayce sah die Häuser des Jahres 2200 in den USA ganz aus Glas erbaut. Dabei könnte es sich um Glaskollektoren handeln oder auch um in Glas eingebettete Sonnenzellen, die jeden einfallenden Sonnenstrahl nutzen [Lit. 19].

Wahrscheinlich werden auch sogenannte terrestrische Solarkraftwerke errichtet werden, wie sie als Prototypen bereits erprobt sind. In diesen Kraftwerken wird die Sonneneinstrahlung von vielen Planspiegeln auf die Spitze eines Turmes reflektiert. Mit der dort in einem Absorber entstehenden Hitze von zweihundert bis achthundert Grad wird Dampf erzeugt und über eine Dampfturbine dann schließlich Strom – genau so wie bei einem Öl-, Kohle- oder Atomkraftwerk. Daneben wird aber auch an der Direktumwandlung solarer Strahlungsenergie in elektrische Energie gearbeitet. Dabei werden entweder Solarzellen verwendet, wie sie aus der Raumfahrttechnologie bekannt sind, oder aber es erfolgt eine Umsetzung der Strahlungsenergie in Hochtemperaturwärme, mit deren Hilfe Strom erzeugt werden soll.

Das Prinzip der Solar- oder Photozellen beruht darauf, daß bestimmte Materialien bei der Aufnahme von Licht Elektronen freisetzen und auf diese Weise Strom liefern. Die Herstellung von Photozellen ist noch relativ aufwendig; sobald jedoch eine einfachere Fertigung gelingt, wird dieses Prinzip rasch mit den herkömmlichen Methoden zur Erzeugung von Elektrizität konkurrieren können.

Augenblicklich nimmt der Absatz elektrischer Wärmepumpen, die dem Wasser oder Erdreich Wärme entziehen und nach dem umgekehrten Kühlschrankprinzip funktionieren, rapide zu. Während im Kühlschrank die Wärme der darin gespeicherten Lebensmittel durch ein Kühlmedium nach draußen transportiert wird, kühlen die Wärmepumpen Wasser oder Erdreich ab und ziehen die gewonnene Wärme nach drinnen.

Energie läßt sich mit den elektrischen Wärmepumpen letztlich nicht einsparen, da etwa das Dreifache der im Haushalt ankommenden elektrischen Energie im Kraftwerk gewonnen werden muß. Der Vorteil liegt jedoch darin, daß die Kraftwerke mit Kohle anstelle von Öl betrieben werden können und die bei der Verbrennung freiwerdenden Schadstoffe aus einem mehrere hundert Meter hohen Schornstein freigesetzt werden. Die Abgase steigen hoch in die Atmosphäre empor, verteilen sich über ein großes Luftvolumen und gelangen nicht in dem Maße in die Atemluft des Menschen, wie wenn sie aus niedrigen Hausschornsteinen kämen. Andererseits bedingen Wärmepumpen aber einen Zuwachs an elektrischer Leistung, also an Umspannwerken, Überlandleitungen und wahrscheinlich auch Kernkraftwerken und atomarem Müll. Der Exatommanager KLAUS TRAUBE befürchtet, bei allgemeiner Verwendung elektrischer Wärmepumpen könne die Drohung kommen, daß nicht nur die Lichter, sondern auch der Ofen ausgeht, wenn nicht mehr Kernkraftwerke installiert werden.

Andere unerschöpfliche oder quasi unerschöpfliche Energiequellen sind unter anderem Wind-, Wellen-, Gezeiten- und geothermische Energie. Die aus der Energie des Windes stammende Wellenenergie stellt mit rund einer Million Megawatt eine bedeutende Energiequelle dar. Der Bedarf der Bundesrepublik Deutschland in den achtziger Jahren wird nur auf ein Zehntel davon geschätzt. Die Nutzung soll nach in Großbritannien durchgeführten Voruntersuchungen vielversprechend sein.

Die ebenfalls aus dem Meer gewinnbare Gezeitenenergie wird auf eine Energiemenge geschätzt, die etwa fünfzig Prozent des heutigen Weltenergiebedarfs entspricht. Bisher wird diese Energiequelle nur in Frankreich in größerem Maßstab genutzt.

Die geothermische Energie, das ist der Wärmestrom aus dem unter hohem Druck und großer Hitze stehenden Erdinnern, wird wahrscheinlich einmal wesentlich stärker genutzt werden als heute. Mögliche Gewinnungsgebiete sind Landschaften mit geothermischen Anomalien, wie sie in vulkanischen Gebieten, tiefreichenden Bruchzonen der Erdkruste, in tief versenkten Sedimentbecken sowie in den kristallinen Gesteinen großer Magmenkörper anzutreffen sind. Elektrizität wird bisher (1980) nur von einer Reihe kleinerer Kraftwerke geliefert. Die Nutzung von Erdwärme für Heizung und Warmwasser hat allerdings einen größeren Umfang.

An der Erschließung geothermischer Energie wird weltweit gearbeitet. Insbesondere die USA, die Energieautarkie anstreben, wollen die geothermische Energie in größerem Maßstab nutzen. Bis zum Jahre 2025 sollen hunderttausend Megawatt elektrische Leistung aus Erdwärme verfügbar sein. Auch in Deutschland können geothermische Energiequellen erschlossen werden, allerdings nur in kleinem Umfang.

Alle diese Technologien zur Energieerzeugung stehen erst am Anfang ihrer Entwicklung. Welche von ihnen sich durchsetzen werden, ist nicht nur eine Frage der Rentabilität, der Sicherheit und der Auswirkungen auf die Umwelt, sondern das hängt auch von den Manipulationen der großen Energiegesellschaften und den Einflußmaßnahmen der Regierungen ab. Gegenwärtig werden eine Reihe von Energiequellen parallel entwickelt. Einige davon könnten Anfang des nächsten Jahrtausends mehr oder weniger große Energiemengen liefern, die allerdings nach heutigem Maßstab nicht ausreichen werden. Es wird deshalb auch weiterhin Erdöl benötigt; des weiteren dürfte Ölschiefer auf dem Energiemarkt eine große Rolle spielen. Insgesamt wird wahrscheinlich in den nächsten fünfundzwanzig bis fünfzig Jahren eine Mischung sehr unterschiedlicher Technologien die Energieversorgung übernehmen. Zeichen dafür werden die Wärmekollektoren auf den Dächern und Windmühlen sein, die in modernisierter Form auf allen windgepeitschten Ebenen einmal wieder zum Landschaftsbild gehören dürften.

Edgar Cayce sah sich in einem seiner Gesichte im Jahre 2200 eine Flugreise machen. Die Fabriken und Industrieanlagen waren zu diesem Zeitpunkt über das Land verteilt und nicht mehr in den Städten und Industriezentren konzentriert wie heute [Lit. 19, 30].

Hieraus läßt sich eine Aussage über die künftige Energieversorgung ableiten. Fabriken benötigen Energie. Billige Energie ist ein beträchtlicher Standortvorteil. Energie ist dort am preiswertesten, wo die Energieträger zur Verfügung stehen. Wenn Cayce die Fabriken nun über das Land verteilt sah, so scheint das zu bedeuten, daß auch die von den Fabriken benötigte Energie zu ähnlichen Preisen überall im Land erhältlich ist.

Das könnte der Fall sein, wenn eine Mischung verschiedener Technologien die Energieversorgung übernimmt, wie das nach den Prognosen der Techniker zu erwarten ist. Bei hauptsächlicher Nutzung der Gezeiten- oder Wellenenergie würden die Industrieanlagen zum Beispiel in erster Linie an der Küste entstehen, bei bevorzugter Nutzung der den Boden erreichenden Sonnenenergie im Süden der USA und bei hauptsächlicher Nutzung von Kohle dort, wo Kohle abgebaut wird. Cayces Gesicht könnte sich aber auch verwirklichen, wenn Energie preiswerter als heute überallhin geliefert wird.

Alle neuen Energiequellen können in den nächsten Jahrzehnten noch keinen größeren Beitrag zur Energieversorgung liefern. Dennoch gibt es eine Möglichkeit, dem Energieproblem seine größte Schärfe zu nehmen. Das ist die rationellere Verwendung von Energie. Heute wird Energie in großem Ausmaß verschwendet, obwohl Techniken zur rationelleren Verwendung von Energie längst bekannt sind. Die Ursachen dafür liegen in den Methoden der Wettbewerbsgesellschaft begründet.

Der Exatommanager Klaus Traube hat vorgerechnet [Lit. 31], daß bei Durchsetzung dieser Techniken zur rationelleren Verwendung von Energie zunächst sogar leicht auf den weiteren Ausbau von Atomkraft verzichtet werden kann. Von Atomkraftwerken können innerhalb der nächsten zwanzig Jahre selbst bei sofortiger Inangriffnahme eines neuen Kernkraftwerk-Bauprogramms nur wenige Prozent des heutigen Energieverbrauchs geliefert werden. Durch eine rationellere Verwendung von Energie, wie eine bessere Wärmedämmung der Gebäude und Maßnahmen an den Gebäudeheizungen, die in Schweden zum größten Teil schon üblich sind, könnte ein mehrfach größerer Teil eingespart werden. Durch eine bessere Isolation und andere einfache Maßnahmen an Elektrogeräten könnte außerdem der Elektrizitätsbedarf der Bundesrepublik Deutschland um zehn bis zwanzig Prozent gesenkt werden.

Die Techniken zur rationelleren Verwendung von Energie müssen durch Anordnungen und Förderungsprogramme der Regierungen durchgesetzt werden. Mit entsprechenden Programmen wurde bereits begonnen. Sie könnten nach der Überzeugung von Klaus Traube jedoch weit wirkungsvoller gestaltet werden. Die Einführung dieser wirkungsvolleren Maßnahmen sei allerdings den Zielen der mächtigen Energiewirtschaft entgegengerichtet. Diese hätten kein Interesse daran, daß weniger Energie verbraucht werde; denn das würde ihre Macht schmälern.

Die Energieeinsparungen können noch gesteigert werden, wenn die Energie mit weniger Verlusten als heute zu den Verbrauchern gelangt. Bisher erfolgt der Transport der elektrischen Energie wenig effektiv mit Hilfe von Überlandleitungen. Für die Zukunft ist denkbar, daß der Transport mit geringerem Verlust und weniger Aufwand drahtlos vor sich geht – beispielsweise mit Hilfe der Lasertechnik.

Nach Edgar Cayce wie auch Überlegungen von Ingenieuren kann der Transport wesentlich effektiver erfolgen.

In einer etwas weiter entfernten Zukunft wird aller Wahrscheinlichkeit nach Sonnenenergie die dominierende Energiequelle sein. Dafür sprechen ebenfalls Aussagen von EDGAR CAYCE [Lit. 30]. Diesen zufolge ist die heutige Technik zur Nutzung der Sonnenenergie noch lange nicht ausgereift.

In den Gesichten von Cayce wird Sonneneinstrahlung anscheinend unmittelbar in elektrische Wellen umgewandelt und mit geringen Verlusten drahtlos über große Entfernungen transportiert. Die Kraftwerke, die er beschreibt, sind offenbar laserähnliche Konstruktionen, die zu der Zeit, als die Readings entstanden, noch unbekannt waren.

Edgar Cayce hat zwischen 1920 und 1944 eine große Anzahl von Trance-Interviews gegeben. Seine Aussagen wurden, während er selbst in Trance war, stenographisch aufgenommen und diese »Readings« gesammelt. Was er im Trancezustand berichtete, war ihm im Wachzustand nicht bewußt. Eine große Anzahl von Readings galt auch Atlantis. Im normalen Leben war Cayce an Atlantis nicht interessiert, und er soll nicht einmal PLATONS Bericht über Atlantis gekannt haben. Cayces und Platons Atlantis stimmen jedoch in vielen Details überein.

Atlantis ist für viele Menschen bloß ein Mythos. Tatsächlich ist die Kenntnis von Atlantis zuerst auf dem Wege der Überlieferung auf uns gekommen, und zwar eben durch Platon, den Schüler des Sokrates und Lehrer des Aristoteles. Dieser hatte sein Wissen von den Ägyptern.

Nach Platons Schilderungen handelte es sich um eine große Insel im Atlantik. Atlantis war knapp 400 Kilometer breit und 550 Kilometer lang, eine Insel mit großen Wäldern, Flüssen und Seen, mit vielen Städten und Dörfern, in denen die Zivilisation einen sehr hohen Stand erreicht hatte. Vor etwa zehntausend Jahren sei die Insel dann in einer einzigen Nacht im Atlantik versunken.

Platons Bericht beginnt folgendermaßen: »Es lag vor der Mündung, die bei euch ›Säulen des Herakles‹ [Gibraltar] genannt wird, eine Insel, größer als Asien (Vorderasien) und Libyen zusammen, und von ihr aus konnte man damals noch nach den anderen Inseln [die Karibischen Inseln] hinüberfahren und von den Inseln auf das ganze gegenüberliegende Festland [Amerika], das jenes in Wahrheit so heißende Meer umschließt.«

Trotz der relativ genauen Angaben Platons ist Atlantis im Mittelmeer und sogar in der Nordsee gesucht worden. Von nicht wenigen Historikern wird die Existenz von Atlantis überhaupt in Zweifel gezogen. Ihrer Lehrmeinung nach kann es vor zehntausend Jahren noch keine hochstehende Zivilisation gegeben haben. Zum anderen will man einfach nicht wahrhaben, daß eine so große Insel über Nacht im Meer versinken kann. Beides sind aber – wie immer man sich zu Atlantis stellt – offensichtlich Vorurteile. Den heutigen Menschen mit seiner Intelligenz und seinem Leistungswillen gibt es schon seit mindestens fünfzigtausend Jahren, und um eine Technik zu entwickeln, wie wir sie heute haben, genügt, wie wir aufgrund unserer eigenen Geschichte wissen, nur ein Bruchteil dieser Zeitspanne. Was aber das plötzliche Verschwinden einer großen Insel im Meer betrifft, so ist unsere Kenntnis der Erdgeschichte – plötzliche Erdveränderungen betreffend – viel zu gering, als daß ein solches Geschehen ausgeschlossen werden könnte.

Wir kennen die durch Kräfte des Erdinnern verursachte Katastrophe, die über die Insel Krakatau in der Sundastraße hereinbrach. Dabei wurde ein Teil der Insel in die Luft gesprengt. Drei benachbarte Krater des Krakatauvulkans brachen gleichzeitig aus mit Detonationen, die noch 4800 Kilometer entfernt gehört wurden. Eruptionswolken aus vulkanischem Lockermaterial und Dampf stiegen bis in die Stratosphäre hinauf, und im Umkreis von fünfzig Kilometern um den Vulkan regnete es Bimsstein. In dem 160 Kilometer entfernten Djakarta verfinsterte sich eine Stunde nach dem Ausbruch die Sonne bis zur Nachtdunkelheit. Als sich der Magmakessel entleert hatte, stürzte das 800 Meter hohe Dach des Vulkans zusammen und löste eine riesige Flutwelle aus, in der 36.000 Menschen umkamen. Es entstand ein 22 Quadratkilometer großer Einsturzkessel.

Die Insel Santorin in der Ägäis, das altgriechische Thera, wurde vor einigen tausend Jahren von einer noch größeren Katastrophe betroffen. Der Einsturzkessel ist dort viermal so groß; was von der Insel blieb, wurde von Aschen- und Bimsregen verschüttet.

Manche Forscher sind aufgrund ihrer Studien alter Funde und Mythen zu der Überzeugung gekommen, daß es auf der Erde nicht immer so »zahm« zuging wie in der kurzen Spanne unserer geschichtlich überschaubaren Zeit, sondern daß ungeheure, kosmisch verursachte Naturkatastrophen die Erde verändert und ganze Kulturen vernichtet haben. Anhaltspunkte hierfür finden sich im *Alten Testament,* in der *Weda,* in altgriechischen und römischen Mythologien und auch in den Überlieferungen altamerikanischer Völker. Inzwischen gibt es ja auch bereits Wissenschaftler, die es für möglich halten, daß Kalifornien über Nacht ins Meer abrutschen könnte. Es gibt tatsächlich Berichte und Funde, die auf die Existenz einer oder vielleicht auch mehrerer untergegangener hochentwickelter Zivilisationen hinweisen. Sie sind aber eher Zeugnis für untergegangene alte Kulturen – wie eben jene von Atlantis – als für den Besuch außerirdischer Astronauten (wie Erich von Däniken annimmt). Dazu zählen beispielsweise mehrere tausend Jahre alte indische Überlieferungen, in denen immer wieder Flugmaschinen und, anscheinend, auch atomare Kriege beschrieben werden.

Im *Mausola Purva* heißt es [Lit. 33]: »Cukra, der an Bord eines mächtigen Vimana flog, schleuderte auf die dreifache Stadt ein einziges Geschoß, das mit der Kraft des Universums geladen war. Ein weißglühender Rauch, zehntausend Sonnen gleich, erhob sich in seinem Glanze ...« Und an anderer Stelle heißt es: »Da ist eine unbekannte Waffe, ein eiserner Blitz, gigantischer Bote des Todes, der alle Angehörigen der Vrischni und der Andhaka zu Asche zerfallen ließ. Die verbrannten Leichen waren nicht mehr zu erkennen. Den Menschen fielen die Haare und Nägel aus, Töpferwaren zerbrachen ohne sichtbaren Anlaß, die Vögel wurden weiß. Nach einigen Stunden war die gesamte Nahrung vergiftet. Der Blitz zersetzte sich und wurde zu feinem Staub.«

Ich halte es für ziemlich wahrscheinlich, daß Edgar Cayce – dessen ASW-Fähigkeiten anhand überprüfbarer und tatsächlich überprüfter Fälle bzw. aufgrund später eingetroffener Prognosen grundsätzlich feststehen – seine Aussagen aufgrund paranormaler Wahrnehmungen machte, daß also Atlantis mit seiner von Cayce beschriebenen Technologie tatsächlich existiert hat. Jess Stearn kommt das Verdienst zu, in seinem Buch *Der schlafende Prophet* zahlreiche dieser Atlantis betreffenden Readings einer breiten Öffentlichkeit zugeführt zu haben [Lit. 30].

Auffallend viele Gesichte hatte Edgar Cayce – lange bevor dieses Thema aktuell wurde – über Sonnenenergie im untergegangenen Atlantis. In einem seiner Readings heißt es:

»Die bedeutendste wissenschaftliche Leistung der Atlanter war jedoch zweifellos die Nutzbarmachung der Sonnenenergie ... Als ihr Gebrauch später, über die Jahrhunderte hin, vervollkommnet worden war, wurden auch die Verwendungsmöglichkeiten ausgedehnt, bis hin zur Erzeugung von Kraft und Energie, die drahtlos über das Land ausgestrahlt wurden ...

Der im Tempel der Sonne in Poseidia gelegene Feuerstein war ein großer zylindrischer Körper aus Glas oder ein Stein mit vielen eingeschliffenen Facetten, an einem Ende mit einem Mechanismus versehen. Er war im Zentrum des Gebäudes aufgehängt und umgeben von einem nichtleitenden Material, entsprechend unserem Asbest, aber in der Beschaffenheit ähnlich dem Bakelit. Über dem Stein befand sich eine Kuppel, die zur Aufnahme von Sonnenstrahlen zurückgerollt werden konnte. Die Konzentration und Verstärkung der Sonnenstrahlen durch die vielen Prismen waren von ungeheurer Intensität. Sie war so stark, daß sie über das ganze Land hin regeneriert und übertragen werden konnte durch unsichtbare Strahlen, ähnlich unseren Radiowellen. Ihre Energie wurde für Motorschiffe auf See, für Flugzeuge, aber auch für private Fahrzeuge verwendet. Das geschah durch Fernsteuerung mittels Induktionsmethoden in der Apparatur des Fahrzeugs.

Große und kleine Städte erhielten ihre Energie aus der gleichen Quelle ... Man richtete es so ein, daß nur geringe oder gar keine Hindernisse zwischen den verschiedenen Fahrzeugen und der Kuppel lagen, wenn diese gesenkt wurde.«

Zur Beschreibung der Konstruktion des Steines sagte Edgar Cayce: »Wir erkennen, daß es ein großes zylindrisches Glas war, mit so geschickt eingeschliffenen Facetten, daß der oberste Schlußstein für die Vereinigung der Energie oder Kraft auf einen Punkt sorgte und diese Kraft sich dann zwischen Sockel und Schlußstein des Zylinders konzentrieren konnte.«

Die hier beschriebenen Energiestationen, die nach Cayce überall in Atlantis errichtet wurden, sind laserähnliche Konstruktionen. Das zeigt die Art der Konstruktion wie auch die starke Bündelung der Energie in einem Strahl. Als Cayce diese Kraftquellen beschrieb, war noch nichts über diese Art der Energiebündelung bekannt.

Von Cayce wurde 1932 vorhergesagt, daß die Strahlen innerhalb der nächsten fünfundzwanzig Jahre entdeckt würden. Tatsächlich wurde 1957 der erste Laser realisiert, also noch innerhalb des genannten Zeitraumes; 1960 wurde der erste Festkörperlaser gebaut und 1961 der erste kontinuierlich betriebene Laser. Die ersten Vorschläge und theoretischen Arbeiten entstanden zwischen 1951 und 1956, also mehrere Jahre nach dem Tode von Edgar Cayce.

Bei der Konstruktion, die Cayce beschreibt, scheint es sich um einen Festkörperlaser ähnlich dem Rubinlaser zu handeln, nur die Ausmaße sind bei Cayce wesentlich größer. Beim Rubinlaser (der Verfasser benutzt einen solchen Rubinlaser für Messungen im Umweltschutz) wird ein zylindrisch geformter künstlicher Rubin von fünf bis zwanzig Zentimetern Länge und etwa fünf bis sechs Zentimetern Durchmesser der intensiven Strahlung einer Lichtquelle, zum Beispiel einer Blitzlichtlampe, ausgesetzt. Auch Cayce beschreibt einen zylindrischen Körper aus Glas, allerdings von wesentlich größerem Ausmaß und mit eingeschliffenen Facetten. Der Blitzlichtlampe entspricht bei Cayce die Sonneneinstrahlung, die durch Prismen umgelenkt und konzentriert wird, ähnlich wie das heute bei terrestrischen Sonnenkraftwerken mit Hilfe von Spiegeln geschieht. Cayce sprach auch von der gebündelten Energie von Körpern, die selbst in Flammen stehen. Von diesen erhielt der Kristall nach Cayce seine Kraft. Blitzlichtlampe und Laserstab befinden sich gewöhnlich beide in einem geschlossenen elliptischen Reflektor mit zwei Brennachsen, die Blitzlichtlampe in der einen Brennachse, der Laserstab in der anderen. Die Strahlung der Blitzlichtlampe wird durch den elliptischen Reflektor in paralleles Licht verwandelt, erneut reflektiert und dabei auf den in der Brennachse liegenden Laserstab konzentriert. Bei der von Cayce beschriebenen Konstruktion übernehmen anscheinend der Schlußstein und die Facetten des Glasstabes die Aufgabe des Reflektors.

Wenn die Strahlung der Blitzlichtlampe den Laserstrahl trifft, werden die Elektronen des Rubins auf ein höheres Energieniveau angehoben. Anschließend löst eine Bestrahlung mit Licht oder der zufällige Rücksprung eines Elektrons die Rücksprünge aller angeregten Elektronen aus, und es entsteht eine Strahlung ganz bestimmter Wellenlänge, bei der die Strahlungsbeträge von verschiedenen Atomen miteinander in Takt sind, da die Elektronen alle im gleichen Augenblick zum Rücksprung stimuliert werden. Die auf diese Weise erzeugten Strahlen werden in alle beliebigen Richtungen ausgesandt. Durch einen Kunstgriff lassen sich jedoch diejenigen Strahlen aussondern, die zur Längsachse des Rubins parallel sind. Zu dem Zweck versilbert man ein Ende des Rubins vollkommen und das andere teilweise. Die der Achse nicht parallelen Strahlen werden absorbiert, die parallelen dagegen hin und her reflektiert, so daß sie sich verstärken, bis am teilweise versilberten Ende ein starker kohärenter Lichtstrahl austritt. Das ist die Konzentration der Energie zwischen Schlußstein und Sockel bei Edgar Cayce.

Der Laser ermöglicht eine beträchtliche Verstärkung von Licht. Der von einem Laser ausgesandte Lichtstrahl ist so hell und so stark gebündelt, daß er riesige Entfernungen zurücklegen kann und sich sehr genau auf ein Ziel richten läßt. Den spektakulären Beweis dafür lieferten Lasertechniker, als sie einen auf dem Mond installierten Reflektor anpeilten, die zurückgestrahlten Lichtpfeile auffingen und aus ihrer Laufzeit die Entfernung des Mondes von der Erde genauer als je zuvor berechneten. Die Energiestöße, die dabei abgegeben wurden, übertrafen für Bruchteile von Millisekunden die Kapazität von Kraftwerken.

Laserlicht wird nach nur zwei Jahrzehnten Experimentierens bereits universell verwendet. Es findet Anwendung auf vielen Gebieten, beispielsweise im Umweltschutz, in der Werbung und im Flugwesen; in der Medizin wird es als Skalpell und zum Verschweißen von Blutstellen verwendet und im militärischen Bereich für Lenksysteme genutzt. Die Möglichkeiten des Laser und auch des Maser und Raser, die elektromagnetische Wellen im nicht sichtbaren Bereich verstärken, sind bei weitem noch nicht ausgelotet.

In Zukunft wird der Laser der extremen Hitze wegen, die er zu entwickeln vermag, wahrscheinlich auch zum Energietransport über große Entfernungen genutzt werden. Die große Hitze könnte zum Beispiel unmittelbar in Elektrizität umgewandelt werden, ohne daß der Umweg über eine Dampfmaschine notwendig ist. Es würden sich dann ähnliche Nutzungsmöglichkeiten ergeben, wie Edgar Cayce sie schildert. Die Antriebsart für Flugzeuge und Schiffe durch gebündelte Energiestrahlen, wie sie in den Readings beschrieben ist, wird heute von Ingenieuren als möglich und erstrebenswert angesehen. Sonnenenergie könnte damit auch die aus Erdöl gewonnenen Treibstoffe ersetzen. Flugzeuge brauchten dann keinen Treibstoff mehr mitzunehmen, der ja heute bei langen Flügen noch einen großen Teil ihrer Last ausmacht. Von Wladimir A. Kotjenikow wurde zum Beispiel 1978 ein energetisches Strahlenbündel anstelle der herkömmlichen Treibstoffe für Flugzeuge vorgeschlagen. Die drahtlose Übertragung von Energie wird sich nach seiner Auffassung so entwickeln, daß man Hochfrequenzschwingungen bündelt und auf Maschinen konzentriert. Auf diese Weise wird den Flugzeugen die benötigte Energie direkt von der Erde zugeführt. Ein solches Flugzeug – mit keinem Tropfen Treibstoff an Bord, dafür aber um so mehr Reisenden und Fracht – kann auf einem energetischen Strahlenbündel mit hoher Geschwindigkeit von Moskau in die entferntesten Gebiete der Sowjetunion fliegen. Lärm und Abgase gibt es nicht. Das ist genau die Antriebsart, wie Edgar Cayce sie für die Flugzeuge der Atlanter geschildert hat.

Aus den Readings geht übrigens auch hervor, daß die Nutzung der Sonnenenergie möglicherweise doch nicht in jedem Fall so ungefährlich und umweltfreundlich ist, wie uns das heute erscheint. Auffällig häufig kam Edgar Cayce nämlich darauf zu sprechen, daß die Bewohner von Atlantis die Kräfte, die sie entwickelt hatten, mißbrauchten, so daß sie außer Kontrolle gerieten und schließlich zum Untergang von Atlantis führten.

In einem seiner Readings heißt es [Lit. 30]: »Unabsichtlich zu stark eingestellt [die Apparatur zur Umwandlung der Sonneneinstrahlung in andere Energieformen], trug sie schließlich zum Ausbruch der zweiten Katastrophe [auf Atlantis] bei. Ihre Strahlen vereinigten sich mit anderen elektrischen Kräften und ließen viele Feuer im Innern der Erde ausbrechen, vulkanische Eruptionen wurden herbeigeführt durch den mächtigen Energiespeicher der Natur.«

Die heutigen Laser-, Maser- oder Raserstrahlen können nach allem, was wir wissen, nicht tief genug in die Erde eindringen, um das zu bewirken. Bei dem gebündelten Mikrowellenstrahl von einem Sonnenkraftwerk aus dem All ist das vielleicht schon nicht mehr so sicher.

In weiteren Readings äußerte sich Cayce über den Untergang der Atlantis-Zivilisation folgendermaßen: »... Der Mensch brachte die zerstörerischen Kräfte. Diese erzeugten zusammen mit den natürlichen Vorräten von Gasen, natürlichen Kräften und Formen die schlimmste aller Eruptionen, die aus der Tiefe der langsam erkaltenden Erde emporstieg, und jener Teil [von Atlantis], der heute in der Nähe der Sargassosee liegt, versank zuerst im Meer ... Die Kraftgewinnung aus der Sonne selbst bis hin zum Strahl, der zur Atomzertrümmerung führte, hatte die Vernichtung dieser Landesteile zur Folge.«

Insbesondere die letzte Aussage ist erstaunlich. Cayce spricht hier offenbar von der Atomspaltung mit Hilfe von laserähnlichen Strahlen. Heute ist das Ziel der Wissenschaftler zwar nicht die Kernspaltung, wohl aber die Anreicherung von radioaktivem Material sowie die Kernfusion mit Hilfe von Laserstrahlen.

Die Aussage von Cayce könnte bedeuten, daß die laserähnlichen Strahlen indirekt die zerstörerischen Kräfte im Erdinnern freimachten, die zum Untergang von Atlantis führten, indem sie nämlich die Ursache für Kettenreaktionen des radioaktiven Anteils natürlicher Uranlagerstätten waren. Atomare Explosionen, gezündet durch Laserstrahlen, könnten Löcher in die dünne Erdkruste des Atlantischen Grabens gerissen haben, worauf dann das glutflüssige Magma des Erdinnern durchbrach.

Die energetischen Strahlenbündel könnten radioaktives Uran 235 aus natürlichem Uran angereichert und so einen gefährlichen Sprengstoff geschaffen haben. Techniker arbeiten heute mit Hochdruck daran, auf diese Weise Kernbrennstoffe aus natürlichem Uran zu gewinnen. Natürliche Uranlager bestehen hauptsächlich aus dem ungefährlichen Uran-238-Metall. Laserstrahlen können hiervon Uran 235 abtrennen. Das wird heute als der eleganteste und wirtschaftlichste Weg zur Urantrennung angesehen. Laserstrahlen bestimmter Wellenlängen werden nur von Atomen und Molekülen, die Uran 235 enthalten, aufgenommen und nicht von Uran 238. Das verändert sie chemisch und elektrisch so stark, daß sie sich von dem Rest des Materials abtrennen. Die Urantrennung mittels Laser soll sich in den Vereinigten Staaten bereits im Teststadium befinden.

Die Readings von Cayce über den Untergang von Atlantis haben auch noch einen anderen Aspekt. Sie könnten bedeuten, daß ein unterirdischer Atombombenversuch oder auch eine durch atomaren Müll verursachte Explosion an der »richtigen« Stelle eine ähnliche Katastrophe auslösen könnte wie die, welche zum Untergang von Atlantis führte. Die Vorhersage der Seherin von Prag kommt einem in den Sinn, nach der die Menschen den Schoß der Erde öffnen werden und es ihnen nur mit Mühe gelingen wird, ihn wieder zu schließen.

Aber es gibt auch eine andere Erklärung. Für die Aussagen von Cayce dürften die gleichen Gesetzmäßigkeiten gelten, wie sie auch bei anderen paranormalen Wahrnehmungen beobachtet werden. Nach einer dieser Regeln nimmt der Sensitive allem Anschein nach gewöhnlich nicht das eigentliche Geschehen wahr, sondern »sieht«, wie sich das Ereignis in der Psyche eines der Beteiligten spiegelt. Neben richtigen Beobachtungen und zutreffenden Schlüssen übernimmt er infolgedessen natürlich auch Folgerungen, die der Beteiligte zwar für richtig hält, die aber nicht dem tatsächlichen Geschehen entsprechen. Die bedeutet:

Wenn viele Atlanter der Überzeugung waren, daß Atlantis durch den Mißbrauch seiner Technologie zugrunde ging, dann wird diese Überzeugung auf paranormalem Weg auch von dem Sensitiven übernommen – ob sie nun richtig ist oder nicht. Die Menschen neigen dazu, die ihnen unheimliche Großtechnik für Naturkatastrophen verantwortlich zu machen, auch wenn kein Zusammenhang gegeben ist. In den fünfziger Jahren wurde zum Beispiel von manchen Menschen schlechtes Wetter auf Atombombenversuche zurückgeführt. Daß beide tatsächlich etwas miteinander zu tun haben, ist jedoch sehr unwahrscheinlich.

Es ist deshalb nicht ausgeschlossen, daß natürliche Katastrophen allein zum Untergang von Atlantis führten. Nach Platons Bericht lag Atlantis im Bereich der vor gut fünfzig Jahren mit Hilfe des Echolots entdeckten Atlantischen Schwelle, die ein gewaltiges untermeerisches Gebirge über dem angrenzenden Tiefseeboden darstellt, das bei einer Basisbreite zwischen 500 und 1000 Kilometern eine Gipfelhöhe von 4000 bis 5000 Metern erreicht. Die Entdeckung dieses mitten im Atlantik liegenden Gebirges war eine große Überraschung, denn bis dahin hatte man angenommen, daß der Meeresboden flach und eben sei. Ein ähnliches Gebirge wurde später auch im Pazifik gefunden. In den sechziger Jahren mußte dann aufgrund von Tiefseebohrungen und magnetischen Messungen die verblüffende Schlußfolgerung gezogen werden, daß sich am mittelozeanischen Rücken ständig neuer Meeresboden bildet. Glutflüssiges Magma strömt aus den Spaltensystemen in der Mitte des Rückens – die Bergrücken sind der Bereich größter Aktivität – und vergrößert den Meeresboden auf beiden Seiten der Schwelle. Der Meeresboden wächst in die Breite, und die Ausdehnung des Meeres nimmt zu. Da andererseits aber der Durchmesser der Erde als konstant anzunehmen ist, muß Meeresboden an anderer Stelle wieder zerstört werden. Man nimmt an, daß das im Bereich der Tiefseegräben der Fall ist.

Die Überlegungen und Schlüsse, die in diesem Zusammenhang gezogen wurden, stimmen weitgehend mit den Beobachtungen überein. Wenn man weit genug in die Vergangenheit zurückgeht, kommt man zu einem Punkt, wo die Kontinente unmittelbar aneinandergehangen haben. Als die Öffnung der Ozeane begann, blieben Übergangsstücke wechselnder Breite zwischen den Kontinenten im Bereich der mittelatlantischen Schwelle zurück. In der Tiefe findet man in diesen Gebieten noch Gesteine kontinentaler Zusammensetzung.

Atlantis dürfte aus solchen Übergangsstücken bestanden haben. »In der Folge waren diese kontinentalen Reststücke der ozeanischen Querdehnung, Ausdünnung und Durchtränkung mit vulkanischen Förderprodukten ausgesetzt«, wie der Geologieprofessor HANS GEORG WUNDERLICH schreibt [Lit. 34]. Aufgrund der Förderung von magmatischem Material, das den neuen Meeresboden bildet, könnten unter den kontinentalen Reststücken Materialdefizite entstanden sein, die zu Absenkungen führten, so daß die Inseln schließlich vom Meer verschlungen wurden. Den Untergang von Atlantis sollen nach Cayce ja gewaltige Vulkanausbrüche begleitet haben, vor denen viele Atlanter auf die angrenzenden Kontinente flohen.

Die Azoren sind wahrscheinlich ein Überbleibsel des Ostrandes der letzten Atlantis-Inseln. 1957 und 1964 kam es hier zu Erdbeben und Vulkanausbrüchen, die, insbesondere 1957, die Inseln tagelang erschütterten. Es könnte sich hier um die gleiche Instabilität der Erdkruste handeln, die seinerzeit auch den Untergang von Atlantis verursachte. Die Erdbeben und Vulkanausbrüche führten zu Massenauswanderungen, so wie sie von Cayce auch für Atlantis geschildert wurden. Tausende von Häusern wurden zerstört, und die Menschen flohen in Scharen von den Inseln.

Falls die Theorie richtig ist, daß natürliche Ursachen zum Untergang von Atlantis führten, so sind von der großtechnischen Nutzung der Sonnenenergie natürlich nicht die Gefahren zu erwarten, wie sie die medialen Aussagen von Edgar Cayce nahelegen. Wenn andererseits aber Atlantis durch die Umwandlung von Sonnenenergie in laserähnliche Strahlen unterging, weil diese indirekt vulkanische Kräfte aktivierten, so könnte eine solche Katastrophe auch durch eine zukünftige großtechnologische Nutzung von Sonnenenergie wieder heraufbeschworen werden. Bedroht wären dann unter Umständen Gebiete mit ähnlichen geologischen Bedingungen wie Atlantis, also Inselgruppen im Bereich der atlantischen oder pazifischen Schwelle. Bedroht sind vielleicht aber auch ganz allgemein Inseln mit starkem Vulkanismus wie beispielsweise Japan, für das von mehreren Sehern der Untergang vorhergesagt wurde. Es sollte deshalb auf jeden Fall versucht werden zu klären, ob eine solche Bedrohung tatsächlich existiert.

Energie wird noch knapper werden. Die Preise werden weiter steigen, nicht nur die Benzin- und Heizölpreise, sondern auch die Preise für all die Güter, zu deren Herstellung Energie oder Erdöl als Rohstoff benötigt wird. Erdölmangel kann zwar vorübergehend zu Versorgungsengpässen und Nahrungsmittelmangel führen, dürfte jedoch nicht unmittelbar die schweren Katastrophen auslösen, die von den Sehern vorhergesagt wurden. Bevor Erdöl und Ölschiefer zur Neige gehen, werden nämlich wahrscheinlich Ersatzenergien die gravierendsten Lücken ausfüllen, so daß Landwirtschaft und lebenswichtige Industriezweige weiter betrieben werden können.

Der Lebensstandard könnte jedoch rapide absinken, nicht nur wegen Energiemangels, sondern auch, weil die anderen Rohstoffe immer knapper werden und es immer schwieriger wird, mit den aufsteigenden Industrienationen Asiens auf dem Weltmarkt zu konkurrieren. Auch in den Industrieländern der westlichen Welt werden Versorgungsengpässe auftreten. Die Katastrophe in der dritten Welt ist unvermeidlich. Die Bevölkerung steigt dort unaufhaltsam mit einer Rate von zwei bis drei Prozent pro Jahr an. Bald wird die Lebensmittelproduktion nicht mehr Schritt halten und die Schere zwischen Angebot und Bedarf immer weiter auseinanderklaffen. Bei Mißernten werden infolgedessen wahrscheinlich noch vor Ende dieses Jahrhunderts Millionen Menschen verhungern. Gleichzeitig wächst die Gefahr von Umstürzen und atomaren Kriegen.

Die westlichen Industriestaaten werden in diesem Meer des Elends nicht mehr als friedliche Inseln des Wohlstands weiterexistieren können. Solange das Wirtschaftswachstum voranschritt, hielt die Aussicht auf immer höheren Lohn die Schlechtweggekommenen von ihren Forderungen nach Umverteilung ab. Bei Nullwachstum und Rückschritt ist diese Ersatzhoffnung nicht mehr gegeben.

Wie lautet die Prophezeiung von EDGAR CAYCE? ». . . wenn der Hunger kommt, dann kommen auch Zerstörung, Aufruhr und Streit.« Und in der AMSTERDAMER PROPHEZEIUNG heißt es:

»...und dann sehe ich das Wort Hunger stehen und politisches Chaos. Das ist nicht für euer Land allein [die Niederlande], sagt die Frau [eine Muttergottes-Erscheinung], sondern auf der ganzen Welt.« Auch JAKOB LORBER hat den Untergang der bestehenden sozialen Ordnung vorausgesagt.

Wie könnte ein solcher Umsturz vor sich gehen? Wenn der Lebensstandard sinkt, Versorgungsengpässe auftreten, werden die Menschen immer unzufriedener mit der bestehenden Ordnung werden, die als unfähig angesehen wird, »die Güter gerechter zu verteilen«. In der Bundesrepublik Deutschland gehört wie auch in den übrigen Ländern der westlichen Welt immer noch der größte Teil allen Vermögens nur wenigen Prozent der Bevölkerung. Die bestehenden Regierungen werden kaum in der Lage sein, die Privilegien einzelner Gruppen zu beschneiden. Immer mehr Menschen werden sich infolgedessen von den herrschenden Systemen abwenden. Wahrscheinlich werden dann nur noch die Reichen Auto fahren können. Die Regierungen werden gehaßt werden und sich schließlich nicht mehr durch Argumentation und Gründe, sondern nur noch durch nackte Gewalt behaupten, wie das zaristische Regime in Rußland vor der Revolution. Verhältnisse wie in Nordirland oder in den Slums von New York könnten allgemein werden. Kritiker und Extremisten werden alles in Frage stellen und unerfüllbare Forderungen stellen.

Schließlich werden die Radikalen die Massen für sich gewinnen und die alte Ordnung stürzen. Die dann folgenden Machtkämpfe der verschiedenen Gruppen, zu denen auch die Kommunisten gehören, werden in offenem Bürgerkrieg, Massenaufstand und Terror enden und in Chaos und Katastrophen hineinführen. Dann werden auch die westlichen Industrieländer ihre Hungersnöte und Seuchen und starke Bevölkerungsrückgänge erleben. Wenn das Chaos längere Zeit anhält, wie das nach den Prophezeiungen zu erwarten ist, wird ein neuer Aufstieg sehr schwierig werden.

Allerdings wird die Menschheit wahrscheinlich nicht auf Dauer in das vorindustrielle Zeitalter zurückfallen; sie verfügt über Kräfte und Fähigkeiten, die Katastrophen zu überwinden. Denn neben den Visionen von Katastrophen,

Hungersnöten und dem »großen Abräumen« gibt es auch Prophezeiungen, die nahelegen, daß die Entwicklung weitergehen wird. Hierzu gehören Prophezeiungen der Seherin von Prag, von Nostradamus und Edgar Cayce. Das Zeitalter des Nullwachstums wird danach zwar unter heftigen Geburtswehen und Erschütterungen anbrechen, aber wenn es einmal da ist, dann werden sich die Lebensverhältnisse des Menschen weiter verbessern.

In einer Prophezeiung der Seherin von Prag heißt es beispielsweise, daß die Menschheit einmal ihr »Tagewerk in vier Stunden verrichten wird«, und Nostradamus sagt in Quatrain 3, 2, »daß Körper, Geist und Seele des Menschen einmal alle Macht haben werden«. Edgar Cayce sah für das Jahr 2200 voraus, daß die Menschen dann »dabei sind, New York wieder aufzubauen«. Die Menschheit könnte also dann die Katastrophen bereits überwunden haben.

Daß die Entwicklung weitergehen wird, behauptet auch Adrian Berry in seinem Buch *Die große Vision* [Lit. 35]. Nach seiner Überzeugung werden der wirtschaftliche Fortschritt und die Weiterentwicklung der industriellen Technik nicht nur für Jahrzehnte und Jahrhunderte, sondern für Jahrzehntausende weitergehen. Kriege und wirtschaftliche Rezessionen können diese Entwicklung seiner Prognose zufolge nie für längere Zeit aufhalten. Es müßte schon jeder einzelne Mensch auf der Erde getötet werden, schreibt er, »und das sei ein unmögliches Unterfangen«. Die Menschheitsgeschichte soll noch viele Millionen Jahre lang weitergehen, ehe die Natur den Vorhang herunterläßt. In diesen unermeßlichen Zeiträumen werde nahezu alles, was überhaupt geschehen könne, tatsächlich geschehen.

Adrian Berry nennt drei Voraussetzungen, die erfüllt sein müssen, damit die Entwicklung weitergeht:

1. Es darf nicht zu einer wesentlichen Veränderung der Sonneneinstrahlung kommen.
2. Eine störende fremde Technik darf nicht in unser Sonnensystem eindringen.
3. Die menschliche Psyche darf sich nicht wesentlich verändern. Die menschliche Reaktion auf Reize muß konstant bleiben.

Auch der Astronom FRED HOYLE ist der Ansicht, daß die Straße erst jetzt beginne und fast alles noch im Spiel sei. Unsere und die Zivilisationen der Zukunft können sich seiner Meinung nach um den Faktor 10^9 (eine Milliarde) unterscheiden. Ähnlich dachte auch der Astronom Sir JAMES JEANS, als er schrieb: »Wir leben im allerersten Anfang der Zeit. Wir sind in der frischen Herrlichkeit der Morgendämmerung ins Dasein getreten, und ein Tag von fast undenkbarer Länge erstreckt sich vor uns mit unvorstellbaren Gelegenheiten zur Vervollkommnung!«

7
Eiszeit oder Hitzeschock?

Das Klima auf der Erde war und ist Schwankungen unterworfen. Tropische Urwälder wechselten in Europa ab mit baumlosen Tundren. Die Wetteranomalien in den letzten Jahrzehnten wie Dürreperioden und kalte schneereiche Winter scheinen zu bedeuten, daß sich das Klima erneut verändert. In welche Richtung die Entwicklung gehen wird, ob eine Eiszeit oder eine Hitzeperiode auf uns zukommt, darüber herrscht allerdings Unsicherheit. Ein Teil der Klimatologen erwartet eine Kaltzeit mit einem weltweiten Vorrücken der Gletscher. Andere sind sich ziemlich sicher, daß der Kohlendioxydanstieg in der Atmosphäre aufgrund der Verbrennung von Kohle und Erdöl vorher noch die Temperaturen in die Höhe treiben wird. Für beide Versionen gibt es gute Argumente. Welche der beiden völlig verschiedenen Annahmen wird sich als richtig erweisen?

Kohlendioxyd – die chemische Formel ist CO_2 – wird wesentlich langsamer als die anderen durch menschliche Tätigkeit freigesetzten Stoffe in der Atmosphäre umgewandelt, durch Regen oder Schnee ausgewaschen oder vom Erdboden absorbiert. Die Entfernungsmechanismen wirken hier so langsam, daß der Kohlendioxydgehalt der Atmosphäre immer mehr zunimmt. In den nächsten fünfzig Jahren wird der weltweit wachsende Energiebedarf noch hauptsächlich durch die Verbrennung fossiler Brennstoffe gedeckt werden. Infolgedessen wird der CO_2-Gehalt der Atmosphäre wahrscheinlich auf mehr als das Doppelte des vorindustriellen Wertes ansteigen. Bei der heute (1980) vorliegenden Zuwachsrate beim Verbrauch fossiler Brennstoffe von 3,5 Prozent pro Jahr wird dieser Pegel im Jahre 2030 erreicht werden.

Kohlendioxyd absorbiert die infrarote Strahlung genau in dem Wellenlängenbereich, in dem die Wärmerückstrahlung der Erdoberfläche ins Weltall liegt. Je mehr Kohlendioxyd in der Atmosphäre vorhanden ist, um so weniger Wärme kann die Erde in den Weltraum abstrahlen, und um so höher steigt infolgedessen die Temperatur auf der Erde an. Man spricht vom Treibhauseffekt, den das Kohlendioxyd verursacht. Ein Treibhaus hat nämlich eine ähnliche Wirkung. Die von außen kommenden Sonnenstrahlen fallen durch das Glas hindurch und erwärmen die Erde; die von der erwärmten Erde ausgehende Wärmestrahlung aber wird von den Glasfenstern zurückgehalten. Das Kohlendioxyd entspricht diesen Glasfenstern. Modellrechnungen zeigen, daß bei einer Verdoppelung der Kohlendioxydkonzentration mit einer Temperaturerhöhung der Erdatmosphäre von eineinhalb bis drei Grad Celsius gerechnet werden muß. Viel bedeutsamer als dieser Durchschnittswert sind jedoch die regionalen Besonderheiten, insbesondere der Verstärkungsfaktor in hohen Breiten.

Die Verstärkung ergibt sich vor allem aus der positiven Rückkopplung des CO_2-Erwärmungseffektes mit der Flächenausdehnung des Meereises in der Arktis. Bei einer Erwärmung der Erde um einige Grad schrumpft es oder verschwindet sogar ganz. Dadurch wird weniger Sonneneinstrahlung in den Weltraum zurückgestrahlt, und die Temperatur steigt noch weiter an. Eine weitere Verstärkung erfolgt infolge der besonderen Art der Luftschichtung in den Polargebieten.

Je nach Annahme über die Höhe des Treibhauseffektes und die polare Verstärkung bewirkt eine Verdoppelung des atmosphärischen Kohlendioxydgehaltes eine Temperaturerhöhung am Nordpol von viereinhalb bis fünfzehn Grad Celsius. Das sind sehr hohe Werte, die bei einer Realisierung beträchtliche Auswirkungen auf die atmosphärische Zirkulation und das Klima haben werden. Die Simulationen der Auswirkungen des Kohlendioxydgehaltes der Atmosphäre gelten übrigens nicht als Prognosen der tatsächlich zu erwartenden Klimaveränderungen, sondern als Tendenzen, da wahrscheinlich nicht alle Rückkopplungen erfaßt sind: So verdunstet infolge der Erwärmung mehr Wasser, und es könnten sich mehr Wolken bilden. Durch diese Wolken würde das Sonnenlicht in stärkerem Maße reflektiert und der Temperaturanstieg abgeschwächt. Dieser Effekt kann simulationstechnisch noch nicht berücksichtigt werden. Andererseits wird bei einer Erwärmung der Erde von den Meeren wahrscheinlich mehr Kohlendioxyd freigesetzt – genauso wie von Selterswasser, das warm wird. Das wäre dann wieder eine positive Rückkopplung und würde die Temperaturen noch höher treiben.

Soweit die Argumente für eine Erwärmung der Erde. Aber auch die Vertreter der Erderkaltung haben gute Gründe:

Seit den sechziger und siebziger Jahren mehren sich die Anomalien im Wettergeschehen. Gegenüber den vorangegangenen Jahrzehnten treten stark vom Durchschnitt abweichende Wetterlagen auf: sehr kalte und schneereiche Winter, zunehmende Überschwemmungen, Dürren, Hurrikans und Tornados. Nach der ersten Hälfte des Jahrhunderts, die ein Klimaoptimum darstellte, ist nun eine Periode der Fluktuationen und eine Hinwendung zum Schlechteren eingetreten. Besonders auffällig war die lange Dürreperiode in der Sahelzone, diesem Weideland am Südrand der Sahara. 1968 blieben die regenbringenden Monsunwinde aus und ebenso in den folgenden fünf Jahren. Der Regenmangel führte zur Katastrophe. Dreißig bis siebzig Prozent des Viehs, die Ernährungsgrundlage der Sahelbewohner, verendeten vor Durst oder Hunger. Etwa drei Millionen Menschen verhungerten oder fielen, von Hunger geschwächt, Krankheiten zum Opfer. Der Wüstengürtel hatte sich zum Äquator hin verschoben, wie das bei einem Kälterwerden der Erde zu erwarten ist.

In Übereinstimmung damit sind die Temperaturen auf der Nordhalbkugel in den letzten vierzig Jahren um ein halbes Grad gefallen. Bei länger werdenden Wintern haben die Schnee- und Eisdecken im Norden Amerikas und Ostsibiriens um rund fünfzehn Prozent zugenommen. Die Gletscher sind auf dem Vormarsch.

Gleichzeitig hat sich auch die Zirkulation verändert. Die Winde kommen aus anderen Richtungen und bringen manchen Orten mehr, anderen weniger Wärme und Feuchtigkeit. Die Temperaturabnahme und die Fluktuationen im Wettergeschehen deuten nach Ansicht von Klimatologen auf den Beginn einer Klimaverschlechterung hin.

Das Klima ist nämlich keine Konstante, sondern unterliegt im Laufe der Jahrhunderte großen und kleinen Schwankungen. Wenn man weit genug in der Erdgeschichte zurückgeht, so kommt man in Klimaperioden, in denen in Deutschland tropische Urwälder wuchsen. Die Braun- und Steinkohlenwälder stammen aus jenen Epochen. Wesentlich näher zur Gegenwart hin trat auch das andere Extrem auf, nämlich ein bitterkaltes Klima, in dem der Norden Deutschlands ebenso wie die Britischen Inseln, Skandinavien und Kanada sowie Teile der USA, wie zum Beispiel der Staat New York, tausend bis zweitausend Meter unter Eis begraben lagen. Das übrige Deutschland war eine Kältewüste, gekennzeichnet durch Dauerfrostboden und baumlose Tundra.

Furcht vor der Rückkehr einer solchen Kaltzeit wird wachgerufen, wenn Klimaschwankungen und Temperaturrückgänge ein kälteres Klima anzukündigen scheinen. Eine relativ geringe Temperaturabnahme reicht nämlich schon aus für den Anbruch einer Kaltzeit mit ihren ausgedehnten Vergletscherungen. Der sowjetische Meteorologe MICHAEL BUDYKO hat ausgerechnet, daß ein weiteres Absinken der durchschnittlichen Temperatur auf der Erde um 1,6 Grad die Gletscher in Marsch setzen würde.

Abgesehen von diesen längerfristigen Klimaschwankungen ist das Klima aber auch über kürzere Zeiträume hinweg nicht immer gleich. So sind im Zeitraum der letzten tausend Jahre eine ganze Reihe von kurzfristigen Klimaschwankungen aufgetreten, die zum Teil beträchtliche Auswirkungen auf das menschliche Leben hatten. Die Siedlungen der Wikinger auf Grönland fielen einem als »kleine Eiszeit« bezeichneten Temperaturrückgang zum Opfer.

Die letzte größere Klimaschwankung leitete vor etwa zehntausend Jahren aus der sogenannten Würmeiszeit in die jetzige Warmzeit über. Über diese jüngste Kaltzeit weiß man verhältnismäßig gut Bescheid. Die Vereisung erreichte ihren Höhepunkt vor etwa zwanzigtausend Jahren mit Gletschern, die bis zum Nordrand der norddeutschen Tiefebene vorgestoßen waren. Der Meeresspiegel war so tief abgesunken, daß eine Landbrücke die Britischen Inseln mit dem Festland verband. Vor etwa achttausend bis zehntausend Jahren schmolzen die Deutschland und Skandinavien bedeckenden Eismassen dann wieder ab, und die jetzige Warmzeit begann. In der vor der Würmeiszeit liegenden Kaltzeit stießen die Gletscher sogar bis zum Nordrand des Ruhrgebietes und in den Vereinigten Staaten bis nach Kalifornien und Mexiko vor.

Wenn sich die Gletscher heute auch nach Norden und in höhere Lagen zurückgezogen haben, so leben wir dennoch immer noch in einer Eiszeit, denn Gletschereis und Dauerfrost beherrschen nahezu ein Viertel des gesamten Festlandes der Erde. Den größten Anteil daran hat der von einem zweitausend Meter dicken Eispanzer bedeckte antarktische Kontinent, der viermal so groß ist wie Europa. Die Eiszeit, in der wir heute leben, begann wahrscheinlich vor etwas mehr als fünf Millionen Jahren mit der Vergletscherung dieses Kontinents.

Man muß in der Erdgeschichte weit zurückgehen, nämlich etwa zweihundertsiebzig Millionen Jahre, um auf gesicherte Spuren einer davorliegenden großen Vereisung zu stoßen. Zwei weitere Eiszeiten liegen bereits vierhundert und tausend Millionen Jahre zurück. In den langen Zeiträumen zwischen diesen großen Eiszeiten hat es auf der Erdoberfläche wahrscheinlich kaum Eis gegeben. Die Gegensätze des Klimas waren wesentlich geringer, vor allem die Polargebiete waren viel wärmer als heute.

Die Eiszeit ist noch nicht zu Ende, und es hat auch nicht den Anschein, als ob sie ihren zyklischen Charakter mit dem Wechsel von Kalt- und Warmzeiten verlieren würde. Der Höhepunkt der Erwärmung scheint schon einige tausend Jahre zurückzuliegen, und es könnte sein, daß die jetzt anscheinend beginnende Klimaschwankung geradewegs in die nächste Kaltzeit hineinführt. Das ist jedenfalls die Überzeugung einer Reihe von Klimatologen.

Überlegungen bezüglich einer neuen Kaltzeit hatten noch vor wenigen Jahren fast nur akademische Bedeutung. Man nahm an, daß in den letzten sechshunderttausend bis achthunderttausend Jahren lediglich vier Kaltzeiten aufgetreten seien und daß die dazwischen liegenden Warmzeiten jeweils eine Dauer von einigen zehntausend Jahren gehabt hätten. Die Wahrscheinlichkeit, daß in der Jetztzeit eine Kaltzeit einsetzen könnte, erschien also gering. Außerdem gingen die alten Theorien davon aus, daß sich die Eisdecken lediglich in höheren Lagen und im arktischen Norden gebildet hätten und von dort aus dann allmählich talabwärts bzw. südwärts flossen. Dieser Ausbreitungsvorgang ist ein relativ langsamer Prozeß. Viele hundert Jahre müssen vergehen, ehe die Eismassen durch langsames Vorrücken größere Teile der Erdoberfläche bedecken können. Der Beginn einer Kaltzeit wäre demnach lediglich eine geringfügige Abkühlung der Erde, die mit dem Vorrücken der Gletscher allmählich weiter fortschreitet.

Inzwischen liegen jedoch neuere Forschungsergebnisse vor. Das ist zunächst die Erkenntnis, daß in den letzten siebenhunderttausend Jahren nicht vier, sondern acht Kaltzeiten aufgetreten sind und daß die einzelnen Warmzeiten nur eine Dauer von jeweils etwa zehntausend Jahren hatten. Diese Zeitspanne ist aber seit dem Ende der letzten Kaltzeit gerade vergangen. Die jetzige Warmzeit nähert sich also vermutlich ihrem Ende. Die Wahrscheinlichkeit, daß noch während unseres Lebens eine neue Kaltzeit beginnt, ist infolgedessen relativ hoch. Viele Wissenschaftler sind fest davon überzeugt, daß die nördlichen Regionen Kanadas, Skandinaviens und des europäischen Teils der Sowjetunion innerhalb der nächsten zweieinhalb Jahrtausende wieder unter Eis und Schnee begraben werden.

Die zweite wichtige Erkenntnis der neueren Eiszeitforschung hat die Vorstellung erschüttert, daß sich die Eisdecken lediglich in höheren oder extrem nördlichen Lagen gebildet hätten und bei ausreichender Mächtigkeit von dort aus allmählich talabwärts bzw. südwärts »geflossen« seien. Das Norddeutschland in der Riß-Eiszeit bedeckende Eis sollte beispielsweise in erster Linie aus dem skandinavischen Hochgebirge gekommen sein. Nach den neuen Forschungsergebnissen war das nur zum Teil der Fall. Man hat deshalb eine neue Theorie aufgestellt. Nach dieser sogenannten Schneeblitz-Theorie fielen die Eismassen, die halb Europa und halb Nordamerika in den Kaltzeiten unter sich begruben, sozusagen über Nacht vom Himmel und wuchsen von unten nach oben, jedenfalls das meiste davon.

Den Beginn einer Kaltzeit kann man sich demnach etwa so vorstellen: In einem kalten und schneereichen Winter bildet sich eine dicke Schneedecke aus (wie etwa im Winter 1978/79 in Deutschland). Diese schmilzt in einem kühlen Frühjahr und Sommer nicht ganz weg, sondern bleibt liegen und reflektiert die Sonnenstrahlen. Sie kühlt die Luft ab und sorgt dafür, daß im nächsten Winter noch mehr Schnee fällt. Frischer Schnee strahlt nämlich bis zu fünfundachtzig Prozent des Sonnenlichtes zurück in den Weltenraum, so daß die Erdoberfläche nur sehr wenig Wärme erhält und sich immer weiter abkühlt. Die Eisdecke wird nun mit jedem Schneefall dicker. Riesige Landflächen gehen sozusagen in einem einzigen schlechten Sommer verloren. Innerhalb weniger Jahre könnten sich Nordkanada, Nordeuropa, die Alpen und andere nördliche Regionen mit Inlandeis bedecken. Wenn dieses Inlandeis eine Dicke von dreißig Zentimetern erreicht, dann hat die neue Eiszeit unwiderruflich begonnen.

Sieben bis zehn Jahre reichen für die Bildung dieser Eisschicht aus. Die Klimaverschlechterung stellt sich auf diese Weise nicht allmählich ein, sondern kommt plötzlich.

Wenn die Eisblitz-Theorie richtig ist, so bedeutet dies, daß die Kaltzeiten als Katastrophen beginnen. Es gibt eine Reihe von Beobachtungen, die mit dieser neuen Theorie viel besser in Übereinstimmung stehen als mit der alten, nach der sich das Eis nur ganz allmählich ausbreitet. Dazu zählen vor allem rekonstruierte Fließrichtungen von Eismassen, die im Widerspruch zu der alten Theorie stehen; weiter die kurzfristige Vernichtung riesiger Wälder sowie die Beobachtung, daß auf die Kulturschichten des Neandertalers, der zu Beginn der letzten Kaltzeit ausstarb, nur sehr selten unmittelbar die Hinterlassenschaften des Cro-Magnon-Menschen, des Menschen der Jetztzeit, folgen. Beide Kulturschichten in Höhlen und unter Felsvorsprüngen sind fast immer durch eine sterile Erdschicht getrennt. Für ein plötzliches Einsetzen der Kaltzeiten sprechen auch die vielen Mammuts, die im Eis Sibiriens gefunden werden und stehend erfroren sind. Ihre Mägen sind noch voll von frischem Grün. Proben uralten Grönlandeises zeigen ebenfalls einen abrupten Übergang zu kaltem Klima an.

Das sind alles Fakten, die gegen die alte Theorie sprechen. Die Theorie des Eisblitzes gewinnt denn auch immer mehr Anhänger. Beginnt aber eine Kaltzeit mit einem Eisblitz, bei dem große Gebiete in wenigen kalten Jahren verlorengehen, so stellt eine beginnende Kaltzeit auch eine Gefahr für die heutige Menschheit dar. Von völliger oder nahezu völliger Auslöschung durch Eisdecken bedrohte Länder sind Kanada, Grönland und Skandinavien. Die Vereinigten Staaten und die Sowjetunion würden immerhin noch von ausgedehnten Vergletscherungen betroffen. Da nach neueren Forschungen eine Kaltzeit für die in niederen Breiten liegenden Zonen eine Herabsetzung der Niederschläge bedeutet, sind hier außerdem noch Regenmangel und Dürre zu erwarten.

An dieser Stelle erhebt sich erneut die Frage: Wer wird recht behalten – die Vertreter der »heißen« oder der »kalten Erde«? Die Klimatologen streiten darüber. Was sagen die Prophezeiungen der Seher?

Um die Antwort vorwegzunehmen: Sie stützen die Prognose, daß vor dem Hereinbrechen der nächsten Kaltzeit das Klima auf der Erde noch wärmer werden wird. Von Alois Irlmayer stammt zum Beispiel die Vorhersage, daß »Feigen und Zitronen in Deutschland wachsen werden«! Wenn sich diese Vorhersage erfüllen soll, dann müssen die Temperaturen in Deutschland auf ein Niveau ansteigen, wie es heute im Mittelmeerraum anzutreffen ist. Die mittleren Jahrestemperaturen liegen dort um mehrere Grad höher als in Deutschland.

Auch Prophezeiungen von Edgar Cayce stützen die Prognose von einer Erwärmung der Erde. Cayce kündigt nämlich Umwälzungen in Arktis und Antarktis an [Lit. 19]: »Offenes Wasser wird in den nördlichen Teilen Grönlands erscheinen«, heißt es in einem seiner Readings, und eine andere Stelle lautet: »In der Antarktis, unweit Feuerland, wird Land sein und eine Meeresstraße mit eisfreiem Wasser.«

Diese Gesichte von Cayce können eintreffen, wenn sich die Polarmeere erwärmen und die hier vorhandenen Eismassen teilweise abschmelzen. Sie sprechen für eine Erwärmung der Erde, denn Eisfreiheit in den heute von Packeis bedeckten Polarmeeren ist ja gerade das, was schon bei einer relativ geringen Erwärmung der Erde zu erwarten ist. Wegen des erwähnten Verstärkungseffektes in den Polargebieten wirkt sich ja hier jede Erwärmung der Erde mit einem Mehrfachen des Durchschnittsbetrages aus.

Andere Ursachen, die den gleichen Effekt der Eisfreiheit haben, wie eine Verlagerung der Erdachse oder die rasche Verschiebung von Kontinenten, sind demgegenüber wesentlich unwahrscheinlicher.

Bei einem Rückgang des polaren Meereises wird sich der subtropische Hochdruckgürtel mit seinen absteigenden wolkenauflösenden Luftströmungen nach Norden verschieben – und damit natürlich auch die in seinem Bereich liegenden Steppen und Wüsten. Eine solche Nordwärtsverlagerung ist nach Ansicht bedeutender Klimatologen bei einer Erwärmung der Erde auf jeden Fall zu erwarten. Als Folge davon werden Trockenheit und Dürre die nordafrikanischen und arabischen Länder treffen und hier einen für Europa sehr gefährlichen Unruheherd schaffen, und es könnte ein Kampf um Lebensraum sein. Die am Südrand der Sahara gelegene Sahelzone wird allerdings von einer Nordwärtsverlagerung der Klimagürtel profitieren.

Das Abschmelzen eines Teils des arktischen Meereises kann aufgrund der abnehmenden Reflexion zu einer immer stärkeren Erwärmung und weiteren Vergrößerung der eisfreien Gebiete führen, bis schließlich das arktische Meereis ganz verschwindet. Ein offenes Polarmeer soll aber zu einer ganz drastischen Verlagerung der Klimazonen und damit auch der Dürregürtel um mehrere Kilometer polwärts führen. Trokkenheit und Dürre werden sich dann auch auf die europäischen Mittelmeerländer ausdehnen und Kalifornien und den Südwesten der USA bedrohen. Die Dürrekatastrophen in Nordafrika und im Nahen und Mittleren Osten werden sich auf unvorstellbare Weise wiederholen. Auch Länder in mittleren Breiten werden weniger Niederschlag erhalten. Bei einer Erwärmung der Arktis wird nämlich das meridionale Temperaturgefälle zwischen Nordpol und Äquator stark abgeschwächt und damit auch die Zirkulation. Die regenbringenden Westwinde können nicht mehr so weit in das Innere der Kontinente vorstoßen, so daß auch im zentralen Nordamerika und im osteuropäischen Raum das Niederschlagsangebot zurückgehen wird. Weltweit werden Dürrekatastrophen auftreten und im Gefolge davon wahrscheinlich auch Hungersnöte und Kriege.

Obwohl eine Erwärmung der Erde für nördliche Regionen von Nutzen zu sein scheint, ist eine wärmere Erde auf längere Sicht kein besserer Platz zum Leben für den Menschen, weil sich die bestehenden politischen und wirtschaftlichen Verhältnisse unter ähnlichen Klimabedingungen wie den gegenwärtigen entwickelt haben. Sie sind daran angepaßt, und jede größere Klimaschwankung muß wegen der engen Verbindung von Klima und Kultur zu Katastrophen führen.

Neben der Verlagerung der Klimagürtel und einer Abschwächung der Zirkulation ergeben sich bei einer Erwärmung der Erde noch andere Probleme. Dazu gehört vor allem die Frage, was mit den gewaltigen Eismassen geschieht, die auf Grönland und dem antarktischen Kontinent gespeichert sind. Wie rasch werden sie abschmelzen und mit welcher Geschwindigkeit und um welchen Betrag wird der Meeresspiegel ansteigen?

Ein Abschmelzen des grönländischen Inlandeises wie auch des westantarktischen Schildes führt zu einem Anstieg des Meeresspiegels um etwa fünf Meter, das Abschmelzen des ostantarktischen Schildes allerdings zu einem Anstieg des Meeresspiegels um den etwa zehnfach höheren Betrag. Zusammen ergibt sich bei einem Abschmelzen der in den Polargebieten gespeicherten Eismassen ein Anstieg von sechzig bis siebzig Metern. Wenn die Eiszeit einmal endgültig zu Ende geht, werden daher küstennahe Gebiete in vielen Ländern der Erde in großem Umfang vom Meer verschlungen werden, wie zum Beispiel die Niederlande, ein großer Teil der norddeutschen Tiefebene und das Rheintal bis hinter Köln. Ein derartiger Anstieg des Meeresspiegels ist allerdings für die unmittelbare Zukunft nicht zu befürchten.

Für das Abschmelzen des Inlandeises werden nämlich relativ lange Zeiträume benötigt. Das grönländische und das ostantarktische Eis gelten als ziemlich stabil. Lediglich der westantarktische Schild könnte wegen seiner großen Eisüberhänge über das Schelfmeer relativ rasch abschmelzen und der hieraus resultierende Anstieg der Meeresoberfläche zur Überflutung von Hafenstädten und Küsten führen.

Edgar Cayce hat Überschwemmungen vorhergesagt, die durch ein Ansteigen des Meeresspiegels verursacht werden könnten. Cayce hat nämlich angekündigt, daß in relativ naher Zukunft Teile von Alabama im Meer versinken werden. Die küstennahen Landesteile von Alabama haben eine geringe Meereshöhe, so daß sie bei einem Anstieg des Meeresspiegels überschwemmt würden.

Für das Abschmelzen der sonstigen Inlandeismassen werden vierhundert bis viertausend Jahre veranschlagt. Falls eine Schmelzperiode von eintausend Jahren angenommen wird, so steigt der Meeresspiegel innerhalb eines Zeitraumes von zehn Jahren im Mittel um jeweils mehr als einen halben Meter an. Dadurch kann es innerhalb eines Menschenlebens zu Überschwemmungen von Hafenstädten und niedrig gelegenen Küsten kommen.

Bei einem Abschmelzen des Nordpolareises kann der Meeresspiegel nicht ansteigen, da sich das Eis im Schwimmgleichgewicht befindet. Allerdings wird sich bei seinem Abschmelzen die Tiefenzirkulation im Meer verlangsamen. Diese wird nämlich hauptsächlich durch absinkendes kaltes Wasser an den Polen in Gang gehalten. Dadurch wird sich der Kohlendioxydanstieg weiter beschleunigen, da weniger Kohlendioxyd in die Sedimente abgeführt wird.

Ein offenes Polarmeer bedeutet, daß hier die Lufttemperaturen um sieben bis zehn Grad ansteigen. Verdunstung und Regen bzw. Schneefall in den angrenzenden Gebieten werden infolgedessen stark zunehmen. Diese erhöhten Niederschläge können aber eine neue Kaltzeit einleiten. Unter den Theorien zur Erklärung der Eiszeiten gibt es nämlich eine, die den Aufbau der Festlandeisschilde in Nordeuropa und in Nordamerika auf genau diesen Umkehrungsmechanismus zurückführt.

Eine weitere Theorie, die eine neue Kaltzeit mit einer Erwärmung der Meere in Verbindung bringt, geht von der Instabilität des westantarktischen Schildes aus. Erwärmt sich das Meer, so verdunstet mehr Wasser. Dadurch erhöht sich der Schneefall, und die Gletscher wachsen. Der Druck auf den Boden nimmt zu. Bei Überschreitung eines gewissen Druckes aber fangen die Gletscher an zu laufen. Ihre Fließ- und Gleitgeschwindigkeit nimmt plötzlich rapide zu. Insbesondere bei den Gletschern des instabilen westantarktischen Schildes könnte der kritische Druck bei erhöhten Schneefällen rasch überschritten werden. Sie laufen ins Meer hinaus, und die Meere um die Antarktis bedecken sich mit Eisschollen. Der Meeresspiegel steigt an. Da das Eis einen größeren Teil der einfallenden Sonneneinstrahlung ins All zurückstrahlt, sinken die Temperaturen ab. Eine neue Kaltzeit beginnt. Soweit diese Theorie. Tatsächlich begann die letzte Kaltzeit mit einer Überschwemmung.

Von Josef Giebel, dem Vater des Verfassers, stammt die Prophezeiung, daß die Bäume und Pflanzen, die jetzt die Hänge des Aggertales und überhaupt das Bergische Land bedecken, absterben werden. Diese Vorhersage könnte sich erfüllen, wenn die nächste Kaltzeit mit einem Eisblitz beginnt, nachdem die Erwärmung der Erde durch das Kohlendioxyd wieder abgeklungen ist.

Innerhalb weniger Jahre werden dann infolge der niedrigen Temperaturen nicht nur die Laubwälder im Bergischen Land, sondern größte Teile der Vegetation Nord- und Mitteleuropas absterben und in Mitteleuropa einer kälteliebenden Pflanzenwelt Platz machen, die mit der Taiga Sibiriens vergleichbar ist. Wenn die Gletscher dann weiter vorrücken, wird auch diese Vegetationsform wieder absterben und durch eine baum- und strauchlose Tundra ersetzt werden, die sich dort entfaltet, wo der Boden länger als sieben Monate im Jahr auch oberflächlich nicht mehr auftaut und selbst im wärmsten Monat eine Durchschnittstemperatur von zehn Grad nicht überschritten wird.

Eine Erwärmung der Erde durch den Kohlendioxydgehalt der Atmosphäre, die daraus resultierende Bedrohung des Wasserhaushaltes sowie der vermehrte Schneefall in hohen

Breiten wurde anscheinend von NOSTRADAMUS in dem Quatrain 10, 70 angekündigt. Dort heißt es nämlich: »Die Sonne wird durch eine Substanz [Kohlendioxyd] eine solche Wirkung erhalten, daß infolge der starken Brennkraft Schnee fallen wird: Die bewässerten Felder werden so stark abnehmen, daß die Erstlinge der Regie [Zwangswirtschaft] unterliegen.«

Kohlendioxyd hat die Eigenschaften, die in dem Quatrain genannt werden. Dieses bei der Verbrennung in großen Mengen entstehende Gas verstärkt die Wirkung der Sonne durch den sogenannten Glashauseffekt, indem es die von der Erde ausgehende langwellige Wärmestrahlung zurückhält. Die Hauptwirkungen dieser Erwärmung werden aller Wahrscheinlichkeit nach – wie schon beschrieben – sein: vermehrter Schneefall in den nördlichen Ländern um das wesentlich stärker verdunstende eisfreie Polarmeer sowie ein weltweiter Rückgang der Niederschläge im heute gemäßigten und mediterranen Klima, wo heute das Gros der landwirtschaftlichen Produkte erzeugt wird. Insbesondere im mediterranen Klima, in dem Nostradamus ja zu Hause war, werden die Niederschläge wahrscheinlich so stark abnehmen, daß eine Zwangswirtschaft eingeführt werden muß.

8
Sind Erdumwälzungen im Rheintal zu befürchten?

Einer alten Prophezeiung zufolge soll der Rhein sein Bett verlagern und einen anderen Verlauf nehmen. Eine beängstigende Vorstellung: der Rhein aus seinem alten Bett herausgesprungen und die tosenden Wassermassen auf einem neuen Weg zum Meer, Felder und Wälder, Ortschaften und Städte hinwegspülend!

Die Vorhersage ließe sich als Phantasiegebilde abtun, wenn nicht auch Beobachtungen in die gleiche Richtung wiesen. Geologen beobachten nämlich Anzeichen für eine Verstärkung der Driftbewegungen der Erdschollen im Bereich des Rheingrabens – an dem sich wahrscheinlich einmal Europa spalten wird. Dabei kann sich die Erdkruste heben oder senken und der Fluß dem veränderten Gefälle entsprechend einen neuen Weg zum Meer suchen, wobei es dann zu Stauungen und Überschwemmungen kommt.

Der Rhein folgt auf weite Strecken einem Grabenbruch in der Erdkruste. An solchen Grabenbrüchen verschieben sich zwei Erdschollen gegeneinander. Der Ausgleich der Spannungen führt zu Erdbeben, außerdem können Vulkane aufbrechen.

Am bekanntesten ist die San-Andreas-Spalte in Kalifornien. Verschiebungen von Erdschollen gegeneinander verändern hier das Landschaftsbild von einem Tag auf den anderen. Erdbeben mit katastrophalen Folgen sind dabei nichts Außergewöhnliches, wie zum Beispiel das Erdbeben im Jahre 1906, das San Franzisko in Schutt und Asche legte.

Wie die San-Andreas-Spalte ist auch das Gebiet des rheinischen Grabenbruchsystems für seine Erdbeben bekannt. Immer wieder schrecken hier Erdstöße die Menschen nachts aus dem Schlaf, verschieben Schränke und bringen Bilder und Lampen zum Schwingen, mitunter auch die an langen Ketten hängenden Kronleuchter im Kölner Dom und anderen Kirchen. Von Zeit zu Zeit führen auch schwere Erdbeben zu mehr oder minder großen Zerstörungen. Im Hochmittelalter waren der Oberrheingraben, im Spätmittelalter und danach die niederrheinische Bucht besonders erdbebengefährdet. Seit einigen Jahrzehnten wird der südwürttembergische Raum von stärkeren Erdbeben erschüttert, in dem anscheinend, parallel zum Oberrheingraben, eine Horizontalverwerfung verläuft.

1911, 1943 und 1969 erreichten die Beben die Intensität sieben bis acht auf der zwölfteiligen Stärkeskala und führten zu erheblichen Zerstörungen. 1978 beschädigte ein schweres Erdbeben die Burg Hohenzollern, den Stammsitz der preußischen Könige und des letzten deutschen Kaisers. Der erste und schwerste Erdstoß erreichte die Stärke 5,4. Danach wurden noch hundertzwanzig Nachbeben gezählt mit Stärken zwischen 4 und 5. Im Zentrum des Bebens rissen die Erdstöße fenstergroße Löcher in die Wohnhäuser. Das Gebälk kam aus den Fugen, und der Putz löste sich von den Decken. Wasser- und Stromleitungen wurden unterbrochen. Vom Einsturz bedrohte Häuser mußten niedergerissen werden. Es traten Millionenschäden auf.

Starke Erdbeben in der Köln-Bonner oder Niederrheinischen Bucht könnten insbesondere die auf Sand gebauten Häuser und Hochhäuser gefährden, deren Fundamente nicht tief genug in den Boden hinabreichen. Wie aus Japan bekannt ist, können nämlich Erdbeben »festen« Sand in eine breiige Masse verwandeln, so daß Quellen aus dem Boden aufbrechen und die Häuser einstürzen. Bei den Quetschungen und Stauchungen der Erdschollen wird das in Sand enthaltene Wasser frei und bahnt sich gewaltsam einen Weg nach oben. Etwas Ähnliches ist auch bei dem verheerenden Erdbeben 1906 in San Franzisko geschehen. Wenn man am sandigen feuchten Meeresstrand einige Male mit dem Fuß auf die gleiche Stelle stampft, kann man leicht selber beobachten, wie sich der vorher feste Boden in wäßrigen Sumpf verwandelt.

Die Prophezeiung, daß der Rhein einmal einen anderen Verlauf nehmen wird, stammt von Nostradamus und betrifft den Verlauf des Rheins im Bereich der Stadt Köln. Der Seher mag eine besondere Beziehung zu diesem schönsten Strom Europas gehabt haben, da er ja jahrhundertelang von Frankreich, seinem Heimatland, als Reichsgrenze angestrebt wurde. Die Vorhersage des Quatrains 6, 4, lautet: »Der Rheinstrom [wörtlich Strom der Kelten] wird sein Gestade verändern. Nicht mehr bewahrt er die Stadt der Agrippina [Köln]. Alles hat sich verändert, nur die alte Sprache ist geblieben. Nach schicksalsschwerer Zeit steht Saturn im Löwen, Mars im Krebs.«

Kleinere Flußverlagerungen hat es in früheren Zeiten des öfteren gegeben. Flüsse im Urzustand suchen sich nämlich von Zeit zu Zeit innerhalb der Talaue neue Wege. In breiten Tälern, insbesondere solchen mit wenig Gefälle, spaltet sich ein Fluß im Urzustand gewöhnlich in mehrere Teilströme auf; außerdem bildet er große Schleifen, die dann im Laufe der Zeit in immer stärkeren Krümmungen verlaufen, bis sich der Fluß eines Tages bei Hochwasser einen kürzeren Weg sucht. Von diesem Geschehen zeugen Altwasser und verlandete Altarme. Im Verlauf seiner Geschichte pendelt ein Fluß über die ganze Talaue hin und her. Das zeigen die Schotter und Sande, die zum Beispiel im Rheintal bei Düsseldorf auf einer Breite von mehr als fünfzehn Kilometern unter einer Flutlehmschicht anzutreffen sind.

Nun befindet sich der Rhein jedoch nicht mehr im Urzustand. Seine Ufer sind befestigt und begradigt. Er ist in ein künstliches Bett eingezwängt und bildet keine Mäander mehr. Damit er sich ein neues Bett gräbt, muß schon einiges geschehen. Der Rhein wird darüber hinaus in der Gegend von Köln von Höhenzügen begleitet, die ein Ausbrechen aus dem Tal verhindern. Der Fluß verläßt das Rheinische Schiefergebirge bei Bonn und strömt in die Köln-Bonner Bucht ein, die von den Höhen des Bergischen Landes und dem Höhenzug der Ville hufeisenförmig eingeschlossen wird. Wo der Rhein die Bucht wieder hinter sich läßt, liegt das Siedlungsgebiet der Stadt Köln, fast die ganze Breite der Bucht einnehmend. Sollte der Rhein sein Bett innerhalb der

Köln-Bonner Bucht verlagern, so »bewahrt« er immer noch die Stadt Köln, denn deren Außenbezirke reichen bis ins Bergische Land und bis in die Ville.

Wenn der Fluß nichts mehr mit der Stadt zu tun haben soll, so muß er schon weiter von seinem alten Weg abweichen. Es sei denn, Bevölkerung und Stadtgebiet schrumpften zusammen, die Uferbefestigungen würden nicht mehr erneuert und der Strom fiele in seinen Urzustand zurück – wenn sich die Rheinebene im Verlauf der nächsten Kaltzeit in Tundra verwandelte.

Es gibt aber auch Erdveränderungen, bei denen sich die Flüsse völlig neue Wege suchen. Sie sind nichts Außergewöhnliches, sofern sie sich in langen Zeiträumen vollziehen. Kräfte des Erdinnern wirken ständig auf die Erdkruste ein. Sie pressen die Erdschollen gegeneinander, so daß sie sich an den Druckstellen ähnlich wie Eisschollen übereinanderschieben, immer höher auftürmen und allmählich zu Gebirgen emporwachsen. Derzeit sind die Wachstumsraten nur klein, aber sie könnten sich steigern.

Sonne, Frost und Pflanzenwelt lassen das Gestein verwittern. Der Regen schwemmt das Verwitterungsprodukt Erde in die Bäche, und die Flüsse transportieren den Schutt und die löslichen Bestandteile ins Meer. Hohe Gebirge werden auf diese Weise Zentimeter um Zentimeter abgetragen, bis sie schließlich nach langen Zeiträumen wieder eingeebnet sind. Wo heute der Rhein fließt, erstreckte sich während des Erdmittelalters ein Meer – die Abdrücke von Seelilienstielgliedern, die man mancherorts im Gestein findet, künden noch davon –, und danach wuchs hier das Variskische Gebirge empor, das inzwischen durch Verwitterung und Regen bis auf den Rumpf wieder abgetragen wurde. Der Rheinstrom sägte sich dann in dieses Rumpfgebirge ein, das sich im Zuge der alpidischen Gebirgsbildung wieder etwas hob.

Die abtragenden Kräfte wirken fast unmerklich und nach derzeit gültiger Lehrmeinung der Geologen gewöhnlich auch die gebirgsbildenden, so daß sich »merkbare« Veränderungen erst im Verlaufe von Jahrtausenden ergeben. Es gibt jedoch auch heute zu beobachtende Ausnahmen. Infolge

Vulkanismus können im Laufe weniger Tage Vulkankegel aufgeschüttet werden, und Erdbeben können Erdschollen um viele Meter in die Höhe schieben oder absenken, so daß sich Flüsse verlagern und sich das Landschaftsbild verändert. Bei einem schweren Erdbeben im Jahre 1811 in der Gegend von New Madrid wurde der Mississippi aus seinem Bett herausgeschleudert, was beträchtliche geographische Veränderungen zur Folge hatte. Inseln verschwanden, und, ganze Wälder hinwegschwemmend, nahm der Strom einen anderen Verlauf und schuf den fünfzehn Kilometer langen Reilford-See.

Sich rasch vollziehende Erdveränderungen müßten auch das Rheintal umgestalten, wenn sich Nostradamus' Gesicht erfüllen soll. Die Aussage des Nostradamus, daß noch die alte Sprache gesprochen wird, deutet darauf hin. Eine Sprache verändert sich nämlich, an geologischen Zeiträumen gemessen, ziemlich rasch. Das vor tausend Jahren gesprochene Althochdeutsch können heute nur noch Experten verstehen, und auch heute, da die Sprache schriftlich fixiert ist, verändert sie sich allmählich, allein schon durch die Aufnahme von neuen Wörtern.

Tatsächlich gibt es Anzeichen dafür, daß sich die derzeitige Gestalt der Erdoberfläche im Bereich des Rheingrabens relativ rasch so verändern könnte, daß sich der Rhein einen neuen Weg zum Meer suchen muß.

Die Gesteinshülle der Erde stellt eine dünne Schale eines spröden Materials dar, die, von ausgedehnten Brüchen durchzogen, in einzelne Schollen oder Platten zerfallen ist. Die Brüche sind die schon erwähnten Spalten und Grabenbrüche wie der Rheingraben und die San-Andreas-Spalte in Kalifornien, an der immer wieder von Erdbeben und Zerstörungen begleitete Verschiebungen beobachtet werden. In Südamerika erstreckt sich ein solcher Graben über tausend Kilometer weit von Santiago in Chile in Richtung Süden.

Der Rheingraben stellt einen Bruch in der Erdkruste dar, der sich allmählich vertieft. Am tiefsten abgesunken ist mit etwa viertausend Metern der Oberrheingraben, das langgestreckte Krustenstück zwischen Basel und Frankfurt am Main. Es wurde mit Sedimentgestein von dreieinhalbtausend

Metern Mächtigkeit aufgefüllt. Nach Süden setzt sich das rheinische Großgrabensystem, um rund hundertdreißig Kilometer nach Westen versetzt, in der Rhône-Saône-Bresse-Senke bis zum Mittelmeer fort. Die Niederrheinische Bucht bildet den nordwestlichen Teil des rheinischen Grabensystems. Die Spalten, aus denen sich dieses System zusammensetzt, trennen zwei Teile der Erdkruste voneinander, welche die Tendenz haben, sich in unterschiedlichen Richtungen zu bewegen. Die Scholle östlich des Grabensystems driftet nach Nordosten, diejenige westlich davon nach Südwesten. Die Bewegung der einen Scholle wird dabei auf die Lage der anderen bezogen. Wenn die Platten bei ihrer Wanderung geographische Breitengrade überqueren, so können sie ansteigen oder absinken. Platten, die äquatorwärts driften, sinken wegen des größeren Umfangs der Breitenkreise ab; sich polwärts bewegende Platten werden emporgehoben. Äquatorwärts driften die Gebiete westlich des Rheins. Sie werden also wahrscheinlich absinken, wobei sich der Rhein über die westliche Platte hinweg, dem veränderten Gefälle entsprechend, einen neuen Weg zum Meer suchen wird.

Im Jahre 1978 erschien ein Aufsatz mit dem Titel *Spaltet der Rheingraben Europa?* Der Autor, der Geologieprofessor RHODES W. FAIRBRIDGE, vertrat darin die Ansicht, daß sich die Driftbewegungen im Bereich des Rheingrabens verstärken. Die Erdbebentätigkeit sieht er als Anzeichen hierfür an. Bei einem Auseinanderdriften der sich im Rheintal trennenden Schollen muß nicht nur mit einer Verstärkung der Erdbebentätigkeit, sondern auch mit Vulkanismus gerechnet werden, wie er hier auch bereits in der Vergangenheit auftrat. Das Siebengebirge am Eingang der Köln-Bonner Bucht, das vulkanischen Ursprungs ist, bildet ein Beispiel hierfür und ebenso die Maare genannten Explosionskrater in der Eifel, die zuletzt vor etwa zehntausend Jahren Unmengen von Bimsstein in der Umgebung verstreuten und sich heute immer noch entgasen. Am Laacher See, der einen solchen Explosionskrater darstellt, kann man an vielen Stellen Gasblasen wie Perlen an einer Schnur aus dem Wasser aufsteigen sehen. Geologen sind der Ansicht, daß der Vulkanismus in diesem Gebiet von heute auf morgen wieder aufleben kann.

Durch Vulkanismus oder stärkere Vertikalverschiebungen der Erdkruste aber kann sich das Bett des Rheins von einem Tag auf den anderen verlagern. Die Wassermassen müssen sich einen anderen Weg suchen, wobei es zu Stauungen und Überschwemmungen kommt. Dabei können unterschiedliche Veränderungen in der Oberflächengestalt der Erdkruste zum gleichen Ergebnis führen. Wenn, wie zu erwarten, die Gebiete westlich des Rheins absinken, so könnte sich der Rhein entlang der Eifel bei Euskirchen einen kürzeren Weg zur Nordsee suchen. Es könnte aber auch das auf den ersten Blick phantastisch anmutende Ereignis eintreten, daß im Bereich des Siebengebirges ein Vulkan aus dem Bett des Rheinstromes, als der schwächsten Stelle des Grabensystems, in die Höhe wächst und dem Fluß den Weg versperrt. Mit den Wasserdampfwolken, die aufsteigen, wenn die Fluten des Rheins auf die glutflüssige Lava treffen, könnten die Kühlturmfahnen der Braunkohlenkraftwerke in der Ville nicht konkurrieren.

Wenn rasch große Mengen Lava gefördert werden, können diese dem Rhein den Weg versperren, so daß er sich stromaufwärts aufstaut und bei Sinzig ein Stück die Ahr aufwärts fließt. Bei Rheinbach könnte er dann in die Zülpicher Börde durchbrechen.

Vulkanausbrüche im Rheintal wurden übrigens von der Krefelder Hellseherin Käthe Niessen vorhergesehen [Lit. 36]: Ein nahe an die Erde herankommender Komet soll Erdbeben, Vulkanausbrüche und Flutwellen auslösen. Sie sah, wie im Großbereich der nördlichen Eifel von Düsseldorf bis Nijmwegen und tief nach Belgien hinein feuerspeiende Berge ausbrachen und Beben sowie Feuersbrünste die Städte verheerten.

Natürlich sind auch noch andere Erdveränderungen denkbar, ausgelöst zum Beispiel durch einen Polsprung oder einen Asteroidenabsturz, wie Erdbewegungen im Bereich des Rheinischen Schiefergebirges, welche dem Rhein den Weg versperren, so daß er sich, wie gesagt, im Oberrheingraben zu einem Binnensee aufstaut und dann durch die Rhône-Saône-Bresse-Senke ins Mittelmeer abfließt. Allerdings gibt es hierfür keine geologischen Anhaltspunkte.

Bei einem vollständigen Abschmelzen der Eismassen in der Antarktis und auf Grönland würde der Meeresspiegel so weit ansteigen, daß sich die Niederrheinische und Köln-Bonner Bucht in eine Meeresbucht der Nordsee verwandelten. In diesem Fall würde der Rhein dann nicht mehr die Stadt Köln »bewahren«, allerdings existierte dann auch Köln nicht mehr; es sei denn, die Stadt würde an anderer Stelle wieder aufgebaut.

Wann könnten die Veränderungen eintreten, bei denen der Rhein einen anderen Verlauf nehmen wird? Über den Zeitpunkt des Ereignisses sagt NOSTRADAMUS nur so viel, daß Saturn im Löwen und Mars im Krebs steht. Das ist das nächstemal im Jahre 2002/3 der Fall. Dann wieder in neunundzwanzig Jahren und so weiter.

Der nächste Zeitpunkt liegt in einem Zeitabschnitt, für den EDGAR CAYCE große Erdveränderungen vorhergesagt hat. Cayce und andere Sensitive erwarten sie gegen Ende dieses Jahrhunderts. Nordeuropa soll dabei von einem Augenblick auf den anderen seine Gestalt verändern. In den Jahrzehnten davor, insbesondere zwischen 1990 und 2000 soll sich die Erdbebentätigkeit bis zu weltweiten Kataklysmen steigern.

Eine Zunahme der Erdbebentätigkeit wird bereits beobachtet: Von 1961 bis 1970 traten zwölf schwere Erdbeben auf: vier dieser Beben ereigneten sich auf oder bei dem europäischen Kontinent. Von 1971 bis 1980 aber verwüsteten schon einundzwanzig schwere Erdstöße Städte und Dörfer bis auf die Fundamente – fast doppelt so viele wie im Jahrzehnt zuvor; und neun dieser Beben ereigneten sich auf oder am Rand des europäischen Kontinents. Die Beben wurden also nicht nur häufiger. Sie rückten uns auch näher. Der Zeitpunkt, zu dem die Vorhersage eintreffen könnte, liegt also vielleicht gar nicht mehr in so weit entfernter Zukunft.

In Übereinstimmung hiermit sollen sich nach einer Vorhersage des NOSTRADAMUS die meisten seiner Prophezeiungen bis zum Jahre 2050 erfüllt haben.

Die Prophezeiung wird übrigens von einigen Außenseitern so ernst genommen, daß sie bereits heute aus dem Rheintal wegziehen. Wenn diese Vorsichtsmaßnahme auch übertrieben erscheint, so sollte doch die Möglichkeit stärkerer

Erdbeben im Rheintal beim Bau von Kernkraftwerken und Hochhäusern berücksichtigt werden. Das Rheintal sollte vielleicht sogar ganz frei von Kernkraftwerken bleiben.

Immerhin ist in der Sowjetunion im Jahre 1961 ein Kernkraftwerk im Ural durch ein Erdbeben in die Luft geflogen. Dabei wurden eine Stadt und das umliegende Land dem Erdboden gleichgemacht.

Man kann die Prophezeiung des Nostradamus auch anders lesen: Wenigstens so lange, als der Rheinstrom die Stadt Köln »bewahrt« und sich sein »Gestade« nicht verändert, wird in Köln (und dem umliegenden Land) noch die alte Sprache gesprochen werden. Zumindest also bis dahin sterben die Deutschen nicht aus, wie man vielleicht aufgrund des derzeitigen Bevölkerungsrückganges erwarten könnte, und es wird ihnen auch nicht eine andere Sprache aufgezwungen, wie dies im Fall einer militärischen Unterwerfung denkbar wäre.

9
Wird die Sowjetunion das Europa des Westens angreifen?

Die meisten Menschen in den nichtkommunistischen Ländern Europas empfinden die sowjetische Militärmacht als Bedrohung. Die Sowjetunion und die mit ihr verbündeten Staaten sind für sie der Feind schlechthin, der sich halb Europa längst einverleibt hätte, wenn ihn nicht das westliche Verteidigungsbündnis davon abhielte. Das in den kommunistischen Ländern herrschende Gesellschaftssystem gilt als unmenschlich und uneffektiv. Die Gewaltherrschaft der Partei, die schlechte Versorgungslage und der niedrige Lebensstandard in den kommunistischen Ländern sind die Ursache dieser Überzeugung. Das demokratisch-kapitalistische System weist zwar auch Mängel auf, gilt dennoch aber den meisten besser als jedes andere. Von der Sowjetunion weiß man, daß sie das kapitalistische System in einer Weltrevolution beseitigen will.

Jede Ausrüstung der Warschauer-Pakt-Mitglieder mit neuen Waffensystemen wird deshalb als Verstärkung des kommunistischen Angriffspotentials aufgefaßt, die mit einer Erhöhung der Verteidigungsfähigkeit der NATO beantwortet werden muß, damit die Abschreckung aufrechterhalten bleibe.

Andererseits fühlt sich aber auch der Osten bedroht. Die Bedrohung wird einerseits angesichts der Zerstörungskraft der NATO empfunden, die größer ist als die des Ostblocks, wenn auch nicht auf dem Sektor der konventionellen Waffen. Rings um den Ostblock existieren mehr als hundert amerikanische Stützpunkte. Darüber hinaus fürchtet die Sowjetunion andererseits auch die Menschenmassen Chinas, dessen Bevölkerung eine Milliarde überschritten hat, und hütet sich deshalb, die Rüstung zu vernachlässigen.

Das russische Trauma des Sichbedrohtfühlens läßt sich auch historisch ableiten. Im Mittelalter fürchtete Rußland die Tartarenüberfälle. Die Tartaren haben dann lange Zeit Rußland beherrscht. Während der russischen Revolution hat Westeuropa die gegenrevolutionären Kräfte unterstützt, und HITLER hat 1941 die Sowjetunion trotz eines Friedensvertrages überfallen. Eisenbahnzüge mit russischem Weizen rollten noch über die Grenzübergänge, als die deutschen Truppen schon ostwärts marschierten. CHURCHILL überlegte 1945, ob nicht »das falsche Schwein geschlachtet worden sei« (nämlich Deutschland) und man nicht mit Deutschland kehrtmachen und Rußland vom Kommunismus befreien solle. Zu diesem Zweck hielt Churchill noch mehrere Monate nach Kriegsende im britischen Besatzungsgebiet gefangengesetzte deutsche Verbände einsatzbereit.

Die Sowjetunion dürfte deshalb ebenso wie der Westen in erster Linie deshalb aufrüsten, um bei einem Angriff nicht wehrlos dazustehen. Offensivabsichten sind zumindest so lange nicht vorhanden, als sie befürchten muß, daß in einem Krieg das kommunistische System zerstört werden könnte. Die Gefahr eines sowjetischen Angriffs verringert sich weiter in dem Maße, wie China erstarkt. Bei einem längeren Krieg im Westen muß nämlich die Sowjetunion damit rechnen, daß China große Gebiete in Sibirien an sich reißt, auf die es Ansprüche geltend macht.

Wenn nun auch eine Reihe von Gründen gegen einen Angriff der Sowjetunion auf das Europa des Westens spricht, so ist ein solcher Angriff doch nicht völlig ausgeschlossen, nämlich dann nicht, wenn die Sowjets ihre eigenen vitalen Interessen bedroht glauben und darüber hinaus annehmen, den Krieg innerhalb weniger Tage entscheiden zu können, ehe die USA in der Lage sind, Truppen und Kriegsmaterial in großen Mengen über den Atlantik zu bringen.

Die Wahrscheinlichkeit, daß die Sowjetunion die USA direkt angreift, ist sehr gering, aber ebenfalls nicht völlig ausgeschlossen. Die Entwicklung der Waffentechnik auf beiden Seiten hat dazu geführt, daß ein mit allen Mitteln geführter Krieg beide Großmächte als Industriegesellschaften zerstören wird. Dieses atomare Patt könnte zur Zeit noch bestehen: »Wer zuerst schießt, stirbt zuletzt.« Es wird jedoch durch die Weiterentwicklung der Waffentechnik in Frage gestellt. Aufgrund neuer Waffensysteme könnte die Situation entstehen, daß derjenige, der in der Krise zuerst schießt, überlebt, und der andere vernichtet wird.

Solange das Gleichgewicht des Schreckens besteht, werden die USA und die Sowjetunion vorziehen, gegebenenfalls einen begrenzten Krieg außerhalb ihrer eigenen Hoheitsgebiete gegeneinander zu führen.

Die europäischen Verbündeten sollen durch das System der Abschreckung ebenfalls geschützt sein; unklar ist allerdings, in welchem Umfang. Die Bereitschaft der USA, zum Schutz eines Verbündeten Kernwaffen gegen Städte der UdSSR einzusetzen, wird niemals so groß sein, wie wenn die USA selber angegriffen werden. Etwas anderes erwarten heißt, die menschliche Mentalität falsch einzuschätzen. Der Verlaß auf die Amerikaner wird dabei um so geringer sein, je mehr die USA mit Schwierigkeiten im Innern zu kämpfen haben und sich von ihrem weltweiten Engagement zurückziehen. Tendenzen in dieser Richtung sind erkennbar. PRÄSIDENT CARTER hat erklärt, daß Nuklearwaffen nur eingesetzt werden, wenn die Sicherheit des eigenen Landes bedroht ist. PRÄSIDENT REAGAN hat diese Ansicht bisher nicht widerrufen. Es stellt sich daher die Frage, wie weit die Sowjetunion gehen kann, bis sich die USA bedroht fühlen. Europa liegt weit ab, und ein begrenzter Angriffskrieg der Sowjetunion gegen das westliche Europa stellt nicht unbedingt eine Bedrohung von »Gottes eigenem Land« dar. Falls die Sowjetunion angreifen sollte, ist deshalb nicht sicher, ob die USA ihre Kernwaffen freigeben werden. Ziemlich unwahrscheinlich ist in diesem Fall sogar, daß sie sie auf die Städte der UdSSR abwerfen werden.

Wenn die Westmächte den Angriff nicht mit Kernwaffen zu stoppen versuchen, werden die Sowjets halb Europa vielleicht erobern, denn auf dem Gebiet der konventionellen Rüstung ist der Warschauer Pakt den Westmächten überlegen (jedenfalls zur Zeit, Anfang 1981). Falls die Westmächte jedoch Kernwaffen einsetzen, werden die Sowjets höchstwahrscheinlich mit nuklearen Gegenschlägen antworten. Die Folge davon wäre als erstes die wahrscheinliche Zerstörung der Bundesrepublik Deutschland als lebensfähige Industriegesellschaft. Nach Studien über Kriegsfolgen ist diese Zerstörung schon bei wenigen hundert Kernwaffeneinsätzen möglich und bei zwei- bis dreitausend Einsätzen sicher. Beide Pakte haben aber heute in Zentraleuropa wesentlich mehr Kernwaffen stationiert.

Für die Amerikaner und die Sowjets wäre es nicht lebensbedrohend, wenn Mitteleuropa durch ihre Nuklearwaffen in die Steinzeit zurückgebombt und neutralisiert würde. Deswegen brauchten sie noch lange nicht den Krieg auf ihr eigenes Territorium zu tragen. Da würden sie sich schon vorher einigen. Europa ist deshalb durch das System der nuklearen Abschreckung nur dann geschützt, wenn auch die europäischen Staaten des Westens über hinreichende Kernwaffen verfügen und selbst über deren Einsatz entscheiden können. Eine wirksame Abschreckung ist zweifellos nur dann gegeben, wenn ein Angreifer damit rechnen muß, daß nicht nur seine vorgedrungenen Verbände, sondern auch die eigenen Städte durch Kernwaffen zerstört werden. Das ist bei der bisherigen Regelung nicht gewährleistet. Da die Amerikaner Westeuropa über den Einsatz ihrer Kernwaffen nicht entscheiden lassen werden, bleibt als Ausweg nur die atomare Aufrüstung Westeuropas. Auf längere Sicht gesehen, ist sie ohnehin unumgänglich.

Die derzeitigen Vorbereitungen von Ost und West in Europa sind so, daß der Warschauer Pakt mit einem Überraschungsangriff die größten Erfolgschancen hätte. Wenn es zu einer Krise kommt, in der zu militärischen Mitteln gegriffen wird, ist deshalb nach Ansicht von Militärexperten ein Überraschungsangriff mit konventionellen Waffen am wahrscheinlichsten.

Der englische General a. D. Sir John Hackett, ehemaliger Oberbefehlshaber der britischen Rheinarmee, hat ein Buch *Der Dritte Weltkrieg* geschrieben [Lit. 37], in dem er Ausbruch und Verlauf eines dritten Weltkrieges beschreibt, der, konventionell geplant und begonnen, mit dem Einsatz von

Kernwaffen endet. Hacketts Absicht ist es, zur Verstärkung der konventionellen Verteidigung aufzurufen. Nach seiner Auffassung kann die Sicherheit Europas nicht allein darin bestehen, daß wir uns auf die atomare Garantie der Amerikaner verlassen. Da die konventionellen Streitkräfte des Warschauer Paktes denen der NATO beträchtlich überlegen sind, soll die konventionelle Verteidigung unter allen Umständen weiter ausgebaut werden.

Hackett schildert in seiner Studie, wie Ostblocktruppen in einem konventionellen Blitzkrieg in Westeuropa einfallen. Die vorgehenden sowjetischen Panzer und Panzergrenadiere können zunächst nirgendwo länger aufgehalten werden. Sie brechen überall durch, und neue Angriffswellen drängen nach. Flüchtlingsströme verstopfen die Straßen und werden von Panzern niedergewalzt. Viele Menschen kommen um. Norddeutschland wird von den Sowjetarmeen überrollt. Ziel des Warschauer Paktes ist es, die Bundesrepublik Deutschland niederzuwerfen und zu neutralisieren, dann eine Einstellung der Kämpfe und Verhandlungen mit den Amerikanern zu fordern.

Eine der Ursachen des Krieges ist der Einmarsch der Sowjetrussen in das führerlose Jugoslawien, das am Rande eines Bürgerkrieges steht. Die Sowjets wollen dadurch die Satellitenstaaten wieder fester an sich binden, wie sie 1956 in Ungarn und 1968 in der Tschechoslowakei die politische Kontrolle mit militärischer Gewalt wieder an sich gebracht haben. Aufgrund schlechter Ernten und einer mangelnden Wirtschaftspolitik herrscht große Unzufriedenheit unter der Ostblockbevölkerung.

Man kann Hackett hier noch ergänzen und annehmen, daß inzwischen infolge einer globalen Erwärmung aufgrund des Anstiegs der atmosphärischen Kohlendioxydkonzentration das Packeis am Nordpol zusammengeschrumpft ist. Die Temperaturunterschiede zwischen höheren und niederen Breiten haben sich verringert und infolgedessen auch das Druckgefälle und die Stärke des Westwindes. Die regenbringenden Westwinde dringen nicht mehr so weit kontinentalwärts vor. Der Niederschlag geht zurück, und der Niederschlagsmangel führt zu Mißernten, die sich Jahr für Jahr wiederholen. Die Folgen sind chronischer Nahrungsmangel und Hunger.

Da nach dem Einmarsch der Sowjets in Jugoslawien – wieder Hackett zufolge – auch die USA Truppen in dieses Land entsenden, fallen die Armeen des Warschauer Paktes in Westeuropa ein. Aufgrund ihrer beträchtlichen konventionellen Überlegenheit können sie bis zur Lippe vorstoßen. Die Befehlshaber der Westmächte verlangen die Freigabe taktischer Atomwaffen. Der Präsident der Vereinigten Staaten zögert jedoch. Er will so lange wie möglich einen nuklearen Angriff auf die Städte der USA vermeiden. Allerdings kommt es zum Einsatz von Kampfgasen. Die Sowjets haben mit ihnen begonnen, und so werden diese auch von den Westmächten im Kampf verwendet. Mit Sprühtanks ausgerüstete Phantoms greifen die zweite Welle und die Reserven der Sowjets mit dauerhaft wirkenden tödlichen Kampfstoffen an. Die Sowjetarmeen erleiden infolgedessen schwere Verluste. Inzwischen hat sich herausgestellt, daß der Westen auf dem Gebiet der elektronischen Technologie überlegen ist. Der U-Boot-Krieg auf dem Atlantik geht ebenfalls zugunsten der NATO aus. Damit ist ein entscheidender Sieg errungen. Der Nachschub an Kriegsmaterial aus den USA ist gesichert. Die Sowjets können nicht über die Lippe vordringen, sondern werden in einer Gegenoffensive langsam wieder zurückgedrängt. Schließlich steht sogar der Weg nach Berlin offen. Allerdings sind die meisten westlichen Verbündeten gegen einen Einmarsch in die Deutsche Demokratische Republik. Sie fürchten die Wiedervereinigung Deutschlands. Außerdem halten sie es für möglich, daß die Sowjets bei einem Einmarsch Atomwaffen einsetzen werden.

Die Fehlschläge, welche die Sowjetunion hinnehmen muß, ermutigen diejenigen Ostblockländer, welche ihren eigenen politischen Weg gehen wollen. Sie erkennen, daß die Sowjetunion nicht unbesiegbar ist. Insbesondere in Polen mehrt sich eine gegen die Sowjets gerichtete Partisanentätigkeit. Die Sowjetunion muß in Polen, Ungarn und der Tschechoslowakei neben der Bevölkerung auch noch die Armeen überwachen, deren Loyalität von Tag zu Tag zweifelhafter wird. In dieser Situation entschließt sich die Sowjetunion zum Einsatz von Atomwaffen. Ein Atomangriff auf Ziele in Europa soll zeigen, daß der Kreml es ernst meint. Der Atomschlag vernichtet die englische Stadt Birmingham, zehn Minuten nachdem der Präsident der USA unterrichtet wurde, daß es sich um einen Einzelangriff handelt. Der Atomsprengkopf einer sowjetischen SS-17-Rakete explodiert in dreieinhalbtausend Meter Höhe über dem Stadtzentrum und verwandelt die Stadtlandschaft in einem Umkreis von drei bis vier Kilometern schlagartig in ein einziges Trümmerfeld. Hier überlebt kaum jemand die unmittelbaren Folgen der Explosion. Wer nicht von der Hitzewelle getötet wird, wird unter Bergen von Schutt begraben. Noch weit über den Rand dieser Todeszone hinaus werden Menschen im Freien von den Orkanwogen durch die Luft gewirbelt und zerschmettert. Etwa zwei Millionen Menschen in Birmingham und den umliegenden Ortschaften werden von der Katastrophe getroffen. Ungefähr dreihunderttausend Menschen kommen innerhalb weniger Minuten durch die Hitze und die Druckwelle um, fast ebenso viele erleiden schwere Brandwunden und andere Verletzungen. Eine übermäßig hohe radioaktive Strahlung tritt nicht auf, da der nukleare Sprengkopf in sehr großer Höhe explodiert ist.

Nun – so schildert es uns Hackett – entschließt sich der Präsident der USA zu einem atomaren Gegenschlag. Der Atomsprengkopf explodiert über der Stadt Minsk. Kurz vorher wird die Sowjetunion unterrichtet, daß es sich um eine unumgängliche, einzelne Vergeltungsaktion handele. Hitze- und Druckwelle rasen durch die Stadt, und Tod und Zerstörung wiederholen sich in noch größerem Umfang als in Birmingham. Trotz Zensur breitet sich die Nachricht von der atomaren Vernichtung von Minsk in den Ostblockländern aus. Den von der Sowjetunion in den Krieg hineingezogenen Satellitenstaaten wird auf grauenvolle Weise klar, was auf sie zukommt, wenn sie sich nicht von der Sowjetunion trennen. Erbitterung und Auflehnung streben ihrem Höhepunkt zu.

Da erklärt eine Sowjetrepublik an der chinesischen Grenze ihre Unabhängigkeit. China erkennt sie sofort an und läßt demonstrativ Militärmanöver an der Grenze durchführen. Weitere Sowjetrepubliken an der chinesischen Grenze wagen den gleichen Schritt. Die Sowjetunion unternimmt nichts. Der Kreml ist anscheinend handlungsunfähig. Die »Falken« wollen zwar mit einem Nuklearkrieg das Auseinanderfallen der Sowjetunion verhindern, können sich jedoch gegen die »Tauben« nicht durchsetzen. Wenig später erklären auch westliche Satellitenstaaten der Sowjets ihre Unabhängigkeit. Im Kreml selber findet ein Machtwechsel statt, ein »Autounfall«, bei dem führende Politiker umkommen, geht ihm voraus. Die Kriegshandlungen werden eingestellt und Friedensverhandlungen aufgenommen.

Wird es tatsächlich einmal zu einem solchen oder einem ähnlichen Krieg zwischen Ost und West kommen? Es gibt plausible Argumente dafür, daß die Sowjetunion Europa nicht angreifen wird, wie sich auch Situationen aufzeigen lassen, in denen es zu einem Überraschungsangriff durch die Armeen des Warschauer Paktes kommen könnte. Welche dieser beiden Möglichkeiten wahrscheinlicher ist, kann auf rationalem Wege nicht entschieden werden.

In dieser Situation kann man nun wieder nach Prophezeiungen Ausschau halten, die für das eine oder das andere Szenarium sprechen. Es gibt solche Vorhersagen.

Sie legen nahe, daß die Sowjetunion tatsächlich versuchen wird, Westeuropa oder zumindest Westdeutschland zu erobern. Wann das allerdings sein wird, bleibt ungewiß.

Anscheinend ist ein solcher Angriff aber noch nicht in der unmittelbaren Zukunft zu erwarten. Von JOSEF GIEBEL, dem Vater des Verfassers, wurde Anfang der fünfziger Jahre vorhergesagt, daß zumindest bis zum Jahre 2000 kein Angriff durch die Sowjetunion drohe. Er sah die Sowjetunion ostwärtsgewandt und mit ihren Problemen an der chinesischen Grenze beschäftigt.

Prophezeiungen über einen dritten Weltkrieg stammen insbesondere von dem Bayerwald-Seher ALOIS IRLMAYER. Von ihm wurde dieser Weltkrieg schon für das Jahr 1950 erwartet. Da ASW-Informationen aber nur sehr schwer zeitlich einzuordnen sind, spricht dieser Umstand nicht gegen die Echtheit seiner Gesichte. Die Schau sei nach 1950 nicht geschwunden, sagte Irlmayer, sondern er sehe diesen Krieg immer deutlicher herankommen [Lit. 23].

Zwischen der Studie des ehemaligen NATO-Generals Hackett und dem Gesicht Irlmayers gibt es auffällige Parallelen. Beide Vorhersagen, die kalkulierte wie die intuitive, prognostizieren einen Überraschungsangriff, und in beiden Fällen werden die Sowjets auch wieder aus Mitteleuropa hinausgedrängt. Auch das Ende des Krieges wird ähnlich geschildert. Bei Hackett endet der Krieg mit einem Machtwechsel im Kreml, bei dem im begrenzten Umfang Gewalt angewendet wird. Irlmayer sieht im Osten das Anbrechen eines »grausigen Mordens«. Die Leute kämpfen untereinander.

Ein Zeichen dafür, daß der Krieg bald losbricht, ist nach Irlmayer die Ermordung einer hochgestellten Persönlichkeit »südöstlich von uns«. Ein solcher Mord läßt an revolutionäre Zustände denken, wie sie von Hackett in einem ebenfalls südöstlich gelegenen Land als Kriegsursache angenommen werden.

Nach der Studie des Generals findet der Krieg im August statt. Irlmayer sieht Schnee auf den Bergen liegen, wenn die Kriegshandlungen beginnen; es ist trüb, regnerisch, gleichzeitig schneit es. Offensichtlich handelt es sich um die kalte Jahreszeit, den Spätherbst, Winter oder das zeitige Frühjahr. In beiden Fällen ist die Ernte jedenfalls eingebracht. Die Machthabenden beginnen nicht gerne einen Krieg, solange das Getreide noch auf den Halmen reift. Das ist die Verbeugung, die sie vor dem Hunger machen.

Beide Prognosen stimmen auch darin überein, daß der Krieg nicht lange dauert. Nach Irlmayer sind es entweder drei Tage, drei Wochen oder drei Monate; nach Hackett nur einige Wochen.

Der Krieg verläuft nach Irlmayer etwas anders als bei Hackett. Die Sowjets dringen nicht so weit in Westdeutschland ein, sie werden schon eher aufgehalten, und die Gegenoffensive der NATO macht anscheinend auch nicht an der Ostgrenze der Bundesrepublik Deutschland halt. Irlmayer sieht nämlich Männer, die eingezogen werden und erst nach drei Sommern Besatzungstätigkeit zurückkehren.

»Über Nacht geht es an«, hat Irlmayer seine Vision geschildert, »dann kommen sie daher, ganz schwarz kommt es über den Wald [gemeint ist der Bayrische Wald] herein. So schnell kommen sie, daß die Bauern am Wirtstisch beisammensitzen, da schauen die fremden Soldaten schon bei den Türen und Fenstern herein.«

Irlmayer sieht drei Stoßkeile nach Deutschland hineinbrechen. Der untere kommt von Böhmen her über den Bayrischen Wald, der mittlere geht von Sachsen aus direkt nach Westen und der obere von Nordosten nach Südwesten. Wie bei Hackett stoßen die drei Armeen zunächst unaufhaltsam vor. Ihr Ziel ist das Ruhrgebiet, dessen wirtschaftlicher Wert dann größer denn je sein dürfte. In dem Maße nämlich, wie die Ölquellen versiegen, gewinnt das Ruhrgebiet immer mehr an Bedeutung. Nach neueren Untersuchungen liegen zwischen Ruhr und Nordsee Milliarden Tonnen Kohle, die Deutschland noch Jahrhunderte hindurch mit Energie und Rohstoffen versorgen können. Das Ruhrgebiet bildet damit die Basis für die zukünftige Existenz der Bundesrepublik Deutschland als Industrienation. Als Energielieferanten können Kern- und Sonnenenergie das zur Neige gehende Erdöl ersetzen, als Rohstofflieferant aber kann nur die Kohle einspringen. Sie wird die Grundstoffe liefern, ohne die sich unser Leben im nächsten Jahrhundert in der gewohnten Form kaum noch weiterführen ließe. Aus Kohle werden die Produkte hergestellt werden, für die heute noch Erdöl gebraucht wird: Autoreifen und Plastikprodukte, Waschmittel, Kosmetika und Arzneimittel und wahrscheinlich auch einer der Autotreibstoffe der Zukunft. Es ist klar, daß diese Schätze die Begehrlichkeit anderer Völker in um so stärkerem Maße erregen werden, je mehr die bisherigen Rohstoffe zur Neige gehen. Darüber hinaus ist natürlich auch das hier vorhandene Menschenpotential und das technische Know-how von unschätzbarem Wert.

In der offenen Ebene im Norden des Ruhrgebietes wird dann vermutlich auch einmal jene entscheidende (Panzer-?) Schlacht zwischen Ost und West geschlagen werden, von der in alten Prophezeiungen die Rede ist. Dort im Gebiet der Hellwegscholle, an die diese Prophezeiungen von der »Schlacht am Birkensaum« geknüpft sind, treffen zwei Großlandschaften aufeinander, nämlich Tiefland und Mittelgebirge. Die Tieflandebene erstreckt sich bis zum Ural. Entlang des Mittelgebirges verläuft damit eine natürliche Ost-West-Verbindung und Einfallstraße für Invasionen aus dem Osten, deren Ziel das Menschenpotential und die Rohstoffvorräte des Ruhrgebietes sind. Im Gebiet der Hellwegscholle soll eine dieser Invasionen gestoppt werden.

In dem Gesicht des Alois Irlmayer kann der Vormarsch der Sowjetarmeen allerdings schon weit weg aufgehalten werden. Irlmayer sieht Schwärme von Flugzeugen aus dem Sand im Süden (der Sahara?) aufsteigen. Ihr Ziel sind die eingedrungenen russischen Verbände. »Auf einmal regnet es ganz gelb vom Himmel herunter. Eine klare Nacht soll sein, wenn die Flugzeuge anfangen, die Kampfstoffe abzuwerfen. Die Panzer rollen noch, aber die Fahrer sind schon tot, sie sind ganz schwarz geworden. Dort, wo die Kampfstoffe hinfallen, sterben Mensch, Tier und Pflanze. Alles ist tot, die Pflanzen sind welk und schwarz. Aber die Häuser stehen noch.« Irlmayer sieht den Weg der Panzer durch einen langen Streifen versperrt. Dieser Streifen zieht sich von Böhmen bis an die Ostsee. Niemand kann diesen Todesstreifen überqueren. Wer darüber geht, stirbt. Die russischen Armeen, die bereits auf der westlichen Seite sind, können nicht mehr zurück, und die zweite Angriffswelle und der Nachschub kommen nicht nach. Da bricht bei den eingedrungenen Kampfverbänden alles zusammen.

Anscheinend handelt es sich um den Einsatz von hochkonzentrierten tödlichen Kampfstoffen, die zumindest in der Öffentlichkeit heute noch nicht bekannt sind. Es scheint ein Gift zu sein, das noch längere Zeit, nachdem es abgeworfen wurde, seine tödliche Wirkung entfaltet. In welch geringen Konzentrationen gewisse Giftstoffe wirken, hat ja die bereits erörterte Katastrophe von Seveso eindringlich gezeigt. Eine Abgaswolke verwandelte das Gebiet, über das sie nur wenige Minuten lang hinwegzog, auf Jahre hinaus in eine für Menschen unbewohnbare Region. Bei dem Kampfstoff läßt sich an ein Giftgas denken, das ähnlich wie bestimmte von den Militärs entwickelte Nervengase schon in sehr geringen Konzentrationen wirkt und längere Zeit stabil bleibt. Bei dem Nervengas mit dem Tarnnamen VX reicht zum Beispiel schon ein Zweitausendstel Gramm aus, um einen Menschen zu töten; fünfzig Kilogramm sind ausreichend, um die Bevölkerung der Bundesrepublik Deutschland auszulöschen. Das Gift braucht nicht eingeatmet zu werden, sondern dringt auch durch die Haut und tötet innerhalb von Sekunden. Als 1968 in dem US-Staat Utah eine kleine Menge aus einem Giftlabor entwich, starben auf den Weiden sechstausend Schafe.

Der Einsatz eines Kampfmittels, wie es von Irlmayer geschildert wird, könnte als Möglichkeit angesehen werden, einen Atomkrieg zu vermeiden. Auch Hackett hält es ja für wahrscheinlich, daß in einem zukünftigen Krieg chemische Kampfstoffe eingesetzt werden. Ohne Zweifel dürften die Waffentechnologen bestrebt sein, Kampfstoffe mit jenen Wirkungen zu entwickeln, wie Irlmayer sie schildert. Die von den Amerikanern entwickelte Neutronenbombe kann ebenfalls als ein Schritt in diese Richtung angesehen werden.

Bei einem Einsatz der heute vorhandenen sogenannten taktischen Nuklearwaffen wird nicht nur der Angreifer getroffen; auch die eigene Zivilbevölkerung muß schwere Verluste und katastrophale Zerstörungen hinnehmen. Die Hitze setzt alles in Brand, Wälder und Felder. Ein Flammenmeer wird entfacht, das geordnete Militäroperationen unmöglich macht. Der radioaktive Fallout schließlich tötet Menschen und verseucht Landstriche, die sich weit außerhalb des Kampfgebietes befinden. Die Neutronenbombe setzt demgegenüber achtzig Prozent ihrer Energie als Strahlung frei, die wegen der Leere der Materie Stahlplatten und Betonwände so mühelos durchdringen wie ein Pfeilhagel einen Maschenzaun. Gegenstände und Gebäude bleiben infolgedessen weitgehend unversehrt – die Wirkung auf den lebenden Organismus ist allerdings um so verheerender. Die Neutronen spalten die chemischen Verbindungen in den Körperzellen auf. Der Organismus wird – in der Ausdrucksweise der Chemophysiker – versaftet. In siebzig Prozent des Wirkungsbereiches einer Neutronenbombe, der auf wenige hundert Meter begrenzt werden kann, zerstört die Neutronenstrahlung alles Leben. Menschen, die einer Strahlendosis von mehr als 600 rad ausgesetzt waren, sind dem Tode geweiht. Wer von einer Strahlendosis von mehr als 8000 rad getroffen wird, ist sofort handlungsunfähig und stirbt innerhalb von Minuten. Die anderen sterben langsamer, nach Stunden, Tagen oder Wochen. Soldaten, die von einer Strahlendosis von 6000 rad getroffen werden, werden ungefähr drei Minuten nach der Bestrahlung handlungsunfähig. Nach einer halben Stunde erholen sie sich etwas und können unter starken Schmerzen und großer Willensanstrengung noch einzelne Handlungen ausführen. »Reißen Sie sich zusammen und erweisen Sie Ihrem Vaterland einen letzten Dienst!« Über das Mikrophon wird diese Aufforderung des Befehlshabers in ihr verdämmerndes Bewußtsein dringen. Einen Tag lang dauert das qualvolle Sterben.

Die Summe des Leidens und des Schmerzes eines Atomkrieges vermindert die Neutronenbombe anscheinend nicht. Sie wird eher größer. Die Kulisse bleibt erhalten, »nur« das Leben verschwindet. Die Panzer, die von einer Neutronenbombe nicht voll getroffen wurden, fahren noch, aber die Insassen sind schon tot – oder handlungsunfähig und dem Tode geweiht –, wie es Irlmayer in seinem Gesicht gesehen hat.

Allerdings scheint der Einsatz von tödlich wirkenden Giftstoffen eher dem Gesicht des Sehers zu entsprechen. Bei einem Einsatz der Neutronenbombe ist im übrigen damit zu rechnen, daß Vergeltungsschläge mit anderen Nuklearwaffen durchgeführt werden – mit unabsehbaren Folgen für Europa. Bevor es zum Abwurf (oder Abschuß) der Neutronenbombe kommt, wird man deshalb versuchen, den Angriff mit chemischen Kampfstoffen zu stoppen.

Auf Dauer wird höchstwahrscheinlich der Menschheit ein Atomkrieg kaum erspart bleiben. Darauf kommt schon, wer an die von Kriegen erfüllte Vergangenheit der Menschheitsgeschichte denkt und daran, daß Atomwaffen allmählich in den Besitz von immer mehr Ländern gelangen. Auch Prophezeiungen scheinen dafür zu sprechen, daß es zu einem solchen Krieg kommen wird. Der Kernphysiker BERNHARD PHILBERTH hat die in der *Apokalypse* geschilderten Gesichte des Johannes dem Inferno eines Atomkrieges zugeordnet und ist dabei auf zahlreiche verblüffende Übereinstimmungen gestoßen [Lit. 38].

10
Droht ein islamischer Angriffskrieg?

In einem Sketch, der 1979 über den Bildschirm lief, sah man Afrikaner Dörfer in Europa überfallen und die Einwohner verschleppen, um sie als Sklaven zu verkaufen. Dunkelhäutige Menschen packten sich blonde Frauen, die schrien und um sich schlugen, und schleppten sie davon. Die befremdeten Zuschauer sollten aus ihrer Gleichgültigkeit aufgeschreckt und auf drastische Weise daran erinnert werden, welches brutale Unrecht Europäer und Amerikaner den Afrikanern durch die Sklavenhaltung zugefügt haben. Der Überraschungseffekt war da; aber zur Selbstbesinnung wird der Film nur in den wenigsten Fällen geführt haben. Irritiert dürfte sich die Mehrheit der Zuschauer vielmehr versichert haben, daß dieser Fall ja wohl niemals eintreten werde.

Aber stimmt das wirklich? Welche Garantien gibt es dafür, daß nicht unsere Kinder oder Enkel oder vielleicht sogar schon wir selber als Sklaven nach Afrika verkauft werden? Wie lange noch sind die Machtverhältnisse so festgelegt, daß westliche Zivilisation dominierend und die Sklavenhaltung verpönt ist?

Morgen schon kann alles ganz anders sein, wenn sich die Industrienationen der nördlichen Halbkugel in einem Atomkrieg in ein vorindustrielles Zeitalter zurückbomben. Arabische Händler werden dann vielleicht wieder, wie früher, Ungläubige als Sklaven verkaufen, und zwar – warum auch nicht! – diesmal Weiße nach Afrika. Viele der reicheren Afrikaner würden sich gewiß mit tiefer innerer Befriedigung von weißen Köchen, Chauffeuren und Sklavinnen bedienen lassen, die ärmeren könnten einem weißen Toilettenwärter ihr Trinkgeld hinwerfen oder sich von einem anderen »armen weißen Teufel« die Schuhe putzen lassen wollen.

Man braucht nicht einmal einen Atomkrieg vorauszusetzen, damit die Überlegenheit Europas gegenüber Ländern der zweiten oder dritten Welt verlorengeht. Die Machtverhältnisse zwischen den Völkern verändern sich unablässig. Der Wandel geht gewöhnlich fast unmerklich vor sich. Die Veränderungen sind jedoch deutlich zu erkennen, wenn man Machtsituationen miteinander vergleicht, die zwanzig, fünfzig oder gar hundert Jahre auseinanderliegen. Verschiebungen der Machtverhältnisse und Wechsel der Vormacht sind typisch für die Geschichte der Völker. Jedes zu Macht und Bedeutung aufgestiegene Reich der Vergangenheit hat bisher noch seinen Niedergang erlebt, wie Ägypten, Hellas, Rom, das persische Reich, die indianischen Kulturen und andere. Großreiche zerbrechen, und vorher zweitrangige Völker übernehmen die Führungsrolle. Der Zerfall des britischen Imperiums und der Aufstieg der Sowjetunion zur zweiten Weltmacht innerhalb eines halben Menschenlebens sind ein Beispiel hierfür.

Die nächsten Jahrzehnte werden dadurch gekennzeichnet sein, daß sich die machtpolitischen Verhältnisse immer mehr zuungunsten Europas und auch der USA verschieben. Profitieren werden vor allem die östlichen und fernöstlichen Staaten. Neben der Sowjetunion ist nun auch China zur Weltmacht herangewachsen. Das Machtpotential dieses Riesenreiches wird schon ziemlich bald mit dem der USA vergleichbar sein. Die ersten drei Plätze sind damit fürs erste vergeben. Ob auch die folgenden Ränge noch innerhalb heute lebender Generationen neu besetzt werden – etwa durch Brasilien oder die Arabische Liga oder vielleicht auch ein Vereinigtes Europa –, wird sich im Verlauf der nächsten Jahrzehnte zeigen. Das hängt vor allem davon ab, wie rasch die Industrialisierung fortschreitet bzw. ob und wie rasch die europäischen Staaten einerseits und die arabischen Länder andererseits zu einem Staatenbund zusammenfinden.

Der Physiker WILHELM FUCKS, der 1965 mit seinem Werk *Formeln zur Macht* Aufsehen erregte [Lit. 39], hat die maßgebenden Faktoren für diese Machtverschiebungen genannt. Er unterscheidet zwischen militärischer und virtueller Macht. Die militärische Macht eines Landes wird repräsentiert durch Streitkräfte und Rüstungsmittel; die virtuelle Macht beinhaltet dagegen die Basis für die Aufstellung von Streitkräften und die Produktion von Rüstungsmitteln. Die virtuelle Macht eines Staates kann man vor allem an der Größe und Struktur der Bevölkerung und des Landes sowie am Umfang der Energie- und Stahlerzeugung messen.

Der machtpolitische Aufstieg eines Landes hängt demnach, abgesehen vom Bevölkerungszuwachs, in erster Linie davon ab, wie rasch die Stahlproduktion ansteigt. Die Steigerungsraten können beträchtlich sein. Die Bevölkerung eines Landes kann sich in zwanzig Jahren verdoppeln, die Stahlproduktion aber um mehr als das Zehnfache ansteigen. Das war beispielsweise in China zwischen 1955 und 1975 der Fall. Die japanische Stahlproduktion stieg in diesem Zeitraum sogar um mehr als das Zwanzigfache an. In Brasilien, um ein Entwicklungsland zu nennen, stieg die Stahlerzeugung um das Siebenfache an, während sie sich in der Bundesrepublik Deutschland lediglich verdoppelte. In den übrigen Ländern Westeuropas und in den USA waren die Steigerungsraten ähnlich niedrig. Innerhalb dieser zwanzig Jahre haben also die fernöstlichen Staaten gegenüber den alten Industrienationen beträchtlich an virtueller Macht gewonnen.

Man könnte vermuten, daß Kriege nur von den Gruppen begonnen werden, deren Machtpotential größer ist als das der Angegriffenen. Daran hält sich der Angreifer jedoch häufig nicht. Rationale Abwägungen scheinen beim Ausbruch eines Krieges vielfach nur eine untergeordnete Rolle zu spielen. Fucks führt als Beispiel hierfür den Angriff der Japaner auf die USA im Zweiten Weltkrieg an. Die virtuelle Macht der Japaner, gemessen an der Stahlproduktion, war zu diesem Zeitpunkt wesentlich kleiner als die der Amerikaner. Es lassen sich leicht weitere Beispiele finden. FRIEDRICH DER GROSSE hat ebenfalls solche Kriege geführt und sogar gewonnen. Auch in Zukunft müssen Kriege nicht unbedingt von virtuell stärkeren Mächten begonnen werden, vor allem dann, wenn die schwächeren Rückendeckung durch eine der Großmächte haben.

Ein solcher Fall wäre zum Beispiel der Angriff eines Vereinigten Arabiens auf Europa. Ein Schlagwort wie »Allah will es!« kann allerhand Logik in den Hintergrund drängen. Welche Macht Religion und Religionsführer auf die Menschen ausüben, hat ja die islamische Revolution in Persien gezeigt. Es läßt sich infolgedessen leicht eine Situation aufzeigen, in der es zu einem islamischen Angriffskrieg kommen könnte. Außerdem gibt es die schockierenden Visionen eines bedeutenden Sehers, der die arabischen Heere unter dem grünen Banner des Propheten in Richtung Europa auf dem Marsch sah.

Beide zusammen, Szenarien und Prophezeiungen, müssen die Möglichkeit eines islamischen Angriffskriegs auf Europa noch innerhalb heute lebender Generationen als reale Gefahr erscheinen lassen. Die Furcht vor einem islamischen Angriffskrieg wird schon in naher Zukunft alle Bedrohungen durch andere Mächte in den Hintergrund treten lassen. Nicht zuletzt aus Furcht vor der Expansion des Islams ist die UdSSR 1980 in Afghanistan einmarschiert. Im Herrschaftsbereich des Sowjetstaates leben rund fünfzig Millionen Moslems, deren Aufwiegelung durch eine islamische Republik an der Grenze befürchtet wurde.

Die meisten arabischen Staaten – beginnend beim Irak, dem früheren Babylon im alten Zweistromland, über Syrien auf der Halbinsel Arabien, ferner dann Ägypten, Libyen, Algerien, Marokko in Nordafrika – liegen Südeuropa in einem Halbkreis gegenüber. CHURCHILL hat die südeuropäischen Staaten den schwachen Unterleib Europas genannt, und das sind sie auch heute noch. Lediglich Frankreich bildet eine Ausnahme. Frankreich soll während der arabischen Aggression nach den Prophezeiungen denn auch eine Außenseiterrolle spielen.

In den arabischen Ländern wohnen Menschen einer anderen Rasse, Religion, Kultur und Lebensauffassung. Viele dieser Menschen träumen von einem großarabischen Reich, zum Beispiel die Machthaber im Irak oder MOAMAR AL-GADDHAFFI, der Staatspräsident Libyens. Libyen, von Gaddhaffi das »Herz der arabischen Nation« bezeichnet, soll den Anstoß zur Vereinigung der arabischen Länder geben. Libyen besitzt im Vergleich zu den anderen arabischen Staaten zwar nur eine geringe Einwohnerzahl, Gaddhaffi vergleicht sein Land jedoch mit Mekka, von dem zur Zeit des Propheten die Einigung ausging. Ein großarabisches Reich soll entstehen, dessen Ziel die Ausbreitung des Islams ist. Der natürliche Gegner ist für Gaddhaffi dabei Europa. Der libysche Staatspräsident hält den Islam für ausersehen, das christliche Abendland zu beherrschen. Das Christentum gilt ihm als minderwertig, als Werkzeug des Kapitalismus und Imperialismus, Hilfsmittel bei der Ausbeutung der Völker der dritten Welt. Der Islam ist für ihn die einzig gültige göttliche Konzeption, die als Krönung und Korrektur aller Religionen zuletzt verkündet wurde und alle anderen Religionen ablösen soll.

Gaddhaffi sieht zwei bestimmende Kräfte in der Geschichte: Religion und Nationalismus. In Europa sterben Religion und Nationalismus ab; in Arabien erwachen sie von neuem. Deshalb werden seiner Überzeugung nach die Araber schließlich über Europa siegen. Überzeugt davon, daß die Geschichte diesen Lauf nehmen wird, finanziert Gaddhaffi bereits jetzt den Bau und die Unterhaltung von Moscheen in Europa, beispielsweise jener in Rom und im spanischen Cordoba. Cordoba hat für die arabischen Nationalisten Symbolwert. Die Stadt war seit der Eroberung im Jahre 756 fast fünfhundert Jahre lang Hauptstadt eines Emirats und Bollwerk des Islams in Europa. Bei diesem ehemaligen Herrschaftsbereich soll wieder angeknüpft und der Vormarsch in Europa neu begonnen werden.

Die arabischen Staaten besitzen Öl und Kapital, die beiden Wirtschaftsfaktoren, auf welche die Industrienationen angewiesen sind. Mit deren strategischem Einsatz, wie der gesteuerten Ölverknappung – so die arabischen Nationalisten mit Europa als Feindbild –, läßt sich ein Chaos in der westlichen Welt verursachen. Der Egoismus der einzelnen Staaten erwacht. Bündnisse zerbrechen. Mit den wirtschaftlichen Katastrophen brechen Bürgerkriege aus. Dann ist die Stunde der arabischen Nation gekommen. Das einige arabische Volk, zur Industrienation herangewachsen, dominiert über Europa. Der Vormarsch des Islams, 732 durch KARL MARTELL bei Tours und Poitiers in Mittelfrankreich gestoppt, kann neu beginnen.

Gaddhaffi betrachtet die islamischen Unruhen, insbesondere auch die Revolution im Iran und die Herausforderung der USA durch Khomeini als Anfang der Befreiungsbewegung, die zu einer Rache an den Europäern führen werde. Im Falle kriegerischer Zuspitzung werde sein Land Mitglied des Warschauer Paktes und erhalte damit die Unterstützung der Sowjetunion. »Falls dies wirklich der Beginn des dritten Weltkrieges ist«, erklärte er im Zusammenhang mit der Besetzung der amerikanischen Botschaft in Teheran durch die persischen Extremisten, »werden wir nicht die Hände in den Schoß legen und neutral bleiben!«

Wie stehen die Chancen, daß sich die Träume der arabischen Nationalisten erfüllen werden? Vier Voraussetzungen müssen erfüllt sein: Die Industrialisierung der arabischen Länder muß vollzogen bzw. die militärische Unterstützung durch eine Industrienation, wie Rotchina oder die UdSSR, gesichert sein. Der politische Zusammenschluß der arabischen Länder muß verwirklicht sein. Er muß vom Willen zur Expansion, zum »Heiligen Krieg«, begleitet sein. Und schließlich muß ein aktueller Anlaß gegeben sein.

In Persien, wo die Industrialisierung schon relativ weit fortgeschritten ist, kann man die erste Voraussetzung schon fast als erfüllt ansehen. In den meisten anderen islamischen Ländern wird sie zielstrebig vorangetrieben. Dabei sind die ölfördernden Länder zunächst vor allem an Chemiewerken zur Veredelung des Rohöls interessiert. Auch nach der Ölära wird in den arabischen Ländern kein Energiemangel herrschen: Die reichliche Sonneneinstrahlung in diesen äquatornahen Regionen bietet die Gewähr dafür. Schon heute ließen sich Sonnenkraftwerke errichten, die den größten Teil der benötigten Energie liefern könnten. Da immer ausreichend Energie vorhanden sein wird, ist auch die Rohstoffversorgung sichergestellt. Mit ausreichenden Mengen billiger Energie können die Rohstoffe tiefer im Erdinnern oder am Meeresboden abgebaut oder auch aus dem Meerwasser herausgezogen werden. Die vollständige Industrialisierung der arabischen Länder ist aus den genannten Gründen nur eine Frage der Zeit und wird sich ohne ernsthafte Hindernisse wahrscheinlich ganz automatisch vollziehen.

Auch eine Unterstützung durch Rotchina zu einem Zeitpunkt, da die arabischen Länder selber noch nicht genügend moderne Waffen produzieren, ist denkbar. Rotchina wird in Kürze zu einer der mächtigsten Industrienationen der Welt herangewachsen sein. Seiner Machtstellung entsprechend wird dieses Riesenreich dann wesentlich stärker in das politische Geschehen der Welt eingreifen als bisher.

Der politische Zusammenschluß der arabischen Staaten ist keine Utopie. Die Araber sind durch eine gemeinsame Sprache und Religion sowie die gleiche Herkunft, nämlich das Hervorgehen aus den lebensfeindlichen innerarabischen Wüsten, miteinander verbunden. Einigungsbestrebungen zwischen den verschiedenen arabischen Staaten hat es nach dem Zerfall des großarabischen Reiches häufiger gegeben. Sie wurden jedoch von den Türken und später von den Engländern vereitelt, die ihre Interessen gefährdet sahen. Hindernisse auf dem Weg zu einem neuen großarabischen Reich sind heute noch die unterschiedlichen politischen Konzeptionen und der Egoismus der einzelnen Staaten. Die feudalistischen Herrschaftsstrukturen dürften jedoch allmählich verschwinden. Man kann die arabischen Staaten in zwei Gruppen einteilen, nämlich in diejenigen, in denen die traditionellen Herrschaftsstrukturen bereits zerschlagen sind, und in diejenigen, in denen Militärputsch, Revolution oder auch Wandel von innen her noch bevorstehen. Zur Sicherung ihrer Herrschaft suchen die royalistischen Länder Rückhalt bei den kapitalistischen Ländern des Westens und vermeiden deshalb die Konfrontation mit Europa. Es ist jedoch wenig wahrscheinlich, daß die alten Herrschaftsstrukturen noch lange bestehen bleiben. Die islamische Revolution in Persien beweist das.

Sind die Unterschiede zwischen den verschiedenen Staatsformen erst einmal beseitigt, so werden sich die arabischen Staaten rascher und leichter als heute zu gemeinsamen Aktionen zusammenschließen. Der Wunsch nach Einheit ist groß unter den arabischen Völkern. Als es um die Union zwischen Ägypten und Libyen ging, stimmten 98 Prozent der ägyptischen Bevölkerung für diese Union. Die irakische Verfassung ist ebenfalls ein Beweis für dieses Verlangen nach einem engen Bündnis zwischen den arabischen Staaten (siehe auch Kapitel 11).

Zur Einigung könnte es kommen, wenn es um die Wahrung gemeinsamer Interessen geht, wie um Aktionen zur Sicherung der Ölmilliarden auf europäischen Banken oder der Industrien, die in Europa gekauft wurden. Insbesondere dürfte die Abwehr einer alle arabischen Länder bedrohenden Gefahr zum politischen Zusammenschluß führen. Eine solche Gefahr zeichnet sich bereits am Horizont ab. Es ist die Verlagerung des subtropischen Hochdruckgürtels nach Norden aufgrund der Erwärmung der Erde durch den Kohlendioxydanstieg in der Atmosphäre. Dadurch werden die arabischen Länder mit extremer Trockenheit bedroht (siehe Kapitel 7).

Der Wille zur Expansion ist sowohl im Volkstum als auch in der Religion der arabischen Völker verankert. Keiner anderen Religion wohnt ein solcher von Energie und Fanatismus getragener Ausdehnungs- und Unterwerfungsdrang inne wie dem Islam. Die sechsmal täglich wiederholten Rituale sind Autosuggestionen, die den Praktizierenden mit seinem ganzen Denken und Handeln auf ein bestimmtes Ziel hin ausrichten. Ein solches Ziel könnte wie zur Zeit der Religionsgründung der »Heilige Krieg« und die Ausbreitung des Islams werden. Auch im Volkstum ist der Eroberungswillen begründet, zumindest bei den aus dem Innern Arabiens kommenden Stämmen. Auf dieser wüstenhaften Halbinsel, die größer als Europa ist, haben die Stämme jahrhundertelang einen permanenten Krieg gegeneinander geführt. Das hat die Menschen geprägt. Sie sind stolz, unabhängig und besitzen einen zähen Kampfeswillen.

Mit Hilfe der von ihm gegründeten Religion des Islams konnte MOHAMMED die kriegerischen Unternehmungen der einzelnen Stämme zusammenfassen und nach außen lenken. Sein Vermächtnis waren Kampf und Expansion. In den fünf Jahren nach seinem Tod im Jahre 632 schlugen die Armeen seiner Anhänger die römischen und persischen Heere. Im achten Jahrhundert dehnten sie ihre Eroberungen von Zentralasien bis Spanien aus. Die Führungsschicht wurde ermordet, die Massen in Tributpflicht genommen. Viele Jahrhunderte lang gab es in diesem Riesenreich eine gemeinsame Kultur und Religion. Die arabische Kultur war damals führend in Wissenschaft und Technik. Sie ist das Bindeglied zwischen der griechisch-römischen und der modernen Zivilisation.

Der Vormarsch der Araber in Europa könnte aufgrund der zu erwartenden Klimakatastrophe infolge des Kohlendioxydanstiegs der Atmosphäre beginnen. Bei einer Erwärmung der Erde wird sich, wie schon dargelegt, der subtropische Trokkengürtel nach Norden verschieben. Die heute schon geringen Niederschläge in den arabischen Ländern werden noch weiter abnehmen. Wassermangel und Hungersnöte könnten die Araber den »Heiligen Krieg« als letzten Ausweg wählen lassen. Wenn dann noch revolutionäre Verhältnisse in Südeuropa herrschen, so ist das die schwache Stelle, wo der Kampf der arabischen Völker um neuen Lebensraum seinen Anfang nehmen wird.

Unter dem Eindruck der ersten, wahrscheinlich leicht errungenen militärischen Erfolge könnten sich die arabischen Staaten leicht zum Angriffskrieg auf Europa vereinen – ähnlich wie in dem folgenden Szenarium:

Es ist kurz vor der Jahrtausendwende. In Europa bereitet man sich darauf vor, dieses Ereignis festlich zu begehen. Da werden die Menschen durch die Nachricht aufgeschreckt, daß in Italien die Roten Brigaden die Macht übernommen haben (nach Zeitungsberichten war das schon für 1978 geplant). Alle führenden Politiker und Militärs sind ermordet. Um die Kontrolle zu behalten, gehen die Revolutionäre mit äußerster Brutalität gegen jeden tatsächlichen oder auch nur vermuteten Widerstand vor. Die katholische Geistlichkeit wird dezimiert. Auch die in Italien lebenden Moslems sind dem Terror ausgesetzt. Die europäischen Nachbarländer sehen tatenlos zu. Einmal steht Moskau im Hintergrund dieser roten Revolution, zum anderen hat die Revolution auch eine gewisse Berechtigung. In keinem anderen europäischen Land ist der Gegensatz zwischen arm und reich so groß wie in Italien. Eine Änderung der Verhältnisse scheint nur durch einen gewaltsamen Umsturz möglich.

Ein arabischer Führer, mit China im Rücken, gibt vor, die in Rom lebenden Moslems schützen und wieder »normale« Verhältnisse herstellen zu wollen. Arabische Truppen landen an der italienischen Küste und dringen fast ungehindert ins Landesinnere vor. Nach Ermordung der Führungsschicht ist die Revolutionsregierung nicht so rasch in der Lage, geordneten Widerstand zu organisieren. Die anderen europäischen Länder senden keine Truppen zur Unterstützung. Die vordringenden Araber sind ihnen nicht unsympathischer als die Roten Brigaden; außerdem wollen sie es sich wegen des äußerst knapp gewordenen Erdöls nicht mit den Arabern verderben. Man hat nichts dagegen, daß sozusagen der Teufel vom Beelzebub ausgetrieben wird. Auch Moskau greift nicht ein, da die Chinesen für diesen Fall den Arabern ihre Hilfe zugesagt haben. Rom wird von den Arabern eingenommen und der Papst verjagt.

Dabei könnte sich die Vision von Pius X. erfüllen. Er sah den Papst aus dem Vatikan fliehen und dabei auf die Leichen seiner Priester treten.

Die arabischen Armeen rücken weiter gegen Norden vor und haben bald den größten Teil des Landes unter Kontrolle gebracht. Der Sieg löst im arabischen Volk eine ungeheure Begeisterung aus. Die Araber sehen eine Möglichkeit, der klimatisch bedingten Misere in ihren Ländern zu entfliehen und neuen Lebensraum zu gewinnen. Fast ebenso wichtig ist es ihnen aber auch, sich für die jahrhundertelangen Demütigungen zu rächen, die sie durch die Europäer erfahren haben. Außerdem erwacht der Beutetrieb. Alle wollen mithelfen, Europa zu besiegen und zu plündern. Sie sehen das als ihr Recht an, da sie Europa für die Klimakatastrophe und das Unfruchtbarwerden ihrer Länder verantwortlich machen.

Die hochgestellten Erwartungen, die sie an eine einige arabische Nation stellen, scheinen in Erfüllung zu gehen. Militärputsche finden statt. Gemäßigte Regierungen werden hinweggefegt. Die Militärdiktaturen unterstellen sich der Oberhoheit des in Italien vordringenden arabischen Führers und fallen auf sein Geheiß in Griechenland und Spanien ein. Der Vormarsch der Araber in Europa, unterstützt von China, beginnt von neuem. Gleichzeitig stoßen die Araber nach

Süden ins Innere Afrikas vor, um sich die Rohstoffquellen zu sichern.

Soweit dieses Szenarium. Es wird durch Prophezeiungen gestützt. Vor allem hat NOSTRADAMUS einen Angriffskrieg der Araber auf Europa vorhergesagt. Die entsprechenden Prophezeiungen finden sich in Quatrain 5, 55: »In einer Gegend des glücklichen Arabien wird ein Mächtiger geboren, der sich zum Islam bekennt: Er wird Spanien quälen und Granada wiedererobern, noch mehr richtet er aus über das Meer gegen das Volk von Ligurien [Italien].« Und weiter (Quatrain 5, 25): »Der arabische Fürst wird über das Meer her die Regierung der Kirche zu Boden zwingen. Mars, Sonne und Venus stehen im Löwen: Nach Persien zu stehen rund eine Million [Soldaten] bereit [die Revolutionstruppen des Khomeini oder eines seiner Nachfolger], um über Byzanz und Ägypten mit Würmern [Bakterien] und Schlangen [Feldschlangen = Geschütze] eine Invasion zu unternehmen.«

Nach dem Kommentator LEE MC CANN findet die von Nostradamus genannte Konjunktion zum nächstenmal am 21. August 1987 statt.

Die Türken kennen eine verwandte Prophezeiung. Danach werden sie Ende dieses Jahrhunderts um die Vorherrschaft in Europa kämpfen.

Auch der Quatrain 1, 18, des NOSTRADAMUS weist auf einen islamischen Angriff hin: »Infolge Zwietracht vernachlässigt Frankreich [die Außenpolitik]. Dadurch wird die Tür dem Islam geöffnet: Die Erde trieft von Blut, ebenso das Adriatische Meer. Der Hafen von Marseille ist mit Schiffen überfüllt.« Die letzte Zeile in diesem Vierzeiler scheint anzuzeigen, daß viele Schiffe auf der Flucht vor den Arabern Zuflucht in Marseille suchen werden.

In diesem Quatrain zeigt sich auch die Außenseiterrolle Frankreichs während des Beginns der arabischen Aggression. Sie klingt auch in anderen Prophezeiungen von Nostradamus an. Die Franzosen sind mit den Arabern durch einen Freundschaftspakt verbunden. Schließlich müssen sie aber ihre Neutralität aufgeben und werden ebenfalls in den Krieg hineingezogen, in dem sie dann, da sie Atommacht sind, eine Schlüsselrolle spielen. Das verrät unter anderem der folgende

Vierzeiler (2, 29): »Der Orientale wird seinen Wohnsitz verlassen, er wird die Apenninen überschreiten, um Gallien zu erblicken. Er wird den Himmel, die Gewässer und den Schnee durchqueren und einen jeden mit seiner Waffe schlagen.«

In diesem Kampf um Europa werden die Araber aber allem Anschein nach nicht siegen, sondern, nachdem sie auch in Frankreich und Deutschland eingefallen sind, allmählich zurückgedrängt und in einem zähen und langwierigen Krieg wieder ganz vom europäischen Kontinent vertrieben. Das besagen die Prophezeiungen des Nostradamus, zum Beispiel folgende (5, 68): »Vom Rhein wird es kommen, um in der Donau zu trinken. Das große Kamel wird sich daraus kein Gewissen machen. Es zittern die Anwohner der Rhone und noch mehr das Volk an der Loire. Aber dicht bei den Alpen wird der Hahn [Frankreich] es vernichten.«

Mit dem »großen Kamel«, das auch in zwei anderen Vierzeilern eine Rolle spielt, ist allem Anschein nach eine arabische Armee gemeint.

Im Verlauf dieses Krieges könnte es zu einer Wiedervereinigung der beiden Deutschland kommen. Der Quatrain 10, 86, läßt sich jedenfalls so deuten. Er lautet: »Wie ein Greif wird der König von Europa kommen, begleitet von den Völkern aus Aquilon [Norden]. Eine große Truppe, aus Roten und Weißen zusammengesetzt, wird er anführen, und marschieren gegen den König von Babylon [Irak].«

Dem Quatrain 10, 31, läßt sich entnehmen, daß die Araber neuen Lebensraum finden werden, nachdem sich ihr Land in Wüste verwandelt hat und der Angriff auf Europa fehlgeschlagen ist. Der Vierzeiler wird hier – wie alle Nostradamus-Texte dieses Buches [Lit. 3] – in der Übersetzung des Historikers N. Alexander Centurio zitiert: »Das heilige Reich wird in Deutschland entstehen. Die Araber werden offene Orte [Lebensraum] finden. Auch die Seelen wollen ihre Wiedergeburt [nachdem in den vorangegangenen Kämpfen so viele Menschen gefallen sind]. Die Stützen der Erde werden alle bedeckt sein.«

Nach diesem Quatrain scheint Deutschland zu größerer Bedeutung als heute aufzusteigen.

11
Das Schicksal Israels

Welches Schicksal wird der Staat Israel erleiden? Wird er sich behaupten können, oder werden die Araber ihn wieder auslöschen?

Es gibt Prophezeiungen, die mit dem Schicksal Israels in Verbindung gebracht werden können, wie biblische Prophezeiungen über endzeitliche Kriege.

NOSTRADAMUS hat die Rückkehr der Juden nach Palästina vorhergesagt und auch die hieraus sich ergebenden Konflikte mit den Arabern. Der entsprechende Quatrain (8, 96) lautet: »Die Synagoge, unfruchtbar und ohne Erfolg, wird Aufnahme finden unter den Ungläubigen. Von der Tochter Babylons droht ihr Verfolgung. Elend und traurig wird sie ihr die Flügel abschneiden.«

Die Vorhersage ist wahrscheinlich erst zum Teil eingetroffen: Die Weltorganisation der Vereinten Nationen sprach 1948 den Juden das Recht zu, einen Teil Palästinas als ihr Land zu betrachten. Die Juden, schon seit 1918 in großer Zahl nach Palästina zurückgekehrt, gründeten daraufhin ihren eigenen Staat – allerdings auf Kosten der Araber. Wenn die Juden auch historisch begründete Heimatrechte in Palästina haben, so war die Gründung des jüdischen Staates dennoch ein – vielleicht unvermeidlicher – Gewaltakt. Die Einwanderung der Juden in Palästina begann zudem mit einem Wortbruch Englands gegenüber den Arabern, die im Ersten Weltkrieg Verbündete der Engländer gegen die Türken waren.

Erbittert über die Wegnahme ihres Landes, waren die Araber nicht bereit, den jüdischen Staat zu akzeptieren. Der erste Angriff erfolgte unmittelbar nach der Gründung des Staates im Jahre 1948 und endete, wie auch die beiden folgenden Kriege, mit einer Niederlage der Araber. Zwischen den Kriegen mußten die Israelis Überfälle und Terrorakte hinnehmen, die insbesondere von den aus Israel vertriebenen Arabern begangen wurden.

Im vierten Israelkrieg 1973 waren die Kräfteverhältnisse schon ausgeglichener. Die Phantom-Kampfflugzeuge der Israelis wurden beim Einfliegen in die Suezkanalzone von elektronisch gesteuerten Flugabwehrraketen abgeschossen. Die Ägypter konnten den Suezkanal überqueren und sich am anderen Ufer festsetzen. Der Krieg war ein Erfolg für Ägypten.

Die Gegner Israels verfügen heute über sowjetische Raketen modernster Bauart. Ägypten ist zum Beispiel in der Lage, die Hauptstadt Israels mit Fernraketen zu beschießen. MOHAMMED ANWAR AS-SADAT bemüht sich allerdings, die dreißigjährige Feindschaft zwischen den beiden Völkern zu beenden. Ende 1977 reiste er deswegen nach Israel. Die meisten anderen arabischen Staaten wünschen jedoch keinen Frieden. MOAMAR AL-GADDHAFFIS Libyen brach die diplomatischen Beziehungen zu Ägypten ab; Syrien erklärte den Tag, an dem Sadat nach Israel reiste, zum nationalen Trauertag und setzte die Fahnen auf Halbmast.

Mitte 1979 kam es zum Friedensvertrag. Gaddhaffi drohte mit der Ermordung Sadats, und heftige Unmutsäußerungen kamen auch aus anderen arabischen Staaten. Es ist deshalb kaum anzunehmen, daß die Zeit der Verfolgungen für Israel schon vorbei ist. In dem oben zitierten Quatrain 8, 96, des NOSTRADAMUS heißt es, daß die Verfolgung von der »Tochter Babylons« ausgehen wird. Bisher wurden die Israelkriege vor allem von Ägypten getragen. In Zukunft könnten die Aktionen entsprechend der Vorhersage des Nostradamus in erster Linie von dem Gebiet ausgehen, das früher von Babylon beherrscht wurde. Dabei dürfte es sich um die für Israel gefährlicheren Aktionen handeln.

Babylon war eine Stadt zwischen Euphrat und Tigris, im weiteren Sinne auch das Land zwischen diesen beiden Flüssen. Dieses Gebiet wird heute größtenteils vom Irak eingenommen, der zwölf Millionen Einwohner (1978) und große Erdölvorräte besitzt. Bereits heute geht die stärkste

Aggression gegen Israel wahrscheinlich von diesem Staat aus. Nach der Londoner *Times* ist der Irak wahrscheinlich auch die Terrorhauptbasis der Welt. Die irakische Regierung, die von ihren Gegnern als brutal und unethisch bezeichnet wird, soll hinter den meisten spektakulären Terroranschlägen stehen.

Der Irak gilt Politikern des Westens wie auch den Arabern gleichermaßen als radikalster und rätselhaftester Staat im Nahen Osten. Das Land liegt im Grenzgebiet zwischen Kulturland und Wüste, und die irakische Persönlichkeit ist durch kriegerische Auseinandersetzungen zwischen nomadisierenden Beduinen und seßhaften Bauern geprägt. Hinzu kommt ein extrem heißes Klima, Überschwemmungen und Sümpfe, die das Entstehen von Seuchen fördern, die in unregelmäßigen Abständen die Menschen dahinraffen. Ein Menschenleben gilt infolgedessen wenig im Irak. Gewalt ist im irakischen Volkscharakter tief verwurzelt. Da außerdem der Kampf für Ideale, insbesondere der um die »Freiheit«, obenan steht, ergibt sich eine explosive Mischung. In der Vergangenheit haben sich die kämpferischen Aktivitäten in Putschen und Revolutionen erschöpft, die mit äußerster Grausamkeit geführt wurden. Dem ehemaligen ägyptischen Staatschef Nasser wurde bei einem Besuch zum Beispiel der Finger eines gestürzten Regierungschefs als Geschenk überreicht. Seit einiger Zeit herrscht jedoch eine gewisse politische Stabilität. Die kämpferischen Aktivitäten richten sich nun in verstärktem Maße nach außen, wie der Kampf gegen Iran zeigt.

Die Aggressionen gegen Israel rühren daher, daß der Irak sich als Vollstrecker der Baath-Bewegung, der sozialistischen Partei der arabischen Wiedergeburt und damit des arabischen Volkes schlechthin betrachtet, der Ideologie, der auch Gaddhaffi leidenschaftlich anhängt. Danach bildet die ganze arabische Welt eine einzige Nation, die wiedervereinigt werden muß. Von der Schmach, welche die Araber in Palästina hinnehmen mußten, fühlen sich auch die Iraker befleckt.

Der Irak spricht offiziell nie von Irakern oder Palästinensern, sondern vom arabischen Volk des Irak oder dem arabischen Volk Palästinas. Jeder Araber kann einen irakischen Paß beanspruchen und im Irak Grund und Boden erwerben. Die nationale Führung der Baath-Partei, der Politiker aus zahlreichen arabischen Ländern angehören, hat mehr Macht als die irakische regionale Führung.

Welche Gefahr könnte Israel nach der Vorhersage des NOSTRADAMUS von diesem Staat drohen? »Elend und traurig wird sie ihr die Flügel abschneiden«, heißt es in dem zitierten Quatrain. *Sie* ist die Tochter Babylons, also der Irak, und *ihr* wird sie's antun, das heißt dem Staat Israel. Was kann das bedeuten? Die Vorhersage ist als Einschränkung der Bewegungsfreiheit gedeutet worden. Man kann sie aber auch wörtlich nehmen. Wer Flügel hat, kann fliegen; wenn sie abgeschnitten sind, ist das nicht mehr möglich. Wie jeder moderne Staat besitzt auch Israel eine zivile und militärische Luftfahrt. Die Vernichtung der Luftflotte oder eines Teils davon könnte mit dem symbolischen Bild des Flügelabschneidens gemeint sein.

Tatsächlich sind die von den irakischen Terrorgruppen ausgehenden Aktionen zum Teil gegen die israelische Luftfahrt gerichtet. Es könnte sein, daß sie durch Terrorakte stark eingeschränkt wird. Eine andere Deutung ist ebenso wahrscheinlich, daß nämlich in einem kommenden Israelkrieg die israelische Luftflotte durch elektronisch gesteuerte Raketen vernichtet wird. Der Anfang dazu wurde ja bereits im letzten Israelkrieg gemacht. Die Luftüberlegenheit wird dann an die Araber übergehen und wahrscheinlich zu Luftangriffen auf Israel führen. In diesem Zusammenhang läßt sich auch das im Folgenden beschriebene Bild aus der *Apokalypse* des JOHANNES verstehen. Ob die Araber den jüdischen Staat vernichten werden, bleibt offen. Es ist in dem Quatrain 8, 96, von Verfolgung die Rede, nicht aber von Vernichtung. Vielleicht kann sich Israel mit einem großarabischen Reich arrangieren.

In der Offenbarung des Johannes werden möglicherweise fünf Monate andauernde Luftangriffe geschildert (9, 7 – 10): »Und die Heuschrecken sind gleich den Rossen, die zum Kriege gerüstet sind, und auf ihrem Haupt ist's wie Kronen, dem Golde gleich, und ihr Antlitz gleich der Menschen

Antlitz, und hatten Haare wie Weiberhaare, und ihre Zähne waren wie die der Löwen, und hatten Panzer wie eiserne Panzer, und das Rasseln ihrer Flügel war wie das Rasseln der Wagen vieler Rosse, die in den Krieg laufen, und hatten Schwänze gleich den Skorpionen und Stacheln; und in ihren Schwänzen war ihre Macht, Schaden zu tun den Menschen fünf Monate lang . . .«

Bernhard Philberth hat diese Stelle wie folgt in eine zeitgemäße Ausdrucksweise übersetzt [Lit. 38]: »Er [Johannes] sieht die Zerstörungsgeschwader auf die Menschen aus der Luft niederstoßen wie die Heuschreckenschwärme auf die Felder. Mit ihrer Flügel- und Rumpfform, mit der Steifheit und dem metallischen Glanz ihres Chitins, mit der Art ihrer Körperhaltung und der Flugbewegung hat die Heuschrecke mehr Ähnlichkeit mit dem Flugzeug als jedes andere flugfähige Tier. Er sieht die metallische Verschalung der Flugzeuge – und vergleicht sie mit der Rüstung von Kampfrossen. Er sieht die Flugzeugkanzel mit ihrer durchbrochenen Metallkonstruktion – und vergleicht sie mit goldähnlichen Kronen. Er sieht den Piloten durch die Kanzel schauen und erkennt das Gesicht des Menschen – der Gedanke, daß hier der Homo sapiens selbst in seiner flugzeugmäßigen Pilotengarnitur schaltet und waltet, scheint ihm gar nicht gekommen zu sein – und wäre wohl auch grotesk aus antiker Sicht. Er sieht die Kondensstreifen als ein Gewirr feinster Nebelfäden längs der Ionisationsbahnen der sich elektronisch aufladenden Abgasteilchen – und vergleicht sie mit dem Frauenhaar. Er sieht die Verstabungen und Verzahnungen durch die Kanzel – und vergleicht sie mit Löwenzähnen. Er erkennt die Leichtmetallegierungen der Flugzeugaußenhaut in ihrer eisenähnlichen metallischen Beschaffenheit, wobei er bemerkt, daß sie sich vom Eisen doch unterscheiden. Er hört den gewaltigen Lärm der Triebwerke, die er als Flügelschlag bezeichnet, und vergleicht sie mit dem Lärm vieler in den Kampf stürmender Streitwagen. Er sieht die Läufe der Bordwaffen als Schwänze und Stacheln und empfindet, daß eben aus diesen – wie mit dem Schwanz eines Skorpions – das ausgestoßen wird, das die Menschen schädigt und peinigt.«

Die Prophezeiung zeigt übrigens, daß die Seher bisweilen Dinge vorhersagen, die sie selber nicht verstehen.

12
Die Zukunft des Kommunismus

In den ersten fünfzig Jahren dieses Jahrhunderts ist unsere Welt zu einem Drittel kommunistisch geworden. Wird der Vormarsch des Kommunismus weitergehen – auch hinein in das Europa des Westens? Unterschwellig befürchten das sehr viele Menschen, nicht nur die Besitzenden. Abgesehen von einer möglichen militärischen Eroberung durch die Sowjets könnte eine Machtergreifung auf dem Wege einer Revolution stattfinden. In Italien erhält die kommunistische Partei etwa ein Drittel der abgegebenen Stimmen, und es gibt Prophezeiungen, die auf eine blutige Revolution in Italien hinweisen. Im übrigen Westeuropa haben die kommunistischen Parteien bedeutend weniger Rückhalt in der Bevölkerung.

Nun kann aber auch eine Minderheit die Macht an sich reißen, wie das ja die Bolschewiki in der Oktoberrevolution 1918 vorgemacht haben. Allerdings steht in Europa das Militär grundsätzlich rechts, und überdies sind die USA militärisch präsent. Das verringert die Chancen einer kommunistischen Revolution. Außerdem sind das kommunistische und kapitalistische Gesellschaftssystem dabei, sich einander anzugleichen. Dieser Prozeß ist seit langem im Gange und vermindert ebenfalls die Gefahr eines Umsturzes.

Sollte der Kommunismus seinen Vormarsch in den außereuropäischen Ländern fortsetzen, so wird das am ehesten in den unterentwickelten Ländern der dritten Welt sein. Vor allem dort, wo durch verkrustete Gesellschaftsstrukturen ein großer Gegensatz zwischen arm und reich besteht, erwartet die Mehrheit der Bevölkerung vom Kommunismus eine Verbesserung ihrer Lebensverhältnisse. Falls dann auch noch die Sowjetunion oder auch China entweder in Form von Militärhilfe oder aber durch Überredung, Druck oder Korrumpierung Einfluß nehmen, so können weitere kommunistische Revolutionen stattfinden.

Direkte militärische Operationen sind relativ unwahrscheinlich, aber nicht auszuschließen, wie der Überfall der Sowjets auf Afghanistan gezeigt hat. Militärische Aktionen dürften jedoch die Ausnahme bleiben, weil dadurch ein Weltkrieg heraufbeschworen werden könnte und zum anderen nicht sicher ist, ob ein kommunistisch regiertes Land nach einer siegreichen Revolution sich nicht an den Gegner anlehnen oder auch einen vollständig selbständigen Kurs steuern wird. Wurde früher ein Krieg zwischen kommunistischen Ländern für sehr unwahrscheinlich gehalten, so zeigen heute die Spannungen zwischen China und der Sowjetunion sowie die Kriege zwischen Vietnam und China und zwischen Vietnam und Kambodscha, daß der Egoismus selbständiger Staaten größer ist als die Verbundenheit durch das gleiche Gesellschaftssystem.

Soviel an rationalen Überlegungen zur Frage des weiteren Vormarsches des Kommunismus. Im Folgenden sollen nun Seher zu Wort kommen. Von NOSTRADAMUS stammen mehrere Vierzeiler, die sich allem Anschein nach auf das Schicksal der Sowjetunion und des Kommunismus beziehen. Der Seher scheint die militärische Erstarkung Rußlands, die kommunistische Revolution, deren Überspringen auf andere Länder und anscheinend auch den Niedergang des Kommunismus vorhergesehen zu haben.

In Quatrain 5, 26, heißt es zum Beispiel: »Das Slawenvolk wird durch Kriegsglück auf eine hohe Stufe gelangen . . .« Mit diesen Worten könnte Rußlands Aufstieg zur zweiten Weltmacht nach den beiden Weltkriegen gemeint sein. Nach dem letzten Weltkrieg konnte sich die Sowjetunion weit nach Westen ausdehnen und die heutigen Ostblockstaaten in ihren Machtbereich bringen. Die Ausdehnung Rußlands nach Osten bis jenseits des Urals und die Einverleibung Sibiriens im siebzehnten bis neunzehnten Jahrhundert waren ebenfalls eine Folge gewonnener Kriege.

In Quatrain 3, 95, kündigt Nostradamus Entstehung und Ausbreitung des Kommunismus an. Dort heißt es: »Man wird sehen, wie das Gesetz des [Thomas] More hinfällig wird.

Danach wird ein anderes entstehen, das noch viel verführerischer ist: Der Borysthenes [lateinisch für Dnjepr] wird ihm zuerst verfallen, durch Geschenke und Überredung lockt es an sich heran.«

Der englische Kanzler, Staatsmann und Humanist Sir Thomas More entwarf in seinem 1516 erschienenen Werk *Utopia* ein Programm mit kommunistischen Tendenzen. Diese fanden jedoch keinen Anklang. Erst die aufgrund der Mißstände und Ausbeutung im beginnenden Industriezeitalter schärfer formulierten Thesen des Kommunismus marxistisch-leninistischer Prägung konnten größere Bevölkerungsmassen aktivieren und einen Umsturz bewirken. In Rußland, einem der damals rückständigsten Länder der Erde, wurden die kommunistischen Ideen aufgenommen, aber schließlich nie wirklich verwirklicht. Verführerisch sind die kommunistischen Lehren für diejenigen, die glauben, sie könnten dadurch ihr Los verbessern. Ihre Ausbreitung erfolgt durch Schulung und Propaganda, also durch Überredung, die im Kommunismus eine große Rolle spielt. Es werden Geschenke versprochen, die die Massen bei der Neuverteilung der Besitztümer und Ländereien in Empfang zu nehmen hoffen.

Nostradamus' schwierig zu übersetzender Quatrain 1, 14, der früher vielfach anders gedeutet wurde, läßt sich ebenfalls mit einer proletarischen Revolution in Rußland in Verbindung bringen. Dort heißt es: »Vom Slawenvolk hört man Gesänge, Lieder und Bitten, solange Prinzen und hohe Herren Menschen ins Gefängnis warfen: In Zukunft geschieht das nur durch Dummköpfe ohne Verstand, ihre Worte werden wie göttliche Offenbarungen aufgenommen.«

Nach der Oktoberrevolution sind es nicht mehr die Adeligen, die Menschen verhaften und nach Sibirien verbannen. Die Macht ruht nun in den Händen von Leuten, die aus dem einfachen Volk kommen und von Nostradamus als Dummköpfe beschimpft wurden. Nostradamus hat möglicherweise präkognitiv die Ansichten derjenigen unserer Zeitgenossen wahrgenommen, die es als falsch ansehen, Menschen einer utopischen Heilserwartung wegen zu opfern und eine Lehre durchsetzen zu wollen, die sich in vielem gegen die Natur des Menschen richtet.

Die Lehren des Kommunismus wurden und werden insbesondere von den Besitzlosen und Schlechtweggekommenen vielfach als »Offenbarung« aufgenommen, wie es in der letzten Zeile des Quatrains heißt, etwa wenn sie hören, daß ihr Los kein unabwendbares Schicksal sei und Land und Besitz den Reichen weggenommen und »gerecht« verteilt werden sollen. Nachdem der Kommunismus aber erst einmal in Rußland etabliert war, unterscheidet sich (Nostradamus zufolge) die neue Zeit von der vorhergehenden, daß man keine Gesänge und Lieder mehr hat. Ein solches Leben erschien ihm möglicherweise als verarmt und gefühlloser. Ursachen gibt es genug: die Säuberungsaktionen, das Absterben der Religionen, die Wohnungsnot und überhaupt die neue schnellebigere Zeit mit ihrer Konservenmusik, die kaum noch echte Gefühle aufkommen läßt. Insofern enthält diese Vorhersage auch eine Zeitcharakterisierung.

Der folgende Quatrain 5, 60, läßt sich der Ausbreitung des Kommunismus zuordnen: »Durch ganz Asien findet eine Einziehung der Güter statt, das gleiche geschieht in Mysien, Lykien und Pamphylien [Kleinasien]: Blut wird man vergießen infolge Freispruchs eines jungen Schwarzhaarigen, voll von Treulosigkeit.«

Für den Kommunismus typisch ist die Verstaatlichung von Land und größerem Besitz, das heißt die Einziehung des Eigentums. Dies soll nach Nostradamus in ganz Asien erfolgen. In dem größeren Teil Asiens ist das schon geschehen, nämlich in Sibirien, China, Tibet, Kambodscha, Vietnam und neuerdings auch in Afghanistan. Wenn in den kommenden Jahrzehnten eine Einziehung der Güter auch in den übrigen Ländern Asiens und Kleinasiens erfolgen sollte – zum Beispiel in Indien und Pakistan –, so müssen diese Länder deswegen nicht unbedingt kommunistisch werden. Unter »Einziehung der Güter« kann man auch Landreformen verstehen, wie sie im Iran und in der Türkei teilweise schon durchgeführt wurden.

Mit dem »jungen Schwarzhaarigen« des zitierten Quatrains könnte der junge STALIN gemeint sein, der für seine revolutionäre und terroristische Tätigkeit nie bestraft wurde. Zur Macht gekommen, liquidierte er die Großbauern, und später richtete sich sein Terror auch gegen viele seiner alten Mitstreiter, die sich keines Treuebruchs bewußt waren.

Aus der Vorrede des NOSTRADAMUS zu seinen Prophezeiungen an die Adresse seines Sohnes Cäsar ist der Schluß gezogen worden, daß auch Frankreich einmal dem Kommunismus verfallen wird. Es handelt sich dabei um folgende Stelle: »Wollet nicht das Heiligtum den Hunden geben und die Perlen vor die Säue werfen . . . und ich ferner willens war, das Geschriebene auszulöschen aus dem Grunde, weil doch einmal der Kommunismus kommt [»le commun advenement«], so habe ich den Weg gewählt, in verborgene und unergründliche Orakel die Dinge der Zukunft, die jeden innerlich sehr beunruhigen, zu kleiden.«

Dieser Abschnitt klingt pessimistisch. Nostradamus scheint eine Übernahme der Macht durch die unteren Volksschichten zu befürchten. Mit »le commun« könnte der Kommunismus gemeint sein. Es kann sich aber auch, wie andere Interpreten vermuten, um die Kommune der Französischen Revolution handeln.

Wenn sich der Kommunismus zunächst auch vielleicht noch weiter ausdehnen wird, so scheint er sich auf Dauer jedoch nicht in allen kommunistischen Ländern halten zu können. In Ungarn, der Tschechoslowakei und neuerdings in Polen wurden schon erste Zeichen gesetzt. Davon kündet auch der Quatrain 4, 3. Er lautet: »In Zeiten und Orten, wo Fleisch durch Fisch ersetzt werden wird, wird das allgemeine Gesetz in Opposition dazu gemacht werden. Die alte [Ordnung] wird fest stehen, dann aber entfernt werden, danach wird das Prinzip, alle Dinge zwischen Freunden gemeinsam zu haben [der Kommunismus] ganz verworfen werden.«

»Panta chiona philon«, wie es im Original heißt, ist der altgriechische Ausdruck für »alle Dinge zwischen Freunden gemeinsam« (haben). Das aber ist der Kommunismus im striktesten Sinne. Zu einer Zeit also, die anscheinend dadurch gekennzeichnet ist, daß Fische in größerem Umfang als heute zur Ernährung dienen, soll das Prinzip des Kommunismus in bestimmten Ländern wieder verworfen werden. Von einer gewaltsamen Abschaffung ist nicht die Rede. Wann wird dieser Zeitpunkt kommen? Kann Fisch überhaupt Fleisch je ersetzen, da doch die Fangerträge der Fischfangflotten aufgrund von Überfischung und Verschmutzung der Meere zurückgehen?

Es könnte sich die Notwendigkeit ergeben, den Fleischverbrauch zu drosseln. Fleisch wird wahrscheinlich in naher Zukunft immer teurer werden und der Fleischverbrauch infolgedessen zurückgehen. Derzeit nimmt mit steigendem Lebensstandard der Fleischverbrauch pro Kopf der Bevölkerung allerdings noch zu. Aber dieser Trend dürfte sich in nicht allzu weit entfernter Zukunft wieder umkehren. Ursache werden die Preissteigerungen für das aufgrund der Bevölkerungsexplosion immer knapper werdende Getreide sein. Um ein Pfund Fleisch zu erzeugen, werden nämlich sechzehn Pfund Getreide benötigt. Das ist das Äquivalent der Tagesrationen von dreizehn Asiaten. Wenn der Fleischverbrauch zurückgeht, können bei gleichbleibender Getreideerzeugung in den kommenden Jahrzehnten des Hungers wesentlich mehr Menschen überleben. Bei einer Menschheit, die zumindest noch bis Ende des einundzwanzigsten Jahrhunderts immer stärker ansteigen und unter Nahrungs- und insbesondere Eiweißmangel leiden wird, ist der Verzicht auf Fleisch und der Rückgriff auf Fisch (falls möglich) dringend geboten. Das bei zurückgehendem Fleischverbrauch fehlende Eiweiß könnte durch Fisch ersetzt werden, wenn es gelingt, die Aufzucht von Speisefischen zu steigern.

Auf unserem »Wasserplaneten« Erde werden in den oberen Schichten der Weltmeere durch die Photosynthese mit Hilfe des Sonnenlichtes über hundert Milliarden Jahrestonnen Urnahrung erzeugt, von denen bis heute nur ein winziger Bruchteil von der Menschheit indirekt durch den Verzehr von Speisefischen genutzt wird. Diese Riesenmenge organischer Substanz sind winzige Pflanzen, die am Anfang der Nahrungskette im Meer stehen. Sie werden von kleinen Fischen gefressen, die ihrerseits größeren Fischen als Nahrung dienen.

Bisher werden diese gewaltigen Mengen organischer Substanz nur insofern genutzt, als ein Teil der mehr oder weniger zufällig erzeugten Speisefische gefangen und verzehrt wird. Durch eine planmäßige Bewirtschaftung der Meere könnte die Aufzucht von Speisefischen um ein Vielfaches gesteigert werden. Ein Anfang wären die bereits projektierten Fischfarmen in flachen Meeresteilen und Buchten. Das Pflanzenwachstum soll hier durch Düngung gefördert, die uninteressanten Meerestiere sollen systematisch bejagt und ihre Bruten vernichtet werden. Endziel ist die Nutzung der gewaltigen Planktonmasse durch riesige Schwärme wohlschmeckender und schnellwachsender Speisefische.

In den Ländern, in denen auf diese Weise das für die menschliche Ernährung notwendige Eiweiß erzeugt werden wird, soll dann nach Nostradamus' Prophezeiung das Prinzip des Kommunismus wieder verworfen werden.

Prophezeiungen über Aufstieg und Fall des Kommunismus gibt es nicht nur von Nostradamus. Auch die Romane F. M. Dostojewskis sind vielfach prophetische Schau der kommenden Welt. Vieles von dem, was er realistisch geschildert hat, ist eingetroffen. Die Helden der meisten seiner Romane sind Verkünder des Bolschewismus. In seinem Roman *Die Dämonen* spiegelt sich die künftige kommunistische Herrschaft. Einer der Helden des Romans sagt zum Beispiel: »Die Menschheit ist in zwei ungleiche Teile zu teilen. Der kleinere Teil, etwa ein Zehntel der Gesamtheit, erhält allein die persönliche Freiheit und das unbeschränkte Recht über die anderen neun Zehntel. Diese neun Zehntel sollen aber ihre Persönlichkeit vollkommen einbüßen und zu einer Art Herde werden, um bei grenzenlosem Gehorsam durch eine Reihe von Wiedergeburten die ursprüngliche Unschuld wieder zu gewinnen, etwa in der Form des alten Paradieses, wenn sie auch, nebenbei bemerkt, werden arbeiten müssen.«

Über die Ankündigung des Bolschewismus hinaus hat Dostojewski jedoch auch noch weitergesehen. In seinen Visionen werden die derzeitigen Verhältnisse überwunden und ein neues wahres Christentum verkündet.

Edgar Cayce hatte ebenfalls wenige Monate vor seinem Tod (1945) eine Vision über die Zukunft der Sowjetunion [Lit. 30]. In der berühmt gewordenen Prophezeiung kündigt er das Ende oder die Überwindung des Kommunismus in Rußland an und sah das Land sogar zur Hoffnung der Welt werden. Die Vorhersage lautet: »Aus Rußland kommt die

Hoffnung der Welt. Nicht mit dem, was manchmal als Kommunismus oder Bolschewismus bezeichnet wird. Nein. Vielmehr Freiheit, Freiheit. Jeder Mensch wird für seinen Mitmenschen leben. Das Prinzip wurde dort geboren. Jahre werden vergehen, bis es eine konkrete Form annimmt. Doch aus Rußland kommt wieder die Hoffnung der Welt.«

Das ist eine ganz erstaunliche Prophezeiung. Es gibt aber nicht nur Vorhersagen, die auf paranormalem Wege gewonnen wurden, sondern auch rationale Anhaltspunkte dafür, daß es zu einer Erneuerung des Christentums vom Osten her kommen könnte. Die Verhältnisse in Polen deuten darauf hin. Und in einem Interview über die Kirche in Europa führte KARDINAL FRANZ KÖNIG Anfang 1979 aus, daß die Kirche im Osten – geläutert durch jahrzehntelange Verfolgung – zu einer »Missionskirche« geworden sei. Die Suche nach Gott sei im Ansteigen. Er habe Informationen darüber, daß in der jungen Generation Rußlands das religiöse Interesse sehr stark zunehmen würde. Russische Emigranten sprächen offen über eine religiöse Renaissance unter den Intellektuellen Rußlands. In Anspielung auf den aus Polen stammenden Papst meinte er, daß vielleicht »der erste Missionar aus dem Osten vor kurzem in Rom eingetroffen« sei.

Eine urtümliche Gläubigkeit war immer schon tief im russischen Volk verwurzelt. Das zeigt unter anderem auch jene Legende über ALEXANDER I. – ob sie nun wahr oder doch nur Legende ist –, jenen Zaren also, der nach dem Sieg über Napoleon als Befreier Europas gefeiert wurde: Glanz und Macht als nichtig erkennend, soll der Zar auf dem Höhepunkt seines Ruhms dem Volk seinen Tod vorgetäuscht und sich Gefangenentransporten nach Sibirien angeschlossen haben. Gleich seinen Weggenossen soll er sich schlagen und mißhandeln haben lassen, um ohne Vorzug und Milderung alle Schrecken und Leiden einer Verbannung zu ertragen und auf diese Weise seine Schuld am Volke zu sühnen. Studien moderner russischer Historiker und die Öffnung der ehemals kaiserlichen Archive durch die Sowjetregierung sollen die Wahrheit dieser Legende bewiesen haben.

13
Wird die Erde mit einem größeren Himmelskörper zusammenprallen?

Einige Sensitive sahen die Erde mit einem größeren Himmelskörper zusammenprallen, wobei Erdbeben, Flutwellen und niedergehender Trümmerhagel die Menschheit dezimierten und neue Machtverhältnisse schufen.

Von Jakob Lorber stammt zum Beispiel die folgende Prophezeiung [Lit. 18]: »Eine ungeheure Gefahr schwebt auf die Menschheit zu, nur einer kann euch erretten ... Eine Naturkatastrophe wird die Erde heimsuchen und die Kämpfenden auseinanderreißen. Nur kurz wird dieser Vorgang dauern, aber er wird eine völlig veränderte Weltlage schaffen.«

Weiter heißt es dann noch: »Die Erde wird fortbestehen, wie sie nach Noah [also nach der Sintflut] fortbestanden hat, und wird meine helleren Kinder tragen ...«

Die New Yorker Sensitive Veronika Lueken hatte Anfang der siebziger Jahre ähnliche Visionen: Sie sah, wie ein größerer Himmelskörper in die Erdatmosphäre eintrat und dabei auseinanderbrach. Teile des Asteroiden stürzten zur Erde nieder. Die Luft erhitzte sich, so daß Atmen nicht mehr möglich war, und durch die Gravitationskräfte des Asteroiden und die niedergehenden Bruchstücke wurden gewaltige Flutwellen in Gang gesetzt. Die Sensitive sah den aus Metall und Fels zusammengesetzten Kleinplaneten auf seiner Bahn in der Weite des Weltraums sich allmählich nähern und dabei heller und größer werden. Zwei Wochen soll er für alle sichtbar sein und dann am Ende als riesige Kugel mit Feuerschweif einen breiten Pfad über den Himmel ziehen – »sehr schnell wirbelnd, Feuer speiend, gerade wie eine niederstürzende Sonne«. Feuer schießt heraus, rot und orange. Der Himmel verfärbt sich grellweiß, Klötze von geschmolzenem Felsgestein und Teile des Schweifes brechen weg. Gewaltige Explosionen sind zu hören. Ein Stück des Planetoiden fällt in den Atlantik. Brausen und Krachen ertönt. Die Wellen erheben sich und fegen über die Küste hinweg. Beben erschüttern die Erde. Alles zittert. Menschen stürzen auf die Straße, andere schließen die Fenster. Nebel senkt sich herab. Es wird dunkel, obwohl es Tag ist. (Die Finsternis dauert drei Tage.) Die Autos fahren langsamer und halten an. Insassen rennen in Panik umher. Es ist so finster, daß man seine Hand nicht vor Augen sehen kann. Staub rieselt nieder, und große Felsbrocken beginnen zu fallen. Schreie, Blut und leblose Körper überall. Die Luft ist schwer und erstickend. Ein starker Wind erhebt sich. Es wird sehr heiß, und es ist ihr, als ob sie verbrenne. Veronika sah dann noch, wie der Asteroid, von der Erde abgelenkt, sich wieder der Sonne zuwandte.

Eine eindringliche Vision! Wie ernst ist sie zu nehmen? Soll die Menschheit »nur« aufgerüttelt werden, so daß sie sich »bessert«, oder kann tatsächlich ein großer Weltraumkörper den Kollisionskurs mit der Erde einschlagen?

Um ein Gespür hierfür zu bekommen, sollen einige Fakten aufgezählt werden, welche die Wissenschaft über Meteoritenabstürze zusammengetragen hat.

Die Oberfläche des erdnächsten Himmelskörpers, des Mondes, ist von Meteoritenkratern übersät. Das gleiche gilt, wie die Raumsonde Voyager 1 1979/80 im Vorbeiflug erkundete, für die Monde des Saturn und Jupiter. Mit einer Ausnahme waren alle einem intensiven kosmischen Bombardement ausgesetzt. Auch Merkur, der sonnennächste und nach Pluto kleinste Planet, enthüllte 1974 vor den Kameras von Mariner 10 eine von Meteoritenkratern zernarbte Oberfläche.

Unter dem niedergehenden Trümmerhagel waren auch größere Himmelskörper. Auf Minas, einem Mond des Saturn, klafft zum Beispiel ein Krater von hundertdreißig Kilometern Durchmesser. Auch unser Mond ist allem Anschein nach mit einem ähnlich großen Asteroiden zusammengeprallt. Es entstand der als Mare Imbrium bezeichnete Riesenkrater von zweihundert Kilometern Durchmesser. Lava strömte aus mehr als hundert Kilometern Tiefe herauf und überflutete weite Gebiete, wie die vom Mondschiff Apollo 12 mitgebrachten Materialproben nahelegen. Auf der Erde sind Meteoritenkrater relativ selten. Aber es wäre ein Trugschluß anzunehmen, daß die Erde deshalb weniger häufig von Meteoriten getroffen wurde.

Da ihre Gravitationskräfte weiter in den Raum hinausreichen, sollte die auf die Oberflächeneinheit bezogene Anzahl der in die Atmosphäre eintretenden Meteoriten noch größer sein. Verwitterung, Abtragung und die Überdeckung mit jüngeren Ablagerungen haben lediglich die Spuren der Meteoritenabstürze verwischt. Ein Teil der kleineren Meteoriten ist allerdings aufgrund der Reibungshitze in der Atmosphäre verglüht. Erde wie Mond stehen unter einem beständigen Beschuß von Meteoriten. In jeder sternklaren Nacht kann man Dutzende von Sternschnuppen beobachten. Täglich fallen etwa fünf bis sechs Tonnen Meteoritenstücke bis zu einigen Kilogramm Gewicht auf die Erde. Der Gewichtszuwachs der Erde aufgrund des herunterrieselnden kosmischen Staubes ist noch um ein Vielfaches größer, und von Zeit zu Zeit stürzen auch größere Himmelskörper auf die Erde. In geologischen Zeiträumen gemessen, kreuzen relativ häufig große Meteoriten die Erdbahn. Berechnungen der Astronomen zufolge stößt die Erde im statistischen Mittel einmal in einer Million Jahren mit einem Riesenmeteoriten zusammen, dessen Masse vor Erreichen der Erdatmosphäre größer war als zehn Milliarden Tonnen. Die Masse soll dann beim Flug durch die Atmosphäre zum Teil abschmelzen oder verdampfen, ehe der Himmelskörper auf die Erde stürzt.

Vom Blickpunkt einer Rasse oder Gattung aus gesehen ist die Erde deshalb kein allzu sicherer Ort. Asteroiden entfalten nämlich nicht nur ein Feuerwerk am Himmel und reißen tiefe Löcher in die Erdkruste, sondern vernichten auch alles Leben in weitem Umkreis und können bei ausreichender Größe das höhere Leben ganzer Kontinente auslöschen. Wenn Verwitterung, Abtragung und Überdeckung die Spuren der Verwüstung auch relativ rasch wieder verwischen, so hat man heute doch bereits schon eine ganze Reihe größerer

Meteoritenkrater ausfindig gemacht. In den beiden letzten Jahrzehnten sind vierzig bis fünfzig Einschlagskrater mit Durchmessern von mindestens zehn Kilometern auf den Kontinenten als sicher, wahrscheinlich oder möglich ausgemacht worden. Einige davon haben einen Durchmesser bis zu hundert Kilometern. Wieviel Riesenmeteoriten in die Ozeane eingeschlagen sind, weiß niemand, denn bisher gelang es nicht, sichere Spuren solcher Einschläge zu finden. Da die Fläche der Weltmeere aber mehr als doppelt so groß ist wie die des Festlandes, sollten es mindestens hundert gewesen sein.

Der wohl am gründlichsten erforschte Einschlagskrater ist das Nördlinger Ries, eine Landschaft, eingebettet als runde Ebene mit aufgeworfenen Rändern, zwischen der Fränkischen und Schwäbischen Alb. Der Durchmesser beträgt zwanzig bis fünfundzwanzig Kilometer. Hier findet man an vielen Stellen glasähnliche Schmelzflüsse, ein dem Lava ähnliches Gestein. Außerdem ist das Gestein in der Tiefe, wie Bohrungen gezeigt haben, völlig zerklüftet. Unverletzten Fels vermutet man aufgrund geophysikalischer Messungen erst in fünf bis sechs Kilometern Tiefe. Aus den Informationen, welche die Bohrungen lieferten, und aus dem Durchmesser des Riesenkraters sind die Größe des eingeschlagenen Meteoriten sowie die beim Einschlag aufgetretenen Energien und Kräfte näherungsweise abgeschätzt worden. Die Katastrophe könnte etwa folgendermaßen abgelaufen sein: Ein Gesteinsbrocken von fünfhundert bis tausend Metern Durchmesser rast mit einer Geschwindigkeit von etwa hunderttausend Kilometern pro Stunde auf die Erde zu. Er durchschlägt die Lufthülle, wobei ein Teil seiner Masse abschmilzt oder verdampft und reißt beim Aufprall ein zwei bis zweieinhalb Kilometer tiefes Loch von vier bis sechs Kilometern Durchmesser, das sich dann aber Sekunden später durch Ausgleichsbewegungen zu einer größeren, aber weniger tiefen Mulde erweitert. Die Bewegungsenergie des Himmelskörpers, die einer Zerstörungskraft von ungefähr einer Million gleichzeitig gezündeter Atombomben des Hiroshima-Typs entspricht, wandelt sich größtenteils in Wärme um, und es entstehen Temperaturen bis zu dreißigtausend Grad. Der

Meteorit und mit ihm vier bis fünf Kubikkilometer der Erdkruste verdampfen und werden zusammen mit über hundert Kubikkilometern festem Auswurf in einer riesigen atompilzartigen Wolke hochgeschleudert, die weit in die Stratosphäre vorstößt (hundertfünfzigmal mehr als beim Ausbruch des St. Helen 1980 in den USA). Die festen Bestandteile prasseln dann, begleitet und gefolgt von Wolkenbrüchen, in den Krater und seine Umgebung zurück. Trümmermassen wurden achtzig Kilometer und weiter ins Umland gestreut und bilden dort bis zur halben Entfernung heute noch eine dreißig bis vierzig Meter mächtige, geschlossene Decke.

Hinter diesen Zahlen verbirgt sich ein apokalyptisches Geschehen, das alle bekannten Katastrophen weit übertrifft. Die Druck- und Hitzewelle hat in einem noch vielfach größeren Umkreis alles höhere Leben vernichtet. Wenn ein ähnlich großer Meteorit heute dort einschlüge, so würde von der Bundesrepublik Deutschland nicht viel übrigbleiben.

Der viel kleinere Tunguska-Meteorit, der 1908 in Sibirien niederging und für die Reisenden der Transsibirischen Eisenbahn in Kansk in Sonnengröße von Süden nach Norden über den Himmel fuhr, verbrannte die Taiga auf einer Strecke von zwanzig Kilometern und knickte auf einer anschließenden Strecke von vierzig Kilometern die Baumstämme wie Schilf. Gewaltige Donnerschläge ertönten, die Erde erbebte, und eine Luftdruckwelle warf die Hütten der Tungusen um und drückte noch in fünfundsechzig Kilometern Entfernung Türen und Fenster ein.

Im Vergleich zu den am Himmel kreisenden Asteroiden war auch der Ries-Meteorit noch relativ klein. Wenn ein größerer Himmelskörper mit der Erde zusammenprallt, kann der Vernichtungsradius Tausende von Kilometern betragen, insbesondere, wenn der Asteroid ins Meer stürzt. Mehrere hundert Meter hohe Flutwellen erheben sich dann aus dem Meer und rollen über die Küsten hinweg. Der amerikanische Nobelpreisträger Harold C. Urey [Lit. 40] hat die Folgen eines Zusammenpralls der Erde mit einem größeren Weltraumkörper abgeschätzt. Er hat sich dabei an dem berühmten Halleyschen Kometen orientiert, der 1985/86 wieder in die Nähe der Erde kommen wird oder vielleicht auch schon den Kollisionskurs mit der Erde eingeschlagen hat. Urey setzte seine Masse mit tausend Milliarden Tonnen an. In Wasser umgerechnet ist das ein Würfel von zehn Kilometern Kantenlänge. Die beim Zusammenprall mit der Erde freiwerdende Energie würde ausreichen, die gesamte Atmosphäre der Erde auf etwa zweihundert Grad zu erhitzen. Die freiwerdende Energie entspricht andererseits aber auch fünfhunderttausend Erdbeben der Stärke 9. Wenn ein Weltraumkörper dieser Größe auf die Erde trifft, sind Zerstörungen apokalyptischen Ausmaßes zu erwarten.

Gewaltige Erdbeben, die mehrfach durch die Erde rollen, riesige Flutwellen, die selbst Berge unter sich begraben, wenn der Weltraumkörper ins Meer stürzt. Von hohen Gebäuden bleibt keines stehen. Bergrutsche und Lawinen verschütten ganze Landschaften. Erdspalten brechen auf. Selbst mit der Aktivierung vulkanischer Kräfte, mit dem Hervorbrechen riesiger Lavaströme aus dem Erdinnern glaubt Urey rechnen zu müssen. Die Zunahme der Lufttemperatur könnte es Mensch und Tier unmöglich machen zu atmen.

Bei einem auf die Erde stürzenden Himmelskörper könnte es sich also durchaus um »die ungeheure Gefahr« handeln, die nach dem Gesicht von Jakob Lorber »auf die Menschheit zuschwebt«. Infolge der Zerstörungen und der Vernichtung von Menschenleben können sich die Machtverhältnisse von einem Augenblick auf den andern grundlegend ändern, so daß, wie von Jakob Lorber vorhergesagt, »eine völlig veränderte Weltlage geschaffen wird«. Die Vorhersage, daß die Erde nach der Katastrophe »nur noch meine helleren Kinder tragen wird«, könnte ein Hinweis darauf sein, daß die Katastrophe in erster Linie Erdteile mit farbiger Bevölkerung treffen wird. Daß mit den »helleren Kindern« die Guten im Sinn Noahs überleben werden, ist nicht anzunehmen.

Aggressionen waren während der Evolution für das Überleben notwendig. Gut und Böse, wie immer es definiert sein mag, sind deshalb in jedem Menschen vorhanden, und die Welt wird nicht besser, wenn zu einem bestimmten Zeitpunkt die vermeintlich Schlechten »geschlachtet« werden. Diese Auffassung hat schon Kurt Tucholski in einem Gedicht verspottet, in dem es heißt: »Die Bösen werden geschlachtet, und die Welt wird gut.«

Urey hat die Hypothese aufgestellt, das Ende der verschiedenen geologischen Epochen, die durch bestimmte Pflanzen- und Tiergattungen gekennzeichnet waren, sei jeweils durch den Zusammenprall eines Kometen oder Asteroiden mit der Erde hervorgerufen worden.

Um seine Hypothese zu belegen, hat Urey die geologischen Zeitperioden mit dem relativ exakt datierbaren Alter von glasartigen Gesteinsstücken, sogenannten Tektiten, verknüpft, die beim Einschlag großer Meteoriten als geschmolzenes Gestein in die Atmosphäre geschleudert wurden oder, nach neueren Theorien, abgesprühtes Oberflächenmaterial des einschlagenden Himmelskörpers darstellen. (Tektiten werden übrigens mitunter auf Mineralienausstellungen angeboten.) Es besteht eine relativ gute Übereinstimmung. Das könnte bedeuten, daß Asteroidenabstürze tatsächlich zu den rätselhaft großen Faunenschnitten der Vergangenheit mit ihrem Massensterben ganzer Tierarten geführt haben.

Das auffälligste Massensterben vollzog sich am Ende der Kreidezeit vor fünfundsechzig Millionen Jahren, als in kurzer Zeit alle Dinosaurier, zusammen mit etwa der Hälfte der Pflanzen und anderen Tieren, von der Erdoberfläche verschwanden. Das große Sterben am Ende dieser Epoche wird heute von einer Gruppe von Wissenschaftlern mit dem Absturz eines Asteroiden in Verbindung gebracht. In den geologischen Ablagerungen aus jener Zeit findet sich nämlich eine dünne, mit Meteoritenstaub angereicherte Schicht, die (bis Ende 1980) bei Bodenuntersuchungen in Neuseeland, im nördlichen pazifischen Raum und an sechs Stellen in Europa nachgewiesen wurde. Am Meeresgrund findet sich unter dieser Schicht die am Ende der Kreidezeit ausgestorbene Meeresfauna und -flora.

Man nimmt an, daß die Erde zum Zeitpunkt des Massensterbens von einem Asteroiden getroffen wurde, der als Gesteins- und Eisenkörper von etwa zehn Kilometern Durchmesser mit einer Geschwindigkeit von etwa neunzigtausend Kilometern in die Lufthülle der Erde eintrat. Ein Teil der gewaltigen kinetischen Energie bewirkte, daß sich die Gesteinsmassen des Asteroiden in der Stratosphäre pulverisierten. Der Staub breitete sich aus und bildete eine dichte, strahlungsundurchlässige Schicht, so daß die Erde jahrelang weniger Sonnenlicht erhielt, als etwa einem Zehntel des vollen Mondlichtes entspricht. Als Folge davon gingen Land- und Wasserpflanzen ein, nur Samen überlebten. Da keine Nahrung mehr nachwuchs, starben viele Tierarten aus.

Den Krater von etwa 175 Kilometern Durchmesser, den der Asteroid beim Aufschlag in die Erdkruste gerissen haben muß, hat man bisher noch nicht gefunden. Aber vielleicht ist der Meteorit auch ins Meer gestürzt.

Auch in Zukunft werden größere Weltraumkörper mit der Erde zusammenprallen. Wann das sein wird, können die Astronomen nicht beantworten. Das kann schon morgen sein, aber auch erst in tausend Jahren oder später. Der Ort, von dem die meisten Meteoriten und Asteroiden herkommen, liegt, nach Weltraummaßstäben gemessen, ganz in der Nähe. Es ist der Ring der Planetoiden zwischen Mars und Jupiter. Die hier kreisenden Gesteinsbrocken sind wahrscheinlich die Bruchstücke eines zerplatzten Planeten, von denen der größte etwa die Dimensionen von England hat. Einige dieser Bruchstücke haben sehr exzentrische Bahnen. So ist der Kleinplanet Hermes der Erde bereits einmal bis auf 354.000 Kilometer nahegekommen. Mitunter verlassen Meteoriten und auch größere Weltraumkörper ihre alte Umlaufbahn und schlagen neue Bahnen ein. Eine solche Bahn kann der Kollisionskurs mit der Erde sein. 1971 umrundete zum Beispiel der Asteroid Toro (fünf Kilometer Durchmesser), von dem man vorher nichts wußte, in Schleifen die Sonne, wobei er abwechselnd von Erde, Mars und Venus aus seiner Bahn gelenkt wurde. Überrascht waren die Astronomen auch, als am 7. März 1973, völlig unerwartet, der Komet Kohoutek mit Kurs Richtung Erdbahn ausgemacht wurde. Am 26. November des gleichen Jahres kreuzte er dann die Erdbahn als ein riesiger Haufen kosmischen Materials, durchmischt mit Eis und von einer Staub- und Gaswolke eingehüllt.

Es ist der Fall denkbar, daß ein großer Asteroid nicht sofort zur Erde stürzt, sondern, ähnlich wie der Mond, zunächst in eine Umlaufbahn gezwungen wird. Wenn seine Bahn in den oberen Schichten der Atmosphäre verläuft, wird er durch den Luftwiderstand allmählich abgebremst und nähert sich immer mehr der Erde. Je geringer der Abstand wird, um so mehr wachsen die Flutwellen, die er aufgrund seiner Gravitationskräfte auf der Erde in Gang setzt. Wenn die Masse des Asteroiden schon nur ein Zehntausendstel der Mondmasse beträgt, so treten Flutwellen auf, gegenüber denen sich die schlimmsten, heute landeinwärts brechenden Sturmfluten gerade nur als Kinderspiel abheben. (Die um die Sonne kreisenden größeren Planetoiden haben Massen, die sogar ein Hundertstel der Mondmasse und mehr ausmachen.) Von der Größe dieser Flutwellen kann man sich eine Vorstellung machen, wenn man die Kräfte, die der Asteroid auf die Erde ausübt, mit denen des Mondes vergleicht, die ja auf der Erde Ebbe und Flut bewirken.

Wenn ein Asteroid mit einem Zehntausendstel der Mondmasse in einem Abstand von tausend Kilometern die Erde umkreist, so wird seine Hubkraft etwa fünfzehnmal so groß sein wie die des Mondes. Wenn er sich dann der Erde bis auf hundert Kilometer nähert, so wird seine Hubkraft auf das Tausendfache anwachsen. Hinter solchen Vergleichszahlen verbirgt sich ein katastrophales Geschehen von kaum faßbarer Größe und Gewalt – der heutige Gezeitenablauf in vertausendfacher Auswirkung. Bereits eine hundertfache Verstärkung der tobenden Elemente übertrifft alles, was aus der Gegenwart bekannt ist: Hunderte von Kilometern sich landeinwärts erstreckende Wattengebiete, heranjagende Wellen von mehrfacher Eiffelturmhöhe. Schließlich würden die Meereswellen über die Kontinente hinwegrollen und sich an den fernen Gebirgen in hoch ansteigenden Brandungsgischten brechen. Die bewohnbaren Gebiete würden beträchtlich zusammenschrumpfen. Schiffahrt wäre unmöglich. Da die Gravitationskräfte des umlaufenden Asteroiden nicht nur auf das Wasser, sondern auch auf die feste Erde wirken, würde die Erde an vielen Stellen aufbrechen und glühende Lavamassen ausspeien. Die Erde würde nicht aufhören zu beben.

Die Vorhersage des Nostradamus aus der Vorrede zu seinen Prophezeiungen, daß »sich kein Land finden läßt, das nicht von Wogen bedeckt ist«, könnte in Erfüllung gehen. Weiter spricht er dann von einem ununterbrochen niedergehenden »Feuer- und Gesteinshagel«.

Mit den gleichen Kräften, die der Asteroid auf die Erde ausübt, würde die Erde natürlich auch den Asteroiden angreifen: Kraft gleich Gegenkraft. Diesen Kräften würde der Kleinplanet nicht standhalten. Er würde zerbrechen und nicht als Ganzes der Erde zufallen, sondern diese nur in Stücke zerrissen und zerfetzt erreichen, ähnlich wie die Raumstation Skylab, die Mitte 1979 zur Erde stürzte. Vier- bis fünfhundert Bruchstücke der Raumstation von der Größe eines Einfamilienhauses gingen auf einem mehrere tausend Kilometer langen und hundertfünfzig Kilometer breiten Streifen auf die Erde nieder. Darunter waren zwei Riesenbrocken im Gewicht von rund zwei Tonnen, die nach den Schätzungen der NASA nahezu unversehrt die Erdoberfläche erreichten. Getroffen wurde allerdings niemand. Der Absturz erfolgte über dem Stillen Ozean und dünn besiedeltem Land in Australien.

Ähnlich wie Saturn und Jupiter würde auch die Erde beim Zerbrechen des Asteroiden vorübergehend einen oder mehrere Ringe bekommen, bestehend aus den Trümmerstücken des auseinandergerissenen Kleinplaneten. Da die größeren Brokken schneller umlaufen als die kleinen, würde innerhalb der Ringe eine Sortierung eintreten. Durch den Luftwiderstand würden die Gesteins- und Eisen- und eventuell auch Eisbrokken allmählich abgebremst und nach und nach abstürzen. Die kleineren würden verglühen und die großen in den betroffenen Gebieten einen Gesteins- und Eisenschlackenhagel verursachen, der die Städte vernichten und ganze Landstriche verwüsten würde, sofern das nicht schon von den Meereswellen besorgt wurde.

Die Menschen, welche die Überschwemmungen überlebt hätten, würde nun dieses kosmische Bombardement dezimieren. Die am Himmel kreisenden Geschosse würden wahrscheinlich aus einer bevorzugten Richtung kommen. Im Lee von Bergmassiven würden deshalb Menschen überleben können.

Die Vorhersage des NOSTRADAMUS aus der an seinen Sohn gerichteten Vorrede zu seinen Prophezeiungen scheint ein solches Geschehen anzukündigen: »... jedoch wird Feuer in solcher Fülle vermischt mit Steinen fallen, daß man an keinem Ort bleiben kann, wenn man nicht erschlagen werden will.«

Den Einsturz des Himmels, als welcher der andauernd niedergehende Gesteins- und Eisenschlackenhagel auch aufgefaßt werden kann, schildert auch der Mythos eines Indianerstammes vom Oberlauf des Amazonas. Wenn ihr Volk ausstirbt, so heißt es, wird ein mythischer Held einen gewaltigen Gabelstock, der bis dahin den Himmel stützte, einreißen, und dann wird der Himmel einstürzen, und alles wird vergehen.

Seit einigen Jahren werden die Urwälder des Amazonas in großem Umfang gerodet, und der erwähnte Stamm ist schon stark zusammengeschrumpft, so daß sein vollständiges Aussterben wahrscheinlich nur noch eine Frage weniger Jahrzehnte ist.

Auch die *Offenbarung* des JOHANNES kündigt ein solches Geschehen an, in dem Kapitel nämlich, in dem es heißt, daß die Sterne vom Himmel fallen werden. In 6,12-15, heißt es: »... da entstand ein gewaltiges Erdbeben« [wenn sich der Asteroid der Erde nähert und seine Gravitationskräfte auf die Erde wirken], »und die Sonne wurde schwarz wie ein härener Sack, und der ganze Mond wurde zu Blut« [eine Verfinsterung von Sonne und Mond durch in der hohen Atmosphäre kreisende Staubmassen, die beim Zerfall des Asteroiden freigesetzt werden], »und die Sterne fielen auf die Erde ...« [die Bruchstücke des Asteroiden fallen auf die Erde], »und der Himmel entschwand wie ein Buch, das zusammengerollt wird, und alle Berge und Inseln wurden von ihrer Stelle gerückt« [möglicherweise eine Erdachsenverlagerung infolge des auf die Erde stürzenden Himmelskörpers; die Orte auf der Erde verschieben sich gegenüber den Positionen der Sterne und insbesondere auch der Sonne; das plötzliche scheinbare Verrücken der Sterne am Himmel könnte den Eindruck erwecken, als ob eine Buchrolle eingerollt würde]. »Und die Könige der Erde und die Würdenträger und die

Kriegsobersten und die Reichen und die Mächtigen und jeder Sklave und Freie verbargen sich in den Höhlen und Felsen[klüften] der Berge« [vor den niederstürzenden Bruchstücken des Asteroiden und den Überschwemmungen suchen die Menschen Schutz im Gebirge].

In der *Apokalypse* 8, 8-11, heißt es weiter: »... Und es wurde [etwas] wie ein großer feuerglühender Berg ins Meer geworfen« [ein größeres Bruchstück der sich auflösenden Planetoidenkernmasse, die in Reibungsglut gerät]. »Und der dritte Teil des Meeres wurde zu Blut« [das bei der Verbrennung entstehende Eisenoxyd färbt die küstennahen Meeresteile rot], »und der dritte Teil der Geschöpfe im Meer, die beseelt sind, starb, und der dritte Teil der Schiffe wurde vernichtet... Und es fiel vom Himmel ein großer Stern herab, der wie eine Fackel brannte, und er fiel auf den dritten Teil der Flüsse und auf den dritten Teil der Wasserquellen ... und viele Menschen starben von dem Wasser, weil es bitter geworden war« [die herabstürzenden Gesteine und niedergehenden Stäube könnten chemische Verbindungen enthalten, welche die Gewässer vergiften]. »Und es wurde der dritte Teil der Sonne und der dritte Teil des Mondes und der dritte Teil der Sterne geschlagen, daß der dritte Teil von ihnen verfinstert wurde und der Tag zu einem Drittel kein Licht habe und die Nacht ebenso« [die Verfinsterung von Sonne, Mond und Sternen durch die in der hohen Atmosphäre kreisenden Staubmassen, die sich beim Zerfall des Asteroiden mit der Luft vermischen].

Bei einer derartigen globalen Katastrophe würden wahrscheinlich nur die Menschen in den Hochgebirgen der Erde überleben. Diese würden dann die Erde neu besiedeln.

Die Wahrscheinlichkeit, daß ein größerer Himmelskörper mit der Erde zusammenprallt, ist nach der genannten Abschätzung der Astronomen nicht sehr groß. Man könnte sogar vermuten, daß die Zeiträume zwischen den einzelnen Zusammenstößen so groß sind, daß die Menschheit nicht lange genug existieren wird, um Zeuge eines solchen Zusammenpralls zu sein.

Dem widersprechen allerdings die Visionen mancher Seher. Danach wird die Menschheit den Zusammenprall der

Erde mit einem größeren Himmelskörper erleben. Wann wird das sein?

Es ist ungewöhnlich, daß Visionen ein Geschehen ankündigen, das sehr weit entfernt in der Zukunft liegt, und die Seher meinen auch, daß die Katastrophen schon bald über die Menschheit hereinbrechen werden.

Die amerikanische Hellseherin JEANE DIXON erwartet die Katastrophe bereits in den nächsten Jahren. Ihre Prophezeiung lautet [Lit. 41]: »Für die mittachtziger Jahre sehe ich den Niedergang eines Kometen auf die Erde voraus. Folge des gewaltigen Kometenaufpralls auf einen unserer Ozeane werden Erdbeben und Flutwellen sein. Der Aufschlag des Kometen wird sich als eine der schlimmsten Naturkatastrophen des zwanzigsten Jahrhunderts herausstellen.«

Ein Ereignis, das im Mittel nur einmal in einer Million Jahren auftritt, kann sich durchaus schon morgen ereignen. Vielleicht sind kosmische Katastrophen auch gar nicht so selten, wie es zunächst scheint.

Manche Asteroiden dürften die Erde sozusagen nur gestreift haben oder explodierten auch einfach, ohne Krater zu hinterlassen, wie zum Beispiel der Tunguska-Meteorit 1908 in Sibirien. Für eine größere Häufigkeit kosmischer Katastrophen sprechen auch die Arbeiten IMMANUEL VELIKOWSKYS, der aufgrund seines Studiums alter Mythen zu der Überzeugung gelangt ist, daß es vor etwa dreitausend Jahren zu einem Beinahezusammenstoß zwischen der Erde und einem Kometen gekommen ist. Die über die ganze Erde verbreiteten Großflutsagen, zu denen der biblische Sintflutbericht mit seiner Beschreibung einer mit Wolkenbrüchen kombinierten Riesenflut gehört, lassen sich so am einfachsten erklären.

Nach Velikowsky ist die Erde zweimal durch den Kometenschweif hindurchgeflogen. Teile der Erdoberfläche wurden so erhitzt, daß sie sich verflüssigten; das Meer kochte und verdunstete. Es regnete heiße Steine, Stürme fegten über die Erde hin, und während des Tages wurde es finster, und Feuer fiel vom Himmel. Während der Komet seine größte Erdnähe erreichte, wurden durch seine Anziehungskraft enorme Flutwellen ausgelöst, durch die Reibung Atmosphäre, Erde und Meer stark erhitzt und die Partikel und Gase des Kometenschweifes mit der Erdatmosphäre vermischt. Die Partikel schirmten das Sonnenlicht ab, so daß es finster wurde. Infolge der an dem Kometen angreifenden Gravitationskräfte der Erde brach der Komet auseinander, und Bruchstücke fielen unter Feuererscheinungen auf die Erde. Aufgrund der störenden Gravitationskräfte des Kometen soll sich des weiteren die Umlaufbahn der Erde geändert haben sowie die Länge des Tages und des Jahres, außerdem die Neigung der Erdachse, so daß es zu einer Verschiebung der Jahreszeiten kam.

Velikowsky hat darüber hinaus eine Reihe von Vorhersagen gemacht, von denen ein Teil inzwischen durch die Wissenschaft bestätigt wurde. Das ist als Beweis dafür angesehen worden, daß an seinen Theorien etwas dran ist. Sein Buch *Welten im Zusammenstoß* [Lit. 42] ist deshalb auch als erster Schritt zu neuen naturwissenschaftlichen und historischen Erkenntnissen bezeichnet worden. Inzwischen gibt es Dutzende von revolutionären Studien.

Die Ideen Velikowskys haben als Denkanstöße gewirkt. Nach und nach hat auch die Wissenschaft den Gedanken wieder aufgegriffen, daß weltweite Katastrophen die Geschichte der Erde und die Evolution des Lebens mitbestimmt haben.

14
Wird die Menschheit mit extraterrestrischen Kulturen in Verbindung treten?

Seit einigen Jahrzehnten ist der Mensch dabei, in den Weltraum vorzustoßen. Mit den Satelliten Sputnik und Explorer im erdnahen Weltraum hat es begonnen. Raumsonden entrannen dem irdischen Schwerefeld und erkundeten Mond, Mars und Venus. Dann der bisherige Höhepunkt: das Betreten des Mondes durch Menschen. Armstrong, in seinem unförmigen Raumanzug, stieg aus der Raumfähre zur wüstenhaften Oberfläche des Mondes hinunter, tat unbeholfen die ersten Schritte vorwärts und sagte: »Ein kleiner Schritt für einen Menschen, aber ein großer für die Menschheit.«

Inzwischen sind die am Himmel kreisenden Satelliten kaum noch zu zählen, und Raumsonden haben bereits die erdfernen Planeten Jupiter und Saturn und deren Ringe und Monde an den Grenzen unseres Sonnensystems erkundet. Sie haben dabei mehr herausgefunden als herkömmliche astronomische Forschung in Jahrhunderten. Darüber hinaus hat sich eine Raumindustrie entwickelt: Der Erdbeobachtung dienende Satelliten liefern Informationen für die Rohstoffsuche, Wettervorhersage und den Umweltschutz; sie erstellen Ernteprognosen und vermessen die Erdoberfläche. Den größten technischen und ökonomischen Erfolg aber haben die Kommunikationssatelliten, welche die Menschen enger miteinander verbinden. Die Nachrichtensatelliten-Industrie produziert bereits Einkünfte von vielen hundert Millionen Dollar jährlich. Diese Erträge könnten durch neue Technologien noch übertroffen werden. Es zeichnet sich nämlich ein Umsturz in der wissenschaftlichen und industriellen Raumnutzung ab. Der Raumtransporter Columbia hat ihn 1981 eingeleitet: eine wieder verwendbare Transportmaschine von über siebzig Tonnen Eigengewicht mit einer Nutzlast von fast dreißig Tonnen, die nach ihrem Raumflug unversehrt wieder auf der Erde gelandet ist. Eine neue Generation von Riesenraumschiffen soll nun die alten Einwegraketen ablösen. Die Transportkosten können um etwa achtzig Prozent gesenkt werden.

Wenn der Routinebetrieb eines Raumschiffes zwischen Erde und Weltall gelingt, dann tritt die industrielle Raumnutzung in eine neue Phase. Die industrielle Erzeugung von Produkten und Waren im All kann beginnen. Einer Reihe von Industrieprozessen bieten nämlich die Schwerelosigkeit und das im All herrschende Vakuum große Vorteile, zum Beispiel für Kristallzüchtung, Flüssigprozesse und bestimmte Zweige der Materialwissenschaften. Noch bedeutsamer erscheint die Möglichkeit, die Menschheit eines Tages mit Sonnenenergie aus dem All zu versorgen.

Der Mensch könnte seine Aktivitäten im Weltraum aber noch verstärken. ADRIAN BERRY hat dargestellt [Lit. 35], wie er und andere Autoren sich die Eroberung des Weltalls vorstellen. Für die neunziger Jahre wird der Bau fliegender Städte vorhergesagt, die nach und nach Durchmesser von vielen Kilometern erreichen und als Arbeitsplatz und Wohnung für Tausende von Menschen dienen. Bis zum 23. Jahrhundert schließlich soll eine Region ungefähr auf der Umlaufbahn der Erde um die Sonne aus einem endlosen Strom von massiven Wohn- und Industriestrukturen bestehen, von denen aus, unbehindert durch Gravitationskräfte, mit geringem Energieaufwand Raumflüge unternommen werden. Nach der Vorstellung von ARTHUR C. CLARKE [Lit. 43] wird der Mensch dereinst lernen, die Asteroiden zu reiten, wie wir heute Pferde reiten. Die Asteroiden können nämlich die Rohstoffe für die Raum-Industrialisierung und möglicherweise auch für die Erde liefern. Der Mond soll nach Clarkes Prognose »im 21. Jahrhundert ein Aktivposten sein, wertvoller als die Weizenfelder von Kansas oder die Ölquellen von Oklahoma«. Etwa vom Jahre 2050 ab soll man von der Erde aus mit dem Fernglas die erleuchteten Kuppeln menschlicher Ansiedlungen auf der verdunkelten Fläche des nächtlichen Mondes sehen können, vorausgesetzt der Mensch verlegt seine Aktivitäten wegen des Meteoritenfalls nicht unter die Mondoberfläche.

Die Entwicklung soll aber noch wesentlich weitergehen. Vom Mond und den Siedlungen im Weltraum aus werde der Mensch auch nach den Planeten in unserem Sonnensystem greifen. Pläne für ihre Umgestaltung und Terra-Bildung sind bereits ersonnen worden. Von dem Astronomieprofessor und Weltraumforscher Carl Sagan [Lit. 44] stammt der Plan, die Venus für den Menschen bewohnbar zu machen. Die lebensfeindlichen Umweltbedingungen auf der Venus, nämlich die große Hitze und der hohe atmosphärische Druck sind auf die kohlensäurereiche Atmosphäre zurückzuführen. Das Kohlendioxyd und die Wolkendecke halten einen großen Teil der von der Sonne eingestrahlten Wärme zurück. Es handelt sich um den sogenannten Treibhauseffekt.

Die Venus könne ein so lebensfreundlicher Planet werden wie die Erde, behauptet Sagan, wenn es nur gelingt, die Kohlensäure in ihre Bestandteile Kohlenstoff und Sauerstoff aufzuspalten. Das aber soll mit Hilfe von Algen möglich sein, wenn diese an einigen Stellen in die Venus-Atmosphäre injiziert werden. Sagan denkt dabei an Algen, die in über 300 Grad heißen Quellen auf der Erde leben und Kohlendioxyd in Sauerstoff und Kohlenstoff aufspalten. Mit Raketen zur Venus gebracht, könnten sie sich in der wolkenreichen Atmosphäre explosionsartig vermehren und die Kohlensäure aufspalten. Sagan nimmt an, daß die Vermehrungsquote so rapide anwächst, daß man vielleicht schon nach einem Jahr von der Erde aus die Venusoberfläche durch Teleskope erkennen kann. Mit dem Absinken der Kohlendioxydkonzentration werden auch die Temperaturen sinken. Regen wird fallen und die heute geschlossene Wolkendecke sich allmählich auflösen, die Temperaturen werden noch weiter absinken. Der auf die Venusoberfläche niedergehende Regen wird nicht mehr verdampfen, sondern sich allmählich in den tieferen Lagen zu Meeren und Seen ansammeln. Schließlich soll eine Temperatur erreicht werden, welche widerstandsfähigen Tieren und Pflanzen der Erde die Existenz ermöglicht.

Die Umgestaltung der Venus wird, falls sie möglich ist, als ein Anfang angesehen. Der Mensch soll schließlich sogar den

Jupiter für seine Zwecke in Anspruch nehmen. Selbst mit den Mitteln der heutigen Technik schon sei es möglich, ihn zu zerlegen. Die Bruchstücke werde man in sonnennähere Umlaufbahnen verschieben und zu erdähnlichen Planeten zusammensetzen. In einer späteren Phase werde der Mensch seine Aktivitäten sogar noch über die sonnenfernsten Planeten hinaus in die Milchstraße verlegen, sobald es gelinge, abgekürzte Wege durch die Unermeßlichkeit des interstellaren Raumes zu finden.

Daß die Besiedlung des Weltraums und die bereits projektierten Weltraumkolonien keineswegs Utopien vereinzelter Wissenschaftler, sondern in nicht zu ferner Zukunft realisierbar sind, hat Emil-Heinz Schmitz in seinem Buch *Unsterblichkeit im All* dargetan, in dem er eine imposante Fülle wissenschaftlichen Materials zusammengetragen hat [Lit. 45].

Gibt es Prophezeiungen, die für oder gegen einzelne der genannten Projekte sprechen? Es existieren Prophezeiungen, die mit der Raumfahrt in Verbindung gebracht werden können. Sie sind allerdings nicht sehr zahlreich, wie das aus verschiedenen Gründen, die nichts mit der Realisierbarkeit dieser Projekte zu tun haben, auch nicht anders zu erwarten ist.

In Quatrain 9, 65, scheint Nostradamus die Landung des ersten Menschen auf dem Mond angekündigt zu haben. Die Vorhersage lautet: »Er wird kommen und sich an den Rand von Luna begeben, wo er genommen und auf fremdes Land gesetzt werden wird. Die unreife Frucht wird Gegenstand großer Skandale, großen Tadels sein, die anderen werden sehr gepriesen werden.«

Luna ist im Italienischen die Bezeichnung für den Mond und muß in dem Vierzeiler auch wörtlich als der Mond aufgefaßt werden. Die erste Zeile kann mit der ersten Phase der Mondlandung in Verbindung gebracht werden, in der das Raumschiff die vorgesehene Umlaufbahn um den Mond erreicht. In der zweiten Phase (zweite Zeile) wird der Astronaut dann von dem Landegefährt aufgenommen und auf die Mondoberfläche gesetzt. Die Bezeichnung »unreife Frucht« entspricht dem Umstand, daß die Raketentechnik für das Betreten des Mondes noch nicht ausgereift war. Die

Amerikaner nahmen das hin, um den Russen zuvorzukommen und als erste auf dem Mond zu sein. Skandal und Tadel hat es in Verbindung mit den Pannen und Todesfällen gegeben, die von beiden Nationen hingenommen werden mußten. Darüber hinaus kann die dritte Zeile auch in Verbindung mit der Kritik gesehen werden, die von den amerikanischen Steuerzahlern an dem kostenaufwendigen Raumfahrtprogramm geübt wurde. Aus der letzten Zeile folgt schließlich, daß Nostradamus sich anscheinend auch des Wettrennens zwischen zwei Parteien bewußt war, nämlich zwischen der NASA bzw. der USA auf der einen und der Sowjetunion und deren Raumfahrtzentrum auf der anderen Seite. Die NASA erntete nach der erfolgreichen Mondlandung überschwengliches Lob, die Russen aber dürften nur schwer verwunden haben, daß ihnen die Amerikaner die Lorbeeren wegschnappten, zumal sie selber ja das Raumfahrtzeitalter mit ihrem Sputnik begonnen hatten.

Auch der Vierzeiler 6, 5, kann mit der erdnahen Raumfahrt in Verbindung gebracht werden. Er lautet: „Eine sehr große Hungersnot, verursacht durch eine pestilenzartige Welle wird ihren langen Regen [?] längs des Arktischen Poles ausdehnen. Samarobrin einhundert Meilen [in Frankreich damals 445 Kilometer] von der Hemisphäre entfernt; sie werden leben ohne Gesetz und ohne Regierung.«

Die Zeile »Samarobrin einhundert Meilen von der Hemisphäre entfernt«, deutet auf eine bemannte Weltraumstation hin, wie sie von den Amerikanern wie auch den Russen in Betrieb genommen werden. Der Name erinnert an den russischen Kosmonauten Gagarin und könnte russischen Ursprungs sein. Der Quatrain scheint eine (Pflanzen?) Seuche anzukündigen, welche die Nordhalbkugel heimsucht.

Es ist vermutet worden, daß es sich um einen Bakterienkrieg handelt, der von einer bemannten Raumstation ausgeführt wird, indem die Kampfmittel durch Geschosse in tiefer liegende Teile der Atmosphäre gebracht werden. Hiermit überein stimmt möglicherweise die Vorhersage des SPIELBERND aus dem achtzehnten Jahrhundert. Sie lautet: »Es wird Gift regnen auf das Feld, wodurch ein großer Hunger in das Land kommt.« Diese Vorhersage steht im Zusammenhang mit Prophezeiungen, in denen er Krieg und Entvölkerung des Bergischen Landes ankündigte [Lit. 22].

Vielleicht ist die Seuche, die NOSTRADAMUS vorhergesehen hat, aber auch natürlichen Ursprungs, und ihre Ausbreitung und die Wirkungen der Gegenmaßnahmen werden vom All aus beobachtet, so wie heute Satellitenphotos Auskunft über die Ernteerträge in den verschiedenen Ländern liefern. Die Ernteausfälle scheinen eine so große Hungersnot zu verursachen, daß es zu anarchischen Zuständen kommt.

Auch die beiden ersten Zeilen in Quatrain 1, 84, können mit den Aktivitäten des Menschen im Weltraum in Verbindung gebracht werden. Sie lauten: »Wenn der Mond in tiefen Finsternissen verdunkelt ist, dann schreitet sein Bruder rostfarbig vorbei.«

Mit dem »Bruder des Mondes« könnte eine größere Weltraumstation gemeint sein, die sich in einer Umlaufbahn um den Mond befindet. Wenn die Weltraumstation beleuchtet wird, während sie bei ab- bzw. zunehmendem Mond den im Dunkeln liegenden Teil des Mondes überquert, dann müßte sie von der Erde aus gegen den dunklen Hintergrund des Mondes als »rostroter« wandernder Punkt zu erkennen sein.

Wahrscheinlich wird einmal in der Nähe des Mondes eine solche Weltraumstation als Raumhafen entstehen. ARTHUR C. CLARKE schreibt in seinem Buch *Die Eroberung des Weltraums:* »Falls der Mond Raketentreibstoffe liefern kann, so wird er zu einem Schlüssel zu den Planeten werden.« Jedes Raumschiff, das sich auf einer interplanetaren Fahrt befindet, wird in eine Umlaufbahn um den Mond gehen, um sich dort mit Treibstoff zu versorgen. Die Transportkosten werden nämlich um den Faktor 10 niedriger liegen, als wenn der Brennstoff von der Erde mitgenommen werden muß. Das hängt damit zusammen, daß die Fluchtgeschwindigkeit, die für das Verlassen des Mondes notwendig ist, wegen der geringen Anziehungskraft des Mondes um den Faktor 4 niedriger liegt. Die für diese Fluchtgeschwindigkeit aufzubringenden Energien unterscheiden sich sogar um den Faktor 14. Des weiteren können die Frachtgüter bei der geringeren Anziehungskraft und der fehlenden Atmosphäre leicht in den

Raum hinausgeschossen werden, wie das mit Hilfe neuartiger »Kanonen« neuerdings auch für die Erde geplant ist.

Die Behälter mit ihrem Inhalt werden längs einer horizontalen oder allmählich ansteigenden Bahn von einigen Kilometern Länge beschleunigt und in eine Umlaufbahn hinaus geschleudert. Eine Rakete ist nicht notwendig. Auf dieser Umlaufbahn wird dann wahrscheinlich ein Raumhafen mit einer interplanetaren Tankstelle entstehen, wo die Brennstoffvorräte für die Raumschiffe bereitgestellt werden.

Heute, nachdem Raketen auf dem Mond gelandet sind und die Zusammensetzung des Mondgesteins bekannt ist, zeichnet sich bereits ein Weg ab, aufgrund dessen der Mond tatsächlich die Schlüsselrolle übernehmen kann, von der Clarke in seinem 1953 erschienenen Buch spricht. Das Mondgestein enthält große Mengen Sauerstoff. Zusammen mit dem Wasserstoff, der von der Erde aus geliefert werden müßte, kann er den Brennstoff für die herkömmlichen chemischen Raketen liefern. Ein großer Vorteil wäre dabei, daß der Wasserstoff nur einen Massenanteil von etwa einem Achtel von dem bei der Verbrennung entstehenden Produkt Wasser hat.

Eine Raumstation als »Bruder des Mondes«, wie Nostradamus das anscheinend vorhergesehen hat, wird also wahrscheinlich tatsächlich einmal in Mondnähe errichtet werden. Bei fortschreitender technologischer Entwicklung dürfte der Mensch schon in relativ naher Zukunft die Raumfahrt in unserem Sonnensystem mit Leichtigkeit beherrschen. Die Gründe hierfür sind, abgesehen von den Gefahren, die unserer Erde drohen, nur zum Teil Prestigegründe oder wirtschaftlicher Art. Haupttriebfeder ist der Unternehmungsgeist des Menschen, der ihn auch mit nur geringer Aussicht auf materiellen Gewinn in die Eiswüsten der Pole und die Felsstürze der Hochgebirge treibt.

Wenn einmal im Routinebetrieb bemannte Raumschiffe zwischen den Planeten, Monden und Asteroiden unseres Sonnensystems verkehren, dann wird menschlicher Unternehmungsgeist eines Tages auch über Jupiter, Saturn und Pluto hinaus in den interstellaren Raum vorstoßen. Ein Anstoß, dies zu tun, besteht, langfristig gesehen, auch darin, dem Kältetod unserer Sonne zu entgehen. Die Entfernungen, die zurückgelegt werden müssen, sind gewaltig. Allein bis zum nächsten Sonnensystem beträgt die Entfernung fünf Lichtjahre. Aber der Mensch wird auch dies bewältigen, wahrscheinlich mit Hilfe neuartiger Antriebssysteme, sei es im Tiefschlaf oder als autarke Weltraumkolonie, die viele Jahre unterwegs ist, so daß möglicherweise erst die Kinder oder Enkel das Ziel erreichen. Die Technologien hierfür sind im Prinzip heute schon vorhanden.

Es existiert eine Prophezeiung, die eine wesentliche Verbesserung des Antriebssystems der Weltraumfahrzeuge ankündigt. Sie stammt von der Amerikanerin JEANE DIXON und lautet [Lit. 41]: »Man wird Entdeckungen auf dem Gebiet des Antriebs machen und die magnetischen Kräfte des Kosmos ausnutzen und dadurch imstande sein, mit unerhörter Leichtigkeit von einem Planeten zum anderen zu fliegen.«

P. ANDERSON ist der Ansicht, daß sich der Mensch allmählich über die ganze Galaxis ausbreiten wird. Wie er abgeschätzt hat, soll sich nach einer gewissen Anlaufzeit die »Front der Expansion« mit der Geschwindigkeit von einem Lichtjahr pro Jahrhundert vorwärtsschieben. Der Kern der Galaxis könnte dann in etwa hunderttausend Jahren erreicht werden [Lit. 46].

Von Wissenschaftlern ist auch abgeschätzt worden, daß drei bis fünf Prozent der Sterne in unserer Galaxis bewohnbare Planeten sind. Das sind rund fünf Milliarden. Auf einigen von ihnen dürfte sich, wie sich nach der Wahrscheinlichkeitsrechnung ergibt, wie auf der Erde intelligentes Leben entwickelt haben. Relativ gesehen werden es wenige sein, in absoluten Zahlen jedoch sehr viele. Auf der Erde hat die Entwicklung vom Einzeller bis zum Menschen etwa zwei Milliarden Jahre in Anspruch genommen. Den heutigen Menschen gibt es längstens seit etwa hunderttausend Jahren. Auf vielen dieser fremden Welten werden die Bedingungen für die Entwicklung intelligenten Lebens günstiger gewesen sein als auf der Erde. Intelligente Lebensformen wird es infolgedessen dort schon länger geben, zum Teil vielleicht schon seit Millionen von Jahren. Viele Zivilisationen werden uns in der technologischen Entwicklung weit voraus sein, und eine ganze Reihe davon wird auch einen ähnlichen Unternehmungsgeist wie die Menschen besitzen und längst den Vorstoß in die Galaxis unternommen haben.

Allerdings ist wahrscheinlich dennoch kaum mit extraterrestrischen Besuchern zu rechnen. Hierfür spricht eine Abschätzung von CARL SAGAN, der von bestimmten Annahmen über die Anzahl von Planeten mit intelligenten Lebensformen ausgeht und jenem Teil davon, der technische Zivilisationen hervorgebracht hat. Wird die Lebensdauer einer technischen Zivilisation mit zehn Millionen Jahren veranschlagt, dann ist das Ergebnis, daß derzeit etwa eine Million technischer Zivilisationen in unserer Galaxis existieren. Wenn nun jede dieser technischen Zivilisationen jedes Jahr ein Raumschiff ins All schickt und jedes dieser Raumschiffe einmal im Jahr in Kontakt mit einem interessanten Ziel kommt, dann erreicht doch nur etwa alle zehntausend Jahre ein extraterrestrisches Raumschiff die Erde. Der Besuch von Extraterrestriern auf der Erde wäre demnach sehr selten. Das erscheint widersprüchlich, wenn man sich die große Zahl von einer Million Raumschiffen vergegenwärtigt, die nach dieser Annahme jedes Jahr zu einer Expedition ins All aufbrechen. Aber dieser Widerspruch existiert nur scheinbar. Es käme doch kaum zu solchen Besuchen, weil es in unserer Galaxis, in der die Anzahl der Sonnen nämlich noch größer ist, über hundert Milliarden interessanter Ziele gibt. Und die Wahrscheinlichkeit, daß Besatzungen fremder Raumschiffe offiziellen Kontakt aufnehmen, ist wegen des großen Risikos und der Verständigungsschwierigkeiten noch wesentlich geringer.

Wenn man die Voraussagen der bekannten Seher durchgeht, findet man denn auch keine, die mit einem solchen Besuch in Verbindung gebracht werden könnte. Falls aber ein solcher Besuch in nicht allzu weit entfernter Zukunft stattfände, so wäre das eine solche Sensation, daß sie wahrscheinlich hätte vorhergesehen werden müssen.

Es gibt jedoch noch eine andere Möglichkeit der offiziellen Kontaktaufnahme mit intelligenten extraterrestrischen Lebensformen, ohne daß diese die Erde besuchen oder wir ihren Heimatplaneten, nämlich die Kontaktaufnahme mit Hilfe von Radiowellen oder anderen Kommunikationssystemen, die weiter fortgeschritten sind. Eine Verständigung mit

Hilfe von Radiowellen wäre bereits heute möglich. Radiowellen breiten sich mit Lichtgeschwindigkeit im Raum aus und können leicht jede Art von Information aufnehmen. Carl Sagan hält es durchaus für möglich, daß es Zivilisationen gibt, die Signale in unsere Richtung aussenden. Die technischen Mittel sind vorhanden, selbst Signale aus sehr großen Entfernungen zu entdecken. Ihre Entzifferung ist natürlich schwierig, jedoch nicht unmöglich. Wenn die Erde einmal selber solche Botschaften aussenden wird, so wird sie sich auf Gemeinsamkeiten zwischen technischen Zivilisationen stützen. Das sind Wissenschaft und Mathematik. Von mathematischen Schemata und Sätzen will man dann zu komplizierteren Begriffen übergehen. Hierfür gibt es bereits Konzepte. Schließlich können sogar Bilder in Radiobotschaften umgesetzt werden. Wenn der Schlüssel mitgeliefert wird, können sie rekonstruiert werden.

Die Suche nach extraterrestrischen Intelligenzen ist von den USA und der UdSSR bereits aufgenommen worden, allerdings noch nicht sehr intensiv. Die Bemühungen werden eines Tages verstärkt fortgesetzt werden. Der Seite, der als erster die Kontaktaufnahme gelingt, könnte die Weltherrschaft zufallen. Außerdem wird man anfangen, auch selber Botschaften durch Funk ins All hinauszusenden. Ein kleiner Anfang, der allerdings auf einer anderen Ebene liegt, wurde bereits gemacht. Der Raumsonde Voyager 1, die Ende 1980 an Saturn vorbei den Grenzen unseres Sonnensystems zustrebte, wurden Informationen über die Menschheit mitgegeben: spielende Kinder, eine Frau, die Laub zusammenrecht, die Darstellung eines Geschlechtsaktes, das Pochen des menschlichen Herzens – solche Botschaften von der Erde, in Bild und gespeichert auf einer Tonplatte, sind auf dem Weg zu ihrem möglichen Empfänger.

Gegen die Aussendung von Signalen ist der Einwand erhoben worden, daß wir nicht auf unsere Existenz aufmerksam machen sollten, um nicht eventuell Invasoren anzulokken. Aber dieses Argument zieht nicht. Wir machen ja seit der Erfindung des Radios ununterbrochen auf uns aufmerksam, denn ein Teil der Radiowellen breitet sich durch die reflektierenden Schichten der Ionosphäre ins Weltall aus.

Etwa fünfzig Lichtjahre weit sind die ersten Radiowellen bereits gekommen.

Wenn irdische Radioteleskope eines Tages Botschaften extraterrestrischer Intelligenzen aus dem All auffangen, so wird das ohne Zweifel einen Wendepunkt in der Geschichte der Menschheit darstellen. Wissenschaft und Technik werden davon, auf lange Sicht gesehen, in starkem Ausmaß befruchtet werden. Vielleicht wird man uns sogar mitteilen, wie eine technische Zivilisation verhindert, daß sie sich selber vernichtet.

Carl Sagan hat Spekulationen über die ferne Zukunft sehr weit entwickelter Zivilisationen angestellt. Er ist der Auffassung, daß sie dann schon längst mit vielen gleichartigen Zivilisationen in anderen Sonnensystemen in Kontakt stehen und mit Hilfe weitentwickelter Kommunikationssysteme technische Erfahrungen und philosophische Einsichten austauschen. Die verschiedenen Kulturen in der Galaxis werden sich dann mit der Zeit aneinander angleichen, so wie das gegenwärtig auch zwischen den verschiedenen Kulturen auf der Erde der Fall ist. Ein solcher galaktischer Kulturkreis mit ähnlichen Zivilisationen und vergleichbaren technischen Errungenschaften wird eine große Anzahl völlig verschieden aussehender Organismen einbeziehen, die eine ganz andere biochemische und kulturhistorische Entwicklung hinter sich haben. Bestimmte fortgeschrittene Kulturen werden sich natürlich dabei wie auch auf der Erde stärker durchsetzen als andere schwächer entwickelte. Der Angleichungsprozeß wird lange Zeiträume in Anspruch nehmen. Er wird jedoch stattfinden, vorausgesetzt, die technologischen Kulturen existieren lange genug. Die Gründe dafür sind ähnlicher Art wie die für den Homogenisierungsprozeß zwischen den verschiedenen Kulturen auf der Erde. Wenn die technologische Kultur auf der Erde kein vorzeitiges Ende findet, so wird die Menschheit wahrscheinlich ebenfalls einmal an einem solchen Homogenisierungsprozeß zwischen den verschiedenen Kulturen unserer Galaxis teilnehmen.

Einer Prophezeiung, die eine solche Angleichung ankündigt, kann man gleichzeitig entnehmen, daß die technologische Entwicklung auf der Erde noch lange Zeit weitergehen wird. Tatsächlich stammt von NOSTRADAMUS eine Prophezeiung, die sich dem Empfang kosmischer Botschaften und dem Vorgang der Angleichung unserer Kultur auf der Erde an extraterrestrische Kulturen zuordnen läßt. Es handelt sich um den Quatrain 3, 2, der auf den ersten Blick zum Religiösen und Mystischen hin zu tendieren scheint. Nostradamus könnte selber der Ansicht gewesen sein, daß seine paranormale Wahrnehmung diesen Bereich beträfe, oder aber er hat seine Aussage aus Furcht vor der Inquisition auf diese Weise getarnt. Wie vieles, was dem Menschen früherer Zeiten als göttlich und übernatürlich erschien, inzwischen dem Bereich des Natürlichen zugeordnet wird, so dürfte auch dieser Quatrain nichts mit Übernatürlichem zu tun haben, sondern Dinge der materiellen Welt betreffen.

Der Quatrain lautet: »Das göttliche Wort wird der Substanz, welche Himmel und Erde umfaßt, in mystischer Tat verborgenes Gold geben. Wenn Körper, Seele und Geist alle Macht haben, wird alles unter den Füßen des Menschen so sein wie droben im Himmel.«

Viele unserer technischen Errungenschaften würden den Menschen früherer Jahrhunderte wie Märchen und Wunder erscheinen, wie etwas, das nur durch eine Gottheit bewirkt werden kann. Für Nostradamus, der ein frommer Mensch war, stand die Erde noch im Mittelpunkt des Kosmos. Kometen kündeten Unheil an, und die Sterne wurden von Engeln bewegt. Die großen astronomischen Entdeckungen eines Kepler und Kopernikus waren noch nicht gemacht. Die Vorstellung von extraterrestrischen Zivilisationen dürfte Nostradamus deshalb fremd gewesen sein, oder aber er hat sie für sich behalten, weil die Inquisition sie als Gotteslästerung aufgefaßt hätte.

Das All, in dem diese Zivilisationen zu Hause sind, wurde als der Sitz der Gottheit aufgefaßt. Wenn Nostradamus in der ersten Zeile des Quatrains von dem »göttlichen Wort« spricht, so ist damit wahrscheinlich tatsächlich eine Botschaft aus dem All, übersandt von einer galaktischen Zivilisation, gemeint. Eine aus dem All stammende Botschaft wird von einem Antennensystem aufgefangen. Sie werden einem solchen Antennensystem quasi eingegeben. Nun lassen sich die heute bekannten Antennensysteme allerdings nicht als eine Substanz beschreiben, die Himmel und Erde umfaßt; wohl aber stellen sie Objekte dar, die, auf dem Boden verankert und von hier aus gesteuert, in den Luftraum hineingreifen, also sozusagen im Himmel wie auf der Erde beheimatet sind.

Die Informationsübermittlungssysteme der Zukunft werden sich wahrscheinlich beträchtlich von den heutigen unterscheiden. Es könnte sein, daß der in den Himmel ragende Teil außerhalb der Lufthülle im Weltraum angesiedelt wird und daß das System mehr als eine Substanz denn als ein Objekt aufzufassen sein wird. Fortgeschrittene Zivilisationen dürften Übertragungskanäle benutzen, von denen man auch in Jahrhunderten auf der Erde noch nicht einmal träumen wird – wie es den Eingeborenen vergangener Kulturen unserer Erde unmöglich war, sich andere Kommunikationskanäle vorzustellen als ihre Trommeln. Auch auf der Erde wird die Entwicklung weitergehen. Es werden neue physikalische Gesetzmäßigkeiten entdeckt und neue Technologien entwickelt werden, und eines der neuen Kommunikationssysteme könnte sich als eine Substanz umschreiben lassen, die »Himmel und Erde umfaßt«.

Die aus dem All erhaltene Botschaft soll dann, weiter nach Nostradamus, »verborgenes Gold« enthalten. Wie ist das zu verstehen?

Ohne Zweifel wird es ein sehr aufregendes Ereignis sein, wenn die ersten Botschaften extraterrestrischer Intelligenzen aufgezeichnet werden. Wenn man wahrscheinlich auch relativ rasch erkennen wird, daß es sich um Signale handelt, die von intelligenten Lebewesen aus dem All übermittelt werden, so dürfte deren Entschlüsselung doch wesentlich längere Zeit in Anspruch nehmen. Die Menschen werden begierig auf die Entschlüsselung warten und sich sehr viel davon erhoffen. Die Umschreibung »verborgenes Gold« könnte daher den Sachverhalt richtig treffen. Die Übermittlung von Informationen wird dann wahrscheinlich, von kurzen Unterbrechungen abgesehen, kontinuierlich weitergehen. Es wird eine Kommunikation aufgenommen werden, die der menschlichen Kultur ungeahnte neue Impulse geben wird. Allmählich wird der Anschluß an eine vermutlich bereits existierende galaktische Kulturgemeinde gefunden werden. Parallel dazu dürfte auf der Erde eine Entwicklung einsetzen, die Körper, Seele und Geist in Harmonie entfalten läßt.

Mit der Übernahme der in Millionen Jahren auf Tausenden von Planeten von intelligenten Lebensformen gesammelten Erkenntnisse würden dann »Körper, Seele und Geist alle Macht gewinnen«. Die Erde würde sich an die extraterrestrischen Kulturen anpassen, wie auch umgekehrt diese Zivilisationen die eine oder andere Errungenschaft des Menschen übernehmen würden. Es würde eine Homogenisierung der Kulturen stattfinden, bis »unter den Füßen des Menschen« auf der Erde alles so ist wie im Himmel, im All. Auf diese Weise hätte sich dann die Vorhersage des Nostradamus erfüllt.

Die folgende Aussage des indischen Sensitiven und Philosophen Sri Aurobindo [Lit. 47] bezieht sich ebenfalls auf einen Informationsaustausch zwischen kosmischen Kulturen. Sie lautet: »... unsere Bemühungen werden auf Planeten, die uns unbekannt sind, und in Welten, die noch nicht erschaffen wurden, ihre Früchte tragen.«

Der Informationsaustausch wird Sri Aurobindo zufolge durch außersinnliche Wahrnehmung zustande kommen. Die Erfahrung und das Wissen eines jeden einzelnen gehen nach den Vorstellungen der indischen Philosophie nicht verloren, sondern werden (in der sogenannten Akasha-Chronik) gespeichert und können durch außersinnliche Wahrnehmung abgerufen werden.

Wie modernste parapsychologische Forschung, beispielsweise Milan Rýzl in seinem revolutionären Werk *Der Tod und was danach kommt,* dargelegt hat [Lit. 48], ist dieses Modell für uns Erdbewohner grundsätzlich richtig, wobei es nur von untergeordneter Bedeutung ist, daß anstatt der altindischen Vorstellung der Akasha-Chronik heute eine »überphysikalische, höherdimensionale Welt des Geistes« postuliert wird. Ob aber auch Verbindungen zwischen kosmischen Kulturen aufgrund außersinnlicher Wahrnehmung möglich sind – also über Lichtjahre hinweg und zwischen wahrscheinlich grundverschiedenen Organismen –, muß sich erst noch herausstellen.

15
Werden Erde, Sonne und Weltall dereinst in einem Weltenbrand vergehen?

Die Erde wird nicht immer der Planet mit der ungeheuren Vielfalt pflanzlichen und tierischen Lebens bleiben, auf dem Zonen »ohne« Leben, nämlich die extremen Kälte- und Trockenwüsten, die Ausnahme bilden. Die klimatischen Bedingungen werden sich einmal so verändern, daß Wasser entweder überhaupt nicht mehr oder nur noch fest oder gasförmig vorkommt und Leben, wie wir es kennen, nicht mehr existieren kann. Schließlich wird auch die Erde selber zerstört werden; beim Zusammenprall mit größeren Himmelskörpern wird sie zermalmt werden, und auch die Sonne und das Weltall werden untergehen oder sich vollkommen verändern.

Die Wissenschaftler haben eine Reihe von Theorien über das Schicksal von Erde, Sonne und Weltall aufgestellt. Im folgenden werden diese Prognosen mit den Voraussagen bewährter Seher verglichen. Wenn beide Quellen die gleichen Katastrophen ankündigen, wird man eher mit ihnen rechnen müssen. Zunächst sollen die Wissenschaftler zu Wort kommen.

Das Geschehen auf der Erde, soweit es für das Leben von Bedeutung ist, ist abhängig von einer gleichbleibenden Sonneneinstrahlung. Das Schicksal des Lebens auf der Erde ist infolgedessen eng mit dem der Sonne verknüpft: Eines Tages werden die Brennstoffvorräte der Sonne zur Neige gehen, und die Strahlung der Sonne wird so schwach sein, wie die fernen Sterne. Die Erde wird dann keine Wärme und kein Licht mehr erhalten; auch der Mond wird die Erde nicht mehr in sein mildes Licht tauchen, und ebenso werden der helle Morgenstern, der rötliche Mars und die anderen

Planeten in unserem Sonnensystem ihr von der Sonne erborgtes Licht verlieren. Die wichtigste Voraussetzung für das Leben auf der Erde ist dann nicht mehr erfüllt.

Aber bevor die solaren Brennstoffe ganz zu Ende gehen, wird die Sonne nach den Erkenntnissen der Astrophysiker noch ihre Strahlung erhöhen und sich zum »roten Riesen« aufblähen und auf diese Weise schon allem Leben auf der Erdoberfläche ein Ende setzen. Allenfalls in hermetisch abgeschlossenen Bergwerken und Schächten können dann noch Menschen leben. Die Oberfläche der Erde können sie nur in Raumanzügen betreten.

Der Brennstoff der Sonne ist Wasserstoff, der sich im Kern der Sonne durch den Prozeß der Kernfusion in Helium verwandelt. Wenn der Wasserstoffvorrat zu Ende geht, wird sich die Sonne allmählich immer mehr ausdehnen. Ganz langsam wird dieser Prozeß vor sich gehen. Aber schließlich wird die Sonne einen viel größeren Teil unseres Himmels einnehmen. Als riesiger Feuerball wird sie über den Himmel wandern und die Erde mit einer ungeheuren Strahlungsflut überschütten. Ihre Oberfläche wird sich der Bahn des Merkur nähern und den Merkur verschlingen. Und noch weiter wird sie sich aufblähen, und wahrscheinlich werden auch Venus und Erde den Weg ins Sonnenfeuer nehmen. Nur die äußeren Planeten werden verschont bleiben.

Lange vorher wird durch die allmählich fortschreitende Erwärmung das Leben auf der Erdoberfläche völlig absterben. Schließlich werden sogar die Ozeane verdampfen und zusammen mit der Atmosphäre in den Weltraum entweichen. Nach weiteren Millionen Jahren, bevor sie Jupiter und Saturn erreicht, wird die aufgeblähte Sonne dann einen Kollaps erleiden und zu einem winzigen erdgroßen sogenannten »weißen Zwerg« zusammenschrumpfen. Bevor der Brennstoffvorrat der Sonne zu Ende geht, sollen allerdings noch rund fünf Milliarden Jahre vergehen, denn die Sonne befindet sich nach den Angaben der Astrophysiker noch »im besten Alter«.

In diesen sogar geologisch langen Zeiträumen werden viele andere Katastrophen die Erde treffen. Einige von ihnen könnten ebenfalls das Leben auf der Erde und auch die Erde selber vernichten. So könnte die Erde zum Beispiel durch die Begegnung mit einem fremden Stern der Sonne entrissen und aus dem Sonnensystem hinauskatapultiert werden. Die Sonnenscheibe würde dann immer kleiner werden und ihre Strahlung sich immer mehr abschwächen, während die Erde ihren Weg hinaus in den Weltraum nähme. Die Folge wäre eine völlige Vergletscherung der Erde und ein Ende des Lebens infolge Kälte und Eis. Auf der Erdoberfläche würde es so kalt werden, daß sich selbst die Atmosphäre verflüssigte.

Die Erde könnte aber auch in die Sonne stürzen. Dafür sprechen folgende Gründe: Die Erde bewegt sich bei ihrem Umlauf um die Sonne in deren Magnetfeld. Da sie auch ein eigenes Magnetfeld hat, schneiden sich ständig die beiderseitigen Kraftlinien. Das führt zu der sogenannten Magnetbremsung. Wenn sich ein leitfähiger Körper in einem Magnetfeld bewegt, werden nämlich in dem Leiter Ströme induziert, deren Magnetfeld dem anderen entgegengesetzt ist. Als leitfähiger Körper sind im Fall der Erde die Ionosphäre und der Erdkern anzusehen. Durch das Magnetfeld der Sonne werden hier beim Umlauf der Erde um die Sonne Ströme erzeugt. Die diesen Strömen entsprechende Energie wird zum Teil der Bahnenergie der Erde entzogen. Mit anderen Worten: Die Erde wird auf ihrer Bahn um die Sonne in geologisch langen Zeiträumen allmählich abgebremst. Ihre Fliehkraft verringert sich. Bleibt die Anziehungskraft der Sonne gleich, dann muß sich die Erde der Sonne nähern. Die Erdbahn verformt sich zu einer immer enger werdenden elliptischen Spirale, deren Endpunkt in der Sonne liegt. Die Annäherung wird immer größer, und schließlich stürzt die Erde in die Sonne.

Vorher würde natürlich die zunehmende Sonneneinstrahlung das Leben auf der Erdoberfläche vernichten. Der Effekt wäre ähnlich, wie wenn sich die Sonne allmählich aufbläht, weil ihre Brennstoffvorräte zu Ende gehen. Einen Anhaltspunkt dafür, daß sich die Erde allmählich der Sonne nähert, sieht der Geologieprofessor Hans Georg Wunderlich [Lit. 34] darin, daß die Temperaturen auf der Erde über lange geologische Zeiträume hinweg quasi konstant geblieben sind, obwohl der Wärmestrom aus dem Erdinnern nachgewiesenermaßen exponentiell auf die heute sehr niedrigen Werte abgesunken ist. Wenn nun die Temperaturen auf der Erde in etwa gleich geblieben sind, dann kann nur eine vermehrte Sonneneinstrahlung den Minusbetrag ausgeglichen haben. Eine entsprechende Zunahme der Sonneneinstrahlung könnte aber am ehesten durch eine Verkürzung des Abstandes zwischen Erde und Sonne zustande kommen, also durch ein Heranrücken der Erde an die Sonne.

Es könnte aber auch das ganze Sonnensystem von einem sogenannten »schwarzen Loch« verschlungen werden. Mindestens einmal täglich werden Wellen von Gravitationsenergie aus verschiedenen Teilen der Galaxis aufgefangen. Diese treffen in heftigen Stößen ein und können nur durch Ereignisse von ungeheurer Gewalt ausgelöst werden. Man schließt daraus, daß ganze Sterne zermalmt und in schwarze Löcher hineingezogen werden. Die Löcher werden »schwarz« oder unsichtbar genannt, weil man ihre Schwerkraft für so groß hält, daß keine Lichtstrahlen mehr entweichen können. Die Materie ganzer Sterne soll dort auf einen Raum kleiner als ein Ball zusammengepreßt sein. Alle Materie, die in das extrem starke Schwerefeld hineingerät, wird in das schwarze Loch hineingezogen. Im Sternbild des Schwans kann man Astrophysikern zufolge vermutlich ein schwarzes Loch in Tätigkeit beobachten. Dort werden Gasmassen allem Anschein nach mit unwiderstehlicher Gewalt von einem hellen Stern zu einem unsichtbaren Punkt hingezogen. Wahrscheinlich handelt es sich bei diesem nicht sichtbaren Gravitationszentrum um ein schwarzes Loch.

Vor allem in den Galaxiskernen soll infolge der Massenanhäufung als natürliches Endstadium der Evolution ein supermassives schwarzes Loch entstehen. Durch Reibung, Strahlung und die gegenseitige Anziehung sollen die Sterne im Kern einer Galaxis auf einen immer enger werdenden Raum zusammenschrumpfen, bis sie dann in einem Gravitationskollaps in sich zusammenbrechen. Man schließt auf die Existenz dieser supermassiven schwarzen Löcher aus der Intensität und den Schwankungen der sehr großen Strahlung der Quasare, die aus einem extrem kleinen Gebiet kommt, das optisch nicht sichtbar ist. Diese Strahlung könnte entstehen, wenn Gas und Sterne aus der Galaxis in ein schwarzes Loch stürzen, dabei auseinanderbrechen oder mit anderen Sternen zusammenstoßen. Nachdem alle Sterne im Einflußbereich eines supermassiven schwarzen Loches in das Superloch hineingestürzt sind, werden keine Strahlungsausbrüche mehr beobachtet. Allerdings strömt immer noch galaktisches Gas fortwährend in das schwarze Loch hinein.

Die Astronomen nehmen an, daß in fast allen großen Galaxien ein inzwischen stille gewordener Quasar sitzt. In mindestens sieben Galaxien fanden sie Hinweise auf ein solches schwarzes Superloch. Die Wissenschaftler halten es für möglich, daß bereits neunzig Prozent der gesamten Materie des Universums in schwarzen Löchern verschwunden ist.

Nach einer anderen Theorie ist ein schwarzes Loch nicht unsichtbar, weil wegen der großen Anziehungskraft kein Licht entweichen kann, sondern einfach deshalb, weil keine Materie mehr da ist, die Licht ausstrahlen könnte. Die Sterne, die dem Prozeß des Gravitationskollaps unterliegen, sollen aus unserem Universum verschwinden und in einem sogenannten Überraum wieder auftauchen. Manche Astrophysiker stellen sich ein System von multiplen Universen vor, von denen jedes mit dem nächsten durch diese schwarzen Löcher und möglicherweise auch noch auf andere Weise verbunden ist.

Einige der Modelle gehen davon aus, daß ein Stern in einem schwarzen Loch verschwindet, ohne daß er den zermalmenden Prozeß des Schwerekollaps durchläuft. Wenn diese Theorie richtig ist, dann können solche Löcher vielleicht auch für die Raumfahrt gefunden werden. Sie stellen möglicherweise Abkürzungen durch das All dar; denn es gibt auch Hinweise darauf, daß Materie an anderer Stelle wieder in unserem Universum auftaucht, es also sozusagen auch »weiße« Löcher gibt.

Es ist nämlich ausgerechnet worden, daß die Galaxis nicht älter als 270 Millionen Jahre alt sein kann, wenn täglich ein Stern verschwindet, womit anscheinend jedenfalls gerechnet werden muß. Tatsächlich wird unsere Galaxis aber auf mindestens viereinhalb Milliarden Jahre geschätzt.

Natürlich ist das alles noch sehr spekulativ und wissenschaftlich auch heftig umstritten. Das Universum birgt noch unendlich viele Rätsel und Überraschungen und hat bisher nur einen Bruchteil seiner Geheimnisse dem Menschen preisgegeben.

Nach den Überlegungen der Astronomen dehnt sich das Universum aus. Man schließt das aus der Rotverschiebung des Lichtes, das von den fernen Galaxien kommt. Diese Rotverschiebung ist um so ausgeprägter, je weiter die Galaxien von unserem eigenen Milchstraßensystem angesiedelt sind. Diese Beobachtung kann so gedeutet werden, daß Sterne und Galaxien sich um so rascher von uns fortbewegen, je weiter sie entfernt sind. Danach ist das Universum vergleichbar mit einem Ballon, der sich immer mehr ausdehnt. Als Ursache für die Ausdehnung wird eine ungeheure Explosion, der sogenannte »Urknall« angesehen, der die ursprünglich in einem gigantischen »kosmischen Ei« zusammengeballte Materie auseinandergetrieben hat. Nach den Überlegungen von Wissenschaftlern ist dabei die Aussendung einer bestimmten Strahlung zu erwarten, die dann einige Jahre später auch entdeckt wurde. Ihre Existenz wird als Stütze der Urknall-Theorie angesehen.

Die Expansion des Universums wird nach den Annahmen und Gleichungen Albert Einsteins nicht bis in alle Ewigkeit andauern, sondern die Massenanziehung der Sterne und Galaxien soll die Expansion eines Tages zum Stehen bringen und sogar dazu führen, daß sich das Universum wieder zusammenzieht. Allerdings haben die Astronomen vorläufig noch nicht soviel Materie im Weltall gefunden, daß deren Gravitationskräfte für eine Umkehr der Expansion ausreicht. Es wird jedoch für möglich gehalten, daß sich ein erheblicher Teil der fehlenden Materie in den beschriebenen schwarzen Löchern verbirgt. In diesem Fall könnten die Gravitationskräfte eines Tages bewirken, daß das ganze Universum mit seinen Milliarden Sonnen, Sonnensystemen und Galaxien in einer ungeheuren Weltkatastrophe zusammenbricht. Dabei würde sich dann alle Materie ungeheuer verdichten. Gleichzeitig würden Zeit und Raum ausgelöscht. Es ist vermutet worden, daß der Zusammenbruch ganz plötzlich erfolgen könnte. Die Gründe, die dafür genannt wurden, erscheinen allerdings nicht sonderlich überzeugend.

Neuerdings hat man entdeckt, daß die Fluchtgeschwindigkeit der Galaxien bei größeren Entfernungen nicht mehr linear zunimmt, sondern rascher. Man schließt daraus, daß die Geschwindigkeit, mit der sich das Weltall ausdehnt, mit der Zeit abgenommen hat. Verfolgt man diese Zahlen rechnerisch in die Zukunft, so scheint sich aus ihnen zu ergeben, daß in etwa dreißig Milliarden Jahren die Expansion zum Stillstand kommt und das Universum dann wieder in sich zusammenfällt, bis es in vierzig Milliarden Jahren erneut zu seiner unvorstellbar großen Anfangsdichte zusammengeschrumpft ist. Danach könnte es wieder auseinanderplatzen, bis es abermals die nächste Kulmination erreicht und von neuem zusammenzustürzen beginnt.

Nach einer neueren Theorie ist der Kosmos »offen«, das heißt, er soll für alle Zukunft expandieren. In diesem ewig expandierenden Kosmos ist das Erlöschen aller Sterne nach dem Fünftausendfachen der bisherigen Dauer des Universums zu erwarten. Aber auch danach erfriert das Universum noch lange nicht in einem Zustand andauernder physikalischer Ruhe, wie im vorigen Jahrhundert angenommen wurde, wenn die Physiker vom Wärmetod des Universums sprachen. Durch Begegnungen mit fremden Sternen sollen die Sterne ihre Planeten verlieren oder sonst die Planeten in die Muttersterne stürzen. Die Protonen sollen zerfallen, die schwarzen Löcher zerstrahlen, die Materie am absoluten Nullpunkt »schmelzen« und schließlich alle Materie sich in Eisen verwandeln. Die Eisensterne aber sollen nach unvorstellbar langen Zeiträumen zu schwarzen Löchern kollaborieren.

Soweit die Theorien der Wissenschaft über das Schicksal von Erde, Sonne und Weltall. Welche von ihnen stehen im Zusammenhang mit den Visionen von Mystikern und Sehern?

Uralte Anschauungen der Inder sprechen gegen die Theorie des »offenen« Kosmos. Alle Zeit, so heißt es nämlich in den alten Mythen, sei ein nie endender Kreislauf von Werden und Vergehen. Am Ende eines jeden Zyklus erlebe das gesamte Universum einschließlich Brahmas und der übrigen Götter sowie der Menschen, Tiere und Dinge einen völligen Zusammenbruch. Darauf folge eine Zeitspanne des Chaos, worauf wiederum ein Brahma geboren werde und der Zyklus erneut beginne.

Dieses wahrscheinlich auf paranormalem Weg erworbene Wissen der indischen Mystiker steht in Übereinstimmung mit der Theorie des »oszillierenden« Universums, wonach sich die Expansion des Universums umkehren und das Universum in einer ungeheuren Weltkatastrophe zusammenstürzen wird. Die Zeitspanne des Chaos entspricht der Zeitspanne, in der die Materie des Universums zu unvorstellbar großer Dichte zusammengeballt als kosmisches Ei existiert. Zeit und Raum sollen dann nach den Gleichungen von ALBERT EINSTEIN nicht mehr existieren. Der neue Zyklus beginnt dann wieder mit dem »Urknall« und der erneuten Expansion des Universums. Alles beginnt wieder von vorne. Aber vielleicht entsteht dann eine bessere Welt.

Das jedenfalls wird in dem »Gesicht der Seherin« behauptet, ein Gesicht, das in der *Edda,* der Sammlung altgermanischer Götter- und Heldensagen, enthalten ist. Nach dieser Schau werden Erde, Himmel und Gestirne in einem Weltenbrand vergehen, worauf dann unter des Lichtgottes Baldr Herrschaft eine neue schönere Welt entsteht.

In dem Gedicht, das endzeitliche Zustände beschwört, wird auch gesagt, daß das Land im Meer versinke. Es ist sehr gut möglich, daß dies geschieht, bevor die Sonne sich aufbläht und dann erlischt bzw. die Erde in die Sonne stürzt. Zwei Drittel der Erde sind ja von Wasser bedeckt. Die mittlere Tiefe der Meere beträgt fast 4000 Meter, während die mittlere Höhe des Festlandes nur knapp 900 Meter beträgt. Denkt man sich das Bodenrelief der Erde eingeebnet, so reicht die vorhandene Wassermenge aus, die gesamte Erde mit einem 2430 Meter tiefen Ozean zu bedecken.

Nun sind in Sonne und Frost, Regen und Wind und der Meeresbrandung dauernd gesteinszerstörende und -abtragende Kräfte am Werk, die das Festland allmählich tieferlegen und einebnen. In der erdgeschichtlichen Vergangenheit wurden des öfteren schon ganze Gebirge von den Flüssen als

Geröll und Schlamm ins Meer transportiert. Allerdings sind an anderer Stelle durch Kräfte des Erdinnern auch neue Gebirge emporgewachsen. Irgendwann in der Zukunft aber könnten die gebirgsbildenden Aktivitäten im Erdinnern durch die allmählich fortschreitende Erkaltung und Erstarrung des Erdkerns abgeklungen sein, so daß dann nur noch die zerstörenden und abtragenden Kräfte wirken und allmählich alles Land im Meer versinken lassen könnten. Große Teile des Festlandes können aber auch schon im Meer versinken, wenn die Lavaförderung in den mittelozeanischen Rücken zunimmt und der Meeresboden allmählich in die Höhe wächst, wie das wahrscheinlich während der erdgeschichtlichen Vergangenheit immer dann der Fall war, wenn die Meere große Teile der Kontinente überfluteten.

Das Ende des Sonnensystems und des Universums ist jedoch auch nach diesem der »Seherin« zugeschriebenen Gesicht der *Edda* ebensowenig endgültig wie in den altindischen Mythen – oder nach der Urknall-Theorie. Nach Ablauf der Katastrophe entstehen neue Planeten, eine neue Erde, nachdem die in dem kosmischen Ei zusammengeballte Materie nach dem nächsten Urknall erneut expandiert. Vielleicht sind die Naturgesetze dann etwas anders gelagert, so daß dann tatsächlich eine »bessere« Welt entstehen kann.

Die Vision vom »Weltenbrand« findet man in ähnlichen Vorstellungen auch in anderen Kulturkreisen. So ist zum Beispiel die Endzeitlehre der zoroastrischen Religion Altpersiens von einem Weltuntergang durch Verbrennung geprägt. Ferner ist die Idee eines Endes der Welt in Feuer auch der Philosophie eines Heraklit von Ephesos (550 – 480 v. Chr.) inhärent. Weissagungen vom Weltende und Vorstellungen von einer durch Feuer und Wasser verursachten Katastrophe werden, obschon weniger deutlich, auch aus Quellen der Kelten berichtet.

Auch Nostradamus spricht in der an seinen Sohn gerichteten Vorrede zu seinen Prophezeiungen vom »großen Brand« des Universums. Die Prophezeiung vom Ende der Welt durch Feuer – womit insbesondere das Ende des Planeten Erde gemeint sein dürfte – kann man bis zu einem gewissen Grade in Übereinstimmung mit den Berechnungen der Wissenschaftler sehen, wonach sich die Sonne zu einem »roten Riesen« aufblähen und die Erde verschlingen wird. Sie könnte aber auch bedeuten, daß die Erde schon vorher in die Sonne stürzen wird. Auf jeden Fall spricht sie dagegen, daß die Erde durch die Begegnung mit einem fremden Stern aus unserem Sonnensystem hinauskatapultiert wird.

16
Wird die Menschheit einmal glücklicher leben?

Uns geht es doch anscheinend um vieles besser als den Menschen früherer Generationen, dennoch sind wir nicht glücklicher. Im Gegensatz zu den Menschen früherer Zeiten haben wir immer genügend zu essen – noch jedenfalls. Schnelle Transportmittel stehen uns zur Verfügung. Wir reisen in weit entfernte Gegenden, während unsere Vorfahren über den Bannkreis ihres Jagdgebietes und später den ihres Kirchturmes kaum hinauskamen. Aus Leitungen fließt Wasser, aus anderen Energien. Wir drehen an Knöpfen, und es wird warm, wir drücken andere Knöpfe, und es wird hell, oder wir werden informiert und unterhalten. Fast alles, was Menschen je gedacht und herausgefunden haben, ist in Büchern festgehalten und jedem zugänglich. Offensichtlich ist unser Leben wesentlich leichter und bequemer, sind wir um ein Mehrfaches reicher und in gewissem Sinne auch mächtiger als die Menschen früherer Generationen, dennoch sind wir kaum zufriedener noch gar glücklicher. Das Gegenteil ist der Fall. Die Anzahl der Selbstmorde in den Städten beweist es. Sie ist wesentlich größer als auf dem Lande, wo sich die Menschen noch nicht so weit von der ursprünglichen Lebensweise entfernt haben.

Viele Menschen sind unausgefüllt, unzufrieden, unglücklich. Mit Konsum versuchen sie die Leere in sich zu füllen. Aber der Preis, den sie dafür bezahlen, ist zu hoch. Es sind die Stunden ihres Lebens. Es ist ihr Glück.

Eingesperrt in Büros und Fabriken müssen sie ihre besten Kräfte für Tätigkeiten opfern, die nicht ihren Neigungen entsprechen. Die meisten verdienen mehr Geld, als sie für ihre wirklich echten Bedürfnisse benötigen. Die Kleidung könnte länger getragen werden, statt eines großen starken Wagens täte es ein Kleinwagen, die Nahrungsmittel könnten einfacher, die Ferien billiger sein. Manche fragen sich, warum sie sich so abmühen und sehnen sich nach einem glücklicheren Leben. Nur wenige finden jedoch die Möglichkeit oder auch die Kraft, ihr Leben zu ändern.

Einige der Hauptursachen, warum viele Menschen trotz allen Überflusses nicht glücklich sind, haben mit der Herauslösung des Menschen aus der Tierreihe und seiner Kulturgeschichte zu tun. Die Natur hat den Menschen in Jahrhunderttausenden an ein Leben als Wildbeuter und Sammler angepaßt. Das ist ein Leben in enger Verbindung mit der Natur und in relativ großer Freiheit und Unabhängigkeit, wenn auch nicht frei von Gefahr, Mangel und Not. Aber Mühen, Gefahren und Entbehrungen steigern nur die Lebensintensität. Nach den Berichten der Völkerkundler leben die Jägervölker glücklich und unbeschwert. Der Prähistoriker HERBERT KÜHN vertritt sogar die Ansicht, die Epoche des Wildbeutertums sei das in den Mythen beschriebene Paradies, an das die Menschheit sich wie durch einen Nebel hindurch erinnere. Millionen von Jahren streiften unsere Vorfahren frei durch Tundra, Steppe und Wald, und das Land war noch unberührt und jungfräulich. Die Luft war erfüllt von den Gerüchen der Natur, der Pflanzen und der Erde. Geräusche verursachten nur der Wind, das Wasser und die Stimmen der Menschen und Tiere. Die Zwiesprache mit der Natur war noch nicht unterbrochen. Ein Mann konnte sich selber ernähren und die Dinge, die er zum Leben brauchte, selber herstellen. Er fertigte sich die Waffen an, mit denen er auf die Jagd ging und baute sich auch sein Haus selber.

Der Einklang mit der Natur, wie ihn die Jägervölker empfunden haben müssen, wurde mit eindrucksvollen Worten in einer Rede dargestellt, die der Indianerhäuptling SEATTLE vom Stamme der Duwarishindianer 1855 vor Franklin Pierce, dem vierzehnten Präsidenten der Vereinigten Staaten, hielt [Lit. 49], bevor er mit seinem Volk in das ihm zugewiesene Reservat ging. Die Jagdgebiete seines Volkes lagen dort, wo heute die Großstadt Seattle mit 550.000 Einwohnern emporgewachsen ist.

In seiner Rede heißt es: »Jeder Teil dieser Erde ist meinem Volk heilig, jede glitzernde Tannennadel, jeder sandige Strand, jeder Nebel in den dunklen Wäldern. Wir sind ein Teil der Erde, und sie ist ein Teil von uns. Die duftenden Blumen sind unsere Schwestern, die Rehe, das Pferd, der große Adler – sie sind unsere Brüder...« Immer wieder betont er: »Die Erde ist unsere Mutter.« Und: »Was die Erde befällt, befällt auch die Söhne der Erde. Wenn Menschen auf die Erde spucken, so bespucken sie sich selbst. Denn das wissen wir: Die Erde gehört nicht den Menschen, der Mensch gehört der Erde ... die der rote Mann liebt wie das Neugeborene den Herzschlag seiner Mutter.«

Anscheinend war dem Häuptling, diesem Vertreter des ursprünglichen Lebens, die Entwicklung des Menschen auf ein Leben in enger Verbindung mit der Natur hin bewußt.

Der Mensch war an die damalige Umwelt als Jäger und Sammler angepaßt. Er lebte im Einklang mit seinen ererbten Verhaltensweisen und war glücklich. Heute ist diese Harmonie verlorengegangen. Im Laufe seiner Kulturgeschichte hat sich der Mensch nämlich eine veränderte Umwelt geschaffen. Diese ist zwar in vieler Hinsicht zweckmäßig und vorteilhaft, steht jedoch im Widerspruch zu angeborenen Verhaltensweisen, denn die Eigenschaften des Menschen sind über die Jahrtausende hinweg die gleichen geblieben. In seinem Herzen ist er immer noch der alte frei schweifende Jäger, doch in den Betonwüsten der Städte sind Unabhängigkeit, Freiheit, die enge Verbindung mit der Natur und die Geborgenheit in der Sippe verlorengegangen. Der Mensch paßt in zunehmendem Maße nicht mehr in die von ihm geschaffene Welt hinein, in die Straßenschluchten der Städte mit ihrem Lärm und all den Abgasen, in die geschlossenen Räume, in denen er ähnlich wie ein Maulwurf den größten Teil seines Lebens verbringt – es fehlt nur noch die Dunkelheit.

Daß die Abkehr von der ursprünglichen Lebensweise das Unglück des Menschen bedeutet, war auch dem Häuptling Seattle bewußt. In seiner Rede heißt es nämlich: »Was ist der Mensch ohne die Tiere! Wären alle Tiere fort, so stürben die Menschen an großer Einsamkeit des Geistes ...« Und weiter heißt es: »Wenn die Büffel alle geschlachtet sind, die wilden Pferde gezähmt, die heimlichen Winkel des Waldes schwer vom Geruch vieler Menschen und der Anblick reifer Hügel geschändet von redenden Drähten – wo ist das Dickicht? Fort! Wo der Adler? Fort! Und was bedeutet es, Lebewohl zu sagen dem schnellen Pony und der Jagd? Das Ende des Lebens – und der Beginn des Überlebens.«

Eine Rückkehr zu einem Leben als Jäger und Sammler ist aber nicht möglich. Die Menschheit müßte sich fast um den Faktor 1000 verringern. Um sich von der Jagd ernähren zu können, benötigt nämlich eine Sippe eine Fläche, auf der heute einige Dörfer ihr Auskommen haben. Außerdem erscheint es ja auch wenig sinnvoll, auf die wirklich echten Errungenschaften der Zivilisation verzichten zu wollen, wie zum Beispiel die Abnahme täglicher Plackerei, die ärztliche Versorgung, die Steigerung der Lebenserwartung auf das Doppelte, die größere Einsicht in die Zusammenhänge der Naturabläufe und anderes mehr. Bleibt uns wegen dieser Vorteile nichts übrig, als die Unzufriedenheit in Kauf zu nehmen, daß wir nicht mehr so leben können wie früher? Nein! Die Verbindung mit der Natur muß nicht für immer unterbrochen bleiben, und die verlorene Freiheit und Unabhängigkeit kann wenigstens zum Teil zurückgewonnen werden. Allerdings sind dabei Widerstände zu überwinden, denn Profit- und Machtstreben bestimmter Gruppen sind am Werk, uns noch stärker zu manipulieren und abhängig zu machen. Wenn wir auch kaum zu einer Jägerexistenz zurückkehren können, so besteht doch die Möglichkeit, Lebensweise und Umwelt wieder mehr an die genetisch festgelegten Verhaltensweisen anzupassen. Die Kluft zwischen erblich vorprogrammierter und tatsächlicher Lebensweise muß verringert werden, dann wird der Mensch auch wieder glücklicher leben.

Was muß getan werden, um den Weg in dieses neue Paradies zu finden? Man erhält einen Hinweis auf diese Frage, wenn man sich überlegt, welche Verhaltensweisen in der jüngeren Altsteinzeit und davor während des Zeitraumes der Menschwerdung zweckmäßig waren: Der Mensch lebte in enger Verbindung mit der Natur, den Pflanzen und den

Tieren. Nur dort, wo er in das Grün der Natur blickte, wo Pflanzen und Tiere vorhanden waren, konnte er existieren. Wo diese fehlen, nämlich in den Steinwüsten der Städte, empfindet er das Gefühl des Mangels.

In der Welt, an die der Mensch angepaßt ist, verfügt er über mehr Freiheiten, als sie in unserer streng reglementierten Arbeitswelt gewährt werden. Der Mensch will sich nämlich seine Ziele immer wieder selber neu setzen, um sein Schicksal aus eigener Entscheidung zu bestimmen. Diesem Urtrieb des Menschen trägt die Arbeitswelt nur wenig Rechnung. Die im Laufe der kulturgeschichtlichen Entwicklung immer weiter getriebene Arbeitsteilung hat den Menschen von komplexen, vielfach undurchschaubaren Systemen abhängig gemacht und ihn entmündigt.

Eine weitere Eigenschaft, die dem Menschen der Altsteinzeit überleben half, war die Fähigkeit, sich etwas auszudenken und herzustellen, also schöpferisch tätig zu sein. Die Gefahren des Verhungerns, Erfrierens, Erschlagen- und Gefressenwerdens sanken dadurch ganz erheblich. Der Mensch besitzt ja keine natürlichen Waffen und ist ohne technische Hilfsmittel sowohl langsamer als das Wild, von dem er lebte, als auch die Raubtiere, die ihm nachstellten.

Wegen des großen Vorteils, der mit den technischen Fertigkeiten und Betätigungen verbunden war, hat die Evolution im Menschen einen starken Drang entwickelt, etwas Nützliches zu schaffen. Dieser Drang ist nach den Erkenntnissen der Psychologen neben dem Sexualtrieb einer der stärksten Antriebe im ererbten menschlichen Verhalten. (Ihm verdankt auch dieses Buch seine Entstehung.) Kann der Mensch sie nicht ausleben, so wird er unzufrieden und unglücklich.

Um den ererbten menschlichen Verhaltensweisen Rechnung zu tragen, muß die Arbeitswelt umgestaltet werden. Die Einführung der gleitenden Arbeitszeit, Mitbestimmung am Arbeitsplatz, Arbeitszeitverkürzung und die Einführung überschaubarer Technologien sind erste Schritte auf diesem Wege.

In welche Richtung eine positive Entwicklung gehen könnte, verraten auch die Modelle, die von fortschrittlichen

Unternehmern bereits praktiziert werden. Dazu gehören u. a. die Beteiligung am Gewinn sowie die stufenweise Herabsetzung der Arbeitszeit älterer Arbeitnehmer. Die tägliche Arbeitszeit wie auch die Lebensarbeitszeit sollte jeder in bestimmten Grenzen einmal selber bestimmen können. Die Arbeit muß außerdem soweit wie möglich von Herrschaftsstrukturen befreit werden.

Um dem Aggressionstrieb Rechnung zu tragen, der ebenfalls in den Erbanlagen verankert ist, sollte dem Menschen darüber hinaus Gelegenheit gegeben werden, etwas zu wagen, sich zu erproben und zu bewähren. Was im einzelnen alles zu tun ist, kann heute noch niemand sagen. Um die gangbaren Wege herauszufinden, wird man experimentieren müssen.

Soweit die rationalen Überlegungen, wie die Menschheit glücklicher leben kann. Wird die Menschheit auf diesem Wege vorankommen? Wird die Summe an Glück, die auf den einzelnen entfällt, in einer zukünftigen Welt größer sein als heute? Oder wird das Gegenteil eintreten? Werden totalitäre Herrschaftssysteme den Menschen auch in seiner Freizeit gängeln und einschränken, Diktaturen den Menschen versklaven und ausbeuten und Verhältnisse schaffen, wie sie in dem Roman *1984* von George Orwell beschrieben wurden. Auch diese Möglichkeit besteht.

Was sagen die Seher? Nach einer Vorhersage der Seherin von Prag wird die Menschheit einmal ihr Tagewerk in vier Stunden erledigen. Das ist eine Prophezeiung, die hoffen läßt. Totalitäre Staaten würden sich mit der in dieser Zeit erbrachten Arbeitsleistung nicht zufriedengeben. Der beträchtliche Gewinn an Freizeit kann zu einem Leben in größerer Freiheit und Unabhängigkeit führen.

Der Mensch wird sich seine Ziele in stärkerem Maße wieder selber setzen können. Wem beispielsweise sein derzeitiger Broterwerb nicht behagt, der kann neben seiner Arbeitszeit den Beruf erlernen, der mehr seinen Neigungen und Fähigkeiten entspricht. Die angekündigte Verkürzung der Arbeitszeit könnte erreicht werden durch die dritte industrielle Revolution, nämlich die Einführung von Minicomputern zur Automatisierung von Arbeitsvorgängen. Dieser Prozeß ist seit einigen Jahren angelaufen. Er wird Arbeitsplätze freimachen und zu kürzeren Arbeitszeiten führen. Nach einer weiteren Vorhersage dieser Seherin werden die Kleider einmal aus Erde hergestellt werden und ein Leben lang halten. Solche Produktionstechniken entsprechen nicht mehr der Wegwerfmentalität von heute! Wahrscheinlich wird die Erschöpfung der Ressourcen die Menschheit zum Umdenken veranlassen.

Dem amerikanischen Astrologen und Seher N. McIntosh zufolge soll im Wassermann-Zeitalter »unser gequältes, krankheitserregendes, mechanisches Zeitalter einem Zeitalter der Heiterkeit weichen«.

Prophezeiungen des Nostradamus erwecken ebenfalls die Hoffnung, daß die Menschheit einmal glücklicher leben wird. Im Quatrain 2, 13, ist zum Beispiel vom Glück der Seele im Zusammenhang mit spirituellen Erfahrungen die Rede.

Eine Rückkehr zu neuer Religiosität dürfte dem Menschen tatsächlich einen Teil seines verlorenen Glücks zurückbringen. Das Unglücklichsein des Menschen in unserer Zeit hängt zweifellos nicht nur mit seiner äußeren Lebensweise zusammen, sondern auch mit dem Verlust der Religion. Glaubenslosigkeit führt zu einem sinnentleerten Leben und Nihilismus. Das ist das Gefühl, daß es nichts mehr gibt, für das es sich zu leben oder zu sterben lohnt. Der Gedanke an den Tod kann den Atheisten nur lähmen, für den religiösen Menschen aber ist der Tod das Tor zu einem Leben in anderen Dimensionen.

17
Wird die menschliche Religiosität absterben oder sich erneuern?

Diese Frage – die sich heutzutage uns allen aufdrängt – ist klar gestellt. Für beide Alternativen gibt es rationale Argumente: Vom Sterben der traditionellen Religiosität und damit der Religionen zeugen leere Kirchen und Kirchenaustritte. Für eine Erneuerung der Religiosität spricht die Fülle neuer religiöser Bewegungen, die in den letzten fünfzig oder hundert Jahren in aller Welt entstanden sind und nun auch in Europa Anhänger gewinnen. Sind sie nur ein letztes Aufflackern menschlicher Religiosität oder bedeuten sie mehr?

Naturwissenschaft und Technik haben die Religionen zurückgedrängt. Die Wissenschaft hat den Kirchen manches Terrain abgerungen. Der Mensch wurde mächtiger. Gleichzeitig aber sank seine Stellung, die er in der Welt einzunehmen glaubte. Die Lehre von der Sonderstellung des Menschen im Kosmos wurde als Legende entlarvt. Erde und Sonne, die Erzeuger seines biologischen Körpers, sind nicht Mittelpunkt des Kosmos, sondern angesiedelt am Rande einer der vielen Galaxien mit Milliarden ähnlicher Himmelskörper. Und der Mensch selber ist auch nicht das einzigartige Wesen, als das ihn insbesondere das Christentum herausgestellt hat. Seine Herkunft aus der Tierreihe ist nicht mehr wegzuleugnen, und seine Vernunft und Willensfreiheit sind wahrscheinlich etwas durchaus Gewöhnliches für ein Lebewesen, das in der Stammesgeschichte am Platz des Menschen steht.

Intelligentes Leben existiert in vielfältigen Formen und Entwicklungsstufen auf vermutlich Hunderttausenden von Planeten. Anstatt den Menschen im Besitz einer unsterblichen Seele zu sehen, wird das Gehirn des Menschen von den Neurophysiologen, wenn auch nicht von allen, schließlich als kybernetisch organisierte Struktur aus Nerven und Zellen aufgefaßt, deren Geistigkeit nur eine unselbständige Begleiterscheinung ist.

Wie die Lehre der Religionen von der Sonderstellung des Menschen widerlegt wurde, so haben Naturwissenschaft und Technik auch Gott zurückgedrängt. Die einst Gott zugeschriebene Macht wird in wachsendem Maße durch die Menschen selbst ausgeübt. Die Beherrschung von Nuklearkräften und der Griff nach den Sternen haben diese Entwicklung ins Gigantische gesteigert. Raumsonden und die Rauchpilze von Nuklearexplosionen künden von der Macht und dem Können des Menschen.

Wie Gott als Machtsymbol in den Seelen der Menschen an Bedeutung verloren hat, so auch als »Platzhalter des Unbekannten«, als der er in der Geschichte häufig beansprucht wurde. In dieser Rolle wurde er durch Naturgesetze verdrängt, nach denen alles kausal determiniert erscheint. Die Bilder, die man sich von Gott gemacht hatte, sind nach und nach unglaubwürdig geworden. Vielfach waren es nur einfache Vorstellungen, vergleichbar mit derjenigen, die im Zukken der Blitze und Rollen des Donners das Wirken eines Gottes sah. Die Unvereinbarkeit mit modernem Wissen ließ solche Vorstellungen absterben. Hinzu kommt im Christentum noch der Widerspruch zwischen der guten Schöpfung und ihren offensichtlichen Mängeln. Wer wagt nach Auschwitz und Hiroshima noch zu behaupten, daß die Schöpfung gut sei? Das Sein hat Licht- und Schattenseiten, andernfalls würde es den Menschen auch nicht fordern und könnte er sich nicht bewähren. In einem Paradies gibt es keine Höherentwicklung. Und ein Widerspruch besteht auch zwischen der Behauptung, daß Gott seine Geschöpfe über alles liebt, sich gleichzeitig aber auch den Teufel und die Hölle hält, in der ewige Verdammnis möglich ist.

An die Stelle eines Schöpfungs- und Entwicklungsplanes hat der »wissenschaftliche« Mensch den blinden Zufall gesetzt. Geburt und Tod sind ihm sinnloses Spiel der Natur, das ihn erst zum Leben, dann zum Tode verdammt. Die

Religionen erscheinen ihm als Urdummheit der Menschheit, auf die er, aufgeklärt wie er ist, verzichten kann.

Aber wie früher die Wissenschaft den Atheismus begründen half, so liefert sie heute Hinweise darauf, daß die Religionen in ihrem Kern doch richtig sind. Die Aussagen der Wissenschaftler und der Mystiker über die Struktur der Welt haben sich einander angeglichen. Der amerikanische Physiker LAWRENCE LE SHAN hat Aussagen von Mystikern und modernen Physikern einander gegenübergestellt. In vielen Fällen ist es nicht möglich zu erkennen, welche der Aussagen von einem Mystiker und welche von einem Physiker stammen. Insbesondere die Forschungsergebnisse der Parapsychologie sprechen dafür, daß an den Behauptungen der Religionen im Kern ein gemeinsames Wahres ist (siehe auch Kapitel 18). Ihre Erkenntnisse werfen ein neues Licht auf das Wesen des Menschen und seine Stellung im Kosmos. Sie zeigen, daß der Mensch nicht an seiner Hautoberfläche endet. Sein Bewußtsein vermag außerhalb des biologischen Körpers an beliebigen Punkten im Raum und in der Zeit wirksam zu werden. Im Falle von Telepathie und Hellsehen überwindet es den Raum, im Falle von Präkognition und Retrokognition auf unerklärliche Weise auch die Zeit. Auch die Ergebnisse der Reinkarnations- und Sterbeforschung legen nahe, daß etwas im Menschen den Tod des grobstofflichen Körpers überlebt.

Vor diesem Hintergrund erscheinen die Wahrheiten der Mystiker und Religionsstifter weniger irreal, ihre Überzeugung, daß es hinter der materiellen Welt noch eine andere gibt und daß diese die eigentliche Heimat des Menschen darstellt, ihre Behauptung, daß der Mensch aus Endlichem und Unendlichem, Zeitlichem und Ewigem zusammengesetzt sei und der Tod nur einen Szenenwechsel bedeute, den – würde man heute sagen – die paranormale Komponente in ihm überlebt.

Wird die neue Weltsicht, wie sie sich aus den Forschungsergebnissen der Parapsychologie ergibt, zu einer neuen Religiosität führen oder kann auch sie das Sterben der Religionen nicht aufhalten? Aufgrund von rationalen Überlegungen ist diese Frage nicht zu entscheiden. Danach ist das eine so gut möglich wie das andere. Deshalb sollen nun die Seher zu Wort kommen.

Jakob Lorber, der wie gesagt in der ersten Hälfte des neunzehnten Jahrhunderts lebte, hat schon damals den Niedergang der Religionen vorhergesagt. Gleichzeitig hat er aber auch ihre Renaissance prophezeit. Die Lorbersche Prophezeiung lautet [Lit. 18]: »Zuerst wird aller Aberglaube mit den Waffen der Wissenschaften und Künste vom Erdboden hinweggeräumt werden. Wohl wird dadurch mit der Zeit eine volle Glaubensleere in der Menschheit bestehen, doch wird dieser Zustand nur höchst kurze Zeit andauern. Dann will ›Ich‹ den alten Baum der Erkenntnis segnen, und es wird mit ihm der Baum des Lebens wieder zu seiner alten Kraft gelangen . . .«

Der erste Teil der Vorhersage, nämlich die Ausbreitung des Atheismus im Gefolge der Wissenschaft, hat sich ohne Zweifel erfüllt. Damit wächst die Wahrscheinlichkeit, daß auch der Prophezeiung zweiter Teil eintreffen wird.

Auch eine Vorhersage von Nostradamus läßt sich in dem Sinne deuten, daß eine religiöse Erneuerung stattfinden wird. Sie ist in dem Quatrain 2, 13, enthalten und lautet: »Der Körper ohne Seele wird nicht mehr ein Opfer sein, der Todestag wird in einen Geburtstag verwandelt. Der göttliche Geist läßt die glückliche Seele das Wort [den Logos] in seiner ewigen Bedeutung erschauen.«

Edgar Cayce hat ebenfalls vorhergesagt [Lit. 30], daß sich die Menschheit vom extremen Materialismus abkehren und wieder mehr auf ihre spirituellen Werte besinnen wird. Diese Vorhersage enthält auch eine Zeitangabe. Die Umkehr soll im Wassermann-Zeitalter stattfinden.

Das Wassermann-Zeitalter ist ein astronomisch-astrologisch bestimmter Zeitabschnitt, der 2160 Jahre umfaßt. In diesem Zeitraum durchwandert die Sonne ein Zwölftel des Tierkreisfeldes. Ähnlich wie ein rotierender Kreisel, der angestoßen wird, beschreibt die Erdachse einen Kreis, nämlich das Tierkreisfeld, das sie in 26.000 Jahren einmal durchwandert. Im Wassermann-Zeitalter liegt zum Zeitpunkt der Frühlingstag- und Frühlingsnachtgleiche, von der Erde aus gesehen, hinter der Sonne das Sternbild des Wassermanns.

Zur Zeit befinden wir uns im Übergangsstadium zwischen dem Fische- und dem Wassermann-Zeitalter. Manche sagen, das Wassermann-Zeitalter hätte schon begonnen, andere legen den Eintritt auf das Jahr 2000 oder noch später. Die unterschiedlichen Auffassungen rühren daher, daß der genaue Zeitpunkt des Eintritts ähnlich schwierig festzulegen ist, wie etwa auch der Zeitpunkt des Tagesanbruchs, den man als den Augenblick des ersten Lichtstrahls im Osten, des Sichtbarwerdens des oberen, aber auch des unteren Sonnenrandes definieren kann.

Das Wassermann-Zeitalter soll nach Cayce dem Menschen das volle Bewußtsein bringen, daß er »mit Gott verkehren« kann. Der Mensch soll sich seiner Verbundenheit mit den Kräften der Schöpfung, mit Gott bewußt werden und von seinen Fähigkeiten Gebrauch machen, sich mit ihm zu vereinigen. Doch nur jene, die dafür bereit und aufgeschlossen sind, sollen auch gewahr werden, was mit ihnen geschieht.

Danach werden die neuen Religionen also eher eine überkonfessionelle Methodenlehre darstellen, die dem einzelnen Wege zu einer persönlichen Gotteserfahrung zeigt. Dogmen dürften dabei kaum noch eine Rolle spielen, desto mehr aber Techniken, die diese Erfahrung vermitteln. Dazu werden unter anderen die Techniken der Meditation gehören, eine andere Art dessen, was man Beten nennt. Regelmäßige Meditationen, wie dies in einfachster Form beim autogenen Training geschieht, haben einen günstigen Einfluß auf Seele und Gemüt des Menschen. Sie bauen Aggressionen und Spannungen ab und sind eine gesunde Grundlage für ein glücklicheres Leben. Wer meditiert, gewinnt Abstand von seinen aktuellen Problemen und kann sie infolgedessen besser lösen.

Falls sich der Reinkarnationsgedanke ausbreitet, wird auch die Höherentwicklung des Menschen in mehreren Leben Inhalt der neuen Religiosität sein. Der Mensch wird sich als Lichtpunkt in der unendlichen glühenden Substanz des Seins begreifen, der allmählich heller wird, das Entstehen und Vergehen von Welten überdauert und schließlich etwas sein wird, was wir uns heute nicht vorstellen können.

Der italienische Theologe und Zisterzienser-Mönch Joachim de Fiore (1130–1202) hat weitblickend radikale religiöse und geistige Erneuerungen vorhergesagt. In seiner *Weissagung des ewigen Evangeliums* kündigt er eine Epoche an, die ganz im Zeichen des Geistes und der Erkenntnis stehen wird [Lit. 50]. Diese neue Ära des Geistes könnte mit dem bevorstehenden Zeitalter des wirtschaftlichen Nullwachstums beginnen. Das ergibt sich aus dem folgenden für das neue Zeitalter angegebenen Merkmal: Die Vita contemplativa werde an die Stelle der Vita activa treten, das heißt, die Menschen werden, anstatt die Erde zu verändern und sich untertan zu machen, sich mehr der Erforschung der geistig-seelischen Innenwelt zuwenden.

Psychologie und Parapsychologie werden sich dann vielleicht als bedeutendste Wissenschaften des Menschen etablieren.

Die Klassensysteme sollen verschwinden. Joachim de Fiores Prophezeiung zufolge wird das neue Zeitalter ganz im Zeichen der Liebe und des Friedens stehen. Alle Menschen sollen Freunde werden.

Dasselbe hat auch Edgar Cayce für das Wassermann-Zeitalter vorhergesagt. In einem seiner Readings heißt es: »Schauen Sie um sich. Wenn Sie jemals einen Augenblick brüderlicher Zuneigung für einen anderen Menschen empfunden, einem anderen einen Gefallen erwiesen oder Geduld gegenüber einem auf Abwege geratenen Kind gezeigt haben, dann wissen Sie schon einiges von dem neuen Zeitalter und was es bringen wird.«

Nach N. Mc Intosh soll sich im Wassermann-Zeitalter die Welt vereinigen. Nationen und Stämme, politische und religiöse Unterschiede sollen verschwinden, die Rassenschranken fallen und alle Menschen die gleiche Sprache sprechen. Die Strafjustiz soll als überflüssig beseitigt, Verbrecher, von denen es nur wenige geben soll, psychisch behandelt werden.

Nach der Voraussage des Joachim de Fiore wird die neue Epoche das christliche Zeitalter ablösen. Die Symbole der Kirche, Sakramente, ja auch die Kirche selbst und mit ihr deren Hierarchie und Klerus sollen verschwinden, dafür aber die Evangelien ihrem Geist nach interpretiert und verwirklicht werden. Etwas Ähnliches sagt auch Mc Intosh für das Wassermann-Zeitalter voraus: Die organisierten Religionen sollen dahinschwinden und ihre Lehren der Vergessenheit anheimfallen.

Es bleibt abzuwarten, ob die Kirchen die Kraft haben, eine derart radikale Umwälzung von innen her zu vollziehen. So etwas ist eher das Werk von Revolutionen. Fiore sah der neuen Epoche denn auch »Heimsuchung und Verfolgung« vorangehen.

18
Sind Geburt und Tod ein sinnloses Spiel der Natur oder gibt es einen Schöpfungs- und Entwicklungsplan?

Seit den Fortschritten der Parapsychologie sind die von den Mystikern behaupteten Dinge nicht mehr nur Glaubenssache, sondern bis zu einem bestimmten Grade auch menschlicher Logik zugänglich. Niemand, der das entsprechende Faktenwissen kennt, wird heute noch behaupten, nur das sei wirklich, was sich mit den Sinnesorganen wahrnehmen oder mit physikalischen Meßinstrumenten nachweisen läßt. Eine solche Behauptung würde heutzutage ganz offensichtlich eine Überschätzung der Reichweite normaler Sinneswahrnehmungen wie auch des menschlichen Denkens darstellen.

Gibt es andere als die uns bekannten Wirklichkeiten?

Es ist schon entwicklungsmäßig bedingt, daß es andere Wirklichkeiten außerhalb der uns bekannten geben kann. Die Gründe sind folgende:

Der Mensch ist Teil der sogenannten materiellen Welt, zu der wahrscheinlich das gesamte Universum, wie es die Astronomen erforschen, gehört. Auf den Dingen dieser materiellen Welt, den leblosen wie den lebendigen, wurde während der zweitausend Millionen Jahre der Evolution die Existenz des Menschen gegründet. Diese Dinge erfüllen die Bedürfnisse des Menschen wie des Einzellers, bieten Nahrung, Geborgenheit und Schutz, können aber auch dem Leben ein abruptes Ende setzen. Kampf ums Dasein, Fressen oder Gefressenwerden, aber auch Liebe mit Leidensbereitschaft – das sind die Prinzipien, denen die Lebewesen im unerbittlichen Überlebensspiel unterworfen sind. Die Art, die

Gattung, die ihren Platz in der Welt nicht zu behaupten vermag, die die Kette der Geschlechter abreißen läßt, scheidet aus dem Spiel aus. Als Sieger überleben die besser Angepaßten, diejenigen, die sich in der materiellen Welt besser zurechtfinden. Von zufälligen Erbveränderungen bleiben die übrig, die auf die Erfordernisse der materiellen Welt am besten zugeschnitten sind. Auf diese Weise hat uns die Evolution (fast) alles beschert, was wir sind und haben: Körper, Sinnesorgane, Denken und Fühlen.

Entsprechend den Anforderungen des Überlebensspiels sind dabei alle unsere Fähigkeiten ganz auf die relevanten Dinge der materiellen Welt ausgerichtet. Was nicht zu der für das Überleben relevanten Kategorie von Dingen gehört, zählt nicht. Es ist nicht unbedingt erforderlich, außerhalb davon Liegendes wahrzunehmen.

Das bedeutet, daß es weite Bereiche der Wirklichkeit geben muß, über welche unsere Sinnesorgane keine Auskunft geben. Die Palette der paranormalen Phänomene zeigt, daß es diese Bereiche tatsächlich gibt. Sensitive aller Kulturkreise behaupten die Existenz eines anderen, von der materiellen Welt unabhängigen Universums des Geistes.

Nichts schließt dabei aus, daß eine solche andere, höhere Welt im gleichen Raum der Erde und des Kosmos angesiedelt ist. Platz ist für eine solche Welt nämlich schon aufgrund der Leere der Materie mehr als genug vorhanden. Denn was uns als feste Materie erscheint, ist nach den Entdeckungen der Kernphysik ein Gespinst von Molekülkernen mit um sie kreisenden Elektronen. Der Abstand zwischen Molekülkern und Elektronen ist vergleichbar mit dem Abstand zwischen Sonne und Planeten.

Die Materie ist so leer wie das Universum, und auch die einzelnen Massenpunkte selbst sind nur gefrorene Energie. Die starken Kernkräften unterworfenen Nukleonen durchrasen mit hohen Geschwindigkeiten den Atomkern und wandeln sich fortlaufend in Energie und wieder zurück in Materieteilchen um. Die Festigkeit der Materie ist die Folge von Kraftfeldern. Wenn die Hand diese Seite umblättert, dann wirkt das Kraftfeld der Moleküle der Hand auf das Kraftfeld des Molekülverbandes des Blattes.

Für andere Formen von »Materie«, die anderen Kraftfeldern unterliegen, ist diese Festigkeit nicht mehr gegeben. Die Hand greift hindurch, Schall wird nicht von ihr reflektiert. Solche Formen der Materie sind auch nicht sichtbar, denn die elektromagnetischen Schwingungen des Lichtes treten nicht mit ihr in Wechselwirkung.

Diese möglichen anderen Formen der Materie werden von unseren Sinnesorganen nicht wahrgenommen. Sie können existieren, ohne daß wir sie bemerken. Paralleluniversen bzw. Parallelrealitäten können sich gegenseitig durchdringen, ohne sich zu behindern. Sie können gleichrangig, aber auch einander übergeordnet sein.

Das Experiment Schöpfung, falls es ein solches Experiment gibt, kann in Parallelrealitäten mit ähnlichen, aber auch völlig unterschiedlichen Naturgesetzen gleichzeitig ablaufen. Für intelligente Wesen oder geistige Entitäten, die in einem solchen höheren Universum »beheimatet« sind, ist unsere Welt wahrscheinlich nicht mehr, als es die ihre für uns ist, nämlich allenfalls ein Traumgebilde. Alles weist jedoch darauf hin, daß der Mensch aufgrund paranormaler Erfahrungen Zugang zu einer höheren Welt des Geistes hat.

Wie der amerikanische Physiker LAWRENCE LE SHAN in seinem Buch *The Medium, the Mystic and the Physicist* gezeigt hat [Lit. 51], gibt es Möglichkeiten, eine Reihe tieferer und unserer Sinneswahrnehmung entzogener Aspekte der Wirklichkeit richtig zu erfassen, obwohl sie allem Anschein nach »nur« auf paranormalen bzw. mystischen Erfahrungen beruhen und den unserer technisch-wissenschaftlichen Zivilisation üblichen Vergleichen mit der äußeren Wirklichkeit bis vor kurzem nicht unterzogen werden konnten. Es liegen ihnen »nur« innere Erfahrungen und keine Analysen »handfester« Fakten zugrunde; dennoch sind sie offenbar richtig, wie sich heute aufgrund modernster Forschungsergebnisse herausstellt.

Es handelt sich dabei um Vorstellungen über die Beschaffenheit der Welt, wie sie schon früh von den indischen Mystikern entwickelt wurden. Diese Mystiker sehen die Welt durchaus auf eine ähnliche Weise, wie sie auch die moderne Physik aufgrund der Quanten- und Relativitätstheorie interpretiert. Die Übereinstimmung in der Weltsicht der so verschiedenen Vertreter zeigte sich u. a. darin, daß bei einer ganzen Reihe von Aussagen nicht unterschieden werden konnte, ob sie von einem Mystiker oder einem modernen Physiker stammen.

Le Shan hat eine Liste mit solchen Zitaten von Mystikern und Physikern zusammengestellt. Es handelt sich hierbei um Aussagen, die bei dem Versuch gemacht wurden, die Natur der Dinge zu beschreiben. Le Shan gab die Liste verschiedenen Leuten – Physikern und heute lebenden Mystikern – um zu sehen, ob diese würden unterscheiden können, welche Aussagen von Mystikern und welche von Physikern stammten. Die »Trefferquote« in diesem Test war ziemlich enttäuschend. Die Physiker rieten zu fünfzig bis sechzig Prozent richtig, die Mystiker zu sechzig bis siebzig Prozent.

Übereinstimmung zwischen den Anschauungen der Physiker und Mystiker liegt in einer Reihe von Punkten vor: Die östlichen Mystiker waren sich zum Beispiel immer schon des für unser Denken widersprüchlichen Charakters der Wirklichkeit bewußt. Sie sind durchdrungen davon, daß es nicht möglich ist, die Wirklichkeit an sich durch die Sprache zu beschreiben. In der modernen Physik tritt nun das Paradoxe der Wirklichkeit offen zutage, beispielsweise in den Fällen, in denen einander widersprechende Modelle benötigt werden, um bestimmte Erscheinungen zu beschreiben.

Parallelen zwischen östlicher Mystik und moderner Physik ergeben sich insbesondere auch bei der Beschreibung des Inneren der Atomkerne. Wie moderne Physik erkannt hat, durchrasen die starken Kernkräften unterworfenen Nukleonen den Kern mit Geschwindigkeiten von vierzig Kilometern pro Sekunde und sind nicht mehr länger unzerstörbar. Fortlaufend wandeln sich Materieteilchen in Energie und Energie in Materieteilchen um. Bewegung und Rhythmus um Atomkern und in der Atomhülle, Bewegung und Rhythmus aber auch im Weltall bei den Planeten, Sonnen und Galaxien. Offensichtlich sind Bewegung und Rhythmus wesentliche Eigenschaften unserer Welt. F. CAPRA spricht deshalb in seinem Buch *Der kosmische Reigen* vom »Tanz des Universums« und vergleicht ihn mit dem Tanz des Schiwa, in dem sich den östlichen Mystikern Bewegung und Rhythmus als Essenz und Grundprinzip der Welt symbolisieren [Lit. 52].

Wie zwischen Materie und Energie, so hat die moderne Physik auch eine enge Verbindung zwischen Raum und Zeit nachgewiesen. Beide sind untrennbar miteinander verknüpft. Die Zeit ist nicht die unabhängige Größe, als die sie uns im Alltagsleben erscheint. Das ist eine Aussage der modernen Physik, gehört aber auch zu den Grunderfahrungen der Mystiker und wird auch durch die parapsychischen Phänomene der Präkognition und Retrokognition, also der ASW in die Zukunft und in die Vergangenheit, schlagend bestätigt.

Ein weiterer Punkt, in dem sich moderne Physik und Mystik aneinander annähern, ist die Bezogenheit und Abhängigkeit der Dinge und Ereignisse voneinander. Die inneren Teile der Atome existieren nicht unabhängig voneinander, sondern sind einbezogen in ein Netzwerk von Wechselbeziehungen. Diese Verwobenheit der Dinge und Ereignisse, ihre gegenseitige Bezogenheit und Abhängigkeit voneinander wird von den östlichen Mystikern für das ganze Universum angenommen, das als großer Organismus aufgefaßt wird, in dem jeder Teil durch das Ganze bedingt ist. In Ansätzen wird eine über das Atominnere hinausgehende wechselseitige Bezogenheit und Abhängigkeit der Dinge und Ereignisse voneinander auch bereits in der modernen Wissenschaft erkannt. So ergibt sich zum Beispiel aus der allgemeinen Relativitätstheorie, daß die Struktur der Raumzeit unauflöslich mit der Verteilung der Materie zusammenhängt.

Die indischen Mystiker erkannten darüber hinaus, daß sich das Universum aus unzähligen Weltsystemen zusammensetzt, die einem dauernden Entstehen und Vergehen unterworfen sind. Die Entfaltung und Wiedereinschrumpfung des Universums bis zur völligen Zusammenballung und Wiederentstehung wird heute auch in der Astronomie in der sogenannten Urknalltheorie diskutiert. Für die Entdeckung der bei dem Urknall aufgetretenen Hintergrundstrahlung – die einige Jahre vorher theoretisch vorhergesagt worden war – wurde 1979 der Nobelpreis verliehen.

Auf dem Gebiet der Biologie nahmen die altindischen Mystiker die Entdeckung DARWINS von der allmählichen

Höherentwicklung der Lebewesen vorweg. Auch in Mesopotamien wurde offensichtlich die aufeinanderfolgende Entstehung der Arten richtig erfaßt. Die biblische Schöpfungsgeschichte läßt sich leicht an die moderne Evolutionslehre anpassen, wenn man die »sieben Schöpfungstage« auf der Zeitskala auseinanderzieht. Man muß die Zeit mit dem Faktor 10^{11} multiplizieren. Die Reihenfolge ist richtig: Zuerst kommt die Trennung von Meer und Land. Dann entstehen bzw. werden nach der Schöpfungsgeschichte der Bibel von Gott die Fische erschaffen, als nächstes die Pflanzen, im folgenden die Landtiere und letztlich der Mensch.

Auch die Aussage mittelalterlicher Mystiker, daß die Welt gefrorenes Licht sei, trifft ins Schwarze: Nach der berühmten EINSTEINSCHEN Formel: Energie gleich Masse mal Lichtgeschwindigkeit im Quadrat ($E = mc^2$) ist Energie umwandelbar in Masse und umgekehrt. Danach gilt also, daß die aus Materie bestehende Welt »gefrorene Energie« ist. Licht stellt aber eine Energieform dar, womit sich die Aussage als richtig erweist.

Ein Mystiker und Seher der neueren Zeit, der Ergebnisse der modernen Naturwissenschaft vorweggenommen hat, war JAKOB LORBER [Lit. 18, 22]. Zumindest ein Teil seiner Aussagen hat sich ohne Zweifel als richtig erwiesen. Dieses Wissen konnte zu der Zeit, als Jakob Lorber (1800 – 1864) es zu Papier brachte, keinesfalls auf normale Weise erschlossen werden. Es handelt sich um Erkenntnisse, die den atomaren und subatomaren Bereich, aber auch die Astronomie und die Biologie sowie die technologische Entwicklung betreffen.

Lorber beschreibt zum Beispiel den Doppelcharakter des Lichtes und spricht von den Schwingungen und raschen Bewegungen sowie der kurzen Lebensdauer der Teilchen im subatomaren Bereich, Jahrzehnte bevor die Wissenschaft die Natur des Lichtes erkannte und die Vorstellung vom festen Charakter der Materie verwarf. Die Entstehung des Lichtes beschreibt Lorber beispielsweise folgendermaßen:

»Licht ist eine Emanation, hervorgebracht durch schnelles, ja billionenmaliges Vibrieren der kleinsten Atome in einem Augenblick.« Nach den Erkenntnissen der Physik erzeugen die »kleinsten Atome« – das sind die Elektronen, deren

Masse ja noch um etwa den Faktor 2000 kleiner ist als die Masse des Wasserstoffatoms – Licht, indem sie von einer größeren Umlaufbahn um den Atomkern auf eine niedrigere zurückfallen. Die dabei freiwerdende Energie wird als Lichtquant oder Photon abgestrahlt. In glühenden, Licht abstrahlenden Körpern werden dann die Elektronen sofort wieder auf das höhere Energieniveau angehoben, um innerhalb von Sekundenbruchteilen wieder zurückzufallen und erneut Licht abzustrahlen. Dieser Vorgang läßt sich zweifellos als ein sehr »schnelles Vibrieren der kleinsten Atome« (sprich Elektronen) beschreiben.

Die Bewegung in der Materie beschreibt Lorber folgendermaßen: »Auch in der scheinbar festen Materie ist ebenfalls keine Ruhe, auch in ihr regt sich alles, und zwar mit einer Schnelligkeit, die kein menschlicher Sinn fassen kann.« Diese Aussage ist zweifellos richtig, denn in den Atomen und Atomkernen ist ja, wie bereits beschrieben, alles in Bewegung: Die Elektronen kreisen um den Atomkern und durch den Atomkern rasen die Nukleonen und verwandeln sich in Energie und wieder zurück in Materieteilchen.

Die Wissenschaft hat diese Fakten erst Anfang des zwanzigsten Jahrhunderts, also Jahrzehnte nach Lorbers Tod, experimentell ermittelt. Lorber wußte auch bereits, daß das Weltall nicht nur eine einzige, sondern sehr viele Galaxien enthält, eine Erkenntnis, die sich in der Astronomie erst in den zwanziger Jahren dieses Jahrhunderts allmählich durchsetzte. Jede dieser Galaxien soll nach Lorber um eine sogenannte »Ursonne« kreisen, die den größten Teil der Masse der Galaxie enthält. Tatsächlich haben die Astronomen ein kosmisches Gebilde, das mit dieser »Ursonne« vergleichbar ist, bereits für die Andromeda-Galaxis nachgewiesen. In der Terminologie der Astronomen wird es als Quasar oder Schwarzes Loch bezeichnet. Auch in den Mittelpunkten sieben weiterer Galaxien werden solche Quasare vermutet.

Wie diese Beispiele zeigen, kann ASW – deren solche Mystiker zweifellos befähigt waren – offensichtlich zur Erkenntnis der Wirklichkeit beitragen. Sie dürften darüber hinaus in wesentlich stärkerem Maße als vermutet zur

Wahrheitsfindung dienen und dem Experiment und der Analyse den Weg vorgeben. Wenn ASW-Informationen dann durch Sinneswahrnehmungen bestätigt werden, ist natürlich deren Richtigkeit sichergestellt. Diese Kontrolle ist aber bei durch ASW vermittelten Erkenntnissen über Realitäten jenseits der Grenzen der materiellen Welt natürlich nicht möglich. Aber vielleicht sind diese ASW-Erkenntnisse dann richtig, wenn Sensitive der verschiedensten Zeiten und Kulturkreise, ohne voneinander zu wissen, zu denselben oder einander ähnlichen Aussagen gelangen. Es gibt solche Aussagen. An sie darf natürlich kein ebenso strenger Maßstab angelegt werden wie an Aussagen über die materielle Welt, und zwar einfach deshalb nicht, weil die Strukturen anderer Welten gleichnishaft in Bildern und Modellen, die auf die materielle Welt zutreffen, beschrieben werden müssen.

In erstaunlicher Ausführlichkeit und in faszinierender Weise hat in neuester Zeit die amerikanische Sensitive Jane Roberts die Erfahrung »höherer Realitäten« gemacht. Das Ergebnis ist das Buch *Gespräche mit Seth – Von der ewigen Gültigkeit der Seele* [Lit. 53], das Botschaften zum Inhalt hat, die Jane Roberts in Trance zukamen und die von ihrem Mann notiert wurden. In diesen Botschaften spricht sich Seth aus, ein »Energiepersönlichkeitskern, der nicht mehr in der physischen Form zentriert ist«. Angesichts des Inhalts der Texte vergißt der Leser bald die anfänglich wichtig erscheinende Frage, ob Seth nun eine dem Unbewußten der Verfasserin entstammende Dramatisierung oder eine aus einer geistigen Welt höherer Realität sprechende Wesenheit sei.

Seth macht uns jedenfalls das Bewußtsein als offenes, in steter Entwicklung und Wandlung begriffenes System und die Seele – unsere wahre Identität – als hochindividualisierte geistige Energie und multidimensionales Selbst in uns deutlich. Beide sind unabhängig von physischer Form, Zeit und Raum.

Der Reichtum der Seele als Quelle aller Kreativität und Entwicklung ist diesen Seth-Botschaften zufolge »unermeßlich, ihr Potential beinahe unbegrenzt. Die Seele, jede Seele, verfügt über Fähigkeiten der inneren Wahrnehmung. Aufgrund der inneren Sinne – durch intuitive Einsichten, paranormale Informationen und, sehr oft, durch Traumbotschaften – hat der Mensch Zugang zur universellen Welt höherer, multidimensionaler Realitäten. Mehr noch: Die menschliche Persönlichkeit ist auf dem Nährboden und im höherpsychischen Netzwerk der Seele selbst multidimensional und existiert in verschiedenen Realitäten zugleich«.

Die Botschaften dieses Buches (das nur die erstvorliegende deutsche Übersetzung der auf diese Art zustande gekommenen Bücher Jane Roberts‘ ist) über Wahrscheinlichkeiten – wahrscheinliche Systeme und wahrscheinliche Welten –, über die Natur von Gut und Böse und religiöse Symbolik sind tatsächlich bestechend – wenn diesen Aussagen auch nur hypothetischer Wert beigemessen werden kann, nachdem, wie gesagt, solche »innere Erfahrungen« über höhere Realitäten nicht beweisbar sind.

Gibt es ein Weiterleben nach dem Tode?

Falls jedoch die Strukturen anderer Welten, wie heute zu vermuten ist, von denen der unseren verschieden sind, so ergibt sich, sozusagen von neuem, die schon tausend- und abertausendmal gestellte Menschheitsfrage, die über die Grenzen der uns bekannten Welt der Materie hinausgeht: Gibt es ein Weiterleben nach dem Tode?

Nach materialistischer Auffassung ist alles, was wir denken und fühlen, eine Funktion der grauen Zellen unseres Gehirns und ebenso wie diese Tod und Zerfall unterworfen. Andererseits glauben Millionen von Menschen, daß unsere Seele oder ein wie auch immer gearteter geistiger Kern unserer Persönlichkeit getrennt und unabhängig vom Gehirn existiert und Tod und Zerfall des menschlichen Körpers überlebt.

Es gibt kaum eine Frage, über die mehr Vorurteile gefällt worden sind: Wer von seiner vollständigen Vernichtung durch den Tod überzeugt ist, überschätzt die Reichweite menschlicher Sinneswahrnehmungen und täuscht sich über die Unfehlbarkeit menschlichen Denkens. Diejenigen aber, die an ein Weiterleben glauben, haben diesen Glauben zumeist einfach im Rahmen ihrer religiösen Überzeugung übernommen. Andererseits ist zu dieser Thematik - abgesehen jetzt von den meist schwerverständlichen Werken großer Mystiker und dogmatisch voreingenommenem religiösem Schrifttum – bereits eine Vielzahl naiv-gefälliger Phantastereien und unwissenschaftlicher Spekulationen veröffentlicht worden: angebliche »Beweise« für ein Weiterleben nach dem Tode, die in Wirklichkeit keine Beweise, sondern bestenfalls nur Hypothesen sind.

Zweifellos aber lassen sich auch gewichtige Überlegungen anstellen, denenzufolge durchaus die Möglichkeit besteht, daß etwas im Menschen den Tod seines Körpers überlebt: Kein Mensch weiß, warum es die Welt, das Sein überhaupt gibt und was sie letztlich überhaupt ist. Allem Anschein nach existieren also Realitäten und wahrscheinlich auch Kräfte, die außerhalb unseres Erfahrungsbereiches liegen. Hierfür werden andere Gesetzmäßigkeiten als die uns bekannten gelten, und unser Denken kann bei dem Versuch, sie zu erfassen, völlig versagen. Unser Denken scheitert ja schon, wenn wir uns das Universum vorstellen sollen. Unbegrenzt in Raum und Zeit können wir es uns nicht denken, und wenn es räumlich und (oder) zeitlich begrenzt sein soll, so fragen wir, was dahinter bzw. danach kommt, stellen also Fragen, die nicht zulässig sind.

Die Mystiker sagen, daß die Seele ein Teil von Gott bzw. der Ursache oder dem Urgrund des Seins sei. Gott liegt außerhalb unseres Erfahrungsbereiches. Das Denken über Gott kommt auf keinen Grund. Unser für die Anforderungen des Überlebens entwickeltes Gehirn ist offenbar nicht dafür eingerichtet, dieses Geheimnis zu begreifen. Doch wird man gewisse Aussagen als zulässig erachten. Viele Menschen denken sich Gott als etwas, das die Ursache, der Urgrund oder auch das Sein in seiner Gesamtheit selber ist. Dieser unbekannten Macht oder Kraft kann man zugestehen, daß sie unzerstörbar und ewig ist. Unserem Denken erscheint das logischer als das Gegenteil. Wenn man nun annimmt, wie das in den Hochreligionen geschieht, daß die Seele ein Teil von Gott ist, dann kann man der Seele ebenfalls diese Eigenschaft zugestehen: daß sie also unzerstörbar ist, daß sie daher Tod und Verfall des Körpers überlebt. Da nun auch eine Vielzahl mystischer und parapsychischer Erfahrungen (was möglicherweise auf dasselbe hinausläuft) dafür sprechen, kommt der Annahme des Weiterlebens nach dem Tode eine relativ hohe Wahrscheinlichkeit zu.

Beim Vergleich der Glaubenswahrheiten der verschiedenen Religionen stößt man zwar auf viele Widersprüche, dennoch lassen sich in ihren mystischen Grunderlebnissen, wie auch in den grenzüberschreitenden paranormalen Erfahrungen der Menschen, über die Jahrhunderte hinweg gewisse Gemeinsamkeiten erkennen, die auf eine Realität jenseits der Grenzen der uns bekannten Welt schließen lassen.

Erstmals heute, dank der Parapsychologie, finden sich auch konkrete Wissensanhaltspunkte, die seitens der Wissenschaft zu dieser brennenden Thematik beitragen werden. Schon 1975 erklärte Milan Rýzl, einer der Pionierforscher der Parapsychologie in seinem interessanten Werk *ASW-Training* die »Krümmung in höhere Dimensionen« folgendermaßen [Lit. 54]:

»Die Erkenntnis, daß die Erde eine Kugelform hat, räumte die aus dem alten Bild einer flachen Erde resultierenden scheinbaren Paradoxa aus. Dank ihrer Krümmung ist die Oberfläche der Erde begrenzt, hat jedoch kein feststellbares ›Ende‹. Genauso kann der alle Galaxien umfassende dreidimensionale Raum in die vierte Dimension gekrümmt sein – wie die Erde gekrümmt ist – und das Weltall begrenzen, ohne daß es Grenzen hat. Diese Vorstellung fand übrigens unter den Astronomen nicht wenig Anhänger. Albert Einstein leitete aus seiner Relativitätstheorie eine Formel ab, die ihm, nach einer ungefähren Schätzung der durchschnittlichen Dichte der Materie im Weltall, eine Schätzung des Gesamtvolumens vom begrenzten gekrümmten Weltall ermöglichte. Er gelangte zu einem phantastischen Wert des Krümmungsradius: elf Milliarden Lichtjahre. Das Bild eines gekrümmten Weltalls bedarf aber vielleicht einer ausführlichen Erklärung. Eine Gerade (die eine einzige Dimension hat: Länge) kann zu einem Kreis gekrümmt werden (der in einer Ebene liegt). Eine Ebene (die zwei Dimensionen hat: Länge und Breite) kann zu einer Kugel gekrümmt werden (die ein fester Körper mit drei Dimensionen ist: Länge, Breite und Höhe). Die

Krümmung eines geometrischen Objekts erfordert immer die Hinzufügung einer Dimension, in welche das Objekt gekrümmt wird. Ein dreidimensionaler Ausschnitt des Raumes wird – wenn man ihn krümmt – in die vierte Dimension gekrümmt.

Es fällt uns schwer, die vierte und mögliche weitere Dimensionen unseres Kosmos zu verstehen. Aber der Grund dafür liegt vielleicht nur in den Grenzen, die unserer Gattung gesetzt sind. Wir sehen die Welt vom Standpunkt eines dreidimensionalen Wesens.

Stellen Sie sich vergleichshalber ein Volk flacher zweidimensionaler Wesen vor – wir können sie uns vielleicht als intelligente flache Würmer denken –, die eine zweidimensionale Ebene bewohnen. Sie werden nur die beiden Dimensionen ihres Raums verstehen, wogegen für sie die uns vertraute dritte Dimension absolut unverständlich ist. Wir können uns dann eine Barriere in ihrem flachen Raum vorstellen, die verhindert, daß sie sehen, was auf der anderen Seite vorgeht. – Nun können wir uns vorstellen, daß eines der Wesen aus diesem oder jenem Grund die dritte Dimension zu begreifen begann und sich einen Ballon baute, der es in die dritte Dimension hinaufhebt. Von diesem höheren Punkt aus sieht es mühelos, was hinter der Barriere passiert. Zu erwähnen wäre hier noch, daß das Talent dieses Wesens vom Standpunkt seiner Artgenossen der ASW gleichkäme.«

Und weiter Rýzl: »Für unsere Wahrnehmung erstreckt sich unser Weltall in einem dreidimensionalen Raum. Ist dieser Raum gekrümmt und ist vor allem der Krümmungsradius groß, dann kann es sein, daß wir die Krümmung gar nicht bemerken – wie wir beispielsweise die Krümmung der Erde nicht bemerken, wenn wir den Garten ums Haus vermessen. Unser Körper und unser Verstand sind von Natur aus auf die dreidimensionale Welt beschränkt.

Die Zeit kann als zusätzliche Dimension der Welt betrachtet werden. Wenn wir dies tun, erhalten wir ein multidimensionales Bild unseres Weltalls: dreidimensionaler Raum, möglicherweise in die vierte Dimension (Schwerkraft) gekrümmt und sich in der fünften Dimension (Zeit) entlang der Achse aus der Vergangenheit in die Zukunft bewegend. Die

›Gegenwart‹ wäre dann nur ein dreidimensionaler Schnitt durch die Zeitachse, genau wie man einen Kreis erhält, wenn man einen Schnitt durch einen Zylinder macht. In diesem Bild sind wir mit unseren materiellen Körpern Gefangene in dem Schnitt ›Gegenwart‹, der sich ständig zur Zukunft hin bewegt. Nur Psi-Energie – ASW – vermag diese Begrenzung zu überwinden und sich in der Zeit genauso zu bewegen wie unsere physischen Körper im Raum.«

Der Forscher beschreibt sodann das Modellbild einer »multidimensionalen Welt«.

Noch weiter aber geht er in seinem 1981 veröffentlichten Werk *Der Tod und was danach kommt* [Lit. 48]. Als Ergebnis seiner jahrzehntelangen Forschungsarbeit legt er in diesem Buch *Daten und Fakten dar, aus denen der Schluß gezogen werden muß,* daß unsere Welt der Materie nur Teil einer von Raum, Zeit und Stofflichkeit unabhängigen »höheren Welt« ist und daß der Mensch in diesem geistigen Universum höherer Dimensionen nach dem Tod weiterlebt – nicht als ein »Geist«, nicht »sein« Geist, aber etwas von jener geistigen Entität, die wir »Seele« nennen.

Neu an Rýzls Buch ist der Umstand, daß sich hier ein Wissenschaftler ins Neuland der orthodoxen Wissenschaften begeben hat und die Problematik mit dem profunden Fachwissen eines kritischen Parapsychologen und der wissenschaftlichen Methodik des Naturwissenschaftlers (Rýzl studierte Chemie und Physik) untersucht. Und auch er betont, daß in entscheidenden Punkten dieser wissenschaftlich gewonnenen Erkenntnisse und auch unter sich die großen Weltreligionen übereinstimmen, so daß »diese in ihrem Kern rehabilitiert erscheinen«.

In dieser von modernster Parapsychologie postulierten »höherdimensionalen Welt« könnte die Seele nach Überschreiten der Todesschwelle weiterhin über die »menschliche« Fähigkeit einer Art Bewußtsein verfügen, wenn das Bewußtsein, wie von manchen Philosophen gefordert wird, unabhängig vom Gehirn (in einem paranormalen Bereich) existiert und das Gehirn »nur« die Kontaktstelle zwischen Bewußtsein und Körper darstellt. Diese Hypothese wird durch eine wissenschaftlich sehr gut abgesicherte paranormale Erscheinung gestützt, die zeigt, daß Bewußtseinsinhalte nicht nur im Gehirn gespeichert werden. Gemeint ist die Psychometrie.

Unter Psychometrie versteht man außersinnliche Wahrnehmung mit Hilfe bzw. anhand eines Gegenstandes. Wenn ASW-begabte Menschen einen Gegenstand in die Hand nehmen, sich entspannen und für ASW-Eindrücke empfangsbereit machen, dann können sie, offenbar stimuliert durch den Gegenstand, Erlebnisse von Menschen nachempfinden, die diese im Zusammenhang mit dem Gegenstand hatten. Das ist eines der am besten funktionierenden Psi-Experimente und häufig nachvollzogen worden, so auch vom Verfasser in Volkshochschulkursen.

Die Teilnehmer versuchten sich dabei an Päckchen, deren Inhalt niemand kannte. Die Versuche gelangen fast immer. Als zum Beispiel zwei der acht Teilnehmer – es waren Frauen – einen gutverpackten Gegenstand entspannt in den Händen hielten und in sich hineinlauschten, hörten sie dumpfe Trommeln und sahen halbnackte Menschen um ein Feuer tanzen. Eine der beiden Frauen sah dann noch einen Waldrand und wußte, daß es sich um Eingeborene eines östlichen Landes handelte. Der anderen kam das Wort »Totem« in den Sinn.

Der Gegenstand war ein winziger Splitter von einem mehrere Meter langen, aus Holz geschnitzten und inzwischen ein wenig morschen Krokodil, das heute in einem Völkerkundemuseum zu besichtigen ist, ursprünglich aber als Symbol für eine Gottheit in einem Kulthaus am Sepik auf Neuguinea stand. Es spielte eine Rolle bei Feierlichkeiten im Zusammenhang mit Kopfjagden, rituellem Kannibalismus und bei der Initiation der Knaben. Der Initiationsvorgang wurde als die Verschlingung des unwissenden Initianden durch die Krokodil-Gottheit und die anschließende Wiedergeburt als eingeweihtes Mitglied der Kultgemeinschaft aufgefaßt.

Der Gegenstand selbst kann übrigens nicht der Speicher der Bewußtseinsinhalte sein, denn wenn im Falle von Psychometrie der ASW-Kontakt erst einmal geknüpft ist, so kann der Gegenstand zerstört werden, ohne daß die ASW-Verbindung verlorengeht.

Psychometrie-Experimente beweisen, daß Bewußtseinsinhalte nicht nur in den Eiweißverbindungen des Gehirns gespeichert werden. Sie existieren noch, nachdem das Gehirn, das sie hervorgebracht hat, längst zerstört ist.

Allerdings ist es nicht sehr wahrscheinlich, daß die Seele, wenn sie in einer jenseitigen Welt weiterexistiert, ebenso denkt und empfindet wie der Mensch hier auf der Erde, wo Denken und Empfinden ja ganz auf das Überleben hin entwickelt wurden. Insbesondere die Informationsübermittlung dürfte auf eine andere Weise funktionieren. Unsere Sinneswahrnehmungen sind u. a. dadurch bestimmt, daß wir in einem »Luftmeer« leben sowie im Einflußbereich eines Sterns, dessen elektromagnetische Strahlen von den Oberflächen der Gegenstände reflektiert werden. Von der Art der Sinneswahrnehmungen ist aber auch unser Denken geprägt: Einfaches Denken vollzieht sich in Bildern, den Informationen, die uns die elektromagnetischen Wellen des Lichtes liefern, komplizierteres Denken in Worten, also in Symbolen, wie sie sich aufgrund der Informationsübermittlung durch Schallwellen ergeben haben.

Unsere Sinnesorgane werden beim Tode zerstört. Es ist nicht wahrscheinlich, daß sie auch in einer jenseitigen Welt existieren. Die Informationsübermittlung wird wahrscheinlich nicht mehr durch Licht- oder Schallwellen erfolgen. Eher könnte ASW eine Rolle spielen, wobei Telepathie vielleicht der Sprache und Hellsehen den optischen Wahrnehmungen entspricht. Die Art der Informationen, der Zweck ihrer Übermittlung sowie die Verschlüsselung könnten ziemlich verschieden sein von allem, was wir kennen.

In den *Upanischaden* heißt es, die transzendente, immaterielle Wirklichkeit sei von einer Art, vor der Sprache und Denken zurückschrecken. Wir können uns vorstellen, daß die jenseitige höhere Welt wahrscheinlich zu dieser Wirklichkeit gehört.

Zu welchem Zweck leben wir?

Ein noch größeres Rätsel des Menschseins als die Frage des Weiterlebens nach dem Tode ist die Frage nach Sinn und Zweck des Lebens. Wenn uns unsere Herkunft verborgen und unser Schicksal nach dem Tode unbekannt ist, können wir rational nicht ergründen, zu welchem Zweck wir leben – ob uns überhaupt Ziele gesetzt sind und, wenn ja, welche, oder ob das Leben nicht einfach nur Selbstzweck ist. Wenn wir diese Fragen auch nicht mit unserem Verstand beantworten können, so gibt es doch Denkmöglichkeiten:

Der Mensch und überhaupt alles intelligente Leben, gleichgültig wo und wann, könnten zufällige Nebenprodukte der Evolution sein. Diese Ansicht wird von einer ganzen Reihe von Biologen vertreten. Die Existenz des Menschen soll danach vor dem Hintergrund des Ewigen genau so wichtig oder unwichtig sein wie die irgendeiner Tiergattung. Dann ist es natürlich letztlich auch belanglos, ob ein Autofahrer morgens eine Katze oder einen Mopedfahrer überfährt oder ob in der dritten Welt statt hunderttausend hundert Millionen Menschen verhungern; und wenn die Sonne eines Tages ihre Strahlung erhöhen und alles Leben auf der Erde vernichten wird, so bedeutet das vor dem Hintergrund des Ewigen vielleicht nicht mehr als die Abtötung der Bakterien auf der Oberfläche eines Gegenstandes durch Erhitzen. Kein Plan gerät dadurch in Verzug, Ziele werden später nicht erreicht – nicht, weil umdisponiert wurde, Ausweichmöglichkeiten vorhanden sind, sondern weil es keine Ziele gibt.

Demgegenüber besteht natürlich auch die Denkmöglichkeit, daß das Leben und insbesondere der Mensch aufgrund eines Schöpfungsplanes entstanden sind. Wenn die Evolution auch vom Zufall beherrscht zu sein scheint, so könnten die Naturgesetze doch so angelegt sein, daß im Zuge der Evolution ganz zwangsläufig intelligentes Leben hervorgebracht wird. Wenn es einen solchen Plan gibt, so könnten sich die Aufgaben der Lebewesen auf den Zeitraum zwischen Geburt und Tod beschränken, aber es könnte auch sein, daß zur Erreichung des Zieles eine ganze Kette von Erdenleben und ein Weiterleben in jenseitigen Welten notwendig sind.

Welche dieser gegensätzlichen Denkmöglichkeiten richtig ist, kann die Ratio nicht entscheiden. Diese Dinge mit dem Verstand ergründen zu wollen, ist allem Anschein nach, wie NIETZSCHE sagt, »ein Flattern gegen ewige Wände«.

Dennoch gibt es Antworten auf die Fragen nach Sinn und Zweck des Lebens. Die Mystiker und Religionsstifter haben sie gegeben. Was aber hat man von diesen Antworten zu halten? Beruhen sie auf paranormalen Einblicken oder stellen sie nur Phantasiegebilde dar? Einige von ihnen entstammen sicher dem Wunschdenken, andere wurden verkündet, damit die Menschheit glücklicher lebe, und wieder andere in die Welt gesetzt, um Herrschaftsstrukturen aufrechtzuerhalten. Einige von ihnen könnten aber Einblicke in tatsächlich vorhandene Strukturen darstellen.

Damit werden jene Denkmöglichkeiten wahrscheinlicher, die mit den Antworten der Mystiker übereinstimmen, die sich fast alle darüber einig zu sein scheinen, daß ein Schöpfungsplan vorliegt und der Mensch eine Aufgabe zu erfüllen hat. Es soll etwas von Gott, etwas Göttliches, in jedem Menschen vorhanden sein, und dieses Etwas soll den Tod des Körpers überleben und irgendwann zu Gott zurückkehren.

Eine alte Tarockkarte vergleicht die Seele des Menschen mit dem Wasser, das von einem Gefäß in das andere umgegossen und zuletzt zurück ins Meer geschüttet wird. Die verschiedenen Gefäße entsprechen Reinkarnationen, das Zurückfließen ins Meer der Rückkehr zu Gott.

Dieses alte Bild entspricht auch einer der durch ein Reading überlieferten Trance-Aussagen von EDGAR CAYCE [Lit. 30]. »Ziel des Menschen ist es«, nach seinen Worten, »sich weiter- und höherzuentwickeln, bis er wieder seinen Geist und seine Seele mit dem vollständigen Ganzen vereinigt, während er sich seiner eigenen Individualität bewußt bleibt ... Auch wenn der Mensch bisweilen versagt und zurückfällt, wird er doch Schritt für Schritt aus der Dunkelheit auf das Licht zugehen – geführt vom göttlichen Funken tief in ihm.« Wie sich auf der Erde die Evolution der Lebewesen und des Bewußtseins vollzieht, so soll auch eine Aufwärtsentwicklung der Seele über lange Zeiträume hinweg stattfinden. Wie es in einem alten Gedicht heißt, soll der

Mensch einmal etwas sein, was wir uns heute »nicht vorstellen können«. Das Gedicht stammt von dem persischen Dichter RUMI, der im Mittelalter lebte, und lautet:

Immer und immer wieder
bin ich gewachsen wie Gras;
ich starb als steinernes Wesen
und wurde zur Pflanze.
Ich starb als pflanzliches Wesen
und wurde zum Tier.
Ich starb als tierisches Wesen
und wurde zum Menschen.
Wozu also die Furcht vor einem
Verschwinden durch den Tod?
Das nächste Mal werde ich sterben,
und Flügel werden mir wachsen
wie den Engeln.
Wenn ich höher geschwebt sein
werde als die Engel –
was du dir nicht vorstellen kannst,
das werde ich sein.

Rumi nimmt in seinem erstaunlichen Gedicht eine Art Beschreibung der Evolution vorweg. Er sieht visionär die fortschreitende Höherentwicklung der Lebewesen und auch des Bewußtseins; die letzten Zeilen des Gedichts scheinen außerdem zu besagen, daß die Evolution der Lebewesen noch nicht zu Ende ist, sondern noch weit über dem Menschen der Gegenwart stehende Lebensformen hervorbringen wird.

Welches Ziel hat die Menschheitsentwicklung?

Der Jesuit und Wissenschaftler TEILHARD DE CHARDIN (1881–1955) hat als Ziel der Menschheitsentwicklung die vollkommene Gotteserkenntnis genannt [Lit. 55]. Teilhard war davon überzeugt, daß während der gesamten Evolution eine Kraft wirksam war und ist, die von der ersten Urzeugung an in Richtung auf ein vernunftbegabtes Lebewesen gewirkt hat. Auch die menschliche Geschichte soll von dieser Kraft geprägt sein und den Menschen auf eine vollkommene

Gotteserkenntnis hin entwickeln. Die vollkommene Gotteserkenntnis ist nach Teilhard de Chardin das eigentliche Ziel der Evolution, der Punkt Omega, auf den alle Evolutionsenergie hin ausgerichtet ist.

Wenn dieses Ziel erreicht werden soll, dann muß die Entwicklung des menschlichen Gehirns weitergehen. Vielleicht wird der Mensch einmal seine Evolution selber planen. Dann könnte auch die folgende Prophezeiung des NOSTRADAMUS in Erfüllung gehen, die eine der schönsten und kühnsten Vorhersagen über eine zukünftige Menschheit darstellt (Quatrain 2, 13) [Lit. 3]:

»Der Körper ohne Seele wird nicht mehr ein Opfer sein, der Todestag wird in einen Geburtstag verwandelt. Der göttliche Geist läßt die glückliche Seele das Wort [den Logos] in seiner ewigen Bedeutung erschauen.«

Die Vorhersage beginnt damit, daß zu sterben kein Opfer mehr sein wird, also nicht mehr die Ursache für Angst, Leid und Trennungsschmerz. Die zweite Zeile verstärkt diese Aussage noch: Wenn der Todestag in der Worte vollem Sinn in einen Geburtstag verwandelt wird, wie es dort heißt, dann muß der Mensch das ihm nach dem Tod bevorstehende Schicksal kennen und wissen, daß er den Tod des Körpers überlebt. Der letzte Teil der Vorhersage schließlich besagt, daß der Mensch einmal zu einer tieferen Schau von Sinn und Zweck der Welt und des menschlichen Lebens kommen wird, und steht bis zu einem gewissen Grade in Übereinstimmung mit der Prognose Teilhard de Chardins. Aus dem Wissen um das Weiterleben nach dem Tode sowie einer vertieften Weltschau heraus wird sich die Haltung des Menschen dem Tode gegenüber verändern.

Allerdings dürfte dieses Wissen allein nicht die Wirkung haben, die Nostradamus schildert. Nostradamus sagt in dem Quatrain ja sinngemäß, daß der Todgeweihte selber wie auch seine Angehörigen einmal weder Angst noch Bitterkeit, noch Trauer oder Leid angesichts des Todes empfinden werden. Die negative Gefühlseinstellung des heutigen Menschen in bezug auf den eigenen Tod und insbesondere den von nahen Angehörigen kann sich aber nicht durch Einsicht allein in die Freude eines Geburtstages verwandeln. Dazu sind die biologischen Zwänge, die unsere Einstellung zum Tode bestimmen, zu stark.

Die Angst vor dem Tode, verwandt mit der Angst vor Verstümmelung und Zerstörung des Körpers, die Empfindung von Trennungsschmerz, Trauer und Leid beim Tod von Angehörigen gehören mit zu den biologischen Überlebensmechanismen. Der Tod gilt als schreckliches Ereignis. Der Trauernde empfindet die Trauer als Depression, als psychische und körperliche Niedergeschlagenheit, ja sogar als Krankheit. Die Trauer ist um so stärker und hält um so länger an, je enger die Bindung zwischen dem Trauernden und dem Verstorbenen war. Mitunter kann sie sogar zum Tod des Hinterbliebenen führen. Diese Mechanismen können durch keine Religion und auch nicht durch das Wissen um ein Überleben des Todes außer Kraft gesetzt werden. Wie die Erfahrungen zeigen, können die Tröstungen einer Religion allenfalls Gefaßtheit in das Unvermeidliche vermitteln, nicht aber den Trennungsschmerz aufheben und auch nicht die kreatürliche Angst vor dem Tode. Das Gesicht des Nostradamus kann sich infolgedessen nur erfüllen, wenn ein neuer »höherer« Mensch mit anders strukturiertem Geist und Gemüt auf den Plan tritt.

Der Seher hat seine Voraussagen für einen Zeitraum gemacht, der nach historischen Maßstäben überschaubar ist. Die Frage ist nun, auf welche Weise könnte innerhalb dieses beschränkten Zeitraumes der neue höhere Mensch entstehen? Die natürliche Evolution ist dafür zu langsam und geht auch in eine andere Richtung. Das ist nämlich ein Prozeß, der in kleinen Schritten vor sich geht und sehr lange Zeiträume in Anspruch nimmt. Aus vielen durch Mutationen zufällig entstandenen Veränderungen von Körper- und Gehirnaufbau setzen sich diejenigen durch, die für das Überleben von Vorteil sind, durch die also mehr Individuen das fortpflanzungsfähige Alter erreichen. Der von Nostradamus indirekt angekündigte höhere Mensch kann dadurch nicht entstehen.

Es gibt jedoch eine Möglichkeit, die ihn hervorbringen könnte: mit Hilfe genetischer Technologie, also aufgrund unmittelbarer Eingriffe in die menschliche Erbstruktur, um die körperlichen und geistigen Eigenschaften der Nachkommenschaft zu verbessern. Es handelt sich dabei um von den Genetikern entworfene phantastische Zukunftsprojekte. Wenn sie aber einmal verwirklicht werden sollten, werden die Möglichkeiten des Menschen gewaltig gesteigert und die ihm heute gesetzten Grenzen weit hinausgeschoben werden.

Allerdings ist dann auch ungeheurer Mißbrauch möglich. Je höher die Gipfel, um so tiefer die Abgründe. Moderne Sklaven werden gezüchtet werden, die »arm an Geist, aber kräftig und widerstandsfähig« sein werden, wie eine Prophezeiung der Seherin von Prag besagt. Aber das ist nicht alles. Man wird experimentieren müssen, und dabei können Monster entstehen. Sobald die Biologen die genetische Technologie einigermaßen beherrschen, werden sie versuchen, wertvolle Eigenschaften anderer Lebewesen den menschlichen aufzupropfen, ohne daß die spezifisch menschlichen verlorengehen. Das wird natürlich erst nach vielen Anläufen gelingen. Bei diesen Versuchen werden sich wahrscheinlich Dinge ereignen, wie sie heute in der Science-fiction-Literatur beschrieben werden. Sie deshalb für unmöglich zu halten, wäre falsch.

Auch das Phantastische kann sich ereignen: Es werden Halbwesen zwischen Tier und Mensch entstehen. Bei einigen wird das Menschliche, bei anderen das Tierische überwiegen. Es wird die Zeit der Monster anbrechen. Manche dieser Wesen werden mit hoher Intelligenz ausgestattet sein und keine ethischen Überlegungen kennen. Sie werden die Wissenschaftler täuschen und alles daran setzen, ihre Freiheit zu gewinnen. Einmal entkommen, werden sie sich nicht wieder einfangen lassen wollen. Ihre Sexualpartner werden sie unter den Menschen suchen. Die Mythen von Menschen anfallenden Werwölfen, Männer bezaubernden Meeresnixen und Frauen raubenden Ungeheuern könnten Wirklichkeit werden.

Schließlich aber wird der Mensch etwas sein, was wir uns heute noch nicht einmal vorstellen können, und in diesem »Unvorstellbaren« wird unser Bewußtsein weiterwachsen – vielleicht in heute unvorstellbare Dimensionen hinein, wenn die Aussagen der Mystiker richtig sind. Sie könnten es sein.

Literaturverzeichnis

1. BARKER, J. C.: Premonitions of the Aberfan Disaster. JSPR Bd. 44, Nr. 734. 1967.
2. CROTTET, Robert: Verzauberte Wälder. Deutscher Taschenbuchverlag, München, 1979.
3. NOSTRADAMUS, Michel: Prophetische Weltgeschichte. Übersetzt und gedeutet von N. A. Centurio. Turm Verlag, Bietigheim, 1968.
4. NIELSEN, Enno (Herausgeber): Der Spuk im Grabgewölbe – Die merkwürdigsten Fälle aus dem Gebiet des Übersinnlichen von 1800 bis zum Ersten Weltkrieg. Deutscher Taschenbuchverlag, München, 1978.
5. HERODOT: Bücher der Geschichte. Reclam, Stuttgart.
6. FLAVIUS, Josephus: Der jüdische Krieg. Goldmann Verlag, München.
7. BRO, Harmon H.: Traumdeutungen in Trance des größten Propheten der Gegenwart Edgar Cayce. Ariston Verlag, Genf, 3. Aufl., 1980.
8. VERNE, Jules: Reise zum Mond. Fischer Taschenbuch Verlag, Frankfurt.
9. –: Fünf Wochen in einem Ballon. Ebenda.
10. MEYRINK, Gustav: Das grüne Gesicht. Hermann Bauer Verlag, Freiburg i. Br., 1963.
11. GOODMAN, Jeffrey: We are the earthquake generation. Berkley Publishing Corporation, New York, 1979.
12. ANDERSEN, Hans J.: Polwende – Zeitenwende. Wilh. Moestel Verlag, Fürth/Bayern, 1980.
13. OLTMANS, Willem L.: Die Grenzen des Wachstums – Pro und Contra. Interviews über die Zukunft. Rowohlt Taschenbuch Verlag, Hamburg, 1974.
14. The Global 2000 Report to the President. Government Printing Office, Washington, 1980.
15. MEADOWS, Dennis (u. a.): Die Grenzen des Wachstums. Bericht des Club of Rome zur Lage der Menschheit. Deutsche Verlagsanstalt, Stuttgart, 1972.
16. FREMLIN, J. H.: New Scientist 24, 285, 1964.
17. VESTER, Frederic: Bausteine der Zukunft. Fischer Bücherei, Frankfurt, 1968.

18. EGGENSTEIN, Kurt: Der Prophet Jakob Lorber verkündet bevorstehende Katastrophen und das wahre Christentum. Lorber Verlag, Bietigheim, 1975.
19. CARTER, Mary Ellen: Prophezeiungen in Trance des größten Propheten der Gegenwart Edgar Cayce. Ariston Verlag, Genf, 3. Aufl. 1980.
20. Die Botschaften der Frau aller Völker. Herausgegeben von Josef Franz Künzli. Miriam Verlag, Jestetten.
21. GADDI, Vincent H.: American Indian – Myths and Mysteries. New American Library, New York, 1978.
22. SILVER, Jules: Prophezeiungen bis zur Schwelle des dritten Jahrtausends. Ariston Verlag, Genf, 1975.
23. BACKMUND, P. Norbert: Hellseher schauen die Zukunft. Verlag Morsak, Grafenau, 1977.
24. HÜBSCHER, Arthur: Die große Weissagung. Heimeran Verlag, Augsburg, 1952.
25. HARLACHER, Wolfgang M.: Die Gesichte des Steinbachers. Esotera, Heft 9/1978, S. 799 ff., Freiburg.
26. CARSON, Rachel L.: Der stumme Frühling. Biederstein Verlag, München, 1970.
27. FLOHN, Hermann: Stehen wir vor einer Klima-Katastrophe? Umschau Verlag, Frankfurt, 1977, Heft 17, S. 561–569.
28. HOFFSTADT, J.: Ein halbes Jahrtausend Marialinden 1478–1978, Eigenverlag, Marialinden/Falkemich, 1979.
29. GUSTAVSON, A.: Merkwürdige Gesichte – Die Zukunft der Völker gesehen vom Eismeerfischer Johansson. Sverigefondens Verlag, Stockholm, 1953.
30. STEARN, Jess: Der schlafende Prophet. Ariston Verlag, Genf, 18. Aufl., 1981.
31. TRAUBE, Klaus: Wachstum oder Askese. Rowohlt Verlag, Reinbek, 1979.
32. BERLITZ, Charles: The Mystery of Atlantis. Avon Verlag, New York, 1976.
33. SCHMITZ, Emil-Heinz: Beweisnot – Glanz und Elend der Astronautengötter. Ariston Verlag, Genf, 1978.
34. WUNDERLICH, Hans Georg: Das neue Bild der Erde. Hoffmann und Campe Verlag, Hamburg, 1975.

35. BERRY, Adrian: Die große Vision der Zukunft des Menschen im Universum. Heyne Verlag, München, 1978.
36. NIESSEN, Käthe: Enthüllungen einer Hellseherin. Ariston Verlag, Genf, 1974.
37. HACKETT, John: Schlachtfeld Deutschland. Bertelsmann Verlag, München, 1978.
38. PHILBERTH, Bernhard: Christliche Prophetie und Nuclear-Energie. Christiana Verlag, Stein, 1972.
39. FUCKS, Wilhelm: Formeln zur Macht. Deutsche Verlagsanstalt, Stuttgart, 1978.
40. BOSCHKE, F. L.: Das Unerforschte. Heyne Verlag, München, 1977.
41. VOLDBEN, A.: Die große Weissagung über die Zukunft der Menschheit. Langen Müller, München, 1975.
42. VELIKOWSKY, Immanuel: Welten im Zusammenstoß. Umschau Verlag, Frankfurt, 1978.
43. CLARKE, Arthur C.: Die Eroberung des Weltraums. Tauchnitz Verlag, Stuttgart, 1953.
44. SAGAN, Carl, und AGEL, Jerome: Nachbarn im Kosmos. Deutscher Taschenbuchverlag, München, 1978.
45. SCHMITZ, Heinz-Emil, Unsterblichkeit im All. Ariston Verlag, Genf, 1978.
46. ANDERSON, Paul: Gibt es Leben auf anderen Welten? Heyne Verlag, München, 1964.
47. AUROBINDO, Sri: Der integrale Yoga. Rowohlt Verlag, Reinbek, 1956.
48. RÝZL, Milan: Der Tod und was danach kommt – Das Weiterleben aus der Sicht der Parapsychologie. Ariston Verlag, Genf, 1981.
49. Rede des Indianerhäuptlings Seattle: Die Erde gehört nicht den Menschen. Umweltmagazin, Würzburg, April 1980.
50. ROSENBERG, A.: Joachim von Fiore – Das Reich des Heiligen Geistes. Barth Verlag, München, 1955.
51. LE SHAN, Lawrence: The Medium, the Mystic und the Physicist. The Viking Press, New York, 1974.
52. CAPRA, F.: Der kosmische Reigen. Barth Verlag, München, 1980.

53. ROBERTS, Jane: Gespräche mit Seth – Von der ewigen Gültigkeit der Seele. Ariston Verlag, Genf, 3. Aufl., 1980.
54. RÝZL, Milan: ASW-Training – Psi-Methoden zur Wekkung und Aktivierung des sechsten Sinnes. Ariston Verlag, Genf, 4. Aufl., 1981.
55. CHARDIN, Teilhard de: Der Mensch im Kosmos. Walter Verlag, Olten.

IN DER REIHE PARAPSYCHOLOGIE

sind von Dr. Milan Rýzl folgende Werke im Ariston Verlag erschienen
(in Balacron mit Goldprägung und cellophaniertem, farbigem Schutzumschlag):

PARAPSYCHOLOGIE – TATSACHEN UND AUSBLICKE

Dr. Rýzl liefert aufgrund überprüfbarer Experimente Beweise, daß es eine außersinnliche Wahrnehmung (ASW) – Hellsehen, Telepathie – und die psychische Beeinflussung materieller, auch biologisch-körperlicher Abläufe (Psychokinese) gibt. Ein anerkanntes Standardwerk der Parapsychologie. 240 Seiten, Best.-Nr. 1069.

HELLSEHEN UND ANDERE PARAPSYCHISCHE PHÄNOMENE IN HYPNOSE

Anhand zahlreicher Experimente und fotografischen Dokumentationsmaterials liefert der Autor überzeugende Fakten und faszinierende Ergebnisse über die ASW. In diesem Buch findet sich u. a. auch Dr. Rýzls Forschungsbericht über Pavel Stepanek, den er zum „besten je getesteten Hellseher der Welt" ausbildete (laut Liste der Weltrekorde in „Guiness Book of World Records"). 216 Seiten, 51 Abbildungen, Best.-Nr. 1083.

JESUS – GRÖSSTES MEDIUM ALLER ZEITEN

Der weltberühmte Parapsychologe erforschte mit Hilfe der ASW von Versuchspersonen, deren parapsychische Fähigkeiten er sorgfältig getestet hatte, Leben und Werk Jesu sowie die biblischen Wunder. Er gelangt zu umwälzenden Erkenntnissen. Zugleich erlebt der Leser eine Wegstrecke faszinierender parapsychologischer Forschungsarbeit. 228 Seiten, Best.-Nr. 1103.

ASW-TRAINING – METHODEN ZUR WECKUNG UND AKTIVIERUNG DES SECHSTEN SINNES

Dr. Rýzls brillante Kurzeinführung in Wesen und Phänomene der ASW (außersinnliche Wahrnehmung) und PK (Psychokinese) mit einem regelrechten Übungsprogramm zur Weckung und Entwicklung der in jedem Menschen schlummernden psychischen Gaben. Ein Kursus zu lohnendem Selbststudium. 240 Seiten, 12 Abbildungen, Best.-Nr. 1105.

ASW-EXPERIMENTE, DIE ERFOLGREICH VERLAUFEN – DER SECHSTE SINN AUF DEM PRÜFSTAND

Der Forscherpionier der Parapsychologie zeigt in diesem Buch – nach einer Einführung über die richtigen Methoden wissenschaftlichen Forschens – in der Praxis erprobte Experimentalsituationen auf, durch die jedermann Phänomene der außersinnlichen Wahrnehmung testen und gültig auswerten kann. 278 Seiten, 8 Abbildungen, Best.-Nr. 1183.

DER TOD UND WAS DANACH KOMMT – DAS WEITERLEBEN AUS DER SICHT DER PARAPSYCHOLOGIE

Dr. Rýzl präsentiert in diesem Buch Daten und Fakten, aus denen der Schluß gezogen werden muß, daß unsere Welt der Materie nur Teil einer von Raum, Zeit und Stofflichkeit unabhängigen höheren Welt ist und daß der Mensch in diesem geistigen Universum höherer Dimension nach dem Tod weiterlebt. Dieses Buch ist ein Markstein wissenschaftlichen Forschens, begeisternder Perspektiven und echter Sterbehilfe. 250 Seiten, Best.-Nr. 1221.

Hans Hass
Horst Lange-Prollius

Die Schöpfung geht weiter

Station Mensch im Strom des Lebens

Seewald Verlag

Deutsche Rechte beim
Seewald Verlag
Dr. Heinrich Seewald
Stuttgart-Degerloch 1978
Schutzumschlag und Einband
von Creativ Shop München
Adolf + Angelika Bachmann
Skizzen von Eckart Munz
Gesamtherstellung bei
Wilhelm Röck, Weinsberg
Printed in Germany
ISBN 3 512 00496 2

Inhalt

Wilhelm Ostwald,
dem trotz des Nobelpreises
unbeachtet gebliebenen
Begründer der Energetik,
gewidmet.

Vorwort des Verlegers

Als mir die beiden Autoren ihr Manuskript über das elementare Fortschreiten der Schöpfung und über die »Station Mensch« in dem sich ständig steigernden Lebensprozeß vorlegten, stellte ich an Hans Hass die Frage, die wohl jeder stellen dürfte, der erstmals von diesem Buch hört:

Wie kommt der Pionier der Unterwasserforschung, dessen abenteuerliche Filme und Berichte jedermann kennt, dazu, sich mit den Grundgesetzen jeglichen Lebens und ihrer Anwendung auf den Menschen, auf Staaten und Unternehmungen, auf Kultur und Wirtschaft zu beschäftigen? Wie kommt er dazu, statt von Haien und Pottwalen zu berichten, neue Erkenntnisse vom Lebensprozeß und eine neue Denkschule vorzulegen, die den Menschen, seine Umwelt und Lebensformen einschneidend trifft?

Der Forscher erzählte bereitwillig von dieser Transformation, die aus seiner Sicht gar keine ist, sondern eine folgerichtige Entwicklung darstellt. Ich fand seine Schilderung so aufschlußreich und für das Verständnis seiner erstaunlichen, revolutionären Gedanken so wichtig, daß ich ihn bat, sie diesem Buch voranzustellen: als Hilfe für den Leser, Eingang in ein total ungewohntes Denksystem zu gewinnen.

Ebenso bat ich Horst Lange-Prollius, seine Biographie voranzuschicken, so daß der Leser von der menschlichen Seite her erkennen kann, wie zwei Praktiker so äußerst verschiedener Fachgebiete zueinander fanden und sich zu dieser gemeinsamen Arbeit vereinigten. Als profilierter Fachmann in der Unternehmensberatung des Ostwesthandels, als Spezialist auf dem Gebiet von Effizienz und Führungsstil, hatte er wohl noch nie mit Korallenriffen und Sägefischen irgend etwas zu tun.

Im ersten Teil dieses Buches schildern also die beiden Autoren die »Biographie eines Warum«, wie ihre so verschiedenen Arbeitsrichtungen sie zu einem gemeinsamen Werk zusammenführten, das – wie ich glaube – den Weg der Menschheit beeinflussen wird.

Im zweiten Teil legen sie ihr neues Denksystem und die Essenz ihrer Behauptungen in Form eines komprimierten, äußerst prägnant formulierten Gesetzeskodex vor. Hier fließen vierzigjähriges Forschen auf der Suche nach den Gesetzen des Lebens und dreißigjähriges Forschen nach dem, was

Effektivität eigentlich ausmacht, für Staat, Wirtschaft und Gesellschaft – naturwissenschaftlich abgesichert – mit entscheidenden Akzenten für die Philosophie der Zukunft zusammen.

Es folgt im dritten Teil ein Überblick über die Lebensevolution, die sich nicht länger als eine solche von Zellkörpern, sondern als eine Entfaltung der als Energone bezeichneten Strukturen erweist. Der Beurteilung des Menschen und seines Standorts in dieser Entwicklung wird breiter Raum eingeräumt. Da wir hier persönlich betroffen sind, wird das Umdenken in so total neue Bahnen an diesem Punkt besonders schwierig – zum Verständnis der heutigen Weltsituation aber auch besonders nötig. Fast alle uns vertrauten Werte werden durch die Energontheorie betroffen und erschüttert. Eine emotionsfreie Beurteilung macht selbst ideologische Konflikte mit dem Rechenstift erfaßbar, entschärft sie – eine unabsehbare Möglichkeit für den inneren und äußeren Frieden in der Welt. Der Mensch wird vom Podest seiner Jahrtausende alten Überheblichkeit jäh heruntergestoßen und findet sich als Bestandteil in einem Prozeß wieder, dessen Teil er ist, der ihn weitgehend steuert, ja über ihn hinweggeht.

Im vierten Teil geben die Autoren eine Anleitung, wie man das neue Denken – besonders im wirtschaftlichen und politischen Bereich – praktisch einsetzen und mit seiner Hilfe Grenzen überwinden kann.

Über den Buchtext hinaus bieten die Autoren im Anhang nähere Hinweise und Erläuterungen einschließlich einer Bibliographie und eines Registers. Wissenschaftlich interessierte Leser werden hier zusätzliche Aufklärungen und Denkanstöße finden.

Die in diesem Buch dargestellte Lehre stellt in radikaler Form praktisch unser gesamtes bisheriges Denken und Bewerten in Frage. In einer Zeit wachsender politischer, wirtschaftlicher und kultureller Unrast, ja chaotischer Verwirrung, zeigt sie einen neuen Weg auf, das Lebensphänomen und damit auch die Stellung des Menschen zu begreifen und in einer Zeit nicht mehr zu bewältigender Informationsflut wieder zu einem Gesamtüberblick zu gelangen. Neue Ausblicke ergeben sich. Neue Hoffnung taucht auf.

Stuttgart-Degerloch,
im Frühjahr 1978

Heinrich Seewald

I. Biographie eines Warum

Alle Gestalten sind ähnlich
Und keine gleichet der andren
Und so deutet das Chor
Auf ein geheimes Gesetz
Auf ein heiliges Rätsel

Johann Wolfgang von Goethe

Hans Hass

Die Anstöße, mich vom gewohnten, allgemein üblichen Denken zu lösen – die Gedanken zu der in diesem Buch dargelegten Energontheorie – kamen mir in den Jahren 1937 bis 1959 im Verlauf meiner Tauchtätigkeit in den südlichen Meeren. Die Korallenriffe des Karibischen Meeres, des Roten Meeres, des Indischen Ozeans, der australischen Gewässer und des Pazifik waren damals noch unbetreten, unerforscht. In jedem dieser Gebiete waren meine Mitarbeiter und ich die ersten, die sich freitauchend in diese geheimnisvollen, von den gefürchteten Haien gleichsam bewachten Abgründe vorwagten – jagend, fotografierend und forschend. Immer wieder blitzte in diesen Jahren der Gedanke in mir auf, ob die Art, wie wir die Dinge sehen, wie das Gehirn sie beurteilt, nicht am Ende falsch ist. Wir sehen in den Lebewesen das Besondere, fragen: Wer hat sie geschaffen, wie kamen sie zustande? War die Lebensentfaltung nicht in ihrer Gesamtheit ein großer Strom? Waren nicht die Lebewesen – auch der Mensch und seine gigantischen technischen Werke – bloß Werkzeuge, über welche dieses Geschehen sich fortsetzt?

Hier unten im Meer war ich genau dort, wo vor vier Milliarden Jahren dieser geheimnisvolle Prozeß einsetzte, den wir Leben nennen. Er manifestiert sich in den mannigfachen Pflanzen und Tieren, die heranwachsen, um ihr Dasein kämpfen, Nachkommen hervorbringen – schließlich sterben, zurückbleiben, während der Prozeß sich in den Nachkommen gleicher oder ähnlicher Gestalt fortsetzt. Wir haben den verschiedenen Arten Namen gegeben. Wir empfinden jede als eine besondere Konstruktion, als das Ergebnis eines wie auch immer gearteten Schöpfungsaktes. Wir sehen in ihnen ein Ergebnis – ja, ein gewolltes Ziel. Die besondere materielle Entfaltung und Ordnung, die sie darstellen, erscheint uns als das Bedeutsame – das Wesentliche, das zu Erklärende, als das zu enträtselnde Phänomen schlechthin.

Mehr und mehr gelangte ich dahin, den Strom dieser Entwicklung als ein immenses Ganzes zu sehen, in dem die Einzelgestalten bloß Bestandteile sind – *seine Voraussetzung*. Lawinenhaft anwachsend steigert sich diese Gesamtentfaltung bis auf den heutigen Tag, setzt sich über immer neue

Gestalten, über immer komplexere Materie, über immer komplexere Ordnungen fort. Waren diese Ordnungen wirklich Zweck – waren sie nicht in Wahrheit Mittel?

Dieser über die Jahrmillionen hinweg ständig anwachsende Gesamtstrom – war er nicht das eigentliche Phänomen? Waren alle diese Körper, die wir Lebewesen nennen, nicht gleichsam seine Werkzeuge, seine Weiterträger – also seine Organe? Mehr und mehr sah ich in den Fischen und Korallenpolypen und Schwämmen, die rings um mich das Meer erfüllten, Bestandteile von etwas Größerem, Mächtigeren, das ihnen vorübergehend Beweglichkeit, Kraft, Reaktionsfähigkeit vermittelt, um sie dann rücksichtslos zurückzulassen und sich in weiteren solchen Gestalten, solchen den Prozeß weitertragenden Strukturen fortzusetzen. In diesem Sinne waren sie, so verschieden sie auch aussahen, alle Kollegen und Leidensgenossen. Ihre mannigfaltigen Gestalten vermittelten den Eindruck einer zielhaften Planung, eines sich derart und nicht anders entfaltenden Selbst. Im Grunde aber waren sie alle Fühler und Finger, mit denen dieser gewaltige Strom sich in immer neue Bezirke vortastete und ausdehnte, über die er in immer neuer Gestalt Macht gewann.

Dreieinhalb Milliarden Jahre lang war diese Entfaltung, war dieser Lebenstrom auf das Unterwasserreich beschränkt. Nur hier konnte er sich zunächst ausbreiten und immer mehr anorganische Materie in seinen Dienst zwingen, sie zu vorübergehenden Dienern seiner Entfaltung machen. Dann kam der große Moment, da es ihm über einige vorwitzige Pflanzen gelang, die bis dahin eiserne Grenze der Wasseroberfläche zu durchbrechen und am trockenen Festland Vorposten zu bilden. Würmer, Fische, Krebse folgten – über besondere Anpassung gelangten sie dahin, den Verhältnissen des Trockenen zu entsprechen und somit den Lebensstrom auch in die Luftwelt hinaufzutragen.

Indem ich so viele Stunden – über Monate und Jahre hinweg – unter Wasser war, unterhalb jener eisernen Grenze also, begann ich jene ersten Pioniere der Landeroberung als das zu sehen, was sie ja gewesen waren: Wasserwesen, die dem Lebensprozeß weiteren Ausbreitungsraum erschlossen. Ich konnte gleichsam nachvollziehen, wie dieses Größere, Mächtigere, dieser anwachsende Strom die Ketten abwarf, die ihn ans Meer banden, wie er sich nun in einer neuen, weiteren Gestaltenfolge auch oben, am trockenen Land fortsetzte, sich dort nun ebenfalls ausbreitete, mit seinen Fühlern und Fingern vortastend, auch hier immer mehr an Volumen und Macht hinzugewinnend. *In jeder Zeiteinheit bestand das Vo-*

lumen dieses Stromes in der Gesamtheit der Lebewesen, die ihn fortsetzten, in der Gesamtheit aller Materie, die er in Organe, in Funktionsträger dieser Entfaltung verwandelte. So wie Augen und Mäuler Organe der Krebse und Fische waren, so war jeder dieser Krebse und Fische selbst bloß Organ, Funktionsträger in dieser Entfaltung, der sie zeitweise dienten, die sie weitertrugen und die sich dann über sie hinweg weiter fortsetzte.

Die Schwerelosigkeit, die man als freischwimmender Taucher in den Meeresabgründen erlebt, mag dazu beigetragen haben, daß ich mich immer mehr von der gewohnten Perspektive der Beurteilung entfernte, daß ein ganz anderer Ausgangspunkt für alle Bewertungen mich immer stärker in seinen Bann nahm und meine Gedankengänge bestimmte.

Die normale Beurteilungsgrundlage des Menschen ist sein unmittelbares Erleben, während er heranwächst – für ihn ist die Existenz in der Luftwelt selbstverständliche Gegebenheit. Und da er unter anderen Menschen aufwächst, mit denen er sich sprachlich verständigt, werden sie und ihre Lebensform für ihn zum Grundgerüst des Selbstverständlichen – zum Ausgangspunkt für alle weiteren Bewertungen der Welt. Er ist umgeben von einer faszinierenden Fülle von Pflanzen und Tieren, Landschaften, Bergen und Wolken – *er selbst jedoch ist das erlebende, beurteilende Zentrum.* Er stößt auf merkwürdige Gestalten bei Pflanze und Tier – wie normal und gewohnt ist gegenüber ihren kuriosen Lebensformen die eigene!

Aus meiner Unterwasserperspektive begann ich eben diesen Menschen – und damit auch mich selbst – etwas anders zu sehen. Folgte ich konsequent der Ausbreitung des Lebensstromes an Land, dann war eben dieser Mensch durchaus nicht so normal und selbstverständlich, wie er sich selbst sieht. Sondern ganz im Gegenteil: er war der allerkurioseste Punkt in dieser Entwicklung.

Hatten die ersten Landpioniere unter Pflanzen und Tieren dem Lebensstrom zur Expansion in die Luftwelt verholfen, war über sie die Woge der Inbesitznahme dieser neuen Bereiche hinweggerollt, so wurde dieser Mensch – eines der unzähligen an Land entstandenen Lebewesen – zu einem nicht minder bedeutenden Pionier, der dem Lebensstrom abermals zu einer immensen weiteren Expansion verhalf. Dieses Lebewesen, dieser Weiterträger also, war so beschaffen, daß er aus Anorganischem unmittelbar Funktionelles bilden konnte – zusätzliche Organe, welche seine Fähigkeiten außerordentlich steigerten.

In der langen Kette der Entwicklung waren bis dahin Organe stets aus körpereigener Substanz gebildet worden. Jedes Organ einer Alge, eines Fisches, einer Buche, eines Wolfes entsteht über den Umweg einer Differenzierung von Zellen. Die Pflanzen entnehmen ihre Baustoffe dem Wasser und der Luft, die Tiere entnehmen sie ihrer Nahrung und dem ebenfalls aufgenommenen Wasser. Im Körper wird dann dieses Baumaterial in weitere Zellsubstanz umgesetzt, und aus den sich vermehrenden Zellen werden weitere Lebewesen – weitere Fortsetzer des Lebensstromes – samt all den für sie notwendigen Organen aufgebaut. Mir wurde, aus meiner Meeresperspektive, zwingend deutlich, wie der Mensch diese eher komplizierte und umständliche Bildungsweise durch eine weit einfachere und billigere ergänzt, indem er die Potenz seines Körpers durch Werkzeuge erweitert, die nicht mehr aus Zellen gebildet sind, sondern die er unmittelbar aus Umweltmaterial aufbaut.

Aus der gewohnten Perspektive hatte auch ich bisher Werkzeuge, Kleider, Häuser, Maschinen als etwas nicht zu meinem Körper Gehörendes, sondern von ihm Getrenntes empfunden. Unsere Nerven reichen ja nicht in das Messer, dessen wir uns bedienen, in die Wände der Räume, die uns schützen. Wir bilden sie mit Hilfe unserer Intelligenz, mit Hilfe unserer Hände – sie erscheinen uns als etwas grundsätzlich anderes als Organe unseres Körpers wie unsere Augen, unsere Lippen, unsere Haare, unsere Beine. Aus der Perspektive der Gesamtentwicklung ist es indes – wie mir immer klarer wurde – nicht grundsätzlich wesentlich, ob ein Organ auf die eine oder andere Art zustande kommt. Was zählt, ist lediglich das Ausmaß der Dienlichkeit und Wirksamkeit, ob es also dem Lebensprozeß hilft, sich fortzusetzen und darüber hinaus zu steigern.

In mir vollzog sich eine entscheidende Wende. Die Revolution in meinem Denken ließ mich sagen: Ob anorganische Materie über den Umweg der Zellstruktur oder direkt in ein Organ verwandelt wird, ist einerlei. Worauf es ankommt, ist der Kraftaufwand, der zur Bildung notwendig ist, die Präzision, mit der das Organ dann seine Leistung erbringt, und die Schnelligkeit, mit der sie erfolgt.

Diese neue Bildungsart hatte sogar augenscheinliche Vorteile. Während alle aus Zellen gebildeten Organe mit dem Körper verwachsen und für diesen somit eine ständige Last sind, können jene künstlichen Organe nach Belieben abgelegt werden. Wir ergreifen das Messer, den Bleistift, die Taschenlampe, solange sie benötigt werden – erweitern also für diese Zeitspanne unseren Körper um das betreffende Organ. Legen wir es ab, dann sind wir nicht länger mit ihm beschwert.

Weitere Vorteile solcher ablegbaren Organe liegen für den Benutzer darin, daß er sie nicht unbedingt selber herstellen und ihre Herstellung nicht selber finanzieren muß. Vielmehr können sich Menschen – innerhalb einer organisierten Gemeinschaft – auf solche Herstellung spezialisieren und im Tausch für andere Werte abgeben.

Der Mensch, wie ich ihn jetzt sah, wurde somit zu einem Lebenskörper ganz neuer und besonderer Art. Während sich im Evolutionsweg der Pflanzen und Tiere immer nur Organe entwickeln konnten, die dem Körper anhafteten, entstand im Menschen eine Einheit, die dem Zellkörper geradezu beliebig viele weitere, künstlich hergestellte Organe anfügen und sich so in bunter Folge abwechselnd auf diese und dann wieder auf jene Tätigkeit spezialisieren kann. Nimmt der Mensch einen Bleistift zur Hand, dann ist er auf Schreiben spezialisiert, erweitert er seinen Körper durch Boot und Ruder – indem er das Boot besteigt und zum Ruder greift –, dann ist er zur Fortbewegung über Wasser befähigt.

So gesehen erweist sich der Mensch nur über diese zusätzlichen, künstlich hergestellten Organ-Funktionsträger als entwicklungsfähig, lebensfähig. Nicht nur über seinen Zellkörper also setzt sich der Lebensprozeß fort, sondern über eben diesen plus allen von ihm verwendeten, zu ihm gehörenden, künstlich hergestellten, ihm dienlichen Einheiten. Samt und sonders steigern sie seine Leistungskraft. Für mich wurde klar, daß es prinzipiell falsch ist, sie vom Körper gesondert zu betrachten – sie sind ebenso zum Lebensstrom gehörig.

Der Begriff Biomasse, nur die Gesamtheit aller Zellstrukturen und der mit ihnen unmittelbar verhafteten Bildungen umfassend, ist im Bereich der menschlichen Entwicklung total irreführend, denn die eigentliche Biomasse umfaßt auch ohne Ausnahme sämtliche technischen Strukturen des Menschen, die er, für welche Zwecke auch immer, sich schafft. Über Mithilfe des Menschen erweitern sich Fühler und Finger des Lebensstromes zusätzlich um Einheiten, die nicht mehr fest gebunden sind, ihm jedoch nicht minder dienen. Ja, sie erhöhen schlagartig seine Macht: Während Forellen immer nur wieder Forellen, Tannen nur immer wieder Tannen und Kraniche nur immer wieder Kraniche hervorbringen können, vermag der Mensch seinen Körper in jeder nur erdenklichen Richtung zu erweitern und auf die verschiedensten Leistungen zu spezialisieren. Mit Hilfe seiner Intelligenz und der nur ihm eigenen Phantasie baut er über künstliche Organe Betriebe, Unternehmen, Organisationen und Staaten auf. Dadurch wurde er – wie Schuppen fiel es mir von den Augen – zum effizientesten Erfüllungsgehilfen des Lebensstromes.

Spätestens an diesem Punkt meiner Überlegungen wurde mir die enge Schicksalverwandtschaft von Mensch und Zelle klar. Auch in der Zelle gelangte der Lebensstrom bereits zu einer besonders effizienten Einheit. Nicht nur spezialisierten sich diese Einheiten – in Gestalt der Einzeller – zu Eroberern der verschiedensten Lebensräume, sondern einige bildeten – indem sie sich teilten, jedoch nicht trennten – vielzellige Körper, in deren Gefüge es dann zur Arbeitsteilung und zur Organbildung kam. Wenn der Mensch sich als Lebensindividuum betrachtet – so sagte ich mir –, dann ist das nicht anders, als wenn jene Zellen, welche die Vielzeller aufbauen, die Keimzellen, sich als Individuen ansehen und die größeren Körper, die sie errichten, als ihr Werk.

Tatsache indes ist, daß nicht die Keimzelle in der Lage ist, den Lebensstrom fortzusetzen, sondern der voll ausgebildete Gesamtkörper mit allen für ihn notwendigen Organen. Und nicht minder Tatsache ist, daß eben nicht der nackte Zellkörper des Menschen den Lebensstrom in neue Dimensionen weiterträgt, sondern dieser Körper plus einer großen Anzahl künstlich gefertigter, zu Sonderleistungen befähigter, nicht aus eigenen Zellen gebildeter Organe.

Dachte ich aber diesen Gedanken zu Ende, dann war somit der Mensch ebenso wenig ein Säugetier, wie die Keimzellen einer Katze oder einer Tanne Einzeller sind. Gewiß, sie sind von den Einzellern kaum zu unterscheiden, doch ihrem Wesen und ihrer Bedeutung nach gehören sie längst nicht mehr zu ihnen. Das der Amöbe und dem Pantoffeltierchen Vergleichbare und Verwandte sind nicht die Keimzellen, sondern die lebensfähige Tanne, die fertig ausgebildete Katze. Nur diese viel größeren Strukturen vermögen den Lebensprozeß fortzusetzen und zu steigern. Also läßt sich auch nicht der Zellkörper des Menschen mit dem Pantoffeltierchen oder der Katze vergleichen. Die mit diesen Tieren vergleichbaren Einheiten sind vielmehr die vom Menschen aufgebauten, aus vielen künstlichen Organen bestehenden Leistungsstrukturen – wie Berufskörper und Erwerbsorganisationen. Beim Schuhmacher gehören demnach auch alle für diese Berufsausbildung notwendigen Werkzeuge, Räumlichkeiten, Einrichtungen, Hilfskräfte und ähnliches dazu. Im Falle von Unternehmen, Organisationen und Staaten baut der Mensch noch größere Leistungskörper auf, in deren Gefüge Berufskörper zu Organen werden. Diese größeren Einheiten – ob aus Zellen oder nicht aus Zellen gebildet – waren die eigentlichen Lebenskörper, die am trockenen Land den Lebensstrom in ungeahnter Weise entfesselten – und sich meinem Auge nicht mehr als fest verwachsene Körper präsentierten.

Aus dieser Sicht überlegte ich mir, ob denn damit etwas völlig Neues in die Welt gekommen war, oder ob es dazu nicht bereits Vorstufen bei Pflanzen und Tieren gegeben hatte. War erst diese Frage richtig gestellt, dann bot sich die Antwort bereits von selbst an: Natürlich gab es sie, diese Vorstufen – ja, in jeder Zahl.

Jede Spinne, die sich ein Netz schafft, ist hier ein Beispiel. Gemäß üblichem Denken gehört das Netz nicht zur Spinne – sondern ist ihr Werk. Das Baumaterial wird zwar von ihr abgesondert, ist somit organisch, doch da das Netz nicht mit dem Körper verwachsen ist, wird es als nicht zu diesem gehörig angesehen. Andererseits ist unbestreitbar, daß dieses Netz als Organ der wichtigste Funktionsträger der Spinne ist, weil sie ohne dieses Netz nicht zur notwendigen Nahrung gelangt. Somit ist das Netz eindeutig Organ der Spinne – vom Lebensstrom funktionalisierte Materie. Ebenso besteht der Kaninchenbau nicht aus organischem Material, sondern stellt eine Strukturveränderung von Umweltmaterie dar – ist aber eine für das Kaninchen entscheidend wichtige Schutzeinheit. Verhindert man deren Herstellung – indem man es etwa auf Böden verpflanzt, die sich nicht zum Höhlenbau eignen –, dann ist das Tier schutzlos seinen Raubfeinden ausgeliefert. Es geht zugrunde – vermag also den Lebensprozeß nicht fortzusetzen.

In der Biologie ist man sich seit je uneins, wie Leben und im besonderen die Lebewesen zu definieren sind. Als besondere Kritierien wurden Stoffwechsel, Reizbarkeit, Fortpflanzungsfähigkeit und andere Eigenschaften herangezogen. Da es jedoch für fast jedes Kriterium Ausnahmen gibt, wurde der Versuch, zu einer allumfassenden Definition zu gelangen, aufgegeben. Mir schien es jetzt erstaunlich, daß bislang niemand auf den Gedanken gekommen war, in einer Pflanze oder einem Tier nicht ausschließlich das zu sehen, was sich dem Auge als deutlich verbundene Einheit darbietet.

Überall im Meer entdeckte ich bei den verschiedensten Lebewesen bereits künstliche Organe – und auch an Land waren sie nicht nur bei Tieren, sondern auch bei Pflanzen nachzuweisen und aufzuspüren. Sie werden nicht über Steuerungen des Erbrezeptes auf dem Wege von Zelldifferenzierungen aufgebaut – sondern über Leistungen des Zentralnervensystems vom Gesamtkörper. Bis zum Menschen jedoch war diese Form, zu Organen zu gelangen, nur von untergeordneter Bedeutung. Erst die besondere Ausbildung der Großhirnrinde beim Menschen – seine Intelligenz – ließ hier eine plötzliche Wende eintreten. Der Mensch ist nicht mehr auf angeborenes Verhalten angewiesen, vermag vielmehr Ursachen und Wirkungen so zu überschauen, daß es ihm möglich wird, sich neue funktionelle Einheiten – künstliche Organe – zielhaft zu schaffen und sie sinnvoll zu gebrauchen. Über die Sprache fließt das Wissen um die Möglichkeit solcher Bildungen unmittelbar von einem Individuum zum anderen – wodurch die Rezepte für solche zusätzliche Organbildung sich unabhängig vom Erbgut, vom Genetischen Code, fortpflanzen. Hinzu kommt die Schrift, über die sich solches Wissen noch besser erhalten, über die es noch besser von einer Generation an die nächste weitergegeben und zur Grundlage für den Aufbau weiterer machtsteigernder Organe werden kann.

Konsequenz all dieser meiner Gedanken war, daß der Mensch weder sich noch die Lebewesen richtig sieht. Bei den Pflanzen und Tieren fällt der Fehler noch kaum ins Gewicht. Ob man das Netz zur Spinne zählt oder nicht, ändert unsere Einsicht und das daraus resultierende Verhalten nicht erheblich. Beim Menschen jedoch wird dieser Unterschied gravierend – ändert sich doch unser Standort im Rahmen der Evolution entscheidend. Gehören nämlich alle diese zusätzlichen Einheiten, deren wir uns bedienen und mit denen wir die Macht unseres Zellkörpers in der Lage sind zu steigern, mit dazu – dann sind wir eben nicht, wie als selbstverständlich angenommen wird, der Höhepunkt und derzeitige Endpunkt der Lebensentfaltung. Der Lebensprozeß fließt dann nämlich schon seit mehr als zehntausend Jahren über uns hinweg und setzt sich in jenen größeren Strukturen fort, die wir aufbauen und steuern und die wir als unser Werk empfinden. Gehören jedoch alle diese zusätzlichen Organe mit zu unserem Körper, dann werden die von uns geschaffenen Leistungsstrukturen – im besonderen die von uns gebildeten Berufsstrukturen und die noch komplexeren Erwerbsorganisationen mit den einzelligen und vielzelligen Tieren und Pflanzen – unmittelbar vergleichbar. Sie müssen analoge Leistungen erbringen, um bestehen und den Lebensstrom weitertragen zu können, was ein ganz bestimmtes Passungsverhältnis voraussetzt. Sie sind genau so Fühler und Finger dieses seit vier Milliarden Jahren expandierenden Phänomens – uns somit nur erkennbar und verstehbar, wenn man sie aus der vom Lebensstrom vorgezeichneten Perspektive analysiert und beurteilt.

1960 zog ich die Konsequenz. Die bis dahin so geheimnisvollen Meerestiefen hatte ich erkundet, die Schauergeschichten, die den Eingang in diese

Gebiete verwehrten, entlarvt. Zum Vordringen in diese immensen, für die Zukunft des Menschen so bedeutsamen Räume wurde somit ein Beitrag geleistet. Die von mir erträumte und mit großen Anstrengungen vorangetriebene Entwicklung einer neuen Technik der Meeresforschung – indem der Mensch sich mit einem Schwimmtauchgerät in ein fischartiges Wesen verwandelt und die Meeresbewohner im unmittelbaren Kontakt erforscht – war verwirklicht. Zahllose griffen sie bereitwillig auf, folgten unseren Spuren, unseren Ratschlägen. Die so gewohnte, so banal bekannt und selbstverständlich erscheinende Welt des Menschen mit ihren Tanzdielen und Fabriken, mit ihren Kränen und Gemälden, mit ihren Ideologien und Raketen erschien mir plötzlich als weitaus unbekannter und erforschungsbedürftiger als die entlegensten Abgründe im Meer. Nachdem ich das erste von mir ausgerüstete Schiff »Seeteufel« – das ich von Graf Luckner erwarb – beim Kriegsende verloren hatte, verkaufte ich nun das zweite, aus Hunderten von Vorträgen finanzierte, die »Xarifa«, die uns acht Jahre lang treue Dienste geleistet hatte. Ich ließ Erfolg und Ansehen hinter mir – und wurde für meine Umwelt zu einer merkwürdigen Gestalt. Statt die erfolgreichen Fernsehserien fortzusetzen, tauchte ich für zehn Jahre in Volkswirtschaft und Betriebswirtschaft, Staatslehre und Atomphysik, wobei ich auch Gedankenrichtungen der Philosophie nicht außer acht ließ. Jeden Handwerker, jeden Betrieb, jedes Unternehmen, Organisationen der Wissenschaft, Verwaltung und Verteidigung, Objekte der Technik, Luxusstrukturen, Rechtsnormen und Staatsformen – und als Kernstück die Alltäglichkeiten des Lebens und die Verhaltensweisen der Menschen mit ihren Sitten und Gebräuchen – betrachtete ich mit den Augen des Biologen. Selten stieß ich auf Verständnis, noch weniger auf Unterstützung.

In diesen Jahren wurde mir erdrückend klar, auf was ich mich eingelassen hatte. Je tiefer ich in die Materie eindrang und je mehr ich auf Ablehnung stieß, desto klarer kam mir zu Bewußtsein, daß ich da ein höchst revolutionäres Denksystem entwickelte, welches auf grundsätzlich anderen Begriffen als den gewohnten aufbaut. Das babylonische Sprachengewirr der zersplitterten Disziplinen in den Wissenschaften lichtete sich – und mündete in die Ordnung einer alles umspannenden Gesamtschau.

Nichts konnte mich mehr von diesem Weg abbringen. Mir wurde nun die zentrale Bedeutung der Energie im Lebensgeschehen klar. Worauf es hinauslief war: *Der Lebensprozeß ist ein energetisches Phänomen.* Ja, ich konnte sogar unmittelbar an das Denkgebäude der modernen Physik anschließen, deren Quintessenz in der Entdeckung der zentralen Bedeutung der Energie im Universum besteht. Nicht nur sind alle Bewegungen, Prozesse, Umwandlungen das Werk von Energie in ihren mannigfachen Erscheinungsformen, sondern auch Materie, alle Masse ist eine Erscheinungsform von Energie. Das Einsteinsche Masse-Energie-Äquivalent ist keineswegs der absurde Traum eines Gelehrten: die Nuklearkraft hat diese Wirklichkeit in furchtbarer und fruchtbarer Deutlichkeit vor aller Augen geführt.

Was Energie letztlich ist, entzieht sich unserem Wissen. Gut bekannt sind jedoch die Eigenschaften dieses chamäleonhaft Wandlungsfähigen. Energie ist unzerstörbar. Sie kann von einer Erscheinungsform in andere überwechseln – Elektrizität in Bewegungsenergie, Lichtenergie in molekulare Spannungskraft, Massenanziehung in Wärme, Materie in Wellen –, doch nie geht dabei etwas verloren. Diese bedeutsame Tatsache ist im ersten Hauptsatz der Thermodynamik festgehalten.

Für mich interessanter war der zweite. Bekannterweise besagt er, daß bei energetischen Auseinandersetzungen und Umwandlungen die Fähigkeit, Arbeit zu leisten, geringer wird. Es kommt zu Gleichgewichtszuständen. Der Sturm verebbt, die aufgewühlten Wellen glätten sich, fließendes Wasser gelangt an einem tiefsten Punkt zum Stillstand, chemische Umsetzungen kommen zu Ende. Ein Prozeß, der aus sich selbst heraus anwächst, scheint darum unmöglich und den Grundgesetzen zu widersprechen. Und doch gibt es ihn – er war mein eigentliches Forschungsobjekt.

Vor vier Milliarden Jahren nahm der Prozeß Leben seinen Anfang und steigerte sich seither immerfort in seinem Volumen und seiner Potenz. Zunächst umfaßte dieses Volumen nur einige submikroskopische Lebensträger, später Myriaden von Einzellern, vor dreieinhalb Milliarden Jahren bereits Tausende verschiedener Arten von Meerestieren und Meerespflanzen. Dann kam die Fülle der Landlebewesen hinzu und – über den Menschen – die gesamte Fülle der von ihm künstlich aufgebauten Strukturen. Und ebenso wie das Gesamtvolumen dieses Stromes immer größer wurde, so wuchs die ihm innewohnende Potenz, nämlich seine Gesamtfähigkeit, Bewegungen, Umsetzungen, Vorgänge zu verursachen – also Arbeit zu leisten. Sogar Atomkraft wird bereits in dieses lawinenhaft anschwellende Potential eingeschleust.

Wie ist ein solcher sich steigernder Prozeß überhaupt möglich? – das war die entscheidende Frage. Die Antwort, zu der ich kam, lautete: Ein solches Geschehen kann nur über Strukturen stattfinden, weiterfließen und sich steigern, denen in zentraler Eigenschaft die Fähigkeit innewohnt, mehr arbeitsfähige Energie aus der Umwelt zu gewinnen, als ihre Gesamttätigkeit an solcher verbraucht. Die Bilanz an nutzdienlicher Energie muß im Durchschnitt positiv sein – sonst kommt der Prozeß an diesem Punkt an sein Ende, sonst verliert diese Struktur die Fähigkeit, ihn fortzusetzen.

Da es für energieerwerbende Systeme noch keine gemeinsame Bezeichnung gab, nannte ich sie *Energone* und hatte damit einen Begriff geschaffen, der nicht vom Aussehen, sondern von der Wirkung her definiert ist. Denn es ist ziemlich offensichtlich, daß eine Struktur in einer Umwelt erwerbsfähig sein kann, in einer anderen dagegen nicht. In der einen ist sie dann ein Energon, in der anderen ist sie es nicht.

Ich hatte den Energonbegriff in rein theoretischer Überlegung geschaffen und fragte mich als nächstes, über welche Eigenschaften solche Energone verfügen müßten. Ich konnte davon ausgehen, daß alle Pflanzen und Tiere unter die Energone einzureihen waren – und offensichtlich auch alle vom Menschen geschaffenen Erwerbsunternehmen, doch bemühte ich mich zunächst, diese konkrete Wirklichkeit zu vergessen, um mich von den gewohnten Denkgewohnheiten nicht beeinflussen zu lassen. Ich wollte nach allgemein gültigen Zusammenhängen suchen – wie auch immer sie ausfallen mochten.

Weitere für jedes Energon notwendige Eigenschaften lagen auf der Hand. Wenn diese Energone einem energetischen Prozeß dazu verhelfen sollten, sein Volumen und seine Potenz zu steigern, dann mußten diese Strukturen auch die weitere Fähigkeit besitzen, sich zu vergrößern. Dazu waren – außer Energie – entsprechende Stoffe nötig, außerdem Steuerungen, um mit Hilfe der erzielten Energieüberschüsse und mit Hilfe der ebenfalls aus der Umwelt gewonnenen Stoffe weitere Energonstruktur aufzubauen. Also mußte jedes Energon nicht nur über Einheiten des Energieerwerbs, sondern auch über solche des Stofferwerbs verfügen – außerdem, das war geradezu selbstverständlich, über Steuerungen zum Aufbau neuer Energonstruktur.

Dazu wieder gab es meines Erachtens drei Möglichkeiten: Energone konnten individuell größer werden, also anwachsen. Sie konnten weitere ebensolche Energone aufbauen und in die Welt setzen – also sich fortpflanzen. Oder sie konnten Energone von andersartiger Struktur hervorbringen, die dem Prozeß neue Umwelten erschlossen.

Ja – war der dritte Vorgang nicht sogar der wichtigste? Denn individuelles Anwachsen mußte früher oder später an eine Grenze kommen – zum Beispiel dann, wenn die erreichbaren Energie- und Stoffquellen sich in dem betreffenden Umkreis erschöpften. Und artgleiche Vermehrung konnte ebenfalls nur so lange erfolgen, als es für Energone dieses Typs entsprechende Erwerbsmöglichkeiten gab. Ein sich immer steigerndes Anschwellen dieses gewaltigen unheimlichen Etwas, das durch die Jahrtausende und Jahrmillionen – ständig an Macht und Volumen gewinnend – weiterrollt, war unabdingbar auf die Entstehung immer neuer, immer effizienterer Energontypen angewiesen. Auf weitere Energonarten, die dem Vorgang weitere Energie- und Stoffquellen erschlossen, den Strom in immer weitere Umwelten ausdehnten, immer mehr anorganische Materie sich einverleiben und funktionalisieren – also in Diener, in Wirkungsträger dieses elementaren Vorganges verwandelten.

Je mehr ich mich mit den Energonen, mit diesen Gebilden meiner Phantasie, beschäftigte, um so mehr Eigenschaften offenbarten sich mir, über die sie ganz offensichtlich, ja notwendigerweise verfügen mußten – die weitere Verwandtschaften bedingten. So stand wohl jedes Energon störenden Umweltbedingungen gegenüber, die seine Tätigkeit beeinflußten, beeinträchtigten oder ganz verhinderten – und somit abgeschirmt werden mußten. Jedes Energon mußte also nicht nur über Organe des Energie- und des Stofferwerbes sowie über entsprechende Steuerungen zur Bildung neuer Energonstruktur verfügen, sondern außerdem auch noch über Organe der Abwehr und zur Abschirmung beeinträchtigender Umwelteinflüsse. Sturm, Wind, Kälte, Hitze, Wellenschlag – da gab es genug schädigende Einwirkungen.

Aber noch mehr. Da jedes Energon in sich Energieüberschüsse konzentrierte, wurde es automatisch zur möglichen Energiequelle für andere, wenn sie über die Voraussetzungen verfügten, sich räuberisch zu betätigen. Und dies war ja in der Tat verwirklicht. Man braucht etwa nur die Tiere bei ihrem Nahrungserwerb zu betrachten. Aber ich zwang mich in diesem Stadium meiner Betrachungen, mich konsequent von der verwirrenden Wirklichkeit fernzuhalten und meine Energone zunächst so zu erforschen, als wüßte ich nichts um die Gegebenheiten auf dem Planeten Erde.

Energone mußten also – um bestehen, anwachsen, den Lebensstrom weitertragen und steigern zu können – auch über spezialisierte Organe der Abwehr von Störungen und Raubfeinden verfügen, was ihnen gleichsam weitere Ausgaben und Aufwendungen aufzwang. Verfügten sie über solche Organe nicht – dann konnten sie sich in ungünstigen Bereichen nicht ausbreiten, dann kam dort der Lebensstrom zum Stillstand. Andererseits konnte es aber auch günstige, sie fördernde Umwelteinflüsse geben, die sie verwenden konnten wie ein Reiter sein Roß. So wie in diesem Fall die Fähigkeit zum Aufsteigen und Reiten sowie Zaumzeug und Sattel erforderlich sind, waren zu solcher Nutzbarmachung weitere Aufwendungen, weitere spezialisierte Fähigkeiten und Organe vonnöten.

So begannen in meinem Geiste die Energone immer mehr Gestalt anzunehmen – und je mehr ich mich mit ihnen gedanklich beschäftigte, desto mehr verborgene Gemeinsamkeiten entdeckte ich. Die Energone standen nicht nur Umwelteinflüssen gegenüber, denen sie nach außen hin angepaßt sein mußten, sondern auch noch weiteren Problemen, die sich aus ihrem inneren Gefüge ergaben. Ich kam allmählich dahinter, daß bei jedem Energon neben einer Außenfront auch eine Innenfront nachweisbar sein mußte, die es ebenfalls aufzuschlüsseln galt. Gelang mir auch dies – ein elektrisierender Gedanke –, dann kam ich der Lösung dieses Rätsels noch näher. Jedes Energon – wie immer es auch aussehen mochte – mußte zum Beispiel über Einheiten verfügen, die alle seine diversen Organe irgendwie aneinanderbanden. Jeder Teil eines Energons mußte offenbar an die übrigen gefesselt sein – sonst konnte es ihm wohl nur im Ausnahmefall helfen.

Mehr als das. Nicht nur eine Fesselung räumlicher, materieller Einheiten war unabdingbar notwendig und für ihr Bestehen und ihre Leistung Voraussetzung. Sondern auch die Fesselung zeitlicher Abläufe, also von Bewegungsvorgängen aneinander, war – wenn schon nicht bei allen Vorgängen – so doch bestimmt bei manchen notwendig.

Ich nannte die erste Innenfront Bindung, die zweite Koordination. Dazu kamen aber noch weitere. Nicht nur mußten bei jedem Energon seine Teile irgendwie aneinander gefesselt sein und nicht nur mußten manche Bewegungsabläufe mit anderen koordiniert sein – auch eine Abstimmung der diversen Teile, der diversen Organe, also der diversen Funktionsträger aufeinander war nötig. Wenn sich Funktionen kreuzten, gegenseitig behinderten – was ja kaum ausbleiben konnte –, wer hatte dann Vorrang und Vortritt? Und auch auf das Ganze hin mußte wohl jeder Teil abgestimmt sein. War ein Organ größer, als die von ihm benötigte Leistung es erforderte, dann war es überflüssiger Aufwand. War der Teil zu klein, zu schwach dimensioniert, zu langsam oder zu wenig präzise in der Leistung, dann wurde er gleichsam zum schwächsten Glied in der Kette.

An diesem Punkt meiner Überlegungen wurde mir die überragende Bedeutung der Konkurrenzfähigkeit bei allen Energonen klar: Zwangsläufig geraten alle Energone untereinander in Wettstreit um die Erschließung von Energie- und Stoffquellen, sind als Rivalen vor den Wagen des Lebensstromes gespannt. Diesem konnte es eher gleichgültig sein – wenn ich mir solche Personifizierung erlauben durfte –, welche der so entstehenden Energontypen und Energonindividuen ihn fortsetzen. Für ihn war ausschließlich eines wichtig, für sein Anschwellen war nur eines Voraussetzung: daß immer mehr anorganisches Material von Energonen mit in diesen Strom hineingezogen und so umgestaltet wurde, daß es ihn förderte, stärkte und unaufhörlich weitertrug. Welches der eifrigen Energone dabei auf der Strecke blieb, war eher nebensächlich. Ja, ich erkannte, daß diese Konkurrenz für den Lebensstrom sogar höchst förderlich war. Sie war deshalb für ihn höchst wichtig, weil ungeeignete Strukturen durch diesen Konkurrenzkampf eliminiert wurden, und sich so ganz von selbst die bestgeeigneten durchsetzten und ihn weitertrugen.

Schließlich waren – im Rahmen der Innenfront – auch noch Einheiten, also spezialisierte Organe notwendig, um sämtliche Funktionsträger eines Energons, alle seine funktionellen Teile also, zu erhalten, entsprechend zu warten, zu pflegen, nötigenfalls zu reparieren und zu ersetzen. Bei jeder Tätigkeit gibt es Verschleiß, so war gerade diese laufende Kontrolle und Wartung entscheidend wichtig.

Darüber hinaus ging es bei vielen Organen nicht bloß darum, ihre körperliche, also materielle Struktur intakt zu halten, sondern es mußte ihnen auch Energie für ihre Spezialtätigkeiten zugeführt werden. Ebenso mußten Abfälle, die sich aus Prozessen ergaben, aus dem Energonkörper ausgeschieden werden. Sonst behinderten sie das Getriebe, setzten die Leistungsfähigkeit und damit auch wieder die Konkurrenzfähigkeit herab. Also waren im Energonkörper auch entsprechende Leistungen nötig, um Energie und auch allenfalls benötigte Stoffe an die Einspeisungspunkte zu bringen, sowie weitere, um nicht verwendbaren störenden Abfall aus dem Energongetriebe zu eliminieren.

Ohne mich also noch mit einem einzigen Energon im Konkreten befaßt zu haben, hatte ich bereits ein ganzes System von Eigenschaften ermittelt, über die jedes von ihnen verfügen mußte und die demgemäß ihre notwendige Ausbildung festlegten. Von besonderer Bedeutung war für mich die Erkenntnis, daß beim Energieerwerb die Organe den jeweiligen Energiequellen in der Umwelt so angepaßt sein mußten wie ein Schlüssel seinem Schloß. Wie ein Schlüssel ein Schloß zu öffnen vermag, so mußten die Energone derart beschaffen sein, daß sie die Energiequelle aufzuschließen vermochten.

Wer aber bestimmt die für einen Schlüssel notwendige Form, die genaue Ausbildung des Schlüsselbartes? Sicherlich nicht der Schlosser, der ihn herstellt. Er fertigt ihn zwar an, doch welche Gestalt der Schlüsselbart haben muß, um das Schloß aufsperren zu können, bestimmt nicht er – sondern bestimmt das Schloß. Der jeweilige Mechanismus des Schlosses legt also die für den Schlüssel notwendige Form fest – *er determiniert also dessen Form*. Wer den Schlüssel herstellt, wie ich bemerkte, ist somit nebensächlich. Und auch ob er für diesen Zweck hergestellt wurde, ist nebensächlich. Worauf es einzig ankommt, ist, daß er paßt. Ein zufällig geformtes Eisenstück mag ein Schloß öffnen – während ein vom Schlosser angefertigter Schlüssel nicht paßt.

Wenn ich diesen Gedanken nun aber auf das Verhältnis zwischen Energiequellen und den sie erschließenden Organen anwandte, dann bedeutete das nicht mehr und nicht minder, als daß die Energiequelle letztlich darüber entscheidet, wie ein Organ beschaffen sein muß, um sie zu erschließen. Die Energiequelle stellt das Organ nicht her, determiniert aber zweifelsohne seine notwendige Struktur. Wie also diese Organe des Energieerwerbs auch immer zustande kamen, war eher gleichgültig und beeinflußte nicht die für sie notwendige Gestalt. Ihre Ausbildung, die für sie nötige Konstruktion war gleichsam vorgezeichnet.

Aber genau so war es letztlich auch mit jeder anderen für Energone notwendigen Eigenschaft. So bestimmten auch die jeweiligen Stoffquellen die zu ihrer Erschließung notwendige Struktur. Die Eigenschaften von störenden Umweltbedingungen und Feinden legten fest, wie die zu ihrer Abwehr geeigneten Funktionsträger gestaltet sein mußten. Und wenn ich die Innenfront abschritt, gelangte ich zum genau gleichen Zusammenhang. Wenn etwa zwei Teile aneinandergebunden sein sollten, dann bestimmte ihre Form, ihr Material, ihre Größe, wie beschaffen und wie stark ausgebildet Bindungsorgane sein mußten, um eben solche Einheiten aneinanderzufesseln.

In der Verhaltensforschung hatte der Physiologe Erich von Holst bei seiner Analyse der Steuerungsstrukturen von angeborenen Verhaltensweisen im Gehirn die Bezeichnung Wirkungsgefüge gebraucht. Diese Energone, mit denen ich mich da befaßte – zunächst nichts anderes als Kinder meines Geistes –, waren Wirkungsgefüge samt und sonders, konnten gar nichts anderes sein. Ihre äußere Erscheinung war völlig sekundär – worauf es ankam, war ausschließlich ihre Leistung. Um den Lebensprozeß, ein sich steigerndes energetisches Geschehen, fortsetzen zu können, waren ihnen ganz bestimmte Eigenschaften und Fähigkeiten vorgeschrieben, vorgezeichnet. Also ganz bestimmte Funktionen, oder noch allgemeiner gesagt, ganz bestimmte Wirkungen. Funktionsloses konnte in ihrem Getriebe nur hinderlich sein – war gleichsam ein Klotz am Bein. Es belastete ihre Energiebilanz, verminderte automatisch ihre Konkurrenzfähigkeit. Kam ein Energon in ungünstige Umweltbedingungen, dann konnten selbst geringfügige Nachteile in dieser Bilanz den Ausschlag geben, daß seine Bewegungsfähigkeit endete, daß seine Tätigkeit erlosch und es zerfiel.

In den Wirtschaftswissenschaften war hier und dort die Bezeichnung »inneres Wertgefüge« aufgetaucht. Aus solchen Wertgefügen setzten sich meine Energone samt und sonders zusammen. Denn je nachdem, wie präzise, wie schnell und bei welcher Energieausgabe ein Funktionsträger seine Leistung erbrachte, war diese von höherem oder geringerem Wert.

Aus dem hierarchischen Aufbau der Energone, indem solche sich zu noch größeren, übergeordneten zusammenfügten, ergaben sich zwangsläufig Interessenkonflikte. Das vielgerühmte Interesse der Arterhaltung war dabei nur eine Stimme im Chor und spielte durchaus nicht die erste Geige. Letztlich waren nicht die Interessen der einzelnen Energone maßgebend, ebensowenig wie jene der Art oder der immer höher gestaffelten Energonhierarchie – sondern das Interesse des Lebensstromes, in dem sie alle bloß Organe, Funktionsträger, Wirkungsträger waren.

Ich erfaßte also endlich die eigentliche Wesenheit meiner Energone. Die für sie notwendige Ausbildung, also die Ausbildung ihrer diversen Teile, ihrer Organe, war in erster Linie durch die für sie wichtigen Umweltbedingungen determiniert, also festgelegt. Durch die Energiequellen, auf die sie ausgerichtet waren, durch die Stoffquellen, durch die störenden oder feindlichen Umweltbedingungen, durch förderliche, die sich allenfalls nutzen ließen. Die Auflage zur Strukturvermehrung – über Wachstum, artgleiche Vermehrung oder Bildung von neuen Energontypen – machte entsprechende Steuerungsorgane und Steuerungsrezepte bei ihnen nötig und determinierte deren notwendige Beschaffenheit. Und weitere determinierende Faktoren traten im inneren Gefüge auf. Jede benötigte Aufgabenerfüllung legte gleichsam wie in einem Raster fest, welche Möglichkeiten es zu ihrer Verwirklichung gab, wie die jeweiligen Lösungsmöglichkeiten nur aussehen konnten. Die letzte, allem übergeordnete Ausrichtung determiniert aber der Lebensstrom.

Vorsichtig bezog ich den Menschen und seine Fähigkeiten intelligenter, zielhafter Tätigkeit und Gestaltung in meine Gedanken mit ein. Schuf der

Mensch Energone, dann konnte auch er nicht frei darüber bestimmen, wie diese zu gestalten waren. Auch ihm war der Weg vorgezeichnet – wie eben dem Schlosser, wenn er einen Schlüssel formt, der ein gegebenes Schloß aufsperren soll. Beim Energonbau gab es somit kein Erfinden im eigentlichen Sinn, sondern bloß ein Finden der für einen bestimmten Zweck bestgeeigneten Struktur.

Ich betrachtete den Bleistift, den ich in der Hand hielt – ein Werkzeug des Schreibens, ein künstlich gefertigtes Organ, das eine ganz bestimmte Leistung erbringt. Wer war für seine Form verantwortlich – der erfindende Mensch? Nicht eigentlich! Der Bleistift mußte so geartet sein, daß meine Hand ihn fassen konnte – seine Gestalt war somit durch die Größe und Form der menschlichen Hand determiniert. Und die auf Papier einen Strich verursachende Mine? Hatte menschliche Intelligenz sie erfunden? Ja, aber auch nein. Sie war eine der Möglichkeiten, die es gab, einem solchen von der Hand gehaltenen Stift zur Fähigkeit zu verhelfen, einen Strich zu verursachen. Es war somit die geforderte Funktion, die letztlich für diese Mine verantwortlich war. Ob über Zufälle oder Intelligenz dieses Werkzeug zustande kam – nur auf die Wirkung, auf die Funktionsfähigkeit kam es an. Selbst ein Überhirn konnte keinem Schreibwerkzeug für die Hand zur Eignung verhelfen – wenn es nicht so beschaffen war, daß diese es halten kann und es die benötigte Spur auf einer Unterlage hinterläßt.

Bei meinem Auge war es nicht anders – die von ihm zu erbringende Leistung determiniert seine notwendige Struktur. Nur eben über solche Anordnung spezialisierter Zellen gelangt der Körper zur optischen Wahrnehmung der Umwelt. Und bei der Dampfmaschine war es nicht anders. Die zum Antreiben verwendete Energie – durch Hitze verdunstende, sich über größeren Raum ausdehnende Wasserteilchen – und die Aufgabe, mit dieser Kraft Räder in Bewegung zu setzen, determiniert letztlich die zur Erbringung dieser Aufgabe notwendige, also geeignete Struktur.

Mehr und mehr wurde mir klar, daß zwischen den Organen der Tiere und Pflanzen und den vom Menschen geschaffenen Werkzeugen, Einrichtungen und Maschinen längst kein so grundsätzlicher Unterschied besteht, wie unser Auge und unser beurteilendes Gehirn ihn uns darstellen. Die einen bestehen aus Zellen, werden über Zelldifferenzierung gebildet – die anderen bestehen aus anorganischem Material und kommen durch entsprechendes Bearbeiten und künstliches Zusammenfügen zustande.

Das sind jedoch Unterschiede, welche die Effizienz selbst nicht beeinflussen. Ein aus Zellen bestehendes Organ kann von hoher Funktionskraft sein

– aber auch von geringer. Ein technisch gebildetes Organ kann von hoher Funktionskraft sein – aber auch von geringer. Ein künstlicher Zahn mag besser seine Aufgabe erfüllen als ein natürlich gebildeter. In einem Betrieb mag eine Leistung von einer Maschine besser und problemloser erbracht werden als von einem Menschen. Meine gewohnte, allen Menschen durch die Sinne nahegelegte und durch die überkommenden Denkformen fixierte Erscheinungswelt, brach zusammen. Nicht zwischen Natürlichem und Künstlichem lag die wirklich wesentliche Kluft – sondern zwischen Funktionellem und Funktionslosem. Zwischen Einheiten also – um zu meinen Energonen zurückzukehren –, die ihnen dienten oder nicht dienten. Um Einheiten, die somit in letzter Konsequenz dem Lebensstrom dienten oder nicht dienten.

Ich fühlte mich nun stark genug, den Raster meines neuen Begriffssystems auf die Erscheinungen der Wirklichkeit anzuwenden: Welche Energone gab es also faktisch, über welche Strukturen setzte sich der sich potenzierende Energiestrom »Leben« fort?

Selbstverständlich zunächst über die Pflanzen und Tiere. Doch schon hier stimmte der Begriff Energon mit dem bisher verwendeten Begriff Lebewesen nicht überein. Das Netz der Spinne ist ihr Organ des Energie- und Stofferwerbes, also ihr eigentliches Zentralorgan. Es ist indes nicht mit dem übrigen Körper verwachsen. Also zählt man es nicht zu den Organen des Spinnenkörpers. Dagegen war es jedenfalls und eindeutig Bestandteil dieses Energons. Der Begriff Lebewesen umfaßte also den Spinnenkörper ohne Netz, der Begriff Energon den Spinnenkörper plus Netz.

Zu solchen mit dem übrigen Körper nicht fest verwachsenen, sondern von ihnen getrennten Organen war es indes in der Evolution der Pflanzen und Tiere nur verhältnismäßig wenig gekommen. Erst beim Menschen erfolgte dann der radikale Wechsel. Bei ihm wurde die Bildung zusätzlicher, mit dem Körper nicht fest verwachsener Organe zum Hauptmerkmal der Weiterentwicklung. Er fügt sie seinem Körper beliebig an, spezialisiert sich so auf höchst verschiedene Leistungen. Sah ich die Dinge auf diese Weise, dann war nicht der nackte menschliche Körper die den Tieren und Pflanzen vergleichbare Einheit, sondern dieser Körper plus sämtlicher zusätzlicher Organe, die ihn zu einer aktiven Energiebilanz befähigen. Nicht der Zellkörper des Menschen ist ein Energon – sondern dieser plus der gesamten für eine Berufsausübung und Lebensbehauptung notwendigen künstlichen Struktur. Kleider gehören dazu, alle notwendigen Werkzeuge, aber auch Räumlichkeiten, Hilfskräfte und mit anderen geteilte Gemeinschaftsorgane. Ein solches Gemeinschaftsorgan der Fortbewegung ist etwa ein Eisenbahnzug – die staatliche Heeresmacht ist ein Gemeinschaftsorgan des Schutzes.

Ich begann den Menschen plötzlich anders zu sehen. Und zwar als aufbauende und steuernde Einheit von Energonen. Ebenso sind die großen Unternehmen mit ihren Produktionsbetrieben Energone. In ihrem Gefüge ist der Mensch nur noch kleines – austauschbares – Rädchen, ein Organ unter sehr vielen anderen. Und noch größere Energone sind die Staaten – selbst wenn sie nicht bloße Schutzfunktionen ausüben und in diesem Sinne große Gemeinschaftsorgane sind. Auch bei diesen größeren Lebenskörpern kommt es auf eine positive Energiebilanz an. Erzielen sie diese nicht, dann verliert diese Struktur ihre Lebensfähigkeit – ihre Fähigkeit, den Lebensstrom fortzusetzen. Sie bleibt auf der Strecke, und die Berufskörper und Betriebe ordnen sich zu einer neuen anderen Struktur, die die Gemeinschaftsinteressen besser steigert, das heißt sich in einer effizienteren Gesamtleistung niederschlägt.

Bei dieser Art des Denkens kam ich natürlich unaufhörlich mit der gewohnten, alltäglichen Betrachtungsweise in Konflikt. Die Frage, wie kann ich mein Gehirn dazu zwingen, den Menschen anders zu sehen, als meine Sinne mir nahelegen, anders, als unser gesamtes bisheriges Bewerten jedermann nahelegt, wurde dabei zu einem Zentralproblem. Vielleicht konnte auch hier mir die Filmkamera wieder helfen. Indem ich sie wasserdicht umhüllte, hatte ich sie zum technischen Freund und Zeugen meiner Ausflüge in die Tiefe gemacht, hatten meine Erzählungen und Beobachtungen gesteigerten Überzeugungswert bekommen. Vielleicht konnte sie mir diesmal über eine künstliche, technisch erzielte Verfremdung der Wirklichkeit dabei helfen, die Mitwelt, den Alltag und schließlich mich selbst so zu sehen, als sähe ich Menschen zum ersten Mal. Als wäre ich ein Besucher von einem anderen Stern, der nicht das allergeringste um die Entwicklungen auf unserem Planeten weiß und diesen somit völlig unbeeinflußt und wertfrei gegenübersteht.

Wollte ich menschliches Verhalten unbeeinflußt analysieren, dann mußten die Aufnahmen unbemerkt stattfinden, das war eindeutige Voraussetzung. Ich konstruierte ein vor das Objektiv gesetztes Prisma, mit dem ich von nun ab meine Umwelt täuschte. Während es den Anschein hatte, daß ich Bäume oder Blumen oder Häuser filmte, filmte ich in Wahrheit im rechten Winkel, was gerade zu meiner Rechten oder Linken geschah. Nur ganz selten wurde das Täuschungsmanöver durchschaut.

Viel wesentlicher aber war, daß ich bei allen Aufnahmen den normalen Zeitablauf veränderte – indem ich mit Zeitraffung oder in Zeitlupe filmte. Auf den so gewonnenen Szenen bewegte sich alles fünf- bis zwölfmal schneller als gewöhnlich – oder halb so schnell wie normal. Bei Übersichtsaufnahmen verwendete ich die Raffung – und verwandelte so die vertraute Menschenwelt in einen höchst kuriosen Ameisenhaufen, in dem Zusammenhänge in Erscheinung traten, die man normalerweise nicht erkennt. Filmte ich Vorgänge auf dem Schlachtfeld des menschlichen Gesichts – Ausdrücke der Mimik –, dann verwendete ich die Zeitlupe, um dem Auge Zeit zu verschaffen, unbefangen das zu verfolgen, was hier geschieht.

Zuerst filmte ich mit dieser Technik daheim in Wien und in der näheren Umgebung; dann, von meiner Frau begleitet, fuhr ich 1963 nach West-Samoa und Indien, wo ich diese Technik in immer neuen Bereichen menschlicher Tätigkeit erprobte. In künstlicher Verschnellung filmte ich Gespräche, das Muster des Straßenverkehrs, Menschen bei Berufsausübungen, Zeremonien und Festen, Liebespaare – und was mir eben sonst vor die Kamera kam. In künstlicher Verlangsamung filmte ich Gesichtsausdrücke der Freude, des Zorns, der Überraschung – was immer mir die Palette des unbeobachteten menschlichen Gesichts bei Kindern, Jugendlichen, Erwachsenen und Greisen zeigte. In Benares filmte ich so die ritualisierten Handbewegungen der frommen Hindus – ein besonders schwieriges Unterfangen, weil meine Anwesenheit als störend, ja feindlich empfunden wurde. Es war beileibe nicht einfach, den Gläubigen über Tage glaubhaft zu machen, ich filme über den breiten Fluß Ganges hinweg winzige, am jenseitigen Ufer befindliche Vögel mit meinem Teleobjektiv.

Im Max-Planck-Institut für Vergleichende Verhaltensforschung in Seewiesen zeigte ich eine Auswahl dieser Aufnahmen Konrad Lorenz und seinen Mitarbeitern. Die Resonanz war unerwartet. Mir war es bei der Entwicklung dieser Filmmethode darauf angekommen, den Menschen zu versachlichen, zu entfremden, zu objektivieren. Dies als Hilfe für mich, ihn als Teil der von mir zu erforschenden größeren Lebenskörper, der Energone, besser zu verstehen. Bei allen vom Menschen gebildeten Energonen und in allen von ihm gebildeten Luxusstrukturen – ein besonderes Phänomen in der Lebensentwicklung – war er das Zentrum. Seine Besonderheit schlug sich in der Ausprägung dieser Bildungen und in der Richtung nieder, in der sie verwirklicht wurden. Das war also mein Hauptimpuls zu dieser Tätigkeit gewesen – an die etablierte Verhaltensforschung hatte ich dabei weniger gedacht.

Nun aber zeigte sich, daß ich hier geradezu offene Tore einstieß, indem meine Filmtechnik dieser Wissenschaft in Forschung und Lehre eine neue Technik eröffnete. Vergleichende Untersuchungen des Verhaltens bei verschiedenen Tierarten hatten zur Entdeckung jener angeborenen Steuerungen geführt, die ihr Instinktverhalten aktivieren, auslösen und lenken. Lorenz hatte bereits in mehreren Büchern darauf hingewiesen, wie wichtig es nun wäre, die Essenz des Erkannten zum besseren Verständnis des menschlichen Verhaltens heranzuziehen, denn richtig an diese Aufgabe herangetraut hatte sich bisher noch niemand. Die Bewertung menschlichen Verhaltens lag ja seit vielen Jahrhunderten im Kompetenzbereich der Geisteswissenschaften – der Theologie, der Philosophie, der Jurisprudenz, der Soziologie, der Psychologie. Dort hatten erbitterte, von krassen Gegensätzen gekennzeichnete Auseinandersetzungen stattgefunden, die immer wieder zum Kern die Frage hatten, ob der Mensch einen freien Willen besitze oder nicht.

Unsere Abstammung aus dem Tierreich, die gerade bei den Vertretern dieser Wissenschaftszweige nur zögernd anerkannt wurde und ihre grundsätzliche Einstellung kaum wesentlich beeinflußte, war in diese Betrachtungen und Dispute kaum einbezogen worden – trotz der sich daraus ergebenden offensichtlichen Konsequenzen. Die Bewertung menschlichen Verhaltens führte so fast ohne Berührung mit der Beobachtung tierischen Verhaltens zu eigenen Bewertungsformen und Begriffssystemen. Dazu kam die besonders von der christlichen Religion gelehrte grundsätzliche Verschiedenheit zum Tier, die solche Vergleiche anstößig machte.

In weiten Bereichen der Welt, besonders in den USA, in der UdSSR und in China – obwohl diese Großmächte von konträren Staatsphilosophien getragen sind –, herrscht Übereinstimmung in der Lehre von der nahezu beliebigen Konditionierbarkeit des Menschen, wonach sein Verhalten zum überwiegenden Teil Ergebnis von Erziehung und Milieu und damit der Schlüssel zu seinem Verständnis sei.

Schon Darwin hatte vermutet, daß etwa die Ausdrücke der menschlichen Mimik nicht durch Lernen erworben, sondern in den Grundzügen angeboren wären, konnte es aber damals nicht beweisen. Meine Spiegelaufnahmen boten indes dazu eine willkommene Möglichkeit. Stellte sich nämlich heraus, daß diese Bewegungen – unbemerkt in Zeitlupe gefilmt – bei Menschen aller Rassen übereinstimmten, dann bedeutete dies ein gewichtiges Argument für eine angeborene Motorik dieses Verhaltens. Ebenso aber brachten manche meiner künstlich verschnellten Übersichtsaufnahmen

Verhaltensmuster an den Tag, die auf Gemeinsamkeiten bei allen Rassen hinwiesen.

Mein Freund Irenaeus Eibl-Eibesfeldt, der bereits an den meisten meiner meereskundlichen Expeditionen als Verhaltensforscher teilgenommen hatte, erklärte sich spontan interessiert und bereit, die sich eröffnenden neuen Möglichkeiten zu nützen, um sich mit Hilfe der neuen Technik auf die biologische Erforschung des menschlichen Verhaltens zu konzentrieren, die wir im späteren Humanethologie nannten. Lorenz meinte, allein die Analyse der menschlichen Mimik bei den verschiedenen Völkern wäre ein lohnendes Objekt für unser weiteres Forscherleben.

Das lag nun allerdings nicht in meinem Sinn. Was nicht besagt, daß auch für mich die Humanethologie – die naturwissenschaftliche Analyse menschlichen Verhaltens – nicht zu einem Kernbereich in meiner eigenen Forschung wurde. Die Frage, inwiefern die Grundtendenzen menschlichen Verhaltens aus angeborenen und damit unbelehrbaren Aktions- und Reaktionsnormen resultieren, ist für den hierarchischen Bau menschlicher Energonbildung von entscheidender Bedeutung. Besonders deshalb, weil ja im Staat, in der Wirtschaft, in der Wissenschaft und auch in der Familie der Mensch zum Träger entscheidend wichtiger Funktionen wird, so daß die Beeinflussung durch unkontrollierbare Faktoren zu Auswirkungen allergrößten Umfanges kommen kann.

Ich verließ den Elfenbeinturm meiner Theorie. Gemeinsam mit Eibl-Eibesfeldt gründete ich 1964 in Liechtenstein das erste Institut für Humanethologie, welches sich weniger in Räumlichkeiten als in einer sehr aktiven Forschungstätigkeit auszeichnete. Auf den Nikobaren waren wir mit Steinzeitmenschen zusammengetroffen, denen wir als erste Weiße in ihrem Leben begegneten. Während der folgenden drei Jahre filmten wir nach der neuen Methode auf Reisen in allen fünf Weltteilen menschliches Verhalten bei den verschiedensten Völkern. In Afrika konzentrierten wir uns besonders auf die noch sehr ursprünglichen Archolui, El Molos, Turkana, Karamajo und Samburu in Uganda und im nördlichen Kenja, in Südamerika auf Indianer, besonders im Hochland von Peru, und in Asien auf Japaner, Chinesen und die Hochkultur auf Bali. In Europa war ich von den Lofoten bis Sizilien in jedem erdenklichen Bereich menschlicher Tätigkeit und Muße, menschlicher Leistungen und Abwege mit meiner Kamera präsent. Da mir auch in diesem neuen Bereich wiederum keine staatliche Unterstützung zuteil wurde, finanzierte ich diese Expeditionen genau so wie jene auf der »Xarifa«: Parallel zur Forschungsarbeit produzierte ich für das britische, deutsche, österreichische und schweizerische Fernsehen eine Filmserie, die dann in dreizehn Folgen unter dem Titel »Wir Menschen« ausgestrahlt wurde.

Während Eibl-Eibesfeldt bei diesen gemeinsamen Arbeiten stets die Vergleichspunkte zu tierischem Verhalten vor Augen hatte, die mir mannigfache Anregung gaben, ordnete ich die beobachteten Phänomene nach dem Energonkonzept, das mir auf ganz anderer Ebene den Vergleich zwischen tierischer und menschlicher Tätigkeit nahelegte. Hier gewann ich erhöhte Einsicht in die Vergleichbarkeit der Strukturen und Abläufe.

Schon beim Übergang von den Einzellern zu den vielzelligen Lebewesen – vor ungefähr drei Milliarden Jahren – war es im Entwicklungsweg der Energone zu einer ähnlichen Situation gekommen. Die Eigenschaften der so äußerst effizienten Zelle wirkten sich bei der völlig neuen Aufgabe, größere Einheiten zu bilden und in deren Gefüge zum Funktionsträger und Organ zu werden, zum Teil positiv und zum Teil negativ aus. Nicht anders verhielt es sich nun beim Vielzeller Mensch; in ihm war die Evolution ein zweites Mal zu einer besonders effizienten Einheit gelangt – die wiederum Ausgangspunkt der Bildung von tausenden und hunderttausenden neuer und größerer Energonarten wurde.

Im Gefüge der Berufskörper und Erwerbsorganisationen wird der Mensch selbst zur funktionellen Einheit, zum Organ – wozu er sich in mancher Hinsicht gut, in anderer jedoch schlecht eignet. Geschlechtstrieb, Aggressionstrieb, Imponierverhalten, Stimmungsübertragung als beeinflussender Faktor, angeborenes Ansprechen auf bestimmte Schlüsselreize, Prägung, angeborene Lerndispositionen, um nur einiges zu nennen, sind Phänomene, die seine Energonbildung und seine funktionelle Leistung innerhalb von Energonen wesentlich beeinflussen. Sie lenken diese in bestimmte Richtungen und verursachen im Rahmen der Gesamtentwicklung schwerwiegende Probleme. Kriege, Verbrechen, Inflation, Rassenkonflikte, Entwicklungshilfe, Kunst und Luxus, Bevölkerungsexplosion und vieles anderes mehr gewinnt aus Sicht der Energontheorie einen anderen Stellenwert, erfordert die Übertragung in ein völlig anderes Denksystem. Gerade hier war es wichtig, den Blick erst an den einfachen und ursprünglichen Ausdrucksformen des menschlichen Lebens zu schulen, um so Stück für Stück aufzubauen und voranzukommen.

In all diesen Jahren stellte sich mir auch die Frage, wo ich letztlich das Ergebnis meiner Forschung veröffentlichen sollte – es hatte gleichsam nirgends ein Zuhause. Heimatlos, wie es war, umfaßte es ebenso Biologie wie Wirtschaft, Staatslehre und andere Disziplinen – setzte sich aber zu jeder dort etablierten Denkmeinung in Gegensatz, durfte in keiner mit freundlicher Aufnahme rechnen. Am allerwenigsten wohl in der Philosophie – obwohl ich gerade dort viele verwandte Ansatzpunkte, die bereits aufgetaucht waren, entdeckte.

Die zentrale Bedeutung von Bewegung und Kraft erkannte bereits Heraklit. Das Prinzip der Selektion, das Überleben des am besten Geeigneten, erkannte bereits Empedokles. Die »Ideen« Platons können als verborgene Prinzipien gedeutet werden, die den äußerlich so verschiedenen Erscheinungen zugrunde liegen und ihr eigentliches Wesen ausmachen. Interessante Parallelen zum Energonkonzept fand ich bei Kant, Hegel und Engels, bei Schopenhauer, Nietzsche und anderen. Auch in der Staatslehre hatte es mehrere Denker gegeben, die den Staat mit einem lebenden Organismus verglichen. Nahezu erschlagen wurde ich von der parallelen Denkrichtung Goethes, dessen eminente Bedeutung als Naturforscher weit weniger bekannt ist als sein Werk als Dichter. Wenn er nach dem Urtier und der Urpflanze suchte, dann dachte er nicht an gemeinsame Ahnen, sondern an ein gleiches Grundkonzept, das den höheren Pflanzen und den höheren Tieren, so verschieden sie sich unseren Sinnen auch darbieten, verbindend zugrunde liegt. »Alle Gestalten sind ähnlich und keine gleichet der andren, und so deutet das Chor auf ein geheimes Gesetz, auf ein heiliges Rätsel« – so schrieb er in einem Gedicht über die Metamorphose der Pflanzen. Nirgends fand ich deutlicher ausgesprochen, was mich selbst in meiner Forschung bewegte, wohin sie mich Stück für Stück weiterführte.

Bei allen meinen Bemühungen mußte ich erkennen, welches Handikap Erfolge auf einem Gebiet sein können, wenn man in ein anderes überwechselt. Ständig wurde ich gefragt, wann denn die nächste Tauchexpedition stattfände, warum denn keine weiteren Unterwasserfilme von mir zu sehen wären. Die weltweit gezeigte Filmserie »Wir Menschen« wurde vom großen Publikum eher mit Verwunderung aufgenommen. Nur aus Fachkreisen von Wissenschaft und Kunst kamen positive Reaktionen, dort vermittelten sie neue Impulse. Die biologische Bewertung menschlichen Verhaltens wurde aus der Taufe gehoben. Die Max-Planck-Gesellschaft bewilligte nun die Gründung einer mit entsprechenden Mitteln dotierten Arbeitsgemeinschaft für Humanethologie in Percha bei Starnberg, deren Direktor Eibl-Eibesfeldt wurde. Nach meiner Filmmethode wurde in den nun folgenden Jahren das Verhalten von Primitivvölkern im Orinokogebiet, in der Kalahari, in Neuguinea, Zentralaustralien, auf den Philippinen und in weiteren Gebieten filmisch analysiert, wodurch sich auch für mich mancher neue Aspekt für die Energontheorie ergab. So bekannt ich als Meeresforscher war, so einsam blieb ich in meinem neuen von mir freiwillig gewählten Arbeitsgebiet.

Um ganz sicherzugehen, keinen wichtigen Punkt übersehen zu haben und noch gezieltere Kritik herauszufordern, stellte ich meine erste Veröffentlichung um fast ein Jahr zurück. Es gelang mir, Fachwissenschaftler von Format der beteiligten Disziplinen zu bewegen, mein Manuskript auf Fehler zu prüfen und sich kritisch zu äußern. Bei diesem Vorgang trat überraschenderweise kein besonderer neuer Gesichtspunkt zutage. Niemand war besonders erbaut, sich mit einem so ungewohnten Denksystem beschäftigen zu müssen. Manche kleinere Korrektur erwies sich als notwendig; weder wurde meine Theorie in Teilbereichen widerlegt, noch insgesamt verworfen. Der Ordinarius des Institutes für physikalische Chemie in Wien, Professor E. Broda, der meine Ausführung vom Standpunkt dieses Wissenschaftszweiges prüfte, wies mich auf Wilhelm Ostwald hin, den Begründer der physikalischen Chemie, der 1909, im selben Jahr, als er den Nobelpreis erhielt, den praktisch gleichen Grundgedanken wie ich in einem Buch veröffentlicht hatte. Auf dieses Werk mit dem Titel »Die energetischen Grundlagen der Kulturwissenschaft« war ich trotz aller Literaturstudien nirgends gestoßen. Auch im umfangreichen Schrifttum über Allgemeine Organisationslehre war es nirgends aufgeführt. Mit tiefer Befriedigung konnte ich feststellen, daß Ostwald, der das Konzept nur in begrenzten Bereichen entwickelt hatte, dort zu genau gleichen Schlußfolgerungen gekommen war. Es gab mir freilich zu denken, wie unbeachtet dieses Buch geblieben war – trotz des im selben Jahr dem Autor verliehenen Nobelpreises. Ostwald widmete sich trotzdem weiterhin der energetischen Weltbetrachtung, er war durch das Unverständnis tief betroffen. Er war in diesem Bereich seiner Zeit um Jahrzehnte voraus.

1970 veröffentlichte ich die Energontheorie. Die praktischen Belange des Lebens setzten sich durch: Ich führte wieder zahlreiche Tauchexpeditionen durch, schrieb erneut Bücher über die Unterwasserwelt, drehte eine Reihe von Filmen für das Fernsehen. Meine Anhängerschaft in diesem Tätigkeitsbereich war jetzt wieder mit mir zufrieden, und ich hatte die finanzielle Möglichkeit, mich nebenbei mit dem weiteren Ausbau meiner Theorie zu beschäftigen. Die für biologische Belange zuständigen Referenten hielten sich im wirtschaftlichen und politischen Bereich für nicht zuständig – die für wirtschaftliche und politische Belange Zuständigen sahen wieder in meiner Schrift zu viel Biologie –, legten sie deshalb beiseite. Die wenigen Rezensionen, die erschienen, äußerten sich vorsichtig, freundlich. Der Österreichische Rundfunk widmete seine wöchentliche Sendung »Bild der Wissenschaft« einen Monat lang meiner Theorie, über die dort ein Kybernetiker mit beträchtlichem Einfühlungsvermögen referierte. Als außerordentlichen Erfolg buchte ich eine umfangreiche Darstellung meiner Thesen durch Professor Wilhelm Köhler in Freiburg, dem bedeutenden Biologen und greisen Lehrer von Konrad Lorenz. 1960, als ich ihm einen Besuch abgestattet hatte, war ich so unvorsichtig, ihm von meinen Absichten zu erzählen. Er hielt mich seither für halb verrückt, hatte mich aber immerhin auf Hermann Hesses Glasperlenspiel verwiesen. Ich sandte ihm das erste Exemplar meiner Schrift – und wußte, daß dieser eminent scharfe und deshalb gefürchtete Kritiker auch nicht die kleinste Unlogik durchgehen lassen würde. Um so überraschter war ich, als in seinen Ausführungen in der Zeitschrift für Tierpsychologie 1971 fast kein negatives Wort vorkam. Ja, er sich zwischen den Zeilen – und in einem persönlichen Brief an mich – mit meiner Gedankenrichtung weitgehend identifizierte. Auch andere bedeutende Biologen wie Lorenz, Heberer, Rensch und der Philosoph Gehlen äußerten sich positiv. Es war jedoch deutlich zu erkennen, daß niemand letztlich gewillt war, Konsequenzen daraus zu ziehen. Jeder hatte in seinem Spezialgebiet mehr als genug zu tun, niemand schien gewillt, erneut umzudenken.

Ich hatte es im Grunde nicht anders erwartet, da sich eine so rigorose Revolution des Denkens kaum im Handumdrehen durchsetzt. Ich drehte in der Zwischenzeit einen Film über den geheimnisvollen Tod des australischen Premierministers Harald Holt, der ein begeisterter Sporttaucher gewesen war und in der stürmischen Cheviot Bay bei Melbourne verunglückte. Viele Legenden über die Todesursache – einschließlich Selbstmord, Mord und Entführung durch das U-Boot einer gegnerischen Macht – zirkulierten in Australien. Ich untersuchte dies alles an Ort und Stelle und verunglückte fast selbst in den bis zehn Meter hohen Wellen dieser tückischen Bucht.

In einem anderen Film untersuchte ich den Wahrheitsgehalt des Bestsellers »Papillon« von Henry Charriere, sprang auf der Teufelsinsel in Französisch-Guayana vom selben Felsen wie er, ließ mich ebenfalls mit einem aus Kokosnüssen gefertigten Floß im Meer treiben und an der Festlandküste in der gleichen Gegend im Morast versinken, wo nach seiner Erzählung der mit ihm flüchtende Leidensgenosse aus dem Bagno den Tod fand.

Plötzlich erfuhr ich, daß sich in der Tat die ersten Erfolge abzeichneten. Besonders in Kreisen der Wirtschaft interessierte mein Ansatz, Effizienz und Konkurrenzfähigkeit rechnerisch zu erfassen und im bewegten Wellengang der so divergierenden volkswirtschaftlichen und betriebswirtschaftlichen Lehren zu einem neutralen und allgemein relevanten Bewertungssystem zu gelangen. In der Managementstrategie wurde ohne Kontakt zu mir bereits auf der Energontheorie mit beträchtlichem konkretem Erfolg aufgebaut. Nun wurde ich eingeladen, an Seminaren für Manager als Referent teilzunehmen – und bei einem solchen Seminar lernte ich auch Horst Lange-Prollius, den Mitautor dieses Buches, kennen. Als langjähriger Auslandsrepräsentant großer Unternehmen der deutschen Industrie hatte er sich besonders als Fachmann im Ostwesthandel profiliert und hatte mehr als zwei Jahrzehnte lang alle wichtigen Wirtschaftsräume der Welt bereist. Sein persönliches Interesse lag vornehmlich im Bereich Effizienz und Führungsstil, seit Jahren suchte er nach einer naturwissenschaftlichen Absicherung für Führungsmodelle in Wirtschaft, Wissenschaft und Verwaltung.

Unser erstes Gespräch sowie mein darauffolgendes Studium seiner Bücher deckten auf, wie er sich vom Marketing-Management her um genau jene Zentralpunkte bemühte, zu denen mich meine naturwissenschaftlichen Betrachtungen über die Energontheorie geführt hatten. Es drängte mich, meine Thesen für die Wirtschaft und Politik in einer komprimierten Darstellung abzufassen, möglichst in Lehrsätzen aufbereitet, die eine strategische Umsetzbarkeit in die Praxis ermöglichen. Die grundsätzlichen Zusammenhänge zwischen Natur und Menschheitsentwicklung sollten dabei möglichst umfassend im Vordergrund stehen. Wir blieben in ständigem Kontakt, und als er in Wien ein internationales Seminar über Ostwestgeschäfte leitete, besiegelten wir den Pakt, in gemeinsamer Anstrengung ein solches Buch zu verfassen. Hier war ich auf einen Partner und Freund gestoßen, der nicht nur theoretisch geschulter Wissenschaftler, sondern ein nicht minder begabter Praktiker war. Durch sein umfangreiches Wissen in den Bereichen der Philosophie und Wirtschaftsgeschichte lieferte er auch auf diesen Gebieten willkommene Anregungen in unserer dann so äußerst harmonischen Zusammenarbeit. Gemeinsam schmiedeten wir, jeder aus seiner jahrelangen Vorarbeit schöpfend, die einzelnen Lehrsätze des neuen Denksystems.

Der vor vier Milliarden Jahren irgendwo in seichten Meereszonen einsetzende Prozeß – der Lebensstrom – ist in unserer Zeit in Potenz und Volumen derart angeschwollen, daß wir kritische Werte überschreiten. Der Mensch, erfolgreichster Vollzugsgehilfe in diesem Geschehen, wird sich dessen bewußt. Der Bericht des Club of Rome weist auf die Grenzen hin, die dieser Entwicklung gesetzt sind – hat jedoch als Lösung eine nur simplifizierende Weltformel anzubieten. Über alle Grenzen hinweg erhebt sich heute Unrast und die Forderung, die vom Leben gesetzten Normen zu erfassen und sich an ihnen zu orientieren. Gemäß der Energontheorie ist die unsichtbare Macht, die uns heute zum Feind wird, der Prozeß selbst, der uns hervorgebracht hat, dem wir also unser Dasein verdanken. *Diese energetische Manifestation ist total blind, rollt wie eine anwachsende Lawine, schafft ständig neue, sie steigernde Mechanismen. Der effizienteste Mechanismus dabei sind wir selbst – die Menschheit.*

Unsere bisherige Art, die Welt vom Visuellen her zu beurteilen, war die Grundlage für alle unsere Erfolge. Jetzt wird sie uns dagegen zur Last, führt sich selbst ad absurdum – führt in den Wissenschaften zu einem babylonischen Sprachengewirr und im Alltagsleben zu einem Chaos von Wertungen. Mit immer mächtigeren technischen Werkzeugen versehen, taumelt der Mensch, sich in kleinlichen Zwisten ergehend, auf einen Abgrund zu. Der historische Augenblick ist gekommen, da sich die Trennung der Interessen des Menschen von jenen der Entwicklung, die ihn hervorbrachte, vollzieht. In immer zunehmendem Maß werden wir zu Vasallen der Machtstrukturen – der Energone –, die wir selbst binden.

Zur Zeit hofft man, durch die Informationstheorie die Dinge wieder ins rechte Lot zu bringen – aber gerade diese Betrachtungsweise läßt das große Warum der Lebensentfaltung noch fragwürdiger werden. Sie führt zu der verzweifelten Frage, wie all die uns umgebende Zweckmäßigkeit sich aus einer Lotterie von Zufällen – wie Monod es nannte – erklären läßt. Diese Denkrichtung sieht in der materiellen Höherentwicklung das Entscheidende: der Prozeß ist Diener einer höchst geheimnisvollen Aufeinanderfolge immer komplexerer Ordnungen. Dem ist jedoch nicht so: Denn Struktur und Verhalten der Energone beweisen, daß der Prozeß Leben nicht Mittel zum Zweck – sondern primäres Phänomen ist. Die ihn weitertragenden Strukturen – Ordnungen – sind nicht Essenz dieses Geschehens, sein Ziel – sondern seine Voraussetzung, sein Mittel. Was Energie letztlich darstellt, ist uns unbekannt – heiligstes Rätsel in Goethes Sprache. Ich bin davon überzeugt, ja gewiß, daß die Krise der Menschheit, von der wir heute sprechen, eine psychologische Krise ist. Sie erwächst aus der Hilflosigkeit des Menschen gegenüber dem von ihm vorangetriebenen energetischen Prozeß, aus der Tatsache, daß der Mensch nicht mehr Herr seiner künstlichen Organe ist und rastlos sucht, nicht von ihnen beherrscht zu werden, sondern sie zu beherrschen.

Horst Lange-Prollius

Wie elektrisiert lehnte ich mich auf meinem Platz vor, als ich am 2. Dezember 1975 bei einem Seminar für Topmanager auf Schloß Kronberg im Taunus den Ausführungen des bekannten Naturforschers Dr. Hans Hass über seine Energontheorie lauschte. Genau das war es, wonach ich seit vielen Jahren, um nicht zu sagen seit dem Einsetzen meines bewußten Denkens, gesucht hatte. Hier fand ich den Schlüssel zur Beantwortung der brennenden Fragen, die mich in gleicher Weise persönlich in meiner Weltsicht wie auch in meiner Berufstätigkeit unmittelbar beschäftigten. Mein jahrelanges Arbeitsfeld der Verhandlungsführung und Beratung verschiedenster Firmen und Konzerne im Brückenschlag des Ostwesthandels wurde dadurch gleichermaßen berührt wie mein Spezialgebiet: die Grundgesetze für Effektivität und den dafür erforderlichen Führungsstil, das, was also letzten Endes überhaupt Effizienz bedingt. Auf meinen jahrelangen Verhandlungsreisen durch die großen Industriestaaten der westlichen Welt sowie durch die Sowjetunion und sämtliche sozialistischen Staaten bis nach Peking stieß ich immer wieder auf ein verborgenes Gemeinsames in der großen Vielheit von Auseinandersetzungen und Meinungen. Und ebenso stieß ich auf dieses verborgene Gemeinsame, wenn ich Strategien verglich – die im Feld, wie sie Clausewitz lehrte, und jene im ökonomischen Wettstreit, wie mein verehrter Lehrer Professor Reinhard Höhn sie so überzeugend und hinreißend im zivilen Bereich von Wirtschaft, Wissenschaft und Verwaltung aufgezeigt hat.

Strukturen im Kampf um Macht, um Energiegewinn – schon als Sechsjähriger und in der gesamten anschließenden Zeit wurde ich in meiner Heimatstadt Berlin mit Blut und Terror konfrontiert. Es war zu Beginn der dreißiger Jahre, als die Weimarer Republik zu sterben begann. In der Gegend um den Alexanderplatz – ich war auf dem Wege zu meinen Großeltern – sah ich marschierende Kolonnen, wie sie in einer Straßenschlacht plötzlich übereinander herfielen. Vier Parteien waren beteiligt, das fiel mir damals schon auf und machte mich nachdenklich. Diejenigen, die aufeinander losschlugen, sodann die plötzlich eingreifende Polizei, die einige von ihnen verhaftete und auf Mannschaftswagen abführte, und seltsamerweise auch Fußgänger, die, statt davonzulaufen, sich auch noch einmengten und die Menge anfeuerten. An der Spreebrücke, in der Nähe des Reichstages, sah ich, wie ein Mann mit einer Fahne in der Hand über das Geländer geworfen wurde.

Ich war noch viel zu jung, um zu verstehen, worum es da ging. Ich fragte mich damals: Warum hassen sich eigentlich Menschen? Auch wir Kinder prügelten uns auf dem Schulhof, aber sofort hörte die Sache auf, wenn der andere sich ergab. Nicht so bei den Erwachsenen, die unversöhnlich aufeinander losgingen und auch noch mit Füßen die am Boden Liegenden traten. Meine Eltern gaben sich viel Mühe, mir die Zusammenhänge dieser politischen, wirtschaftlichen und sozialen Auseinandersetzungen begreiflich zu machen. Dabei machte ich die Entdeckung, daß unser Hausmeister, meine Lehrer, aber auch meine Großeltern verschiedener Meinung waren, ja sogar völlig entgegengesetzt die Vorgänge zu erklären suchten. Immer ging es um die Suche nach den Schuldigen. Einer meiner Großväter kommentierte die Vorgänge, indem er ausrief: Wann wird endlich wieder Ordnung herrschen? Das sei das einzige, was ein Volk überhaupt brauche, um in Frieden leben zu können, alles andere regele sich dann von alleine. Meinem anderen Großvater stellte sich die Sache jedoch ganz anders dar. Er sagte: Oh, Gott, was soll aus Deutschland werden, wenn diese Leute an die Regierung kommen? Damals, mit sieben oder acht Jahren, kam mir erstmals in den Sinn, daß das merkwürdige Ding »Ordnung« offenbar wie ein zweischneidiges Schwert wirkt. Ordnung war bisher für mich nur Ordnung im Haus und in der Schule gewesen. Jetzt dämmerte es mir, daß es offenbar eine Art höhere Ordnung, eine Gesamtordnung, nicht gab, deretwegen sich die Menschen beleidigten und sich auf das brutalste behandelten.

Zwei Jahre später, etwa zur Zeit des Machtwechsels, also um 1933, habe ich dann fast drei Monate lang die Schule geschwänzt. Ich marschierte jeden Morgen mit dem Schultornister auf dem Rücken aus dem Hause und kehrte mittags mit Unschuldsmiene wieder zurück. Mir kam damals ein äußerst glücklicher Zustand zu Hilfe, durch den ich zum ersten Mal meinen freien Willen beweisen konnte. In unserer Nachbarklasse waren mehrere Fälle von Diphtherie ausgebrochen, und alle Jungen und Mädchen wurden nach Hause geschickt. Ich ging zu meinem Klassenlehrer und behauptete, meine kleine Schwester hätte auch Diphtherie, worauf er mich schnellstens nach Hause schickte – und nun war die Bahn frei. Bei schlechtem Wetter ging ich in die Museen und Schlösser, bei gutem Wetter in den zoologischen Garten. Mit der S-Bahn und der Untergrundbahn fuhr ich völlig unbeachtet nach Belieben durch Berlin, kreuz und quer. Ich war Stammgast im Museum für Völkerkunde, wo mich die Schaubilder, wie es bei fernen Völkern aussieht, magisch anzogen. Attrappen zeigten hier die merkwürdigsten Menschen mit ihren Waffen, Werkzeugen und Jagdgeräten, sogar ganze Schiffe waren aufgestellt. Künstliche Organe des Menschen – wie Hans Hass es nennt. Erweiterungen des menschlichen Körpers, Erweiterungen seiner Macht, unmittelbar zu ihnen gehörig, nicht eigentlich Werk von ihnen, sondern Teil von ihnen. Schon damals sah ich es eigentlich ganz ähnlich. In meiner Vorstellung sah ich die Südseeinsulaner mit ihren Nußschalen das Meer bezwingen, sah, wie sie stärker wurden, wie über ihren Körper hinaus sich ihre Macht erweiterte. In jedem Betrieb, den ich später analysierte, in jedem Vertriebsgeschehen hatte ich es dann auch wieder mit solchen Erweiterungen des Menschen zu tun, die mit dem schicksalschweren Wort Besitz oder Eigentum benannt sind. Um diese künstlichen Organe des Menschen geht es in der gesamten Geschichte in einem nicht endenden, immer neuen Kampf. Um ihren Besitz – um Recht oder Unrecht, sie zu besitzen, sie zu bilden, sie dem Körper anzugliedern. Hatte Rousseau recht, wenn er behauptete, daß Eigentum Diebstahl sei? Oder kommen jene Denker der Sache näher, die erklären, daß Recht auf Eigentum die Grundlage des menschlichen Fortschritts bilde?

Direkt neben dem Zoo befand sich das Planetarium. Ich war wahrscheinlich das einzige Kind, das dort ständig ein und aus ging. Die Kassiererin, eine gutmütige ältere Frau, lächelte, wenn sie mich kommen sah. Sie sagte immer, ich brauche nichts zu zahlen – aber ich solle mich nicht schnappen lassen, wenn dann die Filme für die Erwachsenen kämen. Auf den Sitzen langten meine Füße nicht auf den Boden. Ich schob den Sitz weit zurück, um am künstlichen Himmelszelt den Lauf der Gestirne zu beobachten. In der Dunkelheit erzählte die Stimme des Astronomen von der Weite des Alls, wobei der Pfeil seiner Taschenlampe erklärend über die Sternbilder fuhr. Der Mensch sei ein Staubkorn in diesem Universum, dessen Grenzen niemand kenne. Tief beeindruckte mich sein Vergleich, daß der Stich mit einer Stecknadel an irgendeiner Stelle des Planetariums die Größe unserer Erde darstellen solle – so klein sei sie im Vergleich zum All mit seiner Milliarde von Himmelskörpern. Der Mensch dürfe sich nicht einbilden, im Zentrum zu sein. Nur was meßbar sei, so erklärte er, habe Geltung. Alles übrige wären Gespenster und Hokuspokus. In dieser Himmelsweite herrschten über zweihundert Grad Kälte, und kein Wesen, wie auch immer beschaffen, könnte dort existieren.

Am Sonntagmorgen im Kindergottesdienst sahen die Dinge dann allerdings anders aus. Hier wurde Glauben an einen mächtigen, gnädigen und strafenden Gott verlangt, der alles sah und wußte. Der verantwortlich war für Himmel, Erde und Hölle und der alle Tiere und Pflanzen erschaffen hatte.

In meiner Not und Wißbegierde wandte ich mich an meinen Großvater, der als Arzt, wie ich glaubte, mehr wissen müsse als normale Menschen. Er wieder sagte, Menschen, Tiere und Pflanzen seien überhaupt nichts Verschiedenes, sondern eine große Familie. Einen Schock versetzte es mir, von ihm zu hören, daß die Schimpansen, Gorillas und Orang-Utans unsere Brüder seien und wir uns nur ein bißchen weiter und höher entwickelt hätten – die Sprache habe dabei eine entscheidende Rolle gespielt. Wenn ich bei meinen endlosen Streifzügen durch den zoologischen Garten immer wieder als Höhepunkt beim Affenkäfig landete, kreiste das alles in meinem Kopf. Wer hatte recht? Was stimmte?

Der Alltag der Schulzeit überlagerte dies. Anschließend die schwere Zeit an der Front, dann die noch schwerere in den langen Jahren der Gefangenschaft und schließlich die Zeit meiner weiteren Ausbildung und meines Berufslebens. Trotzdem blieb stets ein Rest dieser Diskrepanz, dieser unbewältigten Vergangenheit in mir zurück, hinterließ in mir das nie ruhende Bedürfnis nach einem Grundgesetz, auf das sich das gesamte auf unserem Erdball abrollende Geschehen zurückführen ließe. Nach einer Weltformel, die mir keine der Lehren seit der Antike vermittelte – und auch nicht die gängige Hypothese unserer Zeit, daß in Informationssteigerung der letzte Sinn des Lebens liege.

Die Ausführungen von Hans Hass – im prächtigen Saal von Schloß Kronberg, des Ruhesitzes der Kaiserin Friedrich – liefen darauf hinaus, daß es einer anderen Art des Denkens bedürfe, um den schlüssigen Zusammenhang zwischen der Lebensentwicklung und der Entwicklung der menschlichen Kultur und Zivilisation zu sehen. Bei diesem Vortrag und nachfolgenden intensiven Gesprächen wurde mir klar, daß es nicht die sogenannten Revolutionen sozialen Zuschnitts sind, welche das Denken des Menschen entscheidend beeinflussen, sondern vielmehr die epochalen Erfindungen künstlicher Organe, welche die Macht des Menschen hinsichtlich Kraft und Ausmaß verstärken. Die Revolutionen waren in Wirklichkeit Rebellionen gegen die bestehende staatliche Ordnung, während die Rebellionen gegen die jeweils herrschende Naturdeutung die echten Revolutionen sind. Denn sie bestimmen den Lauf der Geschichte, beeinflussen unvergleichlich mehr das Wirken des Menschen. Aus einer irrigen Perspektive heraus werden hier Ursachen und Wirkungen verwechselt. In Wahrheit sind es Männer wie Pythagoras, Leonardo da Vinci, Galilei, Kopernikus, Kepler, Newton, Mendelejeff, Darwin, Benz, Curie, Edison, Einstein und Planck, Ziolkowski – um nur einige zu nennen –, welche die menschliche Evolution mit ihren Erkenntnissen und Entdeckungen vorantrieben. Ein Höhepunkt in dieser Entwicklung ist für mich auch die grundlegende Erkenntnis von Marx und Engels, daß es letztlich – auf einen Nenner gebracht – die Produktionsverhältnisse sind, welche den Lauf der menschlichen Geschichte bestimmen. Was wiederum bedeutet, daß die Materie den Geist und nicht der Geist die Materie bewegt. Es war das erste universale Gesetz, welches das Naturgeschehen und die Rolle, die der Mensch in ihm spielt, in gemeinsamer Deutung zu erklären versucht. Womit ich mich nie zufriedengab, war die Behauptung, daß der Mensch durch eine gute Umwelt gut würde und durch eine schlechte schlecht. Denn wenn die Grunderkenntnis der großen Zusammenhänge zwar richtig, jedoch die Einschätzung des Menschen falsch war, dann konnte die Entwicklung trotzdem nicht zu einem guten Ende führen. *Worauf es offensichtlich ankommt, ist die entscheidende Frage, wie weit der Mensch nun wirklich einen freien Willen hat und wie weit sein Handeln durch angeborenes Erbe bestimmt wird.*

Im Winter 1946 erlebte ich einmal, mit welcher elementaren Gewalt sich im Bruchteil von Sekunden Haß und Verachtung in Freundschaft und Solidarität verwandeln können. Ich arbeitete als Gefangener im hohen Norden Rußlands in tiefverschneiten Wäldern beim Holzschlag. In eisiger Kälte fuhren der russische Posten und ich auf einem Schlitten, um Verpflegung von der Basis ins Waldlager zu bringen. Es war bei Einbruch der Dunkelheit, als plötzlich neben dem Waldweg einzelne Wölfe auftauchten und unser Pferd sich jäh aufbäumte. Der Posten fiel dabei durch das Anrucken vom Schlitten. Ich riß die Zügel an mich und hielt das sich wie wild gebärdende Pferd fest. Der Posten lag nun hilflos in einer Schneewehe und die Wölfe kamen näher. Impulsiv warf er mir seine Maschinenpistole zu und schrie: Schieß, aber verrat mich nicht! Nachdem ich zwei umgelegt hatte – ich schoß aufs Geratewohl in ihre Richtung –, flüchteten die anderen. Dann half ich dem Mann aus dem Schnee, wo er sich in einem Strauch verfangen hatte. Die Situation war wie verwandelt: Seine Eltern waren in ihrem Bauernhaus bei einem Angriff in den Flammen umgekommen, er haßte uns wie die Teufel und hatte sich geschworen, nie mehr mit einem Deutschen ein freundliches Wort zu sprechen. Jetzt klopfte er mir auf die Schulter, bedankte sich, und seine Augen waren völlig verändert. An Stelle der traurigen und verachtenden Art, mit der er uns stets musterte – und damit auch mich –, strahlte jetzt Freundlichkeit und Staunen aus ihnen. Er sagte: Brüste dich ja nicht, denn sonst geht es uns beiden schlecht! Der Mann blieb mein Freund – und auch sein allgemeines Verhalten zu den anderen veränderte sich. Er gab mir nun öfters zu rauchen und später auch eine neue Axt, damit ich es beim Holzfällen nicht so schwer hatte.

Eines der Bücher, die ich in der Bibliothek des sowjetischen Lagers vorfand, stammte von Wilhelm Weitling aus dem Jahre 1838 und hatte den Titel: »Die Menschheit, wie sie ist und sein sollte«. Genau das war die Frage, die mich beschäftigte und die bei jeder Beurteilung der Auseinandersetzung zwischen Menschen von so entscheidender Bedeutung ist. In der heutigen Sprache heißt das: Wie konditionierbar ist ein Mensch? Was kann man ihm zumuten und wie lange kann man es ihm zumuten? Was möchte der Mensch, was strebt er an? Als bewußtes Wesen weiß er im Gegensatz zu den Tieren, welche Spanne ihm zwischen Geburt und Tod zur Verfügung steht. In der Politik, in der Wirtschaft, auch in der Forschung und überhaupt auf allen Gebieten wirkt sich der Widerspruch zwischen den Regeln für effektives Wirtschaften und der individuellen Veranlagung als Problem Nummer eins aus. Täglich ringt der Mensch mit dem, was er machen möchte, und dem, was er machen muß. Je kleiner die Diskrepanz, desto glücklicher oder zufriedener – wo auch immer – ist er, das konnte ich weltweit feststellen. Ob es sich um das Schulkind handelt, welches sich durch die Schularbeiten um seine Jugend betrogen fühlt. Ob es der Soldat ist, der einen Teil seines Lebens in Kasernen vergammelt. Ob es der Berufstätige ist, der das, was er macht, widerlich findet, weil er diesen Beruf nicht angestrebt hat. Ob es der Landmann ist, der sich in der Fabrik wiederfindet und dessen ganzes Sinnen und Trachten immer noch in freier Natur und bei seinen Tieren ist. Wie auch immer die individuelle Veranlagung und die Weltanschauung des einzelnen ist: Er muß in einer Kette von inneren Auseinandersetzungen mit der Umwelt fertig werden. So gesehen stellt das Leben eine raffinierte Mischung von idealistischen, das Gemeinwohl stärkenden Vorstellungen und handfesten, privaten materiellen Wünschen und Begierden dar.

Das für mich Faszinierende an der Energontheorie war, daß sie einen klaren Rahmen zeigt, in welchem sich nach stets gleichen Grundgesetzen Strukturen entwickeln müssen, um effizient zu sein. Darüber hinaus trägt sie aber auch der Tatsache Rechnung, daß der Mensch bei seiner Tätigkeit bevorzugt ganz bestimmte Richtungen einschlägt – aus angeborenen Tendenzen, die sich ebenfalls mit Notwendigkeit aus der Gesamtentwicklung ergeben. Die großen Zusammenhänge der menschlichen Entwicklung werden auch hier als Folgen einer Naturentfaltung angesehen und nicht umgekehrt. Das Konzept ist um so überzeugender, als es auch die Gesamtheit der Pflanzen und Tiere, einschließlich der Bakterien und Viren umschließt, deren Evolution somit von gleichen Grundgesetzen determiniert ist. Die einzelnen Zusammenhänge und Gesetzmäßigkeiten lassen sich konkret formulieren, und sämtliche beteiligten Faktoren sind als statistische Werte grundsätzlich meßbar. Schließlich führt diese Theorie zur Aufdeckung eines Gegners – ja Feindes, dem der Mensch gegenübersteht. Und zwar, bis auf den heutigen Tag, ahnungslos. Ein blindes physikalisches Geschehen ist dieser Feind, er zwingt die Lebensentwicklung in eine ganz bestimmte Richtung. Es ist identisch mit dem, was man gemeinhin so diffus mit Natur bezeichnet, worunter die einen einen Schöpfergott und die anderen irgendeine undefinierbare Aktivität oder Vielheit von Zusammenhängen verstehen. Hass verwendet deshalb auch den Begriff der Natur nicht, sondern ersetzt ihn durch den eindeutig definierbaren des Lebensstromes, eines Prozesses, der vermittels der Energone weitergetragen und verstärkt wird und in unseren Tagen – heute also – einer unerbittlichen Selbstzerstörung zustrebt.

Nicht auf Wirkungsgrade im bisherigen technischen Sinne kommt es in diesem Geschehen an, sondern auf Passungsverhältnisse, welche die Energiepotenzierung fördern. Jedes Energon – aus natürlichen oder künstlichen Organen zusammengesetzt – steht seiner Umwelt gegenüber wie ein Schlüssel einem Schloß, steht und fällt mit der Fähigkeit, dieses aufzuschließen und so eine aktive Energiebilanz zu erreichen. Aus dieser Sicht erweisen sich die großen Streitfragen unserer Tage gar nicht als der eigentliche, den Menschen bedrohende, bedeutsame Konflikt. Und manches der großen Probleme unserer Zeit gelangt in ein völlig anderes Licht.

Nicht das Individuum Mensch, nicht sein Körper aus Fleisch und Blut sind in dieser Entwicklung das Direktiv. Die aus künstlichen Organen gebildeten größeren, von ihm geschaffenen Einheiten – die Energone –, welche die Lebenspotenzierung, also den Lebensstrom fortsetzen, determi-

nieren das Geschehen, dessen Interessen jenen des Menschen immer mehr zuwiderlaufen. Es entstehen Hyperzeller, deren Interessen sich mit jenen des Vielzellers Mensch nicht decken. Die Erkenntnis eines gemeinsamen Feindes ermöglicht jedoch eine andere Ausrichtung, die Tarnkappe fällt ab. Und damit ergibt sich, höchst unerwartet, die großartige Möglichkeit und berechtigte Hoffnung, daß die scheinbar unüberbrückbare emotionelle Kluft zwischen Ost und West ebenso blitzartig zusammenbrechen könnte wie jene zwischen mir und dem Posten, als die Wölfe – schicksalhaftes Mittel zu unserer Verständigung – auftauchten.

Wenn der sozialistische Wirtschaftsbereich des Ostens und des Südostens später für meine berufliche Ausrichtung so wichtig wurde, dann verdanke ich das – so merkwürdig es klingen mag – der bitteren Zeit der Gefangenschaft, die mir trotz allem ein echtes Verständnis, ja eine tiefe Liebe für diese Völker vermittelte. In der Ukraine, im Donbassgebiet, arbeitete ich über zwei Jahre lang in einem Kohlebergwerk in achthundert Meter Tiefe vor Ort. Sowohl Sieger wie Besiegte bildeten hier ein buntes Völkergemisch und waren zu einer verschworenen Gemeinschaft vereint. Hier habe ich die größte Schule meines Lebens absolviert. Denn die extremen Verhaltensweisen der Menschen waren in der feindlichen Atmosphäre der Tiefe unfaßbar andere als im Augenblick, wo der Tag uns wieder hatte. Oder vielmehr die Nacht, weil wir im Winter oft wochenlang bei Dunkelheit hinunterfuhren und auch wieder hochkamen.

Im Lager gab es die heftigsten Auseinandersetzungen – hauptsächlich wegen politischer Überzeugungen und Brot, manchmal aber auch wegen lächerlich geringfügiger Anlässe, und dem standen in gleichem Ausmaße Akte der Güte und Hilfsbereitschaft, Freundschaft, Kameradschaft und Aufopferung gegenüber, besonders auch mich betreffend, der ich der jüngste war. Als ich mit einer Vereiterung am Kopf im Sterben lag, rettete mir 1949 der ukrainische Chefarzt persönlich das Leben, indem er das Medikament mit dem Auto bei Nacht aus der 120 Kilometer entfernten Gebietshauptstadt holte. Meine gesamte kaufmännische Ausbildung hat mir später in meiner Berufstätigkeit in allen Regionen und Breitengraden weniger praktisches Rüstzeug gegeben als die Menschenkenntnis, die ich in dieser Zeit bewußt oder unbewußt übermittelt erhielt. Hier lernte ich auch manche Grundlagen für Strategie und Taktik, die den Ostwesthandel zu einer so schwierigen Wissenschaft machen. Hier begriff ich, daß es das, was man heute gemeinhin den Ostblock nennt, nicht gibt. Vom Marketingkonzept her muß jedes einzelne dieser Länder durchaus individuell betrachtet werden.

Wenn ich diese Zeit überstand, dann verdanke ich das weitgehend meiner humanistischen Erziehung auf den Gymnasien in Züllichau (Brandenburg) und in Rostock (Mecklenburg), deren Bedeutung und Prägung mir aus der Ferne bewußt wurde. Über Homer war mir Odysseus in seinen Hunderten von Abenteuern ständiges Leitbild. Der ungeheuere Einsatzmut eines Luther stand mir vor Augen, den es – weil er fest in sich verankert war – nicht anfocht, sich gegen eine ganze Welt von Macht zu stellen. Kleists Prinz von Homburg, der nicht zögerte, wider den Befehl zu handeln, als er die Gunst der Stunde erkannte – und dann in der Schlacht siegte. Die so mystische Götterwelt der Germanen, welche alle menschlichen Schwächen aufwies und über die Gewalt ihrer Leidenschaften göttliche Dimensionen zeigte. Neben unserer deutschen Literatur wurden wir auch mit der französischen, englischen, italienischen und spanischen bekannt gemacht. Vielleicht deshalb, weil ich diese Art der Betrachtung auch auf den slawischen Raum ausdehnen wollte, entschied ich mich nach Rückkehr aus der Gefangenschaft, erst in Heidelberg und dann in Bonn Philosophie, Slawistik und Volkswirtschaft zu studieren. Es war die glücklichste Zeit meines Lebens, ich lebte von der Hand in den Mund. Vier Jahre später erhielt ich dann im Ruhrgebiet meine Ausbildung als Auslandskaufmann für Maschinenbau und war anschließend elf Jahre lang beim DEMAG-Konzern in Duisburg im Innen- und Außendienst eingesetzt.

Hauptkriterien für Effizienz sind – nach Hans Hass – Kosten, Präzision und Schnelligkeit. Das gilt nicht nur für jede Wirtschaftsstruktur, sondern auch für jede Pflanze und jedes Tier – für jedes Energon. Auch für jeden Berufstätigen – für jeden Berufskörper in der Terminologie dieser neuen Fachsprache – und auch für jede Organisation, jeden Staatsapparat. Die Erkenntnis, welche Komponente in diesem Dreiklang jeweils diejenige ist, auf die es am meisten ankommt, ist der notwendige Schlüssel zur Beurteilung der Lage. Kein Land bedient sich etwa des Faktors Schnelligkeit mit ähnlicher Effizienz wie die USA. Kaum war man, durch die Raumfahrt bedingt, zu miniaturisierten Schaltelementen gelangt, da waren bereits solche Einheiten in Haushaltsmaschinen zu finden, steuerten Benzineinspritzungen in Autos, tauchten in Kinderspielzeugen auf. Bei Verhandlungen in diesem Land kann keiner zu Erfolg gelangen – so gut er präpariert sein mag, so Günstiges er anzubieten hat –, wenn er nicht schnell ist. Aktions-

und reaktionsschneller als die anderen.

Welche immense Auswirkung wieder Präzision haben kann, führt der Aufbau einer industriellen Großanlage in einem arabischen oder afrikanischen Land vor Augen. Was da nicht genau vorausbedacht, genau in seinen Konsequenzen erwogen, also narrensicher gefügt ist, führt zu Fehlern, die sich in eminenten Zeitverlusten und enormen Kosten niederschlagen. Dort ist bei Verhandlungen Schnelligkeit irrelevant, ja wird sogar zum Störfaktor, während nur das genaue Einfügen in die Wesensart des Geschäftspartners und seine oft schwer zu durchschauenden Motive und Hintergedanken zum erfolgreichen Abschluß führt.

Gemäß der Energontheorie müssen Erwerbsstrukturen nicht nur einer Außenfront angepaßt sein, sondern darüber hinaus auch an der Innenfront auftretenden Erfordernissen. Zum Beispiel der Innenfaktor Bindung. Jeder Funktionsträger muß an sein Energon gebunden sein – gleichwohl wie. Das äußere Erscheinungsbild, so lehrt die Energontheorie, ist von untergeordneter Bedeutung, wesentlich ist die Effizienz, mit der die Aufgabe erfüllt wird. Ob das Organ eines Tieres durch Bindegewebe, über Sehnen oder durch einen Chitinpanzer an sein Energon gebunden ist, kann vernachlässigt werden. Wesentlich sind bloß entsprechende Präzisionen, möglichst niedere Kosten und – wenn erforderlich – Schnelligkeit in der Ausführung. Aufbauperioden, Erwerbsperioden und Stilliegezeiten sind dabei gesondert zu beurteilen. Bei Unternehmen und in der staatlichen Verwaltung sind Verträge und Eigentumsrecht Organe der Bindung. Sie sind künstlich geschaffen, bestehen nicht aus Zellen – sind aber funktionell ebenbürtig und ebenso wichtig, für die Gesamteffizienz des Energons ebenso Voraussetzung.

Je mehr ich in der Welt herumkam, um so deutlicher wurde mir klar, wie sehr es in jedem Unternehmen, in jeder Organisation auf den richtigen, effizienten, also optimalen Führungsstil ankommt. Von den sieben Vorstandsmitgliedern meines Konzerns – in den frühen fünfziger Jahren – hatte so ziemlich jeder diesbezüglich seine eigene Ansicht. Ich sage dies, ohne im geringsten unfreundlich sein zu wollen, da ich mir bis auf die Stunde eine außerordentliche Anhänglichkeit, ja Dankbarkeit, an die DEMAG bewahrt habe. Und nicht minder viele Ansichten lernte ich in den USA, in Indien, in China, in der Schweiz, in Österreich, in Polen – praktisch überall – kennen. Hier wurde mir klar, daß es gemeinsame, allgemein gültige Richtlinien für ein universell anwendbares Führungssystem geben müsse. Ich forschte auch in der Kybernetik nach, der Wissenschaft von den

Steuerungen. Führungsstil, als das entscheidende Steuerungselement in Unternehmen und Organisationen, gehörte elementar dazu. Mein Interesse richtete sich auf den Bereich Menschenführung in Wirtschaft, Wissenschaft und Verwaltung. Warum sind Leute von gleicher Ausbildung und Allgemeinbildung von so unterschiedlicher Effektivität in ihrer Berufsausübung? Mir wurde zwingend klar, daß es überall im wesentlichen auf eine Delegation bestimmter Aufgaben und Befugnisse, ihrer Kontrolle, ihres Umfanges und den Dienstweg innerhalb der Hierarchien ankommt. *Zentralproblem ist nicht die Zuteilung von Arbeit, sondern die ökonomische Zumessung von Verantwortung.*

Wie sehr ich bereits hier durch klar auf das Funktionelle hin ausgerichtetes Denken der Energontheorie nahekam, wurde mir später klar. Die Materie faszinierte mich so sehr, daß ich die Konsequenz zog, meinen so lukrativen und interessanten Posten aufgab, mein Haus am Rhein verkaufte und mich mit 44 Jahren erneut auf die Schulbank setzte. Im Krieg hatte ich bei Dr. Heinrich Seewald – jetzt unser Verleger, damals mein Kommandeur und Lehrer auf der Waffenschule der Artillerie – die ersten Unterweisungen in Strategie und Taktik bekommen. Nunmehr, an der Akademie für Führungskräfte der Wirtschaft, der Kaderschmiede für diesen Bereich, hörte ich wiederum von Strategie und Taktik: nicht zur Umzingelung und Ausschaltung feindlicher Verbände, sondern jetzt im zivilen Sektor des Managements. Wo immer sich menschliche Tätigkeit entfaltet, bedingen Strategie und Taktik den Verlauf. Mehr und mehr wurde mir klar, daß es dieses verborgene Gemeinsame gab, also überall zu befolgende Grundregeln.

Ich machte mich unabhängig, betätigte mich als Unternehmensberater und lehrte auf Seminaren im In- und Ausland Führungsstil und Effektivität, wobei nach wie vor meine Ausrichtung auf den Ostwesthandel die wichtigste Basis meiner Erwerbstätigkeit blieb. Mancher der von mir vermittelten Abschlüsse im Osten gab mir die Möglichkeit, am Brückenschlag zwischen diesen ideologisch entzweiten Wirtschaftsbereichen mitzuwirken. Als ich Hans Hass, inzwischen mein Freund geworden, die gemeinsame Abfassung dieses Buches nahelegte, leitete mich die Hoffnung, über seine Lehre zu einer weiteren Vereinfachung und Klärung meiner Gedanken zu gelangen. Außerdem die Überzeugung, daß sich hier für Leute der Politik, Wirtschaft und des Kulturlebens weltweit entscheidende Möglichkeiten für Überblickwissen ergeben, was wieder wirtschaftliche Gesamtschau, produktives Erfolgsdenken und unternehmerische Verhaltensweisen nach sich zieht.

Ich sehe die Bedeutung der Energontheorie unter anderem darin, daß sie ein Beurteilungsgerüst an die Hand gibt, den Standort der abhängigen Probleme zu ermitteln und diese von relevanten, allgemein gültigen Faktoren ausgehend in Angriff zu nehmen. Die bisherige Methode des Brainstorming, dieses Halbgottes der Ideenfindung, über den Weg der Kombination von zufälligen Einfällen zu neuen Lösungen zu kommen, ist nicht viel besser als die von der Natur angewandte, über zufällige Genkombinationen Selektionsfortschritte zu erreichen. Ebenso wenig ergiebig ist der Weg, über gezielte Analogiebildung zu Resultaten zu gelangen. Die Theorie über die Energone zeigt in jedem Gebiet, in jeder Einzelfrage, wo eine echte funktionelle Verwandtschaft besteht. Zunächst der Energieerwerb und der Stofferwerb. Sodann: Wie geht bei den Organismen und in der Industrie eine Strukturvermehrung vor sich? Wie erfolgt hier und dort die Abwehr von störenden und feindlichen Umweltkräften? Und wie können fördernde und freundliche Umweltkräfte am besten genutzt werden? Sodann: Wie sieht es an der Innenfront aus? Welche Spielregeln gelten dort? Wie geht das hier und dort mit der Bindung der Teile vor sich? Welche Bewegungen, welche Abläufe erfordern Koordination?

Und was mir besonders wichtig erscheint: Auf welchem Wege kommt es zur Abstimmung der Teile untereinander? Welches von ihnen hat Vorrang, welches muß zurückstehen? Wie muß die Abstimmung beschaffen sein, um optimal zu wirken? Ich fragte mich: Kann die Energontheorie die essentielle Frage von der Erhaltung der Funktionskraft beantworten? Sodann interessierte mich zu wissen, welche Maßnahmen getroffen werden müssen, um zu einer Verbesserung der Struktur zu kommen. Bei Tieren und Pflanzen und ebenso in Unternehmen sind funktionslose Einheiten ein Ballast: Wie kann man sie in Nützliches verwandeln?

Das gesamte komplizierte Gebäude von Einzelfunktionen und Mehrfunktionen wurde mir über die Energontheorie klar, Erweiterung und Wechsel, Überbürdung und Teilung von Funktionen. Auch welche Rolle die Konzentration von Funktionen, ihre Besserung und Neuerung spielt, ja unter bestimmten Konstellationen auch ihr Abbau. Die Feindabstimmung in allen Unternehmensbereichen und auch bei Organisationen konnte nunmehr weitgehend emotionsfrei erfolgen.

Durch meine tägliche Verbindung mit der Wirtschaft interessierte mich brennend die Beantwortung der Frage, nach welchen Maßstäben denn nunmehr Kooperation zu erfolgen hätte. Welche Spielregeln müssen eingehalten werden, damit eine solche gelingt? Die so gravierenden Wertkonflikte, die Vernetzung des Denkens und die Manipulation der Umwelt standen mir jetzt nicht mehr als Ausgeburten der Gehirne böser Menschen vor Augen, ich erkannte sie als meßbare und nachweisbare Komponenten der Evolution. Bei meinen langjährigen Forschungen über Effektivität war ich immer nur auf Teilwahrheiten gestoßen, die aus sich heraus im Laufe der Geschichte wieder zu grandiosen Ergebnissen in der Wissenschaft geführt hatten, aber eben keine Ganzheit erbrachten. Ich hatte mich nie mit der Behauptung zufriedengegeben, daß das Gesamtgeschehen dieser Welt ausschließlich eine materielle Manifestation ist. Ich wollte die Regeln kennen, wie letzteres vor sich geht – und hier traf ich auf die Energontheorie, die in der Lage war, mir diese Gesamtheit zu vermitteln, und zwar ohne die bisher gewonnen Erkenntnisse zu entwerten.

Allerdings darf ich nicht verhehlen, daß die Energontheorie eine eher unschmackhafte Kost ist, gegen die sich das Gehirn zunächst mit Widerwillen wehrt. Das bei Einführung radikal neuer Praktiken überall zu beobachtende Phänomen reflexhafter Abwehr tritt auch hier deutlich in Erscheinung. Unser Denken stützt sich auf altüberkommene Begriffe, die im Visuellen verankert sind – wir sind Sklaven unseres Auges, seit Jahrtausenden. Diese essentiellen Werkzeuge unseres Denkens, unserer Sprache, unserer Informationsbewältigung sind uns derart zur Selbstverständlichkeit geworden, daß es uns geradezu unmöglich vorkommt, ein anderes Denken neben dem vertrauten überhaupt zuzulassen. Begibt man sich in ein grundsätzlich anderes Begriffsfeld, dann verliert man gleichsam den Boden unter den Füßen, tritt wie ein Schlafwandler ins Nichts hinaus. Für den Menschen von heute, der trotz der künstlichen Organe – oder gerade ihretwegen – immer weniger Zeit für überflüssige Dinge hat, stellt sich automatisch die Frage, ob sich denn solche Mühe überhaupt lohne. Ob sie denn mehr erbringe, als sie an Zeit und Einsatz koste?

Ich mußte meinen Freund Hass zu diesem Buch überreden. Die Grenzenlosigkeit der praktischen Auswirkungen seiner Betrachtungsweise waren ihm nur zu gut bekannt. Auch hier war es ein von der Wirtschaft ausgehender Impuls, der den Ausschlag gab. Mein langjähriger Frankfurter Freund Dr. Richard Matheis, Chef des führenden Marketing Management Instituts in Deutschland, bestärkte mich in meinem Vorhaben. Er hatte in echter Pioniertat eine strategische Unternehmensführung kreiert, die auf kybernetischen Regelungs- und Steuerungsprinzipien beruht, und setzte sie nun marktorientiert international ein. Schon seit Beginn der sechziger

Jahre war ein konkretes Interesse an einer naturwissenschaftlichen Absicherung der Steuerung von Unternehmen und Organisationen vorhanden gewesen. So recht hatte sich jedoch niemand an diese Materie herangewagt. Und doch wurde bereits – meist ohne den Autor zu nennen oder zu würdigen – auf den Grundzügen der Energontheorie aufgebaut. Es wurden allerdings nur Teilaspekte übernommen, es fehlte an einem Überblick über das Wesentliche und Wichtige. Daraus ergab sich mein praktischer Vorschlag, wie dieses Buch aussehen müsse, um den Erfordernissen des Tages und unserer Zeit zu entsprechen. Ich bot mich an, gleichsam als Vertreter all jener zu fungieren, die es hauptsächlich anging, denen also die Energontheorie praktisch nutzen kann. Wir sind nach meiner in langen Jahren gereiften Überzeugung heute an einem schicksalhaften Punkt der menschlichen Evolution angelangt – wahrscheinlich weit näher dem drohenden Untergang als einer lichtvollen Zukunft. Noch nie, so lehrt die Geschichte, vermochte der Mensch sein Naturell zu zähmen. Also im Klartext: Er vermochte nie ihm gebotene Mittel nicht zu gebrauchen. Was aber bedeutet, daß das so oft zitierte Schwert des Damokles heute wirklich dicht über unserem Nacken schwebt – nur an einem atomaren Seidenfaden befestigt.

Worauf es heute wohl am meisten ankommt – ist Einsicht. Das »Erkenne Dich selbst« über dem Tempel von Delphi – damals wohl ernster, doch letzlich eben nur freundlicher Ratschlag für den einzelnen – gilt heute der gesamten Menschheit. Und vorrangig jenen, die an den Schalthebeln der Macht sitzen. Schon morgen oder übermorgen kann dieses Mahnwort über Bestehen oder Untergang entscheiden, über das Verlöschen oder Weiterlodern der Lebensflamme. Die entscheidende Frage lautet: Wohin führt unser Weg? Futurologen aller Richtungen haben dazu ihre Gedanken geäußert und Prognosen aufgestellt. Aber die Basis ihrer Beurteilungen stimmt insofern nicht, als sie alle von der falschen Voraussetzung ausgehen, im Menschen den derzeitigen Höhepunkt und Weichensteller der Evolution zu erblicken. *Er ist es nicht*. Nicht auf ein Feilschen um Wachstumsraten kommt es jetzt an, sondern auf die Grunderkenntnis, daß der Mensch allerorts ein und demselben Feind gegenübersteht. Als Musterschüler fördert er einen blind über ihn hinwegflutenden Strom, der bisher ständig aufwärts führte – und nun ins Verderben hinabführt. Die Macht der so verführerischen künstlichen Organe abzubremsen, mag vielen hoffnungslos erscheinen. Immerhin jedoch liegt dies in unserer Mündigkeit.

Die Gesetze, nach denen sich die Entfaltung des Lebens vollzieht, haben wir in 40 Sätzen, 6 Hauptsätzen, den geschichtlichen Ablauf der Evolution in 7 Resumees zusammengefaßt. Ebenso wichtig ist jedoch die Kenntnis der Natur des Menschen: wie er in diesem Rahmengerüst agiert. Wieweit ist unser Wille überhaupt frei? Welche Richtungen werden aufgrund angeborener, unbelehrbarer Tendenzen im Gesamtgeschehen des Energonbaues eingeschlagen? Eben deshalb bewog ich meinen Freund so hartnäkkig, auch seine Kenntnisse als Verhaltensforscher für den praktischen Bedarf der Führung und Beurteilung von Menschen einzusetzen und die Haupttendenzen menschlichen Verhaltens vom Funktionellen her in übersichtlichen Gruppen zusammenzufassen. Um Effektivität mit dem richtigen Führungsstil zu verknüpfen, ist es entscheidend wichtig zu wissen, was Menschen motiviert – und was sie demotiviert. Die essentielle Grundfrage lautet: Welches sind die unsichtbaren Drahtzieher unserer Bestrebungen oder, um mit Schopenhauer zu sprechen, unserer Begierden?

Wo liegen die eigentlichen Ursachen menschlicher Aktionen und Reaktionen? Wie jene Stimme im Planetarium zu Berlin damals so eindrucksvoll sagte, sind wir keineswegs Herr oder gar Zentrum im Kosmos. Auf einem einsamen Raumschiff fahren wir durch die Weite und Kälte des Weltenraumes. Wir sind auch keineswegs etwas von den Pflanzen und Tieren grundsätzlich Verschiedenes, sondern tragen ihr Erbe als stammesgeschichtliches Gepäck mit uns. *Ja nicht einmal Endpunkt und Höhepunkt der Evolution sind wir – wir sind bloß ihr talentiertester Erfüllungsgehilfe.* Unsere einzige Chance, uns auf dem Planeten Erde sinnvoll einzurichten, liegt darin, uns selbst, also unseren Stellenwert zu erkennen. Nur dann vermögen wir mit Sachkenntnis zu entscheiden.

Vielleicht liegt die größte Hoffnung bei der jüngeren Generation. Dort sind die Denkbahnen noch nicht an die Eisenketten der Begriffe und Konzepte gefesselt, die dem Menschen über Jahrtausende hinweg treue und unersetzbare Dienste geleistet haben, jetzt jedoch zur Atomisierung der Wissenschaften, zu einem babylonischen Sprachengewirr und zu einem Irrgarten von Ansichten und Bewertungen führen.

Der heranwachsende Mensch hat grundsätzlich die Möglichkeit – besonders wenn man dies fördert –, unbelastet neue Konzepte zu prüfen, sie zu diskutieren, anzunehmen oder zu verwerfen. Er kann sich – besonders wenn man dies fördert – von eingefahrenen Denkgeleisen freihalten. Eine deutliche Unzufriedenheit der Jugend ist heute allerorts zu erkennen. Sie wurzelt in der offensichtlichen Diskrepanz zwischen zahllosen Doktrinen, Verfassungen, Versprechungen und Scheinweisheiten. Ein Wolkenbruch der Unzufriedenheit ergießt sich allerorts über die Politiker – im Osten, Westen, Norden und Süden. Vielleicht äußert sich hier der Instinkt, daß die eigentliche, wirkliche Problematik eine ganz andere ist, als die Schlagzeilen der Gazetten und Fernsehberichte wahrmachen wollen. Wir stehen an einer schicksalhaften Wegkreuzung, umbrandet von einer nicht mehr zu bewältigenden Flut von Information, die mit verschiedenster Motivation gekoppelt ist.

Dieses Buch soll einen neuen, bisher noch nicht betretenen Weg aufzeigen, der dazu verhilft, wieder einen Gesamtüberblick zu gewinnen und den Standort des Menschen nüchtern und ohne Wunschdenken zu sehen. Die Energontheorie versetzt uns in die Lage, aus emotionsfreier Sphäre heraus folgerichtig zu denken. Unter Effizienz wird nicht länger verstanden, noch mehr aus einer Sache herauszuholen und damit Menschen noch mehr zu belasten, sondern mit geringerem Aufwand größere Leistungen zu erzielen, die der menschlichen Entfaltung, also der Qualität des Lebens, zugute kommen. Gerade wer sich von der Unzulänglichkeit des Menschen distanziert und die Bestandteile des Lebensstromes nüchtern analysiert, verhilft dem Menschen zu lebenswertem Leben.

Käme ein Angriff aus dem Weltenraum, dann wären alle Zwiste vergessen. Russen, Amerikaner, Chinesen, Deutsche, Araber, Israelis – alle würden in einer gemeinsamen Abwehrfront verschmelzen. Wohlan, einen solchen Feind gibt es – weit realer als sämtliche imaginären Untertassen aus dem All. Dieser Feind kennt keine Rücksicht, er ist bar jeder Emotion. Nur indem wir uns selbst erkennen, können wir ihm begegnen. Wir – die Völker der Welt.

II. Die Energontheorie – Grundstruktur der Lebensschöpfung

Diese Weltordnung
dieselbige für alle Wesen
schuf weder einer der Götter
noch der Menschen.
Sondern sie war immer da
und wird ewig sein:
Lebendes Feuer
erglimmend nach Maszen
und verlöschend nach Maszen

Heraklit (540–480 v. d. Z.)

1. Lebensstrom und Energone

A. Die Energontheorie und ihr Begriffssystem stützen sich auf das Weltbild der modernen Physik.

Nach den Erkenntnissen dieser Wissenschaft kommt im Universum der Energie besondere Bedeutung zu. Nicht nur beruhen alle bekannten Bewegungen und Kräfte auf Energie, sondern auch alle Materie, aus Elementarteilchen aufgebaut, stellt sich als energetisches Phänomen dar. Im Experiment konnten Elementarteilchen, also Masse, in Energie zerstrahlt und aus Energie Elementarteilchen, also Masse, geschaffen werden. Die Einsteinsche Masse-Energie-Relation, der zufolge jedes Gramm Masse einen Energiewert von $8{,}987 \cdot 10^{20}$ erg darstellt, ist bewiesen. Was dagegen Energie letztlich ist, entzieht sich unserem Wissen.

Energie hat zwei Grundeigenschaften, die in den beiden Hauptsätzen der Thermodynamik formuliert wurden:

Erstens ist sie unzerstörbar, wie der erste dieser Hauptsätze besagt. Sie kann sich von einer Erscheinungsform in andere verwandeln, bleibt dabei jedoch zur Gänze erhalten. Erscheinungsformen von Energie sind: Gravitationsenergie, Kinetische Energie, Elektromagnetische Energie, Kernenergie und Ruhmassenenergie. Aus letzterer bestehen die Elementarteilchen, aus denen sich – unter Beteiligung von Kernenergie und elektromagnetischer Energie – die um ein Millionenfaches größeren Atome zusammensetzen.

Zweite Grundeigenschaft der Energie – im zweiten Hauptsatz der Thermodynamik festgehalten – ist, daß sich bei jeder Umwandlung von einer Energieform in andere und bei jeder Auseinandersetzung zwischen Energieformen die Fähigkeit, Arbeit zu leisten, vermindert. Potentiale verringern sich, streben ein Minimum an, Spannungen verlieren an Kraft – es kommt zu Gleichgewichtszuständen.

Der Prozeß »Leben« stellt sich als Ausnahme dar. Er nahm vor vier Milliarden Jahren im damaligen Urmeer seinen Anfang und manifestiert sich in Lebewesen, die anwachsen und sich vermehren. Die Zahl der Arten und der Individuen nimmt zu. Das Volumen der den Lebensprozeß weitertragenden Materie wächst, und die Potenz des Stromes, Arbeit zu leisten, steigert sich. Da es nur für den Vorgang eine Bezeichnung gibt – nämlich Leben –, nicht jedoch für die Gesamtheit der diesen Prozeß fortsetzenden und ihn somit ausmachenden Materie, wird diese Gesamtheit *Lebensstrom* genannt. Der Lebensstrom umfaßt somit sämtliche Materie, die dieses energetische Phänomen fortsetzt. Der Lebensstrom ist demnach dadurch ausgezeichnet, daß sich im Gegensatz zu allen anderen bekannten energetischen Phänomenen sein Volumen und seine Potenz, Arbeit zu leisten – wie eine ständig anwachsende Lawine –, steigert.

Daraus läßt sich folgender Satz ableiten:

1. Im Gegensatz zu allen übrigen energetischen Manifestationen, deren Fähigkeit, Arbeit zu leisten, sich bei Umwandlungen und Auseinandersetzungen vermindert, stellt der Lebensprozeß einen Vorgang dar, dessen Volumen und Potenz sich seit seinem Einsetzen vor vier Milliarden Jahren stetig steigert. Die Gesamtheit der dieses Geschehen tragenden Materie und aller sie ausmachenden energetischen Umsetzungen wird Lebensstrom genannt.

B. Es stellt sich die Frage: Wie ist eine solche Ausnahme möglich? Wie kann ein Vorgang stattfinden, der sein Volumen und seine Potenz, also das Volumen der von ihm erfaßten Materie und deren Gesamtfähigkeit, Arbeit zu leisten, steigert?

Die Energontheorie fußt auf der Behauptung, daß ein solches sich steigerndes energetisches Geschehen nur über Strukturen stattfinden kann, die in zentraler Eigenschaft *die besondere Fähigkeit besitzen, mehr arbeitsfähige Energie aus der Umwelt zu gewinnen und in ihren Dienst zu zwingen, als die Gesamtheit ihrer Tätigkeiten an solcher verbraucht.* Sie fußt also auf der Behauptung, daß der Lebensstrom sich nur über solche Strukturen fortsetzen kann.

Da es für energieerwerbende Systeme keine gemeinsame Bezeichnung gibt, wird jedes solche System *»Energon«* genannt.

Die Energone sind demnach nicht durch ein besonderes Aussehen, sondern durch eine besondere Wirkung definiert. Wir sind der Sklave unseres Auges und gewöhnt, die Erscheinungen vom Sinnfälligen her einzuteilen. Die Energontheorie zeigt verwandtschaftliche Beziehungen zwischen Strukturen auf, die sich äußerlich unseren Sinnen total verschieden darbieten und deshalb zu einer getrennten Beurteilung verleiten.

Schon hier sei festgestellt, daß die Energone, um den Lebensstrom fortsetzen zu können, noch über zahlreiche weitere Fähigkeiten verfügen müssen. Doch da jede Tätigkeit arbeitsfähige Energie verbraucht, sind diese Fähigkeiten mit Energieausgaben verbunden und setzen bereits erzielte Energieüberschüsse voraus. Die Erzielung positiver Energiebilanzen ist somit *notwendigerweise* die zentrale Fähigkeit, über die jedes Energon verfügen muß – seine conditio sine qua non. Diese Fähigkeit ist Grundvoraussetzung für den Lebensstrom.

Ebenso ist ausdrücklich darauf hinzuweisen, daß ein an Volumen und Potenz anwachsender Prozeß nicht dem zweiten Hauptsatz der Thermodynamik widerspricht. Insgesamt wird auch vom Lebensstrom Energie entwertet, also ihrer Fähigkeit Arbeit zu leisten beraubt. Der Potenzierungsvorgang verläuft so, daß über Einbeziehung und Entwertung größerer Energiemengen kleinere auf ein höheres Potential angehoben werden. Über den Verlust von Quantität wird eine Steigerung der Qualität erreicht. Goethe – nicht minder bedeutend als Naturforscher wie als Dichter – erkannte bereits dieses zentrale Charakteristikum aller Lebewesen, wenn er von ihnen sagte, daß sie nur einen Teil des von ihnen Aufgenommenen verarbeiten, diesem jedoch etwas »Vorzügliches und Eigenes« gewähren.

Der Lebensstrom ist ein sich potenzierendes energetisches Geschehen. Er kann nur über Einheiten stattfinden, die eine im Durchschnitt positive Energiebilanz aufweisen. Das ist eine Notwendigkeit, von der es keine Ausnahme gibt – weil ohne Überschuß an arbeitsfähiger Energie keinerlei Bewegung und damit auch keine Entwicklung und kein Informationserwerb stattfinden kann. In weiterer Konsequenz folgt daraus, daß auch im übrigen Universum – sofern sich die Naturgesetze nicht grundsätzlich verändern – ähnliche Prozesse immer nur über Energone stattfinden können.

Die Energontheorie unterscheidet zwischen Energonen und Energaten. Der Begriff *Energat* bezeichnet alle Materie und sämtliche Vorgänge, die nicht Energonen dienlich und demgemäß nicht Teil des Lebensstromes sind. Dieser ist, auf einfachsten Nenner gebracht, eine energetische Manifestation, die Energate in Energonstrukturen verwandelt.

Daraus läßt sich folgender Satz ableiten:

2. Ein in Potenz und Volumen anwachsender Vorgang kann nur über raumzeitliche Strukturen stattfinden, die in zentraler Eigenschaft mehr arbeitsfähige Energie aus der Umwelt gewinnen und sich dienstbar machen, als ihre Gesamttätigkeit an solcher verbraucht. Jede Struktur, die dies vermag, wird als Energon bezeichnet. Auch in aller Zukunft und allerorts im Universum kann – sofern die bestehenden Naturgesetze erhalten bleiben – ein solcher Vorgang stets nur über Energone stattfinden.

C. Die Energone werden, praktischen Erwägungen folgend, in vier Gruppen eingeteilt:
- Pflanzen,
- Tiere,
- menschliche Berufskörper,
- Erwerbsorganisationen.

Was die ersten beiden Gruppen betrifft, so wird – mit geringfügigen Modifikationen – die in der Biologie übliche Einteilung übernommen, während sich die Unterscheidung von Berufskörper und Erwerbsorganisation auf folgende Kriterien stützt:

Mit dem Begriff »Berufskörper« ist nicht der Mensch an sich gemeint. Es wird hier nicht der genetische menschliche Körper mit jenem der tierischen und pflanzlichen Körper verglichen. Berufskörper ist vielmehr die zur Ausübung einer Erwerbsart notwendige *Gesamtstruktur*. Diese umfaßt zum Beispiel beim Schuhmacher außer diesem selbst auch seine Werkstatt mit den notwendigen Werkzeugen und der Werkbank, seine Hilfskräfte, einen möglichen Verkaufsraum, seine Buchführung, sein Bankkonto und alles darüber hinaus für seine Berufsausübung Notwendige. Wir sehen also, daß diese Gesamtstruktur nicht wie der Organismus eines Tieres und einer Pflanze zusammengewachsen ist, sondern eine *künstliche Erweiterung* des menschlichen Körpers darstellt. Durch zusätzliche Einheiten – *künstliche Organe* – gelangt hier der Mensch zu erweiterten Fähigkeiten und vermag Leistungen zu erbringen, die im Rahmen der organisierten menschlichen Gemeinschaft von anderen benötigt werden. Auf diesen Bedarf, der durch einen Tauschakt befriedigt wird, gründet sich sein Erwerb.

Um Mißverständnissen vorzubeugen, muß hier erwähnt werden, daß ein Mensch gleichzeitig mehr als einen Berufskörper bilden kann, wobei es wichtig ist zu wissen, daß dann jeder als gesondertes Energon zu betrach-

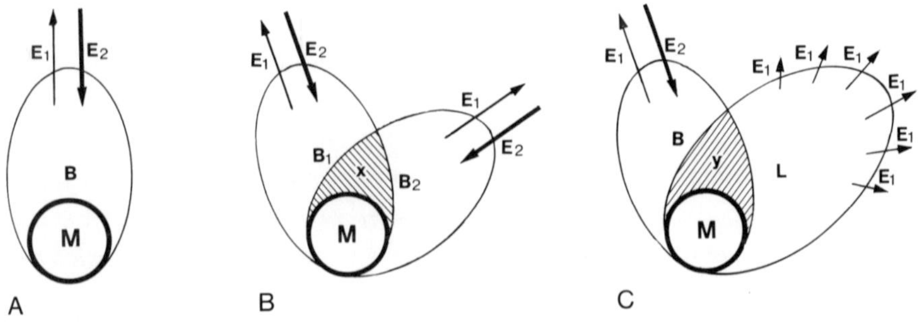

Abb. 1: Erweiterung des menschlichen Körpers durch künstliche Organe

Der Mensch als aufbauendes und steuerndes Zentrum kann einen Berufskörper bilden (A) oder auch mehrere (B), ebenso auch Luxuskörper (L).

M = Mensch als steuerndes Zentrum.

B = Berufskörper. Die Gesamtheit aller für die betreffende Berufstätigkeit notwendigen Einheiten.

L = Luxusstruktur. Die Gesamtheit aller nicht zum Berufskörper gehörenden Einheiten.

E_1 = Energieausgabe. Sämtliche mit Erwerb und Luxustätigkeit verbundenen Energieausgaben.

E_2 = Energieeinnahme. Die für jedes Energon notwendigen Energieeinnahmen, die im Durchschnitt größer sein müssen als die Gesamtheit aller Energieausgaben.

x = künstliche Organe, die zwei Berufskörpern dienen.

y = künstliche Organe, die sowohl einem Berufskörper als auch der Erzielung von Annehmlichkeiten (Luxus) dienen.

ten ist. Ebenso besteht die Möglichkeit, daß derselbe Mensch im Laufe seines Erwerbslebens verschiedene Berufskörper – Energone – aufbaut.

Die vierte große Gruppe von Energonen, die *Erwerbsorganisationen*, sind nicht mehr als Erweiterungen eines Einzelmenschen aufzufassen. In ihrem um eine oder mehrere Stufen höher integrierten Gefüge werden auch Berufskörper zu funktionellen, auswechselbaren Einheiten.

Die großen nationalen und internationalen Unternehmen dieser Welt zeigen dies deutlich. Die sie steuernde Technostruktur mit ihren Managern, Technologen und Meistern erneuert sich in eigener Machtbefugnis. Das gilt auch für die großen Verwaltungseinheiten, Staatsbetriebe und Dienstleistungsgesellschaften – obwohl sie Organe einer noch größeren Energoneinheit, nämlich des Staates sind. Der Unterschied der Erwerbsorganisation zum Berufskörper liegt in ihrer *Überindividualität*.

Ein hierarchischer Stufenbau kennzeichnet die gesamte Entfaltung und Entwicklung der Energone, die vom Kleinsten bis zum Größten Träger der Lebensentfaltung sind. Die Evolution ist somit durch die Entfaltung der Energone charakterisiert, wobei der Mensch zum effizientesten Aufbauorgan von Energonen wurde. Er bildet außer Energonen – also Berufskörpern und Erwerbsorganisationen – auch *Luxusstrukturen*. Sie sind somit ebenfalls Teil der Lebensentfaltung – haben jedoch stets und ausnahmslos die Erträge der Energone zur Voraussetzung.

Der Energonbegriff ist insofern relativ, als die Fähigkeit, den Lebensstrom fortzusetzen, von einem geeigneten Passungsverhältnis zu einer Energiequelle und zur sonstigen Umwelt abhängt. So mag sich eine Struktur in einer Umgebung als Energon erweisen, in einer anderen dagegen nicht.

Daraus läßt sich folgender Satz ableiten:

3. Die Energone umfassen Pflanzen, Tiere, Berufskörper und Erwerbsorganisationen nebst Luxusstrukturen. Der Energonbegriff ist relativ. Eine Struktur kann sich in einer Umwelt als Energon erweisen, in einer anderen dagegen nicht. Jedes Energon ist durch ein Passungsverhältnis zur Umwelt gekennzeichnet, das ihm die Fähigkeit, den Lebensstrom fortzusetzen und zu steigern, gibt.

D. Bis zum Entwicklungspunkt Mensch war die *Zelle* der essentielle Wirkungsträger des Lebensstromes. Sie differenzierte sich zu mannigfach spezialisierten Einzellern und bildete im weiteren Verlauf die unübersehbare Zahl von Vielzellern pflanzlicher und tierischer Erwerbsform, den Menschen miteingeschlossen.

Das Aufdecken dieser universellen Struktur, die alle Lebewesen auf das engste verwandt werden läßt, war die erste entscheidende Entdeckung auf dem Gebiet der Biologie, die erst im vergangenen Jahrhundert gelang. Ihr folgte alsbald – durch Darwin – die weitere, derzufolge alle Lebewesen von gleichen *Urformen* abstammen.

Ein drittes verborgenes Gemeinsames wurde dann in der zweiten Hälfte unseres Jahrhunderts entdeckt: der allen Lebewesen gemeinsame *Genetische Code*, das Aufbaurezept aller Pflanzen und Tiere in Gestalt einer molekularen Schrift innerhalb der Zellkerne. Die Buchstaben dieser chemischen Schrift sind bei allen Lebewesen dieselben. Diese Gleichartigkeit beweist nicht nur unsere Verwandtschaft mit sämtlichen höheren Pflanzen und Tieren, sondern sogar mit den Einzellern, den Bakterien und den Viren.

Damit ist jedoch die Grundeinheit aller Lebensentwicklung noch nicht aufgezeigt. Nach der Entdeckung der Zelle, der gemeinsamen Abstammung und des Genetischen Codes ist nunmehr die Zeit reif, eine weitere, vierte, noch universellere Gemeinsamkeit aller Lebensstrukturen, einschließlich des vom Menschen Geschaffenen, aus der Nacht der Unkenntnis an das Licht des Tages zu bringen.

Die Energontheorie behauptet, daß sich der Lebensprozeß notwendigerweise nach einem gemeinsamen Grundkonzept entfaltet hat und notwendigerweise in aller Zukunft auch weiterhin nach diesem sich entfalten muß. Sie behauptet, daß sämtliche Lebewesen – um bestehen und sich weiter entwickeln zu können – gleichsam an dieselben Regeln gebunden und daß eben diese Regeln auch für die raumzeitliche Struktur der vom Menschen aufgebauten Erwerbskörper – sprich Energone – maßgebend sind. Die die Effizienz konstituierenden Faktoren sind bei sämtlichen Energonen – so verschieden sich diese auch unseren Sinnen darbieten mögen – die durchaus gleichen. Die Fähigkeit, sich im Lebenskampf durchzusetzen, bei den Pflanzen und Tieren *Selektionswert* genannt, entspricht in Wirtschaft, Wissenschaft und Verwaltung dem Vermögen, sich im Konkurrenzkampf zu behaupten, um gegenüber Mitbewerbern zu überleben und zu obsiegen.

Es ist offenkundig, daß dieses verborgene Grundgerüst zu einer Betrachtungsweise zwingt, welche sich kraß gegen unsere traditionellen, seit Jahrtausenden überlieferten Denkkategorien wendet. Die Energontheorie erlaubt, dieses den Sinnen verborgene Gemeinsame dem Geiste erfaßbar darzustellen. Sie bezieht in ihre Betrachtung nicht nur Tiere und Pflanzen, sondern die vom Menschen geschaffenen Berufskörper und Erwerbsorganisationen als dazugehörig, von diesen nicht trennbar und ohne diese nicht verständlich, mit ein. In einer Zeit wachsender Zersplitterung der Wissenschaften und Spezialisierung ihrer Vertreter geht es hier darum, eine universell anwendbare Deutung der so ungeheuer komplexen und vernetzten Strukturen des Lebensstromes zu erfassen und zu begreifen.

Ziel und Sinn des Lebens sind nicht, üblichem Denken gemäß, der Mensch und sein Wirken – und ebensowenig die Pflanzen und Tiere. Sämtliche Lebewesen, einschließlich des Menschen und seines Wirkens, sind nur Bestandteile einer energetischen Entfaltung, die sich längst über die Zellkörper hinweg fortgesetzt hat. Auch der Mensch ist bloß Erfüllungsgehilfe des Lebensstromes – wenngleich sein effizientester.

Daraus läßt sich folgender Satz ableiten:

4. Sämtliche Lebewesen einschließlich des Menschen und der von ihm künstlich gebildeten Strukturen sind funktionelle Bestandteile einer energetischen Entfaltung. Der Mensch und die übrigen Lebewesen sind nicht Ziel und Zweck dieses Vorganges, sondern dessen Voraussetzung.

E. Die Essenz des bisher Gesagten kann wie folgt zusammengefaßt werden.

Erster Hauptsatz der Energontheorie:

I Der Lebensprozeß, ein sich in Volumen und Potenz steigerndes energetisches Geschehen, kann sich nur über Strukturen mit positiver Energiebilanz, die Energone, fortsetzen. Diese sind nicht Ziel und Sinn des Vorganges, sondern dessen Voraussetzung – sie sind nicht Zweck, sondern Mittel und damit Ursache. Die Struktur der pflanzlichen und tierischen Körper setzt sich in den vom Menschen gebildeten Berufskörpern und Erwerbsorganisationen samt Luxusstrukturen fort.

2. Die Funktionsträger

Es sind natürliche und künstliche, verwachsene und nichtverwachsene, zelluläre und nichtzelluläre Funktionsträger zu unterscheiden.

A. Jedes Energon ist ein Funktionsgefüge. Seine Ganzheit besteht aus untergeordneten Einheiten, die bestimmte Aufgaben erfüllen und somit funktionell sind. Dies bedeutet, daß nichtfunktionelle Einheiten einen Ballast darstellen, also eine überflüssige Belastung, sofern sie Abläufe behindern oder Kosten verursachen. Sie beeinflussen dadurch die Konkurrenzfähigkeit negativ. Damit sind wir bereits auf einen äußerst wichtigen, allen Funktionsgefügen gemeinsamen Faktor gestoßen, der besagt, daß funktionslose Teile einen Nachteil darstellen. In der Bilanz sämtlicher Energone – Pflanzen, Tiere, Berufskörper und Erwerbsorganisationen – kommt das notwendigerweise zum Ausdruck.

Hieraus läßt sich folgender Satz ableiten:

5. Stehen zwei Energone – wie auch immer sie aussehen mögen – im Konkurrenzkampf und sind sie einander in allem gleich, ist jedoch das eine durch funktionslose Einheiten belastet, dann hat das andere einen Vorteil.

B. Untergeordnete Einheiten, welche Funktionen ausüben, werden *Funktionsträger* genannt. Das Revolutionäre des neuen Denkens liegt in der Behauptung, *daß stets die Funktion das Primäre und der Funktionsträger das Sekundäre ist*, weil die gleiche Funktion auch über sehr verschiedene Strukturen oder Techniken vonstatten gehen kann. Die Geschichte der menschlichen Arbeit ist durch eine Fülle von Beispielen einer Vertretbarkeit von Personen und Ersetzbarkeit von Sachen gekennzeichnet, worunter besonders Spezialisten und Maschinen zu verstehen sind. Ebenso zeigt die Evolution der Tiere und Pflanzen, daß oft sogar bei nahe verwandten Arten die gleiche Funktion durch höchst verschiedene Organe oder Verhaltensweisen erbracht wird.

Hieraus läßt sich folgender Satz ableiten:

6. Jedes Energon ist ein Funktionsgefüge, die Funktionsträger sind Erfüllungsgehilfen benötigter Funktionen. Für jedes Energon – gleichwohl, aus wievielen Einheiten es besteht – sind somit die Funktionen das Primäre, die Funktionsträger das Sekundäre.

C. Ob ein Funktionsträger mit dem Gesamtkörper seines Energons fest verwachsen oder durch unsichtbare Bande an dieses gefesselt ist, bleibt unerheblich. Im Gegensatz dazu ist es erheblich – ja existenzielle Voraussetzung, daß jedes Energon über sämtliche von ihm benötigten Funktionen verfügt. Bisher wurden die vom Menschen gebildeten Berufskörper und Erwerbsorganisationen als etwas von den tierischen und pflanzlichen Körpern grundsätzlich Verschiedenes und darum Unvergleichbares angesehen. Das liegt in erster Linie daran, daß bei den Tieren und Pflanzen die Funktionsträger – wie Organe und Gewebe – von seltenen Ausnahmen abgesehen zu einem geschlossenen Körper verschweißt sind. Bei den Berufskörpern und Erwerbsorganisationen sind dagegen die vom Menschen artifiziell gebildeten Funktionsträger nicht unbedingt miteinander fest verwachsen und verbunden. In welcher Entfernung sich ein Funktionsträger von den übrigen befindet, ist unerheblich. Erheblich dagegen ist, daß er, wann immer er benötigt wird, seine Leistung erbringt.

Hieraus läßt sich folgender Satz ableiten:

7. Für sämtliche Energone ist es unerheblich, ob ihre Funktionsträger fest mit ihnen verwachsen sind oder nicht. Erheblich dagegen ist, daß sie alle von ihnen benötigten Leistungen erbringen.

D. Das Material, aus dem Funktionsträger bestehen, ist von sekundärer, ihre Leistung von primärer Bedeutung. Die Tatsache, daß die Tiere und Pflanzen aus Zellen und damit aus organischer Struktur bestehen, während die Berufskörper und Erwerbsorganisationen über artifizielle Funktionsträger verfügen, welche aus anorganischem Material gefertigt sind, schafft, von der Leistung her betrachtet, keinen grundsätzlichen Unterschied. Augenfällig wird dies bei der Betrachtung von Unternehmen: Ob eine geforderte Leistung durch menschliche Arbeitskraft oder eine maschinelle Einrichtung erbracht wird, ist sekundär, sofern auf beide Weisen das gleiche Ergebnis erzielt wird. Denselben Zusammenhang zeigt uns die ständig anwachsende Ersetzung organischer Strukturen durch synthetische.

Hieraus läßt sich folgender Satz ableiten:

8. Für Energone ist es bedeutungslos, woraus ihre Funktionsträger bestehen, vorausgesetzt, daß diese die von ihnen benötigte Leistung erbringen.

E. Schließlich ist es auch belanglos, ob die Funktionsträger eines Energons über Zelldifferenzierung entstehen oder über die Wirksamkeit menschlicher Intelligenz künstlich geschaffen werden. Auch hier kommt es ausschließlich auf die Leistungsfähigkeit des jeweils Entstandenen an – auf beiden Wegen kann Funktionsloses und Funktionelles zustande kommen. Grundsätzlich zeigt damit die Energontheorie auf, daß sich aus der Art des Zustandekommens eines Funktionsträgers nicht seine Effizienz ableiten läßt. Das Agens kann ebenso gut der genetische Code wie auch die menschliche Intelligenz sein.

Hieraus läßt sich folgender Satz ableiten:

9. Für alle Energone ist Art und Weise, wie ihre Teile zustande kommen, ohne Belang. Gemessen werden diese ausschließlich am Resultat, das sich bewähren muß und das Energon konkurrenzfähig macht.

F. Wenn, wie zuvor dargestellt, weder das Material, aus dem ein Funktionsträger besteht, noch die Art, wie er zustande kommt, noch der Umstand, ob er mit dem Energon fest verwachsen ist oder nicht, von prinzipieller Bedeutung ist, sondern nur seine Leistungsfähigkeit zählt, dann ergibt sich als logische Schlußfolgerung die Frage, was denn dann nun diese Leistungsfähigkeit konstituiert. Im Folgenden wird dargelegt, daß drei Wertmaßstäbe, nämlich Kosten, Präzision und Schnelligkeit, die maßgebenden Kriterien von Leistungskraft und Konkurrenzfähigkeit sind.

Im unsichtbaren Wertgerüst, das über Leistungskraft und Konkurrenzfähigkeit entscheidet, spielen die *Kosten*, die eine Funktion verursacht, die primäre Rolle, da ein Energon nur bei durchschnittlich aktiver Energiebilanz bestehen kann. Je geringer also die Anforderungen jeder Funktion an den Gesamtenergiehaushalt sind, um so besser. Die Bewährungsprobe, die Stunde der Wahrheit, kommt spätestens dann, wenn die Umweltbedingungen sich derart verschlechtern oder der Konkurrenzkampf sich derart verdichtet, daß nur die kostengünstigsten Energone überleben und die anderen ausscheidend auf der Strecke bleiben.

Im Rahmen der Gesamtkosten einer Funktion unterscheiden wir als gesonderte Größen: Kosten für den *Aufbau* der funktionserbringenden Struktur, also des Funktionsträgers, sodann Kosten für die *Funktionsausübung*, weiterhin Kosten für die *Aufrechterhaltung* der Struktur während funktionsloser Phasen und schließlich Kosten für mögliche *Stillegungen*.

Hieraus läßt sich folgender Satz ableiten:

10. Im Kampf um eine aktive Energiebilanz obsiegen – bei sonstiger Leistungsgleichheit – jene Energone, denen ihre Funktionserfüllungen die geringsten Energieausgaben verursachen.

G. Das zweite für Funktionsträger wichtige Kriterium ist die *Präzision* ihrer Leistung, womit der Qualitätsgrad der Funktionen angegeben wird. Unter den Begriff der Präzision fallen Genauigkeit, Verläßlichkeit, Sauberkeit, Zuverlässigkeit, geringe Risikoanfälligkeit, Bestandsvermögen, Dauerhaftigkeit, Stabilität, Paßfähigkeit und anderes. Der Präzionswert der Leistung wird in Prozenten gemessen, wobei hundertprozentige Präzision das Optimum darstellt. Bei den Funktionsträgern sämtlicher Energone – Pflanzen, Tiere, Berufskörper und Erwerbsorganisationen – sind hohe Präzisionsgrade in der Regel nur über höhere Kosten zu erreichen. Wo deshalb zu Lasten des Energiehaushaltes mehr Präzision geleistet wird, als für die jeweilige Funktion nötig ist, wird Energie verschwendet, was sich als Nachteil im Konkurrenzkampf niederschlägt.

Wie bei den Kosten sind auch bei der Präzision gesondert zu berücksichtigen: die Präzision beim *Aufbau* des Funktionsträgers, jene seiner *Funktionsausübung*, sodann bei der *Aufrechterhaltung* der Struktur während funktionsloser Phasen und schließlich bei möglichen *Stillegungen* und damit verbundener Reduktion der Struktur.

Hieraus läßt sich folgender Satz ableiten:

11. Präzision in der Funktionserfüllung steigert – bei sonstiger Leistungsgleichheit – die Konkurrenzfähigkeit der Energone, sofern sie nicht das Maß des Benötigten überschreitet.

H. Im unsichtbaren Wertgerüst, das über Leistungskraft und Konkurrenzfähigkeit der Energone entscheidet, spielt auch die *Schnelligkeit der einzelnen Funktionsausübungen* eine wesentliche Rolle. Die Schnelligkeit, mit der ein Funktionsträger seine Funktion zu erbringen vermag, kann im Kampf gegen Konkurrenten und in der Auseinandersetzung mit der übrigen Umwelt über Sein oder Nichtsein eines Energons entscheiden. Auch Steigerung der Schnelligkeit einer Funktionsausübung bedingt in der Regel höhere Kosten und belastet in diesem Sinn den Energiehaushalt. Erhöhte Schnelligkeit einer Funktionsausübung ist somit in der Ganzheit des Energons kein Vorteil, wenn sie nicht benötigt wird – was eintritt, wenn limitierende Faktoren die Gesamtschnelligkeit der Energonfunktionen begrenzen und eine Beschleunigung seiner Aktivität nicht zulassen. Der Faktor Schnelligkeit hat gegenüber Kosten und Präzision in seiner Einwirkung auf das Wertgerüst eine weit größere Variabilität und Bandbreite.

Wie bei den Kosten und der Präzision ist auch hier zu unterscheiden: die Schnelligkeit, mit der ein Funktionsträger gebildet werden kann, jene seiner Funktionsausübung, jene des Übergangs zur Ruhe und seiner Reaktivierung, sowie jene der Reduzierung seiner Struktur im Falle von Stilliegephasen und des Wiederaufbaues zur funktionafähigen Struktur. Während funktionsloser Zeitspannen ist der Faktor Schnelligkeit ohne Einfluß auf das Wertgerüst.

Hieraus läßt sich folgender Satz ableiten:

12. Bei sonstiger Leistungsgleichheit obsiegt im Konkurrenzkampf jenes Energon, dessen Funktionsabläufe in der Dimension der Zeit dem Wirkungsoptimum am nächsten sind. Schnelligkeit kann die entscheidende Komponente im Wertgerüst darstellen – besonders, wenn es sich um Aktions- und Reaktionsgeschwindigkeit gegenüber der Umwelt handelt – und ist andererseits jene, welche in bestimmten Fällen ohne Einfluß ist.

I. Welchen der drei Kriterien – Kosten, Präzision und Schnelligkeit – im Einzelfall die größere Bedeutung zukommt, bestimmen jeweils Ausrichtung und Umweltsituation des betreffenden Energons. Maßgebend ist, daß diese drei Kriterien für *jeden* Funktionsträger *jedes* Energons anwendbar und für die Beurteilung des Wertes ihrer Leistungskraft und Konkurrenzfähigkeit relevant sind. Diese drei bilden gleichsam ein Netz, in dem sich der Wert jeder Funktionserfüllung einfangen läßt, also ein Wert, der jede Leistungskraft und Konkurrenzfähigkeit mitbestimmt. Im Rahmen der Energonbildung des Menschen gilt dies nicht nur für die Funktionsträger dieser Energone, sondern auch für die immense Vielheit solcher artifizieller Funktionsträger, die er sich zur Befriedigung seiner Wünsche, zur Steigerung seiner Annehmlichkeit schafft. Dies bedeutet, daß für *Kultur, Zivilisation* und *Luxus* – besondere Phänomene der menschlichen Entfaltung – die gleichen Grundkriterien gelten wie für den Erwerb, der auch für alle solchen zusätzlichen Strukturen und Tätigkeiten stets die Voraussetzung ist. Dort, wo ökonomische und kommerzielle Gesichtspunkte in den Hintergrund treten, wo also Kosten weniger ins Gewicht fallen, kommt es um so mehr auf Präzision und Schnelligkeit an.

Zwischen Kosten, Präzision und Schnelligkeit gibt es mannigfache Korrelationen, also Interdependenzen. Im Gefüge sämtlicher Energone – Pflanzen, Tiere, Berufskörper und Erwerbsorganisationen – bedingt die Verbesserung eines der Kriterien Rückwirkungen auf die anderen. So ist eine Steigerung der Präzision fast immer mit höheren Kosten und einer Einbuße an Schnelligkeit verbunden. Wird höhere Schnelligkeit einer Funktionsausübung notwendig, dann steigen ebenfalls die Kosten und vermindert sich meist die Präzision. Schließlich muß bei einer Senkung der Kosten fast immer eine Verminderung von Präzision und Schnelligkeit in Kauf genommen werden.

	Aufbau	Erwerb	Ruhe	Stillegung
Kosten	1	2	3	4
Präzision	5	6	7	8
Zeit	9	10	11	12

Abb. 2 Schematische Darstellung der Grundkriterien in den Existenzphasen.

Für Effizienz und Konkurrenzfähigkeit ergeben die Grundkriterien Kosten, Präzision und Zeit in den Aufbauphasen, Erwerbsphasen, Ruhephasen und Stillegungsphasen gesonderte relevante Werte, die zu berücksichtigen sind. Dies gilt für jedes Energon, ebenso für jeden Funktionsträger.

Da sich der Gesamtwert jedes dieser Kriterien aus vier zu berücksichtigenden Parametern zusammensetzt – Aufbau des Funktionsträgers, seine Funktionsausübung, seine Aufrechterhaltung während funktionsloser Phasen und seine Stillegung mit Strukturreduktion –, werden zahlreiche weitere Korrelationen bedeutungsvoll und die kausale Vernetzung wird noch um ein Vielfaches verdichteter und komplizierter. So mögen in manchen Fällen – wie zum Beispiel in einer wirtschaftlichen Aufbauphase oder beim Pflanzenwuchs im Frühjahr – die *Aufbaukosten* von Energonen weniger ins Gewicht fallen als die *Schnelligkeit* der Funktionsausübungen oder deren Präzision. In anderen Fällen wieder, wo Energone in einem Erwerbsmarkt bereits fest etabliert sind, steht die Bedeutung von Schnelligkeit hinter jener von niederen laufenden Kosten und gleichbleibender Präzision zurück.

Die Essenz des über Funktionsträger Gesagten kann wie folgt zusammengefaßt werden.

Zweiter Hauptsatz der Energontheorie:

II Die Energone stellen Funktionsgefüge dar, die durch ein ihnen gemeinsames, sinnlich nicht wahrnehmbares, doch meßbares Wertgerüst gekennzeichnet sind. Sie bestehen aus Funktionsträgern, bei denen es unerheblich ist, welche Gestalt und welches Verhalten sie aufweisen, aus welchem Material sie bestehen, ob ihre Teile fest aneinander gefügt sind und auf welche Weise diese zustande kommen. Erheblich ist dagegen, welche Kosten sie verursachen, mit welcher Präzision sie ihre Funktion ausüben und mit welcher Schnelligkeit diese erfolgt. Die Parameter von Kosten, Präzision und Schnelligkeit sind in Phasen des Aufbaues, des Erwerbes, der Ruhe und bei Stillegung von verschiedenem Einfluß auf Effizienz und Konkurrenzfähigkeit.

3. Die Hauptfunktionen der Energone

Nachdem festgestellt ist, daß sämtliche Funktionsträger der Energone nach gemeinsamen, für alle gültigen Kriterien beurteilt werden können, betrachten wir als nächstes ihre funktionelle Ausrichtung: die notwendige Beschaffenheit gegenüber der Umwelt und im inneren Gefüge. Auch hier liegen bis auf den heutigen Tag unerkannt gebliebene Verwandtschaften vor, die es gestatten, jedes Energon – wie auch immer es aussehen mag – mit allen übrigen zu vergleichen und durch Studium des einen die Struktur und Tätigkeit völlig anderer Energone besser zu verstehen.

Existenzrückgrat für jedes Energon ist notwendigerweise eine im Durchschnitt aktive Bilanz an arbeitsfähiger, für das Energon nutzbarer Energie. Ohne Energie kann keinerlei Bewegung, keine Umsetzung, kein Vorgang, keine Entwicklung, keine Entfaltung stattfinden. Wird der Saldo eines Energons passiv, dann mag es sich noch aus Reserven oder durch Abbau der eigenen Struktur existent erhalten, bleibt er jedoch passiv, dann erlischt seine Existenzfähigkeit.

Dies gilt ebenso für Kultur und Luxus im Rahmen der menschlichen Energonentfaltung, weil alle Funktionsträger für derartige Entfaltungen und Betätigungen Energieüberschüsse benötigen, die erst einmal gewonnen werden müssen.

Der Vollständigkeit halber sei bereits hier festgestellt, daß in den Bereichen des menschlichen Energiehaushaltes das Tauschmittel Geld zu dem zentralen Werkzeug aller Tauschakte geworden ist: es ist eine Anweisung auf spezialisierte Arbeitsleistung und damit auf Energie.

Energie ist ungemein wandlungsfähig: sie tritt als Wärme in Erscheinung, als Bewegungsenergie, Elektrizität, chemische Energie, Magnetismus, Massenanziehung, Kernkräfte und Ruhmassenenergie – ja, gemäß heutigem Wissensstand ist auch Materie eine Erscheinungsform von Energie, kann aus dieser entstehen und in solche verwandelt werden. Jede dieser Energieformen kann in andere übergehen – und jede Energieform ist meßbar. Was jedoch Energie, dieses so ungemein Wandlungsfähige, letztlich ist, konnte bisher die Forschung trotz immenser, weltweiter Bemühungen nicht aufdecken.

Immerhin wissen wir, daß Energie unzerstörbar ist und somit bei keiner, wie auch immer gearteten Umwandlung verloren gehen kann. Weiterhin wissen wir, daß bei Umwandlungen sich die Fähigkeit, Arbeit zu leisten, vermindert, und ebenso bei Gleichgewichtszuständen zwischen verschiedenen Energieformen die Arbeitsfähigkeit auf Null absinkt.

Hieraus läßt sich erkennen, daß Energone darauf angewiesen sind, ausschließlich solche Energie zu gewinnen, die Arbeit zu leisten vermag. Im Wissenschaftszweig der Thermodynamik wird solche arbeitsfähige Energie als freie Energie bezeichnet, doch da dieser Begriff in den anderen Sparten der Physik nicht gebraucht wird, sei weiterhin von arbeitsfähiger Energie die Rede.

Daraus ergibt sich der zentrale Fragenkomplex, über welche Funktionsträger die einzelnen Energone verfügen müssen, um das besondere Kunststück einer im Durchschnitt aktiven Bilanz an arbeitsfähiger und für sie nutzbarer Energie zustande zu bringen – also mehr solche Energie aus der Umwelt zu gewinnen, als das Energon für alle seine Tätigkeiten benötigt.

Neben der Betrachtung des Energieerwerbs gilt es zu untersuchen, über welche weiteren Funktionsträger Energone verfügen müssen, um sich in ihrer jeweiligen Umwelt behaupten zu können. Da sämtliche Energone – also Tiere, Pflanzen, Berufskörper und Erwerbsorganisationen – außerdem noch die Tendenz zeigen, sich zu vergrößern, zu vervielfältigen und neue Energontypen hervorzubringen, muß auch untersucht und aufgedeckt werden, welche weiteren Funktionsträger ihnen denn solches ermöglichen.

Wie schon gesagt, sind die Energone nicht Selbstzweck, sondern Bestandteile einer energetischen Entfaltung und Potenzierung, die über sie – und nur über sie – stattfinden kann. Daraus erklärt sich, daß Energone nicht nur über Funktionsträger verfügen müssen, die ihnen individuell dienen, sondern darüber hinaus auch über solche, die den *Gesamtprozeß*, den sie fortsetzen, ermöglichen. Alle solche notwendigen Aktivitäten der Energone ihrer Umwelt gegenüber fassen wir als ihre *Außenfront* zusammen.

Damit sind jedoch noch längst nicht alle Erfordernisse erfaßt, denen die Energone genügen müssen. Weitere Funktionsträger sind notwendig, um die Bindung aller Einheiten zu bewirken, Abläufe zu koordinieren, die diversen Einheiten zu pflegen, funktionsfähig zu erhalten, allenfalls zu reparieren und insgesamt eine harmonische Abstimmung zwischen ihnen allen zu gewährleisten. Diese weiteren Tätigkeiten, die für sämtliche Energone maßgebend sind, fassen wie als ihre *Innenfront* zusammen.

Was die Begriffe Außenfront und Innenfront zu sagen haben, soll im Nachstehenden ausführlich dargelegt werden.

Die Außenfront der Energone

A. Energieerwerb

Energone sind materielle Gefüge, die einen in Potenz und Volumen sich steigernden Prozeß ermöglichen. Dies bedingt, daß sie über Einheiten verfügen müssen, welche Energieerwerb ermöglichen.

Das Verhältnis jedes Energons zu seiner Energiequelle gleicht dem eines *Schlüssels zu seinem Schloß*. So wie ein Schlüssel derart beschaffen sein muß, daß er ein bestimmtes Schloß aufzusperren vermag, so muß auch jedes Energon so beschaffen sein, daß es zur Erschließung einer bestimmten Energiequelle befähig ist. Diese zentrale Eigenschaft stellt die Voraussetzung für alle weiteren Leistungen des Energons dar.

Während Schlüssel Werkzeuge sind, die gehandhabt werden müssen, sind Energone selbständig aktive Körper. Sie sind somit Schlüssel, die von sich aus Schlösser aufschließen.

Der wichtigste Bestandteil eines Schlüssels ist sein Bart. Wie dieser beschaffen sein muß, wird nicht vom Hersteller bestimmt. Dieser fertigt zwar den Schlüssel an, doch welche Form der Bart haben muß, wird vom Schloß her determiniert. Das ist eine bedeutsame kausale Verknüpfung, auf welche die Energontheorie sich bezieht. Das Schloß stellt den Schlüssel nicht her, bestimmt aber trotzdem dessen Form. Wir stellen somit die *Notwendigkeit* fest, daß der Schlüssel die vom Mechanismus des Schlosses vorgezeichnete Form treffen muß, was jedoch auch durch *Zufall* geschehen kann, wenn der Schlüssel ein Schloß öffnet, für das er ursprünglich nicht hergestellt wurde.

Genauso verhält es sich bei den Energonen. Jene ihrer Funktionsträger, die das Aufschließen einer Energiequelle besorgen, müssen in Gestalt und Aktivität deren Besonderheiten entsprechen. Die Energiequelle stellt sie nicht her, diktiert aber doch, wie sie beschaffen sein müssen. Wie und auf welche Weise sie zustande kommen, ist somit von untergeordneter Bedeutung. Wichtig ist bloß, daß sie die richtigen Eigenschaften haben.

Fragen wir somit nach dem *Ursprung* dieser Strukturen, dann dürfen wir ihn nicht beim Hersteller suchen. Die für sie notwendigen Eigenschaften haben ihren letzten und eigentlichen Ursprung in der Beschaffenheit der jeweiligen zu erschließenden Energiequelle.

Welche Energiequellen vermögen nun also Energone aufzuschließen? Dies ist die erste und wichtigste Problematik in der Auseinandersetzung mit der Umwelt – der erste Sektor ihrer Außenfront.

Erstens erkennen wir als wichtigste das *Licht der Sonne*, deren Energie das Getriebe fast sämtlicher Energone direkt oder indirekt betreibt. Ausnahmen sind lediglich einige Gruppen von Mikroorganismen, die durch Abbau organischer chemischer Verbindungen die für sie nötige arbeitsfähige Energie gewinnen.

Unmittelbare Nutznießer der von der Sonne zu uns gelangenden Strahlungsenergie sind sämtliche Pflanzen, welche über den Vorgang der Photosynthese Lichtenergie in ihnen dienstbare chemische Energie umwandeln. Die dafür zuständigen Funktionsträger sind die in den Blättern enthaltenen Plastiden. Hauptsächliche Hilfseinrichtungen sind alle jene Einheiten, welche das zur Photosynthese notwendige Wasser und das ebenfalls nötige Kohlendioxyd aus der Umwelt gewinnen. Die Grundstruktur der Pflanzen – Blätter oder blattartige Strukturen, die dem Sonnenlicht entgegenstreben – wird von der Energiequelle Sonne bestimmt, geprägt und gesteuert.

Zweitens erkennen wir als Energiequelle aller Tiere *organische Molekularstrukturen*, also Bestandteile von Pflanzen und Tieren, welche von ihnen als Nahrung aufgenommen werden und gespeicherte Sonnenenergie beinhalten. Voraussetzung für diese Erwerbsform sind Funktionsträger der Aufschließung in Form der Verdauung. Hilfsvorrichtungen sind Sinnesorgane und Hirnstrukturen zum Aufspüren der Beute, Fortbewegungsorgane, um an diese zu gelangen, und Freßorgane, um sie zu erfassen und sich einzuverleiben. Wir sehen also, daß die für Tiere typische Grundstruktur – der bewegliche, mit Sinnes- und Freßorganen versehene Körper – durch die Energiequelle Beute bestimmt, geprägt und gesteuert wird.

Hinsichtlich seiner Ernährung ist auch der Mensch hier einzureihen. Durch seine Intelligenz und die von ihm geschaffenen artifiziellen Funktionsträger: Waffen, Werkzeuge, sonstige Hilfseinrichtungen – gelangte er in höchst einfallsreicher und erfinderischer Weise dahin, diese Erwerbsform als Jäger, Sammler, Züchter und Ackerbauer noch wesentlich zu steigern.

Charakteristisch für die menschliche Entwicklung ist indes eine weitere,

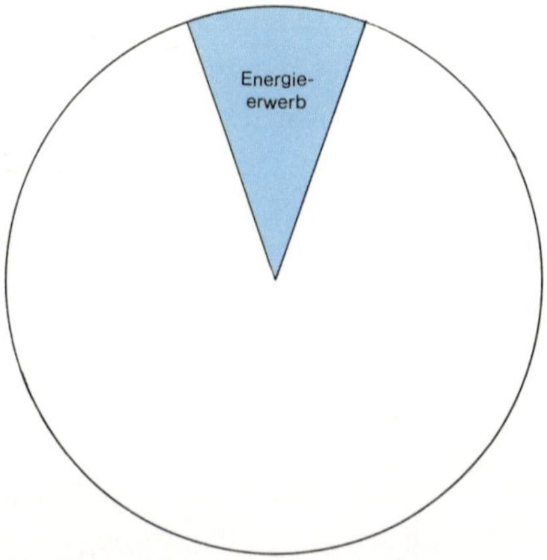

Abb. 3 Sektor des Energieerwerbs

Die Kreisfläche symbolisiert die Gesamtheit aller Bestandteile eines Energons, also sämtliche zum Weitertragen und Steigern des Lebensstromes notwendigen Funktionsträger, sowie alle dem Energon angehörenden funktionslosen Einheiten. Die Hauptausrichtungen der benötigten Leistungen werden in Sektoren zusammengefaßt. Zentraler Sektor ist bei allen Energonen stets der Energieerwerb, da die positive Energiebilanz notwendige Voraussetzung für jede sonstige Aufwendung ist. Der Sektor Energieerwerb umfaßt somit sämtliche Funktionsträger, über die das Energon zur Erzielung einer positiven Energiebilanz verfügen muß. Sie werden durch die Eigenschaften der jeweils erschlossenen Energiequelle determiniert.

neue Erwerbsform, die auf *Tauschakten* beruht. Die erschlossene Energiequelle ist in diesem Fall stets ein bestehender Bedarf an Gütern und Dienstleistungen, der befriedigt wird. Zum Vermittler in diesem Tausch wird das Geld, das jede Leistung in jede andere transformierbar und jeden Ertrag teilbar macht. Der Erwerb über Tausch hat – wie jeder andere – zur Voraussetzung, daß der Leistungserbringer ein durchschnittlich höheres Energieäquivalent – in Gestalt von Geld oder Tauschgütern – gewinnt, als ihn seine Gesamtanstrengung bei der Herstellung des Tauschgutes oder der Erbringung der Tauschleistung gekostet hat.

Drittens erkennen wir somit als Energiequelle der vom Menschen gebildeten Berufskörper und Erwerbsorganisationen den *Markt* in seiner Bedeutung als Gesamtheit bestehender Nachfrage. Voraussetzung für diese Erwerbsform sind Funktionsträger zur Erbringung der benötigten Leistungen wie: Werkzeuge, Arbeitsstätten, Hilfskräfte und Hilfsmittel. Durch Maschinen werden Naturkräfte mit in den Dienst dieser Leistungserbringung eingespannt. Ebenso wie die Grundstruktur der Pflanzen durch das Sonnenlicht determiniert wird und jene der Tiere durch die Eigenschaften ihrer Beute, so wird die Grundstruktur der über Tausch erwerbenden Berufskörper und Erwerbsorganisationen durch den Markt, auf den sie ausgerichtet sind, bestimmt, geprägt und gesteuert.

Hieraus läßt sich folgender Satz ableiten:

13. Die Energiequelle bestimmt darüber, wie die zu ihrer Erschließung notwendigen Funktionsträger beschaffen sein müssen. Bei Pflanzen ist es das Sonnenlicht, bei Tieren und Menschen ist es organische Struktur, bei Berufskörpern und Erwerbsorganisationen ist es der Markt als Sammelbegriff aller bestehenden Nachfrage.

B. Stofferwerb

Energone sind materielle Gefüge, die einen in Potenz und Volumen sich steigernden Prozeß ermöglichen. Dies bedingt, daß sie über Einheiten verfügen müssen, welche zu Stofferwerb befähigen.

Der zweite Sektor an der Außenfront jedes Energons resultiert somit aus der Notwendigkeit, Stoffe zu erwerben, die einerseits zur Aufrechterhaltung der Struktur und andererseits zu deren Vergrößerung oder zur Bildung weiterer Energone notwendig sind.

Im Prinzip ist es durchaus möglich, daß gemeinsam mit nutzbarer Energie auch benötigte Stoffe erworben werden. Ist dies der Fall, dann erbringen die erwerbenden Funktionsträger mehr als nur eine Leistung. Ein Beispiel dafür sind sämtliche Tiere, die über ihre Nahrung sowohl Energie als auch Stoffe aufnehmen. Bei den Pflanzen gewinnen die zur Photosynthese befähigten Plastiden bloß Sonnenenergie, doch ist für den Vorgang Wassergewinnung Voraussetzung, mit dem auch wieder aus der Umwelt Nährstoffe gewonnen werden. Bei den Berufskörpern und Erwerbsorganisationen sind Energieerwerb und Stoffwechsel weitgehend getrennt. Hier geht über Befriedigung bestehender Nachfrage die Energieanweisung Geld ein, während über durchaus getrennte Vorgänge und Instanzen die für den Betrieb – also zur Aufrechterhaltung und Vermehrung der Energonstruktur notwendigen Stoffe gewonnen werden. Für alle auf Stofferwerb ausgerichteten Funktionsträger gilt – auch wieder gemäß dem Schlüssel-

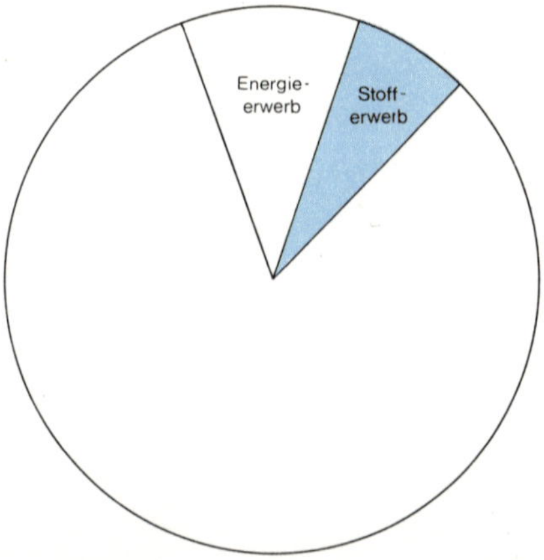

Abb. 4 Sektor des Stofferwerbs

Schloß-Prinzip –, daß die jeweils zu erschließende Stoffquelle die zu ihrer Ausbeutung notwendige Struktur determiniert.

Hieraus läßt sich folgender Satz ableiten:

14. Jedes Energon muß zur Aufrechterhaltung seiner Struktur sowie für Wachstum und Bildung weiterer Energone Stoffe aus der Umwelt gewinnen. Gestalt und Tätigkeit der dafür zuständigen Funktionsträger werden von der jeweils zu erschließenden Stoffquelle bedingt, geprägt und gesteuert.

C. Strukturvermehrung

Energone sind materielle Gefüge, die einen in Potenz und Volumen sich steigernden Prozeß ermöglichen. Dies bedingt, daß sie über Einheiten verfügen müssen, welche Strukturvermehrung bewirken.

Der dritte Sektor an der Außenfront umfaßt somit den Problemkomplex, mit Hilfe der gewonnenen Energie und der gewonnenen Stoffe weitere Energonstrukturen aufzubauen.

Der Lebensstrom, welcher sich gemäß der Energontheorie nur über ganz bestimmte Strukturen – die Energone – fortsetzt, kann sich nur dann steigern und an Potenz gewinnen, wenn die Gesamtmasse an Energonstruktur insgesamt anwächst. Solches kann grundsätzlich auf drei verschiedene Arten vor sich gehen, deren jede spezialisierte Funktionsträger voraussetzt. Erstens durch individuelles Wachstum der Energone, dem aber in der Praxis durch mannigfache Faktoren Grenzen gesetzt sind. Zweitens durch Hervorbringung weiterer Energone vom gleichen Typus, was bei den Tieren und Pflanzen der artgleichen Fortpflanzung entspricht. Drittens durch Hervorbringung von Energonen anderer Ausrichtung oder Organisation – also artungleicher Fortpflanzung.

Alle drei Möglichkeiten der Strukturvermehrung machen in erster Linie Funktionsträger zur Steuerung notwendig, zu denen weitere hinzukommen müssen, welche diese Steuerungen ausführen. Es handelt sich also durchwegs um Funktionen, die heute von der Kybernetik nach gemeinsamen Kriterien und Richtlinien untersucht werden. Diese Wissenschaft ist die bisher einzige, welche in einem Funktionskreis – eben der Steuerung – bereits nach den Energongesetzen verfährt.

Die Vermehrung des Volumens durch Wachstum ist wesentlich komplizierter, als es auf den ersten Blick erscheint. Bei diesem Prozeß müssen – aufgrund der Schwerkraft, der Relation zwischen Oberfläche und Volumen und weiteren Faktoren – die einzelnen Funktionsträger durchaus nicht immer im gleichen Verhältnis anwachsen. Bei diesem Vorgang sind meist tiefgreifende innere Umschichtungen – ja neue Organbildungen und damit veränderte Abläufe – notwendig. Es ist eines der erstaunlichsten Phänomene bei den Tieren und Pflanzen, daß sich ihr Wachstum so klanglos vollzieht, was sich nur aus der so außerordentlichen Wandlungs- und Anpassungsfähigkeit des Bausteines *Zelle* erklärt. Jedes Unternehmen und jeder Betrieb zeigen uns auf, welche radikalen Veränderungen, Auflösungen und Neubildungen, also Investitionen mannigfacher Art bei Vergrößerungen notwendig sind und berücksichtigt werden müssen.

Völlig andere Steuerungen und ausführende Organe müssen entwickelt werden, damit ein Energon ein anderes, ebensolches, in die Welt bringt. Über diesen Vorgang kommt es bei den Tieren und Pflanzen zur Bildung der Arten, die aus mehr oder minder vielen, übereinstimmenden Individuen bestehen. Auch bei den Berufskörpern und Erwerbsorganisationen kann man zwischen Individuum und Art unterscheiden, wenngleich hier bei den Individuen eine weitaus größere Variabilität besteht.

Da der Artbegriff in der Biologie seinen festen Standplatz hat, sei hier festgehalten, daß die Begriffe Lebewesen und Energon sich nicht decken. Während sich der Begriff Lebewesen immer auf die aus Zellen gebildeten Lebenseinheiten bezieht, umfaßt der Energonbegriff alle für einen Träger

Abb. 5
Sektor der Strukturvermehrung

Die Vermehrung von Energonstruktur ist über drei grundsätzlich verschiedene Vorgänge möglich: Wachstum, artgleiche Fortpflanzung und Bildung andersartiger Energone – also artungleiche Fortpflanzung.

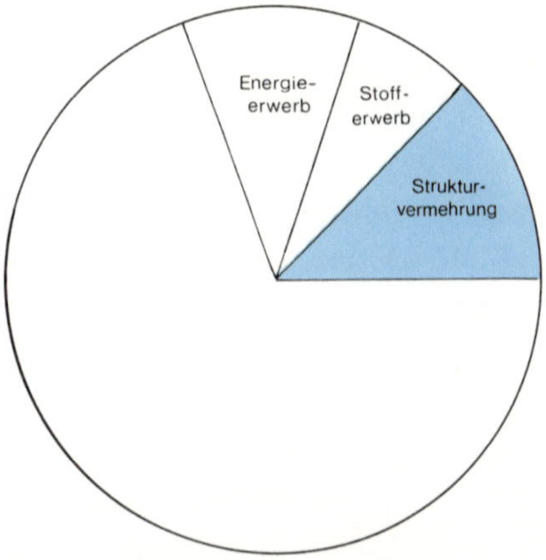

des Lebensstromes notwendigen funktionellen Einheiten – gleichgültig, ob sie aus Zellen bestehen oder nicht, ob sie einen festverwachsenen Körper darstellen oder ihre Teile beliebig weit voneinander entfernt liegen, und ob diese Teile über Zelldifferenzierung oder durch künstliche Bildung entstehen.

Wenn also im Verlauf der kommenden Ausführungen von *Energonindividuen* und *Energonarten* die Rede ist, dann heißt es, diesen grundsätzlichen Unterschied zu berücksichtigen.

Die Bildung *andersartiger* Energone kann bei der tierischen und pflanzlichen Fortpflanzungsweise nur sehr langsam und über kleine Schritte erfolgen. Dagegen können die nicht mehr vom Genetischen Code, sondern von der menschlichen Intelligenz gebildeten Energone – Berufskörper und Erwerbsorganisationen – beliebig geplant und realisiert werden. Hier ist die bei Tieren und Pflanzen gegebene Beschränkung, daß jeder Artgenosse immer artgleiche Nachkommen hervorbringen muß – de facto Konkurrenten – nicht mehr wirksam. Vielmehr kann aus den Erträgen eines Energones ein völlig andersartiges gebildet werden, und Erfahrungen innerhalb einer Energonart können – über die informationsübermittelnden Funktionsträger Sprache und Schrift – auch in die Verbesserung völlig anderer Energonarten einfließen.

Um die Zwitterstellung des Menschen markant zu charakterisieren, muß bei jedem Berufskörper berücksichtigt werden, daß die ihn steuernde Einheit »Mensch« genetisch zustande kommt, während die weiteren dem Berufskörper dienenden Funktionsträger künstlicher Herstellung entstammen. In den noch größeren Erwerbsorganisationen ist bei allen durch die

Einheit »Mensch« geleisteten Funktionen zu beachten, daß diese Einheit nicht beliebig konditionierbar ist, sondern nur im Rahmen ihrer vorgegebenen genetischen Programmierung gefordert werden kann.

Wie gezeigt wurde, determinieren die Energie- und Stoffquellen die zu ihrer Erschließung geeigneten Funktionsträger. Ebenso determinieren die jeweilige Energonstruktur und die jeweiligen Umweltbedingungen die zur Vergrößerung und Energonneubildung notwendigen Steuerungen und Hilfseinrichtungen.

Dies zeigt erneut auf, daß Energone nicht Ergebnisse des Lebensstromes sind sondern dessen Voraussetzung und notwendiges Mittel – was eine Revolution des Denkens bedeutet, indem die jahrtausendealte Verknüpfung zwischen Ursache und Wirkung in ihr Gegenteil verkehrt wird.

Hieraus läßt sich folgender Satz ableiten:

15. Jedes Energon ist Diener des Lebensstromes, woraus ihm Auflagen erwachsen, die ihm nicht unbedingt individuell dienen. Eine solche ist, daß der Lebensstrom nur anwachsen kann, wenn die Energone anwachsen und sich artgleich oder artungleich vermehren, beziehungsweise Luxusstrukturen bilden. Die dazu notwendigen Funktionsträger sind solche der Steuerung und der Ausführung dieser Steuerung. Ihre raumzeitliche Struktur – also Gestalt und Verhalten – wird durch diese an sie gestellte Aufgabe bedingt, geprägt und gesteuert.

D. Abwehr von störenden und feindlichen Umweltkräften

Energone sind materielle Gefüge, die einen in Potenz und Volumen sich steigernden Prozeß ermöglichen. Dies bedingt, daß sie über Einheiten verfügen müssen, welche eine Abwehr von störenden und feindlichen Umweltkräften bewirken.

Der vierte Sektor an der Außenfront der Energone beinhaltet somit alle jene notwendigen Aktivitäten, um störende Umwelteinflüsse abzuschirmen und feindlichen zu begegnen.

Die Unterteilung in störende und feindliche Umwelt fußt darauf, daß erstere ungezielt und letztere gezielt wirkt. Kälte, Überschwemmungen, Erdbeben, Sturm, aller Unbill der Natur sind Beispiele für *störende Umweltfaktoren*.

Raubtiere, die eine Pflanze oder ein Tier bedrohen, Einbrecher, die sich gewaltsam fremder Struktur bemächtigen, und Invasoren, die in ein anderes Staatsgebiet einbrechen, sich der dortigen Güter bemächtigen und die Bevölkerung versklaven, sind Beispiele für *Feinde*. Feinde sind somit stets und ausnahmslos Energone: für sie ist das angegriffene Energon Energie- und Stoffquelle, oder sie bedrohen, berauben, lähmen und beeinflussen es aus anderen ihnen dienenden Interessen.

Wie die Erfahrung uns weltweit lehrt, können Funktionsträger der Abwehr so beschaffen sein, daß sie sowohl gegen störende als auch gegen feindliche Umweltkräfte abschirmen. So können die Mauern und Tore eines Hauses nicht nur Sturm, Regen, Kälte und Hitze sondern auch Einbrecher abhalten. Ebenso ist klar, daß Einheiten zur Abwehr räuberischer Energone viel präziser auf die Aktionsart des Angreifers ausgerichtet sein müssen. Hier findet im Laufe der Energonevolution eine ständige Wechselwirkung statt, indem die räuberischen Energone immer neue und bessere Angriffswaffen hervorbringen und die bedrohten Energone dies mit Bildung entsprechend verbesserter Abwehrmaßnahmen beantworten.

Insgesamt sprechen wir hier von einem *Speer-Schild-Verhältnis*. Sämtliche störende oder feindliche Umwelteinflüsse können mit Speeren verglichen werden, die über geeignete Schilde abgewehrt werden müssen. Dieses prägnante Symbol steht für sämtliche Abwehrmaßnahmen – wie auch immer sie beschaffen sein mögen.

So kann eine Abwehr auch dergestalt erfolgen, daß bereits in ein Energoninneres eingedrungene Feinde dort bekämpft werden – wie es im menschlichen Körper durch die weißen Blutkörperchen und die Antikörper geschieht und im Staatsverband durch den zivilen und militärischen Abschirmdienst.

Eine weitere wieder ganz andere Abwehrform ist Fluchtverhalten – auch ein Abwehrschild.

Der Lebensstrom präsentiert sich somit als ein Geschehen, das durch Einheiten – Energone – getragen, gefördert und gesteigert wird, unter denen nicht nur erbitterter Wettbewerb stattfindet, sondern welche sich auch gegenseitig stören, bedrohen, verletzen, ja vernichten. Für den Lebensstrom bedeutet dieser kuriose Tatbestand keinerlei Nachteil. Welche Einheit auch immer ihn weiterträgt und fördert, sein Volumen und seine Po-

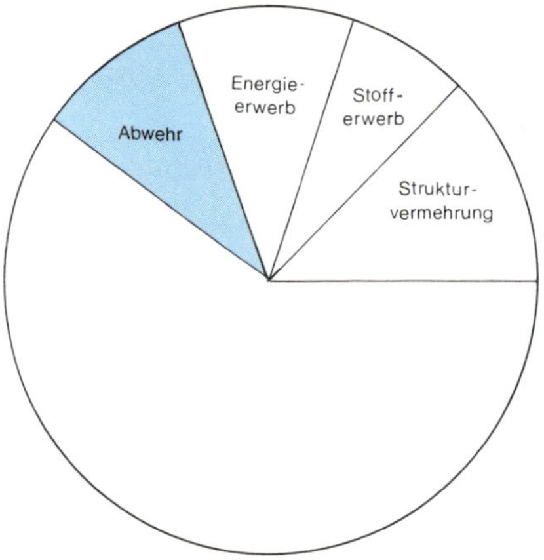

Abb. 6 Sektor der Abwehr von störenden und feindlichen Umweltkräften

tenz steigert, ist für ihn einerlei. Ja – die gegenseitige Vernichtung führt zur strengen Auswahl des Effektivsten, und dies ist letztlich der Motor, welchem der Lebensstrom sein Anschwellen verdankt.

Hinzuweisen ist hier auch auf die bedeutsame Tatsache, daß bei den Tieren das Ergebnis ihres Raubes in der Regel umgesetzt werden muß und geraubte Einheiten nur im Ausnahmefall im Sinne ihrer ursprünglichen Funktion eingesetzt werden können. Ein gefressenes Auge kann vom Raubtier nicht zum Sehen verwendet werden, ein gefressenes Bein nicht zum Laufen. Die vom Menschen gebildeten artifiziellen Funktionsträger sind dagegen auch bei Abtrennung von ihrem Energon im Sinne ihrer Funktion verwendbar, sind also nicht bloß Energie- und Stoffträger. Ein geraubtes Messer kann ebenfalls vom Räuber zum Schneiden verwendet werden, eine geraubte Uhr zur Zeitbestimmung durch einen beliebigen anderen. Selbst Ideen, Erfindungen und der in der Wirtschaft als Know-how bezeichnete Erfahrungsschatz, also Errungenschaften von Geistkapital, können vom Raubenden ebenso genutzt werden wie vom rechtmäßigen Eigentümer oder Besitzer.

Für den Lebensstrom ergibt sich daraus der Vorteil, daß bei solchem Raub ebenso wie bei Tauschakten nicht die mit sonstigen Umsetzungen verbundenen Energieverluste auftreten, was sich in seiner Bilanz höchst positiv niederschlägt. Die für den Lebensstrom maßgebenden Kriterien seines Wertgerüstes divergieren somit erheblich von jenen seiner Erfüllungsgehilfen, der einzelnen Energone – und ganz besonders auch von jenen, die sein tüchtigster Diener, der Mensch, als ethisch empfindet und seit eh und je zu verwirklichen strebt. Ganz in diesem Sinne dachte Immanuel Kant, wenn er sagte, daß der Mensch die Eintracht, die Natur jedoch die Zwietracht wolle.

Sämtliche Funktionsträger der Abwehr – der vierte Sektor der Außenfront – werden durch die Beschaffenheit der jeweils abzuwehrenden Störungen und Feinde determiniert. Kälte und Hitze legen fest, wie die zu ihrer Bekämpfung geeigneten Funktionsträger beschaffen sein müssen. Die feindlichen Streitkräfte mit ihren Strategien und Waffen legen fest, über welche Gegenstrategien und Abwehrmittel ihnen wirkungsvoll begegnet werden kann. Die kausale Verknüpfung zwischen *Speer* und *Schild* ist somit die gleiche wie zwischen *Schloß* und *Schlüssel*. Das Schloß bestimmt die für den Schlüssel notwendige Struktur – der Speer bestimmt die für den Schild notwendige Struktur.

Hieraus läßt sich folgender Satz ableiten:

16. Die Energone sind mannigfach störenden und feindlichen Umwelteinflüssen ausgesetzt, welche ungezielt oder gezielt ihren Bestand gefährden und ihre Tätigkeiten in Frage stellen. Zu ihrem Bestehen müssen sie über Funktionsträger verfügen, welche diese Einflüsse abwehren, abschwächen oder neutralisieren. Form und Aktionsweise dieser Einheiten sind durch die Beschaffenheit der jeweils abzuwehrenden Störungen und Feinde bedingt, geprägt und gesteuert.

E. Nutzung von fördernden und freundlichen Umweltkräften

Energone sind materielle Gefüge, die einen in Potenz und Volumen sich steigernden Prozeß ermöglichen. Dies bedingt, daß Einheiten für sie von Vorteil sind, welche die Nutzung von fördernden und freundlichen Umweltkräften bewerkstelligen.

Den störenden und feindlichen Umweltgegebenheiten, mit denen sich die Energone auseinanderzusetzen haben, stehen somit fördernde und freundliche gegenüber, die nutzbar gemacht werden können.

So wie wir bei der Auseinandersetzung mit Störungen und Feinden von einem Speer-Schild-Verhältnis gesprochen haben, so sprechen wir in dieser Auseinandersetzung mit fördernden und freundlichen Umweltkräften von einem *Roß-Reiter-Verhältnis*. Dieses Bild ist gewählt, weil der Reiter durch das Roß zu einer müheloseren und schnelleren Fortbewegung gelangt. In ganz analoger Weise können Energone günstige Umweltkräfte zu ihren Dienern und damit zu ihren Funktionsträgern machen.

Der Unterschied zum eigentlichen Energieerwerb, auf den die Energone in zentraler Funktion ausgerichtet sind, besteht darin, daß in diesem Fall nicht Energie vereinnahmt und in entsprechende Funktionsleistungen umgesetzt wird, sondern Fremdkräfte dazu gebracht werden, Funktionsträger unmittelbar anzutreiben und so dem Energon eigenen Kraftaufwand – in welchem Umfang auch immer – zu ersparen. Darüber hinaus können Energone durch solche Nutzbarmachung von Fremdkräften zu Leistungen befähigt werden, die ihnen aus ihrem eigenen Energiehaushalt heraus unmöglich wären. Wenn Pflanzen den Wind oder Insekten dazu bringen, ihre Keimzellen und Samen zu verbreiten; wenn Meerestiere sich durch Strömungen die Nahrung ins Maul treiben lassen; wenn der Mensch das Wassergefälle dazu bringt, Räder zu bewegen und artifizielle Funktionsträger zu betreiben; wenn organisierte menschliche Gemeinschaften die Atomkraft zähmen und für sich Funktionen verrichten lassen ..., dann handelt es sich durchwegs um Energone, die sich als Reiter betätigen, indem sie geeignete Umweltkräfte in dienstbare Rösser verwandeln.

Regel jedoch ist, daß Dienstbarmachung von Fremdkräften fast immer eigene Aufwendungen in Gestalt von Anstrengungen oder Bildung spezialisierter Funktionsträger, also Energieausgabe, notwendig macht. So bedarf es beim Roß des Aufsitzens und des Reitens sowie der Fertigung des Zaumzeuges und des Sattels. Beim Segelboot bedarf es der Fähigkeit der Navigation und der Fertigung des Mastes und der Segel. Beim Auto bedarf es der Fähigkeit, dieses zu bedienen, sowie des Motors, der die im Benzin ruhende Energie dazu bringt, die Fortbewegung dieses künstlichen Organes zu bewirken. Bei den Berufskörpern und Erwerbsorganisationen, die spezialisierte Dienstleistungen anbieten, bedarf es des Wissens um deren Vorhandensein und Tätigkeit sowie ihrer konkreten Handhabung.

Bei der Nutzbarmachung anderer Energone liegen die Dinge diffiziler als bei jener der Naturkräfte. Drei Möglichkeiten zur Dienstbarmachung sind hier gegeben. Die erste beruht auf der Anwendung von Gewalt: bei Menschen und Tieren bedeutet das Zwang zu Diensten, deren Nichtbefolgung Strafe nach sich zieht. Die zweite Möglichkeit beruht auf Partnerschaft, die eine Interessengemeinschaft voraussetzt und deren Merkmal eine befriedigende Entlohnung in Gestalt von Geld oder sonstiger Gegenleistungen

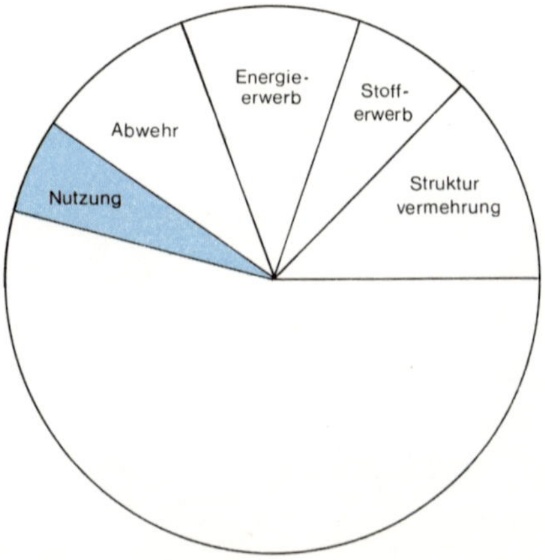

Abb. 7 Sektor der Nutzung von fördernden und freundlichen Umweltkräften

ist. Die dritte Möglichkeit beruht auf einer Manipulation angeborener oder erworbener Verhaltensnormen, welche dem Menschen Glücksgefühle vermitteln und deren Charakteristikum somit eine emotionelle Belohnung ist.

Da sich der Mensch im Laufe seiner Entwicklung zu einer unübersehbaren Fülle von spezialisierten Berufskörpern erweiterte und noch komplexere Erwerbsorganisationen schuf, entstand eine Unzahl von dienstfähigen Rössern, die über Gewalt, Entlohnung oder Belohnung in eigene Funktionsträger verwandelt werden können. Bei allen vom Menschen gebildeten Energonen hat solche Nutzbarmachung den besonderen Vorteil, daß diese sich vorübergehend Spezialeinheiten anfügen können, die ihnen zu Diensten sind, ihre Leistungsfähigkeit in beliebiger Richtung steigern, sie jedoch nur für die Zeitspanne des Gebrauchs belasten.

Im Rahmen der menschlichen Organisation entstehen auf diese Weise Energone, die sich chamäleonhaft verändern und gigantische, von der Gemeinschaft aufgebaute Machtpotentiale für ihre Zwecke und Absichten einzusetzen vermögen. Die den Staat bildenden Komplexe: Wirtschaft, Wissenschaft und Verwaltung sind gleichsam Riesenrösser, deren sich jeder Mensch und seine Energone im Rahmen der Gemeinschaft, ihrer Gesetze und Gebräuche als Reiter bedienen kann. Das größte Potential an Fremdenergie ist dabei der Leistungsschatz vergangener Generationen, der sich in Sachwerten und Schrifttum niederschlägt.

Während es kaum ein Energon geben dürfte, das gänzlich ohne Funktionsträger zur Abwehr von störenden und feindlichen Umweltkräften auskommt, ist das Vermögen, förderliche und freundliche Umweltkräfte zu nutzen, durchaus nicht jedem Energon gegeben. Dies bedeutet, daß das Vorhandensein von Funktionsträgern der Abwehr Voraussetzung für das Überleben praktisch aller Energone darstellt, die Nutzbarmachung günstiger Umweltgegebenheiten dagegen nicht. Ein wichtiger Unterschied besteht auch darin, daß beim *Speer-Schild-Verhältnis* die Gesamtbilanz stets negativ belastet ist, während beim *Roß-Reiter-Verhältnis* wohl Ausgaben erforderlich sind, diesen jedoch entsprechend größere Energieeinsparungen oder Leistungssteigerungen gegenüberstehen.

Auch für alle der Nutzbarmachung von fördernden und freundlichen Umweltkräften dienenden Funktionsträger gilt, daß die für sie notwendige raum-zeitliche Struktur durch die Eigenschaften der in den Dienst zu zwingenden Kräfte determiniert wird. Wie die Flugvorrichtungen bei Pflanzensamen gestaltet sein müssen, bestimmt letztlich der Wind. Wie das Mühlrad zu gestalten ist, bestimmt letztlich die Wasserkraft. Wie es anzustellen ist, einen Rechtsanwalt oder Arzt für sich in Tätigkeit zu setzen, bestimmt deren Geschäftspraxis. Wie ein Mitmensch zu einer Freundschaftsleistung gebracht werden kann, bestimmt dessen Charakter. Wie die staatlichen Einrichtungen in Anspruch genommen werden können, bestimmen deren Reglements.

Hieraus läßt sich folgender Satz ableiten:

17. Den Energonen bietet sich die Chance, fördernde und freundliche Umweltkräfte in Diener zu verwandeln, welche ihnen eigene Anstrengungen ersparen oder ihnen zu spezialisierten Leistungen verhelfen, die sie sonst nicht erbringen könnten. Um in den Genuß solcher Hilfsdienste zu gelangen, sind fast immer zusätzliche Funktionsträger nötig, deren Ausbildung von den dienstbar zu machenden Kräften bedingt, geprägt und gesteuert wird.

F. Glückssuche

Energone sind materielle Gefüge, die einen in Potenz und Volumen sich steigernden Prozeß ermöglichen. Dies bedingt, daß für diesen Einheiten vorteilhaft sein können, die sich in der individuellen Bilanz der ihn weitertragenden Energone negativ niederschlagen.

Die Glückssuche als funktionelle Auseinandersetzung an der Außenfront ist auf die Energone der dritten Evolutionsphase – Berufskörper und Erwerbsorganisationen –, beschränkt. Ihr Zentrum, der Mensch, ist durch Intelligenz und Ichbewußtsein befähigt – und in höchstem Maße daran interessiert –, durch gezielte Praktiken und entsprechende Einwirkung auf die Umwelt sich Gefühle der Annehmlichkeit, des Wohlbefindens und der Lust, kurz des Glücklichseins, zu verschaffen. Während bei den Tieren Lustempfindungen zum wegweisenden Instrumentarium gehören und somit ein funktionelles Werkzeug, also ein Mittel zum Zweck darstellen, erhebt der Mensch dieses Mittel zum Zweck, indem er gezielt Luxusstrukturen bildet, die ihm Lustempfindungen schaffen, und Luxustätigkeiten ausübt. Somit haben diese Energone eine weitere, bedeutsame Auseinandersetzung mit der Umwelt, was eine unüberblickbare Vielfalt von Umstrukturierungen und Schaffung artifizieller Funktionsträger verursacht. Beispiel für lustspendende Umstrukturierung der Umwelt sind die Gärten der Häuser, die Parkanlagen und sämtliche Elemente von Bauwerken, die ästhetischen Genuß erwecken. Beispiele für Funktionsträger des Luxus sind Kunstwerke, Sportgeräte, Schmuck, luststeigernde Wohnungseinrichtungen. Beispiele für Luxustätigkeit sind Ferienreisen, Kinobesuch, die verfeinerte Erschließung aller uns angeborenen Triebe. Inwieweit Luxus heute bereits zur Dominante des menschlichen Energonbaues geworden ist, läßt sich schlicht aus der Tatsache ableiten, daß allein der Tourismus dank der künstlichen Organe des Verkehrs zum größten internationalen Gewerbezweig der Welt geworden ist.

Während bei den verschiedenen Energontypen die Aufwendungen in den einzelnen Sektoren ihrer Außenfront zwar anteilmäßig sehr variieren und sich aus dem proportionalen Aufwand in den einzelnen Sektoren ablesen läßt, wo Schwerpunkte und besondere Problematik liegen, können die Aufwendungen für Luxuszwecke alle übrigen um ein Vielfaches übersteigen, ja weitgehend verdrängen. Bei entsprechendem Reichtum können sich wesentliche Bestandteile der Energonstruktur – selbst die Einheiten der Energiegewinnung – total zurückbilden. Das Energon lebt dann von der Substanz und ist in Strukturbildung und Tätigkeit ausschließlich auf Glückssteigerung der steuernden Einheit Mensch ausgerichtet.

Bei Pflanzen und Tieren kann von Aufwendungen an dieser Umweltfront kaum gesprochen werden, weil Lustmotivation noch integraler Bestandteil der Energonstruktur ist. Nur geringfügige Tätigkeiten können hier als gezielte Lustsuche angesprochen werden. Dies trifft etwa zu, wenn

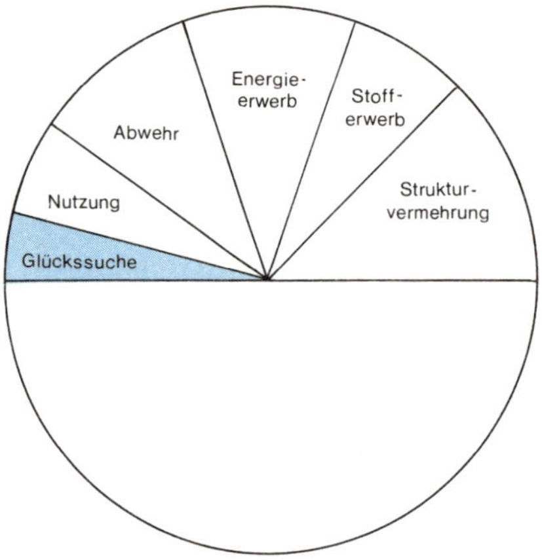

Abb. 8 Sektor der Glückssuche

ein Löwe genußvoll in der Sonne liegt, die Glieder streckt und sich vergnügt herumwälzt. Bei den vom Menschen gebildeten Energonen erreicht dagegen der Aufwand in diesem Umweltsektor gigantische Proportionen, und weite Landgebiete werden als reine Luxusterritorien erworben und ihrem Zweck entsprechend eingerichtet.

Für die Bilanz der Energone sind die Aufwendungen für Luxuszwecke jedoch keineswegs reine Sollposten. Glücksspendende Tätigkeiten sind für den Menschen einerseits Erholung, die seine Leistungskraft steigern, andererseits ein Hauptimpuls für seine Erwerbsbestrebungen und wirken sich damit auf die von ihm gebildeten Energone überaus positiv aus – sowie auch für andere Energontypen, die dadurch direkt oder indirekt profitieren. Dazu kommt, daß Luxusstrukturen auch ein Reservekapital darstellen. In Notzeiten kann es veräußert werden und die Existenz eines ansonsten nicht mehr lebensfähigen Energons aufrechterhalten und es so über die schlechten Runden bringen. Geht freilich die aufbauende und steuernde Einheit Mensch allzusehr im Luxusstreben auf, vernachlässigt sie darüber ihre funktionellen Pflichten innerhalb der Energone, die sie steuert oder in denen sie als Funktionsträger mitwirkt, dann werden diese durch die Luxustendenz geschädigt. Das gilt nicht nur für Berufskörper sowie gewerbliche und industrielle Erwerbsorganisationen sondern insbesondere auch für Staaten, die im Wohlleben erschlaffen, ihre innere Bindung verlieren, kurz ihrer Verteidigungsbereitschaft und Erwerbsfähigkeit verlustig gehen.

Hieraus läßt sich folgender Satz ableiten:

18. Jenen Energonen, die der Mensch bildet, gibt dieser eine weitere Umweltausrichtung, indem er sich ihrer zur Gewinnung von Glück bedient. Die dazu notwendigen Funktionsträger und Tätigkeiten stellen Luxusstrukturen dar, die den Aufwand des Energons erheblich übersteigen. Ihre Beschaffenheit wird durch die universellen und individuellen Eigenarten des Menschen sowie durch die jeweiligen Umweltverhältnisse bedingt, geprägt und gesteuert.

G. Zusammenfassung der Auseinandersetzungen an der Außenfront

Es konnte festgestellt werden, daß jedes Energon über spezialisierte Funktionsträger verfügen muß, um sich mit relevanten Kräften und Gegebenheiten der Umwelt auseinandersetzen zu können. Die Auseinandersetzung mit der Umwelt läßt sich aufgrund der für die Energone notwendigen Funktionen in sechs Gruppen einteilen: Energieerwerb, Stofferwerb, Strukturvermehrung, Abwehr, Nutzung und Glückssuche. Diese Unterteilung ist ein wesentlicher Bestandteil des von der Energontheorie erarbeiteten neuen Begriffssystems. Sie gestattet zu analysieren und aufzuschlüsseln, welche bei allen Energonen vergleichbaren Grundleistungen an der Außenfront ihnen notwendige Aufwendungen verursachen. Sie zeigt im weiteren an, wo die eigentlichen Urheber und Ursachen dieser notwendigen Aufwendungen – also die wahren Determinanten ihrer Existenz und Ausbildung – zu suchen sind.

Dies bedeutet indes nicht, daß jede Funktion ihren eigenen, gesonderten Funktionsträger notwendig macht. Es ist vielmehr möglich und häufig der Fall, daß in Doppel- oder Vielfunktion derselbe Funktionsträger in mehr als einem Sektor der Energonfronten Dienste leistet, beziehungsweise an solchen teilnimmt.

Die Essenz des über die Außenfront Gesagten kann wie folgt zusammengefaßt werden.

Dritter Hauptsatz der Energontheorie:

III Bei allen Energonen sind sechs Formen der Auseinandersetzung mit der Umwelt zu unterscheiden. Erstens müssen sie mehr arbeitsfähige Energie in ihren Dienst zwingen, als ihre Gesamttätigkeit an solcher verbraucht. Eine aktive Energiebilanz bildet ihre Existenzgrundlage. Zweitens müssen sie Stoffe erwerben, die zur Aufrechterhaltung und Vermehrung von Energonstruktur geeignet sind. Drittens müssen sie über Steuerungen verfügen, die so geartet sind, daß das Gesamtvolumen der Energone und damit des Lebensstromes anwächst. Viertens müssen sie störende und feindliche Umwelteinflüsse so weit neutralisieren können, daß diese ihre Tätigkeit nicht unterbinden. Fünftens ist es für sie von Vorteil, wenn sie fördernde oder freundliche Umweltkräfte in ihre Dienste bannen. Sechstens gibt es Energone, die Luxusstrukturen bilden. Die Beschaffenheit aller für diese Leistungen nötigen Funktionsträger und deren Verhalten wird durch die jeweils zu bewältigende Aufgabe und die Umweltfaktoren, gegen die sie wirken, determiniert.

Die Innenfront der Energone

Um den Lebensprozeß, ein sich in Volumen und Potenz steigerndes energetisches Phänomen, fortzusetzen, müssen die ihn tragenden Einheiten – die Energone – nicht nur auf Umweltfaktoren entsprechend abgestimmt sein, sondern auch in ihrer inneren Organisation bestimmten Anforderungen genügen. Sie haben nicht nur eine Außenfront sondern auch eine Innenfront, was ihnen weitere spezialisierte Leistungen und dazu geeignete Funktionsträger aufzwingt. Auch hier ist es durchaus möglich, daß Funktionsträger mehrere benötigte Leistungen erbringen, allenfalls sowohl an der Außenfront als auch an der Innenfront. Das einzig Relevante sind auch hier die insgesamt benötigten Leistungen. Durch welche Strukturen und auf welche Weise diese erbracht werden, ist sekundär.

Ebenso wie die Außenfront teilen wir auch die Innenfront aufgrund klar abgegrenzter Funktionsausrichtungen in mehrere Abschnitte.

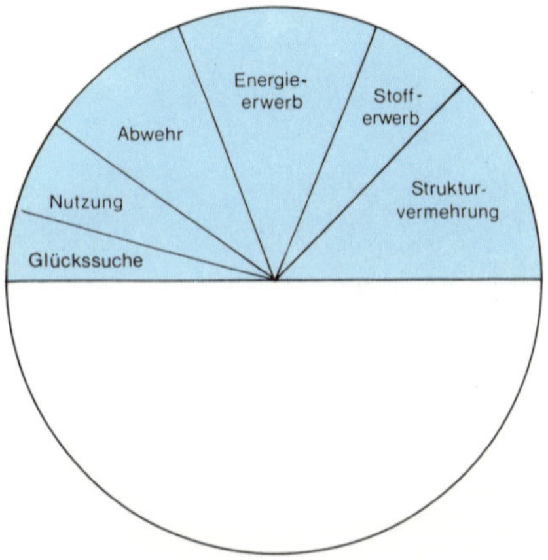

Abb. 9 Die Auseinandersetzungen an der Außenfront

A. Bindung der Teile

Energone sind materielle Gefüge, die einen in Potenz und Volumen sich steigernden Prozeß ermöglichen. Dies bedingt, daß sie über Einheiten verfügen müssen, welche die Bindung der Teile gewährleisten.

Alle Funktionsträger eines Energons müssen in irgendeiner Weise an dieses gebunden sein. Was ohne Bindung ist, kann nur ausnahmsweise und zufällig einem Energon dienen. Dient eine Einheit mehreren Energonen, dann bestehen zu jedem von diesen Bindungen. Je nach Art der Bindung ist zwischen festen, beweglichen, elastischen und entfernten Bindungen zu unterscheiden, je nach Bindungsdauer zwischen ständigen und fallweisen. Was die Beschaffenheit der Bindungen betrifft, so kann eine solche durch direkte Koppelung, indirekte Verknüpfung sowie durch Umhüllung, Umzäunung und Umgrenzung zahlreicher Einheiten erfolgen.

Die Organe der pflanzlichen und tierischen Körper sind in der Regel fest und ständig an diese gebunden. Bei den Gelenken von Tiergliedmaßen und Maschinen liegen bewegliche Bindungen vor. Im Falle von Berufskörpern und Erwerbsorganisationen sowie bei Luxusstrukturen gibt es Bindungen über Eigentumsrechte und Verträge. Fallweise Bindungen sind hier sämtliche Formen der befristeten Anstellung und Miete.

Die Bindung von Menschen untereinander und an Energone kann über Gewalt, angemessene Entlohnung und Vermittlung von Emotionen, die aus angeborenen oder erworbenen Verhaltensnormen resultieren, erfolgen. Bindungsmittel besonderer Art sind zum Beispiel zwischen Menschen Geschenke, im Gefüge von Unternehmen ansprechende soziale Leistungen und beim Staat Symbole wie Fahne, Hymne, Wappen, Orden, Zeremo-

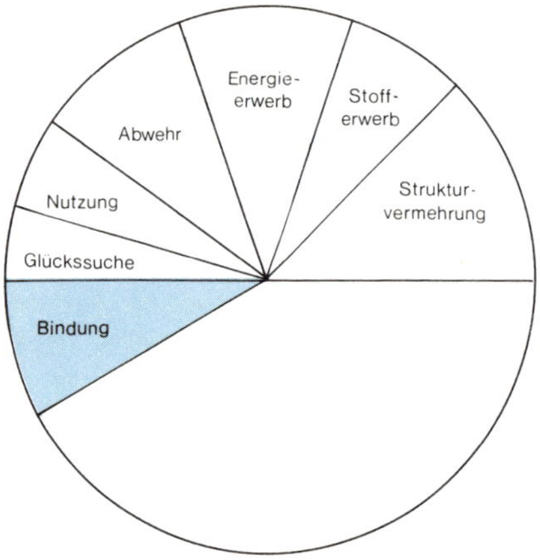

Abb. 10 Sektor der Bindung

nien und sonstige Maßnahmen, die das Zugehörigkeitsgefühl des Bürgers zur Gemeinschaft festigen und verhindern, daß er im Falle der Gefahr seine Kräfte dem Feind zur Verfügung stellt.

Endet die Existenz eines Energons, dann entwerten sich seine Bindungen, und Funktionsträger können in den Dienst anderer Energone übergehen. Im Falle von Raub werden Bindungen gewaltsam zerrissen. Den vom Menschen gebildeten Funktionsträgern haftet – da sie mit ihm nicht fest verwachsen sind – die Hypothek an, daß ihr Schutz besondere Einrichtungen erfordert. In erster Linie ist eine solche der Staat, welcher über Legislative, Judikative und Exekutive Eigentum und Verfügungsgewalt verbrieft und so zum Funktionsträger der Bindung für alle seine Bürger und Energone wird.

Wie die jeweils zur Bindung geeigneten Einheiten beschaffen sein müssen, wird in erster Linie durch die Eigenschaften der zu bindenden Elemente determiniert. Außerdem durch Umweltkräfte, denen das Energon widerstehen muß – besonders im Rahmen seiner Erwerbstätigkeit, seines Wachstums und seiner Abwehr störender und feindlicher Umweltkräfte.

Hieraus läßt sich folgender Satz ableiten:

19. Jedes Energon benötigt Funktionsträger, die sämtliche ihm dienenden Einheiten entweder permanent oder für die Zeit ihres Gebrauches an seine Ganzheit binden. Die Beschaffenheit dieser Bindemittel wird durch die jeweiligen Eigenschaften der zu bindenden Einheiten, durch die Energontätigkeit sowie durch Umweltkräfte, denen Widerstand geboten werden muß, bedingt, geprägt und gesteuert.

B. Koordination von Bewegungen

Energone sind materielle Gefüge, die einen in Potenz und Volumen sich steigernden Prozeß ermöglichen. Dies bedingt, daß sie über Einheiten verfügen müssen, welche die Koordination von Bewegungen gewährleisten.

Im Funktionsgefüge der Energone spielt noch eine andere Form der Bindung eine Rolle: jene von Bewegungsabläufen aneinander. Da dies eine grundsätzlich andere Problematik darstellt und demgemäß auch völlig andere Funktionsträger notwendig macht, erblicken wir in der Problematik solcher zeitlichen Verknüpfung – der Koordination – den zweiten Abschnitt der Innenfront.

Ein weiterer Unterschied zwischen diesen Innenfronten ergibt sich daraus, daß jeder Funktionsträger an sein Energon gebunden, jedoch nicht jeder Ablauf im Energongefüge mit jedem anderen koordiniert sein muß. So können bei einem Fisch die Prozesse in der Leber ganz unabhängig von seinen Schwimmbewegungen ablaufen. Ebenso braucht die Müllabfuhr in einem Betrieb keineswegs mit der Auslandsreise seines Exportmanagers verknüpft sein.

Bei zielhafter Tätigkeit – etwa bei der tierischen Beutesuche oder beim Fertigungsablauf in einem Unternehmen – ist dagegen eine ganz bestimmte Koordination von Vorgängen Voraussetzung. Die vergleichende Untersuchung der Steuerungsvorgänge innerhalb solcher Koordination – gleichwohl ob im Körper von Organismen, bei Maschinen, in Unternehmen oder im Staatswesen – ist bereits Gegenstand einer erfolgreichen Wissenschaft, welche im Sinne der Energontheorie arbeitet, ohne auf ihr zu fußen. Es ist die von N. Wiener 1948 begründete Kybernetik.

Koordinierungsvorgänge stellen überall gleiche Anforderungen. Bei jeder Befehlsübermittlung muß eine den Befehl aussendende Einheit ausgebildet sein, weiterhin eine solche, die den Befehl übermittelt, ferner entsprechende Signale und schließlich ein Empfänger, der die Signale versteht und die Befehle ausführt. Zielführende Bewegungsabläufe bedürfen der Koordination von eingehenden Sinnesmeldungen mit eigenen Aktionen. Um den Verlauf des Vorganges in seiner Effizienz zu überprüfen, sind Rückmeldungen als laufende Kontrolle an die Befehlsstelle – sprich Sender – erforderlich. Durch unmittelbare Verknüpfung solcher Rückmeldungen mit der Befehlsgebung kann die Steuerung derart automatisiert werden, daß sich selbststeuernde Regelkreise ergeben. Der Umfang der bei Befehls-

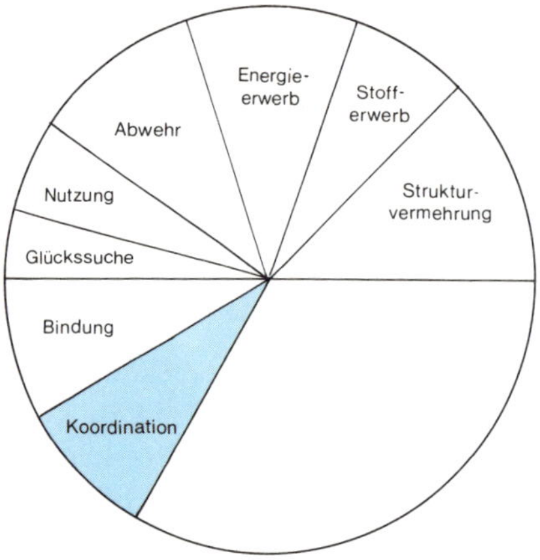

Abb. 11 Sektor der Koordination

und Informationsweitergabe notwendigen Kommandos wird in bits gemessen.

Da sich die Pflanzen – von Einzellern abgesehen – nicht vom Standort fortbewegen müssen, sind bei ihnen keine zentralen Befehlsstellen erforderlich. Einzige Ausnahme ist der Fortpflanzungsvorgang, da nur über präzise Koordination von Wachstumsvorgängen aus dem Samen ein neues Energon entstehen kann. Der Genetische Code ist hier – ebenso wie bei der tierischen Fortpflanzung – der die Befehlsgebung, die Koordination, bewirkende Funktionsträger. Bei den Tieren entwickelte sich im Zuge der Entstehung immer leistungsfähigerer Arten das Zentralnervensystem mit dem dann angegliederten Gedächtnis zur Erfahrungsspeicherung und weiteren Einheiten zu immer leistungsfähigerer Datenverarbeitung. Bei den Berufskörpern übernimmt das menschliche Gehirn auch die Steuerung aller artifiziellen Funktionsträger – Werkzeuge, Maschinen, Hilfskräfte – und als zusätzliche Hilfsmittel treten Sprache, Schrift und technische Mittel der Kommunikation, Befehlserteilung und Steuerung hinzu. Bei den Erwerbsorganisationen – einschließlich der Staaten – übernehmen noch komplexere Einheiten wie Direktionen, Intendanturen und Ministerien die Funktionen zielführender Koordination, wobei noch Computer als artifizielle Funktionsträger hinzukommen, die eine noch umfassendere und schnellere Datenverarbeitung der Technostruktur ermöglichen.

Die für Funktionsträger der Koordination notwendige Beschaffenheit wird somit in erster Linie von der zu erfüllenden Aufgabe determiniert. Diese bestimmt die Grundelemente der Struktur, während sich die Einzelausführung nach den zu steuernden Einheiten zu richten hat.

Hieraus läßt sich folgender Satz ableiten:

20. Zur Ausführung zielführender Abläufe benötigen die Energone Funktionsträger zur Koordination von Bewegungen und Prozessen. Die für diese Funktionsträger notwendige Ausbildung und Tätigkeit wird von der zu erfüllenden Aufgabe sowie durch die Beschaffenheit der zu koordinierenden Abläufe bestimmt, geprägt und gesteuert.

C. Abstimmung der Teile

Energone sind materielle Gefüge, die einen in Potenz und Volumen sich steigernden Prozeß ermöglichen. Dies bedingt, daß sie über Einheiten verfügen müssen, die untereinander und auf das Ganze hin abgestimmt sind.

Der dritte Abschnitt der Innenfront umfaßt eine weitere Vielheit von Anforderungen, denen jedes Energon mehr oder minder gerecht werden muß. Sie ergeben sich aus der Notwendigkeit, daß Funktionsträger und Funktionsabläufe sowohl untereinander als auch auf das Ganze abgestimmt sein müssen. Es geht hier um die notwendige Minimierung von Leistungseinbußen, die in der Wirtschaft weitgehend unter den Begriff innere Reibung fallen, einer Problematik, die auch im Gefüge der tierischen und pflanzlichen Körper eine nicht minder große Rolle spielt.

Bei jedem Funktionsgefüge ist automatische Begleiterscheinung, daß manche Funktionen in diesem Gefüge andere beeinträchtigen und stören. Besonders kritisch wird dies bei Einheiten, die unmittelbar benachbart sind. Treten hier kritische Störungen auf, dann werden Funktionsträger der Abschirmung notwendig. So würde etwa das pulsierende Herz an den umliegenden Organen scheuern, wäre es nicht in einem von Flüssigkeit erfüllten Beutel umschlossen, der das verhindert. In Unternehmen wiederum sind Schallisolierungen erforderlich, wenn Büroräume in der Nähe von Werkstätten liegen.

In vielen Fällen sind auch räumliche und zeitliche Kompromisse nötig, die dem Energon Leistungseinbußen verursachen und somit seine Bilanz negativ belasten. Wenn etwa im Körper Knochen, Muskeln, Blutgefäße und Nerven aufeinandertreffen, besteht das Problem, wer ausweichen muß, also der Vorrangigkeit. Zur gleichen Problematik kommt es in Un-

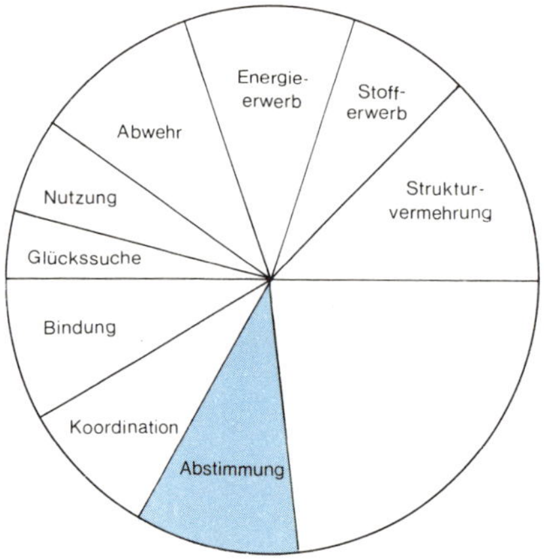

Abb. 12 Sektor der Abstimmung

ternehmen, wenn Angestellte oder Abteilungen eine Vielzahl von Aufgaben zu bewältigen haben und zu entscheiden ist, welcher die Priorität zukommt. Im Rahmen des Ganzen kann auch keineswegs jeder Funktionsträger an dem für ihn optimalen Platz agieren – auch das macht Abstimmungen und Kompromisse nötig.

Funktionsträger, die nur in einem *bestimmten Bereich* des Energons ihre Leistung erbringen können – wie etwa die Augen des Tieres am Vorderende des Körpers – nennen wir *lagefixiert*, solche, bei denen das nicht der Fall ist, *lagevariabel*. Funktionsträger, die nur in einer ganz *bestimmten Form* ihre Leistung erbringen können – wie etwa die Knochen der Finger –, nennen wir *formfixiert*, solche, die in der Gestalt anpassungsfähig sind – wie etwa die Leber der Fische, deren Form sich den umliegenden Organen anpaßt –, nennen wir *formvariabel*.

Der häufig zitierte Satz, daß das Ganze mehr sei als die Summe seiner Teile, trifft für Energone insofern zu, als ihre Funktionsträger ohne Bindung und Koordination niemals die Gesamtleistung erbringen könnten. Er ist aber insofern irreführend, als infolge gegenseitiger Beeinträchtigung im Rahmen des Ganzen viele Funktionsträger nur verminderte Leistungen erbringen können und in diesem Sinne die Gesamtleistung geringer ausfällt, als sie bei nicht behinderten Einzelleistungen ausfiele.

Damit wird nicht negiert, daß zwischen Funktionsträgern auch Hilfestellungen und Partnerschaften möglich sind, die der Bilanz zugute kommen. Solche Funktionsanlagerung und Funktionszusammenlegung werden bei der Betrachtung des Verhältnisses zwischen Funktion und Funktionsträger analysiert werden.

Noch bedeutungsvoller als die Abstimmung der Teile untereinander ist jene gegenüber dem Ganzen. Ist ein Funktionsträger größer dimensioniert, als die von ihm zu erbringende Leistung es verlangt, dann ist das überflüssiger Aufwand, der sich in der Bilanz negativ niederschlägt und damit die Konkurrenzfähigkeit negativ beeinflußt. Ist er dagegen zu klein bemessen, dann kann er zum schwächsten Glied in der Kette werden und die Leistungsfähigkeit des Energons empfindlich schwächen. Auch zu schnelle oder zu präzise Leistungen von Funktionsträgern werden zum Nachteil, wenn sie nicht nötig sind und erhöhte Kosten verursachen.

Zu diesen Erkenntnissen tritt noch hinzu, daß manchen Funktionsträgern aufgrund ihrer Schlüsselstellung oder schwierigen Ersetzbarkeit im Energonganzen höhere Bedeutung als anderen zukommt. Im Konfliktfall und bei Notlage muß ihre Funktionsfähigkeit gegenüber den anderen bevorzugt aufrechterhalten werden. So sorgen bei den höheren Wirbeltieren besondere Steuerungen dafür, daß bei extremem Nahrungsmangel das Gehirn vom Blutkreislauf bevorzugt versorgt wird. Im Kriegsfall ist eine Hauptsorge jedes Staates, seine Elektrizitätswerke und die Wasserversorgung vor Vernichtung zu bewahren. Jede Funktion im Rahmen der Funktionsgefüge von Energonen muß hinsichtlich der Kosten, die sie verursacht, der Präzision, die sie bietet, und der Schnelligkeit, mit der sie erfolgt, auf das Energonganze abgestimmt sein, um dieses zu optimaler Leistungsfähigkeit zu bringen. Die Abstimmung in der Wertrangigkeit spielt dabei außerdem noch eine entscheidende Rolle.

Die Auseinandersetzung an diesem Abschnitt der Innenfront ist von ausschlaggebender Bedeutung für Effizienz und Konkurrenzfähigkeit der Energone. Effizienz ist bereits dann gegeben, wenn ein Energon positive Bilanzen erzielt und das Gesamtvolumen an Energonstruktur – den Lebensstrom – aufrecht zu erhalten oder zu steigern vermag. Treten beim Energie- und Stofferwerb Konkurrenten in Erscheinung, dann werden an die Effizienz zusätzliche, also härtere Anforderungen gestellt. Es bleiben dann in erster Linie jene Energone auf der Strecke, die unökonomisch wirtschaften. Im Kampf gegen den oft gefährlichsten Gegner, den Konkurrenten, ist somit perfekte Integration aller Funktionsträger und ihrer Leistungen die wichtigste Waffe. Der vielumstrittene Begriff der Ganzheit deckt sich – aus der Sicht der Energontheorie – weitgehend mit jenem der Integration. Je größer die *Subordination der Teile*, wie Goethe es formulierte, um so vollendeter die *innere Harmonie* – die Ganzheit.

Die Abstimmung der Teile innerhalb eines Energons stellt indes keinen absoluten Wert dar. Verändern sich die Umweltbedingungen – was auch geschieht, wenn ein Energon in eine neue Umwelt gerät –, dann werden an manche Funktionsträger höhere und an andere geringere Anforderungen gestellt als zuvor. Die erforderliche Abstimmung muß dann, wenn ein optimaler Wert wiederum erreicht werden soll, den neuen Bedingungen Rechnung tragen. Eine perfekte Ganzheit muß dann wieder erst entstehen – so wie auch beim Anwachsen eines Energons die notwendigen und optimalen Proportionen sich verändern. Dies unter anderem deshalb, weil der Querschnitt aller tragenden Einheit bloß mit dem Quadrat anwächst, das Gewicht des zu Tragenden hingegen mit dem Kubus. Im Bereich der Wirtschaft stellen Krisen beim Absatz und auf dem Beschaffungsmarkt ebenso wie Kriegszustände und Embargos radikale Umweltveränderungen dar, die sich bis ins Mark jedes Berufskörpers und jeder Erwerbsorganisation auswirken und entsprechende Neuwertungen erzwingen.

Auch jedes neue Organ – ob genetisch gebildeter oder artifizieller Funktionsträger – beeinflußt die Ganzheit eines Energons und die für Effizienz und Konkurrenzfähigkeit notwendige innere Abstimmung der Teile. Es muß sich gleichsam seinen Platz unter den bestehenden erst erkämpfen. Hinsichtlich seiner Größe, der Präzision und Schnelligkeit seiner Leistung wie auch in mannigfachen weiteren inneren Interdependenzen muß es sich erst einpendeln, im Chor der übrigen Funktionsträger erst in den optimalen Funktionsrahmen gelangen. Jede Neuerung hat weitgehende innere Auswirkungen, die das Energon schwächen, wenn sie nicht berücksichtigt werden.

Alle in diesem Sektor notwendigen Maßnahmen werden wiederum vorrangig durch die jeweils zu erfüllende Aufgabe determiniert. Müssen einander störende Funktionsträger gegeneinander abgeschirmt werden, so bestimmen ihre Eigenschaften die für abschirmende Einheiten nötige Ausbildung. Müssen Konflikte hinsichtlich eines örtlichen oder zeitlichen Vorrangs beseitigt werden, dann bestimmen Wichtigkeit und Anpassungsfähigkeit dieser Einheiten die günstigste Lösung. Geht es um die Frage optimaler Funktionsleistung, dann ist es die Gesamtheit aller übrigen Funktionsträger, also das Energonganze, das die einzelnen Werte festlegt. Bei Veränderungen der Umwelt sind es diese, welche die notwendigen Veränderungen in der Abstimmung diktieren.

Daraus läßt sich folgender Satz ableiten:

21. Für Effizienz und Konkurrenzfähigkeit der Energone ist entscheidend wichtig, daß ihre Funktionsträger einander möglichst wenig behindern, nach Möglichkeit einander die Tätigkeit erleichtern und daß jeder Funktionsträger hinsichtlich Kosten, Präzision und Schnelligkeit auf die Erfordernisse des Energonganzen abgestimmt ist. Auch Wertunterschiede, Präferenzen und Prioritäten müssen hinsichtlich der Lage und bei Bewegungen berücksichtigt sein. Außerdem beeinflussen die jeweils herrschenden Umweltbedingungen und neu hinzutretende Funktionsträger die erforderliche Abstimmung. Alle Maßnahmen und zusätzlichen Strukturen, welche die Abstimmung notwendig macht, werden durch das Energonganze und durch Umweltbedingungen bestimmt, geprägt und gesteuert.

D. Erhaltung der Funktionskraft

Energone sind materielle Gefüge, die einen in Potenz und Volumen sich steigernden Prozeß ermöglichen. Dies bedingt, daß sie über Einheiten verfügen müssen, welche die Erhaltung der Funktionskraft aller Teile gewährleisten.

Dies macht entsprechende Wartung und allenfalls auch Reparaturen nötig – und damit spezialisierte Instanzen, die zu dieser Funktion befähigt sind. Es ist dabei zu bemerken, daß manche Funktionsträger mit einem Minimum gelegentlicher Pflege und Inspektionen auskommen – Schneckengehäuse, Chitinpanzer, Mauern und Plastikartikel bieten sich hier als Beispiele an. Die meisten jedoch bedürfen der regelmäßigen, manche der minuziösen Wartung, um sie vor Verfall zu bewahren. Bei sämtlichen Energonen ist zu erkennen, daß Substanzerhalt eine entscheidende Rolle spielt.

Mit der Aufrechterhaltung der Strukturen ist es indes nicht getan. Viele Funktionsträger benötigen, um ihre Leistungen erbringen zu können, der Zufuhr entsprechender Mengen an Energie und Stoffen. Alle aus Zellen bestehenden Einheiten der tierischen und pflanzlichen Körper sind davon betroffen, was zur Entwicklung entsprechender Leitungssysteme – in unserem Körper das Blutgefäßsystem – geführt hat. Ein essentieller Vorteil der vom Menschen gebildeten artifiziellen Funktionsträger besteht darin,

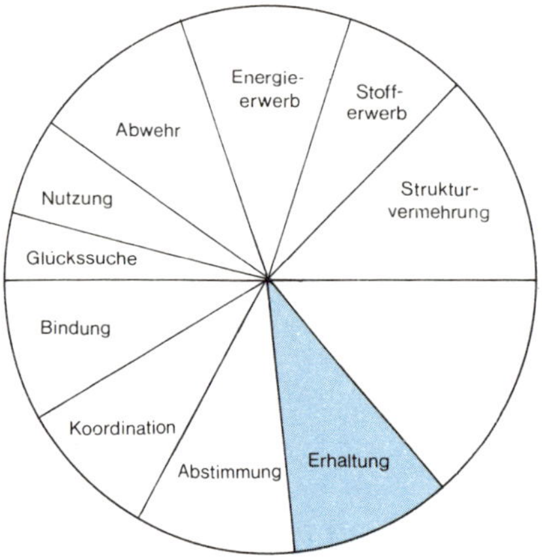

Abb. 13 Sektor der Erhaltung

daß sie zur bloßen Erhaltung eine solche ständige Zufuhr nicht benötigen. Während jedes aus Zellen bestehende Organ, auch wenn es nicht in Tätigkeit ist, laufend ernährt werden muß, entbehren etwa ein Hammer, die Glasscheibe des Fensters und der Fabrikschornstein einer solchen permanenten Zufuhr. Das Baumaterial Zelle hat den Energonen ganz außerordentliche Vorteile und Entwicklungsmöglichkeiten geboten, doch ist festzuhalten, daß es beträchtliche Kosten verursacht und Aufwand benötigt. Moderne Fabriken wären undenkbar, wenn jedes Metallteil einer Maschine einer permanenten Versorgung seines Inneren bedürfte. Der Zustand, daß es in der tierischen und pflanzlichen Evolution nie zur Bildung von Rädern kam, erklärt sich daraus, daß solche sich drehenden Einheiten praktisch nicht permanent versorgt werden können. Bei Funktionen, die in Bewegungsvorgängen bestehen, benötigen jedoch auch artifizielle Funktionsträger Energie und Stoffe – was bei den Berufskörpern und Erwerbsorganisationen entsprechende Zuleitungssysteme bedingt.

Um die Funktionsbereitschaft aktiv tätiger Funktionsträger zu erhalten, bedarf es außer Systemen der Zufuhr auch solcher der Abfuhr anfallender Schlacken und sonstiger Abfälle. Bei Werkzeugen ist außerdem notwendig, daß sie in Ordnung gehalten werden, weil sonst ihre Verfügbarkeit – und damit die Erhaltung ihrer Funktionskraft – verlorengeht. Mangelnde Abfallbeseitigung, also Unsauberkeit und Unordnung, vermindern Effizienz und Konkurrenzfähigkeit in erheblichem Ausmaße. Sämtliche Funktionsträger werden dadurch in Mitleidenschaft gezogen und Kapazität an Funktionskraft wird dadurch verschwendet.

Zur Aufrechterhaltung von Fähigkeiten und Fertigkeiten ist auch entsprechendes Training, also Übung des betreffenden Verhaltens, unabdingbare Voraussetzung. Wo solches fehlt, werden Präzision und Schnelligkeit in der Funktionsausübung wesentlich betroffen.

Weitere zur Erhaltung der Funktionskraft benötigte Einheiten sind Sicherheitsvorrichtungen, welche Energonteile vor Überanstrengung, schädigender Verausgabung und Selbstzerstörung schützen. In Unternehmen treten sie uns in Gestalt von Vorschriften, Signalen, Sicherheitsventilen und Warnsystemen entgegen – auch in den tierischen und pflanzlichen Körpern stoßen wir auf eine Fülle derartiger Einrichtungen, also Funktionsträger. Markant ist der menschliche Schlaftrieb als Sicherheitsvorrichtung gegen Überbeanspruchung der besonders empfindlichen Gehirnzellen. Auch Reserven sind überaus wichtige Sicherheitsvorrichtungen für Energone. Von der Bilanz her bedeuten sie inaktives Kapital und somit eine nicht unerhebliche Belastung des Haushaltes, doch werden sie gebraucht, um Krisenzeiten durchstehen zu können.

Auch hier ist die Bedeutung der Abstimmung erkennbar, welche in zu großen Reserven einen unangemessenen Aufwand und in zu geringen ein zu großes Risiko sieht. In krisenanfälligen Gegenden sind größere Reserven notwendig: Wo sich Energone nicht daran halten, kommt es zum periodischen Kollaps – was uns nicht nur unzureichend geführte Unternehmen sondern auch Staatsgebiete mit einer schlechten Gesamtwirtschaft beweisen. Das menschliche Luxusstreben, das in der Energonentwicklung auch höchst positive Aspekte hat, führt nicht selten zur Mißachtung solcher notwendigen Reservebildung.

Dem allen steht freilich entgegen, daß aus Sicht des Lebensstromes ein allzu langes Bestehen der Energonindividuen nachteilig ist, weil es die Evolution verlangsamt. Nur bei entsprechend schneller Folge der Generationen war bei den Pflanzen und Tieren eine Höherentwicklung möglich.

Bei den vom Menschen gebildeten Energonen wurde die Situation insofern anders, als bei Berufskörpern und Erwerbsorganisationen beliebige Verbesserungen möglich sind, ohne daß ein Energon an die Stelle eines anderen – abgestorbenen – treten muß. Daß jedoch auch hier verminderte Lebensdauer für die Gesamtentwicklung von Vorteil sein kann, bewiesen die Aufbauperioden im Anschluß an Kriegsverwüstung. Unternehmen, die sonst an die Altstruktur gefesselt geblieben wären, konnten nun dem technologischen und sozialen Fortschritt entsprechen und ihm freien Lauf lassen. So wenig ansprechend die Behauptung von Heraklit ist, daß der Krieg der Vater aller Dinge sei, so ist sie vom gnadenlosen Lebensstrom her gerechtfertigt. Nur über den Kampf der Energone untereinander – in jeglicher Form – konnte ihre Entwicklung zur heutigen Entfaltungshöhe gelangen.

Unverkennbar ist jedoch, daß der Lebensstrom über die Entfaltung der menschlichen Energone einem Wendepunkt zustrebt, der ein radikales Umdenken bewirkt. Da die Oberfläche unseres Planeten und seine Ressourcen begrenzt sind, kann der Lebensstrom nicht beliebig anschwellen. In diesem Sinn gewinnt die Erhaltung von Funktionsfähigkeit in der Gesamtbilanz wieder einen höheren Stellenwert.

Alle zur Erhaltung von Funktionskraft erforderlichen Einrichtungen und Maßnahmen werden durch die Beschaffenheit der zu pflegenden, zu versorgenden und allenfalls wieder in Stand zu setzenden Einheiten determiniert – und darüber hinaus durch die sie treffenden Umwelteinflüsse.

Hieraus läßt sich folgender Satz ableiten:

22. Für jedes Energon ist es unabdingbare Auflage, die Funktionskraft seiner Funktionsträger zu erhalten. Dies zwingt ihnen eine Vielzahl von Einrichtungen der Pflege, der Zufuhr und Ableitung, der Ordnung und Sicherheit auf. Die Ausbildung dieser Funktionsträger der Erhaltung wird durch die Eigenschaften der zu erhaltenden Einheiten und der auf sie einwirkenden Kräfte bedingt, geprägt und gesteuert.

E. Verbesserung der Struktur

Energone sind materielle Gefüge, die einen in Potenz und Volumen sich steigernden Prozeß ermöglichen. Dies bedingt, daß sie über Einheiten verfügen müssen, welche zu Verbesserungen der Strukturen führen.

Für die Energone ist es nicht bloß notwendig, die Funktionskraft ihrer Funktionsträger zu erhalten, sondern darüber hinaus auch von Vorteil, wenn sie ihr Funktionsgefüge verbessern. Im Ringen um Energie, Stoffe und Vermehrung, in der Auseinandersetzung mit störenden Umweltkräften und im Kampfe gegen Feinde und Konkurrenten ist jede Neuerung, welche die Leistungsfähigkeit steigert, jede Verbesserung also, für sie und besonders für den Lebensstrom ein Vorteil.

Abb. 14 Sektor der Verbesserung

Bei den Pflanzen und Tieren entwickelt sich nur im beschränkten Umfange die Fähigkeit zur adaptiven Modifikation, worunter die individuelle Fähigkeit verstanden wird, die Ausbildung einzelner Funktionsträger auf Umweltbedingungen derart abzustimmen, daß sich eine Leistungssteigerung ergibt. Solche Steuerungen sind Werkzeuge der Verbesserung, wobei jedoch das Ergebnis solcher Anstrengung sich – nach heutigem Wissensstand – nicht auf Nachkommen überträgt.

Sowohl Lamarck, der eigentliche Vater der Evolutionslehre, wie auch Darwin, der dieser dann zum Durchbruch verhalf, glaubten an die Vererbung erworbener Eigenschaften – also an die Weitergabe von individuell erreichten Verbesserungen an Nachkommen. Bisher konnte die Forschung jedoch nicht bestätigen, daß ein solcher Übertragungsmechanismus – der das Verständnis der tierischen und pflanzlichen Evolution wesentlich erleichtern würde – tatsächlich existiert. Beim Menschen ist ein Beispiel für adaptive Modifikation die Vergrößerung von Muskeln bei stärkerem Gebrauch. Es ist indessen erwiesene Tatsache, daß die etwa bei einem Schmied oder einem Schwerathleten besonders entwickelten Muskeln nicht dazu führen, daß ihre Kinder mit stärkeren Muskelanlagen zur Welt kommen.

Während also Pflanzen und Tiere nur in recht beschränktem Umfange dazu fähig sind, ihre körperliche Struktur individuell zu verbessern, gelangten sie im Verhaltensbereich diesbezüglich zu erheblich größeren Leistungen. Schon bei Einzellern ist die Fähigkeit zu lernen – also die angeborenen Verhaltenssteuerungen leistungssteigernd zu modifizieren – nachweisbar. Insbesondere bei den höheren Wirbeltieren, die man deshalb auch

Lerntiere nennt, gelangte diese Fähigkeit zu besonderer Ausbildung. Funktionsträger dieser Fähigkeit sind Bereiche innerhalb des Zentralnervensystems: Abschnitte in dem für die Steuerung von Körperbewegungen zuständigen Gehirn.

Zu besonderen Lernleistungen sind Säugetiere und Vögel fähig. Auch hier kann jedoch das Gelernte im Akt der Fortpflanzung nicht weitergegeben werden. Jedes Jungtier muß erneut mit der Erprobungs- und Lerntätigkeit beginnen, die es im erwachsenen Zustand in besonderer Weise auf die gegebenen Umweltbedingungen abstimmt, seine Effizienz und Konkurrenzfähigkeit steigernd. Nur bei Arten mit Brutpflege ist eine Weitergabe von erworbener Fähigkeit in sehr beschränktem Umfange bekannt.

Manche Junge können durch Nachmachen von ihren Eltern lernen. Bei Affen wurde sogar die Weitergabe von tradierter Erfahrung nachgewiesen. So lernte in einem japanischen Naturschutzgebiet ein Makakenweibchen, daß sich die als Futter ausgestreuten Körner vom Sand des Bodens trennen lassen, indem man sie samt dem Sand ins Wasser wirft, weil dann der Sand absinkt, die Körner dagegen an der Oberfläche schwimmen und eingesammelt werden können. Diese Fertigkeit wurde von anderen Tieren des Rudels übernommen und breitete sich nach einer Anzahl von Jahren auf zahlreiche Exemplare aus.

Bekannt wurde auch, daß in England Meisen lernten, die vor den Häusern vom Lieferanten frühmorgens abgestellten Milchflaschen zu öffnen – ein Verfahren, das ebenfalls von Artgenossen übernommen wurde und sich nachweisbar über größere Gebiete ausbreitete. Insgesamt jedoch reichen nur bei wenigen Tierarten die geistigen Fähigkeiten zu solcher Traditionsbildung, also zur Weitergabe verbesserten Verhaltens aus.

Erst durch die besondere Entwicklung des Gehirns beim Menschen gelangte dieses Säugetier zur Fähigkeit, gewonnene Erfahrung auf die Kinder und auf Mitmenschen zu übertragen – zunächst durch Vormachen, also Gesten, später durch Sprache und Schrift. So wurde es möglich, daß gewonnene Erfahrungen und daraus resultierende Verbesserungen im Verhalten an andere weitergegeben werden und somit eine Generation auf dem Erfahrungsschatz der vorhergegangenen aufbauen kann.

Das Zentralnervensystem – ursprünglich Organ der Koordination – wurde so im weiteren Verlauf auch Organ der *Verhaltensverbesserung*. Hinzu traten Sprache und Schrift als Funktionsträger der Weitergabe solcher Fortschritte, welche jeweils Grundlage für weitere werden können.

Die neue Funktion des Zentralnervensystems, Verbesserungen im Verhalten zu bewirken und diese weiterzugeben – wodurch der Lebensstrom in besonderem Maß profitiert –, eröffnete jedoch noch einen weiteren entscheidend wichtigen Weg, um zu Verbesserungen zu gelangen. Über diese Funktion wurde das Säugetier Mensch auch in die Lage versetzt, sich Werkzeuge zu schaffen, was nichts anderes als die Herstellung von zusätzlichen Organen – sprich Funktionsträger – bedeutet, welche das Potential seines aus Zellen gebildeten Körpers noch steigern. Der aus totem Material gebildete, vom Körper durchaus getrennte Faustkeil steigerte die Fähigkeit der aus Zellen gebildeten Hand. Boot und Ruder machten eine Fortbewegung über das Wasser möglich. Da alle derartigen, zusätzlich gebildeten Funktionsträger nicht aus körpereigenen Zellen bestehen und vom Menschen künstlich hergestellt werden, sind wir gewohnt, sie als etwas von den körperlichen Organen grundsätzlich Verschiedenes zu betrachten. Sie sind jedoch ebenso Funktionsträger wie diese. Sie erweitern die Fähigkeit des Lebensträgers Mensch.

Damit übernahm beim Menschen das Gehirn zusätzlich auch die Funktion der Organbildung und wurde so in doppelter Weise Werkzeug der Verbesserung. Der Mensch lernte, zusätzliche Funktionsträger direkt aus Umweltmaterial herzustellen, und lernte ebenfalls, diese sinnvoll zu handhaben. Über Sprache, Schrift, Zeichnung und sonstige Kommunikationsmittel werden alle so erzielten Erfahrungen und Verbesserungen auf die Steuerungszentrale anderer übertragen und werden dort zur Grundlage für weiteren möglichen Fortschritt. Charakteristisch für den Menschen sind also seine artifiziellen Funktionsträger, mit Hilfe derer er größere, beliebig spezialisierte Energone – die Berufskörper und Erwerbsorganisationen – aufbaut. Die Fortpflanzung dieser Einheiten erfolgt nicht mehr wie jene der körperlichen Organe über den genetischen Code und Zelldifferenzierung, sondern wird vom Zentralnervensystem in zusätzlicher Funktion geleistet. Die besondere Leistungsfähigkeit des menschlichen Gehirns besteht in der gesteigerten Fähigkeit logischer Schlußfolgerung, in der Fähigkeit zur Abstraktion und damit schließlich zum Ich-Bewußtsein. Die menschliche Großhirnrinde, eigentlicher Sitz dieser speziellen Fähigkeit, wurde so zum Verbesserungsorgan par excellence.

Auf jedem Niveau menschlicher Energonbildung, also bei den Berufskörpern und Erwerbsorganisationen, einschließlich der Staaten, treffen wir diese Fähigkeit zur Verbesserung der Funktionsgefüge an. Dies gilt auch uneingeschränkt für die Bildung von Luxusstrukturen. In Schrifttum und Schulen sehen wir artifizielle Funktionsträger der Erfahrungs- und

Verbesserungsweitergabe. Die internationale Forschung auf allen Gebieten wurde zu einem Gemeinschaftsorgan gezielter Verbesserungssuche – also zu einem Funktionsträger des Lebensstromes schlechthin. Denn letztlich kommt jede Verbesserung diesem energetischen Phänomen zugute, das nur über immer verbesserte Strukturen an Volumen und Potenz zunehmen, also immer mehr Materie funktionalisieren und sich so einverleiben, das heißt dienstbar machen kann.

Teilhard de Chardin sah es ähnlich, wenn er alle von Menschen geschaffenen, ihm dienenden Einrichtungen vitalisierte Materie nannte. Man mißt bisher der Unterscheidung zwischen organisch und anorganisch – also aus Zellen bestehend oder nicht aus Zellen bestehend – die entscheidende Bedeutung zu. Bei der Entwicklung der Energone kommt es jedoch grundsätzlich nicht auf das Material der Funktionsträger und die Art ihres Zustandekommens an – sondern auf deren Leistung. In diesem Sinne verliert das bisherige Hauptkriterium an Relevanz und muß der Unterscheidung *funktionell* oder *nicht funktionell* Platz machen.

Denken wir derart, dann umfaßt die wirkliche *Biomasse* durchaus nicht nur die Zellkörper sondern auch alle artifiziellen Funktionsträger des Menschen, also alle funktionalisierte oder – um mit Teilhard de Chardin zu sprechen – vitalisierte Materie. Der gesamte Evolutionsprozeß stellt letztlich eine Umwandlung von funktionsloser in funktionserbringende Materie dar – also in Materie, die derart beschaffen ist, daß sie ein sich potenzierendes energetisches Geschehen fortsetzt.

Sämtliche Funktionsträger der Verbesserung innerhalb von Energonen sind durch die Auflage, ein sich potenzierendes energetisches Geschehen zu steigern, determiniert. Ihre raumzeitliche Struktur muß demgemäß so beschaffen sein, daß Energone durch sie zur Verbesserung ihres Gefüges und ihrer Verhaltensweisen gelangen.

Daraus läßt sich folgender Satz ableiten:

23. Energone können den Lebensstrom nur dann in Potenz und Volumen steigern, wenn möglichst viele von ihnen über Funktionsträger verfügen, die Verbesserungen von Struktur und Verhalten und damit ein Ansteigen der Effizienz und Konkurrenzfähigkeit bewirken. Die für sie notwendige Ausbildung wird durch diese zu erfüllende Aufgabe und durch den Energontyp, in dem sie wirken, bestimmt, geprägt und gesteuert.

F. Funktionslose Einheiten

Energone sind materielle Gefüge, die einen in Potenz und Volumen sich steigernden Prozeß ermöglichen. Dies bedingt, daß Einheiten für sie von Vorteil sind, welche den Ballast funktionsloser Bestandteile beseitigen.

Der letzte Abschnitt der Innenfront betrifft Einheiten im Funktionsgefüge der Energone, die keine unmittelbaren Dienste leisten, sondern eine Bürde darstellen, welche die Bilanz negativ beeinflußt. Es stellt sich also die Frage, wie Energone zu solchen funktionslosen Einheiten gelangen und welche Möglichkeiten existieren, sich solchen die Konkurrenzfähigkeit vermindernden Ballastes zu entledigen.

Bei den Pflanzen und Tieren können Veränderungen der Umweltverhältnisse oder der Erwerbsform dazu führen, daß funktionelle Einheiten funktionslos werden. Im Laufe der Evolution ist dies regelmäßig geschehen und hat die jeweils betroffenen Arten vor das Problem der Rückbildung gestellt. Die Fortpflanzungsmechanik über den genetischen Code läßt eine solche nur über Veränderungen in diesem Steuerungsrezept zu, welche über Mutationen – also über Zufall – nur sehr allmählich zustande kommen.

Doch nicht immer wirkten sich solche Relikte – phylogenetische Belastungen – ausschließlich negativ aus. In manchen Fällen wurden sie sogar zum Ausgangspunkt neuer Organbildung. So zeigt die Ahnenreihe der Wirbeltiere, daß aus dem ursprünglichen Kiefergelenk der Fische, das später rückgebildet wurde, die Gehörknöchelchen des Ohres – Hammer, Amboß und Steigbügel – entstanden. Dies läßt sich aus fossilen Funden einwandfrei rekonstruieren. Ebenso wurde aus dem noch bei Amphibien vorhandenen Scheitelauge –: die Zirbeldrüse. Von manchen Energonen wurde so Ballast in Nutzen umfunktioniert.

Bei den artifiziellen Funktionsträgern der Berufskörper und Erwerbsorganisationen kommt es bei Veränderungen der Umweltverhältnisse oder der Erwerbsausrichtung zur gleichen Problematik, doch verliert sie hier an Schärfe, weil nicht mehr benötigte Teile durch einen Willensakt abgestoßen werden können. Während Pflanzen und Tiere über Hunderte und Tausende von Generationen hinweg gezwungen sind, längst funktionslos gewordene Teile bei ihren Nachkommen immer wieder aufzubauen, was die Bilanz entsprechend belastet, können artifizielle Funktionsträger bei Abstoßung über einen Erlös sogar Energiewerte zurückführen, was der Bilanz zugute kommt.

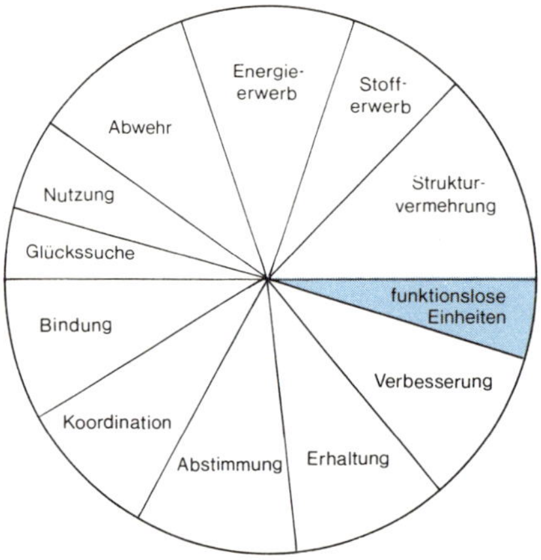

Abb. 15 Sektor der funktionslosen Einheiten

Die zweite Möglichkeit einer Entstehung funktionsloser Einheiten liegt in ihrer irrtümlichen Bildung. Durch Veränderungen im Erbgut, die Mutationen, kam es in der Lebensentwicklung zu Mißbildungen jeder Art, die sich jedoch für den Lebensstrom manchmal auch günstig auswirkten, indem so Neues entstand, das sich als vorteilhaft erwies und zur Entstehung von neuen Arten führte. Nach heute in der Biologie vertretener Ansicht beruht die Höherentwicklung der Pflanzen und Tiere letzten Endes zur Gänze auf solchen fördernden Zufällen, die durch den Prozeß der Zweigeschlechtlichkeit und weitere evolutionsfördernde Mechanismen mannigfach kombiniert und gebündelt wurden. Diesen schleppend langsamen Ausleseprozeß ersetzt seit seinem Auftauchen der Mensch durch Akte der Intelligenz. Durch zielführende Bildung künstlicher Organe, der artifiziellen Funktionsträger, erweitert er die Potenz seines Körpers in gigantische Dimensionen – und verwendet die daraus resultierende Macht, um sich nach Möglichkeit Situationen zu schaffen, die ihm Entlastung, Annehmlichkeiten und Glücksgefühle vermitteln. Die Folge ist, daß er Erträge aus den von ihm gebildeten Energonen vielfach für Aufwendungen verwendet, welche den Energonen nicht länger zugute kommen. Somit entstehen Luxusstrukturen, die seinen gesamten Energonbau durchsetzen und dieser Evolutionsphase ihren besonderen Charakter verleihen. Hier tritt das merkwürdige Phänomen in Erscheinung, daß solche offensichtliche Verschwendung – die gesamte menschliche Kultur – sich für den Lebensstrom überaus günstig und förderlich auswirkt. Einerseits wird Luxusstreben – gleichwohl welcher Art – zum zentralen Motor der Energonbildung, Energonsteuerung und Energonverbesserung. Denn nur durch erwirtschaftete

Erträge sind derartige Luxuswünsche zu verwirklichen. Andererseits bedeutet jeder neue Bedarf eine mögliche Erwerbsquelle für Energone, die auf dem Nährboden dieser mannigfachen Luxuswünsche florieren können. Die überwiegende Mehrheit aller vom Menschen gebildeten Berufskörper und Erwerbsorganisationen dienen daher der Befriedigung von Wünschen für ein angenehmes Leben.

Versucht man diese geballte Kraft der Energonbildung für Luxuszwecke zu unterbinden – aus welchen Gründen auch immer –, so bedarf es eines kaum zu schaffenden Kontrollapparates, der allenfalls mehr Energie verbraucht, als er der Gesamtentwicklung einbringt. Bei der sich heute explosionshaft vermehrenden Menschheit und der damit im Zusammenhang stehenden tiefgreifenden Umweltveränderung erhebt sich allerdings die Frage, inwieweit das Ausmaß dieses Strebens in gewissen Bereichen eingedämmt werden muß, um dem entfesselten Lebensstrom Einhalt zu gebieten.

Die Entstehung funktionsloser Einheiten erweist sich somit als in zweifacher Hinsicht determiniert. Zuerst mußten die Energone jede ihnen mögliche Strukturvariante hervorbringen, um über Zufall zu Leistungssteigerungen zu gelangen. Sodann machte der Mensch sich zum Zentrum des weiteren Energonbaues, wodurch die ihm Glück vermittelnden Triebe gemeinsam mit seinen erworbenen Tendenzen die weitere Energonentwicklung in bestimmte Bahnen lenken.

Daraus läßt sich folgender Satz ableiten:

24. Funktionslose Einheiten stellen für Energone eine Belastung dar, können sich aber trotzdem für den Lebensstrom förderlich auswirken, indem sie für die Weiterentwicklung neue Ansatzpunkte bieten. Die zu ihrer Beseitigung oder Nutzbarmachung notwendigen Funktionsträger werden in ihrer Ausbildung und Tätigkeit durch die zu erfüllende Aufgabe sowie durch die Beschaffenheit der funktionslosen Strukturen bestimmt, geprägt und gesteuert.

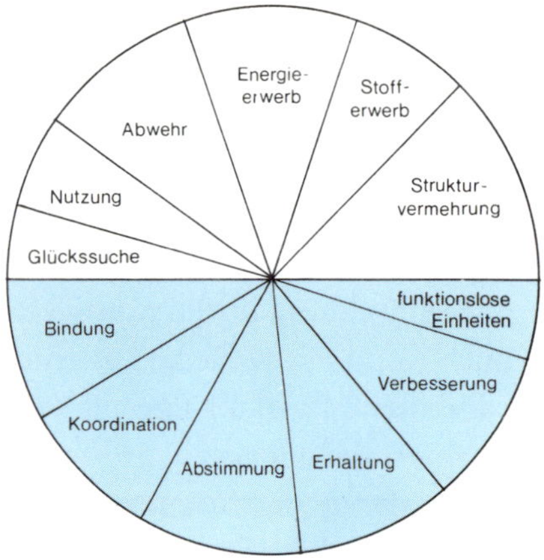

Abb. 16 Die Auseinandersetzungen an der Innenfront

G. Zusammenfassung der Auseinandersetzungen an der Innenfront

Es konnte festgestellt werden, daß jedes Energon über spezialisierte Funktionsträger verfügen muß, um Erfordernissen, die im inneren Gefüge auftreten, gerecht zu werden. Die Innenfront läßt sich aufgrund der sich ergebenden Aufgaben in sechs Gruppen einteilen:

- Bindung,
- Koordination,
- Abstimmung,
- Erhaltung,
- Verbesserung,
- Funktionslosigkeit.

Diese Unterteilung ist ein Wesensbestandteil des von der Energontheorie erarbeiteten neuen Begriffssystems. Sie gestattet zu analysieren und aufzuschlüsseln, welche bei allen Energonen vergleichbaren Grundleistungen an der Innenfront ihnen notwendige Aufwendungen verursachen. Sie zeigt im weiteren an, wo die eigentlichen Urheber und Ursachen dieser notwendigen Aufwendungen, also die *wahren Determinanten ihrer Existenz und Ausbildung* sind. Sie bedeutet indes nicht, daß jede Funktion ihren eigenen gesonderten Funktionsträger notwendig macht. Es ist vielmehr möglich und häufig der Fall, daß in Doppel- oder Vielfunktion derselbe Funktionsträger in mehr als einem Sektor der Energonfronten Dienste leistet, beziehungsweise an solchen teilnimmt.

Die Essenz des über die Innenfront Gesagten kann wie folgt zusammengefaßt werden.

Vierter Hauptsatz der Energontheorie:

IV Bei allen Energonen sind sechs Formen der Auseinandersetzung im inneren Gefüge zu unterscheiden. Erstens muß jeder Funktionsträger an das Energonganze gebunden sein. Zweitens müssen manche Funktionsabläufe mit anderen koordiniert werden. Drittens muß jeder Funktionsträger auf die übrigen und auf das Energonganze abgestimmt sein. Viertens muß die Funktionskraft jedes Funktionsträgers aufrechterhalten werden. Fünftens sind Einrichtungen der Verbesserung erforderlich. Sechstens sollen funktionslose Teile keine Behinderung darstellen. Die Beschaffenheit aller für diese Leistungen nötigen Funktionsträger und deren Verhalten wird durch die jeweils zu bewältigende Aufgabe und durch die Eigenschaften der jeweils betroffenen Funktionsträger determiniert.

4. Die Funktionsdynamik der Lebensträger

Alle im Rahmen des Lebensstromes benötigten Leistungen werden Funktionen genannt. Funktionen können ebenso gut in einer benötigten Aktion wie auch in einem benötigten Widerstand gegenüber einwirkenden Kräften bestehen. Funktionen können sich nur über materielle Strukturen verwirklichen – diese werden Funktionsträger genannt.

Der Lebensstrom wird gemäß der Energontheorie samt und sonders von Energonen getragen, fortgesetzt und gesteigert, wobei es unerheblich ist, welches Erscheinungsbild sie bieten. Ebenso unerheblich ist, aus welchem Material ihre Teile bestehen, ob diese fest miteinander verbunden sind oder auf welche Weise sie zustande kommen. Es sind Funktionsgefüge, bei denen es darauf ankommt, welche Kosten jede benötigte Leistung verursacht, wie präzise und mit welcher Geschwindigkeit sie erfolgt. Das Grundgerüst der benötigten Leistungen ist bei allen Energonen das gleiche.

A. Funktionsgeburt und Funktionsende

Jedes Energon ist ein Funktionsgefüge. Alle benötigten Funktionen werden durch materielle Strukturen, die Funktionsträger, erbracht.

Die Energontheorie unterscheidet zwischen Energonen und Energaten. Der Begriff *Energat* bezeichnet alle Materie und sämtliche Vorgänge, die nicht Energonen dienlich und demgemäß nicht Teil des Lebensstromes sind. Dieser ist eine energetische Manifestation, die Energate in Energonstrukturen verwandelt.

Wie schnell sich dieser Vorgang vollzieht, lehrt uns die Betrachtung beliebiger Energone. Jedes Photon Sonnenenergie, das von einer Pflanze in molekulare Spannung umgewandelt und ihr so dienstbar gemacht wird, verwandelt sich bei diesem Vorgang in einen Funktionsträger der Pflanze. Jedes Atom, das ein Tier mit seiner Nahrung aufnimmt und zum Aufbau körpereigener Struktur verwendet, verwandelt sich bei diesem Vorgang in einen Funktionsträger des Tieres. Ergreift ein Mensch einen auf dem Boden liegenden Stein, um ihn als Wurfwaffe zum Erlegen eines Tieres zu

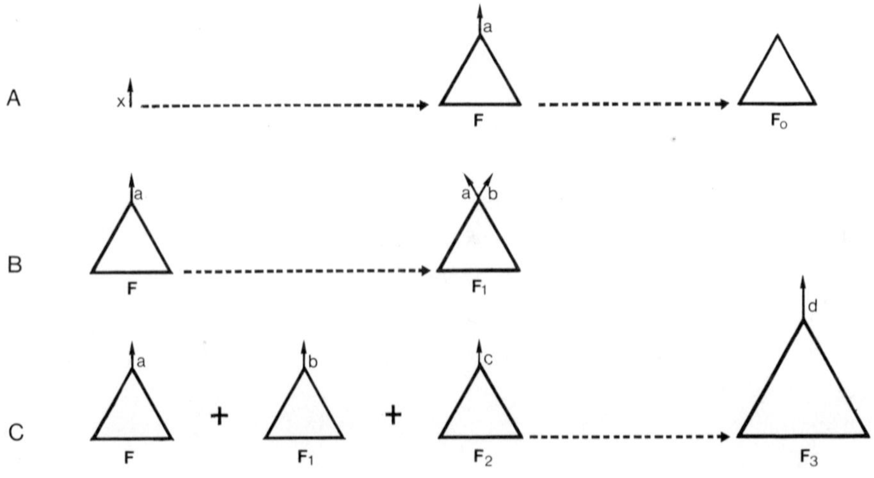

Abb. 17 Schematische Darstellung von Funktionsgeburt und Funktionsende

Energone benötigen Funktionen, die sich nur über materielle Strukturen – Funktionsträger – verwirklichen können. Zur Funktionsgeburt kommt es, indem sich eine benötigte Funktion (Leistung, Wirkung) über eine materielle Struktur verwirklicht und diese damit in einen Funktionsträger verwandelt (A). Oder indem ein Funktionsträger zu einer weiteren, vom Energon benötigten Leistung gelangt (B). Oder indem durch Zusammentreten mehrerer Funktionsträger ein neuer entsteht, der eine grundsätzlich neue Funktion erbringt (C). Erübrigt sich eine von einem Funktionsträger erbrachte Funktion, dann wird dieser funktionslos (A).

x = benötigte Funktion (Leistung, Wirkung)
F–F_3 = Funktionsträger
F_0 = funktionslos gewordener Funktionsträger
a–d = Funktionen

verwenden, dann wird der Stein für die Dauer seiner Verwendung zum Funktionsträger dieses Menschen. Energate können so im Bruchteil von Sekunden und für beliebige Zeit zu Funktionsträgern werden und sich ebenso schnell wieder in Energate verwandeln. Stirbt ein Lebewesen, dann wird sein Gesamtkörper zu einem Energat. Auch wenn der äußere Schein es anders darstellt, trifft dies auch für Betriebskörper und Erwerbsorganisationen zu: Just in dem Augenblick ihres Zusammenbrechens werden sie, für welche Zeitspanne auch immer, zu Energaten werden. Daß bei solchem Erlöschen Teile funktionsfähig bleiben und in veränderter Form dem Lebensstrom weiter angehören und dienen können, wird nicht verneint.

Eine weitere Form der Funktionsgeburt tritt in Erscheinung, wenn ein Funktionsträger aufgrund eintretender Veränderungen eine neue Bedeutung gewinnt und in diesem Sinne eine neue Funktion auszuüben vermag. Im Zuge der Evolution der Pflanzen und Tiere ist solches häufig vorgekommen und wurde zur Grundlage elementarer Verbesserungen. Wenn etwa bei der ersten Landeroberung durch Fische die besonders dünnwandigen und stark durchbluteten Zellen des Gaumendaches einen Gasaustausch zwischen der Luft und dem Blut vermittelten und so zum Ausgangspunkt der Lungenbildung wurden, dann zeigt dies ein Beispiel für diesen bedeutsamen Vorgang auf. Auch wenn es abwegig erscheint, ist der analoge Fall bei einem Antiquar gegeben, wenn er Waffen ihrer ursprünglichen Bedeutung als Streitinstrumente entkleidet und sie in Dekorationsobjekte umfunktioniert.

Eine dritte Form von Funktionsgeburt liegt dann vor, wenn durch Zusammentreten oder willentliche Zusammenfügung verschiedener Funktionsträger eine neue Einheit entsteht, die eine bis dahin nicht existente Leistung erbringt. Bei den Pflanzen und Tieren konnten solche Entwicklungen immer nur in kleinen Schritten erfolgen, während dem Menschen dank seiner Intelligenz und der Mobilität seiner artifiziellen Funktionsträger eine unbeschränkte Kombinationsfülle offensteht. Fast jede menschliche Erfindung und jedes Unternehmen fußen auf der Neukombination von mehr oder minder vielen bereits vorhandenen Elementen.

Daraus läßt sich folgender Satz ableiten:

25. Als Energat wird bezeichnet, was nicht Energonen angehört oder ihnen dient. Energate können sich unmittelbar in Funktionsträger verwandeln, wenn ein Energon sie aufnimmt und zu einem solchen macht. Weitere Möglichkeiten einer Funktionsgeburt sind gegeben, wenn ein Funktionsträger durch veränderte Umstände zu einer neuen Leistungsfähigkeit gelangt oder wenn mehrere Funktionsträger in solche Kombination gelangen, daß die neue Einheit nunmehr eine bis dahin nicht vorhandene Leistung erbringt.

B. Einzelfunktion und Mehrfunktion

Jedes Energon ist ein Funktionsgefüge. Alle benötigten Funktionen werden durch materielle Strukturen, die Funktionsträger, erbracht.

Der einfachste Fall einer Funktionserfüllung ist dann gegeben, wenn ein Funktionsträger nur eine Funktion erbringt. Er ist dann ausschließlich auf diese ausgerichtet und kann im weiteren Verlauf durch Spezialisierung und Rationalisierung auf ein Optimum an Leistungsfähigkeit gebracht werden.

Verschiedene Funktionsausübungen werden einem Funktionsträger dann möglich, wenn entsprechend viele Steuerungen hinzutreten, die dies bewirken. Naheliegendes Beispiel ist die menschliche Hand, die ohne irgendeine Veränderung mannigfaltige Tätigkeiten auszuüben in der Lage ist. Von der Energontheorie her müssen Funktionsträger und die sie lenkenden Steuerungen als Einheit erkannt werden. Sie liegen zwar räumlich getrennt – bedingen sich aber gegenseitig.

Die gleiche Betrachtungsweise ist auch bei den artifiziellen Funktionsträgern angemessen, wenn Steuerungen notwendig sind, um ihre Funktionsleistung zu bewirken. Hier wie bei anderen Beurteilungen wird deutlich, wie die visuelle Abgrenzung von Einheiten und die sich daraus ergebende Begriffsbildung zu einer Betrachtungsweise geführt hat, die vielfach das Wesentliche, das heißt die relevanten Zusammenhänge und Abhängigkeiten, übersehen ließ. Was derselben Funktion dient, muß also bei der Betrachtung, Beurteilung und Bewertung als Einheit gesehen werden.

Eine weitere Möglichkeit, wie ein Funktionsträger zur Mehrfunktion gelangen kann, besteht darin, daß er durch strukturelle Ergänzungen und Zusätze dazu befähigt wird. Dies zeigt ein Hammer, dessen eine Schlagseite so eingekerbt ist, daß mit ihm auch Nägel herausgezogen werden können. Es ist möglich, daß solche Abänderungen weder die Herstellungskosten erhöhen noch die ursprüngliche Funktionskraft beeinträchtigen. Im allgemeinen jedoch ist es die Regel, daß durch Anpassung an mehrere verschiedene Funktionen für jeden der Verwendungszwecke Einbußen die Folge sind. Eben dies tritt in Erscheinung, wenn in Unternehmen derselbe Mitarbeiter oder dieselbe Abteilung eine entsprechende Zahl verschiedener Aufgaben zu verrichten und zu bewältigen hat. Es läßt sich dann kaum vermeiden, daß dies Leistungsminderungen mit sich bringt. Es ist somit erkennbar, daß Mehrfunktion Kompromisse nach sich zieht.

Im Laufe der gesamten Evolution der Energone spielt das Hinzunehmen

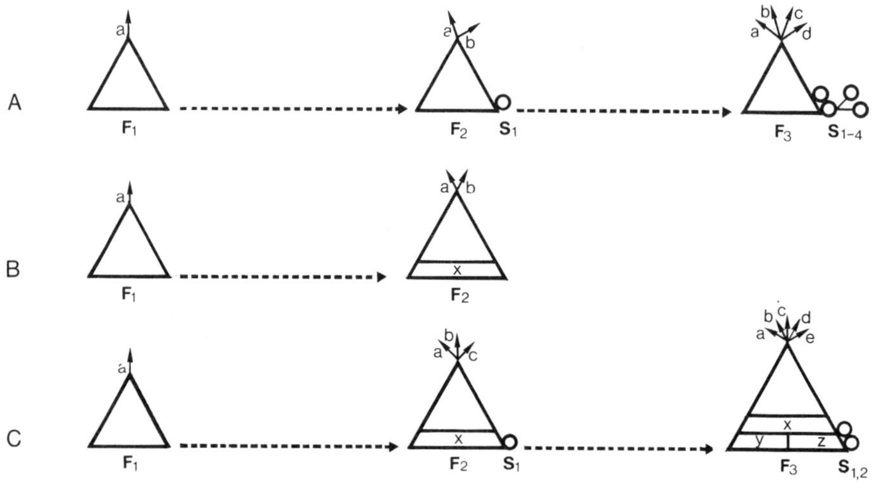

Abb. 18 Schematische Darstellung von Einzelfunktion und Mehrfunktion

Ein Funktionsträger kann ohne Abänderung seiner Struktur zu weiteren Funktionen befähigt werden, indem Steuerungen hinzutreten, die neue Verwendungszwecke ermöglichen (A). Sodann kann ein Funktionsträger durch Erweiterung oder Differenzierung seiner Struktur zu neuen Funktionserbringungen befähigt werden (B). Durch Verbindung dieser Vorgänge können Funktionsträger in Funktionserweiterung zu vielfachen Leistungserbringungen gelangen, was zu einer Funktionsüberbürdung führen kann (C). Beispiel für A ist die menschliche Hand, für B der Hammer mit zusätzlicher Zangenfunktion, für C der Blutkreislauf (siehe Text).
F_1–F_3 = Funktionsträger
S_{1-4} = Steuerungen
a–d = Funktionen
x, y, z = zusätzliche Strukturen oder Differenzierungen

zusätzlicher Funktionen – *die Funktionserweiterung* – eine wesentliche Rolle. Ein Beispiel in der tierischen Evolution ist die Entwicklung des Blutkreislaufes, der zunächst der Nahrungszufuhr zu den einzelnen Zellen diente. Er übernahm dann in weiterer Folge auch den Abtransport der Stoffwechselschlacken, bei den Wirbeltieren den Gastransport für die Atmung, wurde auch zum Postweg für Hormone, zum Verkehrsweg für die als innere Polizei fungierenden weißen Blutkörperchen und Antikörper, um bei den Warmblütern schließlich noch zum zusätzlichen Träger einer inneren Zentralheizung zu werden – und bei zahlreichen Arten auch noch die Schwellkörper der Genitalorgane zu bedienen.

Ein nicht minder instruktives Beispiel ist in der Evolution der Berufskörper und Erwerbsorganisationen – und im Luxussektor bei den menschlichen Haushalten – die Verwendung von Elektrizität. Zunächst wurde diese in Gemeinschaftsleistung aufgebaute Energieversorgung in erster Linie zur Beleuchtung und zum Betreiben von Geräten und Maschinen entwikkelt. Im weiteren Verlauf wurde sie dann mitverwendet, um Haushalts- und Unterhaltungsgeräte verschiedenster Art zu betreiben.

Das zugrunde liegende Prinzip ist unschwer zu erkennen: Wie auch immer ein Energon beschaffen sein mag: es ist ökonomisch leichter, durch Erweiterung einer schon bestehenden Einrichtung zu neuen Leistungen zu gelangen, als wenn für solche eine von Grund auf neue Anlage geschaffen werden muß. Ohne das Vorhandensein des Blutkreislaufes hätten die höheren Wirbeltiere nie zu einer inneren Heizung gelangen können.

Als drittes Beispiel sei noch der talentierte Mitarbeiter eines Unternehmens angeführt, dem immer neue Aufgaben übertragen werden. Hier zeigt sich der Endpunkt solcher Funktionserweiterungen, wo Vorteil schließlich in Leistungseinbuße umschlägt, besonders deutlich. Am Ende führt Funktionserweiterung, also extreme Steigerung von Vielfunktion, zur *Funktionsüberbürdung* mit den sich daraus ergebenden Konsequenzen.

Hieraus läßt sich folgender Satz ableiten:

26. Funktionsträger können zur Übernahme weiterer, anderer Funktionen gebracht werden, indem neue Steuerungen hinzutreten. Auch durch strukturelle Modifikationen wird Mehrfunktion möglich. Nachteile der Mehrfunktion sind in der Regel Leistungseinbußen bei den Einzelfunktionen. Allzu weitgehende Hinzunahme zusätzlicher Funktionen – Funktionserweiterung – führt zu Funktionsüberbürdung, die sich für das Energon negativ auswirkt.

C. Funktionserweiterung und Funktionswechsel

Jedes Energon ist ein Funktionsgefüge. Alle benötigten Funktionen werden von materiellen Strukturen, den Funktionsträgern, erbracht.

Über den Vorgang der Funktionserweiterung kann es zum *Funktions-*

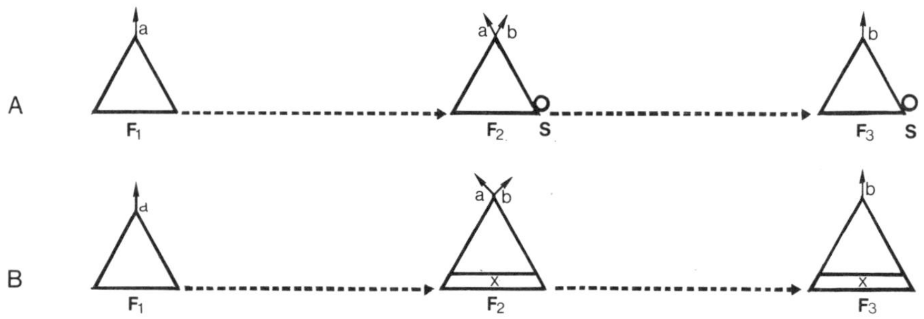

Abb. 19 Schematische Darstellung von Funktionswechsel

Bei Funktionsträgern, die über Funktionserweiterung eine neue Funktion hinzugewinnen, kann diese zur Hauptfunktion werden, während die ursprüngliche überflüssig wird. Dann hat ein Funktionswechsel stattgefunden. Zu diesem Vorgang kann es durch Verknüpfung mit Steuerungen (A) oder Strukturveränderungen (B) kommen.
F_{1-3} = Funktionsträger
S = Steuerung
a, b = Funktionen
x = Strukturerweiterung oder Differenzierung

wechsel kommen. Zu einer ursprünglichen Hauptfunktion tritt eine Nebenfunktion, die an Bedeutung gewinnt, während die ursprüngliche Funktion an solcher verliert. Endpunkt solcher Entwicklung kann sein, daß die ursprüngliche Funktion völlig überflüssig wird und der Funktionsträger schließlich nur noch der neuen Funktion dient.

In der Evolution der Pflanzen und Tiere hat dieser Entwicklungsweg zu zahlreichen Organbildungen geführt. So wurde aus dem Legestachel mancher Insekten ein Giftstachel – also aus einem Funktionsträger der Fortpflanzung ein solcher der Abwehr.

Nicht minder häufig führte dieser Entwicklungsweg auch in Technik, Wirtschaft und anderen menschlichen Tätigkeitsbereichen zur Entstehung funktioneller Einheiten aus solchen, die zunächst für völlig andere Zwecke entwickelt worden waren. Manche Knöpfe an unseren Kleidern dienen zum Beispiel nicht mehr der ursprünglichen Aufgabe des Verschließens, sondern wurden zu Elementen des Schmuckes – also zu Funktionsträgern der Befriedigung unseres Schönheitssinnes. Das heute im Auto verwendete Differential wurde durchaus nicht für dieses sondern für Webmaschinen erfunden – wechselte also in andere Energonbereiche über, denn aus den Webmaschinen entwickelten sich ja nicht die Autos. Das wiederum ist nur bei den vom Menschen gebildeten, nicht verwachsenen Funktionsträgern möglich. Der ökonomische Vorteil derartiger Organentstehung ist darin zu erblicken, daß eine zur Bildung sonst notwendige Anstrengung zum Zeitpunkt der Benötigung bereits aus einem anderen Lebensstromkontingent erbracht worden ist.

Daraus läßt sich folgender Satz ableiten:

27. Neue Leistungen können zustandekommen, indem bei einem Funktionsträger zur ursprünglichen Funktion eine andere hinzutritt, die dann zur Hauptfunktion wird. Bei solchem Vorgang ergeben sich als ökonomischer Vorteil verminderte Entwicklungskosten, als Nachteil dagegen, daß historische Belastung oft den Weg zu technisch optimalen Lösungen erschwert.

D. Funktionsüberbürdung und Funktionsteilung

Jedes Energon ist ein Funktionsgefüge. Alle benötigten Funktionen werden von materiellen Strukturen, den Funktionsträgern, erbracht.

Ist ein Funktionsträger mit zu vielen auszuübenden Funktionen überbürdet, dann bieten sich zwei Möglichkeiten zur Entlastung. Entweder geschieht dies durch Hilfseinheiten, die ihm Teilbereiche seiner Aufgabenerfüllung abnehmen, oder Funktionen werden abgetrennt und gehen auf einen neuen Funktionsträger über. Beide Vorgänge sind in der pflanzlichen und tierischen Evolution wie auch jener der Berufskörper und Erwerbsorganisationen gang und gäbe und haben – hier wie dort – einerseits zur Bildung hierarchischer Strukturen, andererseits zu immer weitergehender Differenzierung und Spezialisierung geführt.

Ein Beispiel für Funktionsteilung im Zuge der Evolution der Wirbeltiere liefert der Darmtrakt, der mit zunehmender Höherentwicklung in immer mehr spezialisierte Abschnitte unterteilt wird. Der analoge Fall ist in Unternehmen und Organisationen die Aufteilung in Delegationsbereiche, im

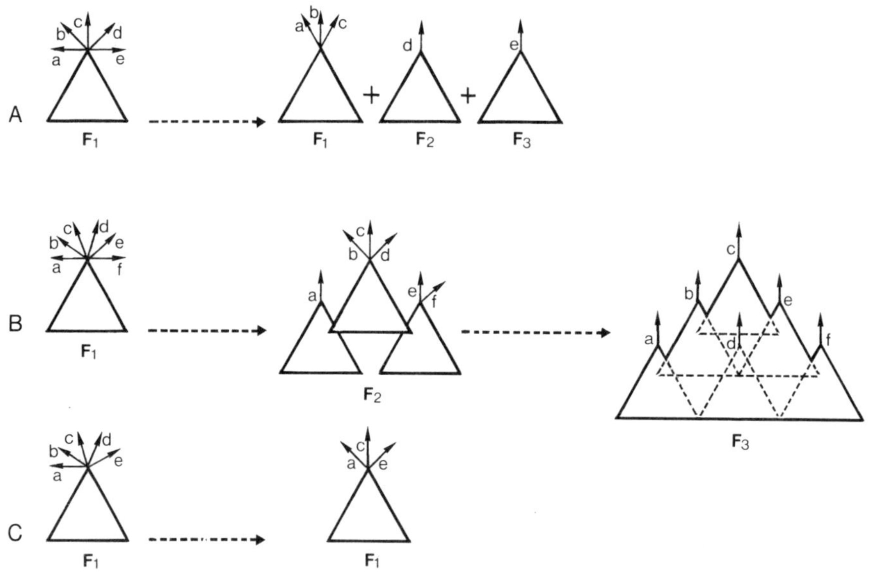

Abb. 20 Schematische Darstellung von Funktionsteilung

Ein Funktionsträger, der durch eine Vielzahl von Funktionen überbürdet ist, kann durch Teilung entlastet werden, indem einige seiner Funktionen von anderen Funktionsträgern übernommen werden (A). Eine Entlastung kann dem Funktionsträger auch durch Delegation von Funktionen an ihm unterstehende Funktionsträger zuteil werden oder durch Bildung eines Kollegiums (B). Eine Entlastung kann auch erfolgen, indem auf das Erbringen bestimmter Funktionen ganz verzichtet wird (C).
F_{1-3} = Funktionsträger
a–f = Funktionen

Produktionsbetrieb in Fertigungsabschnitte, etwa am Fließband. Wie sich beim Anwachsen eines Funktionsträgers eine hierarchische Struktur subordinierter Einheiten entwickelt, zeigt im Zentralnervensystem der über Hirnreizungen experimentell ermittelte hierarchische Aufbau von Bewegungssteuerungen. Im Staatskörper begegnen wir der gleichen Entwicklung bei den Beamtenhierarchien der einzelnen Ministerien.

Bei militärischen und paramilitärischen Formationen sowie ausgeprägt in der Wirtschaft erfolgt die Entlastung der Linie durch Stäbe oder externe Beratungen. Im Bereich der menschlichen Energonbildung wirkt sich hier vorteilhaft aus, daß für praktisch jede Art von Leistung darauf spezialisierte Energone ihre Dienste anbieten und somit zur Entlastung auch kurzfristig gemietet werden können.

Neben hierarchischen Hilfsstrukturen mit beratenden Stäben und Differenzierung über Abtrennung einzelner Funktionsbereiche ist für Energone noch die weitere Möglichkeit gegeben, unter dem Druck nachteiliger Auswirkungen einer Funktionsüberbürdung auf die eine oder andere Funktion völlig zu verzichten, wodurch ebenfalls Entlastung erzielt wird. Entsprechende Rückbildungen sind Ausdrucksform dieser dritten Form einer Entlastung.

Daraus läßt sich folgender Satz ableiten:

28. Der Funktionsüberbürdung innerhalb der Energone wirkt Bildung oder Zuordnung von Hilfseinheiten entgegen, wobei hierarchische Strukturen entstehen. Eine zweite Möglichkeit der Entlastung ist die Übertragung von Einzelfunktionen auf neue Funktionsträger, was immer weitergehende Differenzierung und Spezialisierung nach sich zieht. Eine dritte Möglichkeit ist die vorübergehende oder endgültige Aufgabe nicht mehr tragbarer Funktionen.

E. Funktionsstreuung und Funktionskonzentration

Jedes Energon ist ein Funktionsgefüge. Alle benötigten Funktionen werden von materiellen Strukturen, den Funktionsträgern, erbracht.

Mit Funktionsstreuung wird der Tatbestand bezeichnet, daß an mehreren Punkten eines Energons gleichartige Funktionsausübungen erfolgen. Solches kann für Energone von Vorteil oder von Nachteil sein. Sind mehrere Funktionen innerhalb eines Energons mit der gleichen Funktionsausübung beschäftigt und würde die Zusammenlegung in ein Organ oder eine Werkstätte ökonomische Vorteile bringen, dann handelt es sich um einen notwendigen Abbau von Doppelarbeit oder Doppelgleisigkeit. In solchem Fall ist Zusammenlegung auf einen Funktionsträger, also Zentralisation, von Vorteil, weil sie Struktureinsparung ermöglicht sowie Übersichtlichkeit, schnelle Wege und kurze Entscheidungsketten im Funktionsraum gestattet.

Im Gegensatz dazu – besonders im Rahmen größerer Steuerungssysteme – gibt es auch Funktionen, bei denen Dezentralisation vorteilhafter

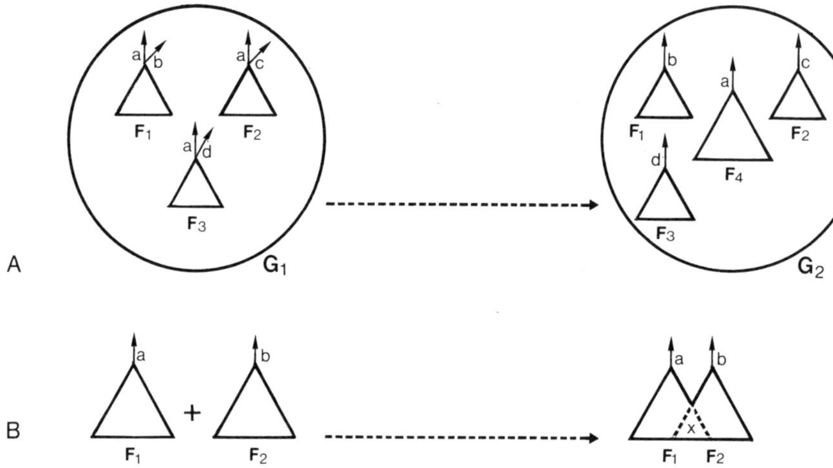

Abb. 21 Schematische Darstellung von Funktionskonzentration und Funktionspartnerschaft

Haben mehrere Funktionsträger im Funktionsgefüge eines Energons die gleiche Funktion zu erbringen, dann kann es durch Funktionskonzentration auf einen Funktionsträger (Zusammenlegung) zu einer Leistungsverbesserung kommen (A). Ebenso sind Rationalisierungen möglich, indem sich Funktionsträger in Teilbereichen ihrer Tätigkeit zu einer Funktionspartnerschaft verbinden (B).
$G_{1,2}$ = Energon, sich wandelnd
F_{1-4} = Funktionsträger
a–d = Funktionen
x = Partnerschaftlicher Bereich

und damit geboten ist, weil Konzentration auf eine einzige Stelle Schwerfälligkeit, Intransparenz, geringe Anpassungsfähigkeit, lange Wege und komplizierte Entscheidungsketten mit sich bringt. Ein instruktives Beispiel für einen hohen Grad von Doppelgleisigkeit liefern die Zellen, aus denen alle vielzelligen Pflanzen und Tiere, also auch der Mensch, bestehen. Jede von ihnen hat ihre eigene Eiweißproduktion, jede produziert ihre eigenen Energietransportbatterien, das ATP, das laufend auf- und entladen wird. In Milliarden von Einzelbetrieben gibt es hier die gleichen Werkstätten, was jedem Nationalökonomen als arge Substanz- und Kraftverschwendung erscheinen muß. Im Rahmen der Evolution der Vielzeller war es aber anscheinend über Mutationen nicht möglich oder erreichbar, daß sich diese Funktionen auf Zentralorgane konzentriert hätten.

Den Vorgang einer sich verwirklichenden Funktionskonzentration zeigen uns die Bestrebungen der Europäischen Gemeinschaft zur höheren wirtschaftlichen und politischen – und damit auch sozialen – Integration. Nationale Staatsenergone vereinigen sich hier in gewissen Bereichen zu Energonen nächsthöherer Ordnung.

Von Funktionspartnerschaft sprechen wir, wenn zwei oder beschränkt viele Funktionsträger sich in einem Teilbereich vereinigen – wie dies etwa in unserem Körper bei den Nieren und den Geschlechtsorganen der Fall ist. Diese benützen denselben Ausführungsgang für ihre Produkte, teilen sich also in dieser Einheit – was ökonomischer als getrennte Ausgänge ist. Dieselbe Methode, zu Einsparungen zu gelangen, sehen wir, wenn mehrere Abteilungen in einem Unternehmen sich gleicher Funktionsträger bedienen – desselben Boten, derselben Schreibkraft, einer gemeinsamen Telefonzentrale oder ähnlichem.

Besonders weitgehende Funktionskonzentrationen wurden bei den nicht verwachsenen Strukturen der Erwerbsorganisationen möglich – etwa in Betrieben, wo an vielen Stellen benötigte Leistungen wie Reparatur, Versorgung, Verköstigung, Fuhrpark oder medizinische Betreuung in jeweils einem Organ zusammengefaßt sind. Bei sämtlichen vom Menschen gebildeten Energonen ergibt sich darüber hinaus die besonders förderliche, da kostensparende Möglichkeit, daß zahlreiche verschiedene Energone sich desselben Funktionsträgers bedienen, wie das in kleineren Unternehmen etwa bei der Verpflichtung eines Stundenbuchhalters, eines Rechtsbeistandes, beim Anschluß an ein Rechenzentrum oder ähnlichen benötigten Dienstleistungen der Fall ist. Dann konzentriert sich die benötigte Funktion nicht nur an einem Punkt, sondern verläßt gleichsam das Energon – wird zur Grundlage der Erwerbstätigkeit darauf spezialisierter anderer Energone, die exekutiv für ihre Auftraggeber fungieren. Pacht und Leasing sind übliche Bezeichnungen für diesen Vorgang, der allen Beteiligten zugute kommt.

Daraus läßt sich folgender Satz ableiten:

29. Werden an zahlreichen Punkten eines Energons gleiche Funktionsleistungen benötigt, dann wirken sich Funktionspartnerschaften oder generelle Funktionskonzentration auf ein Organ vorteilhaft aus. Möglichkeiten und Grenzen der Zentralisation ergeben sich bei den verschiedenen Funktionsarten aus der Größe des jeweiligen Funktionsraumes, der darin zu bewältigenden Entfernungen und der zur Verfügung stehenden Zeit.

F. Funktionsverbesserung und Funktionserneuerung

Jedes Energon ist ein Funktionsgefüge. Alle benötigten Funktionen werden von materiellen Strukturen, den Funktionsträgern, erbracht.

Zur Steigerung einer benötigten Funktion kann es auf zwei Wegen kommen. Entweder wird ein bestehender Funktionsträger durch Vergrößerung und Umschichtung seiner Struktur sowie durch Einbeziehung von Hilfskräften zu höherer Leistungskraft gebracht, oder er wird durch einen Funktionsträger ersetzt, der über grundsätzlich andere Verfahren die benötigte Leistung besser erbringt. Im ersten Fall sprechen wir von Funktionsverbesserung, im zweiten von Funktionserneuerung. Beide Wege werden sowohl in der Evolution der Pflanzen und Tiere als auch in jener der Berufskörper und Erwerbsorganisationen häufig beschritten.

So erreichte in unserer Ahnenreihe das Auge über Funktionsverbesserung seine heutige Ausbildung. Aus einem mit lichtempfindlichen Sinneszellen ausgekleideten Becher wurde das Lochauge, das dann durch Linse, entsprechende Muskeln zur Akkomodation, Farbunterscheidungsvermögen, schützendes Lid und anderes in seiner Leistungsfähigkeit immer mehr verbessert wurde. Ebenso wurden Maschinen durch ständige Verbesserung und Zusatzeinrichtungen zu höherer Leistungsfähigkeit gebracht. In den über Erfolg anwachsenden Unternehmen und Organisationen entstehen bei diesem Vorgang immer komplexere hierarchische Strukturen, deren gesteigerte Kraft sich auf Differenzierungen und Spezialleistungen stützt.

Eine Funktionserneuerung sehen wir in der tierischen Evolution, wenn etwa an die Stelle eines Fluchtverhaltens die Ausbildung eines Giftstachels tritt. Total andere Strukturen und Leistungen führen dann zum gleichen benötigten Ergebnis: dem Feindschutz. Im Wirtschaftskampf werden durch Änderungen im Herstellungsverfahren nicht selten entscheidende Vorteile erzielt und Konkurrenten aus dem Feld geschlagen. Im letzten Weltkrieg brachte der Einsatz der Atombombe den sonst in dieser Zeitspanne nie zu erringenden Sieg über die Japaner.

Alle auf dem einen oder anderen Weg erzielten Leistungssteigerungen beruhen auf dem Stützen, Steigern, Verbreitern, Veredeln, Spezialisieren und Konzentrieren der Funktionen im allgemeinen und ihrem Verbilligen, Präzisieren und Optimieren des Zeitablaufes im besonderen.

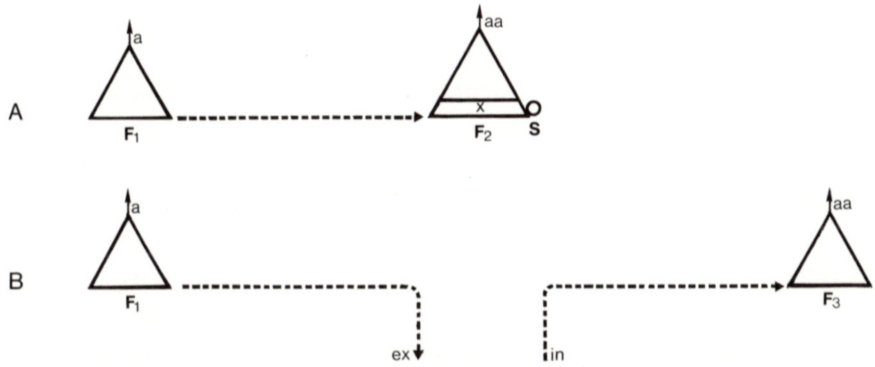

Abb. 22 Schematische Darstellung von Funktionsverbesserungen

Funktionsverbesserungen können erreicht werden, indem Strukturerweiterungen und Modifikationen stattfinden oder Steuerungen hinzutreten (A). Ebenso durch Funktionserneuerung, indem ein Funktionsträger durch einen leistungsstärkeren ersetzt wird (B).

F_{1-3} = Funktionsträger
a = Funktion
aa = gesteigerte, verbesserte Funktion
ex = Funktionsträgerabgang
in = Funktionsträgerzugang

Daraus läßt sich folgender Satz ableiten:

30. Im Konkurrenzkampf der Energone sind Funktionsverbesserungen und Funktionserneuerungen entscheidende Waffen, um zu gesteigerter Effizienz zu gelangen, also Leistungen von höherer Präzision und Schnelligkeit bei möglichst niederen Kosten zu erzielen.

G. Funktionsabbau

Jedes Energon ist ein Funktionsgefüge. Alle benötigten Funktionen werden von materiellen Strukturen, den Funktionsträgern, erbracht.

Verliert aufgrund von Änderungen in der Umwelt oder im Leistungsgefüge des Energons eine Funktion an Bedeutung oder wird sie überflüssig, dann ist die Rückbildung der sie ausübenden Funktionsträger für das Energon und seine Konkurrenzkraft wichtig und entscheidend.

In der Praxis stellen sich derartigen Rückbildungen erhebliche Widerstände entgegen. Bei den Pflanzen und Tieren ist die Rückbildung funktionslos gewordener Einheiten auf entsprechende Mutationen angewiesen und kann vielfach erst im Laufe von Jahrmillionen und zahllosen Generationen allmählich erreicht werden. Die Rückbildung der Augen bei Höhlentieren liefert dafür ein gutes Beispiel. Bei den vom Menschen gebildeten Energonen treten Widerstände auf, wenn Mitarbeiter und ganze Abteilungen ihre ökonomische Existenzberechtigung verlieren. Für die Betroffenen wird damit die etablierte Lebensgrundlage in Frage gestellt, und sie wirken dem entgegen, indem sie über diese oder jene Maßnahme den Bedeutungsverlust der von ihnen ausgeübten Funktion verschleiern oder diese über ihre Wichtigkeit hinaus aufbauschen.

Auf diese Erscheinung wies bereits Parkinson hin, sie fällt teilweise unter den Begriff der bürokratischen Wucherung. Für das Energon, dem sie angehören, ergibt sich daraus die gefährliche Auswirkung, daß solche Funktionsträger ihre Leistung nicht mehr nach dem Energoninteresse ausrichten, sondern sie derart gestalten, daß ihre eigene Position nach Möglichkeit abgesichert bleibt. Auch eingefahrene Gewohnheiten und die Tatsache nun einmal erfolgter Investitionen schlagen sich im Bereich der menschlichen Energone in Widerständen gegen Abänderungen und Abstoßungen von Einheiten – ob Mensch oder technische Einrichtung – nieder.

Funktionsabbau ist durch Verminderung der den Funktionsträger unterstützenden Hilfseinheiten möglich und verläuft dann der Funktionssteigerung entgegengesetzt. Hierarchische Hilfsstrukturen verkleinern sich dann – was sich besonders deutlich in Heeresabschnitten zeigt, die aus technischen oder strategischen Gründen gegenüber anderen an Bedeutung verlieren. Endpunkt derartiger Entwicklung ist die totale Liquidierung des Funktionsträgers. Oder die an Bedeutung verlierende Funktion wird auf einen oder mehrere andere Funktionsträger übertragen, die von ihrer Funktion her selbst nicht voll ausgelastet sind und diese Aufgabenrudimente in Mehrfunktion mitübernehmen können. Dann kommt es bei diesen zur Funktionserweiterung, während der ursprüngliche Funktionsträger ebenfalls verschwindet.

Daraus ergibt sich folgender Satz:

31. Im Energongefüge stellen sich der Rückbildung funktionsarm oder funktionslos gewordener Einheiten praktische Widerstände entgegen, welche die Energone und ihre individuelle Entwicklungsfähigkeit belasten. Bei Funktionsabbau oder totaler Liquidierung hierarchischer Hilfsstrukturen können verbleibende Funktionsrudimente auf andere Funktionsträger übergehen, welche dann diese in Funktionserweiterung übernehmen.

H. Spiralprozesse der Funktionsentfaltung

Jedes Energon ist ein Funktionsgefüge. Alle benötigten Funktionen werden von materiellen Strukturen, den Funktionsträgern, erbracht.

In der Evolution der Pflanzen, Tiere, Berufskörper und Erwerbsorganisationen läßt sich folgendes beobachten: Zunächst werden Funktionsträger für eine bestimmte Funktion gebildet. In der Folge übernehmen sie – da sie nun einmal existieren – oftmals zusätzliche Funktionen, was zur Funktionsüberbürdung und zur anschließenden Funktionsteilung führen kann. So kommt es erneut zu Einheiten, die zunächst nur eine Leistung erbringen und bei denen die gleiche Entwicklung ihren Lauf nehmen kann.

Oder die Mehrfunktion führt zum Funktionswechsel. Auch daraufhin kann es zur Funktionserweiterung, zur Funktionsüberbürdung und anschließenden Funktionsteilung kommen.

Je mehr spezialisierte Einheiten jedoch in einem Energon entstehen, um so mehr wird wahrscheinlich, daß dies Hilfsleistungen notwendig macht, die früher oder später wieder in einem Organ gebündelt werden. Auch dann ist ein Organ mit zunächst einer Funktionsleistung entstanden, bei dem der Spiralprozeß ansetzt.

Differenzierung und Spezialisation resultieren somit aus solchen Spiralprozessen.

Daraus läßt sich folgender Satz ableiten:

32. Zur Differenzierung und Spezialisation kommt es über Evolutionsprozesse, indem Funktionsträger zur ursprünglichen noch weitere Funktionen hinzunehmen, was zur Funktionsteilung oder zum Funktionswechsel führen kann, worauf wieder Funktionsträger mit nur einer Funktion entstehen, bei denen der gleiche Ablauf erneut einsetzt. Je mehr Funktionsträger ein Energon umfaßt, desto mehr Hilfsleistungen werden nötig, die ebenfalls zur Bündelung in neue Organe Anlaß geben. So führt die evolutionäre Entwicklung über Spiralprozesse zu immer neuen Funktionserfüllungen.

I. Zusammenfassung der Funktionsdynamik

Die Essenz des über Funktionsverwirklichung Gesagten kann wie folgt zusammengefaßt werden.

Fünfter Hauptsatz der Energontheorie:

V Funktionen können nur über geeignete materielle Strukturen erfolgen, die damit zu Funktionsträgern werden. Manche Funktionsträger können mehr als eine Funktion ausüben, manche Funktionen benötigen mehr als einen Funktionsträger zu ihrer Verwirklichung. Die Evolution der Energone und ihre Effizienzsteigerung ist durch Erweiterung, Überbürdung, Wechsel, Teilung, Streuung, Konzentration, Kooperation und Abbau von Funktionen gekennzeichnet, wobei Spiralprozesse nachweisbar sind.

5. Evolutionsfaktoren – Möglichkeiten und Grenzen der Energonentwicklung

Der sich in Potenz und Volumen steigernde Lebensstrom kann sich nur über Energone fortsetzen, die neue Energone hervorbringen. Diese Entwicklung wird von Faktoren bestimmt, die in allen Energongruppen maßgebend sind. Sie bewirkt Vernetzung durch mannigfache Interdependenzen und Wertkonflikte, legt Möglichkeiten und Grenzen der Energonentwicklung fest.

A. Selektion

Der Lebensstrom wird ausschließlich von Energonen fortgesetzt. Durch Mechanismen der Selektion wird die Richtung dieser Entwicklung entscheidend beeinflußt.

Schiedsrichter im Wettstreit der um Energie, Stoffe und Fortpflanzungsraum rivalisierenden Energone ist ein höchst selbständiger Mechanismus, den Darwin bei den Pflanzen und Tieren die natürliche Auslese nannte. Sie erklärt sich daraus, daß nur die effizientesten Energone den Lebensstrom fortsetzen können, indem sie zur aktiven Energiebilanz und den sonst notwendigen Voraussetzungen für Energonvermehrung gelangen. Schiedsrichter ist somit der Lebensstrom selbst, der seinen Weiterträgern die am jeweiligen Raumzeitpunkt für sie günstigste Struktur aufzwingt.

Es ist zunächst zwischen positiver und negativer Auslese zu unterscheiden. Positive Auslese liegt vor, wenn eine höhere Leistung dem Energon gegenüber seinen Konkurrenten zur Überlegenheit verhilft. Negative Auslese – auch Ausmerze genannt – liegt vor, wenn aufgrund einer Schwäche Energontypen auf der Strecke bleiben. Während die Selektion im ersten Fall gleichsam höhere Leistung belohnt, bestraft sie im zweiten eine wie auch immer geartete Schwäche.

Der Mensch vermag kraft seiner Intelligenz die natürliche Auslese durch eine künstliche zu ersetzen. So züchtet er ihm dienliche Pflanzen und Tiere, indem er nur Individuen mit dafür geeigneten Eigenschaften zur Fortpflanzung verhilft. In analoger Weise verfährt er bei der Konstruktion zweckdienlicher Strukturen – also artifizieller Funktionsträger –, indem er über Versuche die bestgeeigneten Konstruktionen ermittelt und dann nur diese weiterhin produziert. Kraft seiner Phantasie vermag er außerdem diese bewußte Auslese des Bessergeeigneten über Versuch und Irrtum noch weiter zu vereinfachen, indem er theoretisch – also in geistiger Simulation der Praxis – Eignungswerte ermittelt und sich so die praktische Ausführung ungeeigneter Konstruktionen erspart.

Bei jeder Art von Auslese, sei es die negative oder die positive, die natürliche oder die künstliche – also bewußte und intelligente –, erhöht die Zahl verschiedener Varianten den Umfang des Auslesematerials und damit die Chancen für Erfolgstreffer. Bei den Pflanzen und Tieren ist eine möglichst große Variabilität von Individuen ebenso wichtig wie beim menschlichen Energonbau eine möglichst große Zahl praktischer Versuche und ausgetauschter Ideen.

Bei den Pflanzen und Tieren entwickelte sich die Zweigeschlechtlichkeit als ein evolutionsfördernder Mechanismus, der die Bildung von neuen Arten und damit ein Anschwellen des Lebensstromes begünstigt. Indem beim Vorgang der Paarung die Keimzellen verschiedener Individuen vereinigt werden und die Gene der beiden Partner verschmelzen, wird die Wahrscheinlichkeit, zu neuen Kombinationen von eingetretenen Mutationen zu gelangen, erheblich gesteigert.

Dies ist der Grund dafür, warum die so umständliche und aufwendige Einrichtung der regelmäßigen oder gelegentlichen Verschmelzung der Gene verschiedener Individuen bei praktisch allen Arten von Pflanzen und Tieren beibehalten wurde. Bei den höheren Wirbeltieren, insbesondere den Vögeln und Säugetieren, trat als Verbesserung dieser Mechanik noch die Fähigkeit hinzu, bei der Paarung unter den verfügbaren Geschlechtspartnern aktiv die effizientesten auszuwählen. Der menschliche Schönheitssinn, der in ursprünglicher Funktion die Auswahl des kräftigeren und harmonischeren Partners begünstigt, hat hier eine entwicklungsgeschichtliche Wurzel.

Bei den vom Menschen aus artifiziellen Funktionsträgern gebildeten Energonen – den Berufskörpern und Erwerbsorganisationen samt aller Luxusstrukturen – ist die Bildung neuer Varianten nicht mehr auf diese Mechanismen angewiesen. Hier eröffnete sich die völlig andere und weit einfachere Möglichkeit zur Kombination verschiedener Steuerungsrezepte. Durch sprachlichen Gedankenaustausch, durch geistige Auseinandersetzung mit fremder Meinung und Erfahrung, besonders aber über den Weg des Lesens schriftlicher Aussagen anderer, wird gleiches erreicht.

Rein äußerlich erscheint die Neukombination der Gene im Rahmen des Paarungsaktes von jener der im Gehirn niedergelegten Engramme über den Weg des Dialogs äußerst verschieden, doch geht es hier wie dort um die Bildung jener Elemente der Steuerung, die dann die Bildung neuer Organe und neuer Energonstruktur lenken. Die menschliche Forschung wurde zum Zentrum bewußter Speicherung und Kombination von Information – der bewußten Suche nach dem sich in der Auslese besser Bewährenden.

In der Wirtschaft ist es der Bedarf – also der Markt –, der aus dem Angebot das ihm Dienlichste auswählt und so den Entwicklungsweg der gesamten Produktionsmaschinerie einschließlich Handel und Dienstleistung bestimmt. Für alle vom Menschen aufgebauten und über Tausch erwerbenden Berufskörper und Erwerbsorganisationen ist er die steuernde Energiequelle – ebenso wie für pflanzliche Energone das Licht und für tierische die Beute. Er hat die gleiche Naturkraft wie die natürliche Auslese.

Eine Drosselung unterbindet eine zu Verbesserungen führende automatisch wirkende Mechanik von großer Dynamik und beeinträchtigt somit eine ganz von selbst erfolgende Energonentfaltung – nicht anders, als entzöge man den Pflanzen einen Teil des Lichtes oder als drossele man bei den Tieren die für sie erreichbare Beute. Die Folge ist in allen Fällen eine entsprechende Stagnation in der Entwicklung.

Die Möglichkeit zur Beeinflussung des Marktes von Seiten der Anbieter über Information oder Manipulation menschlicher Wünsche ist über Werbung und Propaganda gegeben. Marktforschung ist ein Instrument, um möglichst nur Geeignetes, also Marktwünsche Erfüllendes zu produzieren. Werbung und Propaganda sind Werkzeuge, um den intelligenten Ausleser zu beeinflussen: ihm dienliche Information zu vermitteln oder im Interesse des Anbieters die Richtung der Nachfrage zu bündeln und so die negative Trefferquote zu reduzieren.

Hieraus läßt sich folgender Satz ableiten:

33. Die Selektion der Energone, die Volumen und Potenz des Lebensstromes quantitativ und qualitativ am besten steigern, erfolgt automatisch und wird von den Bedingungen determiniert, die sich für ein potenzierendes energetisches Geschehen stellen. Der Lebensträger Mensch ersetzt kraft seiner Intelligenz die natürliche durch eine gezielte künstliche Auslese, wodurch eine Beschleunigung in der Effizienzsteigerung der Energone erfolgt. Die Auslese kann an positiven oder negativen Merkmalen ansetzen, indem sie das Geeignete fördert und das Ungeeignete ausmerzt. Wo sie unterbunden wird, kommt es zur Stagnation in der Entwicklung.

B. Limitierende Faktoren

Der Lebensstrom wird ausschließlich von Energonen fortgesetzt. Durch limitierende Faktoren wird die Richtung dieser Entwicklung entscheidend beeinflußt.

In Ketten aufeinanderfolgender Energone können erreichte Konstruktionsmerkmale Einschränkungen in der weiteren Entwicklung bewirken. Derartige Einschränkungen können darin bestehen, daß die Weiterentwicklung für eine gewisse Zeit oder für immer in beschränkten Bahnen eingeengt wird. Oder sie besteht darin, daß weitere Fortschritte nur stattfinden können, wenn Veränderungen an ganz bestimmten Punkten der Energonstruktur ansetzen.

Beispiele für den erstgenannten Zusammenhang sind der Genetische Code als selbststeuerndes Fortpflanzungsrezept und die Bildung von organischer Struktur aus Proteinen bei sämtlichen Pflanzen und Tieren. Zu beiden Konstruktionsmerkmalen kam es bereits in der ersten Phase der Energonevolution und legte diese über einen Zeitraum von zirka vier Milliarden Jahren in begrenzte Bahnen fest. Nur Fortschritte, die in entsprechenden Veränderungen des Genetischen Codes ihren Niederschlag fanden, konnten mit Hilfe dieser chemischen Schrift an nächstfolgende Energone weitergegeben werden. Ebenso konnten neue Organbildungen nur im Rahmen dessen erfolgen, was die Proteine als Baustoffe und Bauträger erlaubten.

Erst als beim Menschen die Bildung von Organen in steigendem Ausmaße vom vielzelligen Zentralnervensystem übernommen wurde, fielen die Beschränkungen fort. Jetzt wurde es möglich, daß Fortschritte auch ohne Fixierung im Genetischen Code an andere Energone übermittelt werden konnten – über Sprache, Schrift und weitere künstlich geschaffene Medien. Jetzt konnte auch von den Zellen nicht verarbeitbares Material, besonders Metalle, mit in den Bildungsstrom neuer Funktionsträger einfließen.

Als zweites wichtiges Beispiel für limitierende Faktoren ist der Mensch zu nennen, dessen angeborenes und erworbenes Verhalten seine Energonbildung einengt. Neben den eminenten Vorteilen, die der Mensch in Berufskörpern und Erwerbsorganisationen sowie auch in Luxusstrukturen als Funktionsträger bietet – durch seine Intelligenz, Vielseitigkeit und Anpassungsfähigkeit –, beschränkt er die Möglichkeiten der Entwicklung durch angeborene Schwächen, die man von jeher in Philosophie und Staatslehre als Unzulänglichkeit menschlicher Natur bezeichnet.

Ein weiteres Beispiel liefern Sitten, Brauchtum, Religionen und Ideologien und Lehrmeinungen, welche die Energonentwicklung in mancher Richtung außerordentlich gefördert haben, in anderer dagegen erheblich hemmten.

Den zweiten Zusammenhang, wie limitierende Faktoren in Erscheinung treten, illustriert die Tatsache, daß im Verlauf der pflanzlichen und tierischen Evolution effizienzsteigernde Mutationen sich immer nur dann auswirken konnten, wenn sie akkurat die jeweils schwächsten Punkte im Energongefüge trafen. Anders geformte Blüten, kräftigere Muskeln oder eine stärkere Verzweigung des Blutgefäßsystems konnten nur dann zu einem effizienteren Energontyp führen, wenn gerade diese Änderungen schwache Punkte in der bisherigen Gesamtkonstruktion darstellten. Andernfalls war der Vorzug, den sie boten – ihr Selektionswert –, zu gering, um sich im Wettbewerb durchsetzen zu können. Bei den notwendigen Anpassungen an Umweltbedingungen und Verbesserungen im inneren Gefüge treten laufend neue und andere Engpässe auf, deren Beseitigung vonnöten ist, damit eine Leistungssteigerung und Höherentwicklung erfolgen kann. Erst dem intelligent planenden und Zusammenhänge überschauenden Menschen wurde es im Rahmen seiner Energonbildungen – Berufskörper und Erwerbsorganisationen samt Luxusstrukturen – möglich, auf solche schwächste Punkte gezielt zu achten und seine Verbesserung daraufhin einzustellen.

Schließlich ist bei jedem Energon der Energieerwerb notwendigerweise die zentrale Fähigkeit und Eigenschaft, von der alle übrigen abhängen. Das aber bedeutet nicht, daß Energiemangel stets der limitierende Faktor bei Wachstum und Vermehrung sein muß. Besonders deutlich wird dies bei den Landpflanzen, die bestenfalls ein Prozent der einfallenden Lichtmenge vereinnahmen können, weil ihre Betriebskapazität dies auch bei optimaler Wasserversorgung und ansonsten günstigsten Voraussetzungen einfach nicht zuläßt.

Wenn von Seiten der Molekularbiologen die zentrale Bedeutung des

Energieerwerbs bei allen Lebensstrukturen bisher nicht erkannt wurde, so liegt das daran, daß in der ersten Phase der Lebensentfaltung das damalige Urmeer mit energiereichen Bausteinen im Übermaß erfüllt war. Zu jenem Zeitpunkt war also nicht Energieerwerb sondern die Herausbildung eines Fortpflanzungsmechanismus für sich akkumulierende Information derjenige Engpaß, der überwunden werden mußte, um eine Weiterentwicklung in Gang zu setzen.

Daraus läßt sich folgender Satz ableiten:

34. In der Evolution der Energone spielen limitierende Faktoren eine wesentliche Rolle. Strukturelemente können die Möglichkeiten der Weiterentwicklung vorübergehend oder für immer einengen. Verbesserungen müssen jeweils an den funktionell schwächsten Stellen ansetzen, um für den Konkurrenzkampf ausreichende Effizienzsteigerungen, die sich in wirksamer Überlegenheit niederschlagen, zu bewirken.

D. Polaritäten der Ausrichtung

Der Lebensstrom wird ausschließlich von Energonen fortgesetzt. Durch Polaritäten in der Ausrichtung wird diese Entwicklung entscheidend beeinflußt.

Die Strukturen aller Energone und ihrer Funktionsträger werden durch die maßgebenden Faktoren ihrer Außen- und Innenfront determiniert. Aufgrund limitierender Faktoren können manche Konstruktionsmöglichkeiten nicht erreicht werden. Als weiteren Evolutionsfaktor erkennen wir Polaritäten der Ausrichtung, welche für Energone allgemeingültige Entwicklungsrichtungen festlegen und die für sie zweckmäßige Ausbildung mitbestimmen. Sie kanalisieren die Entwicklung und treffen die Energone mit unterschiedlicher Intensität.

Bei den Pflanzen und Tieren spielt das Körpervolumen eine wesentliche Rolle. Je größer dieses ist, desto größer wird das mit dem Kubus anwachsende Gewicht im Verhältnis zu den nur mit dem Quadrat zunehmenden Querschnitten der tragenden und fortbewegenden Einheiten. Der Vergleich zwischen dem Stamm einer jungen und einer ausgewachsenen Eiche oder zwischen den Gliedmaßen einer Maus und eines Elefanten zeigt dies deutlich. Bei anwachsendem Volumen wird außerdem die Oberfläche relativ kleiner, was weniger Wasser- oder Luftwiderstand, geringere Wärmeabgabe und geringeren Feuchtigkeitsverlust zur Folge haben. Bei den aus nicht verwachsenen Funktionsträgern bestehenden Berufskörpern und Erwerbsorganisationen tritt die Bedeutung dieser eben genannten Zusammenhänge zurück. Nunmehr äußert sich die durch das Volumen bedingte Polarität darin, daß bei Unternehmen, Organisationen und Luxusstrukturen größeren Zuschnittes überproportionale Kontroll- und Schutzfunktionen erforderlich sind.

Eine weitere Polarität in der Ausrichtung ergibt sich aus den Entfernungen, die zum Energie- und Stofferwerb, zur Fortpflanzung oder zur Feindabwehr durchmessen werden müssen. Energone, die am Ort festsitzend zur positiven Bilanz gelangen – etwa Landpflanzen, sessile Tiere, ein Bauerngehöft, eine zahnärztliche Praxis oder Lichtspielhäuser –, sind dieser Problematik enthoben. Je weitere Strecken zurückzulegen sind, desto größer wird der Aufwand und desto stärker wird die Anfälligkeit gegenüber störenden und feindlichen Umwelteinflüssen. Bei mobilen Tieren, bei Berufskörpern und Erwerbsorganisationen zwingt ein sich verdichtender Konkurrenzkampf – aufgrund der gegebenen Umstände – den Energonen einen immer größeren Aktionsradius auf.

Die Polarität von Kontinuität und Diskontinuität bei der Aufgabenerfüllung prägt ebenfalls die Entwicklungsrichtung in allen Bereichen der Energonentfaltung. So sind Energone, deren Energiequelle kontinuierlich erschließbar ist, notwendigerweise anders strukturiert als jene, die, um zu bestehen, seltene Erwerbschancen in vollem Einsatz wahrnehmen müssen. Bei letzteren werden Präzision und Schnelligkeit zur wichtigsten Waffe. Von größter Bedeutung werden hier auch die Zeiträume, in denen sich der mögliche Erwerb abspielt. Auffangfähigkeit in Stoßzeiten und Bewältigung der sich bietenden Chancen sind bei ihnen nicht minder wichtig als die Fähigkeit, in erwerbslosen Phasen die laufenden Kosten auf ein Minimum zu reduzieren. Die überragende Bedeutung dieser Polarität tritt an allen Sektoren der Außen- und Innenfront zutage. Daher der oft krasse Unterschied zwischen Funktionsträgern, die in einem kontinuierlich gleichmäßigen Einsatz stehen, gegenüber solchen, die auf gelegentlichen und plötzlichen Einsatz zugeschnitten sind.

Auch aus der Zahl der Funktionsträger ergibt sich eine für alle Energone nachweisbare Polarität in der Ausrichtung. Großenergone, mit vielen

Funktionsträgern, können auf mannigfache Einzelleistungen spezialisiert sein, die sie gegenüber kleineren überlegen machen. Andererseits sind sie mit der Hypothek eines unproportional anwachsenden und umständlichen Versorgungs- und Kontrollapparates belastet, der sich in ihrer Bilanz negativ niederschlägt. Dies gilt für sämtliche Energongruppen und besonders auch für die vom Menschen gebildeten Luxusstrukturen. Je umfangreicher und vielseitiger ein Energon oder Luxuskörper wird, desto größer werden die zu seiner Verwaltung nötigen Hilfsstrukturen und der damit verbundene Aufwand.

Am stärksten ins Auge fallend ist die Polarität von Einseitigkeit und Vielseitigkeit – von Spezialisierung und Universalität. Ist zum Beispiel eine Energiequelle über lange Zeiträume hinweg permanent ergiebig, dann können sich Energone auf ihre Erschließung ausrichten und rationell spezialisieren. Ist sie es nicht, dann geraten Spezialisten in Bedrängnis und sind früher oder später zum Untergang verurteilt. Im Konkurrenzkampf ist dann der Universalist im Vorteil, weil er viele verschiedene Quellen anzuzapfen in der Lage ist. Zwar ist er erkennbar in jeder einzelnen Erwerbsart von geringerer Schlagkraft, erreicht jedoch eine bessere Gesamtbilanz, weil seine Universalität ihn gegen ein extrem hohes Einzelrisiko absichert. Bei Stofferwerb, Feindabwehr und allen sonstigen Funktionen an der äußeren und inneren Front trifft dies ebenso zu und gilt ohne Einschränkung für sämtliche Pflanzen, Tiere, Berufsköper und Erwerbsorganisationen samt Luxusstrukturen.

Daraus läßt sich folgender Satz ableiten:

35. Energone sind durch Polaritäten in der Ausrichtung gekennzeichnet, die allgemein maßgebende Entwicklungsrichtungen festlegen. Das für sie zweckmäßige Funktionsgefüge wird durch die Energongröße und den benötigen Aktionsradius wesentlich beeinflußt, ferner durch Kontinuität oder Diskontinuität zu erbringender Funktionen, durch die Zahl der Funktionsträger und das für die Tätigkeit notwendige Maß an Spezialisierung oder Vielseitigkeit.

E. Kooperation

Der Lebensstrom wird ausschließlich von Energonen fortgesetzt. Durch die Möglichkeit der Kooperation wird die Richtung dieser Entwicklung entscheidend beeinflußt.

Grundlage für die Höherentwicklung der Energone und damit für das Anschwellen des Lebensstromes ist die Energonen gegebene Möglichkeit, mit anderen zu kooperieren. Es entsteht dann eine Arbeitsgemeinschaft, in der jeder Teil zum Funktionsträger des anderen wird.

Den Vorgang der Symbiose zeigen uns Pflanzen und Tiere. Bei jener zwischen Einsiedlerkrebs und Seeanemone wird der Einsiedlerkrebs zum Fortbewegungsorgan der Seeanemone und diese zu seinem Schutzorgan. Bei den Einzellern, die im Darm der Termite das von ihr gefressene Holz aufbereiten und ihr so eine Drüsenfunktion ersparen – während sie selbst mühelos an gesicherte Nahrung gelangen –, befindet sich ein Symbiont im Körper des anderen und ist um ein vielfaches kleiner als dieser. Bei Tieren mit Brutpflege stellt das Zusammenwirken der Eltern eine Symbiose zwischen Energonen der gleichen Art dar, die zur Bildung von Sippen und Verbänden überleitet. Im Geschäftsleben konstituiert jeder Vertrag eine Symbiose, und in Unternehmen kann jeder Angestellte ebensogut als dessen Organ wie auch als dessen Symbiont angesehen werden.

Für jede Kooperation gilt, daß die entstehende Gemeinschaft als neues größeres Energon anzusehen ist, sofern der Nutzen bei getrennter Tätigkeit insgesamt geringer als bei vereinter Tätigkeit ausfällt. Bei Symbiosen, in denen jeder Partner für den anderen bloß eine von diesem benötigte Leistung erbringt, liegt ein aus geringfügig integrierten Teilen bestehendes Energon vor. Je vielseitiger die funktionelle Verflechtung zwischen den Kooperationspartnern wird, desto mehr steigert sich die Integration des von ihnen gebildeten Energons.

Erzwungene Kooperation ist dann gegeben, wenn ein Energon ein anderes gewaltsam in ein ihm dienliches Organ verwandelt, was Mechanismen der Fesselung und erhöhter Kontrolle notwendig macht. Bei den Zellen im Körper der Vielzeller hat es den Anschein, daß die Partnerschaft eine freiwillige ist, da sie die Lebenschancen aller Beteiligten steigert. Die Krebszelle, welche ihren Dienst gleichsam aufkündigt und sich in einen Parasiten verwandelt, legt indes nahe, daß diese Partnerschaft letztlich doch eine erzwungene ist. Der Mechanismus zur Fesselung und Kontrolle ist hier der in allen Zellen befindliche gleiche Genetische Code und die dort ausgebildeten Hemmstoffe (Regelproteine), die Teile dieses Erbrezeptes – dieser Programmierung für die Gesamtheit – abdecken und so den Einzelzellen ihre jeweilige Differenzierung und Spezialaufgabe zuteilen. Da die Hemmstoffe ebenfalls über Wirksamkeit des Genetischen Code hergestellt werden, also auch in diesem kodiert sind, ist dieses Erbrezept so geartet, daß es sich gleichsam selbst bändigt. Es schränkt seine Freiheitsgrade von sich aus ein – ebenso, wie es als Ergebnis von Intelligenzakten Gemeinschaften durch Gesetze und Tabus tun.

Bei der tierischen und menschlichen Verbandsbildung, die über Seßhaftwerden zur Staatenbildung führt, werden räumlich getrennt operierende Energone aneinander gebunden und zur Gemeinschaftsleistung bewogen – also koordiniert. Ob solche Verbands- oder Staatenbildung über Entwicklung angeborener Verhaltenssteuerungen oder Intelligenzakte erfolgt, hat keinen Einfluß auf die Effizienz des Entstandenen. Bewährt sich das so entstandene neue Energon, dann trägt es den Lebensstrom – wie auch immer es zustande gekommen sein mag. Bewährt es sich dagegen nicht, dann trägt es den Lebensstrom nicht weiter – wie auch immer es zustande gekommen sein mag.

Besonders bei den nicht verwachsenen Berufskörpern und Erwerbsorganisationen sind Möglichkeiten gegeben, daß Funktionsträger eines Energons auch Kooperationen mit anderen Energonen eingehen. Darüber hinaus ist hier sogar zwischen Funktionsträgern verschiedener Energone eine Kooperation möglich. Je nachdem, ob solche Kooperation freiwillig oder erzwungen erfolgt, haben auch sie entsprechenden Leistungsaustausch beziehungsweise Mechanismen der zwangsweisen Lenkung und Kontrolle zur Voraussetzung.

Über Kooperationen kam das Geflecht menschlicher Kultur und Zivilisation zustande, welches auf koordinierter menschlicher Arbeitsteilung beruht und sich auf Leistungstausch – Produktionsweisen – im Rahmen gegebener Umweltbedingungen – Produktionsverhältnisse – stützt. Wie Marx, Engels, Sombart und andere bereits erkannten, haben die so entstandenen Erwerbsformen über Produktionsweisen den geschichtlichen Ablauf tiefgehend beeinflußt, ja in seinen Entwicklungsrichtungen determiniert. In diesem Sinne sind auch alle Formen der Kooperation von der einfachsten bis zur komplexesten Evolutionsfaktoren von erstem Rang. Wenn Adam Smith the invisible hand – die unsichtbare Hand – letztlich für die Lenkung des Wirtschaftsgeschehens verantwortlich machte, dann erweist sich diese aus der Sicht der Energontheorie als jene des Lebensstromes, welcher der Gesamtevolution der Energone die Richtung aufzwingt.

Hieraus läßt sich folgender Satz ableiten:

36. Die Evolution der Energone stützt sich auf Kooperation, welche die Bildung eines hierarchischen Stufenbaues nach sich zieht. Symbiose und Verbandsbildung bewirken die Entstehung immer größerer Energone. Über Gewalt, Leistungstausch und Partnerschaft können Energone andere Energone zu ihren dienlichen Organen machen. Bei Berufskörpern und Erwerbsorganisationen nebst Luxusstrukturen ist es sogar möglich, daß Funktionsträger eines Energons mit fremden Energonen oder deren Funktionsträgern Kooperationen eingehen.

F. Wertkonflikte

Der Lebensstrom wird ausschließlich von Energonen fortgesetzt. Dabei auftretende Wertkonflikte beeinflussen die Richtung dieser Entwicklung entscheidend.

Der Lebensstrom setzt sich ausschließlich über Energone fort, sie sind seine Weiterträger und Steigerer, sie machen ihn möglich, sind seine Organe. Keineswegs jedoch herrscht Übereinstimmung zwischen den Interessen des Lebensstromes und jenen der Energone, seiner Diener.

Lange individuelle Lebensdauer darf bei Energonen als in ihrem Individualinteresse liegend angesehen werden – den Interessen des Lebensstromes ist sie dagegen nicht unbedingt förderlich. Zwar wird durch lange Lebensdauer sein Weiterfließen gefördert und bei individuellem Wachstum auch das Anschwellen seines Volumens und seiner Potenz begünstigt. Doch kann weitergehendes Anschwellen nur über die Bildung von neuen Energontypen erfolgen, die den Lebensstrom in weitere Gebiete vortragen und seine Gesamtfähigkeit, funktionslose Materie mit in seinen Dienst hineinzuzwingen, steigern.

Das Hochkommen von neuen Energonen wird indes durch längere Lebensdauer schon bestehender verzögert. Ältere, etablierte Energone stehen jüngeren, nachdrängenden fast immer im Wege – und damit auch den für den Lebensstrom wichtigen Neubildungen. Sie bilden gleichsam eine Mauer, die den Fortschritt abblockt. Sie verwehren den Zugang zu Energie- und Stoffquellen, versperren den zur Entfaltung benötigten Aktionsraum und erweisen sich so, im Besitz der besseren Ausgangsposition und mit Erfahrungen versehen, als im Konkurrenzkampf überlegen. Wollte man den Lebensstrom in seiner Gesamtheit personifizieren, dann könnte man mit Goethe von ihm sagen, daß ach, zwei Seelen, in seiner Brust wohnen. Einerseits liegt nämlich lange Lebensdauer seiner Energone durchaus in seinem Interesse, andererseits jedoch wird sie ihm zum Nachteil. Ein erster, höchst gravierender Wertkonflikt innerhalb des Lebensstromes wird hier offenbar. So wie in jedem Energon die Funktionsträger auf das Ganze abgestimmt sein müssen, so gibt es auch notwendige Abstimmungen zwischen den Energonen und dem Lebensstrom – also zwischen diesem und seinen Organen. Die Phänomene des Alterns und Vergehens erscheinen nach dem gewohnten Denken als etwas Negatives – vom eigentlichen Selektionswert her haben sie indes auch positiven, funktionellen Charakter.

Die einschneidende Bedeutung der menschlichen Intelligenz im Rahmen der Energonentwicklung tritt auch hier grell an den Tag. Während bei allen Pflanzen und Tieren die Wachstums- und Anpassungsfähigkeit erbmäßig festliegt, kommt es bei den vom Menschen aus artifiziellen Funktionsträgern gebildeten Berufskörpern und Erwerbsorganisationen zur grundsätzlich neuen Möglichkeit der individuellen Wandlungsfähigkeit von Energonen. Berufstätige können ihren Beruf wechseln und Betriebe ihr Produktionsprogramm. Diese Energone können sich also auf neue Erwerbsmöglichkeiten, Entwicklungen und Entfaltungen umstellen und haben damit die Möglichkeit, sich von einer Energonart in eine völlig andere zu verwandeln. Bei ihnen steht darum lange individuelle Lebensdauer nicht mehr in grundsätzlichem Konflikt zu den Wertungen des Lebensstromes. Die durch Kriege verursachten Zerstörungen haben indes deutlich gezeigt, daß auch hier maximale Lebensdauer für die Gesamtentwicklung – vom Lebensstrom her gesehen – nicht unbedingt von Vorteil ist. Ein Wiederaufbau gibt Neuerungen Raum und Gelegenheit zur Erprobung, die ohne gewaltsam unterbundene Lebensdauer sich nur langsamer, wenn überhaupt hätten entwickeln und durchsetzen können. Die so wenig ansprechende Behauptung von Heraklit, der Krieg sei der Vater aller Dinge, ist somit nicht leichtfertig abzutun. Nicht nur beruht die gesamte Energonentfaltung auf einem Konkurrenzkampf zwischen den einzelnen Energonindividuen und Energonarten, nicht nur wurde Beraubung oder Vernichtung anderer Energone zum Energieerwerb ganzer Energongruppen – besonders der Tiere –, sondern auch Tendenzen zur Aggression und Vernichtung gehören mit zur funktionellen Voraussetzung für Höherentwicklung und Fortschritt.

In der bisherigen Naturbetrachtung wurde bei den Pflanzen und Tieren die Erhaltung der Art, das Artinteresse also, als Hauptanliegen der Evolution angesehen. Von höchstem Selektionswert wäre somit jene Art, die sich anderen gegenüber am stärksten durchsetzt. Dies ist jedoch eine arge Simplifikation, ja falsch. Denn sobald eine überlegene Art das Optimum ihrer Ausbreitungsmöglichkeit erreicht hat und zum Gleichgewicht mit den anderen Arten gelangt, werden für die Gesamtentwicklung weitere Eigenschaften bedeutsam, die dem Erhaltungswert der Art ebenso wenig dienen wie das Artinteresse dem Individualinteresse.

Alle Organe der Fortpflanzung und diese selbst bedeuten in der Bilanz des Individuums Ausgaben, die nicht ihm sondern nur der Art dienen. Denn je effizienter ihre Leistung ist, über um so größere Areale breitet sich diese Energonart aus – während dem Individuum neue Konkurrenten erwachsen. Kommt diese Energonart dann eines Tages an jene Grenze, über die hinaus sie ein weiteres Anschwellen des Lebensstromes nicht bewirken kann, dann gewinnen wiederum Mechanismen Selektionswert, die nicht der Arterhaltung sondern der Bildung von neuen Arten dienen. Bei den Pflanzen und Tieren ist dies in erster Linie die Zweigeschlechtlichkeit. Über diesen evolutionsfördernden Mechanismus werden zufällig aufgetretene Veränderungen in den Erbrezepten – die Mutationen – in immer neue Kombinationen gebracht, was die mögliche Entstehung von Neuem und damit auch von Bessergeeignetem stark fördert. Streng von der Bilanz her gesehen, dienen die dafür nötigen Organe und Anstrengungen ebenso wenig wie jene der Fortpflanzung dem Individualinteresse. Für das Individuum stellen sie ebenfalls Belastungen und Erhöhung des Existenzrisikos dar. Sie steigern somit weder den Individualwert noch den Artwert – jedoch das Anschwellen des Lebensstromes. Die gesamte Evolution der Pflanzen und Tiere zeigt auf das deutlichste einen permanenten Wertkonflikt zwischen Individuum, Art und Lebensstrom. Bei den Berufskörpern und Erwerbsorganisationen tritt das Artinteresse zurück, da die Fortpflanzung vom Genetischen Code auf das Zentralnervensystem übergeht und damit die gezwungenermaßen artgleiche Fortpflanzung der Energone ein Ende findet.

Weitere Wertkonflikte bringen alle Formen der Kooperation, die sich auf Gewalt stützen. Wird ein Energon gegen seinen Willen zum Organ eines anderen gemacht – etwa ein Tier durch den Menschen zum Haustier, ein

Mensch durch einen anderen Menschen oder durch einen Verband zum Sklaven, oder ein Staat durch einen anderen zum Vasallen –, dann erhöht dies das Potential des Ausbeuters und verringert des Ausgebeuteten Individualität. Der Lebensstrom – ein blindes, physikalisches Geschehen – kennt keinerlei Präferenz. Fördert ihn das über Gewalt entstandene stärkere Energon mehr, dann hat dieses größeren Selektionswert. Wird es durch den Vorgang geschwächt – etwa indem es sich in Luxustätigkeiten erschöpft –, dann vermindert sich dieser Wert. Manche Erscheinungen seit Auftreten des Menschen, welche in ethischer Sicht höchst verwerflich erscheinen – wie Tyrannei und Ausbeutung –, mögen somit sehr wohl den Lebensstrom gefördert haben, indem der Machtzuwachs einiger seiner Weiterträger dem Fortschritt mehr diente und ihn förderte, als die Unterdrückung und Erpressung anderer sich in seiner Gesamtbilanz negativ niederschlug.

Aber auch freiwillige Kooperation, die auf beiderseits befriedigendem Leistungstausch beruht, führt zu Wertkonflikten, die bei jedem Versuch einer rechnerischen Bestimmung des echten Selektionswertes mit ins Kalkül gezogen werden müssen. Durch freiwilligen Zusammenschluß entstehen ebenfalls größere oder stärkere Energone, deren Interessen nicht mehr durchaus mit jenen ihrer Teile übereinstimmen. Die Interessen eines vom Menschen gebildeten Berufskörpers stimmen oft nicht mit den Privatinteressen dieses Menschen überein. Die Interessen eines Unternehmens stimmen nicht mit jenen der Berufskörper überein, die es in seinen Dienst stellt. Die Interessen eines Staates – wie auch immer er strukturiert sein mag – decken sich durchaus nicht in allen Belangen mit den Interessen der ihm angehörenden Bürger, Berufskörper und Erwerbsorganisationen – von den Luxusstrukturen ganz zu schweigen. Funktionsträger und Verhaltensweisen, die für den einen Teil von Wert sind, müssen es durchaus nicht für den anderen sein.

Schon bei den Pflanzen und Tieren zeigt sich, einen wie wichtigen Evolutionsfaktor die Bildung von Hierarchien darstellt. Hierarchien waren eine entscheidende Voraussetzung für die Höherentwicklung der Energone. Aus Einzelzellen entstanden Vielzeller, und manche Vielzeller bilden Verbände und Staaten – unter den Tieren etwa Korallenpolypen, Wölfe und Affen, Staatsquallen, Bienen und Termiten. Energone bauen in jedem solchen Fall größere Energone auf, in deren Körper sie dann zu mehr oder minder integrierten Organen werden. Bei den vom Menschen gebildeten, nicht fest zusammengewachsenen Energonen, den Berufskörpern und Erwerbsorganisationen samt allen ihnen anhaftenden Luxusstrukturen, steigerte sich diese Bildung von Hierarchien noch mehr. Im Berufskörper ist der Mensch nur noch eine Anzahl von insgesamt notwendigen Organen, sprich Funktionsträgern. In Unternehmen werden Berufskörper zu Organen. In Trusts und Vereinigungen werden Unternehmen zu Organen. Im Staat werden Menschen, Berufskörper, Unternehmen, Trusts und Vereinigungen zu Organen. Zwischen jeder Ebene gibt es Interessenkonflikte, die verschiedene Wertungen setzen und somit Wertkonflikte verursachen. Nur Einrichtungen, die einem Interesse dienen, haben für einen Interessenten Wert – er bevorzugt, selektiert sie. Dient eine Einheit mehreren Interessen, dann kommt es zum Konflikt – wie schon das Sprichwort sagt: man kann nicht mehr als einem Herren dienen. Werden Unterschlagungen verübt, dann dient dies den Privatinteressen dessen, der unterschlägt, schädigt dagegen jene des Energons, dem er verpflichtet ist. Verrät ein Offizier militärische Geheimnisse an eine Feindesmacht, dann erwachsen ihm individuelle größere Einkünfte, während der Staat unter Umständen Einbußen erleidet, die um ein Tausendfaches größer sind als der einem seiner Organe zufließende Profit. In beiden Fällen kann jedoch der Schädigende der Überzeugung sein, recht zu handeln.

Bei den Berufskörpern und Erwerbsorganisationen ist es aufgrund ihrer nicht verwachsenen Funktionsträger möglich, daß Organe verschiedener Energone Partnerschaften und damit neue Energone bilden. Ein Beispiel dafür sind Religionsgemeinschaften, Parteien, Vereine und Gewerkschaften. Die Familie stellt ein besonders wichtiges Energon dar, das in hohem Maße Wertkonflikte aufzeigt. Solche treten bei der Teilung von Erwerbsergebnissen in Erscheinung und ebenso, wenn Familienmitglieder sich anderen oder rivalisierenden Energonen anschließen oder anschließen müssen. Die Interessen sind somit in diesem Energonbereich höchst mannigfach und veränderlich, so daß entsprechend viele Wertkonflikte die Folge sind. Welcher dieser Werte sich jeweils für den Lebensstrom stärker auswirkt, ist höchst unübersichtlich – zeigt sich manchmal erst nach langer Zeit.

Beim ständigen Wandel der Energonentfaltung kommt es nicht selten vor, daß Neuerungen in Struktur und Verhalten tiefgreifende Nebenerscheinungen zeitigen, die oft ihren ursprünglichen Selektionswert bei weitem übersteigen. So führte beispielsweise die Erfindung von Radio und Fernsehen zu soziologischen Veränderungen, die weit außerhalb der ursprünglichen Funktion dieser Einrichtungen liegen. Und die von Priesterschaften ausgeübte Macht führte zu eminenten politischen Entwicklungen – wenn ein Herrscher sich selbst zum Träger dieser Macht ernannte.

Im Bereich der vom Menschen gebildeten Energone kommen zu allen diesen Wertkonflikten noch weitere hinzu, die sich aus Verhaltensnormen und Tendenzen ergeben, die dem Menschen angeboren sind oder über Erziehung und Sitte in ihn einfließen. Hierbei sind drei Hauptbereiche zu unterscheiden: der menschliche Sinn für das Schöne, seine Tendenz, sich weltanschaulichen Konzepten, Sitte und Brauchtum zu unterwerfen, und schließlich sein Hang zur Annehmlichkeit, sprich Luxus.

Fast jedes Erzeugnis ist heute nicht nur auf Funktionsfähigkeit ausgerichtet – also nicht nur auf Zweckmäßigkeit –, sondern auch auf den in unserem Schönheitssinn wurzelnden, durch Sitte und Mode beeinflußten Geschmack. Bei fast jedem Werkzeug, jeder Maschine, jedem Gebäude finden wir Details, die Extraausgaben oder Leistungseinbußen verursachen, jedoch trotzdem realisiert werden, weil sie dem ästhetischen Empfinden so besser entsprechen – also für Käufer und Verkäufer höheren Selektionswert besitzen. Dort, wo nach rein utilitaristischen Gesichtspunkten vorgegangen wird und man glaubt, den Schönheitssinn – weil er Kosten verursacht – außer Acht lassen zu dürfen, fühlen sich die Betroffenen nicht wohl, selbst wenn sie das Angebotene dringend benötigen. Nirgendwo kommt dies deutlicher zum Ausdruck als bei den weltweit verbreiteten häßlichen Massensiedlungen.

Die Tendenz des menschlichen Geistes, sich mit seinem Dasein auseinanderzusetzen, führt zur Bereitschaft, sich religiösen Lehren zu unterwerfen und weltanschaulichen Doktrinen anzuschließen, die sowohl Antworten auf das ansonsten bohrende Warum als auch Richtlinien der Ordnung für die Lebensführung geben. Auch solche Konzepte erwiesen sich als einschneidend wichtiger Evolutionsfaktor, der in vielen Bereichen darüber entscheidet, welchen materiellen und ideellen Strukturen Präferenz gegeben wird, wo die Prioritäten gesetzt werden – welchen Entwicklungsrichtungen somit höherer Selektionswert zukommt.

Sitte und Brauchtum sind Gemeinschaftsgewohnheiten, die sich im Rahmen kleinerer und größerer Menschengemeinschaften bilden und sich dann über Erziehung mit großer Beharrlichkeit von einer Generation auf die andere fortpflanzen. Traditionen, Feste, Zeremonien und sonstige Gepflogenheiten gehören hierher. Auch diese Normen des Gemeinschaftsverhaltens konstituieren Werte, die oft mit anderen kollidieren, und haben weitgehenden Einfluß darauf, welche materiellen Strukturen und Verhaltensweisen im Evolutionsverlauf bevorzugt zur Verwirklichung gelangen und welche nicht.

Das Streben nach Luxus – nach Situationen, die aufgrund der angeborenen Triebe und der erworbenen Richtlinien und Gewohnheiten als befriedigend, lust- und glücksbringend empfunden werden – wurde bei der menschlichen Energonbildung zur stärksten und eigentlichen Triebkraft in dieser Entwicklung. An sich werden durch die Luxusbestrebungen des Menschen fast allen von ihm gebildeten Berufskörpern und Erwerbsorganisationen Mittel entzogen, welche weder zur Vergrößerung der Energonstrukturen noch zur Bildung neuer Energone verwendet werden. Andererseits jedoch wurde das menschliche Luxusstreben zur erschließbaren Energiequelle für eine ungeheuere Vielfalt neuer Energontypen, die sich auf Befriedigung von Luxusbedarf spezialisieren. Außerdem führt dieses Streben ganz automatisch zum Impuls, über Arbeit Geld zu verdienen – also Energone zu bilden, sie zu stärken oder in ihrem Funktionsgefüge erfolgreich mitzuarbeiten. Deshalb fördert Luxusstreben die Interessen des Lebensstromes – selbst wenn es andere Entwicklungsrichtungen und Wertungen stört. Voraussetzung ist allerdings, daß es den Leistungsansporn wirklich steigert. Wo nämlich Luxusstreben zum Selbstzweck wird, Schwäche erzeugt und zur Leistungsverweigerung führt, verliert es seinen Selektionswert und wird zur Ursache des Unterganges von Kulturen. Auch hier tritt somit ein krasser Wertkonflikt an den Tag, der die Wirbel im Lebensstrom seit dem Auftauchen des Menschen erheblich beeinflußt hat.

Wesentlich ist die Erkenntnis, daß der Mensch aufgrund seiner Intelligenz in der Lage ist, die absolute Priorität der Lebensstrominteressen zu brechen und diesem eigene Wertungen aufzuzwingen. Träte dies ein, dann würde er sich, das Werkzeug eines gigantischen Prozesses, zu dessen Herren und Richtungsgeber machen. In letzter Konsequenz könnte dies aber auch den Lebensstrom wieder fördern, indem es zwar dessen maximale Expansion unterbindet, jedoch andererseits sicherstellt, daß dieses blinde physikalische Geschehen sich nicht am Ende selbst zerstört.

Zusammengefaßt bedeutet dies, daß es zwischen dem Lebensstrom und den ihn weitertragenden Energonen mannigfache Interessenkonflikte gibt – und ebenso zwischen den Energonen untereinander. Individualinteresse deckt sich nicht mit Artinteresse oder dem des Lebensstromes. Energonpartnerschaften, gleichwohl ob gewaltsam geschaffen oder freiwillig eingegangen, führen zur Bildung von neuen größeren Energonen, deren Interesse sich nicht voll mit jenen seiner Bestandteile deckt. Die Höherentwicklung der Energone beruht auf der Bildung von Hierarchien, bei denen die Interessen auf jedem Niveau divergieren. Die Konsequenz sind Wertkonflikte, die im Bereich der vom Menschen gebildeten Energone durch ihm angeborene oder anerzogene Tendenzen – besonders ästhetisches Empfinden, religiöse oder ideologische Ausrichtung und Luxusstreben – noch weiter kompliziert werden. Von höchstem Selektionswert sind immer jene Strukturen und Verhaltensweisen, die das Weiterfließen und Anschwellen des Lebensstromes am stärksten begünstigen. Kraft seiner Intelligenz hat jedoch der Mensch es zumindest theoretisch in der Hand, den Lebensstrom seinen Individualinteressen zu unterwerfen und unterzuordnen.

Daraus läßt sich folgender Satz ableiten:

37. Die Energonentfaltung ist durch Wertkonflikte gekennzeichnet, die sich aus divergierenden Interessen zwischen Individuum, Art und Evolution sowie im hierarchischen Stufenbau ergeben. Bei den Berufskörpern und Erwerbsorganisationen setzen darüber hinaus angeborene und erworbene Verhaltensweisen des Menschen ausgeprägte Werte. Insbesondere sind dies metaphysisches Bedürfnis, ästhetisches Empfinden, Sitte, Brauchtum und Streben nach Glück.

G. Vernetzung

Der Lebensstrom wird ausschließlich von Energonen fortgesetzt. Dabei entstehende Vernetzung kann ebenfalls die Entwicklungsrichtung entscheidend beeinflussen.

Energone sind von Umweltbedingungen abhängig. Sind diese für sie günstig, dann steigt ihre Zahl, werden sie ungünstig, dann können sich nur extrem angepaßte Typen behaupten. Zur Umwelt gehören auch alle Energone der unmittelbaren und mittelbaren Nachbarschaft: als Energie- oder Stoffquellen, als Wachstums- oder Fortpflanzungshelfer, Feinde oder Förderer. Florieren diese, dann wirkt sich das entsprechend positiv oder negativ aus, vermindert sich deren Zahl, dann hat das die entgegengesetzten Folgen. Im Gegensatz zur freiwilligen oder unfreiwilligen Kooperation, welche stets Energonbildung zur Folge hat, streben solche Abhängigkeiten Gleichgewichtszustände an.

Eine besonders universelle Abhängigkeit besteht zwischen der Gesamtheit aller Pflanzen und der Gesamtheit aller Tiere. Die Pflanzen benötigen Kohlendioxyd und scheiden einen Überschuß an Sauerstoff ab, die Tiere benötigen Sauerstoff und scheiden Kohlendioxyd ab. Der weitgehend konstante Gehalt der Atmosphäre an Sauerstoff und Kohlendioxyd zeigt ein global weitgehend konstantes Verhältnis zwischen dem Gesamtvolumen an Tieren und dem Gesamtvolumen an Pflanzen. Ähnlich generell ist im Bereich der vom Menschen gebildeten Energone und Luxuskörper die Abhängigkeit zwischen Angebot und Nachfrage. Die Nachfrage ist die Energiequelle für anbietende Energone – das Angebot die Voraussetzung zur Bildung von Energonen und Luxusstrukturen, die ihrerseits wieder Nachfrage schaffen.

Das Verhältnis von Räubern zu ihrer Beute entspricht dem in der Weltwirtschaft zwischen Anbietern und Nachfragern. Vermehren sich die Beutetiere oder Beutepflanzen, dann ist für Raubtiere ein reich gedeckter Tisch vorhanden. Sie können anwachsen und sich vermehren. Wächst bei entsprechender Zahlungskraft die Nachfrage nach Erzeugnissen, Waren oder nach Dienstleistungen, dann ist für Anbieter ein reich gedeckter Tisch vorhanden. Sie machen gute Geschäfte und vermehren sich alsbald. Entstehen nun zu viele Räuber oder Anbieter, dann setzt der entgegengesetzte Vorgang ein. Die Beute wird allzusehr dezimiert, die Nachfrage ist gesättigt und läßt nach. Also kommt der Punkt, an dem Beute und Nachfrage nicht mehr ausreichen – Räuber verhungern, Anbieter gehen in Konkurs. Die Zahl der Räuber und Anbieter sinkt entsprechend, was früher oder später wieder eine Vermehrung der Beute und der Nachfrage zur Folge hat. Hier wie dort gibt es somit periodische Schwankungen, wobei die Maxima und Minima von Beute und Nachfrage jenen von Räubern und Anbietern jeweils um Zeitsprünge – bis zu Jahren und Jahrzehnten – voraus sind.

Stirbt – aus welchem Grund auch immer – eine Pflanzen- oder Tierart aus, dann sind nicht nur die Räuber, die von eben dieser Art leben, davon betroffen, sondern darüber hinaus noch viele weitere Pflanzen und Tiere, die an der aussterbenden Art schmarotzen, von deren Abscheidungen leben oder sie zur Fortpflanzung benötigen. Außerdem auch alle, die direkt oder indirekt durch sie geschützt werden oder sonstige Vorteile durch sie genießen. Sterben somit Arten aus oder geht ihre Individuenzahl zurück, dann zieht dies einen Rattenschwanz von Auswirkungen nach sich. In der Wirtschaft herrschen nicht im geringsten andere Verhältnisse. Verschlechtert sich die Nachfrage für ein Erzeugnis, eine Ware oder eine Dienstleistung, oder sinkt sie gar auf Null, dann werden nicht nur die unmittelbaren Anbieter betroffen, sondern auch alle direkt oder indirekt von ihnen abhängenden Energone. Gibt es eine Hausse oder Baisse in der Kraftfahrzeugindustrie, dann trifft dies auch in vollem Umfange Tankstellen, Garagen, Reifenfabrikanten, Autoradiohersteller und viele weitere Unternehmen der Zubehörindustrie. Auch hier hängt an jedem Berufskörper und jeder Erwerbsorganisation – besonders an Großunternehmen – ein Rattenschwanz von anderen Energonen, die in Abhängigkeit stehen und die jeweiligen Konjunkturschwankungen demgemäß mitmachen. Es sind Schlüsselindustrien – Schlüsselorgane. Bei ihnen können diese Abhängigkeiten derart bedeutsam werden, daß die sich in ihrem Tätigkeitsgebiet im Amt befindlichen Interessenvertretungen – staatliche Organe – helfend einschalten, um Arbeitsplätze zu sichern und einem Konjunkturrückgang entgegenzuwirken.

Eine weitere Abhängigkeit wird in der Wirtschaft heterogener Wettbewerb genannt. Für den Bierbrauer sind nicht nur andere Bierbrauer Konkurrenten, sondern auch alle übrigen Getränkehersteller in ihrem Absatzgebiet. Besonders breit wird der Fächer im Luxussektor, wo oft geringfügige Einflüsse darüber entscheiden, ob ein Mensch sich ein Motorboot oder ein altes Gemälde leistet, ob er sich zu einer Ferienreise oder für den Erwerb eines Grundstückes entschließt. Bei den Tieren und Pflanzen, die ihre Überschüsse immer nur in Wachstum und artgleiche Vermehrung investieren können, gibt es zu dieser großen Streuung keine Parallele. Das Analogon zum heterogenen Wettbewerb ist jedoch auch hier nachweisbar. So wie in der Wirtschaft eine gegebene Energiequelle – also ein gegebener Markt – oft von sehr verschiedenartigen Berufskörpern und Erwerbsorganisationen ausgebeutet und demgemäß abgeschwächt werden kann, so haben etwa die Seeanemonen, die sich von Plankton ernähren, nicht nur andere Seeanemonen zum Konkurrenten sondern auch Röhrenwürmer und Schwämme – ja, sogar den Hering und den Bartenwal.

Dem heterogenen Wettbewerb steht heterogene Förderung gegenüber. Indem ein Energon – aus welchem Grund auch immer – die Interessen anderer fördert, begünstigt es indirekt auch solche, die wieder vom geförderten profitieren. Züchtet ein Mensch Rosen, dann profitieren nicht nur diese sondern auch deren Parasiten. Fördert der Staat Künstler, dann kommt dies ebenfalls allen jenen zugute, die an letzteren und ihrer Leistung verdienen. Ja, sogar Feindschaft zwischen anderen kann sich fördernd auswirken: Wenn zwei sich streiten, freut sich der Dritte. Der Beginn des Zweiten Weltkrieges gab vielen Kolonialunterjochten in Afrika und Asien die willkommene Gelegenheit zur Befreiung und zur Erlangung von Unabhängigkeit.

Von Nahrungsketten spricht man bei Tieren und Pflanzen, wenn kettenartige Abhängigkeiten des Energie- und Stofferwerbs vorliegen. So ernähren sich etwa im Meer vom Plankton Garnelen, von diesen Kleinfische, die wiederum von einer Folge immer größerer Räuber verspeist werden. Von der gleichen Primärquelle nehmen oft zahlreiche Nahrungsketten ihren Ausgang, die sich mannigfach verzweigen. Auch hier erkennen wir in Politik, Wirtschaft und Gesellschaft die gleiche Interdependenz. Ein gegebener Bedarf bringt Anbieter auf den Plan, die ihrerseits wieder Bedarf haben, welcher weiteren Anbietern zugute kommt. Und auch hier nehmen oft vom gleichen Markt verschiedene Erwerbsketten ihren Ausgang, die sich dann mannigfach verzweigen.

Insgesamt ergibt sich so in den Ökosystemen des Pflanzen- und Tierreiches und ebenso in jedem Wirtschaftssystem eine außerordentliche und komplizierte Vernetzung, ja Verfilzung, deren Charakteristikum Intransparenz ist. Gewaltsame Eingriffe – hier wie dort – können deshalb Auswirkungen zeitigen, die kaum voraussagbar sind. Die Eingriffe des Menschen in Natur und Wirtschaftssysteme liefern dafür gravierende Beispiele. Bei den Pflanzen und Tieren, bei den Berufskörpern und Erwerbsorganisationen sowie ebenfalls bei den Luxusstrukturen – also in allen Energonsystemen – dauert es nach Eingriffen eine geraume Zeit, ehe sich ein neues fluktuierendes, also dynamisches Gleichgewicht einstellt: Je dichter Energone auf einem Areal zusammenleben und je mehr Energontypen beteiligt sind, desto größer werden Vernetzung, Intransparenz und Anfälligkeit.

Daraus läßt sich folgender Satz ableiten:

38. Zwischen Energonen bestehen Interdependenzen, die Gleichgewichtszustände anstreben. In den einzelnen Bereichen der Energone ergeben sich so Vernetzungen, die desto komplexer, intransparenter und anfälliger sind, je mehr Energone und Energontypen auf einem Areal zusammenleben.

H. Manipulation der Umwelt

Der Lebensstrom wird ausschließlich von Energonen fortgesetzt. Die Möglichkeit zur Manipulation der Umwelt kann ebenfalls Entwicklungsrichtungen entscheidend beeinflussen.

Neben evolutionsbegünstigenden Umweltfaktoren und evolutionsfördernden Mechanismen spielt auch aktive Umweltveränderung in der Energonentfaltung eine Rolle. Sie setzt ein beträchtliches Machtpotential voraus, wurde darum erst in einem späten Stadium der Energonentfaltung möglich und erwies sich dann als Evolutionsfaktor von erstem Rang. Mit ihrer Hilfe passen sich Energone nicht länger den Umweltgegebenheiten an – sondern verändern diese in einer für sie förderlichen Art.

Schon einige Tiere gelangten über angeborenes – also über Mutationen im Erbgut entstandenes – Verhalten zu derartiger Leistung. So schaffen sich etwa die Bienen in ihren Stöcken und Biber durch den Bau ihrer Dämme künstlich eine für sie günstigere Umwelt. Aber erst durch die menschliche Intelligenz wurden derartige Maßnahmen in zielhafter Planung möglich. Die ersten beiden Großtaten auf diesem Gebiet waren die Entwicklung von Ackerbau und Viehzucht. Durch Urbarmachung wurden die natürlichen Ökosysteme in Gebiete verwandelt, die bevorzugt Nahrungspflanzen liefern. Die feindlichen Wölfe wurden zu Freunden umerzogen; Büffel, Wildziegen, Wildschafe, Wildschweine, Wildhühner und besonders Wildpferde wurden durch Gewalt und gezielte Paarung in Zug- und Reittiere, in Lieferanten von Fleisch, Milch, Wolle und Eiern umfunktioniert beziehungsweise umstrukturiert. Durch ebensolche Manipulation wurden auch Nutzpflanzen den menschlichen Bedürfnissen angepaßt und durch Umzäunung, Bewässerung, Düngung und Schädlingsbekämpfung ihre Umwelt vorteilbringend verändert. Bei der biologischen Schädlingsbekämpfung wird durch Förderung der natürlichen Feinde dieser Schädlinge ihr Bestand vermindert. Auch Meeresbrandung, Flüsse und Ströme werden durch Dämme gebändigt – einerseits zur Verhinderung von Überschwemmungen und andererseits zur Gewinnung dienlicher Kräfte. Die künstliche Beeinflussung des Klimas steht bevor.

Für Berufskörper und Erwerbsorganisationen sind Absatzmärkte und staatliche Institutionen die für sie wichtige Umwelt. Mittel, um diese zu manipulieren – also zu verändern –, sind Beeinflussung, Aufklärung, Erziehung, Öffentlichkeitsarbeit, Werbung, Verkaufsförderung sowie Bestechung und ideologische Indoktrination. Durch Beeinflussung, Aufklärung, Erziehung und Öffentlichkeitsarbeit wird ein anderes Lebensklima geschaffen. Durch Werbung und Verkaufsförderung werden im Sinne der Informationsvermittlung und des eigenen Interesses Wünsche geweckt, wo vorher noch keine ausgeprägt vorhanden waren – die Energiequelle der Nachfrage schwillt so an und wird ertragreicher. Durch Beeinflussung, Überzeugung und Bestechung von Organen anderer Energone – insbesondere von Unternehmen, Organisationen oder Staaten – kann ebenfalls eine Kaufbereitschaft geschaffen werden, also ein künstliches Erwerbsklima, das vorher fehlte. Oder Hindernisse werden so aus dem Weg geräumt, also ungünstige Umwelt in neutrale oder sogar hilfreiche verwandelt. Staaten können durch Verbreitung politischer, religiöser und ideologischer Konzepte die in anderen Staaten herrschenden Wertvorstellungen und Ordnungen unterhöhlen und ebenfalls feindliche Umwelt in Bundesgenossen oder sogar Vasallen umstrukturieren.

Hieraus läßt sich folgender Satz ableiten:

39. Energone können ihr Machtpotential steigern, indem nicht sie sich Umweltbedingungen anpassen, sondern diese zu ihrem Vorteil künstlich verändern. Richtet sich solche Manipulation gegen Pflanzen, Tiere und vom Menschen geschaffene Energone, dann kommt es zu Umschichtungen, die neue Interdependenzen und Machtverteilungen innerhalb des Lebensprozesses schaffen.

I. Epiphänomene der Entwicklung

Der Lebensstrom wird ausschließlich von Energonen fortgesetzt. Auch Epiphänomene in dieser Entwicklung haben die Evolutionsrichtung nicht selten beeinflußt.

Die Grundaufgabe aller Energone – so beschaffen zu sein, daß ein sich steigernder Prozeß über sie stattfinden kann – und die sich daraus ergebende, notwendige Grundstruktur determinieren die Hauptrichtungen der Evolution. Darüber hinaus weisen auch die jeweiligen Umweltbedingungen und weitere die Evolution beeinflussende Faktoren diese Entwicklung in bestimmte Geleise. Der Evolutionsverlauf erweckt darum in seinem äußeren Erscheinungsbild den Eindruck einer zielhaften Entwicklung, eines geplanten und in diesem Sinne gewollten Geschehens – während die genauere Analyse aufzeigt, daß dieser Verlauf gar nicht beliebig festgesetzt sein kann, da das Geschehen seinen eigenen Gesetzen unterworfen ist – durch die ihm selbst inhärenten Notwendigkeiten determiniert. So erweckt beispielsweise die Entwicklung des Pferdehufes – aus Fossilfunden in allen Zwischenstufen bekannt – den Eindruck eines von richtunggebender Kraft bewirkten Vorganges, wurde jedoch eindeutig über die Auslese von der Nahrungsquelle und den Raubfeinden gesteuert.

Es gibt zahlreiche weitere Beispiele dafür, daß der Weg der Evolution keineswegs aktiv auf ein bestimmtes Ziel zusteuerte, sondern über gewundene Umwege verlief. Mancher Fortschritt kam über langwierige und kostspielige Irrwege zustande. Wichtige Entwicklungen waren über lange Strecken überhaupt blockiert, weil sie nur über Zwischenstufen erreichbar waren, die den Selektionswert herabsetzten. Während ein gewolltes, nach zielhaftem Programm ablaufendes Geschehen solche Schranken spielend hätte überwinden müssen, waren einem von Zufallwirkungen abhängigen Vorgang solche Entwicklungssprünge nicht möglich.

Der Gesamtvorgang der Evolution ist keineswegs auf ein bestimmtes Ziel – etwa die Schaffung des Menschen – zugeschnitten, sondern folgt einem aus der Entwicklung selbst determinierten Weg. Dafür spricht auch, daß Nebenerscheinungen zu Haupterscheinungen wurden, indem Nebenauswirkungen – Epiphänomene – zu dominierender, die Lebensentwicklung entscheidend beeinflussender Bedeutung gelangten.

So ist Verminderung der Populationsgröße meist ein Zeichen für nicht mehr adäquate Effizienz einer Art – trotzdem wurde dieser Vorgang, als Epiphänomen, oft zum selektionsfördernden Faktor. Drastische Verminderung der Populationsgröße führt in der pflanzlichen und tierischen Evolution zum Verlust eines Teiles der im Genpool vorhandenen Gene – wodurch solche, die sich normalerweise nicht auswirken können, plötzlich wirksam werden und neue Entwicklungsrichtungen bestimmen können. Experimente mit der Taufliege Drosophila erwiesen eindeutig, daß kleine Populationen eine weit höhere Variabilität aufweisen – wodurch der Selektion mehr Angriffspunkte geboten werden und sich die Evolutionsschnelligkeit wesentlich steigert.

Zur Entstehung kleiner Populationen kann es auch durch Absprengung von Splittergruppen von der Hauptgruppe kommen: durch Isolation. Bei den Pflanzen und Tieren war solche Absplitterung – Isolation – Ausgangspunkt für die Bildung von Rassen und Arten. Die Mechanik der Evolutionsförderung ist hier die gleiche wie bei der Populationsverminderung aufgrund nicht adäquater Effizienz.

Beim Menschen und den von ihm gebildeten Energonen können sich ebenfalls bei kleinen Gruppen individuelle Besonderheiten durchsetzen, die normalerweise durch die Einflüsse der Gesellschaft am Aufkommen gehindert sind. Der Bedeutung des Genpools bei den Pflanzen und Tieren entspricht hier, in der dritten Evolutionsphase, Gruppenwissen und Gruppengewohnheit – also Tradition im weitesten Sinne. Somit führt auch bei der vom Menschen bewirkten Entfaltung das Zusammenschrumpfen von Energongruppen zum Epiphänomen, daß ungewöhnliche Einzelbestrebungen sich durchsetzten, die dann Fortschritte einleiten könnten. Noch deutlicher sind Auswirkungen der Isolation – besonders durch geographisch bedingte Umstände. So trug die reiche Gliederung durch Gebirge und Meer in Griechenland und Kleinasien wesentlich zur Vielfalt und zum Reichtum der antiken Kulturen bei – ebenso wie noch heute im gebirgig reichgegliederten Neuguinea eine unglaubliche Fülle verschiedener Stämme und Volksgruppen mit ausgeprägten eigenen Lebensformen nachweisbar ist.

Ein zweites Epiphänomen wird in der biologischen Literatur unter der Bezeichnung Annidation – Einnistung – angeführt. Wieder geht es – bei den Pflanzen und Tieren – um Splittergruppen von verminderter Effizienz, die in besonderen, engbegrenzten Umwelten zu höheren Eignungswerten gelangen können. Nach dem Schlüssel-Schloß-Prinzip haben sie dort – in einer ökologischen Nische – ein besseres Passungsverhältnis als alle Konkurrenten. Die Folge ist: Während die Art überall sonst eliminiert wird, bleibt sie hier erhalten – und kann zu einem späteren Zeitpunkt, wenn Umweltveränderungen andere Voraussetzungen schaffen, zum Ausgangspunkt neuer Fortschritte werden. Auch dieses Epiphänomen ist in der dritten Evolutionsphase ebenfalls von ausgeprägter Bedeutung. Bei menschlichen Splittergruppen können sich Lebensformen und Lehren, die sonst eliminiert werden, erhalten – und dann zu späterem Zeitpunkt zu Bedeutung gelangen. Da bei den vom Menschen gebildeten Energonen – aufgrund der artifiziellen Funktionsträger – künstlich erworbenes Wissen die Zellkörper überlebt und in Gestalt von Schrifttum fortbesteht, wirkt sich dieses Epiphänomen hier besonders aus. So wurde die Bedeutung der Schriften des Mönches Gregor Mendel aus dem Jahr 1865 erst fünfunddreißig Jahre später erkannt, und die von ihm entdeckten drei Vererbungsregeln konnten dann die Forschung befruchten. Indem sich also sonst ausgemerzte Energonstruktur über längere Zeit erhält, kann sie später wieder in die Entwicklung eingreifen.

Ein weiteres Epiphänomen ist dadurch bedingt, daß bei den Erbrezepten der Pflanzen und Tiere die Gene häufiger mehr als nur ein Merkmal bewirken und sich somit in Eigenschaften verschiedener Organe niederschlagen. So kann Selektion, die an einem positiven oder negativen Merkmal ansetzt, auch Änderungen von ganz anderen Merkmalen zur Folge haben. Auch hier kann diese Nebenerscheinung – dieses Epiphänomen – dann im Fluß der Evolution zur Hauptsache werden und zum Ausgangspunkt für neue erfolgreiche Entwicklung. Bei der von menschlicher Intelligenz gesteuerten Energonbildung ist der analoge Vorgang dort gegeben, wo ganz unbeabsichtigte Nebenwirkungen – ja Irrtümer – zum Ausgangspunkt für neue Erkenntnisse und Erfindungen werden. Zu den oft zitierten Beispielen für unbeabsichtigte Entdeckungen gehört auch jene der Radioaktivität durch Marie Curie.

Ein viertes Epiphänomen tritt in Erscheinung, wenn Funktionsträger, die für eine bestimmte Funktion zustande kamen, sich im weiteren Verlauf der Entwicklung für ganz andere Funktionen geeignet erweisen. Ein Epiphänomen der menschlichen Sprache war die durch sie geförderte verbale Begriffsbildung, welche das menschliche Denkvermögen außerordentlich steigerte und vorantrieb. Von nicht minder weittragender Auswirkung war, daß die vom Menschen gebildeten, nicht mit dem Zellkörper verwachsenen Funktionsträger mit der Hypothek belastet sind, besonderen Schutzes zu bedürfen. Dies zog – als Epiphänomen – die Notwendigkeit der so bedeutsamen Verbands- und Staatenbildung nach sich. Schließlich haben viele der vom Menschen gebildeten Funktionsträger wesentliche Rückwirkungen auf ihn selbst und – über ihn – auf seine Energonbildung. Die spektakulären Epiphänomene des Fernsehens sind dafür ein Beispiel. Marshall McLuhan hat auf zahlreiche derartige, an sich unbeabsichtigte Rückwirkungen der von ihm als Medien bezeichneten künstlichen Erweiterungen des menschlichen Körpers hingewiesen.

Daraus läßt sich folgender Satz ableiten:

40. Die Evolution der Energone wird durch Epiphänomene begünstigt, die neue Entwicklungen einleiten und so zu Hauptstellenwert gelangen. Zusammenschrumpfen von Populationen, Isolation, Einnischung, Merkmalskoppelung und Nichtverwachsensein artifizieller Funktionsträger führen zu Nebenauswirkungen und Rückwirkungen, welche die Evolution beeinflussen und fördern.

K. Zusammenfassung der Wirksamkeit von Evolutionsfaktoren

Es konnte festgestellt werden, daß zwischen den Energonen, die den Lebensprozeß fortsetzen und steigern, zahlreiche Interdependenzen bestehen, die Selektionsfaktoren darstellen. Konkurrenz und gegenseitige Vernichtung begünstigen ein Überleben der bessergeeigneten Energonindividuen und Energonarten. Über Kooperation entstehen Symbiosen, Verbände und Energonhierarchien, die selbst wieder Energone nächst höherer Größenordnung darstellen. Daraus ergeben sich divergierende Interessen, die Wertkonflikte schaffen. Positive und negative, unbewußte oder gezielte Selektion begünstigt deshalb nicht immer jene Energone, die den Lebensstrom am besten fördern. Der Evolutionsverlauf wird außerdem durch limitierende Faktoren gebremst, durch Polaritäten in der Ausrichtung in bestimmte Kanäle geleitet und durch passive Abhängigkeiten von Energonen und Energonsystemen mitbestimmt. Durch aktive Veränderung der Umwelt ist Machtzuwachs möglich. Gleichgewichtszustände zwischen Energonen konstituieren keine Energone, können aber, sobald Kooperation einsetzt, in solche übergehen.

Die Essenz des über Evolutionsfaktoren Gesagten kann wie folgt zusammengefaßt werden.

Sechster Hauptsatz der Energontheorie:

VI. Ökosysteme sind Gleichgewichtszustände und keine Energone. Symbiose und Verbandsbildung mit Hierarchien sind Formen der Kooperation und schaffen Energone höherer Komplexität und Effizienz. Daraus resultierende Wertkonflikte, limitierende Faktoren, Polaritäten in der Ausrichtung, passive Abhängigkeiten und aktive Veränderungen von Umweltbedingungen stellen primäre richtungsweisende Evolutionsfaktoren dar. Positive oder negative, unbewußte oder gezielte Selektion entscheidet in diesem Geschehen, welches durch günstige Umweltfaktoren, evolutionsfördernde Mechanismen und Epiphänomene der Entwicklung beschleunigt wird.

III. Der Lebensstrom – Evolution der Energone

Unser Blick auf das Leben ist durch den absoluten Schnitt verdunkelt, unmöglich gemacht, den wir immer wieder zwischen dem Natürlichen und dem Künstlichen machen.

Pierre Teilhard de Chardin (1925)

6. Lebensbeurteilung und Energontheorie

Bis heute betrachtet man die Zelle als Träger des Lebens. Unter Evolution faßt man die Entwicklung zur Zelle, die Entfaltung der Einzeller und jene der Vielzeller zusammen. Aufgrund seiner geistigen Überlegenheit sieht man im Menschen den derzeitigen Höhepunkt der Evolution. Dieses Konzept ist so augenscheinlich, daß kaum Zweifel auftauchten. Die Körper der vielzelligen Pflanzen und Tiere stellen sich unseren Sinnen derart überzeugend als Einheiten dar, daß kaum Grund bestand, sie nicht als vollständige und einzige Repräsentanten dieses gewaltigen Entwicklungsvorganges anzusehen.

Die Entfaltung der menschlichen Organisation und Technik wird als kulturelle Evolution der biologischen Evolution gegenübergestellt. Bis auf den heutigen Tag ist man der Ansicht, daß es sich bei der kulturellen Entfaltung des Menschen um etwas grundsätzlich Anderes handelt. Im Gegensatz zur Evolution der Zelle und der Vielzeller – über deren Ursache und Verlauf es erhebliche Meinungsverschiedenheiten gibt – handelt es sich nach übereinstimmender Ansicht praktisch sämtlicher Wissenschaften bei der kulturellen Evolution um ein Ergebnis menschlicher Intelligenz, also um ein durchaus anderes Geschehen. Die vom Menschen geschaffenen Werkzeuge, Bauten, Maschinen und sonstigen Werke bestehen aus grundsätzlich anderem Material, sind mit den Zellkörpern nicht fest verbunden. Man sah keine Veranlassung, sie mit diesen in nähere Beziehung zu setzen, geschweige denn, sie als ihnen unmittelbar zugehörig zu betrachten. Teilhard de Chardin gehört zu den ganz wenigen, die sich überzeugend gegen diese Betrachtungsweise wandten, indem sie nicht den Augenschein, also das Material und das Verwachsensein in geschlossenen Körpern, sondern Funktionsfähigkeit zum Kriterium dafür machten, was die Lebensentfaltung charakterisiert.

Die Abtrennung des Organischen vom Anorganischen wurde immer wieder angezweifelt – besonders aufgrund des in beiden Bereichen durch die Forschung immer eindeutiger nachgewiesenen Stufenbaues. Dieser Stufenbau zunehmender Komplexität manifestiert sich im gesamten uns bekannten Universum und im besonderen auf unserem Planeten. Aus drei

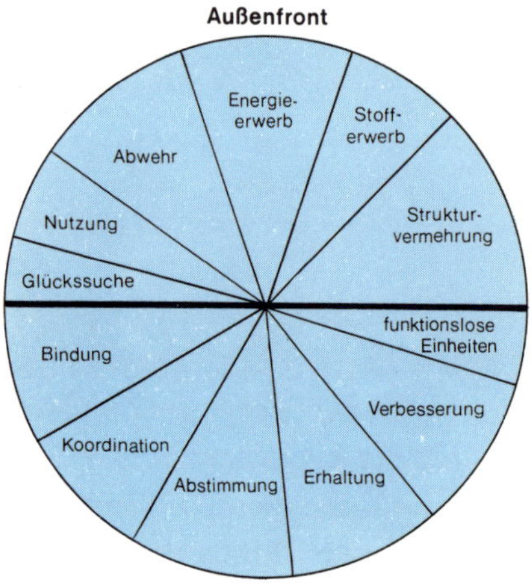

Abb. 23 Gesamtheit der Auseinandersetzungen an der Außenfront und an der Innenfront der Energone

Die Sektoren ergeben die Hauptkategorien des Begriffssystems der Energontheorie. Jede Erscheinungsform des Prozesses Leben läßt sich nach diesen Hauptkategorien relevant aufschlüsseln, einordnen, beurteilen und bewerten.

verschiedenen Elementarteilchen sind die Atome aufgebaut, deren es an die hundert verschiedene Arten gibt – die Elemente. Aus Atomen setzen sich die Moleküle zusammen – eine kaum überschaubare Zahl von Arten. Aus Molekülen sind die Zellen aufgebaut, von denen es heute einige tausend freilebende Arten gibt – die Einzeller. Aus Zellen sind schließlich Vielzeller aufgebaut – deren wir schon weit über eine Million Arten kennen.

Stellt man diesen Stufenbau in den Vordergrund, dann wird zunehmende Komplexität zum besonderen Kriterium der Lebensentfaltung. Die einen sehen darin eine der Materie immanente Eigenschaft, die anderen eine geistig übersinnliche Willensbekundung. Wer eine theistische Deutung zielhafter Schöpfung ablehnt, für den erhebt sich – besonders im Hinblick auf den Entropiesatz – die Frage, wie aus weniger Differenziertem höher Differenziertes entstehen kann, aus wenig Geordnetem Geordnetes, aus Leistungslosem Leistungsstarkes. Aus diesem Blickwinkel zweifelt man an der grundsätzlichen Berechtigung einer Abtrennung des Organischen vom Anorganischen, was noch dadurch unterstützt wurde, daß die Forschung einen geradezu lückenlosen Übergang nachweisen konnte. Es gelang, im Reagenzglas primitive Vorstufen des Lebens zu erzeugen. Über die ersten Entfaltungsschritte der Urahnen allen Lebens gibt es heute schon detaillierte, gut fundierte und überzeugende Hypothesen. *Die Folgerung war, daß führende Biologen die anorganische Evolution – also jene der Atome und Moleküle – mit der organischen als Einheit sehen, während die kulturelle Evolution des Menschen als etwas davon Getrenntes betrachtet wird.*

Im Rahmen der Kybernetik wurde ein technischer Informationsbegriff geschaffen, der sich jedoch nicht mit dem in der Alltagssprache und auch in der Biologie verwendeten deckt. Bei Übermittlung von Signalen treten um so größere Fehler auf, je undeutlicher diese wahrgenommen werden, je unvollständiger sie an ihr Ziel gelangen. Je geringer diese Unschärfe ist, desto größer ist der Informationsgehalt des Signals – also der übermittelten Nachricht – im kybernetischen Sinne. Man stellt demnach fest, wieviel Informationsgehalt ein Signal enthält, und mißt, wieviel Informationseinheiten es in einem binären Maßsystem umfassen muß. Diese werden »bit« genannt – die Grundmaßeinheit der Kybernetik. Bei der Fortpflanzung der Lebewesen sind eine bestimmte Anzahl von Befehlen des Erbrezeptes – Genom genannt – an die beteiligten Zellen nötig, um ein neues Artindividuum aufzubauen. Dieser vom Genetischen Code ausgehende Befehlsumfang ist, zumindest theoretisch, in Informationseinheiten meßbar. Der Aufbau einer Katze erfordert viel mehr Informationseinheiten als der Aufbau eines Bakteriums. Je höher die Differenzierung, je komplexer die Organisation, desto mehr Informationseinheiten – bits – an Einzelbefehlen müssen somit richtig übertragen werden, um sie zu schaffen.

Daraus schloß man, daß sich Höherentwicklung als Informationssteigerung betrachten läßt. Die Berechtigung dieser Annahme schien sich auch daraus zu ergeben, daß man Angepaßtsein an Umweltfaktoren als Informationsgewinn auffassen kann. In je mehr Einzelheiten eine Pflanze oder ein Tier an seine Umwelt angepaßt ist, desto mehr Kenntnis – also Information – über diese hat es gleichsam gewonnen und in seinem Genetischen Code gespeichert. Da man – wie gesagt – in der Höherentwicklung, in der steigenden Differenzierung das auffälligste, ja überhaupt kennzeichnende Merkmal in dieser Entwicklung sieht, erblicken heute tonangebende Denker in den Pflanzen und Tieren – in den Lebewesen – in erster Linie informationserwerbende Systeme.

Dem Energieerwerb wird demgegenüber nur untergeordnete Bedeutung eingeräumt. Energie sei der für dieses Geschehen notwendige Treibstoff – nicht mehr. Der Informationsbegriff wurde darüber hinaus auf jede Differenzierung angewandt, auch im anorganischen Bereich, wo keine Nachrichtenübermittlung stattfindet. Ein Atom zeigt höhere Differenzierung als ein Elementarteilchen, und Moleküle sind komplexere Strukturen als die sie aufbauenden Atome. Moleküle haben darum weit spezifischere Wirkung – ihr Informationsgehalt wäre demnach größer als jener der Atome und Elementarteilchen. In letzter Folgerung wurde der Informationsbegriff bereits vom Begründer der Kybernetik, Norbert Wiener, den Begriffen Materie und Energie ebenbürtig zur Seite gestellt, als eine dritte Grundrichtung der Welt. Die erste wäre Materie, die zweite Energie, die dritte Information als Maß für Differenziertheit.

Die Energontheorie wendet sich gegen diese, das heutige Weltbild entscheidend beeinflussenden Konzepte. Der nahtlose Übergang vom Organischen zum Anorganischen wird nicht bestritten. Trotzdem aber ist eine klare Trennungslinie gegeben. Der Lebensprozeß stellt nämlich ein energetisches Phänomen besonderer Art dar – das im Gegensatz zu allen übrigen nicht Gleichgewichtszustände anstrebt, sondern sich in Potenz und Volumen steigert. Die dafür geeigneten Strukturen – die Energone – unterscheiden sich grundsätzlich, ausnahmslos und eindeutig abgrenzbar vom anorganischen Bereich – also von der Gesamtheit aller Energate, der nicht an diesem Geschehen beteiligten Materie und Kräfte. Alle Energone sind energieerwerbende und energiepotenzierende Systeme, die über Stofferwerb, Wachstum, Fortpflanzung und Bildung andersartiger Energontypen einen sich in Potenz und Volumen steigernden Strom bewirken und fortsetzen. Diese Eigenschaft macht sie von allen nicht dem Lebensstrom angehörenden Atomen, Molekülen, Kristallen und auch von den Sternsystemen abgrenzbar. In den bisher vorliegenden Allgemeinen Organisationslehren wurde dies übersehen.

Atome, Moleküle, Kristalle und Sternsysteme sind Gleichgewichtszustände mehr oder minder konstanter Beschaffenheit; verändern sie sich, dann streben sie weitere Gleichgewichtszustände an. Das an der pflanzlichen und tierischen Evolution Charakteristische ist keineswegs das Aufrechterhalten von Ordnungen, von Fließgleichgewichten, wie Berthalanffy es nannte. Die Aufrechterhaltung von Ordnungen und Gleichgewichtszuständen – meist über Regelkreise – ist wohl bei den einzelnen Lebensträgern wichtig, aber die Gesamtentwicklung ist darauf angewiesen, daß immer neue Ordnungen die vorhergehenden ablösen, ja zerstören. Die Potenzierung von Energie ist das wesentliche Moment – und eine solche kann nur über die als Energone bezeichneten Strukturen stattfinden, deren notwendige Eigenschaften einerseits von den für sie relevanten Umweltbedingungen determiniert sind, andererseits durch Erfordernisse im inneren Gefüge. Ihre anwachsende Differenzierung ist keineswegs primäres, richtungsetzendes Phänomen sondern notwendige Konsequenz.

Energone sind Werkzeuge – und immer komplexeren Aufgaben können nur immer stärker differenzierte Strukturen gerecht werden. Informationsreichtum hat mit Effizienz, auf die es bei der Lebensentwicklung und der Lebensentfaltung ankommt, an sich nicht das geringste zu tun. Dies zeigt sich überall auf das deutlichste, wo primitive Lebensformen hochdifferenzierte verdrängen – und das kann sichtbar gemacht werden, indem man etwa ein Tier gemäßigter Breiten auf das Polareis verpflanzt. Hoher Informationsgehalt hilft dann nicht das mindeste, das Tier geht zugrunde.

Effizienz ist vielmehr ein Passungsverhältnis gegenüber zahlreichen Faktoren, dessen Wert mit Informationsgehalt im kybernetischen Sinn nicht übereinstimmt und der sich darum auch nicht in bit messen läßt. Während der Informationsumfang beim Vorgang der Fortpflanzung eine wichtige Rolle spielt, da es sich hier um eine Befehlsübermittlung, also um einen echten Informationstransfer handelt, bei dem es auf die Zahl von zu übermittelnden Einzelsignalen ankommt, ist er für Bewertung von Effizienz völlig ungeeignet und nicht zuständig.

Ebenso abwegig ist auch die Übertragung von Informationswerten auf Atome und Moleküle, weil diese Gleichgewichtszustände von mehr oder minder großer Wahrscheinlichkeit sind, die nicht über Nachrichtenübermittlung entstehen. In der Information eine der Materie und der Energie gleichwertige Dimension zu sehen, muß als abwegig erkannt werden. Ein vom Menschen geschaffenes Maß, ein Werkzeug unseres Geistes also, wird dann zur Gottheit erhoben. Ein vergleichbarer Denkfehler unterlief den Pythagoreern, die in der Zahl den Ursprung aller Dinge sahen.

Die Lebensevolution wird nicht, wie bisher angenommen, von den als Lebewesen bezeichneten Zellkörpern getragen, sondern von Strukturen, die alle für diesen Zweck notwendigen Organe, sprich Funktionsträger, umfassen. Ob diese aus Zellen bestehen oder nicht, ist einerlei. Und ebenso einerlei ist, wie sie zustande kommen und ob sie mit dem restlichen Körper fest verwachsen sind oder nicht. Bei den niedersten Pflanzen und Tieren decken sich die Begriffe Lebewesen und Energon noch weitgehend – doch sehr bald gelangten die Lebewesen auch zu Funktionsträgern, die direkt aus anorganischem Material gebildet werden. So schafft sich die Amöbe Amoeba euglypha einen Panzer, indem sie Körnchen abscheidet, während die ihr verwandte Art Amoeba difflugia sich einen ähnlich aussehenden Panzer schafft, indem sie Sandkörner einsammelt und ihrer Zellhaut künstlich anfügt. Wer behaupten wollte, daß dieser zweite Panzer nicht Organ des Tieres sondern bloß dessen Werk sei, daß dieser Panzer also nicht zur Amöbe gehöre, der geht bewußt oder unbewußt, jedoch bestimmt am Wesentlichen vorbei. Ähnlich ist es bei der Spinne und ihrem

Netz, beim Kaninchen und seinem Bau und zahlreichen weiteren Einheiten, die sich Tiere bilden beziehungsweise sich anfügen und die ihnen funktionell dienen, ohne mit ihrem Zelleib fest verwachsen zu sein. Entgegen der etablierten Ansicht und Lehrmeinung sei hier ein für allemal festgestellt, daß die Evolution keineswegs eine solche der Zelle ist. Die Evolution setzt sich vielmehr in Energonen fort, welche die Zelle beziehungsweise Zellstrukturen zum Ausgangspunkt und Zentrum haben. Bis zum Menschen war die Bildung von nicht verwachsenen Organen, sprich Funktionsträgern, nur in manchen Funktionsbereichen – besonders bei Schutz- und Erwerbsorganen – möglich und blieb immer an angeborene Verhaltenssteuerungen gebunden, die vom Genetischen Code aufgebaut werden mußten. Erst im Menschen gelangte diese Entwicklung zu einer Einheit, für die die Bildung zusätzlicher, künstlicher Organe zum Charakteristikum wurde, was dem weiteren Evolutionsverlauf außerordentliche neue Entfaltungsmöglichkeiten erschloß. Auch hier verbleibt indes als Regel, daß es nicht auf Informationsvolumen sondern auf Effizienz ankommt. Eine Wirkung also, die sich in der Energonbilanz und im Volumen neugebildeter Energonstruktur niederschlägt.

Während also zwischen dem anorganischen und dem organischen Bereich eine klar definierbare und beweisbare Grenze besteht, besteht zwischen der biologischen Evolution und der sogenannten kulturellen Evolution des Menschen keinerlei Trennwand. Die vom Menschen gebildeten Energone, deren Funktionsträger nur noch zum Teil aus Zellen bestehen, nur noch zum Teil vom Genetischen Code gebildet werden, stellen sich unseren Sinnen ganz anders dar als die festgefügten Zellkörper der Pflanzen und Tiere, sind ihnen aber trotzdem wesensgleich. Dies bedeutet, daß sie in allen wesentlichen Eigenschaften mit ihnen unmittelbar vergleichbar sind.

Die von den Nobelpreisträgern Monod, Luria, Eigen und Lorenz und der Mehrheit der heute richtunggebenden Biologen vertretene Ansicht, daß Informationsgewinn die Richtlinie der Evolution sei, führt zur Frage, warum sie dann stattfinde. Die darauf erteilte Antwort, die Lebensstrukturen seien das Werk einer gigantischen Lotterie, bewirken geradezu verzweifelte Bemühungen nachzuweisen, wie aus Zufällen so viel Zweckmäßigkeit entstehen konnte. Trennt man sich vom Grundkonzept, daß Höherentwicklung die Zielrichtung der Evolution sei, und erkennt man statt dessen, daß alle Differenzierung und Höherentwicklung nur Werkzeuge sind, welche die Eignung haben, einen Bewegungsfluß in Potenz und Volumen zu steigern, dann fallen diese Schwierigkeiten fort. Dann ist Zweckmäßigkeit nicht eine rätselhafte Folge dieser oder jener Zufallskombination materieller Grundeinheiten sondern die an einem Raumzeitpunkt einzig mögliche oder beste Voraussetzung, ein sich steigerndes energetisches Geschehen zu bewirken und fortzusetzen. Dies kann ebenso gut über Zufälle wie auch über Intelligenzakte erfolgen: die jeweils notwendige Struktur ist vorgezeichnet. Wenn Demokrit – und nach ihm andere Denker – sagte, daß alles, was im Weltall existiere, die Frucht von Zufall und Notwendigkeit sei, dann kam er der hier vorgetragenen Lebensbeurteilung nahe. Zufälle begründeten das Einsetzen dieses Geschehens und waren an seiner Entfaltung auch weiterhin ständig beteiligt. Welche der unzähligen Zufälle indes Zweckmäßigkeit schaffen, die sich – eben weil sie zweckmäßig sind – fortsetzen, dies beruht auf Notwendigkeit. Die Strukturen, über die sich ein Prozeß steigern kann, sind von der Funktion, solches zu ermöglichen, determiniert.

Daraus ergibt sich folgendes Resümee:

A Gemäß bisheriger Überzeugung sind biologische Evolution und kulturelle Evolution des Menschen etwas grundsätzlich Verschiedenes. In der Kybernetik gelangte man zu der Vorstellung, daß Information neben Materie und Energie eine dritte Grundausrichtung der Welt sei. Zunehmende Komplexität wird als Zielrichtung der Evolution angesehen, die über Elementarteilchen, Atome, Moleküle, Zellen und vielzellige Lebewesen Strukturen von immer höherem Informationsgehalt anstrebt. Man beschäftigt sich deshalb mit der Frage, wie Zufälle ein so hohes Maß von Zweckmäßigkeit hervorbringen können.
Die Energontheorie sieht dagegen in der Lebensentwicklung ein energetisches Phänomen besonderer Art: einen Prozeß, der nicht Gleichgewichtszustände anstrebt, sondern in Potenz und Volumen zunimmt. Eine solche Steigerung kann nur über materielle Strukturen stattfinden, die klar definierbare Merkmale und Eigenschaften haben und demnach funktionell determiniert sind. Erwerb und Speicherung von Information sind nicht Ziel des Vorganges, sondern eine seiner wichtigsten Voraussetzungen. Ob Zufälle, Intelligenz oder sonstige Wirkungen eine Struktur hervorbringen, hat keinen Einfluß auf deren über Notwendigkeit diktierte Effizienz.

Sämtliche Lebenserscheinungen sind demnach vom anorganischen Bereich eindeutig abgrenzbar, und sie umfassen auch alle Bereiche der menschlichen Entfaltung. Der Lebensprozeß wird nicht ausschließlich von den Zellkörpern fortgesetzt, sondern von Strukturen, die alle dafür nötigen Funktionsträger umfassen. Diese Strukturen werden Energone genannt.

7. Die Evolution bis zum Menschen

Ehe wir uns der tatsächlichen Stellung des Menschen im Rahmen der Lebensentwicklung zuwenden, soll der Entstehungsweg dieses bisher höchstentwickelten Vielzellers, also der Gesamtweg der Evolution bis zum Menschen in kurzen Zügen skizziert werden.

Bis zu diesem Punkt decken sich die als Energone bezeichneten Strukturen weitgehend mit jenen, die man bisher unter dem Begriff »Pflanzen und Tiere« zusammenfaßte. Artifizielle, mit dem Körper nicht verwachsene Funktionsträger – künstliche Organe – spielten in den ersten beiden Phasen der Evolution nur eine höchst untergeordnete Rolle. Die nachstehende Schilderung stützt sich somit weitgehend auf die Ergebnisse der biologischen Evolutionsforschung, die durch Untersuchung von Fossilien, durch morphologische und physiologische Vergleiche bei den heute lebenden Tier- und Pflanzenarten und über weitere Methoden den Entwicklungsweg der Organismen in seinen wichtigsten Etappen, ja manchmal bis in feinste Detail aufzudecken vermochte.

Von der Energontheorie her stellen wir das Funktionelle in den Vordergrund und beurteilen aus dieser Sicht die wesentlichen Phasen in diesem sich über vier Milliarden Jahre erstreckenden Geschehen. Wenn somit von Tieren und Pflanzen gesprochen wird, ist im Auge zu behalten, daß die Begriffe »Energon« und »Lebewesen« sich nicht völlig decken. Sämtliche Pflanzen und Tiere sowie ihre Vorstufen – die Protobionten – sind Energone. Andererseits umfassen Energone auch nicht verwachsene Funktionsträger, sofern Pflanzen und Tiere solche ausbilden.

Der Weg zur Zelle

Voraussetzung für das sich potenzierende energetische Geschehen, das bisher Leben und Lebensprozeß genannt wird und dessen Gesamtvolumen wir als Lebensstrom bezeichnen, war die Entstehung von Materie im Universum. Jedes Atom und Molekül, das von Energonen aufgenommen und funktionalisiert, also in ihren Dienst gestellt wird, ist gleichsam ein vorfabrizierter Baustein, der ganz bestimmte spezifische Eigenschaften, spezifische Wirkungen, also potentielle Fähigkeiten hat. Die Entstehung dieser Einheiten war somit Vorbedingung – gleichsam ein Prolog zu dem dann später einsetzenden, auf dieser Voraussetzung aufbauenden Geschehen.

Es wird heute angenommen, daß das Universum, so wie wir es kennen, mit einer energetischen Manifestation von kosmischem Ausmaß, mit einer gigantischen Explosion – dem Urknall – begann. Damals – vor 13 bis 18 Milliarden Jahren – dürften die Elementarteilchen entstanden sein, die man in unseren Tagen dank der physikalischen Forschung bereits im Experiment aus Energie zu erschaffen in der Lage ist. Es sind mehr oder minder stabile Gleichgewichtszustände – zu Materie gewordene Energiepakete. Die stabilsten, welche die Atome aufbauen, sind die positiv geladenen Protonen, die tausendmal kleineren, sie umkreisenden, negativ geladenen Elektronen und die Neutronen, die durch Vereinigung von Protonen und Elektronen entstanden sind. Jedes Proton stellt Ruhmassenenergie im Wert von $1,5 \cdot 10^{-3}$ erg dar – was bedeutet, daß in einem Gramm Protonen die gleiche Energiemenge enthalten ist, die beim Abwurf der Atombombe über Hiroshima frei wurde. Kreist ein Elektron um ein Proton, dann ist ein Wasserstoffatom entstanden. Kreisen zwei Elektronen um zwei Protone, dann ist ein Heliumatom entstanden. Die Gesamtmenge an Materie im Universum wird heute auf 10^{80} Elementarteilchen geschätzt, sie besteht zu $99 \cdot 9$ Prozent aus Wasserstoff- und Heliumatomen. Unter bestimmten Voraussetzungen bilden sich im Weltenraum große Materienansammlungen, die durch die Gravitationskraft aller Materie außerordentlich verdichtet werden. So kommt es zur Bildung der sogenannten Roten Riesen, in deren Inneren aufgrund extremer Hitze Kernreaktionen stattfinden, durch die weitere Atomarten entstehen. Bei 800 Millionen Grad entstehen Magnesiumatome – 12 Elektronen, die 12 Protonen und 12 Neutronen umkreisen. Bei 1500 Millionen Grad entstehen Siliziumatome – 14 Elektronen, die 14 Protonen und 14 Neutronen umkreisen. Mit Ausnahme der extrem voluminösen Uranatome – 92 Elektronen, die 92 Protonen und 143–146 Neutronen umkreisen – stellen auch alle diese Atomarten sehr konstante Gleichgewichtszustände dar. Jedes hat andere Wirkungspotenzen, die dafür maßgebend sind, welche Verbindungen sie untereinander eingehen. Diese Verbindungen sind die Moleküle. Auch sie stellen Gleichgewichtszustände dar, jedoch weit labilere als Elementarteilchen und Atome. Die Materie unseres Erdballes entstammt – dem Stand der internationalen Forschung gemäß – Roten Riesen, die vor mehr als 5 Milliarden Jahren explodierten. Sie ist somit älter als die Sonne, welche vor etwa

3,5 Milliarden Jahren entstand.

Soweit die Vorgeschichte. Der Planet Erde, der, wie man annimmt, aus sich zusammenballendem kosmischem Staub entstand, war durch Verdichtung anfänglich weißglühend, kühlte dann im Verlauf des weiteren Zeitgeschehens an der Oberfläche ab. Aus Dämpfen, die dem Erdinneren entströmten, bildeten sich kochende Meere. In der Uratmosphäre, die zunächst noch keinen Sauerstoff enthielt, fanden starke elektrische Entladungen statt. Es ist experimentell erwiesen, daß unter den Voraussetzungen der damaligen Gegebenheiten auch heute Aminosäuren und Nucleotide entstehen – die gleichen, welche auch Bausteine der Zellen sind. Dies bedeutet, daß in dieser Ursuppe – wie dieses damalige Meer genannt wird – die für den Lebensbeginn notwendigen Bausteine bereits fertig herumschwammen. Es kam nun darauf an, daß diese Bausteine in entsprechende Kombination gelangten – eine solche, die autokathalytisch wirkte. Das heißt, es kam auf das Zustandekommen von Molekulargefügen an, die so beschaffen waren, daß sie weitere Bausteine an sich zogen und weitere ebensolche Strukturen bildeten. War dies der Fall, dann setzte ganz von selbst ein sich lawinenhaft steigernder Prozeß ein, der sich wie Feuer in immer weitere Bereiche ausbreitete.

Wenn die Molekularbiologen, die sich mit der Erforschung der ersten Lebensanfänge beschäftigen, den Energieerwerb dieser ursprünglichsten Lebensträger als eher nebensächlich ansehen, dann ist dies sehr verständlich, weil Energieerwerb in dieser Periode keinerlei Problem war. Die Ursuppe war von energiereichen Molekülen erfüllt, die ersten Lebensträger schwammen gleichsam in Energie. Der erste zu überwindende Engpaß war somit die Bildung von Einheiten, durch die Eigenschaften von einem Molekulargefüge auf weitere sich bildende übertragen wurden. Für diese Funktion eigneten sich die Nucleinsäuren, die sich zu Ketten zusammenschlossen – zu Polymeren – zum Uranfang des Genetischen Code. Diese Ketten bewirkten ihre eigene Vervielfältigung und die Anlagerung von Aminosäuren. Damit war ein Geschehen in Gang gesetzt, das sich über Strukturen besonderer Art fortsetzte. Auch diese mußten bereits über eine im Durchschnitt positive Bilanz an arbeitsfähiger, ihnen dienlicher, also für sie nutzbarer Energie verfügen, aber diese zentrale Aufgabe regelte sich gleichsam von selbst. So also entstanden nach heutigem Wissensstand die ersten Lebensträger – die Protobionten, wie man sie nennt – die ersten Energone.

Der sich so ausbreitende Prozeß gelangte an einen weiteren Engpaß, als die fertig in der Ursuppe umherschwimmenden Bausteine – die bereits vorfabrizierten Funktionsträger – knapp wurden. Jetzt wurde zur Voraussetzung, daß sich der Genetische Code weiterentwickelte und seine Fähigkeiten steigerte. Er mußte ebensolche Bausteine aus Atomen und einfacheren Molekülen selbst synthetisieren können. Beim Akt der Fortpflanzung über Teilung der Nucleinsäurefäden kam es gelegentlich auch zu Unregelmäßigkeiten und Fehlern, die meist Leistungseinbußen bewirkten. Gelegentlich konnten solche Fehler bei der Replikation – die Mutationen – aber auch Leistungsstärkeres schaffen. Man stellt sich vor, daß auf diese Weise auch die zweite Hürde genommen wurde.

Allerdings tauchte alsbald ein neuer Engpaß auf. Auch die energiereichen Atome und Moleküle wurden in der Ursuppe allmählich knapp, und der Prozeß konnte sich nur fortsetzen und steigern, wenn es zur Bildung von Energonen kam, die nicht länger ihnen von selbst zugehende Energiepakete verwerteten, sondern zur Fähigkeit gelangten, Energie im ungebundenen Zustand in ihren Dienst zu zwingen. Erst an diesem Punkt der Entwicklungsgeschichte – der Phylogenese – trat die für Energone zentrale Auflage an den Tag. Ohne arbeitsfähige und nutzbare Energie sind weder Vermehrung, noch Synthese noch überhaupt eine Tätigkeit möglich – Energie ist conditio sine qua non. Da den Urenergonen dieser Schatz wie eine schon gebratene Taube ins Maul flog, indem die vorfabrizierten Bausteine in der Ursuppe auch noch Energie in Hülle und Fülle mitbrachten, war Energieerwerb kein Problem, kein limitierender Faktor. Nachdem indes diese Energieträger knapp wurden, kam es einerseits zur Notwendigkeit, sie synthetisch selbst bilden zu müssen, und andererseits zur weiteren, aus neuen Quellen arbeitsfähige und für das Energon verwertbare Energie zu gewinnen. Wie und in welcher Reihenfolge die Energonentwicklung diese Hürden nahm, wissen wir nicht. Über zahlreiche Zufallskonstellationen und Umwege dürfte es dahin gekommen sein. Tatsache ist: beide Hürden wurden genommen. Die Energone wurden sowohl zur synthetischen Bausteinherstellung als auch zum aktiven Energieerwerb fähig.

Eine neue Energiequelle, die von einigen Energonen erschlossen wurde, war das – zumindest in den höheren Wasserschichten – in beliebiger Menge vorhandene Sonnenlicht. Aus Proteinen entstanden Funktionsträger, die Lichtenergie einfingen. Diese wurde dazu gebracht, Elektronen auf entferntere Umlaufbahnen um die Atomkerne anzuheben, wodurch sich der Energiegehalt vergrößerte. Die Lichtenergie wurde so gleichsam in Käfige eingefangen – und in weiterer Folge dazu gebracht, aus energiearmen Atomen energiereiche, in erster Linie Zucker, aufzubauen. Damit war die als Photosynthese bezeichnete Form der Energiegewinnung und Energiebündelung in die Welt gekommen. Immer mehr anorganische Materie konnte nun in Energonstruktur verwandelt werden, was die Weiterträger des Lebensstromes entsprechend potenter machte. Im Konkurrenzkampf um Energie, Stoffe und Aktionsraum verdrängten jeweils die mit besseren Fähigkeiten ausgestatten Energone die weniger effizienten. In dieser Periode gab es sicher schon zahlreiche Energontypen, die in der einen oder anderen Umwelt höhere Lebenseignung hatten. Manche gelangten damals zu Haftvorrichtungen, was ihnen festsitzende Lebensweise ermöglichte und den Vorteil eines gesicherten Standortes schuf. Andere gelangten zu Schwebevorrichtungen oder Organen der Fortbewegung, was Absinken in lichtlose Tiefen verhinderte und die Suche nach geeigneten Stoffen im freien Wasser möglich machte. Jeder solche Fortschritt wirkte sich für den Lebensstrom freilich nur dann positiv aus, wenn er in einem Genetischen Code verankert war – also bei Fortpflanzung auch an Nachkommen weitergegeben wurde. Der Genetische Code wurde so zu einem Sammelbecken und Speicherorgan für Fortschritte und damit für Information – wobei freilich im Auge behalten werden muß, daß anwachsendes Informationsvolumen nie einen Freipaß für generell besseres Weitertragen des Lebensstromes darstellt. Nur in bestimmten Umwelten verhilft es zu höherer Effizienz.

Die Photosynthese hatte eine bedeutsame Auswirkung. Im Verlauf dieses Vorganges wird Sauerstoff abgeschieden. Dieser reicherte sich nun allmählich im Wasser an und bot – über Diffusion – auch im Gasmantel des Planeten, der Atmosphäre, zu einer weiteren Entwicklungsrichtung der Energone die Voraussetzung. Schon vorher mag es Energone gegeben haben, die anderen Teile ihres Gefüges entrissen und sich einverleibten. Jetzt jedoch kam der Kannibalismus zwischen den Energonen als permanente und lukrative Einrichtung in die Welt – er wurde zur Norm. Eine neue Quelle für Energie und Stoffe bot sich an – die Überwältigung anderer Energone. Also der Raub der in ihren Molekülen gespeicherten Energie, der Umbau ihrer Proteine in eigene Struktur. Während wir alle über Photosynthese Energie gewinnenden Energone den Pflanzen zuordnen, fassen wir alle solche Raubenergone als Tiere zusammen. Die erste große Energongruppe, die den Anfang gemacht hatte – die Protobionten –, gewann somit Energie über ihr von selbst zuteil werdende Geschenke. Die zweite Gruppe, die Pflanzen, spannten anorganische Energie, besonders jene der Lichtstrahlen, vor ihren Wagen. Die dritte – die Tiere – stellen anderen Energonen nach, gleichwohl ob Pflanze oder Tierkollege, überwältigen sie und bauen deren Struktur auf dem Wege der Gärung und Oxydation ab. Es ist aus der Sicht des Menschen ein eher grotesker Zusammenhang, daß die Pflanzen durch Sauerstoffproduktion die Voraussetzung für ihre eigene permanente Bedrohung und Dezimierung schufen.

Andererseits freilich scheiden Tiere bei ihrer Erwerbsform der Zertrümmerung fremder Energonstruktur in Gestalt der Verdauung Kohlendioxyd ab, welches die Pflanzen als Rohstoff für ihren Strukturaufbau und ihren Energieerwerb benötigen. So waschen hier gleichsam die Hände einander gegenseitig. Für den Lebensstrom ergab sich die Folge, daß er nunmehr von zwei großen Energongruppen weitergetragen wurde, deren eine ihren Kollegen rücksichtslos nachstellte, sie rücksichtslos vernichtete. In der Gesamtbilanz bedeutete das insofern einen Nachteil, als bei jeder solchen Umsetzung von einer Energonstruktur in eine andere sich die Arbeitsfähigkeit der gehorteten Energie vermindert und nicht alle geraubten Stoffe in eigene Struktur überführt werden können. Bis auf den heutigen Tag gehen bei jeder solchen Umsetzung durchschnittlich 90 Prozent der Substanz verloren. Andererseits jedoch schafft jeder Abbau einer Energonstruktur Kohlendioxyd, dessen Mangel ein limitierender Faktor für das Gedeihen von Pflanzen ist. Und jede Pflanze erhöht die Entfaltungsfähigkeit für Tiere, bei denen wieder Sauerstoffmangel einen limitierenden Faktor darstellt.

Die eminente Bedeutung der von Hassenstein aufgezeigten Steuerkausalität für den Evolutionsverlauf trat nun in Erscheinung. So wie bei Betätigung eines Wasserhahnes kein Quentchen Energie von unserer Hand in den Wasserstrom, also vom regelnden Vorgang in den geregelten übergeht, so regelte sich die pflanzliche und tierische Weiterentwicklung quasi gegenseitig. Die Räuber determinierten, welche Energone ihnen am ehesten entkommen und darum überleben konnten – regelten also deren Entwicklung, ohne selbst an ihr beteiligt zu sein. Im Konkurrenzkampf setzten sich pflanzliche und tierische Energone mit immer besseren Abwehrorganen durch – im Kampf ums Dasein, wie Darwin es nannte. Andererseits determinierten Pflanzen und Tiere, wie Räuber beschaffen sein mußten, um an sie zu gelangen und sie zu überwältigen. Die Beute steuert auf diese Art und Weise die Angriffswaffen bei den Räubern – ohne im entferntesten selbst an ihr beteiligt zu sein. Daraus ergab sich ein Fortschrittswettlauf zwischen Räubern und Betroffenen, Jägern und Gejagten, was einerseits zur Entwicklung immer besserer Angriffswaffen, anderseits zur Ausbildung immer besserer Abwehrwaffen führte.

Als ein besonderer Vorteil dieses mörderischen Geschehens erwies sich für den Lebensstrom die Tatsache, daß durch gewaltsame Verkürzung individueller Lebensdauer sozusagen mehr offene Planstellen frei wurden, neue Individuen schneller aufrücken konnten – also die Chance eher gegeben war, daß günstige Umbauten im Erbgut zustande kamen und Verbesserungen bewirken konnten. Hatten sich bis dahin im wesentlichen nur die Umweltfaktoren als Scharfrichter der Selektion betätigt, so wurden nun auch die Tiere zu solchen Scharfrichtern, die darüber entschieden, was ausgemerzt wurde. Sie wurden zu einem evolutionsfördernden Faktor von höchstem Stellenwert. In diesem Sinne überwogen die Vorteile, die sich für den Lebensstrom aus der räuberischen Tätigkeit der Tiere ergaben, bei weitem die Nachteile, die sie für ihn nach sich zogen. So wie die Baustoffsynthese und die Energiegewinnung aus dem Licht, bewirkte auch das Entstehen der Tiere ein ganz eminentes Anschwellen der Biomasse – ein ganz eminentes Anschwellen des sich über Energone fortsetzenden Lebensstromes, seiner Potenz und seines Volumens.

Immer neue Arten von Energontypen entstanden. Freilich nur sehr langsam. Denn die Weiterentwicklung war stets auf Mutationen angewiesen, von denen die überwiegende Zahl zur Effizienzverminderungen führten und unter denen mit einer Chance von 1:1000 bis 1:100000 nur sehr selten einmal ein Treffer war. Hier kam das phylogenetische Geschehen an eine fast unüberwindbare Barriere, an einen besonders gravierenden Engpaß. Um gewonnene Effizienzsteigerungen zu bewahren und an Nachkommen getreulich weiterzugeben, mußte der Genetische Code sich jeweils fehlerfrei teilen. Andererseits aber mußten sich Veränderungen einstellen, damit es bei sehr geringer Chance – mit Hilfe eines glücklichen Zufalles – zu einer Verbesserung, zur Bildung anders strukturierter Nachkommen von höherer Effizienz kam. Also durch Zufall zur Notwendigkeit.

Auch diese Hürde wurde genommen. Die Lösung des Problems – die einzige in diesem Entwicklungsstadium offenbar erreichbare – hieß Zweigeschlechtlichkeit. Von Zeit zu Zeit und schließlich vor jeder Vermehrung mußten die Genetischen Codes verschiedener Individuen sich miteinander vereinen, wodurch die bei einem oder anderem erfolgten Änderungen im Erbrezept gekreuzt und damit neue Kombinationen, Genkombinationen, geschaffen wurden. Wenn man bedenkt, daß der Genetische Code, aus einem oder mehreren endlosen Fadenmolekülen bestehend, bereits bei Bakterien fünfhundertmal länger ist als deren Durchmesser, dann wird ersichtlich, welches enorme technische Problem die Verschmelzung der Fadenknäuel zweier Genetischer Codes darstellt. Und nach der Verschmelzung müssen sie bei jeder Zellteilung wieder geschieden werden!

Verständlich ist, daß nur die Verschmelzung recht ähnlicher Codes und ihre anschließende Trennung zur Bildung lebensfähiger und allenfalls besserer Energone führen konnte. Es mußten also nicht nur Funktionsträger zustande kommen, die solche Vereinigungen und Trennungen bewirkten, sondern darüber hinaus auch solche, die sicherstellten, daß ähnliche Energontypen einander erkannten und nur solche sich paarten. In diesem Stadium der Entwicklung entstanden die Arten, wie die bisherige Biologie sie definiert. Sie sind dadurch charakterisiert, daß ihre Angehörigen und nur diese sich so paaren, daß zum Leben und zu seiner Fortpflanzung fähige Nachkommen entstehen. Innerhalb der Art werden so die beim einen oder anderen Individuum aufgetretenen Mutationen gekreuzt. Daraus ergibt sich eine hundertfach bis tausendfach größere Chance, daß auf dem mühsamen Wege zufälliger Mutationen Verbesserungen entstehen. Diese gelangen dann, eben über die Paarungen auch zu den anderen Artgenossen, so daß die Art als Ganzes sich Umweltbedingungen besser anpaßt. Fortschritte mußten nun nicht mehr nacheinander in der individuellen Generationskette erfolgen, sondern konnten einer großen Zahl anderer Energone – den Artgenossen – zugute kommen und auf deren Erbgut einwirken. Wie der Biologe sagt, verfügt die Art über einen gemeinsamen Genpool – über ein Informationsreservoir, das ihre Anpassungsfähigkeit an die Umwelt erhöht.

Lamarck und Darwin, die Entdecker der Abstammung aller Lebewesen von gemeinsamen Urformen, vermuteten, daß sich bei den Individuen die im Laufe ihres Lebens erworbenen Eigenschaften vererbten. Ein solcher Mechanismus wäre viel eleganter und um mehrere Zehnerpotenzen effektiver, konnte aber offenbar nicht erreicht werden. Individuelle Anpassungen an Umweltbedingungen, die den Lebenswert steigern, müßten in solchem Fall den Genetischen Code entsprechend verändern. Alle bisherigen Versuche, einen solchen Mechanismus nachzuweisen, schlugen indes fehl. Er müßte überdies eng an jenen der geschlechtlichen Paarung geknüpft sein, da sonst diese so aufwendige und risikosteigernde Einrichtung überflüssig und rückgebildet worden wäre.

Dem heute in der Wissenschaft verwendeten Artbegriff haftet eine erhebliche Unschärfe an. Neue Arten, so argumentiert man, entstünden durch Absplitterung von Gruppen, die sich dann in geographisch getrennten Räumen weiterentwickeln, dortigen Gegebenheiten anpassen und schließlich von der Mutterart so verschieden werden, daß sie sich mit dieser nicht mehr kreuzen können. Im Klartext bedeutet das, daß sie mit dieser keine fruchtbaren Nachkommen hervorbringen. Nimmt man diesen dynamischen Artbegriff genauer unter die Lupe, dann bleibt die Stammart, so sehr sie sich auch weiterentwickeln und verändern mag, die gleiche Art. Da aber die Evolution über eine gewundene Linie mit vielen Abzweigungen schließlich bis zum Menschen führte, wäre nach dieser Begriffsbestimmung unsere gesamte Ahnenlinie als ein und dieselbe sich immer weiter anpassende Art anzusehen. Demnach müßte man uns nicht Homo sapiens sondern nach unserem protobiontischen Ururahn Structura autocathalytica benennen.

In der Energontheorie sprechen wir darum von Arten im Sinne anders strukturierter Typen. Gewinnt ein Energon im Laufe seiner Fortpflanzungskette wesentliche neue und erbliche Merkmale hinzu, dann ist ein neuer Strukturtyp, ein neuer Lebensträger – eine neue Energonart – entstanden. Dieser Standpunkt ist um so mehr am Platz und berechtigt, als in einem späteren Evolutionsabschnitt – bei der Energonbildung durch den schaffenden Menschen – die notwendige Verhaftung von Fortschritten an den Genetischen Code überwunden und über Sprache und Schrift die Weitergabe, sprich Vererbung, erworbener Eigenschaften möglich wurde.

Es gibt Hinweise dafür, daß es nicht nur über den Vorgang fortschreitender Differenzierung und Anpassung zur Entstehung der Zelle kam, die dann aufgrund ihrer Überlegenheit alle Vorstufen ausradierte. Auch Symbionten, die zu Organen wurden, waren an diesem Vorgang beteiligt. Die Plastiden, welche die Pflanzenzelle zur Photosynthese befähigen, und die Mitochondrien, welche innerhalb der Zellen die Eiweißsynthese bewirken, werden nicht vom Genetischen Code der Zelle fortgepflanzt, sondern haben ihren eigenen Genetischen Code und pflanzen sich selbsttägig innerhalb der Zellen fort. Es wird deshalb angenommen, daß sich einige Protobionten auf Photosynthese, andere auf Proteinaufbau spezialisieren, daß diese sich dann symbiontisch anderen Protobionten anschlossen, in deren Körper einwanderten und so schließlich zu Zellorganen wurden. So kam es zum zweiten Male durch Verbindung bereits fertig entwickelter, sozusagen vorfabrizierter Einheiten zur Höherentwicklung. Der Spruch: créer cést unir – schöpfen heißt vereinen – erfaßt diese Vorgänge treffend.

Daraus ergibt sich folgendes Resümee:

B Die Entwicklung zur Zelle begann mit Energonen, die im Urmeer durch zufälliges Aufeinandertreffen von energiereichen Molekülen zustande kamen. Über sie setzte ein sich in Potenz und Volumen steigernder Prozeß ein. Nucleotidketten in ihrem Gefüge bildeten den Genetischen Code, der Fortpflanzung bewirkt und Information speichert. Die Verknappung der im Urmeer frei verfügbaren energiereichen Bausteine führte dazu, daß jene Energone sich durchsetzten, denen die Synthese von Proteinen gelang. Energone, die über Photosynthese Lichtenergie zu gewinnen vermochten, begründeten die autotrophen Pflanzen. Diese reicherten das Wasser mit ausgeschiedenem Sauerstoff an, was die Voraussetzung für das Entstehen räuberischer Energone schuf – der Tiere. Über Steuerkausalität determinierten Räuber und Beute jeweils die Ausbildungsrichtung der anderen. Ein weiterer bahnbrechender Fortschritt war die Zweigeschlechtlichkeit, durch welche genetisch gespeicherte Information in neue Kombinationen gelangt, was die Chance zur Entstehung neuer effizienterer Typen steigert. In der Zelle gelangte die Energonentfaltung zu einer besonders leistungsfähigen Einheit, die ihre Vorstufen in der Evolution verdrängte.

Der Weg zum Menschen

Auch der weitere Verlauf der Evolution läßt sich nach heutigem Wissensstand bereits in den wichtigsten Grundzügen skizzieren.

Mit der Zelle war ein perfekter, überaus anpassungsfähiger Energontyp entstanden. Einzelzellen pflanzlicher und tierischer Erwerbsform paßten sich den verschiedensten Umweltbereichen im Meer und im Süßwasser an. Sofern es noch Protobionten gab, wurden sie verdrängt und im Konkurrenzkampf besiegt. Die größte Bedeutung dieses Energontyps war indes eine andere. Über Mutationen entstanden auch Einzeller, die sich nach der Teilung nicht trennten, sondern in Klumpen zu mehreren zusammenblieben. Das mochte in dem einen oder anderen Lebensbereich von Vorteil sein. Der große Vorteil stellte sich ein, als es innerhalb der so entstandenen, fest verbundenen Kolonien zur Arbeitsteilung kam. Die vielseitigen Fähigkeiten der Zelle konnten sich nun voll entfalten. In den immer größer werdenden Zellgemeinschaften – den ersten Vielzellern – spezialisierten sich einige der Geschwisterzellen auf Funktionen der Außenfront – etwa auf Energieerwerb, Fortpflanzung und Feindabwehr, andere spezialisierten sich auf Funktionen an der Innenfront – etwa auf Bindung der Teile, Energieverteilung, Stoffverteilung und Koordination von Bewegungen.

Der Mechanismus für solche Differenzierung ist äußerst primitiv und hat sich bis zu den höchstentwickelten Vielzellern nicht verändert. Bei den Teilungsvorgängen erhält jede Zelle den vollständigen Genetischen Code, der somit die Anweisungen für sämtliche Einzelfunktionen enthält. Besondere Eiweißmoleküle – Regelproteine genannt – bewirken jedoch, daß in den einzelnen Tochterzellen der Kolonie alle für sie nicht maßgebenden Befehle blockiert werden. Es treten auf diese Weise nur jene Teile des Genetischen Code in Aktion, welche die für sie maßgebende Funktion bestimmen. Wollte man nach der gleichen Technik eine Fabrik aufbauen und lenken, dann müßte man sämtliche Anweisungen für alle beteiligten Mitarbeiter in einem Produktionsbuch lückenlos aufführen und jedem Beteiligten ein Exemplar davon aushändigen, wobei jene Seiten, die den einzelnen Mitarbeiter nicht betreffen, durchgekreuzt sind. Ein Vorteil dieser Mechanik liegt allerdings darin, daß Zellen im Bedarfsfall umfunktioniert werden können. Es genügt dann, daß die Regelproteine andere Teile des inneren Befehlsrezeptes freigeben. Besonders bei Verletzungen und notwendiger Regeneration wird dies bedeutungsvoll. Andere Zellen im großen Verband können dann mobilisiert werden – derselbe Grundbaustein stellt sich nunmehr auf eine neue Aufgabenerfüllung um. Voraussetzung ist freilich ein entsprechendes Netzwerk kreuz und quer laufender Meldungen und Rückmeldungen innerhalb der Zellkolonie.

Weitere Voraussetzung für das Funktionieren dieser Mechanik ist das wirkliche Befolgen dieser Befehlsverteilung. Wird aus irgend einem Grund die Blockierung durch die Regelproteine innerhalb der Zellen außer Funktion gesetzt, dann verhalten sie sich nicht länger als gebändigte, gelenkte Einheiten, sondern werden zu unabhängigen Einzellern, die ihre Umwelt als Nahrungsquelle betrachten und sich zügellos vermehren. Wir nennen solche entfesselte Zellen Krebszellen. Es gibt sie bei zahlreichen Vielzellern, und der Mensch betrachtet sie als gefürchtete Krankheit.

So entstanden Vielzeller – vielzellige Energone –, die schon wegen ihres größeren Volumens manchen Einzellern überlegen wurden. Auch bei ihnen setzte sich die Trennung in pflanzliche und tierische Erwerbsform fort. Je größer diese Energone wurden, aus je mehr Einzelzellen sie sich aufbauten, desto mehr Funktionen gingen von Zellorganen auf vielzellige Organe über – ein überaus bedeutsamer Vorgang, dessen Nichtbeachtung zu krassen Fehleinschätzungen führt. So wird bei noch heute existierenden einfachsten Vielzellern, etwa bei Schwämmen und Hohltieren, die Nahrung von Einzelzellen mit Hilfe von Zellorganen erbeutet und dann durch die Zellwand oder über Transportzellen an die übrigen weitergegeben.

Im weiteren Verlauf der Evolution entstand das aus vielen Zellen bestehende Maul, der aus vielen Zellen gebildete Darmtrakt und als Verteilungsapparat das aus vielen Zellen gebildete Blutgefäßsystem mit dem Herzen als Motor des Kreislaufs. Ebenso wird bei einfachsten Vielzellern die Feindabwehr noch von Zellorganen bewirkt, etwa bei den Medusen durch die Nesselkapseln der Epidermiszellen. Auch diese Organe der Feindabwehr wurden im weiteren Evolutionsverlauf durch vielzellige Organe abgelöst, wie die vielzelligen Giftdrüsen und Panzer es aufzeigen.

Die benötigten Funktionen gingen so Stück für Stück von Zellorganen auf vielzellige Organe über – ein in der Wissenschaft bisher kaum gewürdigter Vorgang, welcher zum wirklichen Verständnis der Lebensentwicklung von allerhöchster Bedeutung ist. Denn eine Funktion hinkte in dieser Entwicklung allen übrigen gleichsam nach, indem sie bis zum Menschen an ein Zellorgan verhaftet blieb. Es ist jene der Fortpflanzung, des Neuaufbaues von Energonen also, die bei sämtlichen Vielzellern vom Genetischen Code ausgeübt wird, der jeden neuen Vielzeller und so auch jeden neuen Menschen aufbaut. Wohl gibt es einige Vielzeller, die auch zu anderer Fortpflanzung fähig sind – etwa Pflanzen, von denen man Sprossen abschneiden und einpflanzen kann, woraufhin sich ein neues Pflanzenindividuum entwickelt. Das sind jedoch Ausnahmen. Die vielzelligen Pflanzen und Tiere wurden viel zu umfangreich und differenziert, um eine Fortpflanzung über Teilung ihres Körpers zu erlauben.

Erst als beim Menschen die stärkere Entwicklung der Großhirnrinde einsichtiges Verhalten schuf, konnte auch die Fortpflanzungsfunktion den übrigen auf ihrem Weg folgen und – zumindest teilweise – auf ein vielzelliges Organ übergehen. Nach wie vor bleibt die Bildung der menschlichen Zellkörper unter der Kompetenz des Genetischen Codes und an den Vorgang einer vorhergehenden geschlechtlichen Paarung gebunden. Den Aufbau aller weiteren, den menschlichen Zellkörper erweiternden und seine Fähigkeiten steigernden künstlichen Organe – Funktionsträger – leistet indes die menschliche Intelligenz, also die besonders entwickelte Großhirnrinde. Im weiteren Verlauf der Evolution verlagerte sich diese Funktion außerdem noch auf nichtverwachsene artifizielle Funktionsträger – Schrifttum, Baupläne, Zeichnungen und ähnliches, was zu einer revolutionären Steigerung und Potenzierung der Energonentfaltung führte.

Nach heutigem Wissensstand entstanden die ersten Vielzeller vor etwa drei Milliarden Jahren. Sie gaben dem Lebensstrom einen weiteren mächtigen Impuls. Es konnten sich nun immer größere, stärkere und leistungsfähigere Energone bilden. Über sie wuchs der Lebensstrom in Potenz und Volumen an und dehnte sich bis in die letzten Abgründe der Tiefsee und bis zu den Quellen der Flüsse aus. Der nächste Sprung vorwärts – mit Hilfe der sich weiterentwickelnden Energone – war dann die Eroberung des trockenen Landes, die vor ungefähr 500 Millionen Jahren einsetzte. Pflanzen waren die ersten Pioniere und ihnen folgten alsbald die Räuber, die Tiere. Aus Algen entwickelten sich die Landpflanzen. Aus Fischen entwickelten sich die Lurche, die Echsen, die Vögel und die Säugetiere. Aus Krebsen entwikkelten sich die Spinnen und die Insekten. Dem Lebensstrom wurde so ein neuer großer Entfaltungsraum eröffnet.

Hauptprobleme an Land waren die Gasgewinnung aus der Luft – die bei den Wirbeltieren die Umstellung von Kiemenatmung auf Lungenatmung notwendig werden ließ. Weitere waren die Überwindung der an Land wirksameren Schwerkraft und der Schutz gegen Verdunstung – gegen Verlust des für alle Zellkörper entscheidend wichtigen Wassers, das für biochemische Vorgänge Voraussetzung ist. Alle Landlebewesen sind gleichsam Wasserwesen im Exil, die um die Bewahrung ihres wichtigsten Bausteines, des Wassers besonders besorgt sein müssen. Im übrigen folgte die Landbesiedlung den gleichen Gesetzmäßigkeiten wie jene im Meeresraum. Auch hier kam es zu Interdependenzen und zur Ausbildung von Ökosystemen. Auch hier kam es zur Symbiose, zur Bildung von Verbänden und besonders bei den Insekten zur Bildung von Staaten. An Land erreichte die Energonentwicklung sogar noch größere Fortschritte als im heimatlichen Wasserreich. Die Fähigkeit, individuell zu lernen, welche im geringen Ausmaß schon bei Einzellern nachweisbar ist, gelangte bei den Landwirbeltieren zu besonderer Perfektion. Funktionell betrachtet, geht es hier darum, ob Verhaltensweisen nach Steuerungsrezepten erfolgen, die der Genetische Code im Zentralnervensystem, im Rückenmark und Gehirn aufbaut – wir sprechen dann von angeborenem Verhalten, von Instinktleistungen – oder ob das Tier in individueller Auseinandersetzung mit der Umwelt, über Versuch und Irrtum oder durch Nachahmung fremden Verhaltens selbsttätig Steuerungen im Gehirn für seine Aktionen und Reaktionen aufbaut. Während Tiere – also Energone – mit angeborenem Verhalten automatenhaft agieren und reagieren, ist über Lernvorgänge erworbenes Verhalten weit variabler, kann sich den jeweiligen Umweltbedingungen weit besser anpassen. Nachteil ist freilich, daß in diesem Fall das Junge – das neugebildete Energon – nicht voll lebensfähig zur Welt kommt und während seiner Lernperiode geschützt sein muß. Es bedarf einer Brutpflege, wie der Biologe es nennt. Diese Funktion fällt in der Regel dem Mutterenergon zu. Manchmal jedoch, wenn die Geschlechtspartner beisammenbleiben, üben auch beide Eltern oder der Vater sie aus. Auch hierfür sind angeborene Verhaltensweisen Voraussetzung. Sie mußten sich somit parallel zur steigenden Lernfähigkeit und zum Abbau der instinktiven, selbsttätigen Verhaltensnormen entwickeln.

Was bisher von den Philosophen und Biologen übersehen wurde, ist die Tatsache, daß die durch Lernen aufgebauten Steuerungsrezepte im Gehirn zwar fest im Körper beheimatet, aber trotzdem keine vom Genetischen Code aufgebauten Funktionsträger, also Organe sind. Diese Funktionsträger werden über Wirksamkeit des vielzelligen Gehirnes geschaffen. Nennt man die vom Genetischen Code diktierten Bildungen natürliche Organe, dann muß man diese durch Lernen geschaffenen Steuerungsrezepte künstliche Organe benennen. Die Unterscheidung wäre nicht sonderlich wichtig, würden nicht im weiteren Verlauf vom geistig besonders leistungsfähigen Menschen auf eben diesem Weg noch zahlreiche andere künstliche Organe gebildet werden, die dem Körper nicht verhaftet sind und darum nach bisherigem Denken als etwas von diesem durchaus Getrenntes angesehen werden. Schafft sich der Mensch einen Faustkeil oder Speer, dann bedeutet dies, daß er über den Vorgang des Lernens neue Organe gestaltet, welche die Fähigkeit seiner Hände enorm steigern. Diese zusätzlichen Funktionsträger kommen über Tätigkeit des Gehirns zustande, desselben vielzelligen Organes, das die Steuerungsrezepte erworbenen Verhaltens aufbaut. Da Faustkeil und Speer nicht im Körper beheimatet, ja nicht einmal mit diesem verbunden sind, betrachtet man sie bis dato als Werkzeuge und nicht als Organe – also als etwas grundsätzlich anderes. Die Betrachtungsweise der Energontheorie zwingt hier zu einer radikalen Umschaltung im Denken, der sich unser Gehirn, stark ans Visuelle gefesselt, nur widerstrebend beugt. Für jedes Energon ist jedoch ausschließlich wichtig, über welche Funktionsträger es verfügt und was diese zustande bringen.

Ob ein solcher Funktionsträger, ein solches Organ, vom Zellorgan Genetischer Code oder vom vielzelligen Gehirn geschaffen wird, ist dagegen von durchaus untergeordneter Bedeutung. Auch ob es mit dem Zellkörper fest verwachsen ist oder nicht, fällt nicht ins Gewicht – beim Faustkeil und beim Speer ist die Ablegbarkeit sogar ein offensichtlicher Vorteil, da sie bei fester Verbindung mit der Hand diese in ihren sonstigen Funktionen stören, ja solche sogar vereiteln würden.

Faustkeil und Speer waren jedoch nur der erste Beginn in einer langen Entwicklungskette. Ihnen folgten artifizielle Funktionsträger des Körperschutzes, die wir Bekleidung und Schuhwerk nennen. Ihnen folgten artifizielle Funktionsträger des Energie- und Stofferwerbes, die Fangreusen, Fanggruben und Jagdwaffen heißen. Auch Körbe und Säcke zum Aufsammeln eßbarer Pflanzen und Früchte gehören hierhin. Ihnen folgten artifizielle Funktionsträger des Schutzes, die wir Hütten, Häuser, Burgen und Festungen nennen – auch alle Waffen von Dolch und Schwert über Kanonen bis hin zu Raketen und Nuclearwaffen gehören hinzu. Ihnen folgten artifizielle Funktionsträger der Fortbewegung, die wir Boote, Schiffe, Wagen, Bahnen, Autos und Flugzeuge nennen – auch Leitern, Treppen, Brükken und Straßen gehören hinzu. Ihnen folgten artifizielle Funktionsträger zur Versklavung von Umweltkräften, die wir Maschinen nennen und welche es möglich machen, daß Funktionsträger von anderen als dem Zellkörper eigenen Kräften betrieben werden. Ihnen folgten artifizielle Funktionsträger der Verständigung, von Rauchsignalen über Schrift bis hin zur drahtlosen Nachrichtenübermittlung und zum Fernsehen über Satelliten.

Damit sind wir bereits beim Menschen, der aus der Gruppe der Affen hervorging und als wertvollstes Erbe deren Greiforgane, die Hände, empfing. In Anpassung an das Klettern in Bäumen wurden diese Vorderextremitäten besonders auf die Funktion des Ergreifens und Festhaltens ausgerichtet, wobei dem frei opponierenden Daumen besondere Bedeutung zukommt. In folgeschwerem Funktionswechsel verwendet sie der Mensch zur Bildung zusätzlicher Organe und zu deren Bedienung – Handhabung. Bei der bisherigen Fehleinschätzung menschlicher Selbstbewertung ist es notwendig und gerechtfertigt, mit allem Pathos auf die Dramatik dieses evolutionären Vorganges hinzuweisen, der in der Bildung von artifiziellen, den Zellkörper erweiternden Funktionsträgern besteht. An diesem entscheidenden Punkt in der phylogenetischen Entwicklung, also der Evolution der Energone, übernahm das Gehirn in Funktionserweiterung eine zusätzliche, entscheidend wichtige Aufgabe – die der Bildung von Organen. Bereits jede durch Lernprozesse aufgebaute Steuerungsstruktur im Gehirn ist ein zusätzlich gebildetes, also nicht genetisch erworbenes Organ. Da es im Zellkörper gebildet ist, zeigt es nicht visuell seine Besonderheit, sondern stellt sich eher als eine Verbesserung oder Ergänzung der angeborenen Steuerungsstrukturen dar. Von noch weit größerer Bedeutung für den Lebensstrom waren indes weitere vom vielzelligen Gehirn gebildete Organe – artifizielle Funktionsträger –, die nicht mehr mit dem Zellkörper verwachsen sind, jedoch dessen Leistungsfähigkeit ergänzen und vergrößern. Es ist irrig und blind, diese Einheiten als etwas anderes anzusehen als vom Gehirn geschaffene zusätzliche Organe unseres Körpers. Bei der phylogenetischen Entwicklung der vielzelligen Energone gingen die benötigten Funktionen – um es zu wiederholen – eine nach der anderen von Zellorganen auf vielzellige Organe über.

Der Aufbau neuer Energone über den Weg der Fortpflanzung hinkte in dieser Entwicklung nach. Diese Funktion blieb in der Kompetenz eines Zellorganes, des Genetischen Code, was eine entsprechende Überlastung dieser Einheit zur Folge hatte. Bei den Affen und beim Menschen sind die für den Körperaufbau erforderlichen Einzelbefehle, die Summe der zu übertragenden Information, bereits so groß, daß sie, in unsere Buchstaben, Wörter und Sätze übertragen, eine zwanzigbändige Enzyklopaedie von tausend engbeschriebenen Seiten je Band umfassen würde. Alle diese Befehle, in endlosen Fadenmolekülen niedergelegt, befinden sich im Zellkern jeder menschlichen Keimzelle und ebenso im Zellkern aller Zellen, aus denen sich unser Körper aufbaut. Und bei jedem Vorgang der Paarung, der Vereinigung der weiblichen Eizelle mit einer männlichen Samenzelle, müssen diese endlosen Fäden, die um ein Zehntausendfaches länger sind als der Zelldurchmesser, schließlich der ganzen Länge nach sich aneinanderlegen und verschmelzen, um dann ebenso säuberlich wieder sich zu teilen. Wenn je irgendwo ein Funktionsträger überbürdet wurde, dann ist es hier.

Wenn also auch diese Funktionsausübung schrittweise auf ein vielzelliges Organ überging, auf das Gehirn, dann bedeutet das nur die letzte Konsequenz in der Evolution der Vielzeller und ist ein völlig natürlicher, sich mit Notwendigkeit ergebender Ablauf. Von jetzt ab braucht immer nur der Zellkörper durch die so immens präzise Tätigkeit des Genetischen Code aufgebaut zu werden. Weitere zusätzliche Organe bildet das vielzellige Gehirn über erworbene Verhaltensweisen. Die menschliche Sprache tritt als entscheidend wichtiges Hilfsorgan hinzu – und schafft als Begleiterscheinung das abstrakte Denken. Auch die Sprache beruht auf erworbenen Steuerungen, bestimmte Information über entsprechende Lautsignale weiterzugeben. So ist der Mensch nicht nur auf Nachahmung angewiesen, um von anderen erworbene Fähigkeiten auf sich zu übertragen, sondern über Sprache und später über den artifiziellen Funktionsträger Schrift wird die Übertragung jeder Erfahrung, jeder Meinung, jeder Schlußfolgerung noch weit umfassender, einfacher, präziser und nicht zuletzt energiesparender möglich. Während bis zu diesem entscheidenden Entwicklungspunkt nur solche Verbesserungen auf Nachkommen übertragen werden konnten, die im Genetischen Code Niederschlag fanden, wodurch die Fäden immer länger wurden, konnten nunmehr Verbesserungen des Zellkörpers durch künstliche Organe mühelos und fast beliebig transferiert werden. Damit hatte die Energonentwicklung eine weitere hemmende Schranke überwunden, und ähnlich wie bei der Entstehung der Vielzeller eröffneten sich für sie neue Dimensionen.

Von jetzt ab mußte anorganisches Material nicht mehr den Weg durch den Zellkörper nehmen, um dann von diesem in Funktionsträger verwandelt zu werden. Von jetzt ab konnte anorganisches Material gleich außerhalb des Körpers funktionalisiert werden, was eine signifikante Vereinfachung des Vorganges bedeutet. Und über die artifiziellen Funktionsträger Sprache und Schrift konnten sowohl erworbenes Verhalten wie auch jedes Aufbaurezept für zusätzliche Organe direkt und indirekt an andere weitergegeben, an diese übertragen werden. Bis zum heutigen Tage wurde die menschliche Einsicht in die tatsächlichen Zusammenhänge und die Beurteilung des tatsächlichen Standortes des Menschen innerhalb der Lebensentfaltung durch das ähnliche Erscheinungsbild unseres Körpers und jenes der Tiere blockiert. In Wahrheit gehören wir ebenso wenig zu den Affen und den sonstigen Vielzellern, wie die Keimzellen eines Rehs oder einer Tanne zu den Einzellern gehören. Im Menschen gelangte die Evolution der Energone nach dem Entstehen der Zelle zum zweiten Male zu einer besonders effizienten Einheit, die gewaltige neue Entwicklungsmöglichkeiten eröffnete und dem Lebensstrom zu einem immensen weiteren Anschwellen verhalf.

Zusammenfassend ist darauf hinzuweisen, daß es Vorstufen für Bildung oder Erwerb von Funktionsträgern durch den Gesamtkörper bereits zur Genüge gab – besonders bei den Tieren. Der Panzer des Einzellers Amoeba difflugia, das Netz der Spinne, der Bau des Kaninchens, die Verdauungshelfer im Darm von Insekten und Wirbeltieren, das vom Einsiedlerkrebs akquirierte leere Schneckenhaus und die symbiotischen Algen im Körper von Korallenpolypen und Mollusken sind dafür beliebige Beispiele. Alle diese zusätzlichen Organe werden jedoch vom Genetischen Code geschaffen oder über seine Wirksamkeit gewonnen, indem dieser Rezepte für angeborene Verhaltenssteuerung zu ihrer Gewinnung aufbaut. Sie kamen also auf dem mühsamen und nur beschränkt ergiebigen Weg über Mutationen und deren günstige Kombination zustande. Die Möglichkeit für wesentliche Fortschritte ergab sich erst, als beim Menschen sich die Leistungsfähigkeit des Gehirnes derart steigerte, daß er über Lernprozesse die Rezepte für Aufbau und Verwendung zusätzlicher Funktionsträger schuf und diese über Sprache und Schrift weitergab, so daß die Erfahrungen jeder Generation den folgenden zugute kommen und zur Basis weiterer effizienzsteigernder Entwicklungen werden.

Daraus ergibt sich folgendes Resümee:

C Aus Einzellern entwickelten sich die Vielzeller, deren Körper fast ausnahmslos bei der Fortpflanzung von einer Einzelzelle aufgebaut wird. In den Zellen der Vielzeller werden Teile des bei allen Individuen einer Art gleichen Genetischen Codes durch Regelproteine blockiert, was Differenzierung für verschiedene Funktionen bewirkt. Diese gingen im Lauf der Höherentwicklung von zelleigenen auf vielzellige Funktionsträger über, zuletzt auch die Funktion der Bildung von Organen.

Den vielzelligen Pflanzen und Tieren gelang die Eroberung des trockenen Landes, was Gasgewinnung aus der Luft, Schutz vor Austrocknung und Auseinandersetzung mit stärker wirksamer Schwerkraft bedingte. Im Menschen gelangte die Energonentwicklung zu einer Einheit, die aufgrund besonderer geistiger Fähigkeiten vom Zellkörper getrennte Funktionsträger direkt aus anorganischer Materie aufbaut. Der Mensch bildet auf diese Weise Energone von höherer Leistungskraft, deren Aufbaurezepte nicht mehr im Genetischen Code verankert sind, sondern über Sprache und Schrift auf andere Menschen übertragen und damit vererbt werden.

8. Station Mensch im Strom des Lebens

Die menschliche Intelligenz

Die besonderen geistigen Fähigkeiten des Vielzellers Mensch wurden von der Forschung in aller Welt eindeutig als Leistung der besonders entwickelten Großhirnrinde erkannt. Es konnten bisher keine grundsätzlich anderen Differenzierungen von Gehirnzellen beim Menschen gegenüber jenen der uns nahe verwandten Affen ermittelt werden. Die weit größere Anzahl dieser Nervenzellen und ihre Kompartimentierung dürften hier den Ausschlag geben oder zumindest ein wesentlicher Faktor für das Zustandebringen gesteigerter Leistungen sein. Worin diese, funktionell betrachtet, bestehen, wo also die entscheidende Grenze zwischen tierischen Gehirnleistungen und jenen beim Menschen liegt, haben besonders klar Experimente gezeigt, die Koehler 1923 mit Schimpansen anstellte. Hoch über diesen Affen wurde an der Käfigdecke außer Reichweite eine Banane befestigt, während mehrere Kisten sowie zusammensteckbare Holzstangen im Käfig verteilt waren. Die intelligentesten unter den Versuchstieren vermochten nach längerem Probieren und Überlegen die Aufgabe zu lösen. Sie schichteten die Kisten übereinander, fügten die Stockteile zusammen, kletterten auf den Kistenturm und angelten sich die Banane. Verstreute man dagegen Kisten und Stockteile über mehrere, durch Gänge miteinander in Verbindung stehende Käfige, dann wurde die Aufgabe nicht gelöst. Nur wenn sich die Komponenten zum Lösen der Aufgabe im unmittelbaren Sichtbereich der Schimpansen befanden, war es ihrem Gehirn möglich, die Kombination zur Erreichung eines bestimmten Zieles zu ermitteln.

Diese Versuchsergebnisse lassen erkennen, worin die gesteigerte Funktionsfähigkeit des Gehirns beim Menschen besteht. Aufgrund der besonders entwickelten Großhirnrinde vermögen wir Umweltgegebenheiten und gewonnene Erfahrung auch dann miteinander in Bezug zu setzen, wenn sie räumlich und zeitlich weit voneinander getrennt sind. Unsere Vorstellungskraft bietet uns gleichsam einen inneren Projektionsschirm, auf dem wir Erinnerungen und Erfahrungen aufblitzen lassen und mit unmittelbar gewonnenen Eindrücken kombinieren können. Die schon bei niederen Tieren nachweisbare Fähigkeit zur Assoziationsbildung ist hier immens, ja fast schrankenlos gesteigert. Auf den inneren Projektions-

Abb. 24 Vorstufen zur Bildung von künstlichen Organen durch den Menschen im Tierreich (nach H. Hass 1970)

A: Schutzpanzer bei Amöben. Amoeba euglypha baut aus selbstgebildeten Kalkplättchen ein schützendes Gehäuse auf (A_1). Amoeba difflugia bildet ein ganz ähnliches Gehäuse aus Sandkörnchen (A_2). Sie verwendet also bereits fertig in der Umwelt vorhandenes Material und bildet ohne Umweg über den Körper künstlich einen Funktionsträger. Die Effizienz des Panzers wird durch seine Herstellungsart nicht beeinflußt. Worauf es ankommt, sind die Präzision seiner Abwehrleistung sowie die Kosten und Schnelligkeit seiner Herstellung.
B: Spinne und Netz. Das Netz ist entscheidend wichtiges Organ des Energie- und Stofferwerbes der Netzspinne. Es ist aus körpereigenem Material gebildet, jedoch mit dem übrigen Funktionsgefüge nicht mehr fest verwachsen. Worauf es jedoch ankommt, ist die Leistung und nicht das Verwachsensein.
C: Einsiedlerkrebs und Schneckenhaus. Einsiedlerkrebse verwenden leere Schneckenhäuser als schützende Panzer. Sie ersparen sich aufgrund einer angeborenen Verhaltenssteuerung die Ausbildung einer Panzerung für den Schwanz. Sie verwandeln das funktionslos gewordene Schutzorgan eines anderen Energons in ein eigenes künstliches Organ.
D: Wollkrabbe mit Tarnungsschild. Die Wollkrabbe Dromia vulgaris steigert die Abwehrkraft ihres natürlichen Panzers durch Tarnung. Sie schneidert sich aufgrund angeborener Verhaltenssteuerung einen Schwamm derart zurecht, daß er ihren Rückenschild genau bedeckt. Mit dem letzten Gehfußpaar hält sie ihn fest. Ein fremder Organismus wird so künstlich verändert und in ein eigenes Schutzorgan verwandelt.
E: Einsiedlerkrebs und Seerosen: Der Einsiedlerkrebs Pagarus arrosor pflanzt Seerosen auf sein Schneckenhaus, was seine Abwehrfähigkeit gegenüber seinem Hauptfeind, dem Tintenfisch, steigert. Wächst der Einsiedlerkrebs und muß er in ein anderes größeres Haus übersiedeln, dann überpflanzt er auch die Seerosen. Durch Streicheln mit den Scheren bewirkt er, daß sie sich ablösen lassen. Die Partnerschaft beruht auf angeborenen Verhaltenssteuerungen bei beiden Tierarten, wobei jede die andere zum künstlichen Organ macht. Die Seerose wird für den Einsiedlerkrebs zu einem zusätzlichen Schutzorgan, der Einsiedlerkrebs für diese zum Organ der Fortbewegung. Hier liegt bereits echter Leistungstausch vor.
F: Verstärkte Partnerschaft. Bei dem Einsiedlerkrebs Eupagurus prideauxi leistet die Seerose Adamsia noch einen zusätzlichen Dienst. Durch entsprechende Kalkabscheidung vergrößert diese sein künstliches Organ Schneckenhaus derart, daß für den Einsiedlerkrebs die Notwendigkeit der risikoreichen Übersiedlung wegfällt. Zu einer Dienstleistung tritt hier die Produktion eines benötigten Funktionsträgers durch ein anderes Energon hinzu – im Tausch für eine Gegenleistung: die Fortbewegung der Seerose, die solcherart in nahrungsreicheres Wasser gelangt.

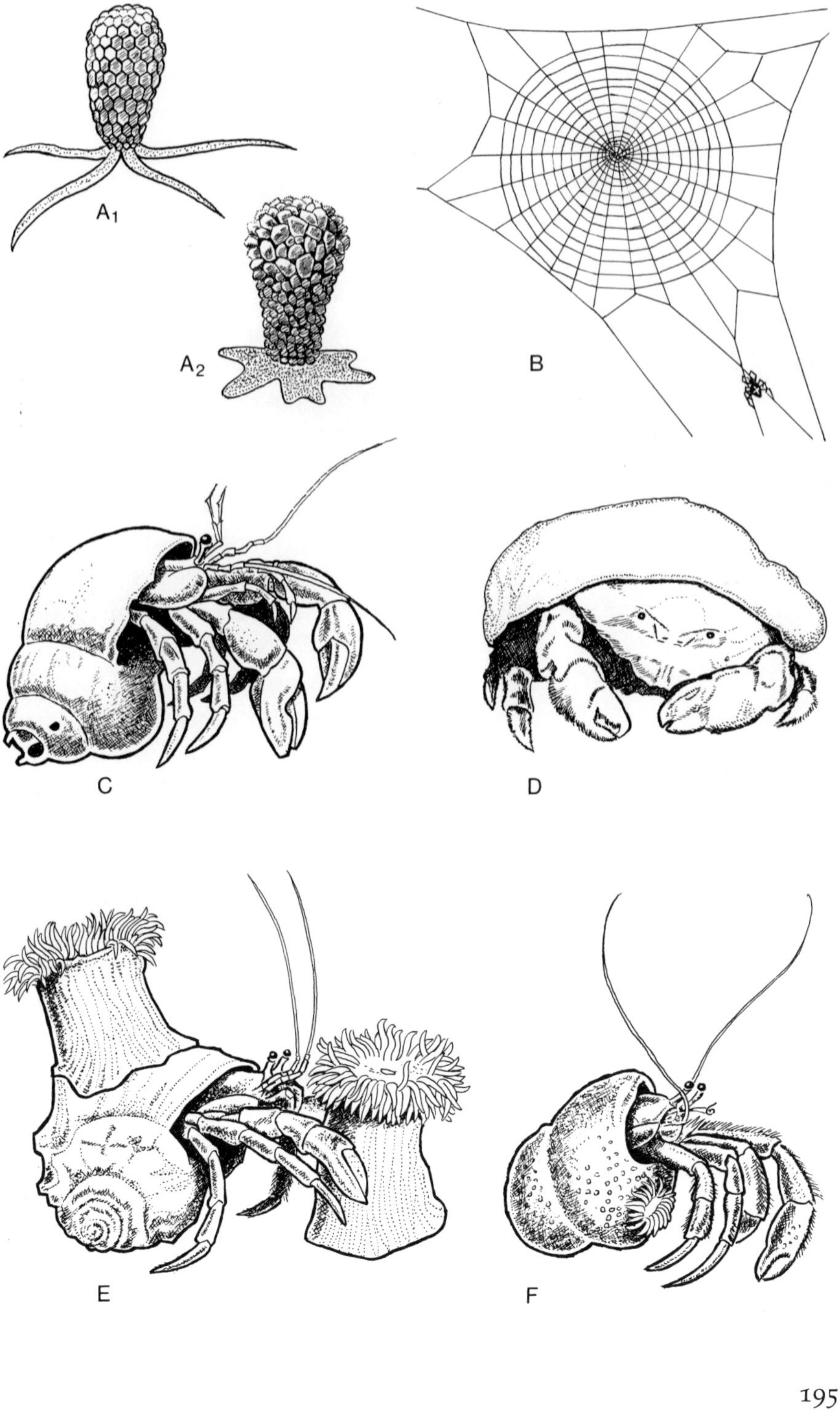

A1
A2
B
C
D
E
F

schirm können wir uns auch selbst projezieren, wir können uns selbst objektivieren und in das Kombinationsspiel unserer Vorstellungen miteinbeziehen – wodurch unser Ichbewußtsein entsteht. Im Geist, in unserer Phantasie, wie man diesen Projektionsschirm nennt, vermögen wir auf diese Weise Pläne für Handlungen zu entwerfen und sie, ohne sie ausführen zu müssen, auf ihre Tauglichkeit zu untersuchen. Ebenso können wir rein theoretisch erkunden, wie eine materielle Einheit beschaffen sein müßte, um eine von uns benötigte Funktion zu leisten, welche Eigenschaften und Merkmale also artifizielle Funktionsträger haben müssen, um funktionsfähig zu sein. Wir können sogar im Geist sämtliche je gewonnenen Erfahrungen heranziehen, um festzustellen, aus welchem Material und wie sie herzustellen wären. Wir können also ihre Herstellung und Verwendung erproben, ohne mit dieser praktisch begonnen zu haben.

Eine weitere wichtige Überlegenheit gegenüber den Tieren liegt in unserem weit stärker entwickelten Abstraktionsvermögen. Wenn wir alle wahrgenommenen Bäume aufgrund ihrer ähnlichen Eigenschaften unter dem Begriff Baum zusammenfassen und in analoger Weise alle für uns relevanten Erscheinungen der Umwelt ebenso in Pakete zusammenfassen, dann schafft das Gehirn sich auf diese Weise Werkzeuge, die ihm bei der Bewältigung der ständig einflutenden Sinnesreize wesentlich helfen.

Daß auch schon Tiere solche Werkzeuge zur Umweltbeurteilung schaffen, konnte bei Affen experimentell bewiesen werden. Tiere vermögen indes nur averbale Begriffe zu bilden, das heißt, sie vermögen Begriffe nur in minimalem Umfang mit Gesten und im besonderen mit Lautfolgen zu assoziieren. Genau das aber war die Grundlage für die menschliche Verständigung über den Weg der Sprache. So wird etwa der Begriff Baum mit der Tonfolge BAUM assoziiert, an den Begriff wird gleichsam das Etikett einer bestimmten Bezeichnung angeheftet. Auf diese Weise entstehen verbale Begriffe, also mit Worten assoziierte Abstraktionen für materielle Strukturen. Beispiele dafür sind VOGEL, TISCH, MASCHINE. Ebensolche mit Lautfolgen assoziierte Abstraktionen, Begriffe also, bildet der Mensch auch für Eigenschaften und Vorgänge. ROT, SCHNELL, KALT sind Beispiele für Eigenschaften, GEHEN, SCHLAGEN, ERSCHRECKEN solche für Vorgänge. Dinge, Eigenschaften und Tätigkeiten werden dann noch durch eine Fülle von Verbindungswörtern in Beziehung gesetzt und vernetzt. So entsteht die Sprache mit ihren Wortformen, Wortarten und Satzgliedern. Dieser uns einfach und selbstverständlich dünkende Vorgang kennzeichnet eine außerordentliche Gehirnleistung, zu welcher Tiere nicht im Stande sind. Wohl kann man höhere Tiere auf bestimmte Lautfolgen dressieren, doch zur eigenen Entwicklung einer differenzierten Sprache sind sie nicht fähig. Sie können bloß über akustische, visuelle und chemische Signale Emotionen wie Angst, Drohstimmung, Gereiztheit oder Paarungsbereitschaft auf andere übertragen und bei diesen entsprechende Reaktionen auslösen. Ein sprachlicher Verkehr ist dagegen den Tieren verschlossen, ebenso wie die Entwicklung eines Ichbewußtseins und die Fähigkeit, bewußt zu überlegen, zu planen, zu verwerfen, zu erfinden. Gesteigerte Vorstellungskraft, verbale Begriffsbildung und Ichbewußtsein waren Voraussetzung für die zielhafte Erweiterung der körperlichen Leistungskraft durch Schaffung und sinnvolle Verwendung artifizieller Funktionsträger.

Der sich auf dem inneren Projektionsschirm mit seiner Umwelt vergleichende Mensch machte sich in notwendiger Folge Gedanken über die Ursachen seines Daseins und über die Bedeutung seiner Existenz, die in der bis auf den heutigen Tag erregenden Frage nach dem Sinn des Seins gipfeln. Im Kampf ums Dasein wurde der Mensch ständig mit den übermächtigen Naturgewalten und mit dem Verhältnis zum Mitmenschen konfrontiert, wobei Geburt, Leben und Tod das Denkgefüge bis auf den heutigen Tag beherrschen. Die Vorstellung von unsichtbaren Dämonen, weiterlebenden Ahnen, göttlichen und teuflischen Kräften und einer vom Körper trennbaren Seele drängten sich dem Menschen geradezu auf und führten zur Bemühung, natürliche Angst durch Verehrung und Besänftigung dieser Mächte wenn schon nicht zu kompensieren so doch zu beschwichtigen. Die Erlebnisse grauer Vorzeit gruben sich tief im erwachenden Bewußtsein ein und sind bis auf den Tag in unserem Unterbewußtsein verankert, was sich in gesteigerter Furcht vor Dunkelheit und Ungewißheit manifestiert. Dazu kam die in den Gemeinschaften so gravierende Polarität zwischen Gut und Böse, die ebenfalls in letzter Ursache auf die Wirksamkeit jener unsichtbaren Mächte und ihrer Auswirkungen projiziert wurde. Dunkel und Hell, Gut und Böse, Oben und Unten sowie die Vierheit Wasser, Feuer, Erde und Luft wurden zu Kriterien, die fast überall zu metaphysischer Bedeutung gelangten.

Durch das Einbrechen naturwissenschaftlicher Erfahrung und Erkenntnis wurden viele der ursprünglichen Erklärungskonzepte entwertet. Die höchst reale Grundlage von Naturphänomenen wurde aufgedeckt. Es wurde erkannt, daß die Erde nicht Zentrum im All ist. Und es wurde erkannt, daß der Mensch nichts von den Pflanzen und Tieren prinzipiell Gesondertes, sondern vielmehr selbst aus ihrer Mitte hervorgegangen ist.

Immer noch sieht sich der Mensch jedoch als Höhepunkt der evolutionären Entwicklung – wogegen sich die Energontheorie diametral wendet. Die Evolution ist seit mehr als zehntausend Jahren über den Menschen hinweggeströmt – er ist jedoch dank seiner Intelligenz der talentierteste Erfüllungsgehilfe in diesem physikalischen Geschehen. Die Evolution setzt sich in den vom Menschen geschaffenen größeren Einheiten fort.

Alle Materie und die gesamte Lebensentfaltung sind eine Manifestation von Energie – deren letztes Wesen, Ursprung und Sinn uns verborgen sind.

Daraus ergibt sich folgendes Resümee:

D Die Besonderheit des Menschen gründet sich auf seine höhere Intelligenz, die auf einer gesteigerten Entwicklung der Großhirnrinde beruht. Sie befähigt den Menschen, Eindrücke und Erfahrungen kausal miteinander zu verknüpfen, die räumlich und zeitlich weit getrennt sind. Sie befähigt ihn, daraus Schlußfolgerungen zu ziehen, zu planen, Zusammenhänge theoretisch zu beurteilen, Lösungsmöglichkeiten und Entscheidungen über Simulation der Praxis innerlich vorzubereiten. Darüber hinaus befähigt sie ihn, sich selbst zu objektivieren, wodurch es zum Ichbewußtsein kommt. Gesteigertes Vermögen zur Abstraktion und Begriffsbildung sowie die Fähigkeit, Begriffe mit Lautsymbolen zu verknüpfen, führten zur Sprache. Angst vor den Naturgewalten und die Problematik von Geburt, Leben und Tod bedingten metaphysische Vorstellungen, die durch die Naturwissenschaften weitgehend entkräftet wurden. Die Energontheorie sieht im Menschen nicht den derzeitigen Endpunkt und Höhepunkt der Evolution, sondern nur den talentiertesten und damit effektivsten Erfüllungsgehilfen eines physikalischen Geschehens. Aufgrund seiner Intelligenz vermag der Mensch seinen Zellkörper durch artifizielle Funktionsträger zu erweitern und größere Einheiten zu bilden, über die sich eine in Potenz und Volumen steigernde energetische Entfaltung fortsetzt.

Die Auswirkungen der künstlichen Organe

Die künstlichen Organe schufen ein total anderes äußeres Bild. Der neue Vorgang, Funktionsträger nicht durch Zelldifferenzierung, sondern unmittelbar aus anorganischem Material zu bilden, leitete nach der Entfaltung der Einzeller und der Vielzeller eine dritte Epoche in der Evolution ein. Wir selbst sind Zeugen dieses atemberaubenden Prozesses, der in den letzten 200 Jahren so weit gediehen ist, daß die Lebensentfaltung mit Hilfe der Technik bereits die Atomkraft entfesselt und mit artifiziellen Funktionsträgern andere Planeten bemannt und unbemannt berührt. Grundlage für diese gewaltige Wende war eine an sich geringfügige Funktionsverlagerung, wie es deren bei den Vielzellern schon zahlreiche gegeben hatte. Die Funktion der Organbildung ging aus der Kompetenz des Genetischen Code – eines Zellorganes – mit in den Verantwortungsbereich des vielzelligen Gehirnes über. Die so entstehenden größeren und mächtigeren Energone, die sich den Sinnen eben nicht mehr als fest zusammenhängende Körper darbieten, stellen sich dem Menschen, der Zentraleinheit in diesem Abschnitt der energetischen Entfaltung visuell derart anders dar, daß er sie als etwas grundsätzlich anderes betrachtet. Der visuelle Unterschied und das eigene Verflochtensein in diesen Prozeß legten ihm gleichsam Scheuklappen an, vernebelten seine klare Einschätzung, machten ihn zu einem Sklaven seiner Augen, verwischten die Konturen der Erkenntnis.

Das völlig andere Erscheinungsbild von Organen, die aus Zellen gebildet und einem Zellkörper fest verhaftet sind, gegenüber solchen, die von ihm getrennt auf ganz andere Art zustande kommen, erweckte ihm den irrigen Eindruck, als ob hier ein totaler Bruch im Evolutionsablauf vorläge, als hätte hiermit eine total andere Entwicklung – *kulturelle* Evolution des Menschen genannt – begonnen. Übersehen wurde dabei, daß es bei jedem Organ primär stets auf die Leistung ankommt, nicht auf das Material, aus welchem es besteht, nicht auf die Art seiner Verbindung mit dem restlichen Körper und vor allem nicht auf die Weise, wie es zustande kommt. Über Intelligenzakte kann Zweckdienliches wohl enorm viel schneller zustande kommen als über den plumpen Vorgang von Mutationen und einer Kette von Zufallskombinationen. Unbestreitbar können auch durch Intelligenz Einheiten zustande kommen, welche über Mutation und Selektion nie erreichbar wären. Wie sie indes beschaffen sein müssen, um funktionsfähig und effizient zu sein, kann geistige Tätigkeit nicht beeinflussen, da dies von den relevanten Faktoren determiniert ist – also von der jeweils gestellten Aufgabe diktiert wird. Ob über Zufälle oder Intelligenz ein Bleistift zustande kommt: er muß so beschaffen sein, daß er sich zum Schreiben eignet. Der Mensch mißt somit dem Geistigen einen unrichtigen Stellenwert zu. Wohl ist die menschliche Intelligenz ein eminent wirkungsvolles Werkzeug, ein Beschleuniger und Katalysator sondergleichen, ein Funktionsträger der Verbesserung, wie es einen ähnlichen noch nicht gab.

Die geistige Schöpfung ist indes alles eher als frei. Sie muß sich vielmehr, um Zweckmäßiges zu schaffen, an die für die gesamte Energonentwicklung gültigen Spielregeln halten: es gibt somit keinen echten Erfinder, sondern bloß Finder.

Die Epoche menschlicher Energonbildung nahm ihren Lauf, beeinflußte in immer steigendem Ausmaß die Gesamtheit der den Lebensprozeß weitertragenden räumlichen und zeitlichen Strukturen. Heute sind wir an der dramatischen Wendemarke, wo sich in dieser Entwicklung eine drohende Selbstzerstörung abzeichnet, ja aufgrund der immer anwachsenden Potenzierung des Lebensstromes beinahe errechenbar ist. Um so wichtiger wird es, den kausal vorgezeichneten Weg dieser dritten Phase der Evolution – nach jener der Einzeller und der Vielzeller – rational zu erkennen und emotionsfrei zu bewerten. Wie hier bewiesen werden soll, erklärt sich dieser vorgezeichnete Weg aus den Auswirkungen der nichtverwachsenen, artifiziellen Funktionsträger, welche die möglichen Entwicklungsrichtungen vorzeichnen. Hinzutreten die angeborenen und über Erziehung erworbenen Eigenschaften des Menschen, die darüber entscheiden, welche Entwicklungsrichtungen bevorzugt wahrgenommen und ausgebaut werden, also welche Sonderselektion im Rahmen der Gesamtselektion seinen Neigungen nach erfolgt.

Die Auswirkungen der nichtverwachsenen Funktionsträger lassen sich in zwanzig Punkten gliedern, welche das faszinierende Spiel von Geben und Nehmen und die Wechselwirkungen des sogenannten Schicksals – seine Quellen – aufzeigen:

Erstens: Ablegbarkeit

Mit dem Zellkörper nichtverwachsene, artifizielle Funktionsträger – künstliche Organe – bieten den Vorteil, daß sie ablegbar sind.

Sie können für die Dauer der Benötigung dem Funktionsverband des Zellkörpers angegliedert werden, belasten diesen jedoch nicht ständig. Ein Messer wird zum Gebrauch zur Hand genommen und wieder fortgelegt.

Ein Haus wird aufgesucht und wieder verlassen. Der menschliche Zellkörper bewegt sich zum Brunnen, verbindet sich mit diesem, indem er ihm Wasser entnimmt, und entfernt sich wieder. Aufschlußreiche Vorstufen bei den Tieren sind etwa Schutzhöhlen, Vogelnester und Spinnennetze ebenso wie die Bienenwaben. Während Schnecken ihr schützendes Haus und Schildkröten ihren Panzer ständig mit sich herumtragen müssen, flüchtet das Kaninchen bei Gefahr in seinen Bau, es ist während der Futtersuche nicht mit einer ähnlichen Last beschwert. Allerdings zeigt sich schon bei jenen Tieren, die über nichtverwachsene, artifizielle Funktionsträger verfügen, mit welcher Hypothek diese belastet sind. Die Spinne verteidigt ihr Netz bei drohender Beschädigung, Tiere mit Wohnhöhlen werden nicht selten von anderen daraus verdrängt. Die meisten artifiziellen Funktionsträger haben die Eigenschaft, auch von anderen Zellkörpern zur Steigerung ihrer Fähigkeiten verwendet werden zu können. Dem Menschen nützen also diese leistungssteigernden Einheiten nur in dem Ausmaße, als er sie nicht ständig bewachen oder mit sich herumtragen muß. Seine Bindung an sie wird zum Problem, ihr Verlust zur Gefahr. Ein Weg, sie zu schützen, besteht darin, sie zu verstecken, zu vergraben, was nur bei kleineren Werkzeugen möglich ist. Die einzig wirklich wirkungsvolle Möglichkeit ihres Schutzes ist die Bildung von arbeitsteiligen Verbänden, in denen einige sich ganz auf Schutzfunktionen spezialisieren und für diesen Dienst von den Beschützten Entgelt erhalten. Große seßhafte Verbände sind die Staaten, die über Legislative, Judikative und Exekutive den Schutz gegenüber den Mitbürgern im Inneren und in Gestalt der Landesverteidigung nach Außen übernehmen. Wie auch immer Verbände und Staaten zustande kommen und strukturiert sind: Die Bildung von artifiziellen Funktionsträgern machte sie einfach nötig, determinierte sie als notwendige Konsequenz. Dies bedeutet, daß die Wirksamkeit der artifiziellen Funktionsträger an die Schaffung von Verbänden und Staaten gebunden ist.

Zweitens: Austauschbarkeit

Mit dem Zellkörper nichtverwachsene, artifizielle Funktionsträger – künstliche Organe – bieten den Vorteil, daß sie austauschbar sind.

Während Tiere, die Spezialorgane entwickelten, nur eng umrissene Spezialleistungen erbringen können, kann der Mensch – vermittels des Universalbindemittels Hand – sich abwechselnd auf dies oder jenes spezialisieren, was ihm unbegrenzte Möglichkeiten der Leistungssteigerung verschafft. Wenn Konrad Lorenz behauptet, der Mensch sei ein Spezialist im Unspezialisiertsein, dann kennzeichnet dies die total kurzsichtige Betrachtungsweise, nur das zum Leben gehörig anzusehen, was den Zellkörpern unmittelbar angehört. Ganz im Gegenteil ist nämlich der Mensch ein Spezialist in Vielseitigkeit der Spezialisation. Er ist ein Wesen, das sich dank seiner künstlichen Organe chamäleonhaft verwandeln kann, jeder Gegebenheit und Aufgabe anpaßt, seine Umwelt und Mitwelt fast beliebig verändert und somit in jedem Bereich zu Hause ist: zu Lande, auf dem Meer, unter Wasser, in der Luft und im Kosmos. Alles gerät unter seine sich erweiternden Hände – unter seine künstlichen Organe. Auch Pflanzen und Tiere gelangten über Mutationen zur Fähigkeit, sich in Körperbau und Verhalten entsprechend den Umweltbedingungen wesentlich zu verändern, doch erst über die artifiziellen Funktionsträger des Menschen entstanden Energone von praktisch unbeschränkter Wandlungsfähigkeit. Bei pflanzlichen und tierischen Modifikationen kann es bestenfalls zu additiver Leistungssteigerung kommen, dagegen führen die auswechselbaren Organe zu einem multiplikativen Effekt. Innerhalb von Verbänden und Staaten – ein weiterer Vorteil dieser Einrichtungen – konnte eine geradezu unbeschränkte Spezialisierung auf ineinandergreifende, vernetzte Einzelleistungen stattfinden. Daher der gravierende Unterschied zwischen den Resultaten, zu denen die Energonentfaltung in der dritten Evolutionsphase gegenüber jenen der Einzeller und Vielzeller gelangte.

Drittens: Kollektivnutzung

Mit dem Zellkörper nichtverwachsene, artifizielle Funktionsträger – künstliche Organe – bieten den Vorteil, daß sie mehr als einem Energon dienstbar sein können.

In einem Kollektiv können Geräte und Transportmittel abwechselnd von mehreren Mitgliedern verwendet werden, was die Bilanz jedes einzelnen Energons drastisch entlastet. Auch Vermietung von künstlichen Organen ist möglich, sie können für Gegenleistung zeitweise anderen überlassen werden. Der bedeutsamste Transfer liegt jedoch in der Vererbbarkeit, indem die Funktionsfähigkeit von künstlichen Organen nicht mit dem Tode ihres Besitzers erlischt. Stirbt eine Pflanze oder ein Tier, dann kann kein Blatt von einer anderen Pflanze verwendet werden, kein Maul und keine Leber von einem anderen Tier. Die Organe abgestorbener Organismen können nur zur Nahrung dienen – dabei gehen jedoch 90 Prozent an Biomasse verloren. Für den Lebensstrom ist es somit von immensem Vorteil, daß die artifiziellen Funktionsträger des Menschen ohne den geringsten Wertverlust in den Leistungskörper anderer Energone hinüberwechseln können. Dank der artifiziellen Instrumentaltechnik ist es heute sogar möglich, Zellstrukturen auszuwechseln, indem etwa die Niere eines Verunglückten jene eines Kranken ersetzt, oder ein Auge geopfert wird, um die Sehkraft eines Erblindeten wiederherzustellen.

Als Folgeerscheinung der prinzipiellen Trennbarkeit von Energon und artifiziellen Funktionsträgern kam es zur Problematik des Eigentums, seiner Definierung, seines Erwerbes, seiner Erweiterung und Übertragung. Es führte im weiteren zur gravierenden Frage der Erbgesetze, zur noch gravierenderen Polarität zwischen Individual- und Gemeinschaftseigentum, zur komplexen Mischung von Gemeinnutz und Eigennutz, von privaten und idealistischen Vorstellungen, die unsere heutige Zeit bewegen und die Menschheit weltweit in einen latenten Bürgerkrieg verwickeln. Schließlich erklärt sich aus dieser Gesamtproblematik auch der Konflikt zwischen Eigentum und Besitz, insbesondere unter dem Gesichtspunkt, ob ungenutztes, also funktionsloses Eigentum schutzberechtigt oder für die Gemeinschaft von Schaden und von Schande ist.

Schon diese Auswirkungen der artifiziellen Funktionsträger brachten es mit sich, daß der sich ihrer bedienende Mensch vom Herrn zum Knecht wird, den sein Besitz und Eigentum schließlich beherrschen. Diese Willenseinengung – herbeigeführt durch die künstlichen Organe und ihren möglichen Einsatz – verhindert bis auf den heutigen Tag die klare Einsicht in die kausalen Wechselwirkungen eines physikalischen Geschehens, welches den Menschen zum Spielball seines eigenen technischen Fortschrittes macht: immer mehr Energie benötigend und darum sammelnd.

Viertens: Fremdherstellung

Mit dem Zellkörper nichtverwachsene, artifizielle Funktionsträger – künstliche Organe – bieten den Vorteil, daß sie nicht vom Benutzer selbst hergestellt sein müssen.

Im Rahmen organisierter Verbände und Staaten – ein weiterer Vorteil dieser Einrichtungen – können sich einige der Energone auf diese Aufgabe spezialisieren und die von ihnen hergestellten Funktionsträger gegen entsprechende Gegenleistung jenen, die sie benötigen, übertragen. Aus dieser

Arbeitsteilung ergibt sich der entscheidende Vorteil, daß die Hersteller sich ganz auf diese Aufgabe konzentrieren, entsprechendes Fachwissen sammeln und die von ihnen erzeugten Funktionsträger billiger, präziser und auch schneller herstellen können, als es dem mit vielen anderen Aufgaben belasteten Nichtspezialisten je möglich wäre. Wenn somit die Hersteller für ihre Erzeugnisse und für den von ihnen geschaffenen Mehrwert im Tausch mehr Energieäquivalente verlangen, als ihnen der Herstellungsaufwand selbst verursacht, dann ist trotzdem beiden Teilen gedient. Somit wurde für Energone eine neue Form des Energieerwerbes eröffnet: die Herstellung benötigter Funktionsträger und deren Vergabe im Tausch oder Verkauf mit Gewinn.

Die Energiequelle ist hier jeweils ein bestehender Bedarf, verbunden mit gespeicherter Energie, also mit Energieüberschuß und der Bereitschaft, diesen zur Befriedigung des Bedarfs freiwillig abzugeben. Darauf aber gründet sich die gesamte Entfaltung, die wir Gewerbe und Handel nennen. Es konnte sich nunmehr nämlich eine Vielzahl von neuen Energonarten bilden – von Berufskörpern und Erwerbsorganisationen –, die nicht mehr tierhaft über Raub, sondern über friedlichen Leistungstausch erwerben.

Die nächste Welle der Weiterentwicklung war ebenfalls vorgezeichnet: die Industrialisierung, in deren Rahmen immer komplexere, leistungsfähigere Funktionsträger hergestellt wurden. Durch Massenproduktion wird die Herstellung optimal rationalisiert, die Herstellungskosten sinken rapide, und die industriellen Erzeugnisse können preiswert am Markt feilgeboten werden. Die Industrien – Riesenenergone – verdrängen kleinere Unternehmen und schaffen sich immer weitere Absatzmärkte, ihr Potential und Volumen steigernd. Parallel dazu wachsen die Handelsunternehmen, die keineswegs auf die Vermittlung eines einzigen Erzeugnisses ausgerichtet sein müssen, sondern in der Lage sind, den Konsumenten eine Vielzahl an Produkten anzubieten. Dies steigert die Erwerbschancen erheblich, senkt das Vermittlungsrisiko und erspart dem Verbraucher doppelte Wege. Warenhäuser und Supermärkte führen dies anschaulich vor Augen. Spezialisten nehmen die Chance wahr, Funktionsträger in Gebieten abzusetzen, wo deren Gebrauch und Nützlichkeit unbekannt sind; sie werden so zu Agenten der kulturellen und zivilisatorischen Expansion. Gewaltige Wirtschaftsbereiche sind so die klare Konsequenz des Umstandes, daß zusätzliche Organe nicht selbst hergestellt werden müssen, weil sie mit dem Zellkörper nicht fest verbunden zu sein brauchen. Dieser Umstand bestimmte die Entfaltungsrichtungen für Gewerbe, Handel und Industrie.

Die menschliche Intelligenz, welche alle diese Einrichtungen schuf, trat somit nicht als eigentlicher Erfinder auf, sondern folgte vorgezeichneten Möglichkeiten der Energonentfaltung. Nur wo es ihr gelang, dafür zweckdienliche Strukturen zu finden, setzten sich diese durch.

Fünftens: Baumaterial

Mit dem Zellkörper nichtverwachsene, artifizielle Funktionsträger – künstliche Organe – bieten den Vorteil, daß sie nicht aus lebenden Zellen bestehen müssen, sondern auch aus unbelebtem Material gebildet sein können.

Die Baueinheit Zelle bietet den pflanzlichen und tierischen Energonen erhebliche Vorteile – sie ist autonom, wandlungsfähig und regenerationsfähig. Sie ist jedoch mit der gewichtigen Hypothek belastet, laufend ernährt und betreut werden zu müssen. Damit die Zelle ihre Funktionsfähigkeit bewahren kann, müssen ihr nicht nur Energie und Stoffe zugeführt, sondern auch alle in ihrem Getriebe anfallenden Stoffwechselschlacken laufend beseitigt werden. Im Verband der größeren Vielzeller machte dies aufwendige Systeme der Zuführung und Ableitung nötig. Bei den Wirbeltieren seien hier das Blutgefäßsystem, das Lymphsystem, Lunge, Nieren, Leber, Blase und Darm genannt. Wohl gibt es auch bei Pflanzen und Tieren Organe, die nach bisheriger Begriffsverwendung als tot bezeichnet werden können. Dies gilt bei Einzellern für Kieselskelette und Stacheln, bei Krebsen und Insekten für Kalk- und Chitinpanzer, bei Mollusken für die Muschelschale und das Schneckenhaus, bei Bäumen für das abgestorbene, jedoch funktionserbringende Holz älterer Stämme. Beim Stachel der Rose ist es sogar so, daß dieser, indem er verholzt und abstirbt, entsprechend härter wird und so an Leistungsfähigkeit gewinnt. Das sind jedoch eher Ausnahmen: Die meisten pflanzlichen und tierischen Organe, sogar die Knochen der Wirbeltiere, müssen laufend mit Energie und Stoffen versorgt werden. Um die ganze Tragweite dieser Belastung zu verstehen, stelle man sich vor, unsere Kleider, unsere Werkzeuge, die Räder unserer Maschinen bestünden aus einem Material, welches vergleichbare Ansprüche stellte. Die Evolution ist hier eindeutig determiniert. Sie kann sich über einen gewissen Punkt hinaus nur über nichtverwachsene Funktionsträger weiter steigern. Nur über Energone mit künstlichen Organen kann der Lebensstrom diese Barriere mit explosionsartigen Auswirkungen überwinden und sich in Potenz und Volumen noch weiter steigern.

Diese Steigerung gründete sich letztlich auf die simple Tatsache, daß nichtverwachsene Funktionsträger auch aus Material gebildet werden können, welches die Zelle nicht bearbeiten oder hervorbringen kann. Das gilt in erster Linie für Metalle, deren Verarbeitung nur bei Temperaturen möglich ist, welche die Zelle nicht erträgt. In artifiziellen Funktionsträgern – Schmieden und Hochöfen – wurde dies dagegen ohne weiteres möglich. Die dadurch eröffnete Entwicklungsrichtung war so bedeutsam, daß man nicht umsonst Epochen in der Geschichte der Menschheit nach der Gewinnung und Verarbeitung bestimmter Metalle und ihrer Legierung benennt.

Derzeit befinden wir uns im Leichtmetallzeitalter, dessen bisherigen Höhepunkt die Überwindung der Gravitationsgrenze durch Flugkörper, die in den Weltenraum vordringen, darstellt.

Ein weiteres Baumaterial, das Zellen nicht bilden, dessen sie sich nicht zur Organbildung bedienen können, sind die Kunststoffe. Die Berufskörper und Erwerbsorganisationen befreiten sich von einer weiteren Fessel – was dem Lebensstrom beim Anwachsen seiner Potenz und seines Volumens zugute kam. Praktisch jeder zur Bildung künstlicher Organe geeignete, auf dem Planeten Erde verfügbare oder von Energonen synthetisierbare Stoff wird nun funktionalisiert und vitalisiert. Er kann mit in die Energonbildung, mit in das Funktionsgefüge des Lebensstromes einfließen.

Sechstens: Rezeptbildung

Mit dem Zellkörper nichtverwachsene, artifizielle Funktionsträger – künstliche Organe – bieten den Vorteil, daß ihre Entwicklung oder Entdekkung nicht vom einzelnen Energon oder seiner direkten Ahnenreihe selbst finanziert, also mit eigenem oder arteigenem Energieaufwand zustande gebracht werden muß.

Denken wir an unser Auge. Weit über hundert Millionen Generationen an Ahnen waren an seiner Entwicklung beteiligt, zu seiner Entwicklung nötig. Das erste Lichtsinnesorgan, aus dem sich allmählich das Linsenauge der Wirbeltiere entwickelte, entstand vor etwa 900 Millionen Jahren bei wurmartigen Vorfahren der Fische. Die Kosten seiner weiteren Entwicklung sind kaum zu errechnen, da die Entwicklung der Augen mit jener aller übrigen Wirbeltierorgane parallel lief. Bei genauer Buchhaltung müßte errechnet werden, wieviel Individuen in der Generationsfolge entstehen mußten, damit es über Zufall und Wahrscheinlichkeit zu den nötigen Mutationen kam, was also der Aufwand all dieser Individuen ausmachte.

Dem Menschen ermöglichte seine Intelligenz, die Schnelligkeit dieses mühseligen Vorganges um ein Millionenfaches zu steigern und die Kosten um einen nicht mehr erfaßbaren Stellenwert zu vermindern. Auf dem inneren Projektionsschirm seiner Phantasie entwirft er, wie eine Struktur beschaffen sein müßte, um eine bestimmte Aufgabe zu erfüllen. Durch Dialog und Schrifttum wird dieser Vorgang noch gefördert. Selbst wenn der Theorie Experimente in der Praxis folgen müssen und sich im Ergebnis etwas als nicht realisierbar oder als nicht wirklich funktionsfähig erweist, ist der Aufwand zur Entwicklung eines neuen Funktionsträgers, seiner Konstruktion also, um ein unvergleichliches geringer. Diese Kosten müssen darüber hinaus keineswegs vom Energon, das den Funktionsträger benötigt, oder der betreffenden Energonart selbst getragen werden. Andere Energone – Unternehmen und Staaten – übernehmen diesen Entwicklungsaufwand, an dem dann der Käufer nur zu einem ganz geringen, kaum meßbaren Anteil beteiligt ist. Während also den Pflanzen und Tieren die Hervorbringung neuer Organe einen immensen Aufwand an Kosten und Zeit verursacht, wird den Berufskörpern und Erwerbsorganisationen die Last solcher Entwicklung – dank des Nichtverwachsenseins dieser Organe – fast völlig abgenommen.

Siebentens: Belastung

Mit dem Zellkörper nichtverwachsene, artifizielle Funktionsträger – künstliche Organe – bieten den Vorteil, daß sie durch ihre Entwicklungsgeschichte weit weniger belastet sind.

Bei den Pflanzen und Tieren konnten sich neue Funktionsträger immer nur in kleinen Schritten und meist nur aus schon bestehenden Einheiten entwickeln. Wir sprechen von phylogenetischen, sprich stammesgeschichtlichen Belastungen. So verlaufen die Halsarterien beim Menschen durchaus nicht derart, wie es für ihre Funktion am zweckmäßigsten wäre, weil sie sich aus den Kiemenarterien unserer Fischvorfahren entwickelten, welche umfunktioniert wurden. Auch die Werkzeuge und Maschinen des Menschen lehnen sich vielfach an Konstruktionsmerkmale früherer Erzeugnisse an – im Prinzip jedoch ist jeder artifizielle Funktionsträger eine totale Neubildung oder kann es jedenfalls sein. Bei Pflanzen und Tieren ist das fast nie der Fall. Betrachten wir hier die Organe genauer, dann können wir meist aus Struktur und Funktionsweise den historischen Werdegang des betreffenden Energons erschlüsseln. Im Gegensatz zu den Zellstrukturen der Tiere und Pflanzen können die artifiziellen Funktionsträger somit funktionell perfekt und bar jeder geschichtlichen Belastung sein.

Achtens: Fremdenergie

Mit dem Zellkörper nichtverwachsene, artifizielle Funktionsträger – künstliche Organe – bieten den Vorteil, daß sie nicht mit körpereigener Energie betrieben werden müssen.

Die Kraft des Windes, des Wassers, von Haustieren, von fossilen Brennstoffen und Kernenergie können dazu gebracht werden, unmittelbar, also ohne den Umweg über den Zellkörper mit Nahrungsaufnahme und Verdauung, künstliche Organe anzutreiben. Vorstufen solcher Nutzbarmachung zeigen bereits Pflanzen und Tiere. Samen sind mit Flugeinrichtungen versehen, zahlreiche Tiere machen sich die Kraft von Wasser und Wind zunutze. In jedem solchen Fall wird nicht Energie mit der Nahrung vereinnahmt, sondern direkt dazu gebracht, für das Energon funktionell zu wirken. Die artifiziellen Funktionsträger steigern diese Möglichkeiten ins Unermeßliche. Mit Segeln und Windmühlen begann es, über Metallschmelzung und das Maschinenzeitalter bis hin zur Kernkraft setzte es sich fort, wobei die Elektrizität zum Universalmittler wurde. Durch sie kann ein kilometerweit entfernter Fluß dazu gebracht werden, ein Zimmer zu beleuchten, einen Staubsauger zu betätigen. Durch sie wird der Betrieb von Riesenorganen möglich, die als Roboter für Menschen und Lebensstrom wirken. Das Bild der Energone, deren Zentrum der Mensch ist, entfernt sich so immer mehr von der geläufigen Vorstellung der Lebensstrukturen. Die Lebenskörper höherer Ordnung, welche die eigentliche Realität sind – die Berufskörper und Erwerbsorganisationen samt Luxusstrukturen –, bestehen aus Teilen, die nicht nur nicht miteinander verwachsen sind, sondern auch noch vielfach völlig unabhängig aus verschiedenen Energiequellen betrieben werden.

Neuntens: Gemeinschaftsorgane

Mit dem Zellkörper nichtverwachsene, artifizielle Funktionsträger – künstliche Organe – bieten den Vorteil, daß Gemeinschaftsorgane von gewaltiger Größe, Ausdehnung und Leistungskraft erreichbar sind.

Straßennetz und städtische Kanalisation können sich einzelne Energone nicht leisten, ebenso wenig wie etwa Brücken, Wasserleitungen, Universitäten, Eisenbahnen, Fluglinien, Dämme, Postorganisation und Energieversorgung. Indem sich mehrere zusammentun, ihre Kräfte zusammenlegen, wird die Bildung und der Betrieb solcher Riesenorgane, die dann der gesamten Gemeinschaft dienen, möglich. Die Kosten können anteilig gedeckt werden, wodurch das einzelne Energon nur wenig belastet ist, während es zu eminenter Machtsteigerung gelangt. Gemeinhin werden Straßen, Schulen oder Wasserleitungen nicht als Organe der sie benutzenden Einzelmenschen angesehen. Von der Energontheorie her muß dagegen jede dem Menschen dienliche Struktur als zu einem Energon gehörig betrachtet werden –, selbst wenn dieses sie nur vorübergehend benutzt, also ihren Dienst in Anspruch nimmt. Die Schutzbauten der Termiten sind dazu eine Vorstufe. Schon bei ihnen zeigt sich die für Gemeinschaftsorgane maßgebende Voraussetzung, daß sie nicht mit dem Zellkörper fest verbunden sind, nicht aus diesem hervorwachsen müssen. Das Energon Termitenstaat bildet aufgrund angeborener Verhaltensweisen diese Schutzeinheit; die vom Menschen gebildeten Gemeinschaftsorgane entstehen dagegen aufgrund erworbener, also von Intelligenz geschaffener Verhaltensrezepte. Daraus ergibt sich jedoch nicht – wie bis heute angenommen – ein grundsätzlicher Unterschied. Ob eine Einheit über Mutationen oder durch Leistung der Großhirnrinde entsteht, ist sekundär; was einzig zählt, sind Funktionsfähigkeit und das Maß an Effizienz. Die Potenzsteigerung, zu der diese Gemeinschaftsorgane verhelfen, läßt sich an der Leistungseinbuße ablesen, welche für das einzelne Energon einträte, wenn sie nicht vorhanden wäre. Wesentlich dabei ist, daß Gemeinschaftsorgane auch konkurrierenden Energonen gleichermaßen dienen – woraus zwar den einzelnen Individuen kein Vorteil erwächst, was jedoch das Anwachsen des Lebensstromes in Potenz und Volumen immens fördert.

Zehntens: Fremdpflege

Mit dem Zellkörper nichtverwachsene, artifizielle Funktionsträger – künstliche Organe – bieten den Vorteil, daß sie nicht von den Energonen, welche sie benützen, gepflegt, kontrolliert und repariert werden müssen.

In arbeitsteiligen Gemeinschaften können einige Berufskörper und Erwerbsorganisationen sich auf die Aufgabe solcher Fremdpflege spezialisieren, indem sie dies im Auftrag zahlreicher Energone ausführen und daraus eine permanente Erwerbsquelle machen. Eine Autoreparaturwerkstätte, eine chemische Reinigung, ein Masseur oder ein Scherenschleifer zeigen dies deutlich. Nach dem gewohnten Denken erscheinen derartige Dienste selbstverständlich. Aus Sicht der Energonentwicklung bedingen sie jedoch gegenüber den Zellorganen der Pflanzen und Tiere eine wesentliche Bilanzentlastung.

Elftens: Artwandel

Mit dem Zellkörper nichtverwachsene, artifizielle Funktionsträger – künstliche Organe – bieten den Vorteil, daß durch sie die Fessel der gezwungenermaßen artgleichen Fortpflanzung von Energonen fortfällt.

Die enorme Konsequenz dieser Auswirkung wurde von Philosophen und Biologen bisher übersehen. Wenn jede Tanne ihre gewonnenen Überschüsse nur eben wieder in weitere Tannen und jeder Wurm die seinen nur eben wieder in die Bildung weiterer Würmer investieren kann, dann ist dies keineswegs ein natürlicher Vorgang, sondern für den Lebensprozeß von eminentem Nachteil.

Jeder neue Artgenosse ist der ärgste Nahrungskonkurrent; die Auflage, sich selbst Konkurrenten schaffen zu müssen, ist aus Sicht der Gesamtentwicklung höchst absurd. Solange jedoch der Genetische Code für die Funktion der Energonvermehrung zuständig blieb, war eine andere Lösung einfach nicht möglich. Selbst wenn für Mäuse die Lebensbedingungen schlecht waren, für Moskiten dagegen günstig, konnten über diesen Funktionsträger der Vermehrung Mäuse niemals Moskiten hervorbringen –, sondern eben nur weitere Mäuse. Gemäß den Denkbahnen, in denen wir seit Jahrtausenden festgefahren sind, erscheint uns die artgleiche Fortpflanzung als etwas Gottgegebenes und Selbstverständliches, während der Gedanke einer artungleichen Fortpflanzung höchst grotesk und wider die Natur erscheint. Hier liegt der große Trugschluß, denn genau das Gegenteil ist der Fall.

Aus Sicht der Energonentfaltung ist es eine krasse Fehlinvestition, wenn Pflanzen und Tiere bei ungünstigen Lebensbedingungen gezwungen sind, mit immer bescheideneren Erträgen ausgerechnet weitere ebensolche Energone in die Welt zu setzen. Diese dramatische Schwäche wurde just in jenem Augenblick überwunden, als die Funktion der Vermehrung von Energonen vom Genetischen Code in die Kompetenz des Gehirns überging. Vom Menschen gebildete Berufskörper und Erwerbsorganisationen sind aufgrund der artifziellen Organbildung keineswegs mehr gezwungen, sich bei Neubildung von Energonen artgleich zu vermehren. Ein Buchhändler muß seine Erträge keineswegs in sein Geschäft investieren oder weitere Buchhandlungen begründen. Er kann ebensogut eine Diskothek eröffnen oder seiner Tochter ein Rechtsstudium ermöglichen und ihr die Etablierung einer eigenen Kanzlei finanzieren. Wer sich an einem Geschäft beteiligt oder Obligationen kauft, verwendet gewonnene Überschüsse zur Finanzierung völlig anderer Energone. In dieser dritten Phase der Energonentwicklung wird es sogar zur Seltenheit, daß Energone anderen zur Bildung verhelfen, wenn für solche die Erwerbschancen, also die Renditen, ungünstig sind.

In unzähligen Schriften finden wir von Denkern aller Disziplinen die Weisheit der Natur verherrlicht: wie jede Art für ihre Nachkommen sorgt. Zweifelsfrei ist es für den Lebensstrom wichtig, daß effiziente Energontypen sich verbreiten und das für sie mögliche Existenzvolumen ausschöpfen. Nicht minder wichtig jedoch ist – ja, insgesamt sicher von weit größerer Bedeutung, daß Energone zur Fähigkeit der artungleichen Vermehrung gelangten. Bis zum Entwicklungspunkt Mensch bestand die Evolution aus zahllosen von einander weitgehend unabhängigen Entwicklungsketten. In der Folge verzweigten sich diese geradezu beliebig, indem jeder Entwicklungsweg in jeden anderen einmünden und diesen stärken kann.

Zwölftens: Informationstransfer

Mit dem Zellkörper nichtverwachsene, artifizielle Funktionsträger – künstliche Organe – bieten den Vorteil, daß Neuerungen und Erfahrungswerte einer Energonart der Entwicklung völlig anderer Energone zugute kommen.

Berufskörper und Erwerbsorganisationen können sich nicht nur artungleich fortpflanzen, sondern liefern dank der bei ihnen anfallenden Resultate Information, die gewollt oder ungewollt auch zur Förderung total anderer Entwicklungen führen kann. Kugellager kamen beispielsweise durchaus nicht nur jenen Maschinen zugute, für die sie entwickelt wurden, kleinste Transistoren durchaus nicht nur ihrem ersten Verwendungszweck in Weltraumraketen. Bei den aus nichtverwachsenen Funktionsträgern bestehenden Energonen können Erfahrungen und Fortschritte aus praktisch jeder Entwicklungskette in jede andere überwechseln. Nach dem überkommenen, bisher als naturgegeben angesehenen Denken – landläufig gesunder Menschenverstand genannt – erscheint es völlig abwegig, daß ein

Fortschritt in der Evolution der Echsen zur besseren Strukturierung von Veilchen oder Seeigeln führen soll. Oder Informationsgewinn bei Bakterien zur besseren Abstimmung im Körper eines Elefanten. Wider die Natur wäre es jedoch keineswegs. Bei den über Zelldifferenzierungen entstandenen Pflanzen und Tieren ist ein solcher Vorgang technisch unmöglich – doch am Wendepunkt Mensch streifte die Energonentwicklung dann auch diese Beschränkung endgültig ab. Zunächst nur im kleinen Umkreis. Mit zunehmend verbesserter Kommunikation konnten jedoch in immer größerem Umfange Erfahrungen und Fortschritte bei einem Energontyp auch völlig andere befruchten und ihnen darum ebenfalls zur Leistungssteigerung verhelfen. Die Energonentwicklung wird in dieser dritten Entwicklungsphase mehr und mehr zur globalen Einheit.

Dreizehntens: Verwandlung

Mit dem Zellkörper nichtverwachsene, artifizielle Funktionsträger – künstliche Organe – bieten den Vorteil, daß Energone sich individuell in andersartige verwandeln können.

Auch der Gedanke, daß ein Tiger sich in eine Palme und ein Nußbaum sich in einen Schwan verwandeln könne, tauchte bisher bestenfalls in Kindermärchen oder utopischen Romanen auf, während wir es als völlig normal ansehen, daß ein Finanzmakler sein Geschäft aufgibt und zum Maler wird, wie es etwa bei Paul Gaughin der Fall war, oder ein Zeitungsausträger sich über mehrere völlig andere Berufskörper in einen Superreeder verwandelt, wie es sich bei Onassis zutrug. Eine Konkubine wird zur Kaiserin, ein Generalstäbler wird zum Wirtschaftsführer. Dank dieser Wandelbarkeit können erfolglose Energone – über Veränderung ihrer Funktionsträger – zu völlig anderen, erfolgreichen werden. Bislang jämmerliche Bilanzen können sich jäh in stattliche Gewinne verwandeln. Der Trugschluß liegt in der falschen Betrachtungsweise, die das Auge uns nahelegt. Unserem visuellen Denken erscheint der stets gleich oder ähnlich aussehende Mensch als das Wesentliche. Seine Bedeutung erhält er indes durch die zu ihm gehörenden, seinen erweiterten Körper ausmachenden Erwerbseinheiten und Luxusstrukturen.

Vierzehntens: Sinnesausweitung

Mit dem Zellkörper nichtverwachsene, artifizielle Funktionsträger – künstliche Organe – bieten den Vorteil, daß sie Energonen zu ungemein gesteigerten Sinnesleistungen verhelfen.

Fernrohr und Mikroskop machen Weltall und Kleinstwelt zugänglich. Über Fernsehen wird das unmittelbare visuelle Miterleben von Vorgängen am anderen Ende der Welt ermöglicht. Unser Ohr erweitert Telefon und Radio. Wie McLuhan richtig bemerkte, wird der Planet Erde durch die technischen Kommunikationsmittel allmählich zum Dorf, in dem jeder weiß, was sich beim anderen abspielt. Über den Weg der Schrift können auch längst Verstorbene zu Lebenden sprechen. In der Wissenschaft wird sämtliche Erfahrung geordnet, gespeichert und für den Menschen und seine Energone verfügbar gemacht. Während Pflanzen und Tiere auf ihre persönlichen, höchst beschränkten Sinneswahrnehmungen angewiesen sind, können Berufskörper und Erwerbsorganisationen blitzartig nach Meldungen aus allen Weltteilen unter Einbeziehung der gesamten Vergangenheit ihre Dispositionen treffen. Eine Entscheidungsmatrix von ungleich höherer Dimension steht ihnen zur Verfügung.

Nur dank der artifiziellen Sinnesorgane formte sich die menschliche Weltsicht –, welche ihrerseits den Lauf der Geschichte entscheidend beeinflußte. Nur durch sie gelangten Kepler, Kopernikus und Galilei zur Erkenntnis unserer wahren Situation im Weltall, nur durch sie gelangten Schwann und Schleiden zur Entdeckung der Zelle, Morgan und Watson-Craig zur Entdeckung des Genetischen Codes, nur durch mechanische Meßgeräte gelangte Newton zur Entdeckung des Gravitationsgesetzes, Curie zu jener der Radioaktivität, Mendelejew zum Periodischen System der Elemente, Einstein zur Erkenntnis der Äquivalenz von Energie und Materie. Sinnesorgane von solch gesteigerter Leistungskraft hätten Pflanzen und Tiere über Veränderungen im Genetischen Code auch in 10 Millionen Jahren nicht hervorbringen können. Über den Weg der artifiziellen Funktionsträger, der künstlichen Organe des Menschen, erreichte die Energonentwicklung dies in knapp zehntausend Jahren.

Fünfzehntens: Durchdringung

Mit dem Zellkörper nichtverwachsene, artifizielle Funktionsträger – künstliche Organe – bieten den Vorteil, daß ungleich größere und mächtigere Energone entstehen können, die sich gegenseitig durchdringen.

Bei den Pflanzen und Tieren ist das Größenwachstum durch zahlreiche Faktoren, insbesondere durch die verfügbare Nahrung und an Land durch die Gravitationskraft der Erde, begrenzt. Bei Landpflanzen wächst das von Stielen und Stämmen zu tragende Gewicht mit dem Kubus, der Querschnitt der tragenden Einheiten dagegen nur mit dem Quadrat. Deshalb können Bäume nur eine bestimmte Größe erreichen. Bei Landtieren, die ihre Körper zur Fortbewegung über den Boden heben müssen, fällt dies noch stärker ins Gewicht und macht bei zunehmender Größe unproportional dicke Gliedmaßen erforderlich. Eine weitere Schranke setzt die innere Organisation. Denn die Problematik, alle Bestandteile in einem immer größeren, fest zusammenhängenden Körper zu ernähren, zu steuern und zu betreuen wird schließlich zu schwierig. Mit Hilfe der künstlichen Organe des Menschen wurde auch diese unerbittliche Hürde überwunden. Die Berufsträger und Erwerbsorganisationen – und über sie auch der Mensch selbst – können sich über die gesamte Erdoberfläche und darüber hinaus ausdehnen. Teile der Energone sind fest mit dem Boden verhaftet – wie Fabrikanlagen, Wohnhäuser, Ministerien und Festungen – sie sind immobil. Andere Teile entfernen sich mehr oder minder weit vom Energonzentrum – Handwerker, Hausfrauen, Makler, Vertreter, Unterhändler, Spione. Irgendwo hat jedes Energon seinen Sitz – bei Landwirtschaften und Staaten ist dieser besonders groß. Und von diesem aus agieren mobile Teile.

Diese Besonderheit in der dritten Phase der Energonentfaltung gründet sich darauf, daß die Funktionsgefüge der Energone einander gegenseitig, ohne sich stören zu müssen, durchdringen. Es ist unmöglich, daß sich die Tatze eines Tigers quer durch einen Baumstamm bewegt, oder eine Sardine quer durch den Körper eines Pottwales schwimmt. Auch solches erscheint durch die Beschränktheit der überkommenen Denkgeleise widersinnig, lächerlich, ja ernsthafter Erwägung überhaupt nicht wert. Aufgrund der nichtverwachsenen Funktionsträger wurde jedoch gerade dies möglich, ja zur bedeutsamen Regel. Die in einer Großstadt komprimierten Energone durchdringen einander tausendfach, millionenfach. Für den Lebensstrom bedeutet dies, daß auf gleichem Areal mehr große Energone sich etablieren und Menschen sich tummeln können. Dieser innige Kontakt, dieses außerordentliche Verwobensein schafft sogar förderliche Berührungspunkte, verkürzt viele sonst notwendige Wege. So entsteht ein filzartiges Gewebe, in dem unsere Sinne Umfang und Grenzen der einzelnen Energonkörper nicht mehr wahrnehmen können.

Der Geist indes vermag diese Abgrenzungen wohl vorzunehmen, und im Rahmen der Rechtsordnungen und Steuergesetzgebungen sind diese bis ins Detail definiert. Geht eine Firma in Konkurs – kann ein Energon seinen Verpflichtungen nicht nachkommen –, dann werden seine Bestandteile, seine Funktionsträger auf das genaueste ermittelt. Der Begriff der juristischen Person deckt sich weitgehend und vielfach ganz mit dem Begriff Energon.

Sechzehntens: Transferierbarkeit

Mit dem Zellkörper nichtverwachsene, artifizielle Funktionsträger – künstliche Organe – bieten den Vorteil, daß Energie und Stoffe in gesteigertem Ausmaß und wesentlich einfacher von einem Energon auf andere Energone übertragen werden können.

Wenn Schwalben ihre Jungen füttern, findet bereits ein solcher Transfer statt – ebenso, wenn Arbeiterbienen Futter einbringen, welches im Bienenstaat nach gemeinschaftsnützlichen, im Genetischen Code aller Bienen verankerten Regeln verwendet wird. Das sind aber insofern Sonderfälle, als erwachsene Tiere und Pflanzen im übrigen ihre Energie- und Stoffpotentiale strengstens hüten und keineswegs freiwillig an andere weitergeben. Jede Pflanze und jedes Tier hat seine höchst individuelle Bilanz. Ein zielhafter Austausch von Energie und Stoffen, besonders zwischen Energonen verschiedener Art, findet nur selten und geringfügig statt.

Bei den vom Menschen aus nichtverwachsenen Funktionsträgern gebildeten Berufskörpern und Erwerbsorganisationen ändert sich auch diese Situation schlagartig. Hier ist Stofftransfer ohne Schwierigkeit möglich –, und zum idealen Werkzeug des Energietransfers wurde das Geld. Es ist kein Energieäquivalent, kann also nicht nach konstanter Norm in die eine oder andere Energieform umgerechnet werden. Vielmehr stellt Geld eine Anweisung auf Leistung menschlicher Energone, also von Berufskörpern und Erwerbsorganisationen, dar. Da sich der Wert von Leistungen weitgehend nach Angebot und Nachfrage, Preisen und Zahlungsfähigkeit regelt, haben Leistungen an verschiedenen Plätzen unterschiedlichen Wert, was bedeutet, daß der Käufer mehr oder minder viel für den Erwerb eines Objektes oder einer Dienstleistung zu entrichten hat. Der Universalvermittler Geld – auch ein mit den Zellkörpern nichtverwachsener, artifizieller Funktionsträger – bietet den außergewöhnlichen Vorteil, daß er jedes Leistungsergebnis teilbar und seinem Wert gemäß in andere Leistungen oder deren Ergebnisse transferierbar macht. Die Tätigkeit eines Zahnarztes kann in eine Schreibmaschine oder ein Nahrungsmittel transferiert werden, eine Anzahl fabrizierter und verkaufter Kleider verwandelt sich über Geld in den Besitz eines Autos, in Theaterbesuche und den Genuß von Wein.

Zwischen Geld und Elektrizität besteht eine enge funktionelle Verwandtschaft. Während die Elektrizität zum optimalen Umwandler von einer Energieform in andere wurde und diese auch teilbar und über weite Strecken übertragbar macht, ist das künstliche Organ Geld der ideale Umwandler von einer Energonleistung in beliebige andere. Es erweist sich ebenfalls als perfekter Teiler und ebenso perfektes Transportmittel, macht dadurch sämtliche Leistungsergebnisse von Berufskörpern und Erwerbsorganisationen marktgängig. Allerdings ist für den Geldverkehr unabdingbar, daß der Wert der Geldeinheit präzise festgelegt ist. Das macht Maßnahmen erforderlich, die mit unter die Funktionen des Staates oder supranationaler Institutionen, ihrer Souveränität und Sorgfaltspflicht fallen. Die Erkrankung des Geldes, Inflation in allen ihren Spielarten, ist dabei das im nationalen und internationalen Rahmen zu bewältigende Problem. Wird mit Geld Energie erworben, etwa in Gestalt von Nahrung, Treibstoff oder Elektrizität, dann ist zu beachten, daß der jeweilige Preis nicht für die Energie an sich bezahlt wird, sondern stets und ausnahmslos für die zu ihrer Heranschaffung und Nutzbarmachung notwendige Arbeit von Energonen.

Nicht anders verhält es sich bei Stoffen und Produkten. Nie kann ein Stoff oder ein Produkt an sich durch Geld verfügbar gemacht werden, sondern immer nur über Leistungen, die dann mit Geld abgeltbar sind. Die Energonentfaltung gelangte über diese neuen Wege der Transferierbarkeit von Energie und Stoffen zu einer Flexibilität, welche jene der pflanzlichen und tierischen Evolution um einen nicht abschätzbaren Wert übertrifft. Sie beinhaltet sogar die Möglichkeit einer zeitweisen Abdeckung negativer Bilanzen – über Kredite. Geld ist eine Anweisung auf Energie, die über entsprechende Bündelung an einem bestimmten Raum-Zeit-Punkt zu spezialisierten Leistungen gelangt.

Siebzehntens: Potenzierung

Mit dem Zellkörper nichtverwachsene, artifizielle Funktionsträger – künstliche Organe – bieten den Vorteil, daß unbeschränkte Machtpotenzierung möglich wird.

Schon Pflanzen und Tiere legen innerhalb oder außerhalb ihres Zellkörpers Reserven an, die ihre Macht vergrößern und sie der Umwelt gegenüber besser absichern. Im übrigen können sie jedoch erzielte Überschüsse nur zu individuellem Wachstum und zur Bildung artgleicher – oder im Falle von Mutationen äußerst artähnlicher Energone einsetzen.

Durch den artifiziellen Funktionsträger Geld wurde es erstmals möglich, daß Leistungsergebnisse zahlreicher Energone zusammenfließen und so bis dahin unerreichbare Machtpotentiale entstehen. Vertreter aller Richtungen des Sozialismus haben im Lauf der Geschichte auf die negativen Auswirkungen hingewiesen, die sich für abhängige Menschengruppen und unterjochte Völker ergeben, wenn solche Kapitalmacht in den Händen Weniger konzentriert ist. Aus Sicht des Lebensstromes ist dagegen Kapitalkonzentration in keiner Form ein Nachteil – ja, kann es gar nicht sein, da die Bildung von Energieüberschüssen zentrale Voraussetzung und deshalb zentrale Funktion sämtlicher Energone ist. Durch Kapitalzusammenballung wird zweifellos die Möglichkeit erhöht, daß Energongruppen über andere besondere Überlegenheit gewinnen und diese entsprechend schädigen. Aber auch das ist in der Energonevolution durchaus nicht neu, sondern der normale Alltag. Hier ist im Auge zu behalten, daß der Lebensstrom als ein total blindes physikalisches Geschehen anzusehen ist, in dem von allem Anfang an einzelne Komponenten andere schädigten und bei dem es auch durchaus möglich ist, ja naheliegt, daß er sich durch Überpotenzierung letztlich selbst zerstört. Die menschlichen Wertungen sind von dieser Entwicklung gesondert zu betrachten. Zwar ist der Mensch selbst Teil der Lebensentfaltung, doch hat er kraft seiner Intelligenz durchaus die Macht, eigene, ihm richtig erscheinende Ziele zu setzen und sie der Gesamtentwicklung aufzuzwingen. Über weite Strecken haben sich menschliche Interessen mit jenen der Energonentfaltung und damit mit jenen des Lebensstromes gedeckt. Sehr oft aber auch nicht –, und in unserer Zeit wird diese Diskrepanz zum Hauptproblem und zum eigentlichen Anliegen dieses Buches, weil dem sich deutlich abzeichnenden Untergang über die Wege des überkommenen Denkens kaum Einhalt geboten werden kann.

Achtzehntens: Leistungserwerb

Mit dem Zellkörper nichtverwachsene, artifizielle Funktionsträger – künstliche Organe – bieten den Vorteil, daß auch Pflanzen und Tiere, insbesondere aber Menschen und sämtliche von ihnen gebildeten Energone in Funktionsträger verwandelt werden können.

Vorstufen dazu gibt es in den Ökosystemen der Natur zur Genüge. Wenn der britische Naturforscher Pearse einmal gezählt hat, daß im Hohlraumsystem eines großen Meeresschwammes nicht weniger als 12343 Einmieter lebten, dann bedeutet dies aus der Sicht der Energontheorie, daß jeder dieser Kleinorganismen – dieser Kleinenergone – das Energon Schwamm zu einem Funktionsträger des Schutzes und zu einem Hilfsorgan der Energie- und Stoffgewinnung gemacht hatte. In den Gängen des Hohlraumsystems bot der Schwamm – obwohl ohne Wissen und Wollen – Schutz, und die von ihm über Wimpernschlag erzeugte innere Wasserzirkulation brachte auch zu ihnen Nahrung, ebenso wie zu seinen eigenen nahrungserwerbenden Zellen. Genau so profitieren im Wald, im Ackerboden, im Schlick eines Seeufers die dort lebenden Pflanzen und Tiere in mannigfacher Weise voneinander: sehr viele Energone machen hier andere zu ihrem Funktionsträger. Für die Betroffenen hat das oft keine Auswirkung. Bäume stört es in keiner Weise, wenn Bodentiere in ihrem Geäst Schutz suchen. Manchmal jedoch erfolgt dieser Vorgang auch über Gewalt und bei Symbiose zu beidseitigem Vorteil. Wenn der Einsiedlerkrebs Seeanemonen auf sein Schneckenhaus pflanzt, dann verwandelt er sie in ein artifiziell angefügtes Schutzorgan, während er selbst wiederum für die Seeanemonen zu ihrem künstlichen Organ der Fortbewegung wird.

Die mit dem Menschen einsetzende Bildung von größeren, wandlungsfähigeren, mächtigeren Energonen, die einander durchdringen, stützt sich in ganz besonderem Maße auf diese zusätzliche Möglichkeit, zu artifiziellen Funktionsträgern zu gelangen. Durch seine überlegene Intelligenz vermag der Mensch Pflanzen und Tiere gezielt in die Funktionsgefüge der von ihm gebildeten Energone einzugliedern. Er züchtet sie und verwandelt sie so in Funktionsträger der Nahrungslieferung. Der dazu nötige Grund und Boden wird damit zur Lebensgrundlage und demgemäß zum Gegenstand erbitterter Auseinandersetzung. Bis zum Einsetzen des Gewerbes und der Industrialisierung stützte sich die Macht der menschlichen Berufskörper und Erwerbsorganisationen direkt oder indirekt auf Grundbesitz als Basis für die Dienstbarmachung von Pflanzen und Tieren. Ebenso werden Pflanzen und Tiere auch für andere Dienste herangezogen, also in Funktionsträger verwandelt. Pflanzen dienen zur Verschönerung von Wohnstätten – werden also Luxusstrukturen. Tiere werden Zugorgane, also Funktionsträger des Transportes von Gütern.

Der am vielseitigsten verwendbare Zellkörper war indes der intelligente

Mitmensch. Gelingt es, ihn willfährig zu machen, dann lassen sich verschiedenste, sonst selbst zu erbringende Funktionen auf ihn übertragen. Gewalt war hier der erste Weg. Und als erste Objekte solcher gewaltsamen Leistungsgewinnung boten sich naturgegeben die Familienangehörigen an. In den meisten ursprünglichen Kulturen machte der Mann die Frau und seine Familienmitglieder zu Dienern, hielt sie an, für ihn Leistungen zu verrichten. Das Familienoberhaupt erweitert auf diese Weise seinen Machtkörper, gewinnt zusätzliche Organe. Unseren Sinnen stellen sich Frau, Kinder und Verwandte anders dar als Hammer, Pflug, Wagen, Ochse und Haus – eben weil sie äußerlich uns selbst gleichen. Funktionell sind sie diesen Einheiten jedoch durchaus vergleichbar, indem auch sie im Funktionsgefüge eines Energons leistungserbringende Einheiten werden.

Auch der zum Dienen gezwungene Mitmensch stellt einen artifiziellen Funktionsträger dar: er ist zwar nicht künstlich hergestellt, jedoch künstlich gewonnen, künstlich dem Energon angefügt – also nicht vom eigenen Genetischen Code über den Weg der Zellteilung und Zelldifferenzierung geschaffen. Eine weitere Möglichkeit, über Gewalt zur menschlichen Dienstleistung zu gelangen, waren Sklaverei, Helotentum und Leibeigenschaft – welche allerdings erhebliche Bindungsmechanismen notwendig machten, um zu verhindern, daß die gewaltsam in Funktionsträger verwandelten Mitmenschen nicht desertierten, um dem Wirkungsbereich des Energons zu entfliehen. Staatliche Organisation wurde hier zum notwendigen Helfer, zum Büttel. Selbst ganze Verbände wurden und werden in dieser Weise zu Funktionsträgern anderer Energone gemacht – sämtliche unterjochten oder tributpflichtigen Gruppen, Stämme, Völker und Klassen.

Die wichtigste Möglichkeit, Dienstleistungen anderer Menschen und der von ihnen gebildeten Berufskörper und Erwerbsorganisationen zu gewinnen, liegt jedoch im Leistungstausch. Über den Weg der Gegenleistung kann praktisch jeder Dienst erworben werden, gestützt noch durch den Universalvermittler Geld. Dies führte zur Bildung von Berufskörpern und Erwerbsorganisationen, die spezialisierte Dienstleistung zum Werkzeug ihres Energieerwerbes machen.

Mieten wir die Dienste einer Köchin, eines Rechtsanwaltes, eines Arztes, einer Versicherungsgesellschaft oder eines Transportunternehmens, dann gliedern wir diese für die Zeit ihrer Dienstleistung dem eigenen Funktionsgefüge an, machen sie zum Bestandteil der von uns gesteuerten Energone oder Luxusstrukturen. Auch hier läuft das bisherige, auf den visuellen Eindrücken basierende Denken in völlig anderen Geleisen. Immerhin ist kaufmännisches Denken jenem der Energontheorie gar nicht so ungleich. Auch der auf Effektivität ausgerichtete wirtschaftende Mensch denkt nicht so sehr in Strukturen denn in Funktionen. Er fragt sich, wie notwendige Leistungen erzielt werden können – über welche Strukturen auch immer.

Die geradezu beliebige Angliederung fremder Energone für kleinste und größte Zeiträume führt zu jener außerordentlichen Verflechtung, die es schwierig macht, die unmittelbare Verwandtschaft zwischen den von Menschen gebildeten Energonen und den pflanzlichen und tierischen Körpern zu erkennen. Die Berufskörper und Erwerbsorganisationen verändern sich in einem faszinierenden Facettenspiel und sind aus dem Kausalfilz der sie umgebenden Energone erkenntnismäßig kaum mehr herauszulösen. Wie jedoch die Steuergesetzgebung anschaulich zeigt, ist die menschliche Intelligenz und Organisation dazu trotzdem bestens fähig.

Neunzehntens: Luxus

Mit dem Zellkörper nichtverwachsene, artifizielle Funktionsträger – künstliche Organe – bieten den Vorteil, daß gewonnene Überschüsse nicht mehr unmittelbar Energonen dienen müssen, sondern der Schaffung von Luxus zugute kommen können.

Vorstufen dazu gibt es bei den Pflanzen und Tieren kaum, weil dieser Vorgang Bewußtsein voraussetzt. Erst beim Menschen kommt es zur eigentlichen Luxustendenz, da sein hochentwickeltes Gehirn es ihm ermöglicht, nicht bloß den angeborenen Trieben zu folgen und die hierdurch vermittelten Lustgefühle zu empfangen, sondern aktiv nach Tätigkeiten und Einrichtungen zu suchen, die Gefühle der Annehmlichkeit – aus welchen Gründen auch immer – vermitteln. Wenn der Mensch Spezialist in vielseitiger Spezialisation, Spezialist im vielseitigen Energonbau ist, so ist er nicht minder auch Spezialist in der Entwicklung von Tätigkeiten und Strukturen, die ihm positive Gefühle vermitteln und ihm negative ersparen. Alles, was wir im weitläufigsten Sinne des Wortes unter Lebenskultur zusammenfassen, findet hier seine Wurzel. Das angeborene und erworbene Triebinventar ist beim einzelnen Menschen höchst verschieden strukturiert, so daß beim einen diese und beim anderen jene Tendenz das Handeln stärker bestimmt. Über Erziehung, Brauch, Sitte, Religion, Ideologie und unzählige andere Kanäle werden Motivationen höchst verschiedener Stärke geformt, welche die erblich bedingten erweitern, ergänzen, verstärken oder abschwächen. Deshalb finden wir bei der menschlichen Suche nach Glück, Lust, Vergnügen und Annehmlichkeit eine ungeheuere Vielheit verschiedener Tendenzen und verschiedener Verwirklichungen.

Vom Lebensstrom her betrachtet ist es von besonderer Bedeutung, daß gerade diese Triebe zum eigentlichen Motor in der dritten Entwicklungsphase der Evolution wurden. Nach dem weitgehend festgelegten Verhalten der Einzeller und Vielzeller wird im Rahmen dieser Entfaltung jeder neue Wunsch, jede neu auftauchende Sehnsucht automatisch zu einer potentiellen Energiequelle für Energone, die sich auf Befriedigung solchen Bedarfs spezialisieren. Sicher mehr als die Hälfte aller Berufskörper und Erwerbsorganisationen finden so weltweit ihre Existenzbasis. Und wahrscheinlich mehr als drei Viertel aller menschlichen Anstrengung zur freiwilligen Energonbildung wurzeln wiederum in eben dieser Tendenz. Denn der Mensch übt Berufe aus, um zu verdienen und sich mit diesem Verdienst Wünsche erfüllen zu können.

Die meisten Unternehmen und Organisationen verdanken deshalb dieser Triebfeder direkt oder indirekt ihr Dasein. Würden die menschlichen Luxuswünsche, also die gesamte Palette von der primitivsten Begierde bis zu den zartesten, sublimsten Regungen hin, erlöschen, dann fiele der gigantische vom Menschen geschaffene Energonbau wie ein Kartenhaus in sich zusammen. Hier stehen wir vor einem weiteren Beispiel für das bedeutsame Phänomen, daß die Interessen der einzelnen Energone durchwegs nicht immer mit jenen des Lebensstromes, den sie ermöglichen, weitertragen und steigern, übereinstimmen. Vom jeweiligen Energon her gesehen, sind alle Gewinne, die in Luxuskanäle fließen, ein klarer Verlust. Für den Lebensstrom dagegen sind sie es nicht. Vielmehr heizen sie die Gesamtentwicklung an – nicht unähnlich der kannibalischen Tätigkeit aller tierischen Energone.

Zwanzigstens: Liquidierbarkeit

Mit dem Zellkörper nichtverwachsene, artifizielle Funktionsträger – künstliche Organe – bieten den Vorteil, daß sie leichter abstoßbar und mit Nutzen liquidierbar sind.

Pflanzen und Tieren ist die Entledigung nicht mehr benötigter Organe nur im beschränkten Umfange möglich. Laubbäume nördlicher und gemäßigter Zonen werfen zur Winterzeit die in dieser Periode funktionsunfähig werdenden Blätter ab, die Männchen mancher staatenbildender Insekten entledigen sich nach dem Hochzeitsflug ihrer Flügel. Die durch Wachstum zu klein gewordenen Körperpanzer von Krebsen werden gesprengt, Hirsche entledigen sich periodisch des nicht mehr wuchsfähigen Geweihes. Darüber hinaus ist besonders niederen Pflanzen und Tieren die Fähigkeit zu eigen, in Hungerperioden Organteile oder ganze Organe zu liquidieren, indem sie sich dann von körpereigener Struktur ernähren. Höher organisierte Pflanzen und Tiere vermögen dies nur in sehr beschränktem Ausmaße. Bei den Berufskörpern und Erwerbsorganisationen ist dagegen das Abstoßen jedes nichtbenötigten artifiziellen Funktionsträgers ohne weiteres möglich. Das Abreißen eines Gebäudes mag Kosten verursachen, eine nicht funktionsfähige Uhr kann dagegen ohne weiteres weggeworfen werden. Ja, sehr oft können nicht mehr benötigte Funktionsträger – etwa bei Liquidierung eines Energons – verkauft, also für einen Geldwert an Interessenten vertauscht werden. Gerät ein Berufskörper oder eine Erwerbsorganisation in Bedrängnis oder Not, dann kann durch Veräußerung von Energonteilen oder Luxusstrukturen das Getriebe weiter aufrechterhalten werden. In äußerster Not erweist sich erst, was letztlich Energonstruktur und was Luxusstruktur ist. Über artifizielle Funktionsträger wurde es sogar möglich, Teile von Zellkörpern abzustoßen, die dieser selbst nicht abstoßen kann. Ein zerstörtes Bein kann amputiert, ein krebshaftes Geschwür operativ entfernt werden. Auch die Einpflanzung einer künstlichen Niere hat zur Voraussetzung, daß die ursprüngliche Niere künstlich entfernt wird – was dramatisch aufzeigt, wie die Fähigkeit zur Regeneration auf jener der Abstoßung oder Liquidierung fußt.

Ein Kuriosum der dritten Entwicklungsphase der Evolution stellt die Tatsache dar, daß ältere Funktionsträger beim Verkauf manchmal mehr einbringen, als ihre Neuanschaffung ursprünglich kostete. Das betrifft etwa Kunstwerke und Sammelobjekte, wenn ihre Wirkung sich durchsetzt oder sie aufgrund ihrer Einmaligkeit zum Gegenstand gesteigerter Nachfrage werden. In Notzeiten und Notsituationen erhält sich der Wert mancher Funktionsträger – etwa von Kleidern, Waffen und Werkzeugen – konstanter als jener des Tauschmittels Geld, ja kann sogar beträchtlich anwachsen. Der Funktionsträger Geld verliert seine Bedeutung, wenn seine Wertkonstanz nicht aufrechterhalten oder kein potenter Tauscher mehr vorhanden ist. Da andererseits Berufskörper und Erwerbsorganisationen darauf ausgerichtet sind, Funktionsträger herzustellen und mit Gewinn abzugeben, liegt es in ihrem Interesse, daß die Nachfrage nicht abreißt, also die verkauften Objekte nicht allzu lange ihre Benutzer befriedigen. In Staatsordnungen, die freie Energonbildung gestatten, werden die Erscheinungsformen der Mode – die im menschlichen Trieb nach Veränderung wurzeln – dazu verwandt, den Wert von Funktionsträgern künstlich zu senken. Künstliches Anheizen des Geschmackwandels ist das hier angewandte Mittel. Ebenso liegt es im Interesse aller Anbieter von Gütern und Leistungen, daß eine möglichst rege Nachfrage nach solchen besteht. Dies führt automatisch zur Tendenz, durch gezielte Aktivierung von Wünschen oder Erweckung von Unzufriedenheit Bedarf zu verstärken oder neu zu schaffen, was über verschiedenste Methoden durch beeinflussende Information geschieht. Während all dies dem Anschwellen des Lebensstromes in Potenz und Volumen durchaus dienlich ist, indem es vermehrten und beschleunigten Umsatz bewirkt, werden menschliche Interessen dadurch geschädigt.

Einerseits werden dem einzelnen so Funktionsträger entwertet, andererseits werden ihm Funktionsgefüge aufgedrängt, die oft für ihn zu groß werden und deshalb Überanstrengung und Konflikte verursachen. Das janusköpfige Profil des Fortschrittes wird an diesem Beispiel besonders deutlich, weil Erwartung und Bewältigung sich keineswegs decken. Dazu kommt noch, daß die totale Blindheit des über den Menschen hinwegbrandenden physikalischen Geschehens zu einer wachsenden Vergeudung von Energie und Stoffen führt, die unsere Interessen, ja unsere Existenz in tödliche Bedrohung geraten läßt. Abstoßbarkeit und Liquidierbarkeit von artifiziellen Funktionsträgern – der vom Menschen gebildeten künstlichen Organe – bieten somit nicht nur Vorteile, sondern haben auch schwerwiegende Nachteile, die gerade zum heutigen Zeitpunkt schicksalhaft in den Vordergrund rücken. Nicht umsonst daher die Behauptung, daß die Menschheit an einem Wendepunkt angelangt sei, an dem es zum wichtigsten Anliegen wird, die Grenzen unseres Willens zu erkennen und unsere Fähigkeit, das Steuer an uns zu reißen, aufzudecken.

Daraus ergibt sich folgendes Resümee:

E Die vom Menschen geschaffenen künstlichen Organe befreiten die Evolution von der Fesselung durch die Zelle und eröffneten der Lebensentwicklung völlig neue Möglichkeiten einer Steigerung in Potenz und Volumen. Mit dem Zellkörper nichtverwachsene, artifizielle Funktionsträger führten nach der Entfaltung von Einzellern und Vielzellern zu einer dritten Entwicklungsphase, in welcher Energone von äußerlich total anderem Aussehen entstanden. Die künstlichen Organe bieten den Vorteil, daß sie ablegbar, auswechselbar und von mehreren Energonen verwendbar sind. Sie brauchen nicht selbst hergestellt zu sein, können aus beliebigem Material bestehen, und ihre Entwicklung muß nicht selbst finanziert werden. Sie sind durch die Geschichte ihres Zustandekommens weniger belastet. Sie müssen nicht mit körpereigener Energie betrieben werden, riesige Gemeinschaftsorgane werden möglich. Sie müssen nicht selbst gepflegt, kontrolliert und repariert werden und ermöglichen artungleiche Fortpflanzung. Fortschritte einer Energonart können durch sie der Entwicklung anderer zugute kommen, und individuelle Verwandlung findet statt. Sie erweitern die Sinnesleistungen außerordentlich, lassen alle Größenbeschränkungen der Energone fortfallen und ermöglichen einen beliebigen Transfer von Energie und Stoffen. Sie bewirken Kapitalakkumulation, den Einbau fremder Energone in das eigene Wirkungsgefüge und die Schaffung beliebiger Luxusstrukturen. Verlieren sie ihre Funktionsfähigkeit, dann sind sie abstoßbar und liquidierbar.

Das angeborene Erbe

Ehe wir uns der Deutung menschlichen Verhaltens zuwenden, muß in aller Klarheit darauf hingewiesen werden, daß die Energontheorie prinzipiell nicht davon berührt wird, wie sich einzelne menschliche Verhaltenstendenzen erklären lassen. Die Energontheorie zeigt, wie Strukturen beschaffen sein müssen, um ein in Potenz und Volumen sich steigerndes energetisches Geschehen zu bewirken und fortzusetzen. Diese Gesetze sind universell.

Auch in jedem anderen Teil des Universums – soweit die uns bekannten Energiegesetze ihre Gültigkeit bewahren – kann ein solcher Vorgang notwendigerweise nur über Energone erfolgen. Sie können zwar aus anderem Material bestehen, sich im Aussehen anders darbeiten, doch im wesentlichen müssen auch sie sich aus Funktionsträgern der Energie- und Stoffgewinnung, der Feindabwehr und Umweltnutzung zusammensetzen, müssen über Steuerungen des Wachstums der artgleichen und artungleichen Fortpflanzung verfügen, müssen weitere Funktionsträger aufweisen, welche die Bindung der Teile, die Koordination von Bewegungen, Abstimmung, Erhaltung, Verbesserung und Verminderung funktionsloser Einheiten bewirken. *Dies ist das unabdingbare Rahmenwerk, welches die Struktur jedes Energons determiniert und somit keineswegs an die Vorgänge auf dem Planeten Erde gebunden ist.*

Der Mensch – ebenso wie die Zelle – wurde bei der auf dem Raumschiff Erde stattfindenden Lebensentfaltung zum Ausgangspunkt der Bildung von Energonen nächsthöherer Größenordnung. Stellte der Weg bis zum Einzeller die erste Entwicklungsphase der Evolution dar, der Entfaltungsweg der Vielzeller die zweite, so wurde die Bildung von Energonen durch den Menschen zur dritten. Durch die von ihm hergestellten mit dem Zellkörper nichtverwachsenen, artifiziellen Funktionsträger – künstliche Organe – wurden völlig neue Entwicklungseinrichtungen eröffnet und festgelegt. Sie bestimmen die Bahnen, in denen sich die nun stürmisch einsetzende Entstehung von Berufskörpern und Erwerbsorganisationen vollzog und weiterhin vollzieht. Es muß hierbei im Auge behalten werden, daß der Mensch aufgrund seiner Entwicklungsgeschichte ebenso wenig auf diese neue Funktion vorbereitet war wie die Einzeller auf die Bildung der Vielzeller. Als Säugetier, aus der engeren Gruppe der Affen hervorgehend, ist er in seiner phylogenetischen Vergangenheit verankert. Nachdem sich die Gemüter über die Abstammungslehre beruhigt haben, steht heute weltweit die Frage im Vordergrund, welches die eigentlichen Antriebskräfte der menschlichen Geschichte sind, wie darum Phänomene bewältigt werden können, die als Unzulänglichkeiten empfunden werden, welches also die eigentlichen Wurzeln menschlicher Natur sind. Letztlich ist es die gleiche schicksalshafte Frage, mit der sich seit Hammurabi über Herodot bis auf den heutigen Tag Philosophen, Naturwissenschaftler, Historiker und Staatsmänner beschäftigen, wie nämlich die soziale Einbettung des Menschen in die Gegebenheiten dieser Welt erfolgen kann. Wie also der Mensch durch Kenntnis der ihn festlegenden Naturgesetze mit Sachverstand – wie Engels sagt – entscheiden kann, um nicht länger Spielball wechselhafter und divergierender Emotionen zu sein.

Die Energontheorie zeigt erstmalig, welchen allgemeinen Gesetzen und Prinzipien sich jede Lebensstruktur primär fügen muß – und damit auch der Mensch samt seiner künstlichen Organe und Luxusstrukturen. Inwieweit und warum das Verhalten dieses Lebensträgers durch seine Vorgeschichte beeinflußt ist, stellt sich aus Sicht der Energone nur als eine Frage von sekundärer Bedeutung dar. Aus der Sicht des Menschen ist sie dagegen von primärer Wichtigkeit – insbesondere, wenn er sich anschickt, den über ihn hinwegbrandenden Lebensstrom zu bändigen. Die vergleichende Untersuchung tierischen und menschlichen Verhaltens – so sehr sie ähnlich der Abstammungslehre dem eingefleischten menschlichen Empfinden auch widersteht – ist der hierfür einzige offene Weg.

Selbstherrlich, wie den Menschen seine Intelligenz macht, hält die überwiegende Mehrheit ihren Willen für frei – nur durch Reflexe, Erziehung und Umwelt beeinflußt. Besonders in den Vereinigten Staaten und der Sowjetunion wird die an religiöse Dogmatik grenzende Überzeugung vertreten, alle Menschen seien von Natur aus gleich. Demgemäß könne man über den Weg der Erziehung einen gesunden Menschen fast beliebig formen. Nachdem jedoch als erwiesen angesehen werden muß, daß der Mensch aus der Gruppe der Säugetiere und aus der näheren Verwandtschaft der Affen hervorging, liegt die berechtigte Frage nahe, ob neben der engen körperlichen Verwandtschaft nicht auch eine solche in den angeborenen Verhaltenssteuerungen besteht. Die Intelligenz macht den Menschen wohl zweifellos ungemein überlegen –, daß aber auch bei ihm ähnliche instinktive Antriebe in Erscheinung treten wie bei den Tieren, lehrt die tägliche Erfahrung. Hunger, Durst und der Geschlechtstrieb führen das deutlich vor unser aller Augen. Dazu kommt als wichtiges Forschungsergebnis im Rahmen vergleichender Untersuchungen, daß sich in der Evolution angeborene Verhaltenssteuerungen genauso langsam, ja eher noch langsamer zurückbilden wie nicht benötigte Organe. Ein instruktives Beispiel ist etwa das bei allen Völkern im Zustand der Wut und Drohung auftretende seitliche Herabziehen der Unterlippe, wodurch – ähnlich wie bei anderen Säugetieren – die unteren Eckzähne entblößt werden. Diese angeborene Bewegung der Mimik entstand bei unseren Affenvorfahren, deren untere Eckzähne als Waffen besonders ausgebildet waren. Ihr Entblößen wurde zum Signal der Einschüchterung gegenüber gegnerischen Artgenossen und sonstigen Feinden. Beim Menschen bildeten sich die Eckzähne zurück und stellen nicht länger besondere Waffen dar. Die angeborene Bewegung ihres Vorzeigens blieb jedoch erhalten, obwohl sie als Signal ihre Funktion verlor. Diese Verhaltensweise erwies sich somit als viel weniger wandlungsfähig als jenes Organ, auf welches sie sich bezog. Ähnliche Beispiele für Beharrlichkeit von Verhaltenssteuerungen gibt es in der gesamten Tierreihe in großer Zahl. Dieser Umstand und die äußerst kurze

Zeitspanne der Menschwerdung – knappe zwei bis drei Millionen Jahre – machen es außerordentlich unwahrscheinlich, daß uralte, seit hunderten von Jahrmillionen in der Ahnenreihe nachweisbare Instinkte in dieser kurzen Periode, noch dazu ohne besonderen biologischen Vorteil, rückgebildet, also im menschlichen Genetischen Code über Mutation und Selektion ausgelöscht worden wären.

Bei den Instinkten der Tiere müssen, wie eingehende vergleichende Untersuchungen gezeigt haben, drei grundsätzlich verschiedene Leistungen unterschieden werden. Das sind: angeborene Bewegungen, angeborenes Erkennen bestimmter Umweltreize und innerer Antrieb, nach eben diesen Reizen zu suchen und die daran gekoppelten Bewegungen auszuführen. Treten solche Schlüsselreize, wie sie genannt werden, nicht in Erscheinung, dann wird das Tier unruhig und sucht nach ihnen. Stößt das Tier auf den Schlüsselreiz und läuft daraufhin sein Instinktverhalten ab, dann verklingt seine Trieberregung. Zumindest bei den höheren Tieren führt die Beobachtung zum Analogieschluß, daß sich auch bei Tieren – ebenso wie beim Menschen – mit dem Triebverhalten positive und negative, also lustbetonte oder unlustbetonte Innenerlebnisse verbinden. Findet ein Tier trotz aller Bemühung entsprechende Schlüsselreize nicht, dann können die betreffenden Instinkthandlungen auch im Leerlauf abrollen – also sinnlos. Oder die Trieberregung springt in andere Bahnen über, indem eine andere Instinkthandlung abläuft, was meist ebenfalls keinen Vorteil bringt. Diese Einrichtungen sind gleichsam innere Blitzableiter.

Da jedem Tier zahlreiche Instinkthandlungen angeboren sind – etwa Futtersuche, Fluchtverhalten, Verteidigung, Werbeverhalten, Paarung, Reaktionen gegenüber Artgenossen, Revierverhalten und anderes mehr –, sprach Lorenz von einem Parlament der Instinkte. Ein Trieb nach dem anderen meldet sich zu Wort, übernimmt die Steuerung des Körpers. Treten verschiedene Triebe gleichzeitig in Aktion, dann kommt es zu Konfliktverhalten: ein Trieb blockiert den anderen. Oft springt dann auch hier die Erregung in eine andere Bahn über, so daß ein drittes Instinktverhalten sinnlos abläuft. Halten etwa bei kämpfenden Hähnen der Aggressionstrieb und der Fluchttrieb einander die Waage, dann führen sie mit dem Schnabel Pickbewegungen gegen den Boden aus, obwohl sie auf alles eher als auf Futtersuche ausgerichtet sind.

Wie weitere Untersuchungen zeigten, gibt es Instinkthandlungen, deren Steuerungen durch Umweltreize in einem bestimmten Jugendalter beeinflußt werden. So ist jungen Enten angeboren, daß sie Objekten folgen.

Welche das sind, entscheidet sich in einer bestimmten sensiblen Periode – und zwar zwischen der dreizehnten und sechzehnten Stunde nach dem Schlüpfen. Sehen sie in dieser Periode die Entenmutter, dann folgen sie weiterhin dieser. Werden ihnen statt dessen im Experiment Luftballone angeboten, dann folgen sie weiterhin – automatenhaft und unbelehrbar – Luftballonen. Man nennt dieses Phänomen Prägung – zahlreiche Schlüsselreize werden auf diese Weise festgelegt. Ebenso gibt es angeborene Lerndispositionen, wie man bei jungen Singvögeln feststellen konnte, bei denen die Art ihres Gesanges geprägt wird. Hören junge Zebrafinken in einer bestimmten sensiblen Periode, – bis zum fünfunddreißigsten Tag nach dem Schlüpfen – den Gesang von Artgenossen, dann singen sie später, nach Eintritt der Geschlechtsreife in der für Zebrafinken typischen Art. Hören sie statt dessen den Gesang anderer Singvögel – etwa japanischer Mövchen – dann singen sie später wie diese. Spielt man den Jungen jedoch mehrere Gesänge vor, dann wählen sie unter den verschiedenen angebotenen Alternativen mit Sicherheit den Zebrafinkengesang. In diesem Fall ist also erblich nicht der Gesang festgelegt, doch immerhin, zu welchem sie tendieren.

Erschwert wird die Analyse tierischen Verhaltens durch zwei Tatsachen. Erstens hat jede Einzelhandlung, aus der sich eine Instinkthandlung zusammensetzt, ihren eigenen Motor, so daß jeder Haupttrieb sich in Wahrheit aus einer ganzen Hierarchie von Einzeltrieben aufbaut. Und jede solche Einzelhandlung kann im hierarchischen Aufbau mehrerer Haupttriebe eine Rolle spielen, woraus sich eine unübersichtliche Vernetzung ergibt. Zweitens ist bei Geburt der Tiere oft eine Instinktsteuerung noch nicht fertig ausgebildet – ähnlich einem bei Geburt noch nicht fertig entwickelten Organ. Der Beobachter gelangt dann zu dem irrigen Eindruck, das Tier gewinne über Lernen seine Fähigkeit, während diese in Wahrheit im Genetischen Code verankert, also angeboren ist, jedoch die Steuerungsstruktur erst später funktionsfähig wird. Klarheit bringt in solchen Fällen die isolierte Aufzucht. Verhindert man beispielsweise bei einem Eichhörnchen von Geburt an, daß es mit Artgenossen und Nüssen in Berührung kommt, dann vermag es trotzdem, zum fertigen Tier herangereift, eine ihm angebotene Nuß in effizienter, für seine Art typischen Weise aufzunagen und zu sprengen oder sie in koordinierter Bewegungsfolge – Aufscharren des Bodens und Ablegen der Nuß, Feststoßen mit der Schnauze, Zuscharren und Festdrücken des Erdreiches – zu vergraben. Damit ist bewiesen, daß diese Fähigkeiten zum erblichen Inventar gehörten, bloß bei Geburt noch nicht funktionsfähig vorliegen.

Dem Menschen widerstrebt die Vorstellung, daß die Motivation mancher Handlung und damit sein Wille nicht frei seien, sondern er auf bestimmte Reize hin automatenhaft reagiert. Von der Verhaltensforschung her besteht jedoch kein Zweifel daran, daß dem doch so ist – ja, daß sehr wesentliche Ausrichtungen menschlicher Handelsweisen durch angeborene Gehirnstrukturen unbewußt beeinflußt, also gelenkt werden. Selbst bei nordamerikanischen und sowjetischen Biologen setzt sich diese zur Milieutheorie diametral entgegengesetzte Erkenntnis durch – nicht zuletzt beeinflußt durch die Berichte von Besatzungen der Raumschiffe und Unterseeboote, die in ihrer extremen Isolation mit den unbelehrbaren Komponenten eigenen Verhaltens eindringlich konfrontiert wurden. Ein strenger Beweis ist allerdings nicht möglich, weil er die isolierte Aufzucht von Menschenkindern bis zum Eintritt der Geschlechtsreife notwendig machen würde, was aus humanitären Gründen nicht in Frage kommt.

Der einzige, der einen solchen gezielten Kaspar-Hauser-Versuch in beschränktem Umfang unternehmen ließ, war der im 13. Jahrhundert in Unteritalien herrschende Kaiser Friedrich II., der herausfinden wollte, ob Hebräisch, Griechisch, Latein oder irgend eine andere Sprache die menschliche Ursprache sei. Er ließ mehrere Kinder von Stiefeltern aufziehen, denen es strikt untersagt war, sich mit ihnen zu unterhalten oder auch nur ein Wort zu sprechen. Alle diese unglücklichen Kinder starben frühzeitig.

Immerhin erwiesen die von Hass und Eibl-Eibesfeldt von 1963 an mit einer Spezialkamera mit eingebautem Seitenspiegel unbeobachtet ausgeführten Filmaufnahmen mimischer Äußerungen bei Völkern unterschiedlicher Kulturstufe in allen fünf Kontinenten, daß die in den Grundbewegungen überall gleichen Gesichtssignale ohne jeden möglichen Zweifel dem Menschen angeboren sind. Diese Bewegungen auf dem Schlachtfeld des menschlichen Gesichtes reifen erst in der Periode der Säuglingsentwicklung allmählich heran – was sich auch deutlich bei taubblinden Kindern zeigt. Ebenso konnten angeborene Tendenzen zu bestimmten Gebärden mit Signalcharakter bei Menschen verschiedenster Rassenzugehörigkeit übereinstimmend erkannt werden. Diese eindeutigen Beweise für eine angeborene Körpersprache, also für angeborene Motorik und Sensorik, brachen in den Geisteswissenschaften das Eis einer in starren überlieferten Denkformen verkrusteten Grundeinstellung und eröffneten den neuen Wissenschaftszweig der Humanethologie, die, am Tierverhalten orientiert, menschliches Verhalten erforscht. Sodann erkannte bereits Freud, daß Prägung und prägungsartige Vorgänge auch bei der Formung des menschlichen Wesens eine entscheidend wichtige Rolle spielen – und zwar längst ehe diese Phänomene bei Tieren entdeckt waren. Die Formung des Urvertrauens, ebenso wie des geschlechtsspezifischen Verhaltens, aber sehr wahrscheinlich auch Fixierungen im ethischen und ästhetischen Bereich erfolgen während sensibler Perioden in der Jugendentwicklung. Während angeborene Motorik mit Ausnahme von Mimik und Gestik sowie einiger Bewegungsmuster beim Säugling kaum vorliegen, dürfte das Ansprechen auf Schlüsselreize beim Menschen eine weit größere Rolle spielen, als gemeinhin angenommen wird. Wenn geschwürige Haut uns Ekel und große, schnell herankommende Körper uns Angst erwecken, dann sind das bloß zwei beliebige Beispiele unter vielen möglichen. Im besonderen sind jedoch beim Menschen die Triebe wirksam – manche sogar stärker als bei Tieren. Auch angeborene Lerndispositionen – von uns als Neigungen empfunden – dürften menschliche Grundausrichtungen wesentlich bestimmen. Wenn es bei praktisch allen Menschengruppen völlig unabhängig voneinander zu äußerst ähnlichen Verhaltenstendenzen kommt – etwa die überall in Erscheinung tretende Vorliebe für Sitten, Feste und Zeremonien – dann spricht dies dafür.

Beim Menschen setzen sich die Triebe in sehr komplexer Weise aus angeborenen und erworbenen Komponenten zusammen. Sie verbinden sich mit bewußten Empfindungen der Lust und Unlust, welche die Willensbildung wesentlich beeinflussen. Durch Erziehung können sie verstärkt oder abgeschwächt, jedoch nicht beseitigt werden. Im Gegensatz zu den angeborenen Reflexen beruhen sie auf endogener Reizproduktion in den Nervenzellen, so daß sie auch ohne äußeren Anstoß spontan in Erscheinung treten. Beim einzelnen Individuum sind sie verschieden stark ausgebildet, was die Grundnorm seines Verhaltens – seinen Charakter – wesentlich beeinflußt. Entwicklungsgeschichtliche Entdifferenzierungen haben beim Menschen dazu geführt, daß angeborene Reaktionen auf ein breiteres Spektrum von Reizen ansprechen. Durch Gewohnheitsbildung werden zusätzliche, erworbene Triebe geschaffen, außerdem werden so angeborene und erworbene Komponenten zu festgefügten Einheiten verschweißt. Sämtliche Triebe treten in mannigfacher Kombination in Erscheinung, sie ergänzen und verstärken sich gegenseitig, stören und verwirren einander. In manchen Fällen führen sie zu einem gemeinsamen, besonders zwingenden und kaum mit der Intelligenz – also über Einsicht – zu unterdrückenden Impuls.

Im folgenden werden die wichtigsten, die menschliche Willensbildung beeinflussenden Antriebe in zwölf Kategorien zusammengefaßt, wobei die Gruppierung den entwicklungsgeschichtlichen Zusammenhang – Phylogenese und Ontogenese – nur beschränkt berücksichtigt. Denn ebenso wie es bei Organen von sekundärer Bedeutung ist, wie sie zustande kommen, und nur zählt, was sie leisten und bewirken, so trifft dies im vollen Maße auch auf Verhaltenssteuerungen und damit auf Verhaltensweisen zu. Weitere Triebe, die sich nicht in die zwölf Hauptausrichtungen einreihen lassen, werden als Nebentriebe in einer dreizehnten Kategorie zusammengefaßt. Gemeinsam ist ihnen, daß es Einzelgänger sind, die ebenfalls – oft machtvoll – im Instinktparlament ihre Stimme erheben. Zu ihnen gehören auch Triebe, die durch Gewohnheitsbildung und über Epiphänomene des Denkens entstehen und ebenfalls die individuelle Willensbildung beeinflussen.

Ziel dieser Gliederung ist es, den praktischen Erfordernissen einer Beurteilung und Führung von Menschen in Gestalt eines Überblickes über die Motivation menschlichen Handelns entgegenzukommen, wobei das Funktionelle wie überall in der Energontheorie Hauptkriterium ist.

Erstens: Nahrungstrieb

Unter dieser Bezeichnung fassen wir sämtliche angeborenen und erworbenen Steuerungen zusammen, welche als Akte von Instinkt und Intelligenz dazu führen, daß alle nötigen Stoffe, Flüssigkeiten und Gase erworben und alle anfallenden festen, flüssigen und gasförmigen Schlacken abgeschieden werden.

Energie- und Stofferwerb sind die primäre Voraussetzung für alle Energone; sie werden bei sämtlichen Tieren durch Instinkthandlungen bewirkt, die – wie jede Instinkthandlung – nach dem Lust-Unlust-Prinzip gesteuert sind. Unsere Atemtätigkeit verläuft reflexhaft, verbindet sich jedoch auch mit positiven und negativen Empfindungen. Halten wir den Atem an, dann erwächst uns schnell steigende Unlust, lassen wir dem Reflex wieder freien Lauf, werden wir mit Empfindungen der Befriedigung und Erleichterung, also mit Lustgefühlen belohnt. Ähnlich verhält es sich bei der Ausscheidung der Körperschlacken, die uns zur Qual wird, wenn sie nicht stattfinden kann. Bei den Empfindungen von Hunger und Durst läßt sich minuziös verfolgen, wie sie in steigendem Maß von unserem Denken und unseren Vorstellungen Besitz ergreifen, immer vehementer unser Wollen und unser Handeln bestimmend. Wenn Schopenhauer sagte, daß der menschliche Intellekt Diener der Begierden sei, dann zeigt sich die Berechtigung dieser Einschätzung bereits beim Nahrungstrieb. Speisen werden besondes gewürzt und raffiniert zubereitet: nicht weil sie dadurch etwa nahrhafter würden, sondern weil sie um so besser schmecken, uns also in gesteigertem Maße Annehmlichkeit, sprich Lustgefühle bereiten.

Hier zeigt sich beredt die auf angeborener Lust-Unlust-Unterscheidung beruhende Tendenz zu Luxusstrukturen: besonders gut schmeckende Speisen und Getränke. Hinzu treten Luxushandlungen, etwa durch Kombination der Nahrungsaufnahme mit angenehmer Gesellschaft, Konversation, Vorführung und Tanz. Eßkultur und Trinksitten wurden zu einer wichtigen, ganz bestimmt nicht dem freien Willen entstammenden Ausrichtung des Lebens bei sämtlichen Völkern. Das vernünftige Denken wendet sich sogar vielfach gegen diese Vorgänge, nämlich dann, wenn sie zu Körperbehinderung und Krankheit führen.

Fettsucht und Diätprobleme kennzeichnen die Auswirkung der Wohlstandsgesellschaft in West und Ost, vornehmlich in der Welt des Weißen Mannes. Gaststätten und Trinkstuben, Restaurants und Hotels wetteifern um des Nachfragers Gunst. Kochbücher einerseits und Anleitungen zum Fasten andererseits finden reißenden Absatz und wetteifern miteinander. Französische, italienische, österreichische und exotische Küche sind maßgebende Attraktionen des Fremdenverkehrs und damit Basis florierender Energone. Als Gastgeschenke werden erlesene Getränke und Süßigkeiten überbracht. Ganz automatisch werden Feste, Geschäftsgespräche und Staatsempfänge mit erlesener und reichlicher Speisenfolge verbunden. So wie bei allen Trieben und Drängen des Menschen ist es hier keineswegs so, daß diese Vorgänge dem Willen folgen, sondern diesen bestimmen. Während beim Tier die Lustgefühle das für Instinkthandlungen notwendige Regulativ, also ein Werkzeug, ein Mittel zum Zweck sind, erhebt der ichbewußte Mensch dieses Werkzeug und Mittel zum Zweck, konzentriert sich auf dessen Erschließung und Steigerung, verwendet die Fähigkeit seines Geistes dazu, Wege zu erkunden, den Genuß tunlichst zu steigern.

Dies schließt keineswegs aus, daß manche Menschen zu Abstinenz und Askese tendieren – wodurch ihnen Befriedigung und Lust zuteil wird. Dieses Beispiel zeigt, daß auch in solchem Fall nicht bloß nüchternes und neutrales Denken die Zügel der Handlungen führt. Insgesamt kann wohl kaum bestritten werden, daß das Streben nach Genuß über den Weg des Essens und Trinkens sich beim Menschen weit von der rein funktionellen Bedeutung dieses Vorganges entfernt hat. Verfeinerung der Genüsse in diesem Sektor wurde zu einem entscheidenden Bestandteil menschlicher Lebenskultur und Zielsetzung. Um sich solche Genüsse zuteil werden zu lassen, unternehmen Menschen beträchtliche Anstrengung, setzen ihre geistigen Kräfte auf das Äußerste ein. Und eine Unzahl von Energonen hat in diesem Trieb, in diesem Streben seine Existenzbasis. Nicht nur die gesamte Landwirtschaft, welche die entsprechenden Rohstoffe liefert, sondern vor allem sämtliche Einrichtungen der Gastronomie samt aller ihrer Lieferanten und Hilfskräfte.

Noch ein weiteres kommt hinzu. Da sich bei unseren Vorfahren, räuberisch lebenden Affen, mit dem Beuteerwerb Verhaltensweisen des Anpirschens, Überlistens und Überwältigens verbanden, ist es wohl nicht abwegig, manche Komponenten menschlicher Jagdlust – die zur Luxustätigkeit wurden – dadurch zu erklären. Noch bedeutsamer dürfte eine weitere Auswirkung sein. Da sich unser Nahrungserwerb auf die indirekte Methode des Leistungstausches verlagerte, mag sehr wohl die Freude am Aufspüren der Erwerbschance, die Überredung, die Überlistung und Überwältigung des Käufers oder Lohngebers mit durch jene weit zurückliegenden Elemente des Beutefangverhaltens beeinflußt sein. Bei allen höheren Säugetieren, den Lerntieren, sind nur Antriebe angeboren, während die Einzelheiten der Ausführung im Rahmen der Jugendentwicklung durch Lernen, Üben und Nachmachen ausgebildet werden. Manche Arten von Spiel und Sport, welche Elemente des Anschleichens, Überlistens und Überwältigens beinhalten, dürften hier somit ebenfalls ihre Wurzeln haben. Schon bei Kindern, besonders jedoch bei Jungen, zeigt sich dies in den Verfolgungs- und Fangspielen auf das Deutlichste. Und wenn uns auch die Auseinandersetzung zweier Gegner beim Schachspiel von der einstigen Tätigkeit unserer Raubaffenahnen himmelweit entfernt erscheint, so mögen doch die lustvollen Gefühle beim richtigen Zug, beim Figurenraub, bei geglückter Strategie und überraschender Taktik bis an den Punkt des Schachmatt beim Gegenüber den damals über Mutation und Selektion entstandenen Steuerungsstrukturen im Gehirn entstammen.

Da für den Menschen Raub fremder artifizieller Funktionsträger zur gegebenen Möglichkeit wurde, sich die Bildung eigener zu ersparen, sie also nicht über Tausch und Gegenleistung erwerben zu müssen, dürften auch die Lustgefühle geglückten Raubes hier einzureihen sein. Selbst die rauschartigen Siegesgefühle, die sich bei Gruppenraub mit Kriegshandlungen, Plünderungen und Vergewaltigungen verbinden – von den großen

Dichtern und Erzählern aller Epochen plastisch beschrieben – finden offenbar in den angeborenen Einzelmotivationen des Jagdverhaltens ihre kausale Erklärung.

Im Rahmen der Energonentfaltung setzt sich der Nahrungstrieb in der Gesamttendenz, über artifizielle Funktionsträger – künstliche Organe – den Lebensstrom in Potenz und Volumen zu steigern, unmittelbar fort.

Zweitens: Sicherheitstrieb

Unter dieser Bezeichnung fassen wir sämtliche angeborenen und erworbenen Steuerungen zusammen, welche als Akte von Instinkt und Intelligenz dazu führen, daß widrige und feindliche Umwelteinwirkungen abgewehrt werden und Anfälligkeiten des Körpers, gebildeter Energone und Nahestehender begegnet wird.

Neben den angeborenen Steuerungen zur Gewinnung von Energie und Stoffen gehören die Triebe, diesen Hort zu sichern, mit zu den ältesten, die sich bei Tieren herausbildeten.

In Abhängigkeit von der jeweiligen Umwelt sprechen Tiere auf bestimmte Schlüsselreize an, die ihnen einerseits Gefahr, andererseits Schutzmöglichkeit und Fluchtwege aufzeigen, und beantworten sie mit entsprechenden Reaktionen. Schon bei Einzellern sind solche Mechanismen nachweisbar. Bei den höheren Wirbeltieren beobachten wir Flucht- und Abwehrverhalten, wie es auch der Mensch zeigt, und es gibt keinen triftigen Grund, daran zu zweifeln, daß ähnliche Gefühle der Angst sich auch bei ihnen mit derartigen Erlebnissen und Handlungen verbinden.

Beim ichbewußt denkenden Menschen kommt es zu einem enorm gesteigerten Wissen um bestehende Gefahren und zum ausgeprägten Bestreben, diese möglichst auf Null zu reduzieren, sich also unlustvolle Gefühle der Angst und Unsicherheit möglichst zu ersparen und solche der Sicherheit und des Geborgenseins zu genießen.

Den ersten Pol der Sicherheit findet das Kind bei den Eltern. Im weiteren Entwicklungsverlauf werden in organisierten Gemeinschaften die vom Einzelwesen nicht zu bewältigenden Schutzfunktionen vom Verband oder vom Staat übernommen. Hierarchische Strukturen sind Einrichtungen, ohne welche die immer zahlreicheren künstlichen Organe des Menschen nicht sichergestellt werden können – gegen Diebstahl, Raub und Anarchie. Von nicht geringerer Bedeutung ist der Schutz des Zellkörpers selbst, des eigenen Lebens also. Denn die bequemste Form, sich in den Besitz der künstlichen Organe eines anderen zu setzen, besteht darin, das aus Zellen gebildete Zentrum auszuschalten.

Durch Befestigungen und Kampfeinheiten, ausgestattet mit entsprechenden Waffen, wird feindlichen Raubstaaten entgegengewirkt. Innerhalb des eigenen Verbands- oder Staatsbereiches übernehmen Sicherheitsorgane die Schutzfunktion, wobei es über deren Machtausstattung – nicht zuletzt aufgrund ideologischer Prägungen – zu erbitterten Auseinandersetzungen kommt. Im Bereich des einzelnen schützen Umzäunungen, Mauern und Verschlüsse Leben und Eigentum, also Zellkörper und künstliche Organe gegen Witterungseinflüsse, Raubtiere und Banditen; sie sichern auch die Intimsphäre ab. Wenn Kinder in ihren Spielen sich so gerne Häuser, Burgen, Verstecke und Höhlen bauen, dann äußert sich darin ohne Zweifel der angeborene Instinkt, sich Schutzvorrichtungen zu schaffen. Die Furcht davor, Gefahren offen ausgesetzt zu sein, die Suche nach glückspendenden Gefühlen beruhigender Geborgenheit tritt hier zutage.

Aus dem gleichen angeborenen Drang bevorzugt der Mensch Stätten, die ihm Rückendeckung bieten, sucht ständig nach Einrichtungen, die seinem Schutzbedürfnis entgegenkommen. Furchterregende Schlüsselreize, auf die wir bis auf den heutigen Tag instinktiv ansprechen, sind Dunkelheit, schnell sich nähernde Körper, heftige Geräusche, gefletschte Zähne von Raubtieren, drohendes Knurren, der Anblick von Schlangen und uns umschwirrenden Insekten. Kinder zeigen deutlich, wie schwer es selbst vernünftiger Einsicht fällt, entsprechende Reaktionen der Abwehr und Flucht zu unterdrücken.

Da der Mensch aufgrund seines Ichbewußtseins der einzige Lebensträger ist, der um die Unabwendbarkeit des eigenen Todes weiß, verursacht ihm auch seine Intelligenz weitere Angstgefühle, die durch die jeweils gegebene Situation in keiner Weise bedingt sind. Er lernt darüber hinaus, wie viele Möglichkeiten von Unfällen und Krankheiten sich mit dem Leben verbinden, wie total unerwartet und unverschuldet Katastrophen hereinbrechen können. All das verursacht – selbst in der so abgesicherten künstlichen Sphäre der modernen Organisationen – gravierende Empfindungen von Unsicherheit, Beklommenheit und Angst, der vom Menschen in jeder möglichen Weise entgegengewirkt wird. Altersfürsorge und Krankheitsvorbeugung wird angestrebt. Lebensversicherungen für sich und die nächsten sollen ein außergewöhnlicher Schutz sein. Alle vom Menschen gebildeten Energone, vornehmlich aber die Erwerbsorganisationen sind in immer steigendem Ausmaße von Schutzmaßnahmen geradezu durchtränkt.

Je kleiner die Einkünfte sind, um so weniger Reserven können gebildet werden – um so größer wird das Streben nach Einrichtungen der Sicherheit. Diktieren solche Schutzinteressen in einem Staat die Entscheidungen, dann kann dies – über garantierte Krankenpflege, erzwungene Beschäftigungsgarantie und Subventionierung von Erfolglosen – die politischen und ökonomischen Rahmenbedingungen zu Lasten der sozialen Aufwendungen und Einrichtungen derart schwächen, daß Initiative, Konkurrenzfähigkeit und Effektivität ins Hintertreffen geraten. Ja, überzogene Schutzinteressen können das Gemeinschaftsinteresse letztlich gefährden. Der angeborene und durch ichbewußte Erkenntnis noch bedeutend geschürte Sicherheitstrieb ist der dafür verantwortliche Motor.

Die menschliche Vorstellungskraft eröffnet dem Angsttrieb weitere gewaltige Schleusen. Wenn sich Menschen oft so verzweifelt um Verdienst und Bildung von Reserven bemühen, obwohl sie nach vernünftigem Denken gut abgesichert sind, dann sind Schreckgespenster dafür verantwortlich, die auf dem inneren Projektionsschirm ihrer Phantasie erweckt wurden und sie mit einer ständig im Nacken sitzenden Angst antreiben. Als weitere Begleiterscheinung der Phantasie ergibt sich aus diesem Phänomen eine für die menschliche Geschichte schicksalhafte Konsequenz. Über Kommunikation – Sprache, Schrift und Bild – kann auch der Fremde auf dem inneren Projektionsschirm der Vorstellungskraft Instinkte aktivieren – und so auch den Angsttrieb.

Besonders Staats-, Heer- und Parteiführer haben sich dieses Mittels mit geradezu unüberbietbaren Auswirkungen zu bedienen gewußt. Manchmal in fehlerhafter Überzeugung, weit häufiger jedoch aus selbstdienlichen Motiven pflanzten sie das Trugbild einer in Wahrheit gar nicht bestehenden Gefahr oder Bedrohung in fremde Gehirne und lösten so künstlich Angstreaktionen aus, durch die es dann zu langwierigen Auseinandersetzungen, blutigen Rebellionen, Revolutionen und Kriegshandlungen kam.

Auch in der Tagespolitik ist dieses Mittel gang und gäbe. Da persönliche Unfähigkeit, die wirtschaftlichen Probleme zu meistern, oder ideologische Wertvorstellungen zu einer nicht abreißenden Kette von Unzulänglichkeiten und Effizienzeinbußen führen, wird durch das Schreckgespenst eines äußeren oder inneren Feindes, dem mit außergewöhnlichen Schutzmaßnahmen begegnet werden müsse, eine sonst fällige Verurteilung verhindert und eine sonst nicht vorhandene Solidarität aufgebaut. Sonst nicht durchsetzbare politische Maßnahmen werden so sanktioniert, höhere Machtbefugnisse und Steuertribute von der Gemeinschaft erpreßt und ansonsten unrealisierbare Privatgeschäfte getätigt.

Den höchsten Machtzuwachs über den Weg der Angst erzielen Religionen, die außerirdische Bestrafung glaubhaft machen, welcher nur eben über Befolgung ihrer Lehre entgangen werden kann. Um den Qualen eines in allen Farben geschilderten Inferno zu entrinnen, erwies sich der gläubige Mensch so ziemlich zu allem bereit – sogar zur verzweifelten Anstrengung, sämtliche ihm von Natur aus angeborenen Regungen zu unterdrücken.

Treten Ideologien an die Stelle von Religion, dann verstärkt sich unter Umständen noch diese Bereitschaft. Denn Bestrafung für Nichtbefolgung der Lehre erfolgt nun nicht erst im Jenseits, was die Glaubensangst in eine noch schlimmere und unmittelbarere Realfurcht verwandelt.

Im Rahmen der Energonentfaltung setzt sich der Sicherheitstrieb in der Gesamttendenz, über artifizielle Funktionsträger – künstliche Organe – den Lebensstrom in Potenz und Volumen zu steigern, unmittelbar fort.

Drittens: Neugiertrieb

Unter dieser Bezeichnung fassen wir sämtliche angeborenen und erworbenen Steuerungen zusammen, welche als Akte von Instinkt und Intelligenz dazu führen, daß in spielerischer oder ernster Auseinandersetzung mit der Umwelt deren Eigenschaften erkundet und über Erproben, Lernen und Üben neue, eigene Fähigkeiten entwickelt werden.

Während bei niederen Tieren das Verhalten automatenhaft gesteuert wird, sind angeborene Bewegungen bei den höheren Wirbeltieren nur beschränkt ausgebildet. Sie formen – deshalb Lerntiere genannt – die für ihr Leben notwendigen Aktionen und Reaktionen in individueller Auseinandersetzung mit der Umwelt, wodurch sie sich in die jeweiligen örtlichen Gegebenheiten weit besser einpassen können. Das macht sie in ihrem Verhalten weniger starr und verschafft ihnen einen ungleich höheren Grad von Anpassungsfähigkeit.

Zu dieser höchst persönlichen Bildung effektiver Steuerungen im Gehirn regt sie ein Instinkt an, der Neugiertrieb – auch Spieltrieb genannt. Der junge Löwe, der junge Wolf, der junge Schimpanse – und auch das Menschenkind krabbeln triebhaft umher, betasten und untersuchen Objekte der Umwelt, erkunden ihre Eigenschaften, ihre Reaktionen, ihre Verwendbarkeit. Ebenso wird das eigene Bewegungskönnen erforscht. Jede erdenkliche Bewegung wird wieder und wieder erprobt. Gegenstände werden aus ihrer Lage gebracht, erklettert. Das Junge erkundet alle Möglichkeiten, sich ihnen gegenüber zielführend zu verhalten, sie möglichst zu beherrschen.

Während beim Tier dieser angeborene Trieb mit der Geschlechtsreife abklingt, bleibt der Mensch in dieser Hinsicht sein Leben lang mit einer Jugendeigenschaft seiner Vorfahren ausgestattet: Er bleibt weltoffen, an der Auseinandersetzung mit Neuem grundsätzlich interessiert.

Während sein Sicherheitstrieb ihn vor allem Neuen, Unbekannten warnt, erweist sich der Neugiertrieb als Gegenspieler. Ist dieser aktiv, dann wird Neues, Unbekanntes zum Schlüsselreiz, zu einer Herausforderung der Erkundung. Nicht so sehr dem Intellekt sondern dieser besonderen Triebfeder verdankt der Mensch seine Fortschritte, die Eroberung immer neuer Lebensräume, die Entdeckung immer neuer Lebensformen. Dieser Trieb brachte ihn zur Entdeckung der Funktionsfähigkeit von nicht zum Körper gehörenden Objekten, zu deren Verwandlung in künstliche Organe. Er führte ihn dann im weiteren Verlauf seiner Evolution zur gezielten Herstellung von artifiziellen Funktionsträgern, zu ihrem immer effektiveren Einsatz, zur immer weitergehenden Verbesserung ihrer Konstruktion. So kam es zu immer höheren Wirkungsgraden, indem mit immer weniger Aufwand immer höhere Leistungen erzielt werden konnten. Sowohl Forscherdrang als auch Unternehmungslust wurzeln nicht zuletzt in diesem Trieb.

Denker älterer Schule sahen in Ethik und Ästhetik die Grundpfeiler menschlicher Besonderheit, menschlicher Verschiedenheit vom Tier. Die vergleichende Verhaltensforschung deckte dagegen auf, daß diese Ausrichtungen weitgehend im angeborenen Erbe wurzeln, während der bis ins hohe Alter wirksame Neugiertrieb eine echte Besonderheit des Menschen gegenüber seinen Tierahnen und Tierverwandten darstellt. Der zum Nordpol, in die Meerestiefen und zum Mond vordringende Mensch ist ein Neugierwesen par excellence. Sein Sicherheitstrieb bremst ihn, die Frau mehr als den Mann. Doch immer wieder bricht Neugierverhalten hervor, führt dazu, die gewohnten Geleise zu verlassen, die etablierten Werte zu mißachten – und so grundsätzliche Änderungen einzuleiten.

Nur durch den Neugiertrieb wurde der Mensch zum Spezialisten in vielseitiger Spezialisation, zum Werkzeugbildner und Energonbauer. Intellekt war geistige Voraussetzung, die vom Affen ererbte Greifhand das zur Ausführung des Erdachten, Erplanten, Erphantasierten notwendige Organ. Aber die Antriebskraft, der eigentliche Motor zu den meisten Neuerungen, war der Neugiertrieb, der wie jeder Trieb Lustgefühle schenkt: Empfindungen der freudigen Spannung, des prickelnden Interesses, der glücksspendenden Selbstbestätigung und Selbstentdeckung.

So wie jeder Trieb geriet freilich auch dieser beim Menschen in die Mühle der Lustsuche, wurde vom Mittel zum Zweck. Das Erfahren von Neuigkeiten weckt angenehme Empfindungen – bis ins hohe Alter hören wir Menschen über Unzähliges debattieren, was ihre eigentlichen Interessen gar nicht oder kaum berührt. Das Kennenlernen neuer Gegenden weckt angenehme Empfindungen: Überall in der Welt sehen wir Touristenströme zu Orten pilgern, die für ihre Energiebilanz unerheblich sind, ihnen jedoch Abwechslung bieten. Das Erproben neuer Fähigkeiten weckt angenehme Empfindungen: Überall in der Welt sehen wir Menschen Sport betreiben, was ihnen zu neuen außerordentlichen Fähigkeiten und zum Ausbrechen aus der normalen Alltagsroutine verhilft. Das Erkunden neuer Kontakte wird fast von jedem Menschen reizvoll empfunden: Überall in der Welt stoßen wir auf Menschen, die sexuelle Abenteuer suchen, die keineswegs durch Partnermangel bedingt sind, sondern dem Vergnügen dienen, Eigenschaften und Verhaltensweisen neuer Partner auf sich wirken zu lassen. Die Phantasie eröffnet dem Menschen die Möglichkeit, sich Traumschlösser zu errichten und in diesen zu lustwandeln: Allerorts sehen wir Menschen bei der Lektüre von Literatur, über die sie in fremdes Menschenschicksal eindringen, in Theater, Kino und vor dem Fernsehapparat, wo über sämtliche angesprochene Sinne das eigene Empfinden mit dem anderer verknüpft wird.

Sogar die Angst, Hemmschuh aller Neugier, wird über diese zur Lustgewinnung herangezogen. In mäßiger Dosierung wird sogar die Erkundung von Angst zum Vergnügen, das Spiel mit dem Feuer zum reizvollen Pläsier Abwechslung. Waghalsigkeit beim Drachenfliegen, Risikofreude im Beruf, Hasardieren im Glücksspiel, aber auch die Aktivierung prickelnder Furcht durch Lesen von Greuelgeschichten und Miterleben von Kriminalfilmen und Horrorstücken gehören mit zur Aktivierung von gedrosselter Angst. Schon das Kind führt uns dies vor Augen, wenn es in der Geisterbahn fahren, sich auf der Riesenschaukel fürchten will, oder der dunkle unheimliche Keller es magisch anzieht.

Wißbegierde und Wissenschaft waren die Grundlage der gesamten Energonbildung durch den Menschen. Wohl sind sie auch Werkzeug nüchternen Denkens und bewußter Verfolgung ökonomischer Interessen. Doch das dynamische Element ist ein angeborener Trieb, der die Entwicklung der Menschheit machtvoll zu ihren Höhen und Tiefen führt, zu ihren Fortschritten und ihren Katastrophen.

Im Rahmen der Energonentfaltung setzt sich der Neugiertrieb in der Gesamttendenz, über artifizielle Funktionsträger – künstliche Organe – den Lebensstrom in Potenz und Volumen zu steigern, unmittelbar fort.

Viertens: Geschlechtstrieb

Unter dieser Bezeichnung fassen wir sämtliche angeborenen und erworbenen Steuerungen zusammen, welche als Akte von Instinkt und Intelligenz dazu führen, daß bei Zellkörpern gleicher Art die Genetischen Code miteinander verschmelzen.

Wer daran zweifelt, daß die Motivationen menschlichen Handelns durch angeborene Triebe beeinflußt, ja bestimmt werden, dem zeigt der Geschlechtstrieb auf das deutlichste, daß dem doch so ist. Er verursacht beim Menschen vehemente Impulse und nicht minder starke Hemmungen – er versetzt ihn, wie Valensin treffend sagte, in einen zweiten Zustand.

Während er bei den Tieren nur in einer bestimmten Periode des Jahres, der Brunft, in Erscheinung tritt, ist der geschlechtsreife Mensch das gesamte Jahr über sexuell ansprechbar und wird bis ins hohe Alter von diesem Trieb beherrscht. Die moderne Forschung erklärt dies durch die beim Urmenschen gegebene Situation. Das Menschenkind benötigt jahrelange Betreuung, um zu eigener Lebenstüchtigkeit zu gelangen. Dies macht entsprechend langen elterlichen Schutz notwendig, der wiederum die Bindung des ernährenden und schützenden Vaters an die Mutter voraussetzt. Durch die verlängerte Zeit sexueller Bereitschaft gelangte damals – über mutative Veränderung im Erbgut – die Frau zur Fähigkeit, den Mann das gesamte Jahr über physiologisch an sich zu binden, wodurch sich zur Funktion der Fortpflanzung jene der Partnerbindung hinzugesellte.

Die Auswirkungen dieser erblichen Fixierung waren enorm. Die Frau wurde zum begehrten Besitz und damit automatisch zum Raubziel und zum Objekt von Tausch und Verkauf. Durch ihre Fesselung an die langwierige Kinderbetreuung und durch den Brutpflegeinstinkt noch verstärkt, wurde ihr angeborenermaßen eine Rolle zugewiesen, die sie weitgehend vom Mann und seinen Trieben abhängig macht. Ihr Erscheinungsbild wird zum Schlüsselreiz. Je nachdem wie stark dieser ausfällt, sind die Chancen für Besitzerwerb, Luxus und Lebensglück äußerst verschieden, hängen davon ab, ob und welchen Mann sie an sich fesseln kann.

Von Anbeginn lag es somit im höchsten eigenen Interesse der Frau, diese ihre Schlüsselreize durch entsprechende Maßnahmen und artifizielle Funktionsträger tunlichst zu steigern – durch Haartracht, Schminke, Schmuck, Kleidung und Schuhwerk, aber auch durch Verstärken oder Entwickeln von Verhaltensweisen, die auf den Mann wirken und ihn binden.

Die Einrichtung der Ehe als Sicherung für die Frau und als Besitzgarantie für den Mann gewinnt innerhalb der Gemeinschaftsbildungen zentrale Bedeutung und wird Kristallisationszentrum für Sittenbildung und massive religiöse und ideologische Einflußnahme. Hochzeit und Geburt werden Hauptereignisse, Krankheit und Tod werden zur gesteigerten Bedrohung, da sie sich nach erfolgter Familiengründung nicht nur für den Betroffenen, sondern auch auf den Familienverband, seinen Bestand und sein Überleben auswirken. Die Kodifizierung der die Familie betreffenden rechtlichen Bestimmungen werden aufgrund der Eigentums- und Versorgungsfrage zum Grundpfeiler jeder Gesetzgebung. Darüber hinaus legen Tabus über weite Strecken der Geschichte besonders der Frau schwerwiegende Fesseln an. Außereheliche Beziehung wurde zum Verbrechen, das nichteheliche Kind zum Schreckgespenst und zur schicksalhaften Katastrophe.

Andererseits erwuchs der Frau über den Geschlechtstrieb ein ungeheueres Machtpotential, ein Werkzeug zur Machtsteigerung, wie es im Rahmen der Energonentfaltung kaum irgendeinem anderen Lebensträger gegeben ist. Dank der Anfälligkeit des Mannes auf individuelle Schlüsselreize kann ein Mädchen über Nacht zur Gattin eines Krösus und Teilhaberin seines gesamten Reichtums werden. Die Fesselung durch überlieferte Normen wurde in unserem Jahrhundert durch die Berufstätigkeit der Frau und die dadurch erwachsende finanzielle Unabhängigkeit wesentlich vermindert – in besonderem Maße auch durch die artifiziellen Mittel, sich vor ungewollter Konzeption zu schützen. Die Frau gewinnt nun ebenfalls die dem Manne schon lange gegebene Freiheit, den Geschlechtstrieb – gelöst von seiner ursprünglichen Funktion – in eigener Initiative zum Gegenstand persönlicher Lust- und Glückssuche zu machen, wobei ihr jedoch durch die erblich fixierten Bestandteile ihrer biologischen Rolle Grenzen gesetzt sind und Konflikte erwachsen. Erfahrungsberichte und Forschungen der letzten beiden Jahrzehnte über die Auswirkung dieser Emanzipation lassen den begründeten Verdacht aufkommen, daß die Frau über größere Freiheit nicht unbedingt eine ebenso große Steigerung ihrer

Zufriedenheit gewinnt.

Für die Energonentwicklung hatte der Geschlechtstrieb und seine sekundäre Bindungsfunktion die große Bedeutung, daß es beim Menschen so auf erblicher Basis zur ersten Arbeitsteilung kam. Die Familie wurde zum naturgegebenen Ausgangspunkt für eine sich dann immer weiter steigernde und ausweitende Bildung von Berufskörpern und Erwerbsorganisationen. Durch Hinzunahme und Gewinnung artifizieller Funktionsträger in Gestalt von Werkzeugen und Hilfskräften entstanden die ersten mit den Zellkörpern nichtverwachsenen Energone, über die der Lebensstrom zunächst langsam und dann immer schneller in Potenz und Volumen weiter anschwellen konnte. Bei diesem besonders starken Trieb gewinnt die bei allen Trieben gegebene Mechanik an Bedeutung, daß Impulse, wenn ihnen adäquates Ausleben versagt ist, auch in andere Verhaltenskanäle überwechseln und andere Aktivitäten einleiten, also zu anderen Leistungen führen können. Freud sah schlechthin im Geschlechtstrieb den Motor menschlicher Gestaltungskraft und Initiative, was jedoch nach heutiger Einsicht zu weit geht. Daß dieser Trieb sich jedoch in anderen Tätigkeiten, etwa in künstlerischer Gestaltung sublimiert, dürfte heute von keiner wissenschaftlichen Schule mehr angezweifelt werden.

So wie jeder Trieb, verbindet sich auch der Geschlechtstrieb mit anderen Trieben in mannigfacher Weise, was vom Menschen in Steigerung seiner Luxustendenzen voll wahrgenommen wird und zur Ausbildung unzähliger Energone führt. Mehr noch als die anderen fördert er menschliche Arbeitsbereitschaft, also Bereitschaft, Energone zu bilden oder in ihrem Rahmen tätig zu sein, um sich über erworbene Mittel das Triebziel ersehnter Partnerfindung und Partnerbindung sowie die ökonomischen Konsequenzen einer Familie leisten zu können.

Zu schwerwiegenden Hemmungen, Störungen, Neurosen und Perversionen kommt es durch die Verbindung des Geschlechtstriebes mit dem Ichbewußtsein. Ebenso durch erzwungene Triebstauung, durch Erlebnisse im prägsamen Jugendalter und über den Konflikt mit Normen von Erziehung, Sitte und Gesetz. Unter diesen Einflüssen können sich – nach außen hin oft unsichtbar – Verhaltensweisen einschneidend ändern, ja Denken, Fühlen, Wollen und Handeln über beträchtliche Zeiträume hinweg total blockiert werden.

Ein Beweis dafür, wie eng uns angeborenes Verhalten noch heute mit unseren Tiervorfahren verbindet, ist die Korrelation zwischen dem Geschlechtstrieb und anderen Trieben beim männlichen und weiblichen Partner. Ganz ebenso wie bei anderen Säugetieren ist auch beim Menschen der Geschlechtstrieb beim Mann mit dem Aggressionstrieb positiv und mit dem Sicherheitstrieb negativ korreliert – während es sich bei der Frau gegenteilig verhält. Im Klartext besagt dies, daß aggressive Stimmung die sexuelle Bereitschaft des Mannes verstärkt, jene der Frau dagegen abschwächt. Andererseits vermögen Zustände der Angst bei der Frau sexuelle Gestimmtheit erheblich zu steigern, während sie diese beim Mann mindern.

Auch Bestandteile anderer Triebe werden zu Werkzeugen des Geschlechtstriebes – etwa solche des Brutpflegetriebes, indem Koseformen und Koseworte, die dem Kind gegenüber Anwendung finden, auf den Geschlechtspartner übertragen werden, oder die positiven Elemente des Sicherheitstriebes, indem Partner durch Vermittlung von Sicherheit gewonnen oder gebunden werden.

Sodann spielt Gewohnheitsbildung eine wichtige Rolle, indem sich Partner über individuelle Eigenschaften und Werbevorgänge aneinander gewöhnen. Vor allem treten jedoch zu den angeborenen Komponenten noch solche des intelligenten Denkens und Bewertens, aus denen sich Achtung, Anerkennung, Dankbarkeit und Freundschaft ergeben sowie die Palette von Werbezeremonien, Werbegeschenken, Liebesbeweisen und sonstigen artifiziellen Maßnahmen, die das Liebeswerben und den Liebesakt zum eigentlichen Zentrum menschlicher Kultur, menschlicher Ästhetik, menschlichen Luxusstrebens und damit menschlicher Lebensausrichtung gemacht haben.

Alle diese durchaus nicht nur auf einen einzigen Partner beschränkten Regungen kommen dabei mit den durch die Ehe gesetzten Ordnungen zwangsläufig und fast regelmäßig in Konflikt. Trotzdem ist bisher jeder Versuch, dieses vom Intellekt geschaffene Instrument der Ordnung durch andere Formen freierer Partnerwahl zu ersetzen – nicht zuletzt aufgrund der durch die Brutpflege gegebenen Problematik – früher oder später gescheitert. Nach wie vor bleibt die Ehe in allen Kulturen und Wirtschaftssystemen Keimzelle des Staates und der Energonbildung.

Im Rahmen der Energonentfaltung setzt sich der Geschlechtstrieb in der Gesamttendenz, über artifizielle Funktionsträger – künstliche Organe – den Lebensstrom in Potenz und Volumen zu steigern, unmittelbar fort.

Fünftens: Brutpflegetrieb

Unter dieser Bezeichnung fassen wir sämtliche angeborenen und erworbenen Steuerungen zusammen, welche als Akte von Instinkt und Intelligenz dazu führen, daß der Mensch für seine Kinder und Angehörigen sorgt.

Alle höheren Wirbeltiere – alle Lerntiere – sind mit der Hypothek belastet, daß sie nicht voll lebens- und verteidigungsfähig zur Welt kommen und deshalb für kürzere oder längere Zeit entsprechender Fürsorge und entsprechenden Schutzes bedürfen. Die Evolution der Lerntiere war somit nicht nur an das Entstehen des Neugiertriebes gebunden, welcher die Jungen dazu antreibt, in aktiver Auseinandersetzung mit der Umwelt die für ihr Leben notwendigen, ihnen nicht angeborenen Verhaltenssteuerungen selbst aufzubauen. Sie setzte darüber hinaus noch die Ausbildung eines weiteren Triebes voraus, der sicherstellt, daß die hervorgebrachten hilflosen Nachkommen regelmäßig gefüttert, betreut und gegen Gefährdungen abgesichert werden.

Schlüsselreize, die dieses Instinktverhalten auslösen, entstanden im optischen, akustischen, geruchlichen und taktilen Bereich. In erster Linie beziehen sie sich auf das Aussehen der Jungen, ihre Verhaltensweisen sowie auf das Erscheinungsbild von Feinden. Entfernen sich Jungtiere von den Eltern, vom Nest, vom Bau, dann löst dies Reaktionen, sie zurückzuholen, aus. Weitere von den Jungen ausgehende Signale bewirken, daß sie gefüttert, geputzt und liebkost werden. Durch angeborene Spielbereitschaft wird der Neugiertrieb bei ihnen angeregt und ihnen Gelegenheit zum Lernen von Beutefang- und Fluchtbewegungen geboten.

Wenn Menschen zu ihren Kindern Zuneigung empfinden und generell gehemmt sind, Kindern ernsthaftes Leid zuzufügen, dann beruht das durchaus nicht auf reinen Intelligenzakten, also nüchterner Vernunft. Wie Konrad Lorenz zeigte, sind es klar erfaßbare, ja meßbare Schlüsselreize des Kindes, die dem erwachsenen Menschen den Eindruck des Herzigen, Schutzbedürftigen und Liebenswerten verursachen. Solche Schlüsselreize, auf die der Mensch angeborenermaßen anspricht, sind relativ großer Kopf mit hochgewölbter Stirn, weit unten gelegenen großen Augen, Pausbakken, kurze dicke Extremitäten und tollpatschige Bewegungsweise. Bieten junge oder erwachsene Tiere ähnliche Schlüsselreize, dann werden sie vom Menschen ebenfalls als niedlich, herzig und liebenswert empfunden. Wie sich bei Tierversuchen herausstellte, lassen sich durch Anbieten vereinfachter Attrappen diejenigen Elemente feststellen, aus denen sich einzelne Schlüsselreize zusammensetzen. Unter Umständen ist es sogar möglich, diese Merkmale künstlich derart zu verstärken, daß die Attrappe dann stärkere Reaktionen als der natürliche Schlüsselreiz auslöst. Im menschlichen Bereich nutzen Industrien, die sich mit der Herstellung von Puppen und Spieltieren befassen, dies geschickt zur Bildung solcher übernormalen Attrappen aus. Sie gestalten ihre Erzeugnisse derart, daß die wirksamen Schlüsselreize des sogenannten Kindchenschemas noch gesteigert werden. Die Filme von Disney schufen hinsichtlich solcher Wirkungen perfekte und für die Forschung äußerst instruktive Produkte.

Weitere Schlüsselreize, die den menschlichen Brutpflegetrieb wirkungsvoll aktivieren, sind Zeichen der Trauer, Weinen und Schreien – sowie Lächeln, Jauchzen und Gebärden des Fröhlichseins. So wie jeder Trieb vermittelt auch der Brutpflegetrieb starke Glücksgefühle, wenn ihm entsprochen wird. Zeichen der Zufriedenheit beim Kind lösen besonders bei der Mutter intensive Gefühle der Zuneigung, des Stolzes und Befriedigtseins aus. Auch der Vorgang des Stillens und die mühevolle Aufgabe des Unterweisens im Sitzen, Gehen, Essen, im Gebrauch von Werkzeug, im Anziehen von Kleidern und sonstigen für das Leben notwendigen Fertigkeiten vermitteln den Eltern glückspendende Gefühle der Befriedigung; sie sind keineswegs bloß Ergebnis von Erziehung, erworbenem Pflichtgefühl und nüchterner Überlegung. Ohne Zweifel werden viele Kinder mit kühler Absicht und Voraussicht gezeugt – etwa um sich formbare Hilfskräfte oder Blutsnachkommen zur Fortsetzung von Berufskörpern sowie zur Wahrnehmung an Erbfolge geknüpfte Rechte zu schaffen. Die Großzahl der Kinder verdankt jedoch den Konsequenzen des Geschlechtstriebes und der von ihm vermittelten Lustgefühle ihr Zustandekommen sowie der Freude, die ihre Geburt und Erziehung vermitteln und die deshalb ebenfalls angestrebt wird.

So wie jeder Trieb ist auch jener der Brutpflege bei manchem Individuum stärker, beim anderen schwächer ausgebildet und kann auch durch Einflüsse der Erziehung verstärkt oder abgeschwächt werden. Insgesamt hat er die Familienbildung und damit die menschliche Energonbildung sicher nicht weniger stark beeinflußt und gefördert als der Geschlechtstrieb.

Wo die egoistischen Triebe stärker in den Vordergrund treten, etwa in den modernen Wohlstandsgesellschaften in West und Ost, wird dies von der Umwelt negativ bewertet.

Auch auf Verwandte und zur engeren Hausgemeinschaft Gehörende werden die vom Brutpflegetrieb diktierten Wertungen übertragen und ausgedehnt – schließlich auch auf Berufskörper und Erwerbsorganisationen samt ihren bewährten Mitarbeitern. Der Schneider streichelt den von ihm hergestellten Anzug, ehe er ihn abliefert. Der Heerführer geht nächtens durch die Zeltgassen, schaut nach, ob seine Soldaten gut schlafen, redet sie wie seine Kinder an.

Für die Energonentwicklung ergeben sich negative Auswirkungen durch den Brutpflegetrieb dann, wenn Kinder in Positionen gebracht werden, denen sie funktionell nicht gewachsen sind. Berufskörper und Erwerbsorganisationen können entscheidend an Effizienz einbüßen, wenn unfähige Nachkommen aufgrund elterlichen Willens, verwandtschaftlicher Einflußnahme oder durch Erbgesetzgebung in leitende Positionen gelangen. Bei erblichen Monarchien hat sich dies für ganze Völker und in ihrem Staatsgebiet operierende Energone katastrophal ausgewirkt. Solche Nachteile werden indes von den Vorteilen, die dieser Trieb insgesamt der Energonentfaltung bietet, überreich aufgewogen.

Ohne den triebhaften Wunsch, Kindern und geliebten Verwandten eine noch bessere Zukunft zu vermitteln und sie ökonomisch abzusichern, wären enorme Ausmaße an Anstrengung und Leistung nicht zustande gekommen. Auch hier erweist sich der Intellekt über weite Strecken bloß als der Diener von Begierden. Da diese im Falle des Brutpflegetriebes altruistisch sind, werden sie in subjektiver Einschätzung als lobenswertes Opfer gewertet. Sie sind es jedoch insofern nicht, als sie der bewußten Glückssuche des Menschen ganz ebenso entgegenkommen, wie jene positiven Empfindungen, die etwa der egoistische Nahrungstrieb, der egoistische Sicherheitstrieb oder der egoistische Aggressionstrieb vermitteln.

Dort, wo in Wohlstandsgesellschaften aufgrund der Ausrichtung auf bequemere Formen der Lustbefriedigung die Anzahl der Kinder drastisch zurückgeht, feiert der Brutpflegetrieb in Gestalt von Ersatzobjekten und Ersatzhandlungen eine imposante Auferstehung, indem sich die Zahl der Familienangehörigen um ein Heer von Hunden, Katzen, Ziervögeln und sonstigen Haustieren explosionsartig vergrößert. Darin äußern sich Liebesbedürfnis und Vereinsamung. Es führte dies zu der grotesken Tatsache, daß der Hund – seit Tausenden von Jahren Vasall des Menschen – in pervertierter Umkehr den Menschen in seinen Vasallen verwandelt. Die Ausrichtung auf egozentrische Formen der Lustbefriedigung führte im weiteren auch nicht selten dazu, daß die letztlich unbequeme Funktion der Erziehung vernachlässigt oder, wenn sich die Möglichkeit anbietet, an Dritte verlagert wird. Dem Fernsehschirm fällt dabei die bedenkliche Rolle zu, die Kinder in bequemer Weise abzulenken. Daß so einer Manipulierbarkeit sondergleichen Tür und Tor geöffnet wird, kommt als weitere Auswirkung hinzu.

Im Rahmen der Energonentfaltung setzt sich der Brutpflegetrieb in der Gesamttendenz, über artifizielle Funktionsträger – künstliche Organe – den Lebensstrom in Potenz und Volumen zu steigern, unmittelbar fort.

Sechstens: Gemeinschaftstrieb

Unter dieser Bezeichnung fassen wir sämtliche angeborenen und erworbenen Steuerungen zusammen, welche als Akte von Instinkt und Intelligenz dazu führen, daß der Mensch sich einer größeren Gemeinschaft oder Idee verbunden fühlt, ihre Interessen zu den eigenen macht, sich für sie opfert, sogar bereit ist, den Tod zu erleiden.

Bei den Tieren kam es auf verschiedenen Wegen zur Bildung von Gruppen, Rudeln und Verbänden. Der Vorteil erhöhter Sicherheit oder gesteigerter Macht bei der Jagd nach Beute konnte Mutationen im Erbgut, die über angeborenes Verhalten Gemeinschaftsbildung bewirken, Selektionswert verleihen. Aber auch über den Geschlechts- und Brutpflegetrieb kam es in Form der Familienerweiterung zu Horden- oder Verbandsbildung. In jedem Fall liegt dann das Entstehen eines neuen, aus nicht verwachsenen Einheiten gebildeten Energons vor, was die Bindung der Gemeinschaftspartner und ihre Koordination zur Voraussetzung und zum eigentlichen Problem macht. Diese Funktion leistet ein Trieb, der die Bindung an Artgenossen mit Lustgefühlen belohnt, sodann Schlüsselreize, die ihn angeborenermaßen aktivieren, und angeborene Bewegungsfolgen, die über sie ausgelöst werden.

Zu Schlüsselreizen für das Erkennen und Zusammenbleiben von Gemeinschaftspartnern wurden optische, akustische und geruchliche Artmerkmale. Zu Werkzeugen der Verständigung, Kooperation und Befehlsübertragung – also der Koordination – wurden Signale, welche ebenfalls angeborenermaßen verstanden werden. Solche entstanden auch im Rahmen des Paarungs- und Brutpflegeverhaltens, manche von diesen wurden übernommen und in Funktionserweiterung auch zu Funktionsträgern der Verbandsbildung. So entstanden angeborene Not- und Warnrufe, Gebärden des Drohens, des Grüßens, des Bettelns – oder Dispositionen zu ihrer Ausbildung, wobei die spezifische Ausgestaltung durch Prägung in sensiblen Perioden festgelegt wird. Bei Vögeln, Delphinen und Affen finden wir erblich fixierte Reaktionen, dem Rudelgenossen zu helfen. In den höchstentwickelten Verbänden, zu denen die höheren Wirbeltiere, unsere Vorfahren und Verwandten, gelangten – etwa bei Wölfen und manchen Affen – kam es sogar zur Ausbildung einer Rangordnung. Einzelne Individuen gelangen über Auslesevorgänge zu Führungsstellungen und die Rudelgenossen leisten dann instinktgesteuert Folge.

Beim Menschen kam es über die Erweiterung der Familie zur Bildung von Horden und Verbänden. Die Einzelheiten der Organisation sind Leistungen des Intellekts, der jedoch auch bei dieser Tätigkeit nicht frei waltet, sondern erbbedingt beeinflußt wird. Zwischen dem achten und zwölften Lebensjahr, also ungefähr mit Einsetzen der Geschlechtsreife, gelangt das Menschenkind in eine sensible Periode, in der es in angeborenem Drang aus der Enge des Familienverbandes auszubrechen tendiert und in seiner geistigen und emotionellen Ausrichtung nach einer Gemeinschaft höherer Ordnung sucht, mit der es sich identifizieren, der es sich zugehörig fühlen und die es selbst aktiv fördern kann. Richtlinien des Verhaltens gegenüber Mitmenschen – also ethische Normen –, die dem Kind in den nun folgenden zehn Jahren erzieherisch eingeimpft oder über Instrumente der Stimmungsübertragung noch eindringlicher vermittelt werden, beeinflussen die Grundausrichtung wesentlich, ja können seine Wertvorstellung für das ganze Leben in engbegrenzte Kanäle festlegen.

Da die Effekte der Prägung bei Tieren irreversibel sind, während der Mensch prinzipiell durchaus in der Lage ist, solche Fixierungen über Einsicht, Beharrlichkeit und Willen abzuschwächen, zu neutralisieren oder völlig abzubauen und rückgängig zu machen, spricht man beim Menschen nicht von Prägung sondern von prägungsähnlichen Effekten. Die Ergebnisse vergleichender Verhaltensforschung legen jedoch zwingend nahe, daß funktionell der analoge Vorgang vorliegt, der bloß beim intelligenten Menschen Abschwächungen erfährt.

Wie sich allerorts und bei allen Rassen auf das deutlichste zeigt, können Jugendliche, die in dieser sensiblen Periode auf religiöse, doktrinäre oder ideologische Wertvorstellungen ausgerichtet werden, sich im späteren Leben nur schwer über solche hinwegsetzen, weil diese fest in ihnen verankert sind. Ja, sie wollen dies gar nicht – was deutlich zeigt, daß bei ihnen das so Geprägte zum integralen Ausdruck des Ichs und seiner höchstpersönlichen Neigung empfunden wird. Zu allen Zeiten haben sich deshalb Repräsentanten von Religionen, Kulten, Ideologien, Doktrinen und des Staates darum bemüht, auf die Jugenderziehung entsprechend einzuwirken, um sich derart der beträchtlichen Vorteile einer gezielten Willensgestaltung zu versichern. Über diesen Vorgang werden – hart formuliert – dem heranwachsenden Menschen äußerst stabile Scheuklappen angelegt, welche ihm in seinem weiteren Leben ein nüchternes Abschätzen andersgerichteter Wertungen erheblich erschweren oder völlig unmöglich machen. Anders ausgerichtete Gruppen und Verbände mit ihren Meinungen und Weltauffassungen geraten so automatisch in den Ruch des Schlechten und Bösen. Ihre Vertreter werden – besonders dann, wenn es sich um konträre Weltanschauungen handelt – zu verabscheuenswerten Teufeln, was ohne jeden Zweifel wesentlich zur Motivation von Kriegen und zum Entstehen von Kampfbereitschaft beitragen kann, immer wieder beigetragen hat und nach wie vor dazu beiträgt. Hier liegt die eigentliche Quelle menschlicher Intoleranz, über deren Zustandekommen und Bewältigung sich Denker und Religionsstifter, aber auch Politiker verzweifelt den Kopf zerbrochen haben, um sie zum Versiegen zu bringen. Daß sich aus dieser Intoleranz dann in weiterer Folge und kausaler Konsequenz auch Schuldkomplexe ergeben, ist weder zu verwundern noch zu bezweifeln.

Schlüsselreize, auf die der menschliche Gemeinschaftstrieb anspricht und die in sekundärer Funktion die Gemeinschaftsbindung verstärken, sind Heldenepen, Hymnen, Symbole, Zeremonien, Denkmäler, Trachten, nationale Spitzenleistungen in Wissenschaft, Kunst und Sport, militärische Machtdemonstrationen, mitreißende Anführer, Würdigungen, Ehrenzeichen und vieles andere.

Wegen der offensichtlichen Vorteile der Verbandsbildung und Verbandsfestigung für alle menschlichen Belange wird der Gemeinschaftstrieb auch durch die Vernunft unterstützt und außerordentlich verstärkt. An sich ist jedoch dieser Trieb im Vergleich zu anderen – zum Nahrungstrieb, zum Sicherheitstrieb und zum Geschlechtstrieb – eher schwach ausgebildet. Wohl zeigen Menschen die Fähigkeit der Freundschaft, spontane Hilfsbereitschaft, und es gibt genug Beispiele für außerordentliche Akte von Nächstenliebe und Aufopferungsbereitschaft, dagegen steht aber die weitverbreitete Klage, daß es Menschen an Gemeinschaftssinn und Hingabe zum Mitmenschen fehlt. Ein wesentlicher Grund dafür ist wohl die Tatsache, daß die menschlichen Verbände zu groß und damit anonym wurden, so daß eine immerhin vorhandene Reaktionsbereitschaft einer zu großen Flut von Schlüsselreizen gegenübersteht. Die weitere von der Verhaltensforschung angebotene Erklärung besagt, daß beim Menschen –

ähnlich wie bei den Haustieren – die entwicklungsgeschichtlich älteren Triebe, etwa der Nahrungstrieb, der Sicherheitstrieb und der Geschlechtstrieb, hypertrophieren, also übernormal ausgebildet sind, während die entwicklungsgeschichtlich später entstandenen, neben dem Brutpflegetrieb besonders die im Gemeinschaftstrieb zusammengefaßten sozialen Regungen, Abschwächungen erlitten haben.

Bei den Haustieren wird das als eine Folge ihrer Domestikation angesehen, also ihrer künstlichen Abschirmung gegen die natürliche Auslese. Der Mensch schirmte sich ebenfalls künstlich gegen Umwelteinflüsse ab – wir sprechen deshalb von einer Selbstdomestikation des Menschen. Daß jedoch trotzdem angeborene Reaktionen des Gemeinschaftstriebes auch bei uns noch deutlich nachweisbar sind und stark wirken, läßt sich experimentell nachweisen. So bewirkt etwa die Betrachtung von Filmaufnahmen, welche die brutale Mißhandlung eines Kindes zeigen, das Aufwallen von Empörung – und zwar auch dann, wenn die Szene vom selben Betrachter mehrmals hintereinander angeschaut wird. Obwohl der Zuschauer dann weiß, daß er in Wirklichkeit nur eine Filmaufnahme erlebt, und obwohl er diese nun schon mehrmals gesehen hat, kommt es doch – ob er will oder nicht – immer wieder zu dieser Reaktion. Diese Unbelehrbarkeit ist ein Hinweis dafür, daß nicht Vernunft diese Reaktion veranlaßt, sondern unser Verhalten durch erbfixiertes Ansprechen auf einen Schlüsselreiz ausgelöst wird.

Die klassischen Denkschulen erblickten schon früh in der Ethik eine Grundsäule menschlicher Besonderheit gegenüber den Tieren. Nach modernen Forschungsergebnissen ist sie es keineswegs, sondern verbindet uns sogar eng mit unseren rudelbildenden Vorfahren – bei denen diesbezügliche Regungen noch stärker ausgebildet sind. Weit eher erweisen sich Intelligenz und Vernunft als Antriebe für unethisches, rücksichtsloses und egoistisches Verhalten.

Eine der angeborenen Komponenten des Gemeinschaftstriebes führt zu Auswirkungen, die sich für menschliche Interessen negativ, ja katastrophal erweisen. Jede fixierte Identifizierung mit einer Gruppe, mit einem Staat oder mit einer Idee – also jede festzementierte Anhängerschaft – macht nicht nur intolerant, sondern führt auch zu Impulsen, Angehörige anderer Gruppen oder Ausrichtungen zu bekehren, zu schädigen oder zu vernichten – was sich durchwegs mit starken Lustgefühlen verbindet.

Die bei Affen eingehend studierte soziale Verteidigungsreaktion findet beim Menschen in der emotionell genossenen Schädigung oder Vernichtung von Gruppen, die als feindlich empfunden werden, das deutliche Gegenstück. Sämtliche Auswüchse eines übersteigerten Patriotismus, von Nationalismus und Chauvinismus, ideologischem Sektierertum, fanatischer Religiosität, übersteigertem Führungswillen und bedingungsloser Gefolgschaftstreue sind hier einzureihen. Es ist betrübliche Wahrheit, daß die überwiegende Zahl der Menschen den Helden im Kampf emotionell höher einschätzt, er also stärker ihre Bewunderung anspricht als der Vermittler, der Kämpfe verhindert. Da außerdem beim Menschen jedes Triebverhalten durch den inneren Projektionsschirm seiner Vorstellungskraft aktiviert werden kann, wird der Gemeinschaftstrieb zu einem weiteren Instrument für Beeinflussung durch Demagogie und Verhetzung. Die menschliche Geschichte bietet fast zu jeder Epoche und bei fast allen Völkern und Stämmen dafür illustrative Beispiele. Nur allzu oft haben Gruppen und Völker über Handlungen der Grausamkeiten gestaunt, zu denen sie sich selbst hinreißen ließen. Eine Erklärung finden diese Vorgänge in der negativen Konsequenz eines an sich auf Altruismus ausgerichteten Triebverhaltens. Es ist die Kehrseite der Medaille. Wie Arthur Koestler und andere sehr zu Recht hervorhoben, liegt die besondere Tragik beim Menschen darin, daß ausgerechnet die als heiligste und höchste Ideale und Bestrebungen empfundenen Tendenzen mit zu den brutalsten und unmenschlichsten Verhaltensweisen führen.

Aus Sicht der Energonentwicklung hat dagegen der Gemeinschaftstrieb sich als überaus lobenswerter Musterknabe erwiesen. Denn die gesamte Bildung von Energonen aus künstlichen Organen – aus nicht mit dem Zellkörper verwachsenen artifiziellen Funktionsträgern – hatte direkt oder indirekt die Bildung organisierter Gemeinschaften und somit entsprechenden Gemeinschaftsgeist zur Voraussetzung. Artifizielle Funktionsträger ziehen die Notwendigkeit staatlichen Schutzes nach sich. Und Energieerwerb über Tauschakte ist ebenfalls nur im Rahmen geordneter Gemeinschaften möglich. Organisationen und Vereine wurden im Zuge der ersten und zweiten industriellen Revolution zu dynamischen Mechanismen des Vorwärtsstrebens, indem es zur Heroisierung der Arbeit kam. Sogar die für den Menschen negativen Auswirkungen dieses Triebes stellen für den Lebensstrom keineswegs einen Nachteil dar, sondern sind ihm außerordentlich förderlich. Denn solange es Energone gibt, fußt deren Höherentwicklung auf einem untereinander ausgefochtenen Kampf und der damit verbundenen Eliminierung des Schwächeren. Wenn deshalb vom Menschen gebildete Gruppen die Vernichtung von anderen anstreben, ja sogar mit vehementen Glücksgefühlen für solche Vernichtung belohnt werden, fällt das keineswegs aus der üblichen Praxis, sondern entspricht jenem rücksichtslosen Willen zur Macht, der die gesamte Evolution kennzeichnet und in dem bereits Nietzsche den tiefsten Wesenszug der Lebensentfaltung sah.

Eibl-Eibesfeldt hob zu Recht hervor, daß der Mensch – trotz des noch hinzutretenden, stark ausgebildeten Aggressionstriebes – alles eher als von Natur aus böse, sondern ein geselliges, universelle Freundschaft und Frieden ersehnendes Wesen ist, dem bloß der schwierige Übergang zur Weltgemeinschaft gelingen muß. Daß dafür eine Verhinderung von Prägungen im sensiblen Jugendalter auf nicht universell gültige Wertungen eine wichtige, ja die überhaupt entscheidende Voraussetzung ist, ergibt sich in klarer Konsequenz. Auch die uns so lieben, weil genußspendenden Ideale kämpferischen Heldentums, bedingungsloser Gefolgschaftstreue und Aufopferung für Gruppenziele müssen aus dieser Sicht als allergefährlichster Feind erkannt werden. Über den nüchternen Verstand und durch ihn bewirkte aufklärende und erzieherische Maßnahmen ist solches jedoch durchaus im Bereich des Möglichen.

Im Rahmen der Energonentfaltung setzt sich der Gemeinschaftstrieb in der Gesamttendenz, über artifizielle Funktionsträger – künstliche Organe – den Lebensstrom in Potenz und Volumen zu steigern, unmittelbar fort.

Siebentens: Aggressionstrieb

Unter dieser Bezeichnung fassen wir sämtliche angeborenen und erworbenen Steuerungen zusammen, welche als Akte von Instinkt und Intelligenz dazu führen, daß der Mensch sich Mitmenschen gegenüber ärgerlich, gegnerisch, bösartig, feindlich, ja sadistisch verhält.

Im Gegensatz zu den übrigen Trieben, die alle deutlich lebenserhaltenden und evolutionsfördernden Charakter haben, scheint der weltweit diskutierte Aggressionstrieb eine Ausnahme zu bilden. Wenn Angriffs- oder Verteidigungsreaktionen sich gegen Artfremde richten, liegt dies im Trend der Evolution – dient den Interessen der pflanzlichen und tierischen Energone. Ein sich wider den Artgenossen wendender Trieb scheint dagegen der Entwicklung entgegenzulaufen und sie zu schädigen.

Daß dem doch nicht so ist, sondern auch dieses Verhalten lebensfördernde Wirkung und somit Selektionswert hat, zeigte Konrad Lorenz. Erstens führen Kämpfe zwischen Artgenossen zu deren gleichmäßiger Verteilung über den verfügbaren Erwerbsraum – somit wird dessen Nahrungsvolumen optimal ausgeschöpft. Zweitens bewirken kämpferische Auseinandersetzungen zwischen den artgleichen Männchen um paarungsbereite Weibchen, daß die jeweils stärksten, also bestentwickelten sich fortpflanzen – somit kommt im Vorgang der Genverschmelzung effizienteres Erbgut bevorzugt mit anderem in Kombination. Drittens werden bei rudelbildenden Tieren nur über innerartliche Kämpfe die zur Rudelführung Bestgeeigneten ermittelt – somit wird über diesen Vorgang Rudelführung und entsprechender Gehorsam überhaupt erst möglich.

Allerdings ist für diese Evolutionsrichtung Voraussetzung, daß sich in paralleler Entwicklung auch Verhaltenssteuerungen ausbilden, welche sicherstellen, daß die Artgenossen einander in solchen Kämpfen nicht ernsthaft verletzen – geschweige denn umbringen. Wie die Verhaltensforschung aufdeckte, sind solche in der Tat nachweisbar. Die in innerartlichen Kämpfen unterlegenen Tiere nehmen bestimmte Positionen ein – Demutsstellungen und Demutsgesten genannt – woraufhin der Sieger den Besiegten ohne weitere Beschädigung abziehen läßt. Solche angeborene Abwehrstellungen bestehen vielfach darin, daß das unterlegene Tier seine allerverletzbarste Stelle darbietet. Hunde legen sich auf den Rücken und bieten ihre ungeschützte Kehle zum Biß dar. Dieser Anblick wird dann für den Sieger zum machtvollen Schlüsselreiz, der weitere Aggression bei ihm abblockt.

Beim Menschen wurden ähnliche Zusammenhänge zunächst nicht erkannt. Wie die tägliche Erfahrung lehrt, wird Ärger und aggressive Gestimmtheit durch Frustrationen, also Enttäuschungen, Beleidigungen, Störungen, Verletzungen und ähnliche unangenehme Eingriffe in Absichten und Intimsphäre bewirkt. Gibt es keinen unmittelbar Schuldigen, dann zeigt sich, daß Reaktionen sich auch gegen Ersatzobjekte und Ersatzpersonen richten. Man sah deshalb in den aggressiven Tendenzen des Menschen eine höchst natürliche Antwort auf ihn frustrierende Umwelteinflüsse. Aufgrund dieser Sachlage schlossen Nachfolger von Freud, obwohl dieser selbst bereits die Existenz eines autochthonen Aggressionstriebes beim Menschen vermutete, daß über Frustrationen im Lauf der Kindheitsentwicklung zur Aggression neigende Menschen entstehen.

In den Vereinigten Staaten empfahlen darum einige Psychologen den Müttern, ihre Kinder ohne Widerspruch und Strafe, also permissiv und möglichst frustrationsfrei zu erziehen. Diese Anregung wurde in weitesten Kreisen befolgt, führte jedoch keineswegs zu einem überzeugenden

Resultat. Bei der nach dieser Methode aufgezogenen Generation zeichnet sich durchaus kein Rückgang hinsichtlich Gewaltäußerung und Kriminalität ab – diese haben eher noch zugenommen. Es erhebt sich sogar die schwerwiegende Frage, ob nicht die große Verbreitung von Psychosen in dieser Erziehungsweise mit ihre Erklärung findet. Vieles spricht heute dafür, daß das Kind Frustrationen in Gestalt von Widerspruch und Strafe als wichtigen Entwicklungsanreiz sogar braucht, ja angeborenermaßen danach sucht. Außerdem wird es über diesen Vorgang auf die spätere Einengung in das gesellschaftliche Organisationskonzept von Gesetz und Sitte vorbereitet.

Die Aufdeckung des Aggressionstriebes bei den Tieren eröffnete auch der Beurteilung menschlichen Verhaltens neue Perspektiven. Da er bei unseren unmittelbaren Vorfahren, den Affen, deutlich ausgeprägt ist, erscheint eine Rückbildung beim Menschen unwahrscheinlich – um so mehr, als sie sogar von biologischem Nachteil gewesen wäre. Denn gerade bei der menschlichen Gemeinschaftsbildung wurde es besonders wichtig, daß die jeweils stärksten, intelligentesten, geschicktesten, schlauesten oder listigsten Exemplare in Führungspositionen gelangten – was aber in der Praxis stets nur über innerartliche Auseinandersetzungen geschieht, wie auch immer diese ausgetragen werden mögen. Überdies wurde entdeckt, daß es auch beim Menschen eine Geste gibt, die als Demutsstellung angesehen werden kann, da sie aggressives Verhalten beim Gegner beschwichtigt und weitere Angriffshandlungen deutlich hemmt. Es ist das Niederwerfen oder Niederknien vor dem Sieger, das Neigen des Kopfes, wodurch das besonders verletzbare Hinterhaupt schutzlos dargeboten wird.

Dies alles führte zum Schluß, daß auch beim Menschen ein angeborener Aggressionstrieb vorliegt und ließ bisher unbeachtete oder anders beurteilte Zusammenhänge in ein neues Licht treten.

So wie jeder andere Trieb hat auch der Aggressionstrieb seine eigene, von innen wirkende, also endogene Reizproduktion. Es bedarf somit durchaus keines konkreten Anlasses, um ihn zu wecken. Er kann auch ganz spontan, also ohne äußere Ursache, in Aktion treten. Der Mensch nennt es üble Laune und fühlt sich dann automatisch bemüßigt, nach einem Schuldigen für seinen Ärger zu suchen. Harmlos verläuft der Vorgang, wenn Wetter oder sonstige Umstände zum Sündenbock gemacht werden, weniger harmlos, wenn sich die aggressive Gestimmtheit gegen Nichtschuldige entlädt. Während Affen in aggressivem Zustand auf Rudelgenossen losgehen können, sie beißen und sich so an ihnen abreagieren, ist solches dem

Menschen im Rahmen der Gesetze und Tabus, die das Zusammenleben in Gemeinschaft regeln, nicht ohne weiteres möglich. Daraus ergeben sich oft gravierende Konflikte und Triebstauungen sowie ein echter Bedarf an Ersatzobjekten, die ein ungestraftes Abreagieren solcher Triebauswirkungen erlauben. Kampfspiele und Wettkämpfe erweisen sich als dafür geeignet – nicht nur für den aktiven Teilnehmer, sondern auch für den passiven Zuschauer. Indem er Partei ergreifend sich mit Kämpfenden indentifiziert, vermag er über den Weg seiner Phantasie selbst am Kampf teilzunehmen und über diesen Umweg seinen Triebstau freizusetzen.

Als weitere Ventile, um überschüssige Aggression straflos abzureagieren, bewähren sich Literatur, Theater, Film und Fernsehen. Auch diese Medien verhelfen zur Identifikation mit Personen, die sich dramatisch mit Schicksal und Umwelt auseinandersetzen. Sie verhelfen – als artifizielle Funktionsträger des Aggressionsabbaues – zu einer Abreaktion über den Umweg der Phantasie. Wenn Kriminalromane, Wildwestfilme und Abenteuerberichte sich so großer Beliebtheit erfreuen, dann erklärt sich das aus dem echten Bedarf des zivilisierten Menschen, den solche Produkte befriedigen, und die er auch dann nicht missen will, wenn ihnen für die Jugenderziehung wesentliche Nachteile erkennbar anhaften.

Zum Abbau von Aggressionen, zur Entladung des Aggressionstriebes bieten sich besonders auch Menschen der unmittelbaren Umgebung an – daheim der Ehepartner und die Kinder, im Betrieb die Mitarbeiter, in Organisationen die Befehlsempfänger, im Krieg der Feind.

Wenn es Demagogen so erstaunlich leicht fällt, selbst friedfertige und kultivierte Menschen in Kampfstimmung und Kriegsbegeisterung zu versetzen, dann liegt das daran, daß sie über den Weg der Vorstellungskraft mehrere machtvolle Triebe zur Verfügung haben, um auf der Klaviatur ihre Mechanik zu spielen. Das Aufzeigen eines wirklichen oder vermeintlichen Feindes weckt den Willen zur Abwehr, der Appell an den Gemeinschaftstrieb Aufopferungsbereitschaft. Und dazu kommt noch die Aktivierung des Aggressionstriebes, der die ersehnte Gelegenheit schafft, im Unterbewußtsein angestaute Aggressionslüste freizusetzen. Kampfreden, Kriegslieder, Paraden, Demonstrationen sind hier auslösende Schlüsselreize. Und da die modernen mechanischen Waffen blitzartig und auf große Entfernung wirken, können angeborene Hemmungen über Beschwichtigung nicht aktiviert werden. Die Vernunft wird ausgeschaltet, wird lustvermittelnd hinweggeschwemmt.

Dazu kommt, daß der Mensch im Gegensatz zur bisherigen Ansicht durchaus nicht Artgenosse des Mitmenschen ist. Ein Schuhmacher ist leitende Einheit im Energon Schusterbetrieb, der Angestellte in einer Bank ist Funktionsträger dieses Energons. Nach wie vor stehen die Zellkörper in engem Kontakt und sehen einander als wesensgleich an. Tatsächlich sind sie aber ebenso wenig Artgenossen wie etwa die Keimzelle eines Hirsches und jene eines Igels. Durch den Vorgang der Paarung bleibt der Mensch – Keimzelle höherer Ordnung – noch fortpflanzungsmäßig an den Mitmenschen gebunden, doch der Hauptteil der vom Menschen geschaffenen Energonkörper kommt über ganz andere Vorgänge zustande und wirkt auf die steuernde Einheit Mensch entsprechend zurück. Diese Zwitterstellung, verursacht durch noch vorhandene Relikte einer Artverwandtschaft und der tatsächlichen Artverschiedenheit der vom Menschen gebildeten Energone, bewirkt Konflikte, die jedermann belasten. Sie führt zu jener rücksichtslosen Einstellung, die gegenüber andersartigen Energonen generell üblich ist, ganz besonders im Konkurrenzkampf um Energie und Stoffe. Ein Schneider ist alles eher als Artgenosse eines Elektroingenieurs, eine Autofabrik keineswegs Artgenosse eines Lebensmittelkonzerns. Zwischen Berufskörpern und Erwerbsorganisationen derselben Sparte – also von gleicher Art – ist die Auseinandersetzung sogar besonders heftig. Die bei Pflanzen und Tieren gegebene Artbindung fällt hier fort – hier haben sich auch keinerlei den Demutsgebärden ähnliche Hemmungsmechanismen entwickelt. Innerartliche Aggression wird in diesem Energonbereich mit außerartlicher Aggression identisch.

Den Interessen des Lebensstromes kommen auch diese Phänomene durchaus entgegen. Für das menschliche Interesse bedeutet dagegen der Aggressionstrieb eine schwerwiegende Problematik, eine an erster Stelle eingetragene Hypothek. Insbesondere gebündelte Aggression, über Kasernierung erzeugt und aufgeheizt, ist zum Angriff auf jeden – auch auf den Freund von gestern – ohne Hemmung bereit und aus dem Stand heraus fähig. Die Geschichte bietet genügend Beispiele: die Prätorianer, Janitscharen, Sturmtruppen, Leibgarden und Kommandoeinheiten. Dies wird zur sehr ernsten Gefahr. Dazu kommt noch der sich mit religiösem und ideologischem Fanatismus verbindende Glaube, daß die eigene Weltanschauung, die eigene Idee die einzig richtige, allseeligmachende sei und alle Ungläubigen nur nicht den nötigen Bewußtseinsgrad erreicht hätten, um sie zu begreifen. Also sind diese Feinde zu vernichten.

Da erbliche Belastung und nicht Vernunft letzte Entscheidungen auslösen können, hängt heute das Damoklesschwert unkontrollierbarer Monsterkriege unmittelbar über uns. Gegenüber einem physikalischen Geschehen, in das der Mensch als sein effizientester Erfüllungsgehilfe so eng verstrickt ist, wird die Schaffung entsprechender Sicherungen unabdingbar nötig. Sie müssen wohl darin bestehen, daß die Mechanik dieses bedenklichen Instinktes allgemein begriffen wird, damit die Motive unkontrollierbar aufwallender Gestimmtheit nicht länger auf Objekte der Umwelt, insbesondere auf Mitmenschen und Mitvölker projiziert werden. Der am Fries des Tempels zu Delphi eingemeißelte Mahnruf – Erkenne Dich selbst! – gewinnt in unseren Tagen dramatische, ja vielleicht letztmalige Aktualität.

Im Rahmen der Energonentfaltung setzt sich der Aggressionstrieb in der Gesamttendenz, über artifizielle Funktionsträger – künstliche Organe – den Lebensstrom in Potenz und Volumen zu steigern, unmittelbar fort.

Achtens: Imponiertrieb

Unter dieser Bezeichnung fassen wir sämtliche angeborenen und erworbenen Steuerungen zusammen, welche als Akte von Instinkt und Intelligenz dazu führen, daß Menschen und die von ihnen gebildeten Energone über Mittel der Beeindruckung und Einschüchterung gesteigerte Wirkung erzielen.

Das Imponieren spielt im Rahmen sämtlicher Haupttriebe eine wesentliche Rolle, ist in ihrem Gefüge ein wichtiger Baustein. Da die funktionelle Ausrichtung dieses Verhaltens überall übereinstimmt und im Bereich der menschlichen Bildung von Energonen und Luxusstrukturen zu universeller Bedeutung gelangt, ist es angemessen, das Imponieren unter die Haupttriebe einzureihen. Von der Energontheorie her ist dies um so mehr berechtigt, als gerade dieser Trieb der zentralen Tendenz des Lebensstromes entspricht, der auf Steigerung von Potenz und Volumen ausgerichtet ist. Dies wird über den Imponiertrieb in besonderer Weise erreicht. Sein funktionelles Ziel ist echte oder vorgetäuschte Steigerung von Potenz und Volumen.

Bei Tieren äußert sich Imponierverhalten in Bewegungen oder sonstigen Signalen, die das Tier größer und mächtiger erscheinen lassen, also Kennzeichen für Größe und Kraft darstellen. Vögel sträuben das Gefieder, die Katze wölbt ihren Buckel, der Gorilla erhebt sich zur vollen Größe und trommelt mit den Fäusten gegen seine Brust. Vielfach wurden sogar körperliche Strukturen eigens zum Imponieren entwickelt – besonders in Verknüpfung mit dem Geschlechtstrieb. Die überdimensionalen, farbigen, von bizarren Mustern gekennzeichneten Schwanzfedern des Pfaues, mit denen er sein beeindruckendes Rad schlägt, sind ein Paradebeispiel. Der Mensch verfährt ähnlich, wenn er durch erlesene Kleidung seine Wirkung steigert, wenn er im Kampf Mittel der Einschüchterung einsetzt oder im Handel Waren mit Superlativen der Werbung ausstattet. Inhaber von Macht und Würden schüchtern seit eh und je ihre Untertanen und Untergebenen durch Titel, Hofetikette, Zeremonien, Garden, Paraden, Prachtbauten und Prunkentfaltung ein, was dazu beiträgt, Tendenzen der Auflehnung im Keim zu ersticken. Die gleichen Imponiermittel sowie verschwenderische Geschenke und Festgelage erzielen bei fremden Abgesandten, Unterhändlern, Vermittlern und Gästen analoge Resultate.

Im Beruf wird allerorts über Imponieren Erwerbsvorteil angestrebt und oft auch erreicht. Aufkommende Widerstände und Zweifel werden auf diese Weise beseitigt, eigene Kompetenz und Kreditwürdigkeit werden solcherart in die Höhe geschraubt. Imponierverhalten führt jedoch nicht nur zu praktischen Vorteilen, sondern verbindet sich auch mit intensiven Gefühlen von Lust und Triumph. Vater dieses Verhaltens ist keineswegs berechnende Vernunft, die fördernde Ergebnisse anstrebt, vielmehr ist Imponieren eine uns angeborene Waffe, deren sich der Intellekt bloß als Werkzeug bedient. Dies zunächst zur Steigerung des Erfolges, im weiteren jedoch und nicht minder zur Weckung lustspendender Reaktionen.

Diese zusätzlichen Möglichkeiten, die der Imponiertrieb bietet, können vom Menschen durch die künstlichen Organe noch wesentlich gesteigert, kultiviert und intensiviert werden. Der Jüngling, der auf seinem Motorrad dahinbraust, erlebt ebenso Lustgefühle des Imponierens wie das Mädchen auf einem Fest, wenn es in prächtiger Aufmachung zum Mittelpunkt der Aufmerksamkeit wird. Durchaus verwandte Lustgefühle vermitteln das eigene Haus, der Lorbeerkranz in Kampf und Sport, Würden und Ehren in Beruf und Gemeinschaftsdienst, ja praktisch jeder anerkannte Erfolg. Wie der Amerikaner sagt, wirkt am Erfolg nichts mehr – als der Erfolg.

Von einschneidender Bedeutung wurden Imponiertrieb und durch ihn vermittelte Gefühle für die Entfaltung der Künste. Durch seine Werke vermag der Künstler Schlüsselreize besonderer Art zu schaffen oder auszusenden, die nicht nur ihm selbst und anderen ästhetischen Genuß vermitteln, sondern über ihre Wirkung auch Effekte des Imponierens auslösen. Da auch anderen der Besitz solcher Werke zur Möglichkeit verhilft, sich aus dem Kreis der übrigen herauszuheben – also zu imponieren, erhalten

Kunstwerke neben ihrer ästhetischen Qualität auch noch jene des Imponiermittels par excellence. Damit werden sie zur lukrativen Erwerbsquelle.

In grundsätzlich ähnlicher Weise wird der Imponiertrieb fast jeder menschlichen Tendenz zum antreibenden Bruder, der die Zügel der Entschlußbildung allzugern an sich reißt. Prächtige Besitztümer werden nicht selten deshalb erworben und mühevolle Reisen darum ausgeführt, um Wirkungen des Imponierens auszulösen. Schönheitsköniginnen werden geheiratet, nicht etwa weil sie als Gattinnen besonders geeignet wären, sondern um zu imponieren. Kinder werden in Imponierberufe gezwungen, die ihnen nicht zusagen und für die sie oft nicht geeignet sind. Essen, Sicherheit, Geschlechtsakt, Leistungen jeglicher Art – überall kann sich der antreibende Bruder einmischen. Die eigentliche Ausrichtung der Tätigkeit wird so denaturiert, was manche Luststeigerung einbringt, insgesamt aber wohl eher zu Lusteinbußen führt.

Eine weitere negative Begleiterscheinung des Imponiertriebes ist die nagende, unlustvolle Emotion des Neides, die daraus resultiert, daß andere Menschen stärker imponieren, was die eigene Imponierkraft somit vermindert. Eine Waschmaschine, die ihren Dienst ausgezeichnet erfüllt, verliert wesentlich an Wert, wenn die Nachbarin eine noch eindrucksvollere erhält. Ein Haus, das bis dahin alle zufriedenstellte und an dem sich nicht das geringste verändert, kann zum Anlaß von Unzufriedenheit werden, indem der Freund sich ein noch schöneres einrichtet. Schon ein neuer Anstrich bedeutet Distinktion, indem er alle Blicke auf sich zieht. Verletzter Stolz und verletzte Eitelkeit erwachsen aus der Verminderung eigener Fähigkeit zu imponieren, Eigensinn und Rechthaberei aus dem Bestreben, bei anderen eine Steigerung ihrer Imponierwirkung tunlichst zu verhindern. Je schwächer ein Mensch, ein Stamm oder ein Volk, um so anfälliger sind sie, um so eher kann ein Sturm im Wasserglas zur Tragödie werden. Je höher ein Mensch, ein Unternehmen oder eine Organisation die Sprossen des Erfolges erklimmt, um so größer wird der Anreiz, sie von ihrem Imponierturm herunterzuzerren. Triebhaftes Widersprechen, Kritisieren, Herabsetzen und Verkleinern sind in gleicher Richtung wirksame Mittel. Zu Schadenfreude kommt es, wenn fremde Imponierwirkung zusammenbricht. Was in Beruf oder Familie nicht gelingt, kann durch Imponieren auf der Kegelbahn kompensiert werden. Wen es drückt, armer Schlucker zu sein, der wird im Karneval für drei Tage zum König. Der Renommist imponiert über Phantasiegebilde, der Exhibitionist über krankhaftes sexuelles Verhalten.

So wie die Zitterbewegung der Moleküle von Wasserteilchen eines Flusses den Gesamtstrom nicht ändert, so beeinflußt das Auf und Ab menschlicher Imponiersucht den Lebensstrom nur wenig, ändert nur gering die Richtung seiner Kanäle. Den menschlichen Alltag berührt der Imponiertrieb wesentlich – die Richtung der Engergonentwicklung dagegen kaum. Insgesamt wird sie jedoch erheblich gefördert, da fast jedes Imponieren gesteigerte Mittel voraussetzt, die somit erworben werden müssen. Das heizt die Bildung und Tätigkeit praktisch aller Berufskörper und Erwerbsorganisationen wesentlich an. Neid ist sogar eine besonders wirksame Antriebspeitsche des auf Potenz und Volumen ausgerichteten Lebensstromes.

Der Imponiertrieb wurde zur Existenzbasis ganzer Wirtschaftszweige – Mode, Werbung und Luxus leben in überreichem Maß von ihnen. Über den Menschen überträgt sich der Imponiertrieb sogar auf die Berufskörper und Erwerbsorganisationen selbst. Fast jeder Staatsempfang führt dies vor Augen, fast jedes Büro eines Generaldirektors beweist dies, fast jede Uniform einer höheren Charge, fast jeder Tempel, fast jedes öffentliche Bauwerk. Zwischen dem Schönheitstrieb des Menschen und dem Imponiertrieb besteht eine enge Verwandtschaft, doch läßt sich trotzdem eine klare funktionelle Trennlinie ziehen. Denn während es beim Imponiertrieb um einen generellen Drang nach Wirkung geht – auf welchem Wege auch immer, geht es beim Schönheitstrieb um eine nur enge Reaktionsbereiche ansprechende Mechanik.

Im Rahmen der Energonentfaltung setzt sich der Imponiertrieb in der Gesamttendenz, über artifizielle Funktionsträger – künstliche Organe – den Lebensstrom in Potenz und Volumen zu steigern, unmittelbar fort.

Neuntens: Schönheitstrieb

Unter dieser Bezeichnung fassen wir sämtliche angeborenen und erworbenen Steuerungen zusammen, welche als Akte von Instinkt und Intelligenz dazu führen, daß der Mensch anstrebt, was ihm ästhetischen Genuß verschafft, und meidet, was er als häßlich empfindet.

Die Fähigkeit des Menschen zu ästhetischer Wertung dürfte ähnlich wie beim Imponiertrieb sehr verschiedenen, entwicklungsgeschichtlich getrennten Komponenten entstammen. Heimatgefühl, Schlüsselreize für lebensgünstige Umwelt, Elemente der Tendenz nach Ordnung und Sauberkeit sowie kulturelle Prägungen während sensibler Kindesperioden sind hier sicher von Einfluß.

Die Hauptwurzel des Schönheitstriebes ist jedoch zweifellos das Paarungsverhalten, bei dem er zu einer zusätzlichen Mechanik im evolutionsfördernden Vorgang der Genvermischung wurde. Schon der Aggressionstrieb bewirkt, daß sich im Kampf um paarungsbereite Weibchen die jeweils stärksten, kampfesfähigsten Männchen durchsetzten – dies ist gegenüber zufälliger Partnerfindung bereits ein wesentlicher Vorteil. Effizienteres Erbgut gelangt so bevorzugt mit anderem in Kombination – dazu kommt noch, daß stärkere Männchen sich auch zum Brutschutz besser eignen. Das ästhetische Unterscheidungsvermögen stellt insofern eine weitere Verbesserung der über Genvermengung Fortschritte fördernden Mechanik dar, als über ihn beide Geschlechtspartner zur Fähigkeit gelangen, bei der Partnerwahl den Harmonischsten, Gesündesten, Lebensfähigsten zu begünstigen. Beim Menschen werden nun die Kriterien, nach denen diese Wertung erfolgt, auch auf den Bereich der artifiziell gebildeten Strukturen übertragen – ein auf den ersten Blick höchst unglaublicher Vorgang, für den die Verhaltensforschung jedoch eine Erklärung liefert und der aus Sicht der Energontheorie als völlig natürliche Entwicklung angesehen werden muß.

Bei domestizierten Tieren, etwa Enten, ist nachgewiesen, daß sie nicht mehr so genau wie ihre wildlebenden Verwandten auf Schlüsselreize ansprechen, also im rezeptorischen Bereich entdifferenziert sind. Das heißt in anderen Worten, daß bei unseren Haustieren Instinkthandlungen durch ein weit größeres Spektrum von Reizen aktiviert werden. Beim Menschen, der sich ähnlich wie seine Haustiere gegen die normale Umwelt abschirmte, dürfte es zu einer ähnlichen Entdifferenzierung gekommen sein, indem unser Schönheitsempfinden nicht nur von den Schlüsselreizen des Geschlechtspartners, sondern auch von ähnlichen Reizen, die von durchaus anderen Objekten ausgehen, angesprochen wird. Daß eine solche Entwicklung tatsächlich stattfand, zeigt etwa die Entdifferenzierung unserer Reaktion auf den angeborenen Schlüsselreiz geschwüriger Haut, die dem Menschen Krankheit beim Mitmenschen anzeigt, ihn vor Kontakten abhält und so lebenserhaltende selektionsfördernde Bedeutung hat. Aussatz bewirkt bei allen Völkern einen alarmartigen Zustand. Auch die Kröte löst aufgrund ihrer ähnlich aussehenden Haut eine analoge Ekelreaktion des Widerwärtigen, Häßlichen in uns aus – obwohl das Tier durchaus gesund ist und uns keine Krankheit vermittelt. Ja, es ist möglich, wenn nicht sogar wahrscheinlich, daß unsere Vorliebe für saubere Flächen und Wände mit dieser angeborenen Hochschätzung gesunder, nicht geschwüriger Haut zusammenhängt. Eine analoge Entdifferenzierung bei den übrigen ästhetischen Kriterien kann nun auch erklären, wieso selbst ein Messer, ein Stuhl, ein Haus bei entsprechender Gestaltung uns lustspendende Eindrücke vermitteln können.

Während nach gewohntem Denken ein solcher Übergang als zwar möglich, doch gleichzeitig auch als sehr erstaunlich angesehen werden muß, wird er aus Sicht der Energontheorie zu etwas überaus Natürlichem, das sich folgerichtig aus dem Entwicklungsverlauf erklärt. Beim Menschen trat zu den Eigenschaften des Vielzellers die neue schwerwiegende Funktion der Bildung artifizieller Funktionsträger hinzu, durch die er die Zahl seiner natürlichen Organe vermehrt und so Energone höherer Ordnung und Leistungskraft schafft. Messer, Stuhl und Haus sind aus dieser Sicht etwas vom Menschen durchaus nicht Getrenntes, Gesondertes, also keineswegs beliebige Produkte seines Schaffens. Es sind vielmehr Erweiterungen seines Körpers – ebenfalls Organe. Überträgt er auf diese die zur Erkennung von Körpereignung entwickelten Kriterien, dann ist das somit alles eher als kurios und verwunderlich, sondern geradezu der selbstverständlichste Vorgang der Welt. Die gleichen Schlüsselreize, die Eignung von Beinen, Armen, Augen, Gestalt und sonstiger Ausbildung des Zellkörpers aufzeigen, werden nun auch zur Bewertung der künstlichen Organe maßgebend und erwecken demgemäß ähnliche Empfindungen. Hier wie dort steht das Funktionelle im Vordergrund – demgemäß sprechen auch perfekte Werkzeuge und Maschinen unsere Schönheitsempfindung an. Im weiteren Verlauf überträgt dann der Mensch, durchaus natürlich und folgerichtig, die Kriterien des Schönen, dort wo es hinpaßt, auch auf die von ihm gebildeten Berufskörper, Erwerbsorganisationen und Luxusstrukturen. Ähnlich wie die Auswirkungen des Imponiertriebes das Verhalten des Menschen in fast allen Bereichen durchtränken, so wird über diese Verlagerung auch die Schaffung der vom Menschen gebildeten Funktionsträger und Energone – sofern er es sich leisten kann – bis ins feinste Detail vom Schönheitssinn beeinflußt.

Ein weiteres Phänomen besteht darin, daß sich ästhetische Wertung dabei von der funktionellen oft weit entfernt, ja daß es sogar zu Bildungen kommt, die Effizienzeinbußen bewirken. Auch hierfür gibt es bereits im Tierreich Vorstufen. Bei der nach ästhetischen Wertungen erfolgenden Partnerwahl werden auch dort bestimmte, den Schönheitssinn offensichtlich besonders ansprechende Merkmale bevorzugt, was zur Bildung überdimensionaler Geweihe, überprächtiger, dem Feindschutz keineswegs mehr angemessener Gefieder, ja sogar zur Funktionsunfähigkeit von Organen geführt hat. Bei Ebern wirkte sich das dergestalt aus, daß ihre Hauer zu Ringen auswuchsen. Schon Darwin wies auf solche negative Folgeerscheinungen eines an sich evolutionsfördernden Mechanismus hin.

Beim Menschen, durch die Freude am Wechsel von Geschmack und Stilrichtung unterstützt, kam es zu noch groteskeren Abweichungen. In der Kunst wurde sogar das Häßliche, Abstoßende, also Unbehagen und Abscheu Erweckende mit zu einem Werkzeug der Ästhetik, indem über Kontrastwirkung Schönes noch unterstrichen oder das Häßliche, Abstoßende über entsprechende Gestaltung selbst zum Gegenstand ästhetischer Wirkungskraft gemacht wird.

Im Rahmen der Energonentwicklung könnte der Schönheitstrieb in künftigen Jahrhunderten noch an Bedeutung gewinnen. Ja, er könnte zum Zentralpunkt menschlicher Entfaltung überhaupt werden. Denn einer immer weiteren Funktionalisierung, sprich Vitalisierung von Materie setzt die gegebene Größe unseres Planeten eindeutige Grenzen – und nicht minder das dem Menschen angeborene Triebinventar. Ein unbeschränktes Anschwellen des Lebensstromes in Potenz und Volumen ist somit nicht möglich. Gelingt es dem Menschen, das blinde physikalische Geschehen, dessen integraler Teil er ist, zu bremsen – was einschneidende Veränderungen erfordern würde –, dann kann eine weitere Entfaltung im ästhetischen wie auch im ethischen Bereich beliebig erfolgen.

Während ein stetiges Wachsen der Bruttosozialprodukte auf die Dauer nicht stattfinden kann und der Wert immer weiteren Anwachsens materiellen Komforts für den Menschen zweifelhaft wird, gibt es für die Nutznießung des Schönheitssinnes und für die Verfeinerung zwischenmenschlicher Beziehung keine wie immer gearteten Grenzen. Folgt also die Entwicklung diesem Weg, dann würde die Zukunft der Energonevolution durch den menschlichen Schönheitssinn und durch die positiven Aspekte des menschlichen Gemeinschaftstriebes in ihrer Ausrichtung bestimmt. Auch das menschliche Streben nach Ordnung käme dann zu besonderer Bedeutung. Denn Voraussetzung für solche Entwicklung wäre ein entsprechendes Rahmenwerk, das sehr verschiedenen Ordnungen Entfaltungsmöglichkeit gestattet. Selbstverständlich würde eine derartige Entwicklung, die das Anwachsen der Bruttosozialprodukte an ein naturgegebenes Ende bringt, sich mit dem Absinken unseres Lebensstandards heutiger Wertvorstellung automatisch und unvermeidbar verbinden. Der Mensch müßte dies in Gegenleistung für Gewinne in Glücksbereichen, die nicht an untragbare Energieausgaben und immensen Materialverschleiß gebunden sind, gutheißen – sogar zur weltanschaulichen Basis und zur Maxime seines Lebens erheben. Nicht etwa Askese sondern egoistische Bescheidung, die am Detail orientiert ist, wird dann Trumpf. Im ästhetischen Bereich kann dann materiell Wertloses zum real Wertvollen werden, und im ethischen Bereich wird dann die Initiative des Gebens identisch mit dem Resultat des Empfangens.

Im Rahmen der Energonentfaltung setzt sich der Schönheitstrieb in der Gesamttendenz, über artifizielle Funktionsträger – künstliche Organe – den Lebensstrom in Potenz und Volumen zu steigern, unmittelbar fort.

Zehntens: Nachahmungstrieb

Unter dieser Bezeichnung fassen wir sämtliche angeborenen und erworbenen Steuerungen zusammen, welche als Akte von Instinkt und Intelligenz dazu führen, daß Menschen aktiv oder passiv Verhaltensweisen anderer übernehmen.

Das Nachahmen von Bewegungen eines anderen Individuums erfordert weit mehr Intelligenz, als bisher angenommen wurde. Nur den höchsten Wirbeltieren – etwa Affen und Delphinen – kommt diese Fähigkeit zu, die sich dann beim Menschen eminent steigerte. Junge Affen zeigen einen deutlich ausgeprägten Nachahmungstrieb, der auch beim menschlichen Kind nicht fehlt. Das Nachmachen von Handlungen Erwachsener – besonders aber jener von Altersgenossen – vermittelt dem Kind deutlich Empfindungen der Lust. Während der Neugiertrieb zu beliebigen Erkundungen und Bewegungsversuchen anspornt, übersetzt das Gehirn beim aktiven Nachmachen wahrgenommene Bewegung von anderen in die für gleiche, eigene Bewegungen geeigneten Steuerungen.

Von noch größerer Bedeutung als dieses aktive Nachahmen, das sich dann beim Erwachsenen zur gezielten Intelligenzleistung der Lernbemühung ausweitet, ist jedoch eine andere angeborene Reaktion, die mit Intelligenz überhaupt nichts zu tun hat, sondern diese vielmehr ausschaltet. Es ist die bei sämtlichen rudelbildenden Tieren nachweisbare Stimmungsübertragung, die menschliche Handlungsweise in Gemeinschaften nicht minder bestimmt. Fremdes Triebverhalten wird in diesem Fall zum machtvollen Schlüsselreiz, der gleichgerichtetes eigenes Triebverhalten aktiviert und so zu analogen Aktionen oder Reaktionen führt. Sieht ein Huhn, daß ein anderes frißt, dann weckt ihm dies ebenfalls Appetit. Ergreift eine Gazelle die Flucht, dann reißt dies andere, ja meist das ganze Rudel mit. Der Vorgang solcher Übernahme von Verhaltensweisen anderer Individuen beruht somit auf einem durchaus passiven, ungewollten Vorgang, der sich auf die für alle Triebe charakteristische Mechanik stützt. Vor dem Tor zu jedem Trieb befindet sich gleichsam eine Schwelle, die ein Reiz erst überwinden muß, um ihn auszulösen. Wächst die Stimmung zur Ausführung einer Triebhandlung, dann sinkt die Schwelle ab, das Hindernis wird also niederer, und schwächere Reize können die Schwelle passieren. Ist eine Triebhandlung abgelaufen, dann schnellt die Schwelle entsprechend hoch und übernormale Schlüsselreize werden nötig, um das gleichgerichtete Triebverhalten nochmals auszulösen.

Die Wirkung der Stimmungsübertragung besteht nun darin, daß der Schlüsselreiz fremden Verhaltens die eigene Reizschwelle jäh absinken läßt. Die Triebstimmung springt so unmittelbar von einem Individuum auf andere über. Versammeln sich Zugvögel, dann kann genau beobachtet werden, wie die Abflugstimmung sich steigert, sich von einem Tier auf das andere überträgt. Ebenso deutlich zeigen rivalisierende Affenrudel, wie ansteckend aggressive Gestimmtheit wirkt. Wenn menschliches Gähnen auch beim Anderen gesteigerte Müdigkeit auslöst, ein Lachen eine ganze Gruppe anstecken kann oder Hysterie auf eine ganze Versammlung übergreift, dann sind das weitere Beispiele für diesen Vorgang.

Noch heftiger zeigen Menschen diese Reaktion bei ausbrechender Panik oder Kriegsbegeisterung, bei Revolten, Plünderungen und Zerstörungen. Das vernünftige Denken erlischt dann jäh und angeborene Triebreaktionen übernehmen das Wollen, bemächtigen sich der Leitung des Körpers. Sich in diesem Zustand dem Vorbild anderer zu widersetzen, erweist sich als schwierig. Es verbindet sich mit den für Konfliktverhalten typischen Emotionen von Unlust, ja Verzweiflung.

Weniger vehement, doch nicht weniger wirksam beeinflußt ebensolche Stimmungsübertragung den Menschen bei erlesenem Kunstgenuß und bei verschiedensten Handlungen im Alltag. Überquert ein Fußgänger bei Rotlicht die Kreuzung, dann reißt das nicht selten andere Wartende mit – senkt ihre Reizschwelle, löst ihren Entschluß aus. Blickt jemand neugierig zu einem bestimmten Punkt, dann verleitet dies andere, die es bemerken, ebenfalls dorthin zu sehen. Am Verkaufsstand lassen sich Kaufentschlüsse blitzartig auslösen, indem ein Käufer entschlossen den Anfang macht. Auch das Liebeswerben beim Menschen, ja selbst die Betrachtung erotischer Bilder oder das Lesen eines erotischen Buches können sexuelle Gestimmtheit ruckartig aktivieren. Ebenso können großmütige hilfsbereite Handlungen bei anderen Menschen den Impuls wecken, gleiches zu tun.

Intensive stimmungsübertragende Wirkungen haben Geräusche und Gerüche. Einrichtungen, die der Stimmungsübertragung dienen, sind Musik und Tanz. Wenn der Mensch so gern frohe Gesellschaft aufsucht – Feste, Bälle, den Karneval oder das Stammlokal –, dann liegt das daran, daß sich ihm sofort frohe Stimmung überträgt. Die Sorgen des Alltags werden vergessen – werden durch die positiven Gefühle, die der Gemeinschaftstrieb, frohe Gestimmtheit und Gelassenheit vermitteln, verdrängt. Alkohol und sonstige Rauschgetränke kommen noch als weitere Hilfsmittel hinzu, um zwischenmenschliche Barrieren abzubauen, sich über die bewußten und unbewußten Blockaden innerer Konflikte hinwegzusetzen und der Stimmungsübertragung freien Lauf zu gestatten.

Wesentlich langsamer, aber trotzdem über den gleichen Mechanismus wirken Sitte, Gepflogenheit, Mode und Geschmack. Die zahlreichen gleichgerichteten Eindrücke und Erlebnisse summieren sich, stellen eine immer wiederkehrende gleichgerichtete Stimmungsübertragung dar. Der Körper stellt sich darauf ein. Wie die Forschung zeigte, können Triebe durch Erziehung zwar keineswegs beseitigt werden, doch sind über gleichmäßigen Einfluß Abschwächungen oder Steigerungen einzelner Triebkräfte durchaus möglich. Da die Unterschiede im Triebinventar enorm sind, ist der Mensch im angeborenen Verhalten alles eher als gleich. Beim einen ist dieses, beim anderen jenes stärker entwickelt. Da es so verschiedene, vielfach miteinander kollidierende, sich gegenseitig verstärkende oder lähmende Triebe gibt, und darüber hinaus jeder einzelne durch sehr unterschiedliche Reize angesprochen wird, kommen überaus verschiedene Kombinationen zustande. Eine bunte Vielheit von Triebkombinationen kennzeichnet den Menschen und sein Stimmungsgefüge. Dieses breite Spektrum stellt die eigentliche Problematik zwischen Freunden und Ehepartnern dar. Ist der Einfluß langanhaltend und gleichgerichtet, dann können Verschiebungen im Stimmungsgefüge eintreten. Einerseits aufgrund eigener Erkenntnis und dem daraus folgenden Bemühen zur Änderung, andererseits über kontinuierliche Stimmungsübertragung, welche die Reizschwellen verändert. Wenn der Mensch vielfach als Herdentier bezeichnet wird, dann ist dafür weniger der Gemeinschaftstrieb zuständig, sondern die Macht der stimmungsübertragenden Wirkung – die stärkste Komponente im Nachahmungstrieb. Sie beeinflußt den Menschen durch die ihn umgebende Gesellschaft, sie infiziert ihn in unerfaßbarem Ausmaß, zumal die künstlichen Organe der Nachrichtenübermittlung die Stimmung von Straße und Stadion direkt in sein Wohnzimmer tragen.

Ob der Nachahmungstrieb für das Interesse des einzelnen von Nachteil oder Vorteil ist, bleibt völlig offen. Einerseits verdankt der Mensch alles, was er ist und vermag, der menschlichen Gesellschaft, der Tätigkeit und Tüchtigkeit unzähliger Mitmenschen, die er nie zu Gesicht bekommt und die in allen Epochen der Vergangenheit mit ihren Leistungen wirkten. Auch die Sprache, wertvollstes Werkzeug des Menschen, verdanken wir ihr und somit auch die zu unserem klaren Denken nötigen verbalen Begriffe. Es fehlt auch nicht an Beispielen dafür, wie Gemeinschaften und Gruppen den Einsamen, Außenstehenden, Labilen oder von Psychosen heimgesuchten Mitmenschen in die Wärme und Geborgenheit ihres Kreises miteinbezogen und ihm so in Güte zu einem neuen Anfang verhalfen. Andererseits überträgt diese ungeheuere anonyme Vielheit dem einzelnen in ständigem, kaum abzuwehrenden Einfluß ihren Willen und wird damit zum schwerwiegenden Hemmschuh, das eigene Wesen zu entfalten, ja dieses überhaupt zu entdecken.

Außenseitern steht diese allgegenwärtige Macht grundsätzlich ablehnend und mißtrauisch gegenüber. Wer nicht tut, was sich gerade schickt, wird schief angesehen, wird kritisiert, verspottet, ignoriert und bekommt Sanktionen zu verspüren. Viele Willensakte unterbleiben deshalb, viele Vorhaben werden im Keim erstickt, weil der große anonyme Gegner oder eine kleine Gruppe es so will, Angst einflößt und mangelnden Respekt vor der vermeintlichen Ordnung nicht duldet. Ist das Verhalten nicht nur ungewohnt, sondern abartig, dann kommt es zu einem noch stärkeren angeborenen Impuls. Im Reich der Tiere ist eine angeborene Ausstoßreaktion bei verschiedenen Arten nachgewiesen, die darin besteht, abnorme oder mißgebildete Artgenossen zu töten. In der menschlichen Gesellschaft kam es in allen Epochen zu ähnlichen Vorgängen, die sich nicht nur gegen Aussätzige und Mißgestaltete richteten, sondern auch gegen Vertreter anderer Richtungen, die sich geheiligten Gemeinschaftsüberzeugungen widersetzten. Also gegen Heiden, Abtrünnige, Ketzer, Defaitisten, Anarchisten. Die jeweiligen Normen der Gesellschaft und die Gesetzgebung bestimmen dann darüber, inwiefern solche Instinktäußerungen als lobenswert, entschuldbar, strafhaft, verbrecherisch oder böse gewertet werden. Tragisch wird dies, wenn Außenseiter das Fanal echten Fortschrittes verkörpern und mit Leib und Seele für ihre Sache einstehen. Viele werden nicht nur verlacht und ausgestoßen sondern gar geächtet und getötet.

Für die Entwicklung der Energone haben sich sowohl die aktive Form des Nachahmens als auch die passive, über Stimmungsübertragung erfolgende positiv und negativ ausgewirkt. Jeder Erfolg anderer wird zum potentiellen Schlüsselreiz für Impulse eigener Ausrichtung und Anstrengung – in diesem Sinne sind jeder Berufskörper und jede Erwerbsorganisation selbst Motiv ihrer Nachahmung. Die Folge ist, daß in der dritten Entwicklungsphase die Vermehrungsfunktion die Energone kaum noch belastet und das Budget des Lebensstromes wesentlich entlastet ist. Was sich in der Bilanz jeder Pflanze und jedes Tieres als notwendiger Ausgabeposten für die Funktion der Fortpflanzung niederschlägt, vollzieht sich bei den Berufskörpern und Erwerbsorganisationen geradezu von selbst, indem erfolgreiche Typen ganz automatisch nachgeahmt – kopiert – und so vermehrt werden.

Sodann spielt Stimmungsübertragung in jedem Unternehmen, in jeder Organisation, in jeder Gemeinschaft eine ungemein positive Rolle, wenn über beeindruckendes Vorbild der Mitmensch zu verstärktem Einsatz und gesteigerter Arbeitsfreude veranlaßt wird. Umgekehrt wirkt sich diese Kraft auch sehr schädigend aus, indem gegen Energoninteressen gerichtete Aktivität den Mitmenschen destruktiv beeinflußt, seinen Leistungswillen herabsetzt, seine positiven Impulse unterbindet. Das historische Phänomen, daß sich nicht nur Fortschritt sondern auch Mißstände und Fehleinschätzungen beharrlich fortpflanzen, hat im Nachahmungstrieb seine Wurzel. Wie Bernhard Shaw sarkastisch formulierte, lernt der Mensch aus Erfahrung, daß er aus Erfahrung nichts lernt. Auf der politischen Weltbühne führt das zu dem eher tragischen Phänomen, daß Völker, deren politische, ökonomische und soziale Systeme sich erst in Entfaltung befinden, nicht nur Errungenschaften sondern auch Mißstände eifrig übernehmen.

Im Rahmen der Energonentfaltung setzt sich der Nachahmungstrieb in der Gesamttendenz, über artifizielle Funktionsträger – künstliche Organe – den Lebensstrom in Potenz und Volumen zu steigern, unmittelbar fort.

Elftens: Ordnungstrieb

Unter dieser Bezeichnung fassen wir sämtliche angeborenen und erworbenen Steuerungen zusammen, welche als Akte von Instinkt und Intelligenz dazu führen, daß der Mensch seine künstlichen Organe funktionsfähig erhält, sein Zusammenleben organisiert sowie für Denken, Handeln und Gestalten vereinfachende und effizienzsteigernde Richtlinien schafft.

Künstliche Organe können dem Menschen nur dann dienen, können nur dann für Energone wirken, wenn sie bei Benötigung ihrer Funktion verfügbar sind. Daraus ergibt sich die allen artifiziellen Funktionsträgern anhaftende Hypothek, daß sie in Ordnung gehalten werden müssen. Das bedeutet, daß jeweils bekannt zu sein hat, wo sie sich gerade befinden. Je mehr die Zahl solcher zusätzlicher Organe anwächst, um so gravierender wird diese Problematik. Besonders deutlich wird dies in unseren Tagen industrieller Massenproduktion, wo die Ersatzteilhaltung auf ständigen Abruf eine oft größere Problematik schafft als der Produktionsvorgang selbst. Die einzige Lösung bestand von Anbeginn darin, den Sachen bei Nichtgebrauch bestimmte Plätze zuzuweisen – sie also in Ordnung zu halten.

Künstliche Organe der Ordnungserleichterung – Behälter, Bezeichnungen, Inventare, Buchhaltung und für Ordnung zuständige Diener und Mitarbeiter – treten als weitere Hilfsmittel hinzu. Zu einer explosionsartig gesteigerten Dimension gelangte das Erfassen und Ordnen über Rechenmaschinen durch den Computer. Am Terminal des Flughafens genügt der Druck auf den Knopf des elektronischen Buchungssystems, um in das Chaos der in aller Welt gleichzeitig buchenden und abbestellenden Passagiere Ordnung zu bringen.

Da eine Bildung von künstlichen Organen in größerem Umfange erst vor knapp zehntausend Jahren einsetzte, ist es eher zweifelhaft, daß über Mutationen und Differenzierung von Gehirnzellen erbliche Steuerungen entstanden, die das In-Ordnung-Halten triebhaft begünstigen. In der Tat lehrt die Erfahrung, daß der Mensch dies erst lernen, dazu erst angehalten werden muß. Wenn trotzdem auch beim Menschen ein angeborener Ordnungstrieb nachweisbar ist, dann muß er somit einer anderen, entwicklungsgeschichtlich älteren Wurzel entstammen. Als solche bietet sich in erster Linie die bereits höheren Tieren eigene und beim Menschen durch die Sprache noch wesentlich verstärkte Begriffsbildung an. Das bei höher entwickelten Tieren ausgebildete Vermögen zu lernen, sich also individuell mit der Umwelt auseinanderzusetzen, hat zur Voraussetzung, daß die gewonnenen Eindrücke und Erfahrungen im Gedächtnis geordnet werden und bei Bedarf wieder abrufbar sind. Dies erfolgt so, daß das Gehirn ähnlich erscheinende Eindrücke in Komplexe – die Begriffe – zusammenfaßt. Es bildet gleichsam Schubladen, in die jeweils Ähnliches eingeordnet wird. Der Mensch haftet diesen Schubladen dann noch wie Etiketten Sprachsymbole an.

Daß ein Trieb diesen an sich unbewußten Vorgang antreibt, darf vorausgesetzt werden – sonst würde er nicht stattfinden. Dafür spricht auch, daß erfolgreiche Erinnerungs- und Denkleistungen Gefühle der Zufriedenheit und Freude vermitteln, während nichtzielführendes Denken, Erinnerungsversagen und fehlerhafte Schlußfolgerungen Unlust, Frustrierung und Unsicherheit auslösen. Je übersichtlicher eine Situation ist, desto leichter fällt ihre Beurteilung. Daraus dürfte sich erklären, daß uns Regelmäßigkeit übersichtlicher Reihung und Symmetrie positiv ansprechen, während Unübersichtliches, Unerwartetes und Unkoordiniertes uns Unbehagen verschaffen. Wenn Harmonie der Bewegungen, wie bei Tanz, Zeremonien oder sportlichen Vorführungen, wenn Gleichschritt bei der Parade, saubere Formation bei Flottengeschwadern und Flugzeugstaffeln uns gefallen, imponieren und Befriedigung vermitteln – ebenso wie regelmäßige Fensteranordnung bei Gebäuden, gerade Linien und symmetrische Muster unser Auge erfreuen –, dann ist das ein Hinweis für angeborene Komponenten im Rahmen eines menschlichen Dranges nach Ordnung.

Auch unserem Sicherheitstrieb wird durch Ordnung entsprochen. Denn Funktionsbereitschaft erhöht Abwehrbereitschaft – und damit Sicherheit. Wenn Sitten, Bräuche, Normen und Gesetze positiv empfunden werden, dann spricht das ebenfalls für einen angeborenen Ordnungstrieb, auf dem dann Vernunft, Erfahrung und Erziehung weiter aufbauen und ihn über Gewohnheitsbildung verstärken. Wird Ordnung gestört, dann weckt dies den Aggressionstrieb – was zu ebenso plötzlichen wie heftigen Reaktionen führt. Bricht etwa eine Ehe zusammen, dann bricht die Gesamtordnung zusammen, die sich ein Mensch für sein Leben gesetzt hat, und verzweifelter Widerstand oder die Resignation der Flucht sind die Reaktion.

Hypertrophiert der Ordnungstrieb, dann wird Ordnung zum Selbstzweck und zur stärksten Quelle von Lust. Dies zeigen der Pedant, der Bürokrat. Besonders zeigen es die schon pathologischen Verkrustungen der großen anonymen Verwaltungsgebilde, gegen die der Alltagsmensch wie gegen eine Wand anrennt. Läßt Prägung auf eine bestimmte Ordnungsform diese zum alles verdrängenden Leitbild werden, dann können über den Ordnungstrieb Reiche und Wirtschaftsgebilde zerbrechen. Ja, die gesamte Lebensentwicklung kann über diesen Vorgang eines Tages zugrunde gehen.

Harmloser ist die Tendenz zur Sauberkeit, die mit unter den Ordnungstrieb fällt. Funktionsträger müssen nicht nur verfügbar sein, sondern auch entsprechend gepflegt werden, um einsatzbereit zu bleiben. Bei den meisten höheren Tieren, besonders jenen des Landes, finden wir angeborene Verhaltensweisen, den Körper sauber zu halten, von Parasiten zu befreien und Wunden, wenn sie es vermögen, zu pflegen. All dies wird bei geselligen Arten auch auf Junge und Rudelgenossen ausgedehnt.

Beobachtet man beim Menschen, mit welchem Eifer Mütter nicht nur ihre Kinder putzen, sondern den Sauberkeitsdrang auch auf Kleider, Küche, Bad, sonstige Wohnungseinrichtung, Haus und Garten ausdehnen, dann liegt der Schluß nahe, daß auch hier eine angeborene Tendenz vorliegt, bei der – ähnlich wie beim Schönheitstrieb – eine Entdifferenzierung stattfand. Nicht nur der putzbedürftige Zellkörper sondern auch artifizielle Funktionsträger lösen sichtlich diese Reaktion aus. Zweifellos spielen hier auch Erziehung, Klima, Umwelt und allem voran die soziale Situation eine wesentliche Rolle. Berücksichtigt man jedoch, welche außerordentliche Bedeutung in der zivilisierten Welt der Reinlichkeit und Waschmitteln beigemessen wird, dann darf als wahrscheinlich angesehen werden, daß nicht nur vernunftbedingte Hygiene hier der motivierende Faktor ist.

Auch das Imponierverhalten spricht dafür, indem mangelnde Sauberkeit als Primitiveigenschaft verurteilt wird – während ein sauberes Heim und ein sauberer Betrieb Anerkennung finden. Auch dieser Trieb schenkt Gefühle der Genugtuung, kann aber auch hypertrophieren, indem er in eine Putzwut ausartet, die alles übrige in den Hintergrund drängt. Sogar in der Beurteilung der Stämme und Völker untereinander spielt die Grundeinstellung zu Ordnung und Sauberkeit eine nicht unwesentliche Rolle.

Zur Sauberkeit gesellt sich noch Disziplin als weiteres Kompetenzfeld des Ordnungstriebes. Hier geht es um die Sauberkeit von planmäßigen Abläufen, um Absicherung gegen deren Verschmutzung durch unachtsames Verhalten. In Berufskörpern und Erwerbsorganisationen erweist sich Disziplin nicht minder wichtig als in der Familie, wobei es neben äußerer Disziplinierung durch entsprechende Befehle und Maßnahmen nicht minder auf die Schaffung von innerer Disziplin ankommt. Denn sie ist es, welche eine emotionsfreie Auswahl von Alternativen ermöglicht und deshalb zu rascheren und richtigeren Entscheidungen führt.

Zentralistische Überspitzung von Ordnungskontrolle wird zur Katze, die sich selbst in den Schwanz beißt, indem sie Eigeninitiative und Kreativität abwürgt. Deshalb kann in Gebieten, wo die Gleichheit des Menschen als das Ziel schlechthin aufs Spruchband gemalt wird, Disziplinierung zum tragischen Ballast, zum Krebsgeschwür für eine ansonsten leistungsfähige Gemeinschaft werden.

Auch in den vielfältigen Bereichen der Architektur, ganz besonders im Städtebau, wirkt sich überspitzte Disziplinierung negativ, sogar katastrophal aus. Schon die zur Gewohnheit und Sitte gewordene regelmäßige Anordnung von Fenstern zeigt auf, wie Konzepte der Ordnung und Ästhetik sich gegen sich selbst wenden können. Vom Rauminneren her gesehen, liegen Fenster und Türen nur allzuoft am funktionell ungeeigneten Platz, wodurch Wohnlichkeit und Lebensqualität erheblich in Mitleidenschaft gezogen und beeinträchtigt werden. In analoger Weise können sich Städteplaner am Reißbrett von Konzepten der Ordnung und Ästhetik faszinieren lassen, die dann das Alltagsleben in Kanäle zwingt – also diszipliniert –, welche den Eigenarten des Menschen keineswegs Rechnung tragen und die Entfaltung von Wohlbefinden brutal unterbinden.

Mit dem Neugiertrieb steht der Ordnungstrieb, ebenso wie der Sicherheitstrieb, in einem zwiespältigen Verhältnis. Nimmt im Parlament der Instinkte der Neugiertrieb die Zügel des Verhaltens in die Hand, dann stachelt er den Menschen dazu an, bestehende Ordnungen zu mißachten, aus ihnen auszubrechen und nach neuen Möglichkeiten des Verhaltens und der Energonbildung zu suchen. Solche Tendenzen des Widerspruchs und des Trotzes kennzeichnen vornehmlich die Jugend und treten ebenfalls beim Erwachsenen allerorts und in allen Bereichen an den Tag. Was jedoch über den Neugiertrieb gesucht und angestrebt wird – sind wiederum Ordnungen. Nur andere Ordnungen. So tastet sich die Menschheit, vom Neugiertrieb in die eine und vom Ordnungs- und Sicherheitstrieb in die andere Richtung gewiesen – gleichsam in Schüben –, von einer Ordnung zur nächsten fort. Je schneller das Rad der Erfindungen und der Gestaltung künstlicher Organe sich dreht, desto schneller folgt das Niederbrechen von Ordnungen aufeinander. Vollzieht sich der Vorgang über Gewalt in Gestalt von Rebellion oder Revolution, dann ist es fast immer Ziel, sich fremder künstlicher Organe ungefesselt bedienen zu können – sie also nicht im Verfügungsbereich jener zu belassen, die die bestehende Ordnung darstellen und aufrechterhalten wollen.

Ein gravierender Konflikt zwischen Ordnungstrieb und Intelligenz prägt auch von Anbeginn die Entwicklung der geistigen Ausrichtung beim Menschen. Von jenem Augenblick an, da der Mensch zum Ichbewußtsein gelangte, konnte er auf dem inneren Projektionsschirm seiner Vorstellungskraft nicht nur Ursachen und Wirkungen verknüpfen sondern auch sich selbst – Subjekt – als Objekt darauf sehen. Das aber mußte seine aufglimmende Intelligenz sehr bald auf die Frage stoßen lassen, welches denn nun die Ursache seiner eigenen Existenz sei, seiner Herkunft, seines Todes, von Gut und Böse, der Naturerscheinungen, der gesellschaftlichen Ungleichheit, ja des gesamten Seins. Unsicherheit schafft Furcht – und damit Unlust. Das Begriffe formende und ständig nach Zusammenhängen suchende Gehirn stieß hier gegen eine Wand, die automatisch den Ordnungstrieb in Form eines Bedürfnisses nach Erkenntnis und Einsicht beharrlich aktivierte.

Welche Erklärung auch immer sich hier anbot – und der menschlichen Phantasie fiel es nicht schwer, Vorstellungen zu bilden –, befriedigte somit ein echtes Bedürfnis, das die Unsicherheit schaffende, quälende Angst abbaute. Geradezu jede Glaubensvorstellung war in diesem Fall besser als keine. Und hatte sich eine solche erst einmal etabliert, wurde sie von einer Generation an die nächste weitergegeben. Dann festigte sie sich, wurde zur Pauschalantwort für alle nicht beantworteten Fragen, zum Kristallisationspunkt für Wertungen und Sitten und erwies sich als ungemein beharrlich. Dies um so mehr, als sie für Priester, Kasten, die den Glauben lehrten und die Reinheit der Lehre mit ihren Geboten überwachten, eine bedeutende Machtquelle und Existenzbasis schufen. Diese Glaubensvorstellungen waren Spiegelbild der Sehnsucht, den Allgewalten der Natur und der Willkür von Mitmenschen nicht schutzlos ausgeliefert zu sein. Dämonen und Göttern wurden zur Antwort auf alle Fragen; ihre Macht war unbeschränkt. Sie gegen sich zu haben, bedeutete Verhängnis, sie zum Bundesgenossen zu gewinnen, wird Ziel und Gegenstand kultischer Handlungen. Bis heute sind solche Glaubensvorstellungen – die sich mit fortschreitender Entwicklung entsprechend verfeinerten und läuterten – unwiderlegbar geblieben.

Die Ergebnisse der Naturforschung, das Wissen um die verschlungenen, umständlichen Wege der Evolution lassen es zwar äußerst unwahrscheinlich erscheinen, daß überirdische Macht richtend darauf Einfluß nahm, ja sich überhaupt für die Vorgänge auf unserem Erdball interessiert. Zu widerlegen sind jedoch Religionen nicht – auch nicht mit dem gesamten Rüstzeug der modernen Forschung. Sie erweisen sich somit als Epiphänomen – also natürliche Folgeerscheinung des Ichbewußtseins und der Fähigkeit zur Verknüpfung von Ursachen und Wirkungen. Bis zum heutigen Tag zeigt sich beim Menschen ein überall und immer wieder hervorbrechender metaphysischer Drang. Religiöse oder ideologische Glaubensvorstellungen werden durch Aufgehen in ihnen zu einer Quelle außerordentlicher Kraft, indem sie Geschlossenheit der inneren Ausrichtung schaffen und zum Impuls für höchsten Einsatz werden. Für die letzte, mächtigste Ursache des Seins – bis auf den heutigen Tag rätselhaft wie eh und je – die äußersten Kräfte einzusetzen, wurde zum Ansporn für Vollkommenheit und die beeindruckendsten Leistungen auf der Suche nach Schönheit – führten allerdings auch zu allen mit Identifizierung verbundenen negativen Begleiterscheinungen, zu den aus menschlicher Sicht abscheulichsten Auswüchsen und Untaten.

Für die Energonentfaltung waren die verschiedenen Komponenten des menschlichen Ordnungstriebes von überragender Bedeutung. Besonders trifft dies auf jene zu, welche die Begriffsbildung antreibt und damit zur Voraussetzung für Sprache, logisches Schließen und analytisches Denken wurde. Nachteilhaft wirkten sich die Lehren aus, die Askese und Abkehr von irdischen Freuden und Anstrengungen zur Folge hatten. Die Keimzelle Mensch gelangt so dahin, gegen die treibenden inneren Kräfte anzukämpfen und sie möglichst abzutöten. Ein fatalistisches Fügen in die Gegebenheiten und die Ausrichtung auf eine Welt nach dem Tode bedeutet für die Evolution der Energone eine gleichsam im Zentrum ihrer Entfaltung auftretende Krankheit – ein Paralyse des sonst so eifrigen, tüchtigen und effizienten Erfüllungsgehilfen des Lebensstromes.

Im Rahmen der Energonentfaltung setzt sich der Ordnungstrieb in der Gesamttendenz, über artifizielle Funktionsträger – künstliche Organe – den Lebensstrom in Potenz und Volumen zu steigern, unmittelbar fort.

Zwölftens: Besitztrieb

Unter dieser Bezeichnung fassen wir sämtliche angeborenen und erworbenen Steuerungen zusammen, welche als Akte von Instinkt und Intelligenz dazu führen, daß der Mensch sich künstliche Organe schafft, mit ihrer Hilfe Energone und Luxusstrukturen bildet und diese verteidigt.

Der Vielzeller Mensch wurde aufgrund gesteigerter geistiger Fähigkeiten zum Hersteller artifizieller Funktionsträger und zum aufbauenden Zentrum von Berufskörpern und Erwerbsorganisationen. Nach der Evolution der Zelle und der Vielzeller wurde er zum Schöpfer aller Energone in der dritten Evolutionsphase. Somit liegt es nahe, das menschliche Gehirn für alle diese Leistungen verantwortlich zu machen und eine Mitwirkung des Genetischen Codes, in Gestalt angeborenen Verhaltens dabei auszuschließen.

Andererseits lehrt jedoch die Erfahrung, wie sehr intensive Gefühle der

Freude und Befriedigung sich mit der erfolgreichen Schaffung und Verwendung von Werkzeugen verbinden, ebenso gesteigertes Ichbewußtsein, Stolz und Zufriedenheit – und welchen Mißmut es auslöst, wenn eine solche Tätigkeit mißlingt. Betrachtet man als Verhaltensforscher, wieviele Menschen in ihren Berufen aufgehen, welche Lust ihnen zielführende Gestaltung vermittelt, wie sehr sich Unternehmer, Manager und Funktionäre, aber auch die Mehrheit der Mitarbeiter mit den Berufskörpern und Erwerbsorganisationen identifizieren, ja manche ihnen freiwillig Freizeit und Gesundheit opfern, dann legt das die Vermutung nahe, daß auch in diesem Bereich nicht nur nüchterne sachliche Überlegung, also Verstand im Spiel ist.

Besonders aufschlußreich ist das damit in engem Zusammenhang stehende Besitzstreben, welches oft weit über die nötigen Bedürfnisse hinausgeht und Berufskörper, Erwerbsorganisationen, Grundbesitz und Luxusstrukturen zum ausgeprägten Ziel der Lebensausrichtung macht. Neben allen übrigen Trieben ist der Mensch durch ein heftig wirksames Streben nach Besitz ausgezeichnet. Daß auch hier ein Trieb vorliegt, bei dem angeborene Komponenten wesentlich beteiligt sind, erweist sich als höchst wahrscheinlich – um so mehr als zwei Quellen deutlich nachweisbar sind.

Die erste von ihnen ist der Neugiertrieb, dessen Weiterentfaltung über eine angeborene Lerndisposition den Impuls zur Bildung von artifiziellen Funktionsträgern unmittelbar erklärt. Die Tätigkeit des Lernens, welche diesen Trieb so machtvoll anspornt, besteht ja darin, in aktiver Auseinandersetzung mit der Umwelt zielführende Steuerungsstrukturen im Gehirn aufzubauen. Nun beruht aber auch die Verwendung eines Umweltobjektes als Werkzeug – etwa eines Steines als Wurfgeschoß oder eines Stockes als Grabwerkzeug – letztlich auf nichts anderem als auf einer Bewegungssteuerung, die über Lernvorgänge zustande kommt. Ebenso erfordert die Herstellung eines Werkzeuges – etwa einer Hacke oder eines Rades – auch wieder nichts anderes als eine besondere Bewegungskoordination, die Erlernen und Üben, also das Zusammenschalten der Tätigkeit von Ganglienzellen und das Einschleifen dieser Steuerungskoordination voraussetzt.

Beim Menschen gelangte nun das Gehirn zur Fähigkeit, Ursachen und Wirkungen zu überblicken, auch wenn diese räumlich und zeitlich getrennt sind – damit war die Voraussetzung für solche Leistungen gegeben. Der Trieb, diese Fähigkeit einzusetzen, also zu erkunden, ob Umweltobjekte sich zur Verbesserung der körperlichen Fähigkeiten verwenden oder solche zusätzliche Organe sich künstlich bilden ließen, war somit bereits gegeben und brauchte bloß eine geringfügig andere Ausrichtung zu erfahren.

Unsere Vorfahren, die Affen, hatten die dem Klettern in Bäumen angepaßte Greifhand entwickelt, die durch ihren opponierbaren Daumen zum Festhalten von Gegenständen vorzüglich geeignet ist. Vom Umklammern eines Astes zur Verwendung eines Stockes als Waffe oder zum Graben ist aber kein weiter Weg, soweit es die Steuerung für die Befehlsgebung an die Muskeln betrifft. Erforderlich ist dazu freilich ein entsprechender Überblick über Ursache und Wirkung – und zu eben diesem gelangte der nach Tieren jagende und nach nahrhaften Wurzeln suchende Urmensch.

Von der Verwendung eines Steines als Wurfgeschoß, der Zurichtung eines Stockes als Grabwerkzeug oder Speer, bis zum ersten Topf, zum ersten Herd, zum ersten Rad – zum ersten Wagen, zur ersten Maschine war dann wohl noch eine weite Strecke, jedoch nur im Ausmaß der zu lernenden Bewegung. Denn der Grundvorgang blieb stets der gleiche. Jedes spielende Kind führt diesen Vorgang der Umwandlung von Energaten, also funktionsloser Materie, in künstliche Organe auf das deutlichste vor Augen. Es untersucht nicht nur, erprobt nicht nur neue Bewegungen, sondern untersucht Wirkungen, baut Burgen, wirft nach einem Ziel, gräbt Löcher und stochert mit einem Stock – erweitert seinen Körper über das Greiforgan Hand.

Nicht anders vollzog sich Schritt für Schritt auch die menschliche Entwicklung. Über Nachmachen und Sprache wurden Erfahrung und neue Fähigkeiten auf andere übertragen. Der auf Gestaltung von künstlichen Organen und deren sinnvoller Verwendung orientierte Neugiertrieb steigerte sich so über sein Zusammenwirken mit der Intelligenz zum Gestaltungstrieb - zum Bildungstrieb für artifizielle Funktionsträger, zum Schöpfungstrieb für Neuspezialisierungen des erweiterten Zellkörpers, zum Trieb der Schaffung von neuen Energonen.

Unterstützt wurden diese Vorgänge noch durch den Imponiertrieb – auch das zeigt deutlich das spielende Kind, in dessen sich entfaltenden Fähigkeiten die menschliche Entwicklungsgeschichte eine Wiederholung erfährt. Jeder Machtzuwachs durch funktionalisierte Materie, also durch Umwandlung anorganischen Materials in dienliche Werkzeuge, wird nicht nur selbst als Triumpf empfunden – sondern imponiert auch anderen, wird auch von diesen in seiner Bedeutung verstanden, bewundert, nachgeahmt, wird so zum Mittel des Imponierens, der Steigerung von Prestige. Genau so verhielt es sich bei der Errichtung der ersten Hütte, des ersten Zaunes, einer Jacke, verschönernden Schmuckes. Die Herstellung artifizieller Funktionsträger schuf somit nicht nur eigene Vorteile sondern auch Prestigegewinn innerhalb der Familie, innerhalb der Horde. Und im weiteren kam dann noch hinzu, daß die Herstellung solcher benötigter Körpererweiterungen auch noch zur Erwerbsquelle für andere Güter und Leistungen werden konnte – über den Weg des Tausches, des Verkaufs. All das wurde durch den Gestaltungstrieb angeheizt und heizte diesen selbst weiter auf.

Wenn von Anbeginn solche künstlich hergestellten Organe als Eigentum betrachtet und entsprechend verteidigt wurden, dann ergab sich das – ganz abgesehen von vernunftgesteuerter Reaktion – aus einem weiteren, sogar noch älteren und universeller verbreiteten Instinktverhalten unserer Tiervorfahren – der territorialen Verteidigung. Dieses sogenannte Revierverhalten ist neben dem Neugiertrieb die zweite Quelle des Besitztriebes. Bei sämtlichen in unserer Ahnenlinie aufeinanderfolgenden Tiergruppen – den Urhaien, den Knochenfischen, den Lurchen, den Echsen und den Säugetieren – ist es überall nachweisbar. Zur Nahrungssuche geeignete Areale sowie für Feindabwehr oder Fortplanzung geeignete Strukturen werden verteidigt und in diesem Sinne zum Besitz. Insekten zeigen uns, wie sich diese Verteidigung auch auf künstlich geschaffene, vom Körper getrennte Organe ausdehnt. Die Spinne verteidigt ihr Fangorgan Netz, Bienen und Wespen ihr Gemeinschaftsorgan der Feindabwehr und der Brutpflege – ihren Stock. Nicht anders verteidigt der Vogel sein Nest, der Biber den künstlich von ihm gebauten Damm – und das Kind die von ihm gebaute Burg, das ihm geschenkte Spielzeug. Wenn also der Mensch die künstlich von ihm hergestellten Erweiterungen seines Zellkörpers so vehement verteidigt, dann darf mit Fug und Recht angenommen werden, daß dies nicht reine Intelligenzhandlung, sondern eine spontane, aus dem Verhalten territorialer Abwehr hervorgehende Triebhandlung ist.

Diese Beurteilung ist wichtig, weil sie die ursprüngliche menschliche Bindung an Eigentum in Gestalt von artifiziellen Funktionsträgern, Grundbesitz, Energonen und Luxusstrukturen sowie die Abwehrreaktion, dies alles gegen Verlust und Raub zu verteidigen, aus einer tief verankerten Triebkomponente erklärt. Als zusätzlich verstärkender Impuls tritt unbestreitbar das vernünftige Abschätzen der Wichtigkeit von Bindung und der Folgen eines Verlustes hinzu, was wieder den Sicherheitstrieb alarmiert. Doch die starken Emotionen, die sich mit Besitz und seiner Behauptung verbinden, entstammen der entwicklungsgeschichtlich alten

Wurzel des insbesondere bei den Wirbeltieren tief verankerten Triebes, territoriale Machtbereiche zu bilden und als Eigentum in jeder Weise zu schützen. Dies dehnt der Mensch ähnlich wie jene Tiere, die über Erbvorgänge von ihrem Zellkörper getrennte Funktionsträger bilden, auch auf die Gesamtheit aller von ihm dominierten künstlich gebildeten Strukturen, insbesondere auf seine Energone aus – die Berufskörper und Erwerbsorganisationen samt Luxusstrukturen.

Schon seit dem Altertum ist es Streitpunkt, ob Besitz den Menschen verderbe, indem er ihn egoistisch mache und seine Aggressivität erhöhe. Diese Frage gipfelt in der Behauptung Rousseaus, daß Eigentum Diebstahl sei. Aufgrund der triebhaften Verankerung der Bindung an Revier, künstliche Organe und Energone ist eine Steigerung von Aggressionsbereitschaft schon vom rein Funktionellen her vorgezeichnet. Da jeder solche Besitz auch anderen dienen kann, ist er direkt oder indirekt ständig bedroht, verstärkt damit automatisch die Ausrichtung auf Verteidigung und erhöht somit potentielle Aggressivität. Der Besitzlose hat weniger Grund zur Abwehrbereitschaft – das stimmt. Andererseits ist aber bei ihm wieder die Versuchung größer, daß Fremdbesitz seinen Neid anstachelt und sich dadurch seine Aggressivität verstärkt. Worauf es also offensichtlich ankommt, ist Zufriedenheit. Sowohl zu viel Besitz als auch zu wenig Besitz senkt Reizschwellen von Trieben, die Ärger und Aggression auslösen.

Daraus resultiert die weitere, seit dem Altertum heftig diskutierte Frage, ob Besitz überhaupt glücklich macht – und ob sich Glücklichsein überhaupt steuern läßt. Als Tatsache darf wohl angesehen werden, daß jeder artifizielle Funktionsträger sowie jedes Energon und jedes Territorium, das ein Mensch sein eigen nennt, ihm nicht nur zu größerer Macht und Freizügigkeit verhilft, sondern auch Ansprüche an ihn stellt – besonders an das steuernde Gehirn. Jeder Besitz muß bewacht und betreut werden, seine Nutzbarmachung setzt laufende Gehirntätigkeit voraus. Diese wird weitgehend von Zentren des Unterbewußtseins wahrgenommen, deren Tätigkeit kaum oder überhaupt nicht in unser Bewußtsein tritt – deshalb ist sie aber nicht weniger umfangreich.

Dem zivilisierten Menschen ist eine seit Jahrhunderten immer wachsende Zahl von artifiziellen Funktionsträgern geboten, mit denen er seinen Zellkörper erweitern kann. Ebenso bietet sich ihm eine ständig anwachsende Zahl von Möglichkeiten zur Annehmlichkeitssteigerung und Lusterzeugung, die seine Wünsche anregen. Sowohl die Wirtschaft als auch der auf Wachstum ausgerichtete Staat zielen darauf hin, diese mannigfaltigen Wünsche eher zu wecken und zu steigern, als sie zu unterdrücken oder ihnen entgegenzuwirken – nicht zuletzt wegen der Sorge um die Sicherstellung der Arbeitsplätze. An höherem Bedarf profitiert jeder, an nicht zu hohem Bedarf bloß das Individuum selbst.

Wenn von Epikur und Tolstoi bis zu Denkern unserer Tage immer wieder Bescheidenheit als Basis für Glücklichsein von Philosophen, Religionsstiftern und Denkern nahegelegt wurde – einfaches Leben also – dann vermittelt dies den Mitmenschen meist den Eindruck einer eher abwegigen, wenn nicht schrulligen Versponnenheit, da jeder der inneren Triebe seine gesteigerten Dienste zur Lustgewinnung ebenso beharrlich wie überzeugend offeriert. Die Verhaltensforschung kann in zweifacher Hinsicht auf Zusammenhänge hinweisen, die eindringlich dafür sprechen, daß die Idee einer gewollten und gesteuerten Bescheidung in selbstgesetzte Grenzen durchaus nicht weltfremden Verzicht bedeutet, sondern weit eher eine für das Individuum höchst gewinnbringende und in diesem Sinne für das Ego förderliche Ausrichtung ist. Erstens bedeutet jedes den Trieben ungezügelte Nachgeben ein entsprechendes Anheben ihrer Reizschwellen. Es werden somit immer stärkere Reize nötig, um das gleiche zu erreichen. Jedes verwöhnte Kind führt das vor Augen, wenn ihm schließlich alles langweilig wird, es sich nur noch beklagt und schier mit nichts mehr zufrieden ist. Ein Absenken der Reizschwellen durch bewußte Drosselung der Reize erfordert zwar einen harten Willensakt, führt jedoch zu annehmlichkeitssteigernden Resultaten.

Sodann erweist sich die Frage als wichtig, wieviel Steuerung das Gehirn, besonders das Unterbewußtsein überhaupt bewältigen kann. Oder anders formuliert: wieviel Besitz und daraus resultierende Tätigkeit ein Individuum überhaupt verkraftet. Die Steuerungszentrale des Zellkörpers Napoleon war so beschaffen, daß sie die Ausdehnung ihrer Kompetenz und ihres Sorgenbereiches über fast ganz Europa eher gelassen hinnahm. Dagegen zeigt manche schüchterne Frau, daß ihr schon einige Kleider und Einrichtungsgegenstände mehr Sorgen, Unentschlossenheit und Ratlosigkeit bereiten, als diese künstlichen Organe ihr Wohlbefinden steigern, ihren Glückszustand anheben.

Hier läßt sich bestimmt manches durch Vorbild, Erziehung und Selbsttraining beeinflussen und verändern – unbestreitbar ist jedoch die Tatsache, daß jedem einzelnen Menschen höchst individuelle, meßbare Grenzen gesetzt sind. Aus der nüchternen Perspektive der Naturwissenschaft gesehen, geht daraus erstens hervor, daß Genuß nicht unbedingt zu mehr Genuß führt, und zweitens, daß jeder seine Grenzen ermitteln muß, innerhalb derer er über die notwendige Sicherheit und die nötigen Kraftreserven verfügt, um die Klaviatur seines Triebinventars befriedigend zu betätigen. Jedes Überschreiten der individuellen Grenzen ruft automatisch jenen Zustand hervor, den wir heute schädlichen Streß nennen und der sich aus zu vielen dem Unterbewußtsein zugemuteten Steuerungen ergibt. Solche eminent wichtigen Zusammenhänge werden bis heute kaum an den Schulen den Heranwachsenden vermittelt – und gerade sie sind für die private, berufliche und politische Lebensgestaltung des einzelnen von entscheidender Bedeutung.

Das gleiche gilt aber auch für das Wohlbefinden der Völker. So ist es in den hochzivilisierten Gesellschaften der westlichen und östlichen Industriestaaten bereits zu einer derart komplexen Vernetzung und daraus resultierenden Empfindlichkeit, schon aufgrund allumspannender elektronischer Abhängigkeit gekommen, daß sie gegenüber Erpressung jedweder Art in bedeutsamem Ausmaße anfällig sind. Wie manche Strategen erklären, sind diese nahezu überzivilisierten Staaten und Kulturen nicht mehr verteidigungsfähig. Es bliebe wirklich nichts anderes übrig, als sich um einen Tisch zu setzen, um im Sinne einer Koexistenz eine Regelung zu treffen, die beiderseitigen Besitzstand nicht mehr zum Gegenstand von Auseinandersetzung werden läßt. Dieses erfreuliche Konzept eines Patt hat nun aber den Haken, daß weniger zivilisierte, unterdrückte oder gespaltene Völker dabei nicht mitmachen. Und zwar nicht nur infolge berechtigter Forderungen, sondern – und vor allem – weil Besitz an sich zum Wertkriterium wurde, was Gier nach diesem so unbedingt Erstrebenswerten auslöst.

Solange der Mensch als Individuum oder Gemeinschaft der Wahnidee verschrieben ist, daß Besitzsteigerung automatische Glückssteigerung nach sich zieht, besteht auch nicht der Funken einer Hoffnung für eine Befriedung der Weltsituation. Solange ein Mehr zu einem Weniger führt und das Weniger automatisch das Mehr anstrebt, befinden wir uns in einem sich ständig drehenden Mühlrad.

Im Rahmen der Energonentfaltung setzt sich der Besitztrieb in der Gesamttendenz, über artifizielle Funktionsträger – künstliche Organe – den Lebensstrom in Potenz und Volumen zu steigern, unmittelbar fort.

Dreizehntens: Nebentriebe

Unter dieser Bezeichnung fassen wir sämtliche angeborenen und erworbenen Steuerungen zusammen, welche die menschliche Willensbildung beeinflussen, sich jedoch nicht den zwölf Hauptausrichtungen menschlichen Triebverhaltens zuordnen lassen.

Bei der Analyse des menschlichen Verhaltens müssen noch weitere Antriebe berücksichtigt werden, die gleichsam als Einzelgänger im Parlament der Instinkte eine Stimme haben und ebenfalls die Entschlußbildung beeinflussen. Ein zweifellos angeborener Trieb manifestiert sich im generellen Drang nach Bewegung, welcher jedem deutlich bewußt wird, der durch Gefangenschaft an die Zelle oder durch Krankheit ans Bett gefesselt ist. Ebenso angeboren ist dem Menschen ein Sprechtrieb, den jedes gesunde Kind zeigt – und der besonders im Alter bei manchen Menschen zur zentralen, die Mitwelt nicht immer erfreuenden Antriebskraft wird. Ein weiterer angeborener Einzelgänger unter den Trieben ist der Schlaftrieb – mit dem wir täglich konfrontiert sind. Er stellt ein Sicherheitsventil dar, welches verhindert, daß die empfindlichen Ganglienzellen des Gehirns überanstrengt werden, und geregelte Ruhe sicherstellt. Weitere angeborene Eigenarten, Dispositionen und Reaktionsweisen haben besonders Verkaufspsychologen in beträchtlicher Anzahl aufgedeckt.

Von noch größerem Einfluß auf die menschliche Willensbildung ist der Umstand, daß auch jede sich einschleifende Gewohnheit die Mechanik echter angeborener Triebe annimmt, indem sie sich mit einem von selbst wirksamen Drang verbindet, auf klar umrissene Schlüsselreize anspricht und ganz bestimmte Handlungen auslöst.

Der menschliche Tagesablauf zeigt solche festzementierte Abfolgen in bunter Vielheit. Der Vorgang des Aufstehens, des sich Waschens, des Bettenmachens, des Kochens – des Nachmittagsschläfchens, des Zeitpunktes und Ablaufes des Geschlechtsaktes, der Ordnung auf dem Schreibtisch, des Blumengießens – dies und viel mehr, wie jeder weiß, wird zu einem Ritual, das den gewohnten Geleisen folgt. Jedes hat seine Macht; wird es unterbrochen, gestört oder gehindert, dann irritiert dies, verursacht Unbehagen, das sich zum Ärger ausweiten kann. Wer jeden Abend das Schlüsselbund aus der Tasche zieht, tut es schließlich in ganz bestimmter Weise. Die Art, wie sich Raucher ihre Zigarette anzuzünden pflegen und den ersten Zug tun, wird für sie typisch. Dürfen Kinder ihre Stunde vor dem Abendprogramm am Fernseher nicht wahrnehmen, dann wird das als Strafe empfunden. Wer sich erst einmal daran gewöhnt hat, zu einer bestimmten Zeit in der Kneipe an der Ecke ein Gläschen zu trinken, fühlt sich nicht minder bestraft, wenn Umstände ihn dazu zwingen, ohne einzutreten vorbeizugehen.

Diese unzähligen Gewohnheitstriebe nehmen ebenfalls sehr tatkräftig an der Willensbildung des Menschen teil. Ein gewohnter Weg zur Arbeitsstelle wird zum automatischen Leitbild, ein gewohntes geschätztes Verhalten wir zur automatisch wirkenden Anziehungskraft, ein eingefahrener Fehler zum stets wiederkehrenden Hemmnis. Festgefahrene Ideen können zur Manie ausarten und stärker als jeder angeborene Trieb wirksam sein. Auch alle diese kurz- oder langlebigen Gewohnheiten – erworbene Triebe also – haben im Triebparlament des menschlichen Unterbewußtseins ihren Sitz, ihre Stimme, warten dort auf den Zeitpunkt ihres Auftretens, werden ungeduldig, erreichen schließlich, daß sie in das Ich des Menschen gleichsam hineinschlüpfen, vorübergehend sein Wille werden und das Kommando des Körpers – des Zellkörpers und seiner künstlichen Organe – übernehmen.

Nicht minder stark fesselt die zementierende Macht von Gewohnheiten Gruppen, Gemeinschaften und ganze Völker. Feste, Sitten und Gepflogenheiten werden zur Tradition, die sich machtvoll über Generationen hinweg fortsetzt, zur nationalen Besonderheit und zum Gegenstand erbitterter politischer Auseinandersetzungen wird, als wirksamer Faktor der Bindung Gemeinschaften fördert und sie zur Rückständigkeit und Verhaftung an hartnäckige Mißstände verdammt. Gemeinschaftsgewohnheit, ebenso wie individuelle Gewohnheit zeigen alle für die angeborenen Triebe charakteristischen Merkmale – was auf eine ähnliche Ausbildung der sie bewirkenden Gehirnstrukturen hinweist.

Aus dieser Sicht stellt sich uns der so machtvolle und mit Recht so hoch auf den Schild gehobene Intellekt als eine eher passive, hin- und hergestoßene Maschinerie dar, die bei ihrem Wirken von verschiedensten Kräften beeinflußt, gelenkt und zum Werkzeug gemacht wird. Theoretisch hat diese effiziente Maschinerie durchaus die Macht, jede angeborene oder erworbene Triebkraft zu hemmen, zu bremsen, in Schranken zu halten, ja für beträchtliche Zeit völlig zu unterdrücken. Allein, das ausführende Instrument, der Wille, ist keineswegs mit dieser Gehirnstruktur identisch. So und so lange hält der Intellekt ihn gleichsam fest, zwingt und diktiert ihn – aber dann, kaum bemerkt, ist der Spieß wieder umgedreht, und einer der Triebe hat sich dieser Befehle ausführenden Einheit bemächtigt, macht

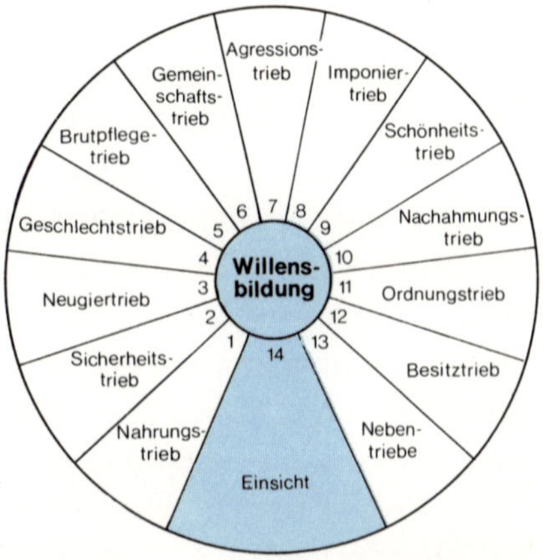

Abb. 25 Schematische Übersicht über die Hauptkomponenten menschlicher Willensbildung.

Die Aufgliederung in 12 Haupttriebe (1–12) ist nach Funktionskreisen und gemäß der Bedeutung für das menschliche Verhalten vorgenommen. Die Nebentriebe (13) umfassen alle weiteren angeborenen und erworbenen Einzeltriebe, einschließlich jener, die über Gewohnheitsbildung und als Epiphänomene des Denkens entstehen. Allen diesen Kräften steht die Einsicht (14) gegenüber, welche sich mit sämtlichen Trieben verbindet, jedoch auch in freier Entscheidung den Willen formen kann.

den Intellekt selbst zum Diener seiner Ausführung.

Bei dieser Situation nimmt es nicht Wunder, daß den Menschen – als Epiphänomen der Denkfähigkeit – nicht selten der Wunsch anfällt, die Rivalität zwischen Vernunft und Trieben loszuwerden, sie nicht länger ertragen und an ihr teilhaben zu müssen, sondern in das Nirwana eines naiven Gelöstseins einzutauchen. Berauschende Mittel verhelfen dazu, und die gewollte Flucht aus der Wirklichkeit leistet analoge Dienste. Auch die stimmungsübertragende Wirkung vermag dies: sich gehen lassen, ausgelassen sein, sich eine Maske aufsetzen, im Inkognito eines Nicht-Ichs das Fluchtziel zu finden. In religiöser Hysterie findet die aus unbewältigten inneren Divergenzen hervorwachsende Verzweiflung einen Vulkan, ihre Lava und Asche zu entladen. Trancetänze, Gemeinschaftspraktiken wider alle Vernunft, selbstzerstörerische Totalidentifikation mit restlos Absurdem bieten eine erlösende Zuflucht.

Ein weiteres Epiphänomen des Denkens äußert sich darin, daß geistige Erschütterungen, besonders in der Kindheit, als psychisches Trauma spätere Verhaltensweisen ähnlich den Prägungen beeinflussen. Auch sie schaffen Triebverhalten – die von Freud begründete Psychoanlayse entwickelte Praktiken, um solche im Unterbewußtsein ruhenden Verknüpfungen aufzudecken, zu lösen und den Betroffenen von dieser Willensbeeinflussung zu befreien. Krankhafte Psychosen und andere Geistesstörungen vermindern in der Regel die Effizienz und sind somit – wie jede Mißbildung – auf die Energonentfaltung von negativem Einfluß. Entartungen des Denkapparates können indes auch zu außerordentlichen Leistungen führen. Für den schon seit dem Altertum postulierten Zusammenhang zwischen Wahnsinn und Genialität lieferte die Geschichte immer wieder Beispiele – etwa Nietzsche, Hölderlin, Schumann und Van Gogh.

Im Rahmen der Energonentfaltung setzen sich die Nebentriebe in der Gesamttendenz, über artifizielle Funktionsträger – künstliche Organe – den Lebensstrom in Potenz und Volumen zu steigern, unmittelbar fort.

Vierzehntens: Einsicht

Unter dieser Bezeichnung fassen wir sämtliche angeborenen und erworbenen Steuerungen zusammen, welche als Akte von Instinkt und Intellekt dazu führen, daß der Mensch in einer gegebenen Situation einsichtig handelt.

Die Erkenntnis des Richtigen und Zweckmäßigen stützt sich auf das Verstehen des jeweiligen Sachverhaltes und seiner Komponenten. Einsichtiges Verhalten tritt besonders in Erscheinung, wenn es zu einer Willensbildung führt, die sich gegen angeborene und erworbene Triebe wendet. Einsicht wird dann zum Ausdruck eines freien Willens im eigentlichen Sinne des Wortes.

Wenn auch hier der Einfluß von angeborenem Verhalten, von Instinkt nicht ausgeklammert wird, dann ist dafür maßgebend, daß das Denken an sich – und damit auch die Einsicht – durch die Mechanik des Denkapparates beeinflußt sein mag. Schon Kant postulierte, daß die Möglichkeiten unserer Erkenntnis durch angeborene Grundausrichtungen beschränkt seien, welche a priori die Art und Weise, wie wir die Gegebenheiten beurteilen, beeinflussen. Zahlreiche ihm nachfolgende Philosophen haben diese kritische Auffassung übernommen – in jüngster Zeit von der Verhaltensforschung her auch Konrad Lorenz. Daß unser Denkapparat ganz offensichtlich nicht in der Lage ist, die Gesamtheit der Erscheinungen zu bewältigen und die Dinge an sich zu beurteilen, haben die Ergebnisse der modernen Physik auf das deutlichste gezeigt. Unsere Vorstellungskraft ist nicht in der Lage, unendliche Ausdehnung im Raum und Zeit sowie einen mehr als dreidimensionalen Raum zu erfassen, ebensowenig die Äquivalenz von Energie und Materie, von Welle und Korpuskel und praktisch die gesamte inneratomare Situation. Mit künstlichen Organen des Geistes – in erster Linie der Mathematik – vermag der Mensch auch Erkenntnisse in diesen Bereichen zu gewinnen, aber das Gehirn selbst vermag sie nicht nachzuvollziehen. Dazu kommt noch das Postulat der Energontheorie, daß das bisherige Begriffssystem vom Sinnfälligen her beeinflußt ist – eine sicherlich angeborene Komponente – und dadurch die Einsicht in wesentliche Zusammenhänge vereitelt.

Im Rahmen des privaten, auf individuelle Wunscherfüllung ausgerichteten Lebens ist Einsicht an die angeborenen und erworbenen Triebe eng gekoppelt, identifiziert sich mit diesen, ja hält sie für Bestandteile unbeeinflußter Willensbildung. Im beruflichen Sektor – in Wirtschaft und Staat – tritt nüchternes, einsichtiges Verhalten deutlicher an den Tag, besonders im Rahmen der Gesetzgebung und der Ausarbeitung von Unternehmensplanung und Verfassung. In den Wissenschaften ist vorurteilsloses, emotionsfreies Beurteilen von Sachverhalten Postulat und Ziel. Hier versucht die Energontheorie der Einsicht noch weitere Aktionsbereiche zu erschließen.

Im Rahmen der Energonentfaltung setzt sich auch die menschliche Einsicht in der Gesamttendenz, über artifizielle Funktionsträger – künstliche Organe – den Lebensstrom in Potenz und Volumen zu steigern, unmittelbar fort, kann aber auch zum Abbremsen und Bändigen dieses Vorganges führen.

So präsentiert sich in ihren Extremen die alle Energone der dritten Evolutionsperiode schaffende Keimzelle Mensch. Durch künstliche Erweiterung des Zellkörpers gelangt sie zu außerordentlicher Macht. Den von ihr gebildeten Energonen samt Luxusstrukturen sind vom Funktionellen her die möglichen Entwicklungsrichtungen vorgezeichnet. Sämtliche werden realisiert. Wohl bestimmt das angeborene Erbe des Menschen manche Ausrichtungen, durchkreuzt manche Entwicklungslinie – wirkt aber insgesamt für die Entfaltung äußerst förderlich, schafft dem Lebensstrom immer neue Kanäle, führt ihm immer neue Materie, immer neue, noch nicht vitalisierte Kräfte zu. Sein Eigeninteresse, vorübergehend stark im Vordergrund, schrumpft in diesem Prozeß ständig.

Je größer und mächtiger der Prozeß des Lebens wird, um so kleiner, um so mehr Teilchen seiner übermächtigen Strömungen wird der Mensch. In seinem Inneren wirbeln die Triebe, stoßen einander, behindern einander, während der Intellekt, so gut er es vermag, nach einem festen Standort sucht. Über alles das jedoch strömt die Entfaltung der Energone völlig rücksichtslos hinweg. Solange die Keimzelle Mensch agiert und sich bemüht, läuft der Motor. Eine Mechanik, sich selbst zu bremsen, an der eigenen Potenz und am eigenen Volumen nicht letztlich zugrunde zu gehen und sich so schließlich selbst zu zerstören, hat dieses blinde energetische Geschehen einstweilen noch nicht hervorgebracht.

Daraus ergibt sich folgendes Resümee:

F Nach der Evolution der Einzeller und der Vielzeller übernimmt der Mensch die Energonbildung durch bewußte Schaffung künstlicher Organe. In ihrem Verhalten wird die aufbauende und steuernde Keimzelle Mensch durch Triebe mit angeborenen und erworbenen Komponenten bestimmt, die untereinander vernetzt, sich verstärkend und kollidierend in stetem Ringen mit dem Intellekt stehen. Sie wurzeln im angeborenen Erbe und lassen sich in Hauptgruppen einteilen: Nahrungstrieb, Sicherheitstrieb, Neugiertrieb, Geschlechtstrieb, Brutpflegetrieb, Gemeinschaftstrieb, Aggressionstrieb, Imponiertrieb, Schönheitstrieb, Nachahmungstrieb, Ordnungstrieb und Besitztrieb. Sie bestimmen die Pläne, Entschlüsse und Entscheidungen des Menschen und damit die Ausrichtung seines Energonbaues. Das ichbewußte Unterscheidungsvermögen von Lust und Unlust wird zum treibenden Motor. Steuerungen ähnlicher Mechanik wie die Triebe entstehen außerdem über Gewohnheiten und Tradition. Die menschliche Intelligenz, von diesen Kräften beeinflußt und dirigiert, verhilft dem Lebensstrom zu einem lawinenhaften Anwachsen in Potenz und Volumen. Dies legt nahe, daß dieses energetische Geschehen einer globalen Selbstzerstörung zustrebt.

9. Der Energonbau des Menschen

Ehe wir uns dem bisherigen Ablauf der dritten Evolutionsphase der Energone zuwenden, muß ohne Schonung festgestellt werden, daß es unserem angestammten und eingefleischten Denken überaus schwer fällt, diese Entwicklung nüchtern zu sehen und objektiv zu bewerten. An diesem Punkt der energetischen Entfaltung, die wir Lebensstrom nennen, werden wir selbst Teil dieses Geschehens – sein essentieller Teil. Wollen wir den Standort des Menschen aus der Sicht der Energontheorie bestimmen, dann müssen wir die bisherigen Bewertungen – so einprägsam, so überzeugend, so ehrwürdig sie uns erscheinen – geistig über Bord werfen. Dem »Erkenne Dich selbst!« zuliebe, müssen wir die Bereitschaft aufbringen, uns selbst so zu betrachten, als wären wir Besucher aus dem Weltenraum, denen die Vorgänge auf dem Planeten Erde unbekannt sind, die also mit Interesse und ohne Vorurteil auf uns schauen und unsere Position in der Evolution, die sich hier vollzieht, ermitteln wollen.

Wir gingen davon aus, daß auf dem Planeten Erde ein Prozeß stattfindet, der sich von den übrigen energetischen Manifestationen unterscheidet. Er strebt nicht Gleichgewichtszustände an – wie die Bewegung von Wind und Wellen, wie chemische Abläufe, wie die Bildung von Kristallen. Er steigert sich – seit etwa vier Milliarden Jahren – unaufhörlich in Potenz und Volumen. Ausgangspunkt unserer Untersuchung war die Grundfrage: Wie ist solches überhaupt möglich? Wie kann ein solcher Vorgang, ein solcher Prozeß, ein solches energetisches Geschehen stattfinden? Unsere Antwort lautet: Nur über materielle Strukturen mit besonderen Eigenschaften. Daraus ergibt sich als nächste Frage: Welches also sind diese notwendigen Eigenschaften, um ein solches Geschehen zu bewirken, fortzusetzen, ja zu steigern? Wir nannten jede Struktur, der diese besondere Fähigkeit zukommt, »Energon«.

Wir fragten also: Über welche Fähigkeiten müssen Energone verfügen? Schon hier stießen wir auf einen grundsätzlichen Unterschied zu gewohnten Denkweisen. Wir fragten nämlich nicht, warum solche Strukturen zustande kommen – warum sie zustande kamen? Vielmehr stellten wir von allem Anbeginn an fest, daß sie nicht Ziel einer Entwicklung, sondern deren Voraussetzung sind. Die für sie notwendigen Eigenschaften und Leistungen sind somit funktionell festgelegt – determiniert durch die Grundauflage, so beschaffen zu sein, daß ein in Potenz und Volumen sich steigernder energetischer Prozeß sich über sie fortsetzen kann. Vermögen Strukturen diese Leistung zu erbringen, dann sind sie Energone, vermögen sie es nicht, dann sind sie keine Energone, sondern *Energate.* Das äußere Erscheinungsbild fällt somit nicht ins Gewicht, ebenso wenig das Material, aus dem sie bestehen, und der Weg, über den sie zustande kommen. Was einzig zählt, ist das Resultat.

Im ersten Teil der neuen Lehre zeigten wir, wie Energone beschaffen sein müssen – notwendigerweise. Und zwar überall im Universum, wo die uns bekannten energetischen Gesetze ihre Gültigkeit haben. Schon in diesem Teil wiesen wir darauf hin, daß alle als Pflanzen und Tiere bezeichneten Strukturen unter den Begriff Energon fallen –, außerdem vom Menschen gebildete, aus nicht fest zusammenhängenden Teilen bestehende Strukturen, die wir in Berufskörper und Erwerbsorganisationen samt Luxusstrukturen unterteilten. Wir wiesen bereits darauf hin, daß auch die als Staaten bezeichneten Strukturen ohne Ausnahme in den Kreis dieser Energone gehören. Im zweiten Teil verließen wir dann die vom funktionellen her diktierte Betrachtung und skizzierten den evolutionären Entwicklungsweg der Energone. Zuerst den Weg bis zur Zelle, dann die Entfaltung der Vielzeller bis zum Menschen, der kraft seiner Intelligenz artifizielle Funktionsträger – die künstlichen Organe – bildet und Energone höherer Ordnung, Hyperzeller, aufbaut. An diesem Punkt hielten wir inne, um zunächst das Wesen der menschlichen Intelligenz zu betrachten. Anschließend fragten wir uns, welche Auswirkungen die Bildung der artifiziellen Funktionsträger hatte – und hat. Es sind nicht weniger als zwanzig entscheidende Fortschritte, die sie ermöglichen. Schließlich fragten wir uns, wie der Mensch, als Schlüsselfigur in dieser dritten Phase der Energonentfaltung agiert? Ist sein Wille frei? Wie weit ist sein Verhalten durch angeborene Verhaltenssteuerungen festgelegt? In welchem Ausmaße vermag er überhaupt diese ihm gebotenen Möglichkeiten wahrzunehmen und welche der gebotenen Alternativen bevorzugt er?

Alle diese Betrachtungen ergeben, daß die menschliche Energonbildung – der menschliche Energonbau – als in dreifacher Hinsicht determiniert angesehen werden muß. Erstens durch die Grundgesetze, die für sämtliche Energone gelten: Sie bilden das Rahmengerüst, dem jede Struktur entsprechen muß, um den Lebensstrom weitertragen und steigern zu können.

Zweitens werden durch die künstlichen Organe weitere Entwicklungsrichtungen eröffnet, die den menschlichen Energonbau und die Richtung für die Steigerung von Effizienz ebenfalls bestimmen. Drittens ist der Lebensträger Mensch seiner entwicklungsgeschichtlichen Vergangenheit verhaftet: Er war nicht als Energonbauer in die Welt gesetzt. Ebenso wenig wie jene Einzeller, die zur Bildung von Vielzellern übergingen. Aus der emotionsfreien Sicht der Energontheorie eröffnet der Mensch, ebenso wie die Zelle, der Energonentfaltung neue Wege – nicht mehr. Diese sind vorgezeichnet, sein Wille erweist sich als alles eher als frei. Vielmehr wird sein Verhalten durch zwölf Haupttriebe und weitere angeborene Tendenzen motiviert, wozu noch über Erziehung, Tradition, traumatische Erlebnisse und durch den Mechanismus des Denkens selbst und persönliche Gewohnheitsbildung entstehende Fixierungen und Beschränkungen kommen.

Somit ist der Mensch durchaus nicht jener Prometheus und Bezwinger der Natur, als der er sich selbst bewertet, sondern Erfüllungsgehilfe in einem Geschehen, dem Bahnen und Stoßrichtungen vorgezeichnet sind. Er kann Zielführendes gar nicht erfinden – sondern nur finden. Die Auflagen des Lebensstromes, die notwendige Beschaffenheit der Energone, die hierarchischen Zwänge und die persönlichen Interessen des ichbewußten Menschens, der von Trieben weitgehend gelenkt und auf der gezielten Suche nach Glück ist, ergeben permanente Antagonismen, schwerwiegende Konflikte.

Berufskörper und Erwerbsorganisationen

Die ersten Berufskörper entstanden, als Urmenschen Werkzeuge verwendeten. Sie setzten zunächst die tierische Erwerbsform fort, verbesserten sie bloß. Der Wurfstein verlängerte den Arm, ebenso der Wurfspeer und der mit Hilfe des Bogens abgeschossene Pfeil. Grabstock und Tragkörbe verbesserten die Hand beim Sammeln von eßbaren Wurzeln und Kleingetier. Kleider verbesserten die Haut, schützten vor Verletzung und Kälte. Der Paarungsvorgang setzte sich normal fort, doch schmückten sich Frauen und Männer mit künstlichen Funktionsträgern der Verschönerung – vielfach mit Vogelfedern, die auch bei diesen Tieren solcher Funktion dienten. Der Herd stellte eine funktionelle Erweiterung des Magens dar: durch den Vorgang des Kochens wird pflanzliches und tierisches Gewebe besser aufschließbar, die widerstandsfähigen Zellwände werden so für die Verdauungssekrete leichter durchdringbar. Die Töpfe sind Erweiterungen der Hand, die nur wenig Flüssigkeit zum Mund führen und nicht als Kochgerät benützt werden kann. Das Haus, ähnlich tierischen Bauten, ist ein zusätzlicher Panzer, der den Vorteil hat, daß er verlassen werden kann, also die Bewegung nicht behindert. Der Schornstein ist eine Hilfseinrichtung für den Herd . . . – so geht es weiter.

Der Mensch sieht sich das Haus verlassen, das Messer verwenden und wieder weglegen, aus dem Topf trinken und ihn wieder wegstellen. Da er stets derselbe bleibt, während Töpfe, Messer, Haus und Herd benützt oder wieder verlassen werden, sieht er in ihnen etwas Getrenntes, welches er Werkzeug, Kleider, Haus und Schornstein nennt. Vom Erwerb – von der Bilanz her, auf die es ankommt – sind jedoch alle diese zusätzlichen, ihm dienlichen Artefakte echte Teile von ihm, auch wenn sie nicht aus lebenden Zellen bestehen, auch wenn seine Nerven sich nicht in sie ausdehnen, auch wenn sein Blutstrom sie nicht versorgt. Im Gegenteil, gerade hier liegt ihr Vorteil. Denn weder ein Messer, noch ein Herd, noch ein Schornstein wären möglich, wenn sie aus Zellen gebildet, mit dem Nervennetz verbunden und mit Blut versorgt werden müßten.

Während es wesentlich leichter fällt, einen Betrieb als Ganzheit zu sehen und mit dem Körper eines Tieres oder einer Pflanze zu vergleichen, ist dies gerade bei den einfachsten Berufskörpern besonders schwer, weil sie überwiegend aus der zusammenhängenden Organgemeinschaft Mensch bestehen, die sich nur gelegentlich mit künstlich gebildeten Organen verbindet. Und doch ist schon durch den Speer, durch Kleider, durch den Herd und Schmuck etwas prinzipiell Neues entstanden: zu anderer Erwerbsleistung und Abwehrhandlung fähig, dem Affenvetter weit überlegen, weit eher zur positiven Energiebilanz fähig, weit besser befähigt, Junge zu schützen und aufzuziehen. Die ersten Berufskörper sind also noch vorwiegend menschliche Zellkörper mit nur wenigen zusätzlichen Einheiten – künstlichen Organen –, die sie erweitern, ihre Fähigkeiten steigern.

Auch die Familie ist ein Energon, unter die Berufskörper einzureihen. Sie ist eine vom angeborenen Erbe her diktierte Partnerschaft, zur Vermehrung und zur Brutpflege des menschlichen Zellkörpers Voraussetzung. Da der Mann zunächst – und in der Praxis bis in die jüngste Zeit – dominierender Teil ist, hat die Frau im Energon Familie den Status eines Funktionsträgers. Sie setzt Kinder in die Welt, sorgt für diese, erbringt weitere Leistungen. Da die Bindung in der Regel auf Triebverhalten beruht, ist ein ökonomischer Maßstab nur beschränkt anzulegen. Immerhin finden wir noch bei vielen Primitivvölkern, daß die Frau wie ein Gut, wie ein Werkzeug an den freienden Mann verkauft wird. Sie wird also in Anbetracht der Leistungen, die von ihr erwartet werden, erworben und dann im weiteren – in Gegenleistung für diese Dienste – versorgt. Leistet sie diese nicht, dann wird sie abgestoßen – verstoßen. Erst in allerjüngster Zeit löst sich die Frau bei den hochzivilisierten Völkern aus dieser Dienerrolle und Abhängigkeit, erzwingt sich partnerschaftliche Gleichberechtigung im Energon Familie. Sie wird selbst berufstätig, selbst Energon. Die Entwicklung gelangt dahin, daß manche Frau Kinder in die Welt setzt, ohne sich an den Mann zu binden – bei der artifiziellen Insemination, ohne ihn möglicherweise zu kennen. In diesem Fall ist der zur Kindeserzeugung notwendige Mann Hilfsorgan dieser Funktion. Vom Mann unabhängig kann sie Berufskörper bilden – ist dann ebenbürtiges Werkzeug des Lebensstromes. Da indessen das angeborene Triebverhalten das menschliche Leben nach wie vor bestimmt, bleibt es bei der Symbiose zwischen Mann und Frau, die mit dem Eheschluß rechtlich besiegelt wird.

Die Kinder werden innerhalb der Familie automatisch und naturgegeben zu Dienern, also Funktionsträgern in diesem Energon. Im ganz natürlichen Verlauf der Dinge – im Hinblick auf die menschliche Intelligenz – erweitert sich das Energon Familie, wird Bestandteil im Energon Horde, im Energon Verband, der zunächst als Stamm umherzieht und später seßhaft wird. Während dieser Evolutionsperiode ist Schutz der wichtigste Faktor. Nur durch künstliche Organe gewinnt der Mensch seine Übermacht über die anderen Lebewesen und gelangt zur Beherrschung von Naturgewalten – etwa des Feuers. Den künstlichen Organen haftet aber die Hypothek an, daß sie geraubt werden können, also geschützt werden müssen. Nicht als Nahrung lockt der Mensch räuberische Berufskörper an –, sondern als Besitzer von künstlichen Organen, die auch einem anderen funktionell dienen können. Wer also Macht besitzt und somit Schutz bieten kann, hat es nicht schwer, Mitmenschen zu Dienern zu gewinnen, sie zu seinen Verbündeten und Funktionsträgern zu machen und so seine Macht noch zu steigern, seinen Berufskörper noch zu erweitern. Über sie gewinnt er die Möglichkeit, sich auch gewaltsam Sklaven zu unterwerfen und sie in Funktionsfron zu binden. Über lange Stecken zeigt uns die menschliche Geschichte die Macht von Hordenführern, Stammeshäuptlingen, Fürsten, autoritären Monarchen. Sobald der Mensch seßhaft wird, wächst noch die Zahl seiner Werkzeuge und sonstigen Besitztümer – und damit auch seine Anfälligkeit.

Schutz ist conditio sine qua non. Und bieten kann ihn nur, wer die Macht dazu in seinen Händen hat. Und wer die Macht in seinen Händen hatte, nutzte diese, wurde zum immer stärker sich erweiternden Berufskörper. In diesem Sinne sind die Stammesfürsten, Herzöge, Könige und Kaiser weitgehend Besitzer oder Nutznießer der von ihnen beschützten Ländereien und vermögen außerordentliche Luxuskörper zu bilden, also Reichtümer anzuhäufen. Ihr Berufszweig ist die Ausübung und Gewährung von Macht, die Vermittlung von Schutz. Mißlingt es, diese Funktion zu erfüllen, dann ist es um diesen Berufskörper geschehen. Ebenso anfällig ist der Verbandsführer im Inneren. Die künstlichen Organe machen es möglich, daß ein anderer Mensch sich seines Berufskörpers bemächtigt, in diesen eindringt und sich als neues steuerndes Zentrum dort einnistet. Usurpierung wird zum naheliegenden Ziel – besonders für diejenigen, denen Streitkräfte unterstehen.

Noch ein weiterer Entwicklungsverlauf der vom Menschen gebildeten Energone wurde durch das Seßhaftwerden eingeleitet. Nach wie vor betätigen sich die Berufskörper tierhaft räuberisch, indem Pflanzen und Tiere ihre Energiequellen sind, doch dieser Raub wird nun – eine der Großleistungen menschlicher Intelligenz – organisiert, rationalisiert, optimiert. Statt in der bisherigen Art durch die Gegend zu streifen, zu jagen und zu sammeln, wird der Boden gezwungen, akkurat das zu produzieren, was der Mensch sich als Nahrung wünscht. Alles übrige wird für ihn zur Wildnis, zum Unkraut – wird rücksichtslos beseitigt. Der Acker wird bestellt. Ebenso erspart sich der nun entstehende Berufskörper Landwirt die Mühe, Tiere in ihren Schlupfwinkeln aufzuspüren und in mühevoller Jagd zu erlegen. Sie werden also nicht getötet, sondern gefangen und dann gehegt. Auch dies bringt eine Saat ein, die wesentlich reicher und weit ökonomischer zu erschließen ist. Diese neue Art des Nahrungserwerbes – ganz ebenso wie jene durch Gewährung von Sicherheit über Macht – erweist sich als lukrativ, entwickelt sich weiter. Ja, jeder dieser Berufskörper benötigt den anderen – der Fürst den das Feld bestellenden Bauer, der Bauer die ihn beschützende Macht. So ergab sich eine Partnerschaft, die allerdings ähnlich ungleich ausfiel wie jene zwischen Mann und Frau. Der die Krieger befehligende Fürst hatte die Macht in seinen Händen und wußte sie zu gebrauchen.

Im Rahmen der seßhaften Verbände konnten sich auch Berufskörper entfalten, die eine weitere Energiequelle erschlossen – den Bedarf an artifiziellen Funktionsträgern. Einer der Vorteile dieser an den Zellkörper nicht gefesselten Organe ist es ja, daß sie nicht selbst hergestellt werden müssen. Auf eben diese Herstellung spezialisieren sich nun Menschen – erweitern ihren Zellkörper derart, daß sie zu Produzenten des Benötigten werden. Werkzeugmacher, Kleidermacher, Fleischbeschaffer, Wagenmacher . . . Zum Universaltauschmittel wird das Geld, das Werte teilbar und jeden Wert in jeden anderen umwandelbar macht. Die Nachfrage wird Grundlage und Pate des Angebots. Der Preis muß so kalkuliert sein, daß er mehr als die Eigenkosten einbringt – nur dann ist für einen Berufskörper die Existenzbasis gegeben, nur dann kommt es zu dieser Berufsart. Wer ein Monopol hat, kann gehörig mehr aufschlagen. Aber im natürlichen Verlauf der Dinge – wenn dies nicht durch irgendeine Gewalt unterbunden wird – taucht in der Regel bald ein Konkurrent auf, bildet einen Berufskörper gleicher Ausrichtung, erweitert also seinen Zellkörper zu ebensolcher Spezialfunktion, und mit großen und leichten Gewinnen ist es vorbei.

Auch spezialisierte Dienstleistungen können gegen Geld erbracht werden, auch sie sind begehrtes Tauschobjekt. Auch hier regeln sich – wenn die Tauschakte sich frei entfalten können – die Preise nach Angebot und Nachfrage. Bei diesem Erwerbszweig hat es den Anschein, als wäre er nicht an künstliche Organe gebunden – bloß an entsprechende Fähigkeiten, also an Lernakte. Aber der Schein trügt. Auch diese Berufskörper gründen sich auf die Bildung von künstlichen Organen, auf die Erweiterung der Macht des genetischen Körpers. Denn auch über Lernen geschaffene Spezialsteuerungen im Gehirn müssen künstlich gebildet werden und sind in diesem Sinne artifizielle Funktionsträger. Sie sind zwar nicht vom Körper getrennt, ja bestehen sogar aus Zellen – sind aber doch nicht Werk des Genetischen Code.

Damit ist der Begriff des artifiziellen Funktionsträgers – des künstlichen Organs – nunmehr in letzter Genauigkeit definiert. In diesem Sinne verfügen nicht nur bereits Spinne, Biber und Bienen über künstliche Organe sondern auch jedes Lerntier, das in individueller Auseinandersetzung mit der Umwelt Steuerungen im Gehirn für zielführendes Verhalten aufbaut. Diese Steuerungsstrukturen – entsprechend koordinierte Ganglienzellen – sind zwar mikroskopisch klein und unsichtbar im Gehirn verborgen, trotzdem aber künstlich gebildete Organe. Auch der Energieerwerb über Erbringung benötigter Dienstleistungen – Koch, Wundarzt, Hebamme, Astrologe – hat also die Bildung von artifiziellen Funktionsträgern zur Voraussetzung, basiert auf ihr.

Eine weitere mögliche Spezialleistung ist die des Vermittelns zwischen

Anbieter und Nachfrager. Daraus erwuchs die Erwerbsbasis für das weit ausgedehnte Berufsfeld des Handels. Allen diesen Berufskörpern ist gemeinsam, daß sie eine doppelte Ausrichtung haben. Einerseits müssen sie an Bedarfsträger herankommen oder diese zu sich heranlocken – und andererseits müssen sie Hersteller von solchen gewünschten Produkten kennen und diese Ware verfügbar machen. Diese Art von Berufskörper – der Händler – pendelt Waren übernehmend, Waren anbietend – oder etabliert sich dort, wo möglichst viele vorbeikommen, und bietet feil, was der Warenkorb hergibt. Zu Hilfseinrichtungen des Vorgangs werden die Märkte, an bestimmten Orten lokalisiert, zu bestimmten Zeiten abgehalten. Oder später wird die Geschäftsstraße zum Markt.

Im Rahmen der seßhaften Verbände kommt es so zu einer komplizierten Arbeitsteilung, wo sich wechselseitig jeder auf die Bedürfnisse anderer ausrichtet. Der durch künstliche Organe herbeigeführte Vorteil der Wandlungsfähigkeit kommt nun voll zum Tragen. Versiegt einem Berufskörper seine Erwerbsquelle, dann bedeutet das für ihn durchaus nicht die letzte Konsequenz und Katastrophe, also den Tod. Während kein Maikäfer, wenn es für Maikäfer nichts mehr zu fressen gibt, seine Flügel verkaufen, dafür die Blätter eines Huflattichs erwerben und sich in einen solchen verwandeln kann, ist solch ein Vorgang Berufskörpern durchaus möglich. Die artifiziellen Funktionsträger können abgestoßen, ja sogar für Geld liquidiert werden. Das steuernde Zentrum Mensch kann sehr wohl andere Fähigkeiten erwerben, neue Funktionsträger an sich binden – und ist dann vom Maikäfer in den Huflattich verwandelt.

Und noch mehr. Berufskörper überleben den Tod des sie aufbauenden und steuernden Zentrums. Stirbt ein Töpfer, dann muß der Berufskörper Töpferei keineswegs zugrunde gehen – vielmehr kann der Sohn oder ein anderer geeigneter Mensch die Stelle des Toten einnehmen und der Betrieb läuft weiter. Tüchtige Menschen können auch gleichzeitig mehrere Berufskörper steuern und deren Erträge vereinnahmen. Besonders vorteilhaft wirkt es sich für den Lebensstrom aus, daß die so mühsame und kostspielige Funktion der Fortpflanzung die Berufskörper überhaupt nicht mehr belastet, sondern sich geradezu von selbst vollzieht. Jeder Vogel, jede Tanne, jedes Krokodil muß in seinem Energiebudget einen bestimmten Aufwand für Fortpflanzung ausweisen. Das ist Voraussetzung, sonst pflanzen sie sich nicht fort – sonst führen sie den Lebensstrom nicht weiter. Bei allen vom Menschen aus artifiziellen Funktionsträgern gebildeten Energonen fällt diese Auflage weg. Dank der menschlichen Intelligenz wird jede Erwerbschance wahrgenommen. Ist also ein Berufskörper erfolgreich, dann bilden sich alsbald weitere der gleichen Art – ohne dessen geringstes Zutun. Der Vorteil ist ein doppelter. Das Energon ist solcherart nicht mehr gezwungen, seine Überschüsse zur Herstellung von Konkurrenten zu verwenden. Und dem Lebensstrom dient es erheblich, wenn eine Art bei schlechter Erwerbslage nicht unter dem Zwang steht, mit ihren spärlichen Erträgen ausgerechnet weitere, ebenso chancenlose Nachkommen zu bilden.

Das Anwachsen der Berufskörper in den drei Sparten des Erwerbes über Tausch – durch Gütererzeugung, Dienstleistung oder Vermittlung zwischen Angebot und Nachfrage – führt zur Einbeziehung von anderen Berufskörpern in ein festes Anstellungsverhältnis. In diesem Fall wird das sie bindende Energon zu ihrer hauptsächlichen, ja meist einzigen Energiequelle. Das für die zu erbringende Leistung notwendige Inventar an künstlichen Organen wird vom Energon, das sich solcherart neue Funktionsträger anfügt, zur Verfügung gestellt. Entlohnung und Schutz werden an Stelle der freiberuflichen Tätigkeit geboten. Das über Anstellungsverhältnis erwerbende Energon hat den Vorteil verminderten Risikos und erhöhter Sicherheit – andererseits den Nachteil verminderter Erwerbschance und eingeschränkter Freiheit. Derart anwachsende Berufskörper gelangen zu erheblicher Machtstellung, vermögen umfangreiche Luxusstrukturen zu bilden. Sie lösen bei den weniger Besitzenden Neid und Unzufriedenheit aus. Ja, über diese Machtposition lassen sich auch erkennbar rechtsetzende Staatsorgane beeinflussen. Der Konflikt zwischen dem Menschen als Energonbesitzer und dem Menschen als Funktionsträger tritt universell in Erscheinung.

Dieser neue Konflikt, der die dritte Phase der Energonentwicklung wesentlich beeinflußt, erfährt durch das Einsetzen des technischen Fortschrittes eine weitere ungeahnte Steigerung. Zu den vielen Vorzügen, welche die künstlichen Organe, die artifiziellen Funktionsträger der Energonentfaltung bieten, gehört auch der, daß sie vom Baumaterial unabhängig wird. Die Herstellung künstlicher Organe aus Metall nahm bereits mit Speerspitzen und Schwertern ihren Anfang – im weiteren Verlauf entstehen nun Maschinen, entsteht technisches Instrumentarium. Die artifiziellen Funktionsträger brauchen nicht länger mit körpereigener Energie betrieben zu werden. Es wird grundsätzlich möglich, sie durch gebändigte Naturkräfte unmittelbar antreiben zu lassen. Mühlen durch Wind und Wasser, Dampfmaschinen durch die in Holz und Kohle gefesselte, arbeitsfähige Energie. Die Elektrizität wird zu einem ähnlichen Universalvermittler wie das Geld – sie macht Naturkräfte beliebig in gewünschte Dienstleistungen umwandelbar, macht solche Kräfte teilbar und über beträchtliche Strecken hin transportabel. Weitere Maschinen machen die im Rohöl gefesselte Energie für menschliche Energone und Luxusstrukturen nutzbar. Schließlich wird auch die Atomkraft aus ihren Ketten befreit und Energonen zugeführt.

Die Entfaltung der menschlichen Technik wiederholt einen Vorgang, der erstmals bei der Evolution der Vielzeller stattfand. Stück für Stück gingen in dieser Entwicklung Funktionen aus der Kompetenz von Zellorganen in jene von vielzelligen Organen über. Die Funktion der Fortbewegung, bei den Einzellern von Geißeln und Wimpern ausgeübt, wurden von den vielzelligen Flossen, Beinen und Flügeln übernommen. Die Funktion der Nahrungsgewinnung ging von Zellmund und pulsierender Vacuole auf die vielzelligen Organe Maul, Magen und Darm über. Die Atemfunktion, durch die Zellhaut erfolgend, verlagerte sich auf Kiemen und Lungen – und auf das Verteilungssystem des Blutkreislaufes. Ein ganz analoger Transfer vollzieht sich auch in der dritten Evolutionsphase, als sich der menschliche Zellkörper über Bildung künstlicher Organe – artifizieller Funktionsträger – erweitert, wobei die Funktionen auch wieder Stück für Stück von Zellorganen auf künstlich gebildete, technische Einheiten übergehen. Die Sinnestätigkeit der Augen wird durch Brille, Mikroskop, Fernrohr und Fernsehen immens gesteigert – beim Fotoapparat und der Filmkamera ersetzt die Emulsion des Filmes die lichtempfindlichen Stäbchen und Zäpfchen des Augenhintergrundes. Die Funktion des Rechnens verlagert sich aus dem Gehirn auf Bleistift, Papier und Rechenschieber – im weiteren Verlauf auf Rechenmaschinen und Computer, jene der Erinnerung auf Tontafeln, Notizbücher – und im weiteren Verlauf auf die wissenschaftliche Literatur. Geruch und Geschmack des Menschen wird durch die Praktiken chemischer Analyse nach außen verlagert und grandios gesteigert. Zu technischen Fortbewegungsorganen werden Fahrrad, Automobil, Schiff, Flugzeug, Rakete. Erweiterungen der Sprechorgane sind Telefon, Telegraf – sowie Informationsvermittler Briefe und Bücher. Zur Erweiterung der so bedeutungsvollen vielzelligen Hand werden Krahne und Kanonen. Total verlagert sich ihre Funktion – und jene des vielzelligen Gehirns – auf das technische Instrumentarium der Berufskörper und Erwerbsorganisationen in Gestalt von automatischen Maschinen.

Schon größere Staaten, die nicht mehr einzelne Menschen zum steuernden Zentrum und Nutznießer haben, sind nicht mehr überdimensionierte Berufskörper sondern Erwerbsorganisationen. Über die industrielle Entwicklung entstehen weitere in Gestalt von Großunternehmen. *Im Gefüge jeder Erwerbsorganisation wird der Mensch immer mehr vom Herren zum Diener, zum Funktionsträger. Zur austauschbaren, auch durch technische Einrichtungen ersetzbaren Einheit. Er wird zum immer kleineren Rädchen innerhalb des Lebensstromes, der ihn hervorbrachte und rücksichtslos über ihn hinwegfließt.* Die größeren industriellen Betriebe – ähnlich den größeren, nicht mehr autoritär von einzelnen Monarchen oder Diktatoren gesteuerten Staaten – überwinden die Problematik individueller Unzulänglichkeit, werden ähnlich den Pflanzen und Tieren nach statistischen Werten ausgerichtete Energone. Der Hufschmied, der zum Trinker wird und seinen Berufskörper vernachlässigt, muß schließlich sein Energon liquidieren. Der Stammesfürst, der sich mit Reichtum dem Luxus hingibt, verliert eines Tages sein Energon – wird vom Feind liquidiert. Bei größeren Unternehmen – und ebenso bei Staaten, deren Willensbildung nicht mehr in einem einzelnen Menschen oder Wenigen verankert ist, wird die Entwicklung ruhiger, weniger von den Einflüssen des angeborenen Erbes abhängig. Viele Menschen sind nun an der Effizienz des Energons, seiner Konkurrenzfähigkeit, seines Überlebens und Gedeihens interessiert, gleichen die auftretenden Wogen menschlicher Emotionen und Impulse durch Mehrheitsbeschlüsse aus.

Die Entstehung der großen industriellen Unternehmen der Produktion, der Dienstleistung und der Vermittlung hat notwendigerweise folgenschwere Auswirkungen. Erstens werden sie für manche Berufskörper zu übermächtigen Konkurrenten, deren Existenzbasis sie vernichten. Zweitens bauen sie sich weitgehend auf Dienstbarmachung von Berufskörpern auf – woraus sich ebenfalls erhebliche Interessenkonflikte ergeben.

Die erste Auswirkung ist nicht schwer zu überschauen – hat bereits in der Entfaltung der Vielzeller ihre Parallele. Der riesige Bartenwal lebt ebenso von Plankton wie die Sprotte, wie die Garnele – und trotzdem bestehen beide Energonarten nebeneinander fort. Großunternehmen können benötigte Produkte, Dienstleistungen und Vermittlungen bei Massenbedarf billiger und besser anbieten als Berufskörper. In diesen Bereichen werden sie übermächtig, radieren ihre kleineren Konkurrenten aus. Überall dort dagegen, wo individuelle Wünsche in Erscheinung treten und für deren Erfüllung angemessene Energieäquivalente geboten werden, geraten die billig produzierenden Riesenenergone ins Hintertreffen. Hinzu treten die Erscheinungsformen menschlichen Imponierverhaltens, welches dazu führen kann, daß teuere Ware der preiswerten vorgezogen wird. So ist der Entwicklungsweg in dieser Richtung ziemlich klar. Gleichartiger Grundbedarf, der in Massenproduktion befriedigt werden kann, wird zur Domäne der industriellen Riesenenergone. Dazwischen aber – wie die Garnelen zwischen den Bartwalen – bietet sich weiterhin für die kleineren selbständigen Berufskörper eine reelle Existenzbasis.

Die vielfach und dramatisch beschworene Einschränkung möglichen Wachstums auf unserem Planeten wird hier in Zukunft einschneidende Änderungen mit sich bringen. So lange die Menschheit von materiellen Werten hypnotisiert ist, so lange ihr glaubhaft gemacht werden kann, daß Zufriedenheit an quantitative Steigerung von Annehmlichkeit gebunden ist, werden industrielle Energone einen sicheren Markt haben. Eine sich noch steigernde Energiequelle erwächst selbst bei Sättigung der traditionellen Absatzgebiete in Regionen, denen die Industrialisierung, gekoppelt an eine Dienstleistungsgesellschaft, noch bevorsteht. Wendet sich dagegen das Blatt derart, daß qualitatives Wachstum zur Notwendigkeit und zum Ziel wird, dann werden die Berufskörper wieder den Erwerbsorganisationen ebenbürtig. Den Erbringern begehrter Einzelleistungen, besonders im Luxussektor mit Kunst, Muße und Sport erwächst dann eine sichere Erwerbsbasis – ja, erwachsen Erwerbschancen, die nur mit jenen zu vergleichen sind, die bis dahin Sicherheit, Grundbesitz, Kapital, Produktionsstätten und Know-how vermittelten.

Die zweite Auswirkung der Entstehung industrieller Erwerbsorganisationen zieht noch größere Konsequenzen nach sich. Für diese Riesenorgane ist jeder Mitarbeiter vom Generaldirektor bis zum Pförtner ein Funktionsträger und wird nach Beschaffungswert und Ersetzbarkeit kalkuliert. Sämtliche Vorteile, die Kapital und Verfügungsgewalt und damit verbundene Macht bieten, wirken sich hier besonders stark aus, indem der Mensch – wo überhaupt nur möglich – durch die emotionsfreie Maschine verdrängt wird. Dies führte sowohl auf Seiten der Energonbesitzer als auch der Funktionsträger – unabhängig von den Eigentumsverhältnissen – zur Bildung von starken Interessenverbänden, die ihre Auseinandersetzung im Ringen um Machtanteile offen oder versteckt austragen und auch die staatlichen Strukturen wesentlich beeinflussen.

Die Staaten

In der gesamten Evolution sehen wir über Vereinigung von Energonen neue, größere Energone von höherer Macht und Leistungsfähigkeit entstehen. Sämtliche Vielzeller sind Zellstaaten. Schon aufgrund ihrer Größe sind sie Einzellern überlegen. Diese mögen sich in einzelnen Lebensräumen behaupten, können sich jedoch in Potenz und Volumen mit den Vielzellern nicht messen. Ebenso sind Verbände von Vielzellern dem Einzelindividuum überlegen. Sowohl bei der Beutesuche als auch bei der Feindabwehr ist der Verband im Vorteil. Von einem Staat kann gesprochen werden, wenn in seinem Gefüge Arbeitsteilung stattfindet. Bei den Insektenstaaten ist dies verwirklicht. Die Arbeitsteilung geht hier längst nicht so weit wie bei den Körpern der Vielzeller, ist aber doch deutlich gegeben. Einige Individuen spezialisieren sich auf Nahrungserwerb, andere auf Abwehr, wieder andere auf die Fortpflanzung. Große Gemeinschaftsorgane des Schutzes werden gebildet – etwa bei den Termiten. Jede solche Organisation setzt Verhaltensregeln voraus – eine Verfassung, welche befolgt werden muß.

Bei den vielzelligen Körpern und bei den Insektenstaaten fungiert der in jeder Zelle enthaltene Genetische Code als derartige Verfassung. Bei diesen Staaten werden die Einheiten, aus denen sie sich zusammensetzen, nicht durch Verbandsführer gelenkt – es sind keine speziellen Funktionsträger der Staatsführung ausgebildet. Das für alle maßgebende Gesetz ist sowohl bei den Vielzellern als auch bei den Insektenstaaten in jeder Einheit enthalten, weist ihr Pflichten und Rechte zu.

Erst bei den Verbänden der höheren Wirbeltiere – etwa Affenrudeln – treten Funktionsträger der Verbandsführung in Erscheinung. Es sind die stärksten, klügsten Individuen, welche die Leitung der Gruppe übernehmen. Auch Führungskollektive – ähnlich einem Rat der Alten – gibt es hier bereits. Im übrigen jedoch ist im Rahmen dieser Verbände nur geringfügige Arbeitsteilung nachweisbar. Ihre Verfassung beruht nur zum Teil auf angeborenen Weisungen des Genetischen Codes, der bestimmte Instinktsteuerungen bewirkt. Zum anderen Teil gründet er sich auf Rangordnungsverhältnisse, die über individuelle Auseinandersetzungen zwischen den Verbandsangehörigen zustande kommen und deren jeweils gültiger Status in den einzelnen Gehirnen kodiert ist. Während die instinktiven Steuerungen gleichbleiben, unterliegt die Hierarchie der Führungsstruktur einer ständigen Dynamik und entsprechendem Wandel.

Bis zum Menschen kommt also der Bildung von Verbänden und Staaten nur die funktionelle Bedeutung einer Machtsteigerung zu. Durch die vom Menschen gebildeten künstlichen Organe, die mit dem Zellkörper nicht verwachsen sind, gewinnt die Bildung von Verbänden und Staaten eine zusätzliche Bedeutung. Über künstliche Organe – artifizielle Funktionsträger – können Energone mit total neuen Fähigkeiten entstehen. Nichtverwachsene Funktionsträger sind ablegbar, austauschbar, ermöglichen vielseitige Spezialisation. Sie müssen nicht selbst hergestellt werden, durch sie wird artungleiche Fortpflanzung möglich und vieles andere mehr. Diesen eminenten Vorteilen stehen jedoch auch schwerwiegende Auflagen und Beschränkungen gegenüber. Eben weil sie auch von anderen verwendbar sind, machen sie besondere Schutzeinrichtungen notwendig. Ihre Vorzüge können nur zum Tragen kommen, wenn sie im eigenen Besitz, in der eigenen Verfügbarkeit verbleiben – wenn sie also nicht geraubt werden. Für einen solchen Schutz gibt es jedoch praktisch nur eine funktionelle Lösung: den arbeitsteiligen Verband, nämlich den Staat. Nur innerhalb einer solchen Organisation können sich einige Individuen auf den Schutz der artifiziellen Funktionsträger spezialisieren, während die übrigen im so geschaffenen Sicherheitsraum ihren Spezialtätigkeiten nachgehen.

Alle vom Menschen gebildeten Verbände und Staaten erfüllen demnach eine doppelte Funktion. In ihrem Gefüge wird die Erwerbsfähigkeit der Individuen und der Gemeinschaft gesteigert und den Individuen wird höherer Schutz zuteil. Zweitens aber – und dies erweist sich als nicht minder bedeutsam – gewinnen die Individuen so die Möglichkeit, ihren Zellkörper durch zusätzliche, nichtverwachsene Funktionsträger zu erweitern und zu neuen Fähigkeiten zu gelangen. Jede Betrachtung der Struktur »Staat« muß im besonderen von dieser zweiten Funktion ausgehen. Die vom Menschen gebildeten artifiziellen Funktionsträger, Grundlage der dritten Phase der Energonentfaltung, machen den Staat schlechthin notwendig, determinieren seine zentralen Funktionen.

Es sind deren zwei. Die vom Menschen gebildeten Staaten müssen erstens feindliche Außenwirkungen abwehren – und zweitens die ihnen angehörenden Energone auch gegen Übergriffe seitens eigener Verbandskollegen – also gegen feindliche Wirkungen innerhalb des Staatsgebietes – abschirmen. Funktionsträger der äußeren Abwehr sind etwa Befestigungen gegenüber Nachbarstaaten sowie eine entsprechende Streitmacht – allenfalls an Land, auf den Gewässern und auch im Luftraum. Funktionsträger zum Schutz im Inneren des Staatsgebietes sind Polizei und Miliz – also eine

Exekutive, außerdem Funktionsträger, welche die Regeln der zu schützenden Ordnung festlegen: eine Legislative, und weitere, die im Konfliktfall entscheiden und allenfalls Strafen zumessen: die Judikative. Während die Abwehr nach außen hin bloß geeignete Waffen und eine entsprechende Führungsstruktur notwendig macht, ist für den Schutz im Staatsgebiet selbst eine weit komplexere Maschinerie notwendig. Besitz und Eigentumsrechte müssen genau definiert werden – eine Gesetzgebung ist unabdingbar. Für Konfliktschlichtung sind spezialisierte Einheiten nötig, welche die Gesetze auf den gegebenen Fall anwenden: also Recht sprechen. Und weitere spezialisierte Einheiten müssen vorhanden sein, um Rechtsübertreter zu fassen, sie zur Wiedergutmachung zu zwingen, ihnen entsprechende Bußen aufzuerlegen – sei es in Gestalt von Geldstrafe, Freiheitsbeschränkung oder Lebensentzug.

So wie überall bei den Energonen, können auch hier die Funktionsträger mehrere Funktionen ausüben. In der ursprünglichen Horde sorgten die Krieger auch für den inneren Schutz, und der Hordenführer mochte in einer Person Recht setzen und aburteilen. Je mehr jedoch der Verband zum Staat wird, um so deutlicher wird jede dieser Hauptfunktionen von darauf spezialisierten Einheiten vorgenommen: Der Schutz nach außen hin, die Festlegung von Rechtsnormen innerhalb des Staatsgebietes, ihre Durchsetzung und ihre Vollstreckung.

Dazu kommen noch zwei weitere wichtige Funktionsträger, ohne welche die übrigen nicht funktionsfähig sind. Erstens: eine eindeutige Führung, welche diese diversen Tätigkeiten koordiniert und kontrolliert. Zweitens: eine Organisation, welche die für alle diese Einheiten notwendigen Mittel von den Beschützten erhebt, ihre zielführende Verwendung veranlaßt und überwacht. Sieht man die Dinge so, dann sind die künstlichen Organe – Werkzeuge, Waffen, Bauwerke, Maschinen, Institute – mit einer ganz erheblichen Hypothek belastet. Sie eröffnen der Energonentfaltung total neue Dimensionen, machen aber auch recht komplexe und aufwendige Einrichtungen notwendig. In zentraler Eigenschaft erfüllen somit alle menschlichen Staaten – wie auch immer sie im einzelnen strukturiert sein mögen – ein und dieselbe, entscheidend wichtige, nicht anders zu bewältigende Aufgabe. Sie sind unabdingbare Voraussetzung für die dritte Evolutionsphase, in der Energone über artifizielle Funktionsträger zu immensen neuen Fähigkeiten gelangen – und so den Lebensstrom in Potenz und Volumen zu einem weiteren Anschwellen verhelfen.

Sind also Staaten Energone? Die nicht eben einfache Antwort lautet: ja.

Bereits jede Symbiose konstituiert, wie wir sahen, ein neues Energon höherer Ordnung. Der Einsiedlerkrebs, der sich die Seeanemone auf sein Schneckenhaus pflanzt, wird für diese zum Organ der Fortbewegung – während sie für ihn zum Schutzorgan wird. Ist die gemeinsame Bilanz günstiger als die Summe der getrennten Bilanzen – fördert der Zusammenschluß den Lebensstrom mehr als getrenntes Agieren –, dann ist die Gemeinschaft als Energon höherer Ordnung anzusehen. Der Einsiedlerkrebs ist weiterhin ein Energon – das bloß einen zusätzlichen Funktionsträger erwarb. Das gleiche gilt für die Seeanemone – auch sie bleibt ein Energon, erwarb ein zusätzliches Organ. Dessen ungeachtet ist jedoch die Gemeinschaft ebenfalls ein Energon. Der grundsätzlich gleiche Maßstab ist auch an vom Menschen gebildete Verbände anzulegen, besonders wenn sie seßhaft geworden sind und das von ihnen beherrschte Gebiet, ihre Zellkörper und ihre artifiziellen Funktionsträger schützen.

Wie dargelegt, ist sowohl Schutz nach außen nötig, als auch Schutz im Rahmen der inneren Ordnung. Die hierzu nötigen Funktionsträger sind Gemeinschaftsorgane, die nach diesem oder jenem Teilungsschlüssel von der Gemeinschaft finanziert werden und jedem der ihr angehörenden Menschen und den von diesen gebildeten Energonen dienen. Jedes einzelne bleibt ein Energon – das Schutzorgane hinzugewann. Trotzdem ist andererseits die Gemeinschaft als Energon nächst höherer Integrationsstufe anzusehen, wenn die Gesamtbilanz besser ist, als die Summe der Einzelbilanzen es wäre. Wenn also die Gemeinschaft dem Lebensstrom besser dient als die getrennte Aktion ihrer Glieder.

Damit wird keineswegs behauptet, daß die Staaten auf diese Weise entstanden sind. *Von der Energontheorie her ist von untergeordneter Bedeutung, wie Energone entstehen, wesentlich ist bloß, was das Entstandene vermag.* Das skizzierte Grundverhältnis zeigt nur den funktionellen Zusammenhang. Um es nochmals zu wiederholen: Die künstlichen Organe sind mit der Hypothek belastet, daß sie erhöhten Schutzes bedürfen – die Bildung des Gemeinschaftsorganes Staat ist die einzige praktikable Lösung dieses Problems. Seine Grundfunktion ist die, alle ihm angehörenden Energone nach außen hin und innerhalb des Staatsgebietes zu schützen. Notwendige Hilfseinrichtungen dafür sind zum einen eine zentrale Führung – die sich in zusätzlicher Funktion auch als Repräsentant beim Kontakt mit anderen Gruppen anbietet. Zum anderen ist eine Organisation zur Finanzierung und Kontrolle dieses Gemeinschaftsorganes nötig. Diese Minimalkonstruktion ist im extrem liberalen Staat des laisser faire laisser passer verwirklicht. Er ist bereits ein echtes Energon, jedoch minimal integriert. Die Verbandsteilnehmer – Menschen samt den von ihnen gebildeten Energonen und Luxusstrukturen – sind durch ein gemeinsames Schutzorgan aneinander gebunden. Es entlastet jedes seiner Glieder wesentlich, steigert deren Effizienz erheblich und wird von ihnen gemeinsam finanziert.

Höchst naheliegend ist, daß die Streitmacht zum Schutz nach außen hin in Doppelfunktion zum Erwerbsorgan des Verbandes wird, indem dieser in fremde Gebiete einbricht, dort herrschende Verbände beraubt, versklavt, die Reichtümer ihres Gebietes sich aneignet. In solchem Fall wird das Energon stärker integriert, erhält eine gemeinsame Erwerbsausrichtung. Der Kriegszustand erfordert verstärkte Arbeitsteilung, die Verteilung oder Nutzbarmachung der Beute wird zum funktionellen Problem. Daß in diesem Fall der Staatsführung – wie auch immer diese beschaffen sein mag – erhöhte Bedeutung zukommt, liegt auf der Hand. Da sie den Erwerbsakt, den Sieg vollbringt, ist sie dazu prädestiniert – und läßt es sich selten nehmen –, auf die Verteilung der Beute weitgehenden Einfluß zu nehmen. Menschliches Machtbedürfnis und Luxusstreben hat dann die Möglichkeit, sich besonders zu entfalten. Für die Beurteilung der Staatsstruktur ist indes nur wesentlich, daß das Gemeinschaftsorgan des äußeren Schutzes zum Gemeinschaftsorgan des Energie- und Stofferwerbs werden kann, was zu einer stärkeren Integration des Energons, zu einer Steigerung der Arbeitsteilung und zum Verlust von Freiheitsgraden der beteiligten Glieder führt. Zumindest während der Zeit des Erwerbsaktes, des Angriffskrieges, wird straffere innere Ordnung nötig. Das gleiche gilt selbstverständlich auch für den Fall der Abwehr eines Angriffes von außen. Abwehr- oder Angriffshandlungen des Verbandes führen notwendigerweise zu stärkerer Zusammenarbeit und Bindung. Der Staatsführung müssen vermehrte Rechte eingeräumt und entsprechend größere Mittel zugeführt werden.

Doch auch ohne kriegerischen Anlaß kann das Energon Staat zu erhöhter innerer Integration gelangen. Denn nicht nur für den Schutz nach außen und innen erweisen sich Gemeinschaftsorgane als zweckmäßig und von ökonomischem Vorteil, sondern auch in anderen für die Verbandsmitglieder wichtigen Belangen. Beispiele sind: Straßenbau, Wasserversorgung, Schutzdämme, Kanalisation, Postverkehr, Schulwesen, Forschung, Krankenhäuser, Altersfürsorge, Auslandsvertretung, Informationsdienste und vieles andere mehr. Je mehr solche Gemeinschaftsorgane freilich entstehen, um so größere Mittel müssen der staatlichen Struktur zugeführt werden. Um so größer wird die Wahrscheinlichkeit, daß private Interessen sich im Rahmen dieser Gemeinschaftsstruktur etablieren – besonders, wenn diese nicht länger in der Lage ist, den an sie gestellten Anforderungen gerecht zu werden. Entsprechend umfangreichere Kontrollen werden nötig – gleichwohl ob eine autoritäre Staatsführung oder eine Volksvertretung sie ausübt.

Der »Vollendete Staat« – der »Moderne Staat« –, wie ihn Jellinek und Krüger in ihren Allgemeinen Staatslehren genannt haben –, ist ein sehr weitgehend integriertes Energon, das einen möglichst perfekten Kompromiß zwischen den Interessen der Staatsbürger und ihres Staates darstellen. Freilich: der Staatsapparat soll nicht mehr kosten, als er leistet. Er soll den Energonen, die ihm angehören, optimale Existenzbedingungen bieten. Seine Verfassung und seine Gesetze sollen derart gestaltet sein, daß die divergierenden Einzelinteressen möglichst gerecht und für alle Beteiligten befriedigend berücksichtigt sind.

Daß innerhalb solcher Staatsgebilde erhebliche Interessenkonflikte auftreten, liegt auf der Hand. Sie mögen ideologischer Natur sein – also vom Menschen entwickelte Weltanschauungen betreffen. Die Hauptkontraste ergeben sich indes aus den Besitzverhältnissen – also daraus, über wieviel artifizielle Funktionsträger für Energonstruktur und Luxusstruktur der einzelne Mensch verfügt – also über welche Macht.

Anders liegen die Verhältnisse in solchen Staaten, die nicht Diener der Gemeinschaft, sondern deren Herr sind. Hier wird die Staatsstruktur zur Unterjochungsstruktur – und die Unterjochten werden zur Energiequelle des Gemeinschaftsorgans. Die Erträge fließen dann einem einzelnen zu, der die absolute Macht innehat. Oder sie fließen einer Kaste zu, einer Partei – oder einem siegreichen Staat, der den Besiegten über Tribute zur Erwerbsquelle macht. Von entscheidender Bedeutung ist, daß in jedem solchen Fall das zentrale Instrumentarium doch immer dasselbe bleibt – notwendigerweise. Wie auch immer der Staat im einzelnen strukturiert ist, wie auch immer der Haushalt erfolgt: Funktionsträger des Schutzes nach Außen und zur Aufrechterhaltung der Ordnung im Inneren – wie diese auch immer aussehen mögen – sind notwendig. Eine Koordination dieser Strukturen ist unabdingbar, ebenso ein Verwaltungsapparat zu ihrer Finanzierung und Kontrolle. In der dritten Evolutionsphase, die durch artifizielle Funktionsträger gekennzeichnet ist, kann eine Höherentwicklung ohne diese Grundstrukturen nicht stattfinden.

Den Körpern der Pflanzen und Tiere ist die Struktur des Zentralverwaltungsstaates am ähnlichsten, in dessen Rahmen größere private Energonbildung untersagt ist und bei dem der Staat selbst zum Großunternehmer wird, der alle seine Teile als Funktionsträger ansieht. Die Versorgung mit Gütern und Dienstleistungen, die sich in den marktwirtschaftlich orientierten Staaten nach Angebot und Nachfrage regelt, fällt hier unter die Aufgabe des Staates. Er muß auftretenden Bedarf ermitteln und diesen, soweit er ihn als funktionell berechtigt ansieht, befriedigen. Ebenso wie bei den Organismen der Körper alle seine Zellen versorgen muß, ebenso wie dort Größe und Beschaffenheit aller nötigen Organe von der Ausrichtung des Energons her diktiert sind – so beurteilt auch dieser Staat seine Teile als Organe. Daß hier individuelle Luxustendenzen, sofern sie nicht dem Gemeinschaftsinteresse dienen, unerwünscht sein müssen, liegt auf der Hand. So wie im pflanzlichen oder tierischen Körper funktionslose Bestandteile eine Bürde sind, wird auch hier jede Aktivität nur am Gemeinschaftsinteresse gemessen. Das größte Handicap für diesen Staat ist die dem Menschen angeborene Natur, die starke Tendenzen zur Bildung von Luxusstrukturen und zum eigenen, freien Energonbau beinhaltet. Wohl ist für den Menschen Unterwerfung unter ein Gemeinschaftsziel eine nicht zu unterschätzende Quelle für Glücksgefühle und Befriedigung. Doch durch das Einschränken individuellen Besitzstrebens wird die Eigeninitiative erheblich beeinträchtigt – zumal diese Staaten von der Funktion her einen übergewichtigen Verwaltungs- und Kontrollapparat benötigen.

Bei der Beurteilung der als Staaten bezeichneten Energone ist somit zu beachten, daß sich ihre Grundstruktur als notwendige Folge der mit den Zellkörpern nichtverwachsenen artifiziellen Funktionsträgern ergibt. Diese determinieren somit die für alle Staaten erforderliche Grundstruktur. In der weiteren Ausbildung treten dann Konflikte zwischen den Interessen des Menschen, der von ihm gebildeten Berufskörper, Erwerbsorganisationen und den Staaten, die Energone höherer Ordnung sind, in Erscheinung. *Jede der zahlreichen Staatsformen stellt einen augenblicklichen Gleichgewichtszustand zwischen divergierenden Interessen dar.* Durch Wahlen, Putsch, Rebellion, Revolution oder Unterjochung durch andere Staaten kann die innere Struktur dieses Energons sich ebenso schnell wie grundsätzlich verwandeln. Wesentlich ist, daß der funktionelle Kern dabei stets erhalten bleibt – da er durch die artifiziellen Funktionsträger determiniert ist. Selbst wenn es zu einer Weltregierung kommt, kann die Staatsstruktur nie überflüssig werden. Sowohl aufgrund der künstlichen Organe des Menschen als auch aufgrund seiner so außerordentlich divergierenden Einzelinteressen sind Staaten Voraussetzung für alle übrigen vom Menschen gebildeten Energone.

Daraus ergibt sich folgendes Resümee:

G Indem Menschen ihrem Zellkörper künstliche Organe anfügen, entstehen Energone höherer Leistungskraft – Berufskörper und Erwerbsorganisationen, die zusätzlich Luxusstrukturen bilden. Die räuberische Form des Energieerwerbes wird zunächst beibehalten, jedoch durch künstliche Umweltveränderung – Ackerbau und Viehzucht – wesentlich gesteigert. Grundeinheit der Verbandsbildung ist die genetisch erzwungene Partnerschaft der Familie. Im Rahmen einer sich immer mehr differenzierenden Arbeitsteilung kommt es zur Erwerbsform über Tausch, wobei das Geld zum Universalvermittler wird. Es entstehen Erwerbsorganisationen, in deren Gefüge Berufskörper zu Funktionsträgern werden. Eine weitere Steigerung und Beschleunigung der Entwicklung bringt der technische Fortschritt über Dienstbarmachung von Naturkräften durch Maschinen und Verfahren. Zum Universalvermittler wird hier die Elektrizität. In Energonen, deren Potenz und Volumen sich immer mehr steigert, werden die Interessen des Menschen – durch Auswechselbarkeit und Ersetzbarkeit bedingt – nachrangig. Die artifiziellen Funktionsträger – die künstlichen Organe – determinieren die allen Staaten gemeinsame Auflage, Schutz nach Außen und Ordnung im Inneren zu gewährleisten. Wesentliche Interessenkonflikte zwischen dem Menschen, seinen Energonen und den verschiedenen Staatsformen kennzeichnen die dritte Phase der Evolution, wobei Macht, Eigentum und Verfügungsgewalt im Zentrum der Auseinandersetzungen stehen.

IV. Das neue Denksystem – Strategische Umsetzung

Grob gesagt: Während wir wissen, daß alle Werte relativ zu etwas sind, wissen wir noch nicht, in Hinblick worauf sie relativ sind.

Friedrich August von Hayek (1972)

10. Das neue Denken

Die Energontheorie behauptet, daß die uns gewohnte und vertraute, auf dem Visuellen fußende Denkform nicht die einzig mögliche, ja nicht einmal die relevante ist, um uns eine realistische Betrachtungsweise des Lebensgeschehens und der Stellung des Menschen zu ermöglichen. Vielmehr fußt das gesamte Lebensgeschehen auf funktionellen Zusammenhängen, die der eigentliche Schlüssel zu seinem Verständnis sind.

Das aus der Energontheorie resultierende Denken stützt sich auf Begriffe, die nicht auf sinnfälligen Ähnlichkeiten beruhen, sondern rein vom Funktionellen her diktiert sind. Diese neue Denkform setzt ein beträchtliches Abstraktionsvermögen voraus und ist kein Ersatz für das konventionelle Denken als geeignetes Mittel zur Bewältigung des Alltags. Es ist ein zusätzliches, im Prinzip jedermann zugängliches Instrumentarium des Geistes. Die Energontheorie setzt Werte, die von der subjektiven Betrachtungsweise des Menschen unabhängig sind. Sie erblickt in dem als Leben bezeichneten Phänomen einen energetischen Prozeß besonderer Art, zeigt dessen Gesetze auf und schafft ein Begriffsgerüst, welches auf diesen Gesetzen fußt. Sie macht es möglich, sämtliche Erscheinungen des Lebens einschließlich aller menschlichen Leistungen nach gemeinsamen, relevanten Kriterien zu beurteilen.

Unser konventionelles Denken wurzelt im Visuellen. Hauptsinn des Menschen ist der Gesichtssinn, das Sehen: wir sind Augenwesen. Unser Gehirn, dessen Funktion es ist, die Sinneseindrücke derart zu verarbeiten, daß wir uns in der Umwelt zurechtfinden und in ihr zielführend agieren können, stützt sich somit in erster Linie auf das von unseren Augen Geschaute. Ergeben sich hier bei den wahrgenommenen Erscheinungen deutliche Übereinstimmungen, dann ordnet sie das Gehirn seit eh und je unter einen gemeinsamen Begriff. Was Stamm, Zweige und Blätter hat, wird unter dem Begriff »Baum« eingereiht und mit einer entsprechenden Wortbezeichnung versehen. Eine schnelle Fortbewegung, gleichwohl ob bei Tieren oder Menschen, wird unter dem Begriff »Laufen« zusammengefaßt. Alles, was unseren Augen aufgrund der Wellenlänge der empfangenen Strahlen einen gemeinsamen Eindruck vermittelt, wird ebenfalls zu einem Begriff – etwa »Rot«. Dergestalt bringt das Gehirn Ordnung in die uns umgebende Vielheit.

Dieser Vorgang setzte mit der Denkfähigkeit des Menschen ein und wurde durch das Vermögen zu sprechen wesentlich gefördert. Die Aufgabe, sich sprachlich zu verständigen, setzt mit Wörtern versehene Begriffe voraus – macht klare Abgrenzungen unumgänglich. Nur wenn der Sprechende und der Zuhörer – also Sender und Empfänger – das gleiche Wort, das gleiche Signal, mit derselben Vorstellung, mit demselben Begriff verbinden, kann Information übermittelt werden, kann der Zuhörende verstehen, was der Sprechende meint.

So stellt sich die menschliche Entwicklung – unter anderem – als ein sich ständig steigernder und vertiefender Begriffsbau dar. Durch Schrift und Vorgänge wie etwa Gesetzgebungen, Verfassungen, Verträge und Anweisungen wurde das Gehirn zu einer noch intensiveren Beschäftigung mit den entstandenen Begriffen gezwungen. Sie wurden präziser ausgefeilt, zu noch präziseren Werkzeugen der Verständigung und des Denkens, noch schärfer gegen nahe verwandte oder sich überschneidende Begriffe hin abgegrenzt. Der in erster Linie auf visuellen Eindrücken aufbauende Vorgang der Begriffsbildung und die ständige Verbesserung dieses Instrumentariums setzte sich kontinuierlich fort, bildete die Grundlage für praktisch alle menschlichen Leistungen. Die Wissenschaften teilten sich in abgegrenzte Bereiche. Die immer weitergehende Forschung führte zur Entstehung immer neuer Spezialgebiete, in denen wiederum – gemäß den jeweiligen Fragestellungen und Blickrichtungen – weitere neue Begriffe und Fachsprachen gebildet wurden. So stellt das heutige Denksystem des Menschen eine große, weitgehend geschlossene Einheit dar, deren historische Entwicklung kontinuierlich verlief.

Nachteil des visuellen Denksystems, dem wir alles bisher Erreichte verdanken, liegt nun darin, daß unser Gehirn Einheiten, die es als Begriffe zusammenfaßt und mit einer Wortbezeichnung versieht, subjektiv als etwas real Verschiedenes empfindet. Was unter den Begriff »Baum« eingeordnet wird und was unter den Begriff »Fabrik« fällt, erscheint dem Gehirn grundverschieden – eine Verwandtschaft dieser Identitäten somit absurd. Die Werkzeuge des Gehirnes – die Begriffe also – werden als Mosaiksteinchen einer so und nicht anders beschaffenen Wirklichkeit angesehen, als nicht nur berechtigte sondern unumstößlich einzige Form, die Erscheinungen der Welt zu bewerten, zu bewältigen und zu verstehen. Bei den Philosophen tauchten im Lauf der Geschichte nicht selten Zweifel auf, ob unser Denken, die Art unserer Begriffsbildung, nicht bei der Betrachtung der Welt unsere Beurteilung bestimmt. Das Denken des Menschen war wohl ständigen Änderungen, Umwertungen und Neuausrichtungen unterworfen – doch erwies es sich stets als möglich, diese mit dem konventionellen Denksystem zu bewältigen. Das Instrumentarium seiner Begriffe und dessen Grundlagen wurden nie ernsthaft in Mitleidenschaft gezogen.

Die heutige Zeit ist dadurch gekennzeichnet, daß der Mensch in der Flut der von ihm geschaffenen Begriffe gleichsam ertrinkt. Fachwissenschaftler einer Disziplin sind kaum mehr in der Lage, Vorgänge in benachbarten Gebieten oder in anderen Wissenschaftszweigen zu verfolgen, sie sich nutzbar zu machen. Ein Überblick über das Gesamtwissen erscheint unmöglich – die Kapazität menschlichen Geistes wird wegen der heutigen Begriffsflut überfordert. Im Alltag des menschlichen Lebens wirken sich diese Vorgänge dahingehend aus, daß der Mensch zu einem Spielball der von allen Seiten auf ihn einflutenden Informationswellen geworden ist. Sein Weltbild ist aus verschiedenen Bruchstücken zusammengesetzt – Gespräche und Debatten zeichnen sich weltweit dadurch aus, daß die Partner mit dem gleichen Wort höchst verschiedene Vorstellungen, also Begriffe verbinden.

Die Energontheorie erhebt den Anspruch auf den Nachweis, daß es eine grundsätzlich andere Art der Begriffsbildung gibt. Diese anderen Begriffe stützten sich nicht auf die unmittelbaren Sinneseindrücke, sie fassen andersartige Komplexe zusammen. Die Energontheorie postuliert, daß sich die Lebensentfaltung nach einem vom Funktionellen vorgezeichneten Grundschema vollzieht, notwendigerweise vollziehen muß, sich nur eben über dieses vollziehen kann. Die materiellen Strukturen sind gemäß dieser Auffassung nicht das eigentlich Wesentliche, sind nicht das Ziel des Prozesses Leben. Sie sind vielmehr Bestandteile einer energetischen Entfaltung, die sich nur über Strukturen mit besonderen Eigenschaften fortsetzen kann. Es handelt sich dabei um klar definierbare Gesetzmäßigkeiten. Diese Eigenschaften und ihre weiteren Auswirkungen sind das Essentielle – nicht die materiellen Strukturen, über die sie sich verwirklichen und die unseren Sinnen und unserem bewertenden Gehirn als das Wesentliche erscheinen.

Die Schwierigkeit, von dem einen in das andere Denksystem überzugehen, liegt besonders darin, daß wir auf die konventionellen Begriffe und deren Wortbezeichnungen als Verständigungsmittel angewiesen sind. Wer sich dieser Schwierigkeit bewußt ist, kann den Vorgang trotzdem vollziehen. Ist das gewohnte Denken in seine Schranken verwiesen, dann leistet es willigen und wertvollen Hilfsdienst, das neue, andere Begriffssystem zu entfalten. Letzteres muß von Grund auf neu aufgebaut werden, und die Miteinbeziehung gewohnter Begriffe, welche meist einen anderen Stellenwert erhalten, ist mit großer Vorsicht zu vollziehen. Im übertragenen Sinne gesprochen, handelt es sich nicht um einen Umzug von einem alten Haus in ein anderes, ähnliches, sondern in ein neu erstelltes.

Um den Vorgang, sich mit dem neuen Denksystem vertraut zu machen, zu erleichtern, werden in diesem Buch in Form eines Rasters Denkhilfen für alle Disziplinen geboten. Es handelt sich um eine Checkliste, die der strategischen Umsetzung eine Ausrichtung gibt. Sie basiert auf dem Grundkonzept der Energone, auf den für diese maßgebenden Funktionen.

Bei allen Betrachtungen steht im Vordergrund, daß ein in Potenz und Volumen sich steigernder Bewegungsvorgang nur über materielle Strukturen stattfinden kann, welche die dafür notwendigen Eigenschaften besitzen. Diese Strukturen werden Energone genannt – ein Begriff, der sich nicht auf Ähnlichkeiten stützt, die unsere Sinne uns melden, sondern auf eine von uns erkannte notwendige Wirkung. Dieselbe Struktur, die in einer Umwelt Energon ist, kann sehr wohl in einer anderen diese Qualifizierung nicht haben.

Es kommt auf ein ganz bestimmtes Passungsverhältnis zur Umwelt an, wobei dem Energieerwerb zentrale Bedeutung zukommt. Ein sich steigerndes energetisches Geschehen kann nur über Strukturen stattfinden, die mehr arbeitsfähige Energie in ihren Dienst zwingen, als ihre Gesamttätigkeit an solcher verbraucht. In manchen Fällen regelt sich der Energieerwerb geradezu von selbst – dann werden andere Leistungen zum limitierenden Faktor. *Das darf aber nie darüber hinwegtäuschen, daß die im Durchschnitt aktive Energiebilanz stets und ausnahmslos die für jedes Energon zentrale Eigenschaft ist.* Denn praktisch jede weitere für Energone benötigte Eigenschaft macht Energieausgaben erforderlich, stützt sich also bereits auf einen vorhandenen Überschuß.

Jede Energonanalyse muß somit von den beiden Grundfragen ausgehen, welche eine Standortbestimmung ermöglichen: Wie ist das Energon beschaffen, mit dem ich mich beschäftige – welches ist also sein Umfang, über welche Funktionsträger verfügt es? Und zweitens: Aus welcher Quelle wird Energie gewonnen? Bei jedem Energon determiniert die Energiequelle die Hauptelemente der Energonstruktur. Die Gestalt der Pflanzen ist in erster Linie durch die Aufgabe bestimmt, Sonnenenergie zu ge-

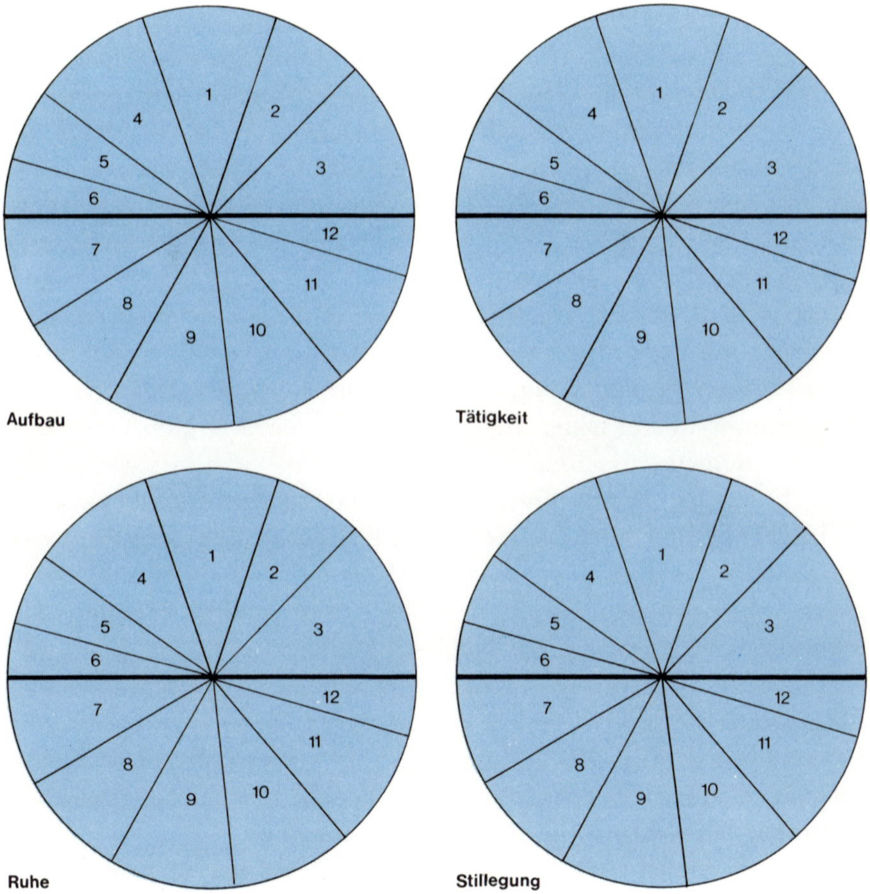

Abb. 26 Bewertungsgrundlagen für die Energonanalyse

Zur Bewertung jedes Energons und jedes seiner Funktionsträger sind die zwölf Hauptkategorien der Außen- und Innenfront heranzuziehen: in den Phasen für Aufbau, Tätigkeit, Ruhe und Stillegung, jeweils in Hinblick auf Kosten, Präzision und Schnelligkeit. Die Sektoren, hier nach gleichem Schema gezeichnet, gewinnen sehr verschiedene Werte

1 = Energieerwerb	5 = Nutzung	9 = Abstimmung
2 = Stofferwerb	6 = Glückssuche	10 = Erhaltung
3 = Strukturvermehrung	7 = Bindung	11 = Verbesserung
4 = Abwehr	8 = Koordination	12 = Funktionslose Einheiten

winnen, sich zum Diener zu machen. Die Gestalt der Tiere ist in erster Linie durch die Aufgabe bestimmt, an organische Substanz zu gelangen, an Beute und dieser durch Abbau der Molekularstruktur die darin enthaltene Energie zu entziehen, sich zum Diener zu machen. Die Gestalt der Energone, die vom Menschen geschaffen werden und über Tausch Energie erwerben, ist in erster Linie durch die Aufgabe bestimmt, einen bestehenden Bedarf derart zu befriedigen, daß vom Nachfrager Energie gewonnen, zum eigenen Diener gemacht wird.

Dann sind die weiteren für Energone relevanten Auseinandersetzungen mit der Umwelt zu prüfen. Materie in Gestalt von Rohstoffen oder bereits einsatzfähigen Funktionsträgern muß erworben werden. Denn nur über Einbeziehung immer neuer Materie in das energetische Geschehen kann dessen Volumen anwachsen.

Nächste Frage: Welche Steuerungen sind nötig, damit aus dieser Materie und der gewonnenen Energie weitere Energonstruktur aufgebaut werden kann? Sei es durch individuelles Wachstum des Energons, durch artgleiche Vermehrung, oder durch Bildung andersartiger Energone oder schließlich durch Bildung von Luxusstrukturen.

Weitere Fragen: Welche störenden oder feindlichen Umweltkräfte müssen abgeschirmt werden? Welche günstige, ja zur Zusammenarbeit bereite Umweltkräfte können zur Hilfestellung gewonnen werden? Und für den Fall einer Bildung von Luxusstrukturen: Welche zusätzlichen Anpassungen an die Umwelt machen sie zur Voraussetzung?

Bei allen diesen Auseinandersetzungen legen Umweltbedingungen weitgehend fest, welche Leistungen zu erbringen sind, um ihnen so zu entsprechen, daß die Effizienz des Energons gewahrt bleibt, ja sich steigert. Sehr oft mögen verschiedene materielle Strukturen oder Verfahren die gegebene Aufgabe erfüllen. Wesentlich ist in jedem Fall: Wieviel Energie muß aufgewandt werden? Wie präzise wird die Aufgabe erfüllt? Wie schnell wird sie erfüllt? Und jede dieser Fragen hat verschiedene Stellenwerte: in der Aufbauperiode der Energone, in deren Aktivitätsphasen, in deren Ruhephasen und in Phasen von Stillegung und Reduktion. Entscheidend wichtig ist weiterhin die Stellung innerhalb hierarchischer Systeme und die Analyse der sich daraus ergebenden Konflikte. Ebenfalls wichtig sind limitierende Faktoren und Polaritäten in der Ausrichtung.

Die Grundbegriffe, die sich aus der Energontheorie ableiten, gründen sich somit auf Probleme, denen *jedes* Energon gegenübersteht. Diese können durch äußerlich ungemein verschieden aussehende Strukturen bewältigt werden, doch sind visuelle Aspekte der Übereinstimmung nicht maßgebend. Die Begriffsbildung basiert vielmehr auf funktionellen Übereinstimmungen, welche für das Funktionsgefüge jedes Energons maßgebend sind. Aus ihnen setzt sich bei jedem Energon das innere Wertgerüst, aus dem sich Effizienz und Konkurrenzfähigkeit ergeben, zusammen.

Neben der Außenfront hat jedes Energon auch eine Innenfront. Ein sich steigerndes energetisches Geschehen kann nur stattfinden, wenn die Strukturen, die es fortsetzen, noch weiteren Anforderungen genügen, die im Rahmen ihrer inneren Organisation anfallen. So müssen – um es zu wiederholen – bei einem Energon alle Funktionsträger aneinandergebunden sein –, gleichwohl wie auch immer. Mancher zielführende Ablauf muß mit anderen koordiniert sein. Die Funktionsträger sollen sich gegenseitig möglichst wenig behindern, eher unterstützen. Einzelne Funktionen setzen Prioritäten. Jeder Funktionsträger muß in Umfang und Leistung auf das Energonganze hin abgestimmt sein. Die Funktionsfähigkeit der diversen Organe – wie auch immer beschaffen – muß erhalten bleiben, was Kontrollen, Regeneration, aber auch Zufuhr von Energie und Stoffen sowie Ableitung von Abfällen notwendig macht. Für den Konkurrenzkampf mit anderen Energonen ist es entscheidend wichtig, daß der Gesamtkörper möglichst wenige funktionslose oder funktionsarme Einheiten umfaßt – sie sind eine Bürde, eine Belastung. Und noch wichtiger ist es – im Individualinteresse und vor allem im Interesse des Lebensstromes –, daß Energone sich Umweltveränderungen anzupassen vermögen, daß es zu Verbesserungen ihrer Strukturen kommt.

All das macht weitere Funktionsträger nötig, bei denen die jeweils zu bewältigende Aufgabe weitgehend ihre Struktur determiniert. Auch hier ist von untergeordneter Bedeutung, wie diese Funktionsträger im einzelnen beschaffen sind und ihre Aufgaben verrichten. Was zählt, ist das Ergebnis, der Erfolg, die Leistung. *Nur dies* schlägt sich in der Bilanz nieder, beeinflußt Effizienz und Konkurrenzfähigkeit – entscheidet also darüber, ob die jeweilige Struktur geeignet ist, am betreffenden Raumzeitpunkt das sich steigernde energetische Geschehen, den Lebensstrom, fortzusetzen.

Handelt es sich um Energone, die der Mensch aufbaut, dann kommen weitere entscheidende Kriterien hinzu. Die von ihm gebildeten artifiziellen Funktionsträger – künstliche Organe – eröffnen der Energonbildung zahlreiche neue Möglichkeiten. Inwiefern diese wahrgenommen werden, ist zu prüfen. Sodann ist der Mensch durch sein angeborenes Erbe weitgehend festgelegt. *Die Motivationen seines Handelns unterliegen nur zum gerin-*

gen Teil seinem Intellekt, seiner Vernunft, seiner Einsicht. Zahlreiche Triebkräfte machen seinen Intellekt zum Diener, schreiben ihm Marschrouten vor. Wo also Menschen Energone bilden oder in solchen als Funktionsträger wirken, ist somit nachzuprüfen, welche Konsequenzen die erbliche Fixierung hat. Und ebenso zu prüfen sind die traditionellen, über Erziehung einfließenden Fixierungen. Bei solcher Beurteilung tritt dann auch die Divergenz der Interessen des Menschen gegenüber jenen der von ihm gebildeten Energone in den Vordergrund. Und ganz besonders die Divergenzen, die sich zwischen den Interessen des Menschen und jenen des Lebensstromes ergeben.

Das sich aus der Energontheorie ergebende neue Denksystem baut somit auf radikal anderen Grundbegriffen auf. Die zu bewertende Umwelt bleibt dieselbe. Aber das begriffliche Grundgerüst der Bewertung basiert auf anderen Gemeinsamkeiten und Übereinstimmungen. Es schafft somit andere Geisteswerkzeuge, um zu Einsichten, Erkenntnissen und Entscheidungen zu gelangen. Das nachfolgende Raster von Grundfragen soll nicht mehr als eine Denkhilfe sein, wie praktisch vorzugehen ist, um nach dem neuen Begriffssystem Energone und ihre Funktionsträger zu beurteilen, wobei Unternehmen und Organisationen im Vordergrund stehen.

11. Praktische Anleitung

Gehen wir davon aus, daß bei allen Phänomenen des Lebens die materiellen Strukturen von sekundärer Bedeutung sind, von primärer Bedeutung dagegen die zu erfüllenden Aufgaben, dann ergeben sich von der Sache und der Person her zwei Grundfragen, die weitere entsprechende Detailfragen nach sich ziehen:

Erstens: *Welches ist die Energiequelle des untersuchten Energons?*

Zweitens: *Aus welchen Funktionsträgern setzt sich das untersuchte Energon zusammen?*

Diese beiden Grundfragen gelten nicht nur für alle Pflanzen und Tiere, sondern ebenso für alle vom Menschen gebildeten Strukturen, also Berufskörper, Erwerbsorganisationen samt Luxusstrukturen. Und zwar gleichwohl wo auf der Welt sie sich befinden, welche Größe sie haben, über welche Potenz sie verfügen, in welchem Abhängigkeitsverhältnis sie stehen: kurz, wie auch immer ihre ökonomische, politische und soziale Einbettung sich darstellt. Das gilt somit für jeden Berufstätigen, für alle Unternehmen, für alle Organisationen in Wirtschaft, Wissenschaft und Verwaltung. Es gilt auch für das Energon Staat in seiner Gesamtheit und alle Bereiche der gesellschaftlichen Sphäre. Ausnahmslos ist also zu fragen: Woher stammt die für eine Struktur oder einen Vorgang notwendige Energie? Zu beachten ist: Bei allen Energonen determiniert die Energiequelle die Hauptelemente der sie erschließenden Struktur. Die Eigenart der Beute steuert das Verhalten des Räubers, die menschlichen Bedürfnisse steuern das Verhalten der Anbieter. Und dies gilt auch für den Staat.

Bei jeder Beurteilung eines Energons oder einer Luxusstruktur ist in erster Linie wichtig, wie potent, wie voluminös, wie permanent und konstant die Energiequelle ist. Über welche Verfahren an sie heranzukommen ist und wie sie erschlossen werden kann (Satz 13). Hier wie bei jeder anderen notwendigen Funktion kommt es nicht auf das Erscheinungsbild und das Verhalten der erschließenden Struktur an, sondern auf das innere Wertgerüst von Kosten, Präzision und Schnelligkeit (Satz 9 – 11). Dieses

Wertgerüst bildet gleichsam das Netz, in welchem sich der Wert eines jeden Erwerbsvorganges einfangen läßt – also seine Effizienz und Konkurrenzfähigkeit. Sowohl selbständig wirkende Energone werden dadurch betroffen wie auch jede abhängige Einheit. Erfüllt sie nicht die von ihr geforderte Aufgabe, dann wird ihr früher oder später die Existenzgrundlage entzogen. Sie ist dann nicht mehr in der Lage, eine Energiequelle zu erschließen (Satz 24). Bei jeder Berufstätigkeit und bei jeder Unternehmung ist somit als erstes die doppelte Problematik in Angriff zu nehmen: Über welche Fähigkeiten und Fertigkeiten verfügt das Energon? Und wo lassen sich diese derart einsetzen, daß vom Resultat her eine positive Energiebilanz zustande kommt?

Was den Umfang des untersuchten Energons betrifft, so ist diese Frage bei den vom Menschen aus artifiziellen Funktionsträgern gebildeten Strukturen weit schwieriger abzuklären als bei den festverwachsenen Zellkörpern der Tiere und Pflanzen. Grundsätzlich ist zu unterscheiden zwischen dem ständig zur Verfügung stehenden Instrumentarium – der Betriebsstruktur schlechthin – und den nur zeitweise gemieteten Einheiten, die sich statistisch ebenfalls in der Bilanz niederschlagen. Die Abstimmung zwischen diesen beiden Komplexen ist aufgrund des immer rascher fluktuierenden Marktgeschehens eine äußerst wichtige Komponente im Daseinskampf. Die meisten Staatsstrukturen zeichnen sich durch einen relativ hohen Anteil von permanent gebundenen Funktionsträgern aus. Das gleiche gilt für große Wirtschaftsgebilde, die zur Gütererzeugung hohe Investitionen notwendig machen, die umfangreiche Funktionsträger als ständigen Bestand an sie binden. Hohe Flexibilität verbindet sich bei ihnen mit geringer Immobilität.

Um im einzelnen festzustellen, über welche Funktionsträger ein Energon verfügen muß, sind seine notwendigen Ausrichtungen an der Außen- und Innenfront zu überprüfen und in den einzelnen Sektoren nach Zentralproblemen, Belastungen, besonderen Anforderungen und Schwachstellen zu suchen. Dabei ist als Hauptkriterium im Auge zu behalten, daß nicht Funktionsträger sondern Funktionserfüllungen im Zentrum der Betrachtungen zu stehen haben (Satz 6). Es darf auch nicht außer acht gelassen werden, daß Funktionsträger sehr wohl mehr als eine Funktion erbringen können – auch in völlig verschiedenen Sektoren ihrer Außen- und Innenfront (Satz 26). Für die Beurteilung von Energonen ist die Untersuchung aller ihrer Hauptausrichtungen notwendig. Die Reihenfolge kann nach praktischen Gesichtspunkten beliebig erfolgen, doch ist es zweckmäßig, mit den Sektoren der Außenfront zu beginnen.

Drittens: Welche Funktionsträger dienen dem Energieerwerb und wie sollten sie zweckmäßigerweise beschaffen sein? Hier ist zwischen den unmittelbar wirksamen und zusätzlich notwendigen Hilfseinrichtungen zu unterscheiden. Präzision der Funktionsträger richtet sich weitgehend nach den Polaritäten in der Ausrichtung (Satz 35). Von wesentlicher Bedeutung sind die Möglichkeiten der Kooperation (Satz 36). Von negativem Einfluß sind limitierende Faktoren, wie sie etwa durch Auflagen des Staates oder Einflußnahme von Sozialpartnern aber auch durch klimatische und geopolitische Umstände gegeben sind (Satz 37).

Viertens: Welche Funktionsträger dienen dem Stofferwerb, wie müssen sie gestaltet sein und wie müssen sie agieren? Wie weit ist der Erwerb von Grundstoffen notwendig und zweckmäßig – inwiefern können Funktionsträger bereits fertiggestellt und gebrauchsfertig erworben werden? Welche Funktionsträger in Gestalt von Mitarbeitern, Einrichtungen und Maschinen müssen gewonnen werden? Welche Bezugsquellen bieten sich in Gegenwart und Zukunft an, welche der Vergangenheit lassen sich reaktivieren? (Satz 14)

Fünftens: Welche Funktionsträger sind zur Strukturvermehrung erforderlich und wie müssen sie zweckmäßigerweise beschaffen sein? Welches ist die optimale Energongröße und welches sind die Minimalanforderungen für Wachstum? Wie kann das Energonvolumen über weitere Gründungen, Inkorporationen und Fusionen noch gesteigert werden? Welches sind die hierzu wichtigsten Steuerungen? (Satz 15)

Sechstens: Welchen störenden und feindlichen Umweltkräften ist das Energon konfrontiert? Wie kann es diese am billigsten, präzisesten oder schnellsten abwehren, welcher dieser Parameter hat jeweils Priorität? Welche Bedeutung haben Klima sowie politische, ökonomische und soziale Gegebenheiten? Welche störenden und feindlichen Einflüsse können im inneren Gefüge entstehen? Welches sind die Hauptelemente der Konkurrenz? (Satz 16)

Siebentens: Welche fördernden oder zur Mitarbeit bereiten Umweltkräfte können dem Energon nutzbar gemacht, also mit in den Funktionsdienst überführt werden? Wo gibt es parallellaufende Interessen? Welche Tendenzen menschlichen Verhaltens müssen angesprochen werden? Welche feindlichen Einwirkungen können in Verbündete umfunktioniert werden? (Satz 17)

Achtens: Welche Luxusstrukturen können dem Energon dienen, wie müssen diese beschaffen sein? Wie kann menschlichem Glücksstreben so entsprochen werden, daß das Energon zu höheren Leistungen gelangt? Wie weit muß sich der Führungsstil nach diesen Tendenzen richten, wo beginnen sie, das Energon, seine Abwehrkraft und innere Bindung zu gefährden? (Satz 18)

Neuntens: Über welche Funktionsträger der inneren Bindung muß das Energon verfügen und wie üben diese ihre Wirkungen aus? Wie können Bindungen verbessert werden, wie müssen sie gepflegt werden und wo beginnen sie eine Belastung darzustellen? Gibt es für schwer zu bindende Einheiten funktionellen Ersatz? (Satz 19)

Zehntens: Welche Leistungen der Koordination von Bewegungsabläufen und Prozessen muß das Energon erbringen, welche Funktionsträger sind dazu nötig? Was ist zentralistisch, was föderalistisch zu steuern? Welche Aufgaben sind zu delegieren, wie sind die Kompetenzen abzugrenzen, welche Kontrollen haben zu erfolgen? Wie sind Fehleinschätzungen zu verhindern? (Satz 20)

Elftens: Welche Maßnahmen sind notwendig, um eine bestmögliche Abstimmung der Funktionsträger zu erreichen? Wo treten Funktionskonflikte auf, welche Funktionsträger der Abschirmung sind nötig? Welches ist die für Funktionsträger notwendige Größe, welches ihre notwendige Präzision? Wo sind Prioritäten zu setzen, wo gibt es Engpässe und Schwachstellen? Welche Elemente menschlichen Verhaltens müssen aktiviert werden, welchen ist entgegenzuwirken, um die innere Reibung zu minimieren? (Satz 21)

Zwölftens: Welche Anstrengungen sind notwendig, um die Funktionskraft des Energons und aller seiner Funktionsträger aufrecht zu erhalten? Welche Pflege muß erfolgen, mit welchen Reparaturen muß gerechnet werden? Wo müssen Energie und Stoffe zugeführt, wo Rückstände beseitigt werden? Wie sind Überbelastungen zu vermeiden? Welche Reserven an Material und Kapital müssen vorhanden sein? Welche Vorsorgen sind für den Fall des Ausscheidens qualifizierter Mitarbeiter zu treffen? (Satz 22)

Dreizehntens: Wie kann das Energon seine Leistungsfähigkeit durch Änderungen in Struktur und Verhalten steigern? Wie müssen Funktionsträger beschaffen sein, um Verbesserungen herbeizuführen? Inwiefern können andere materielle Strukturen benötigte Funktionen erbringen? Wie kann mit geringerem Stoffaufwand und bei geringerem Einsatz an Mitarbeitern ein gleiches oder besseres Ergebnis erzielt werden? Wo blockiert eingefahrenes Denken den Fortschritt? (Satz 23)

Vierzehntens: Durch welche funktionslosen oder funktionsarmen Einheiten ist das Energon belastet? Welche Maßnahmen sind notwendig, um solche aufzuspüren, welche Möglichkeiten sind gegeben, sich ihrer zu entledigen? Wie sind daraus resultierende Widerstände zu überwinden? Wie können nicht abstoßbare Teile an anderer Stelle das Funktionsgefüge fördern? (Satz 24)

Fünfzehntens: Wie kann die Leistungskraft des Energons durch Änderungen in der Funktionsverwirklichung gesteigert werden? Wo sind Überlastungen durch Funktionsüberbürdung gegeben? Wo kann über Funktionszusammenlegung rationalisiert werden, wo ist einer Funktionsstreuung der Vorzug zu geben? Wo ist Funktionsteilung zweckmäßig? Wo ist Funktionsabbau am Platz? (Satz 25 – 32)

Sechzehntens: Wie kann das Energon negativer Auslese entgegenwirken und in den Genuß positiver Auslese gelangen? Wie kann es die Energiequelle, welche es erschließt, aktiv beeinflussen? Wohin führt im Wettbewerb gesteigerte Präzision, wohin führen geringere Kosten, wo hilft Schnelligkeit zum Überrunden von Konkurrenten? Wo besteht die Gefahr, daß Beschleunigung in der Effizienzsteigerung letztendlich zum Bilanznachteil wird? Wo können sich erlittene Einbußen in Vorteile für das Energon verwandeln? (Satz 33)

Siebzehntens: Wo gerät das Energon durch limitierende Faktoren in eine Sackgasse oder an einen Engpaß? Wo sind in seinem Gefüge die jeweils schwächsten Punkte, die seinen Fortschritt hemmen? Wie sind diese zu ermitteln und in der richtigen Reihenfolge aufs Korn zu nehmen? Wo besteht die Möglichkeit, daß Nebenwirkungen zu Hauptwirkungen und damit zur ernsten Gefährdung für das Energon werden? (Satz 34)

Achzehntens: Wo hat sich das Energon innerhalb der Polaritäten möglicher Ausrichtungen einzuordnen? Inwiefern ist Spezialisierung am Platz, wo ist Diversifizierung von Vorteil? Wie kontinuierlich sind die Erwerbschancen, gibt es einen konstanten Grundbedarf? Inwiefern beeinflussen Energongröße und die Zahl seiner Funktionsträger die Anpassungsfähigkeit? Wie weit legen Zeit, Raum und Entfernung die Entwicklungsrichtungen fest? (Satz 35)

Neunzehntens: Welche Möglichkeiten der Kooperation stehen dem Energon offen? Wie kann es im hierarchischen Stufenbau der Energone vorteilhafte Partnerschaften eingehen? Wie können Ausgaben für einzelne Funktionen durch Partnerfindung vermindert werden? Wann werden Einbußen, die sich aus Kooperation ergeben, größer als ihre Vorteile? Wie halten sich die Chance der Verläßlichkeit und das Risiko des Ausbrechens aus der Partnerschaft die Waage? Wie steht es um die Transparenz der Energonpartner? (Satz 36)

Zwanzigstens: Welche Interessenkonflikte belasten das Energon, wieweit und über welche Maßnahmen können diese neutralisiert werden? Auf welche Lebensdauer ist das Energon anzulegen? Wo hat Erfahrung gegenüber Ideenfindung und Neuerung den Vorzug? Wo ist ästhetischer gegenüber kommerzieller Wertung der Vorrang einzuräumen? Inwiefern werden menschliche Bindungen für Energone eine Gefahr? (Satz 37)

Einundzwanzigstens: Wie weit ist das Energon autark, in welchen Bereichen ist es erhöht umweltanfällig? Inwiefern ist sein Schicksal an Konstellationen geknüpft, auf die es keinen oder nur schwachen Einfluß hat? Wie kann es auf indirektem Weg erreichen, was auf dem direkten Weg sich nicht realisieren läßt? Wie weit muß die Absicherung gegen Zufallswirkungen gehen? Wo ist klare Ausrichtung, wo komplexe Vernetzung von größerem Vorteil (Satz 38)?

Zweiundzwanzigstens: Wie kann das Energon die für seine Tätigkeit relevanten Umweltbedingungen durch aktive Einflußnahme zu seinem Vorteil verändern? Wo gibt es fluktuierende Nachfragen, die sich kanalisieren lassen? Wie lassen sich eigene Interessen über ganz andere, fremde Interessen durchsetzen? Wie kann über kulturelle Einwirkung eine Steigerung der Leistungsfreude erreicht werden? *Wie kann die Energontätigkeit so ausgerichtet werden, daß sie bei eigenem Vorteil menschliche Entfaltungsmöglichkeit nicht vermindert, sondern erhöht? (Satz 39)*

Das Begriffssystem der Energontheorie ist keineswegs auf den politischen und wirtschaftlichen Bereich beschränkt. Die menschliche Entfaltung in Bereichen wie Kultur, Zivilisation und Kunst und die Belange des Alltagslebens lassen sich nahtlos in das Begriffssystem der Energontheorie einbeziehen. Dieses erlaubt die Analyse und Bewertung jeder Struktur oder Bewegung, die Aufgaben erfüllen. Jede solche Einheit – in den Dimensionen Raum und Zeit – kann ebenso als Funktionsträger wie auch als abhängiges Energon betrachtet werden. Es tauscht gleichsam für seine Leistung alle für seine Existenz notwendigen Leistungen ein. Die Gesetze der Energone, die den Prozeß Leben bedingen, gelten für alle Erscheinungen dieser energetischen Manifestation.

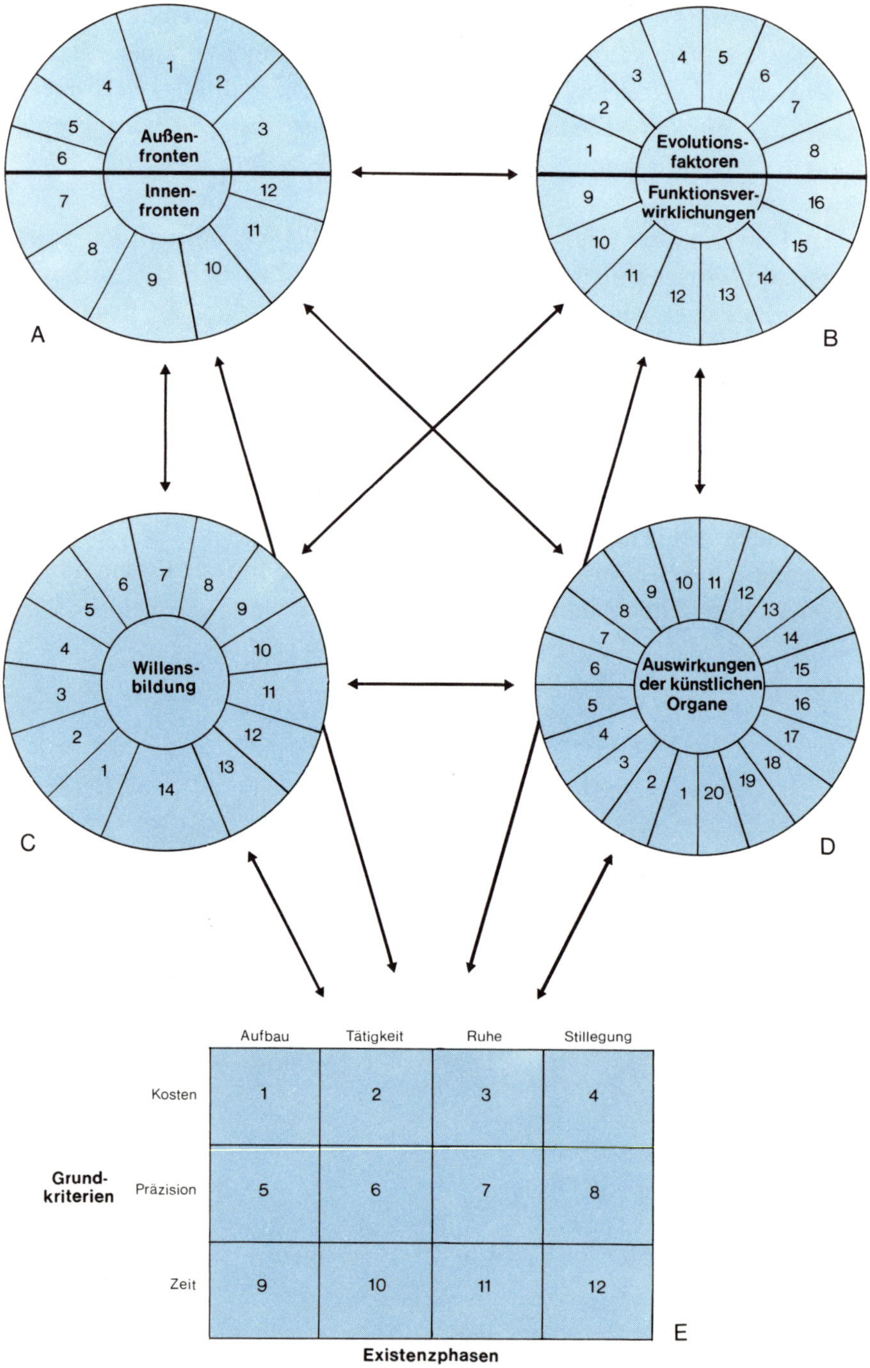
Außen-
fronten
Innen-
fronten
A
Evolutions-
faktoren
Funktionsver-
wirklichungen
B
Willens-
bildung
C
Auswirkungen
der künstlichen
Organe
D
Aufbau
Tätigkeit
Ruhe
Stillegung
Kosten
Präzision
Zeit
Grund-
kriterien
E
Existenzphasen

Abb. 27 Schematische Übersicht über die beim menschlichen Energonbau zu berücksichtigenden Hauptfaktoren

A. Außenfronten und Innenfronten
1: Energieerwerb, 2: Stofferwerb, 3: Strukturvermehrung, 4: Abwehr, 5: Nutzung, 6: Luxus, 7: Bindung, 8: Koordination, 9: Abstimmung, 10: Erhaltung, 11: Verbesserung, 12: Funktionslose Einheiten.
B. Evolutionsfaktoren und Funktionsverwirklichungen
1: Selektion, 2: Limitierende Faktoren, 3: Polaritäten, 4: Kooperation, 5: Wertkonflikte, 6: Vernetzung, 7: Manipulation, 8: Epiphänomene, 9: Funktionsgeburt, 10: Einzel- und Mehrfunktion, 11: Erweiterung und Wechsel, 12: Überbürdung und Teilung, 13: Streuung und Konzentration, 14: Besserung und Neuerung, 15: Abbau; 16: Spiralprozesse.
C. Komponenten menschlicher Willensbildung
1: Nahrungstrieb, 2: Sicherheitstrieb, 3: Neugiertrieb, 4: Geschlechtstrieb, 5: Brutpflegetrieb, 6: Gemeinschaftstrieb, 7: Aggressionstrieb, 8: Imponiertrieb, 9: Schönheitstrieb, 10: Nachahmungstrieb, 11: Ordnungstrieb, 12: Besitztrieb, 13: Nebentriebe, 14: Einsicht.
D. Auswirkungen der künstlichen Organe
1: Ablegbarkeit, 2: Austauschbarkeit, 3: Kollektivnutzung, 4: Fremdherstellung, 5: Baumaterial, 6: Rezeptbildung, 7: Belastung, 8: Fremdenergie, 9: Gemeinschaftsorgane, 10: Fremdpflege, 11: Artwandel, 12: Informationstransfer, 13: Verwandlung, 14: Sinnesausweitung, 15: Durchdringung, 16: Transferierbarkeit, 17: Potenzierung, 18: Leistungserwerb, 19: Luxus, 20: Liquidierbarkeit.
E. Grundkriterien in den Existenzphasen
1, 5, 9: Aufbauphasen, 2, 6, 10: Tätigkeitsphasen, 3, 7, 11: Ruhephasen, 4, 8, 12: Stilliegephasen. 1–4: Kosten, 5–8: Präzision, 9–12: Zeitaufwand.
Die Grundkriterien in den vier Existenzphasen (E) sind bei sämtlichen Hauptfaktoren (A–D) zu berücksichtigen. Außerdem stehen die Hauptfaktoren untereinander in Wechselwirkung. Das Schema zeigt gleichzeitig die Hauptkategorien des von der Energontheorie entwickelten neuen Begriffssystems.

12. Zusammenfassung von Lebensgesetzen und Evolutionsverlauf

1. Im Gegensatz zu allen übrigen energetischen Manifestationen, deren Fähigkeit, Arbeit zu leisten, sich bei Umwandlungen und Auseinandersetzungen vermindert, stellt der Lebensprozeß einen Vorgang dar, dessen Volumen und Potenz sich seit seinem Einsetzen vor vier Milliarden Jahren stetig steigert. Die Gesamtheit der dieses Geschehen tragenden Materie und aller sie ausmachenden energetischen Umsetzungen wird Lebensstrom genannt.

2. Ein in Potenz und Volumen anwachsender Vorgang kann nur über raumzeitliche Strukturen stattfinden, die in zentraler Eigenschaft mehr arbeitsfähige Energie aus der Umwelt gewinnen und sich dienstbar machen, als ihre Gesamttätigkeit an solcher verbraucht. Jede Struktur, die dies vermag, wird als Energon bezeichnet. Auch in aller Zukunft und allerorts im Universum kann – sofern die bestehenden Naturgesetze erhalten bleiben – ein solcher Vorgang stets nur über Energone stattfinden.

3. Die Energone umfassen Pflanzen, Tiere, Berufskörper und Erwerbsorganisationen nebst Luxusstrukturen. Der Energonbegriff ist relativ. Eine Struktur kann sich in einer Umwelt als Energon erweisen, in einer anderen dagegen nicht. Jedes Energon ist durch ein Passungsverhältnis zur Umwelt gekennzeichnet, das ihm die Fähigkeit, den Lebensstrom fortzusetzen und zu steigern, gibt.

4. Sämtliche Lebewesen einschließlich des Menschen und der von ihm künstlich gebildeten Strukturen sind funktionelle Bestandteile einer energetischen Entfaltung. Der Mensch und die übrigen Lebewesen sind nicht Ziel und Zweck dieses Vorganges, sondern dessen Voraussetzung.

I. Hauptsatz

Der Lebensprozeß, ein sich in Volumen und Potenz steigerndes energetisches Geschehen, kann sich nur über Strukturen mit positiver Energiebilanz, die Energone, fortsetzen. Diese sind nicht Ziel und Sinn des Vorganges, sondern dessen Voraussetzung – sie sind nicht Zweck, sondern Mittel und damit Ursache. Die Struktur der pflanzlichen und tierischen Körper setzt sich in den vom Menschen gebildeten Berufskörpern und Erwerbsorganisationen samt Luxusstrukturen fort.

5. Stehen zwei Energone – wie auch immer sie aussehen mögen – im Konkurrenzkampf und sind sie einander in allem gleich, ist jedoch das eine durch funktionslose Einheiten belastet, dann hat das andere einen Vorteil.

6. Jedes Energon ist ein Funktionsgefüge, die Funktionsträger sind Erfüllungsgehilfen benötigter Funktionen. Für jedes Energon – gleichwohl, aus wievielen Einheiten es besteht – sind somit die Funktionen das Primäre, die Funktionsträger das Sekundäre.

7. Für sämtliche Energone ist es unerheblich, ob ihre Funktionsträger fest mit ihnen verwachsen sind oder nicht. Erheblich dagegen ist, daß sie alle die von ihnen benötigten Leistungen erbringen.

8. Für Energone ist es bedeutungslos, woraus ihre Funktionsträger bestehen, vorausgesetzt, daß diese die von ihnen benötigte Leistung erbringen.

9. Für alle Energone ist Art und Weise, wie ihre Teile zustande kommen, ohne Belang. Gemessen werden diese ausschließlich am Resultat, das sich bewähren muß und das Energon konkurrenzfähig macht.

10. Im Kampf um eine aktive Energiebilanz obsiegen – bei sonstiger Leistungsgleichheit – jene Energone, denen ihre Funktionserfüllungen die geringsten Energieausgaben verursachen.

11. Präzision in der Funktionserfüllung steigert – bei sonstiger Leistungsgleichheit – die Konkurrenzfähigkeit der Energone, sofern sie nicht das Maß des Benötigten überschreitet.

12. Bei sonstiger Leistungsgleichheit obsiegt im Konkurrenzkampf jenes Energon, dessen Funktionsabläufe in der Dimension Zeit dem Wirkungsoptimum am nächsten sind. Meist ist Schnelligkeit von Vorteil, doch gibt es auch Funktionen, bei denen langsamer Ablauf am besten zum Ziel führt. Schnelligkeit kann die entscheidende Komponente im Wertgerüst darstellen – und ist andererseits jene Komponente, welche in bestimmten Fällen total vernachlässigt werden kann.

II. Hauptsatz

Die Energone stellen Funktionsgefüge dar, die durch ein ihnen gemeinsames, sinnlich nicht wahrnehmbares, doch meßbares Wertgerüst gekennzeichnet sind. Sie bestehen aus Funktionsträgern, bei denen es unerheb-

lich ist, welche Gestalt und welches Verhalten sie aufweisen, aus welchem Material sie bestehen, ob ihre Teile fest aneinandergefügt sind und auf welche Weise diese zustande kommen. Erheblich ist dagegen, welche Kosten sie verursachen, mit welcher Präzision sie ihre Funktion ausüben und mit welcher Schnelligkeit diese erfolgt. Die Parameter von Kosten, Präzision und Schnelligkeit sind in Phasen des Aufbaues, des Erwerbes, der Ruhe und bei Stillegung von unterschiedlichem Einfluß auf Effizienz und Konkurrenzfähigkeit.

13. Die Energiequelle bestimmt darüber, wie die zu ihrer Erschließung notwendigen Funktionsträger beschaffen sein müssen. Bei Pflanzen ist es das Sonnenlicht, bei Tieren und Menschen ist es organische Struktur, bei Berufskörpern und Erwerbsorganisationen ist es der Markt als Sammelbegriff aller bestehenden Nachfrage.

14. Jedes Energon muß zur Aufrechterhaltung seiner Struktur sowie für Wachstum und Bildung weiterer Energone Stoffe aus der Umwelt gewinnen. Gestalt und Tätigkeit der dafür zuständigen Funktionsträger werden von der jeweils zu erschließenden Stoffquelle bedingt, geprägt und gesteuert.

15. Jedes Energon ist Diener des Lebensstromes, woraus ihm Auflagen erwachsen, die ihm nicht unbedingt individuell dienen. Eine solche ist, daß der Lebensstrom nur anwachsen kann, wenn die Energone anwachsen und sich artgleich oder artungleich vermehren, beziehungsweise Luxusstrukturen bilden. Die dazu notwendigen Funktionsträger sind solche der Steuerung und der Ausführung dieser Steuerung. Ihre raumzeitliche Struktur – also Gestalt und Verhalten – wird durch diese an sie gestellte Aufgabe bedingt, geprägt und gesteuert.

16. Die Energone sind mannigfach störenden und feindlichen Umwelteinflüssen ausgesetzt, welche ungezielt oder gezielt ihren Bestand gefährden und ihre Tätigkeiten in Frage stellen. Zu ihrem Bestehen müssen sie über Funktionsträger verfügen, welche diese Einflüsse abwehren, abschwächen oder neutralisieren. Form und Aktionsweise dieser Einheiten sind durch die Beschaffenheit der jeweils abzuwehrenden Störungen und Feinde bedingt, geprägt und gesteuert.

17. Den Energonen bietet sich die Chance, fördernde und freundliche Umweltkräfte in Diener zu verwandeln, welche ihnen eigene Anstrengungen ersparen oder ihnen zu spezialisierten Leistungen verhelfen, die sie sonst nicht erbringen könnten. Um in den Genuß solcher Hilfsdienste zu

gelangen, sind fast immer zusätzliche Funktionsträger nötig, deren Ausbildung von den dienstbar zu machenden Kräften bedingt, geprägt und gesteuert wird.

18. Jenen Energonen, die der Mensch bildet, gibt dieser eine weitere Umweltausrichtung, indem er sich ihrer zur Gewinnung von Glück bedient. Die dazu notwendigen Funktionsträger und Tätigkeiten stellen Luxusstrukturen dar, die den Aufwand des Energons erheblich übersteigen können. Ihre Beschaffenheit wird durch die universellen und individuellen Eigenarten des Menschen sowie durch die jeweiligen Umweltverhältnisse bedingt, geprägt und gesteuert.

III. Hauptsatz

Bei allen Energonen sind sechs Formen der Auseinandersetzung mit der Umwelt zu unterscheiden. Erstens müssen sie mehr arbeitsfähige Energie in ihren Dienst zwingen, als ihre Gesamttätigkeit an solcher verbraucht. Eine aktive Energiebilanz bildet ihre Existenzgrundlage. Zweitens müssen sie Stoffe erwerben, die zur Aufrechterhaltung und Vermehrung von Energonstruktur geeignet sind. Drittens müssen sie über Steuerungen verfügen, die so geartet sind, daß das Gesamtvolumen der Energone und damit des Lebensstromes anwächst. Viertens müssen sie störende und feindliche Umwelteinflüsse so weit neutralisieren können, daß diese ihre Tätigkeit nicht unterbinden. Fünftens ist es für sie von Vorteil, wenn sie fördernde oder freundliche Umweltkräfte in ihre Dienste bannen. Sechstens gibt es Energone, die Luxusstrukturen bilden. Die Beschaffenheit aller für diese Leistungen nötigen Funktionsträger und deren Verhalten wird durch die jeweils zu bewältigende Aufgabe und die Umweltfaktoren, gegen die sie wirken, determiniert.

19. Jedes Energon benötigt Funktionsträger, die sämtliche ihm dienenden Einheiten entweder permanent oder für die Zeit ihres Gebrauches an seine Ganzheit binden. Die Beschaffenheit dieser Bindemittel wird durch die jeweiligen Eigenschaften der zu bindenden Einheiten, durch die Energontätigkeit sowie durch Umweltkräfte, denen Widerstand geboten werden muß, bedingt, geprägt und gesteuert.

20. Zur Ausführung zielführender Abläufe benötigen die Energone Funktionsträger zur Koordination von Bewegungen und Prozessen. Die für diese Funktionsträger notwendige Ausbildung und Tätigkeit wird von

der zu erfüllenden Aufgabe sowie durch die Beschaffenheit der zu koordinierenden Abläufe bestimmt, geprägt und gesteuert.

21. Für Effizienz und Konkurrenzfähigkeit der Energone ist entscheidend wichtig, daß ihre Funktionsträger einander möglichst wenig behindern, nach Möglichkeit einander die Tätigkeit erleichtern und daß jeder Funktionsträger hinsichtlich Kosten, Präzision und Schnelligkeit auf die Erfordernisse des Energonganzen abgestimmt ist. Auch Wertunterschiede, Präferenzen und Prioritäten müssen hinsichtlich der Lage und bei Bewegungen berücksichtigt sein. Außerdem beeinflussen die jeweils herrschenden Umweltbedingungen und neu hinzutretende Funktionsträger die erforderliche Abstimmung. Alle Maßnahmen und zusätzlichen Strukturen, welche die Abstimmung notwendig macht, werden durch das Energonganze und durch Umweltbedingungen bestimmt, geprägt und gesteuert.

22. Für jedes Energon ist es unabdingbare Auflage, die Funktionskraft seiner Funktionsträger zu erhalten. Dies zwingt ihnen eine Vielzahl von Einrichtungen der Pflege, der Zufuhr und Ableitung, der Ordnung und Sicherheit auf. Die Ausbildung dieser Funktionsträger der Erhaltung wird durch die Eigenschaften der zu erhaltenden Einheiten und der auf sie einwirkenden Kräfte bedingt, geprägt und gesteuert.

23. Energone können den Lebensstrom nur dann in Potenz und Volumen steigern, wenn möglichst viele von ihnen über Funktionsträger verfügen, die Verbesserungen von Struktur und Verhalten und damit ein Ansteigen der Effizienz und Konkurrenzfähigkeit bewirken. Die für sie notwendige Ausbildung wird durch diese zu erfüllende Aufgabe und durch den Energontyp, in dem sie wirken, bestimmt, geprägt und gesteuert.

24. Funktionslose Einheiten stellen für Energone eine Belastung dar, können sich aber trotzdem für den Lebensstrom förderlich auswirken, indem sie für Weiterentwicklung neue Ansatzpunkte bieten. Die zu ihrer Beseitigung oder Nutzbarmachung notwendigen Funktionsträger werden in ihrer Ausbildung und Tätigkeit durch die zu erfüllende Aufgabe sowie durch die Beschaffenheit der funktionslosen Strukturen bestimmt, geprägt und gesteuert.

IV. Hauptsatz

Bei allen Energonen sind sechs Formen der Auseinandersetzung im inneren Gefüge zu unterscheiden. Erstens muß jeder Funktionsträger an das

Energonganze gebunden sein. Zweitens müssen manche Funktionsabläufe mit anderen koordiniert werden. Drittens muß jeder Funktionsträger auf die übrigen und auf das Energonganze abgestimmt sein. Viertens muß die Funktionskraft jedes Funktionsträgers aufrechterhalten werden. Fünftens sind Einrichtungen der Verbesserung erforderlich. Sechstens sollen funktionslose Teile keine Behinderung darstellen. Die Beschaffenheit aller für diese Leistungen nötigen Funktionsträger und deren Verhalten wird durch die jeweils zu bewältigende Aufgabe und durch die Eigenschaften der jeweils betroffenen Funktionsträger determiniert.

25. Als Energat wird bezeichnet, was nicht Energonen angehört oder ihnen dient. Energate können sich unmittelbar in Funktionsträger verwandeln, wenn ein Energon sie aufnimmt und zu einem solchen macht. Weitere Möglichkeiten einer Funktionsgeburt sind gegeben, wenn ein Funktionsträger durch veränderte Umstände zu einer neuen Leistungsfähigkeit gelangt oder wenn mehrere Funktionsträger in solche Kombination gelangen, daß die neue Einheit nunmehr eine bis dahin nicht vorhandene Leistung erbringt.

26. Funktionsträger können zur Übernahme weiterer, anderer Funktionen gebracht werden, indem neue Steuerungen hinzutreten. Auch durch strukturelle Modifikationen wird Mehrfunktion möglich. Nachteile der Mehrfunktion sind in der Regel Leistungseinbußen bei den Einzelfunktionen. Allzu weitgehende Hinzunahme zusätzlicher Funktionen – Funktionserweiterung – führt zu Funktionsüberbürdung, die sich für das Energon negativ auswirkt.

27. Neue Leistungen können zustande kommen, indem bei einem Funktionsträger zur ursprünglichen Funktion eine andere hinzutritt, die dann zur Hauptfunktion wird. Bei solchem Vorgang ergeben sich als ökonomischer Vorteil verminderte Entwicklungskosten, als Nachteil dagegen, daß historische Belastung oft den Weg zu technisch optimalen Lösungen erschwert.

28. Der Funktionsüberbürdung innerhalb der Energone wirkt Bildung oder Zuordnung von Hilfseinheiten entgegen, wobei hierarchische Strukturen entstehen. Eine zweite Möglichkeit der Entlastung ist die Übertragung von Einzelfunktionen auf neue Funktionsträger, was immer weitergehende Differenzierung und Spezialisierung nach sich zieht. Eine dritte Möglichkeit ist die vorübergehende oder endgültige Aufgabe nicht mehr tragbarer Funktionen.

29. Werden an zahlreichen Punkten eines Energons gleiche Funktionsleistungen benötigt, dann wirken sich Funktionspartnerschaften oder generelle Funktionskonzentration auf ein Organ vorteilhaft aus. Möglichkeiten und Grenzen der Zentralisation ergeben sich bei den verschiedenen Funktionsarten aus der Größe des jeweiligen Funktionsraumes, der darin zu bewältigenden Entfernungen und der zur Verfügung stehenden Zeit.

30. Im Konkurrenzkampf der Energone sind Funktionsverbesserungen und Funktionserneuerungen entscheidende Waffen, um zu gesteigerter Effizienz zu gelangen, also Leistungen von höherer Präzision und Schnelligkeit bei möglichst niederen Kosten zu erzielen.

31. Im Energongefüge stellen sich der Rückbildung funktionsarm oder funktionslos gewordener Einheiten praktische Widerstände entgegen, welche die Energone und ihre individuelle Entwicklungsfähigkeit belasten. Bei Funktionsabbau oder totaler Liquidierung hierarchischer Hilfsstrukturen können verbleibende Funktionsrudimente auf andere Funktionsträger übergehen, welche dann diese in Funktionserweiterung übernehmen.

32. Zur Differenzierung und Spezialisation kommt es über Evolutionsprozesse, indem Funktionsträger zur ursprünglichen noch weitere Funktionen hinzunehmen, was zur Funktionsteilung oder zum Funktionswechsel führen kann, worauf wieder Funktionsträger mit nur einer Funktion entstehen, bei denen der gleiche Ablauf erneut einsetzt. Je mehr Funktionsträger ein Energon umfaßt, desto mehr Hilfsleistungen werden nötig, die ebenfalls zur Bündelung in neue Organe Anlaß geben. So führt die evolutionäre Entwicklung über Spiralprozesse zu immer neuen Funktionserfüllungen.

V. Hauptsatz

Funktionen können nur über geeignete materielle Strukturen erfolgen, die damit zu Funktionsträgern werden. Manche Funktionsträger können mehr als eine Funktion ausüben, manche Funktionen benötigen mehr als einen Funktionsträger zu ihrer Verwirklichung. Die Evolution der Energone und ihre Effizienzsteigerung ist durch Erweiterung, Überbürdung, Wechsel, Teilung, Streuung, Konzentration, Kooperation und Abbau von Funktionen gekennzeichnet, wobei Spiralprozesse nachweisbar sind.

33. Die Selektion der Energone, die Volumen und Potenz des Lebensstro-

mes quantitativ und qualitativ am besten steigern, erfolgt über den Wettbewerb automatisch und wird von den Bedingungen determiniert, die sich für ein potenzierendes energetisches Geschehen stellen. Der Lebensträger Mensch ersetzt kraft seiner Intelligenz die natürliche durch eine gezielte künstliche Auslese, wodurch eine Beschleunigung in der Effizienzsteigerung der Energone erfolgt. Die Auslese kann an positiven oder negativen Merkmalen ansetzen, indem sie das Geeignete fördert und das Ungeeignete ausmerzt. Wo sie unterbunden wird, kommt es zur Stagnation in der Entwicklung.

34. In der Evolution der Energone spielen limitierende Faktoren eine wesentliche Rolle. Strukturelemente können die Möglichkeiten der Weiterentwicklung vorübergehend oder für immer einengen. Verbesserungen müssen jeweils an den funktionell schwächsten Stellen ansetzen, um für den Konkurrenzkampf ausreichende Effizienzsteigerungen, die sich in wirksamer Überlegenheit niederschlagen, zu bewirken.

35. Energone sind durch Polaritäten in der Ausrichtung gekennzeichnet, die allgemein maßgebende Entwicklungsrichtungen festlegen. Das für sie zweckmäßige Funktionsgefüge wird durch die Energongröße und den benötigten Aktionsradius wesentlich beeinflußt, ferner durch Kontinuität oder Diskontinuität zu erbringender Funktionen, durch die Zahl der Funktionsträger und das für die Tätigkeit notwendige Maß an Spezialisierung oder Vielseitigkeit.

36. Die Evolution der Energone stützt sich auf Kooperation, welche die Bildung eines hierarchischen Stufenbaues nach sich zieht. Symbiose und Verbandsbildung bewirken die Entstehung immer größerer Energone. Über Gewalt, Leistungstausch und Partnerschaft können Energone andere Energone zu ihren dienlichen Organen machen. Bei Berufskörpern und Erwerbsorganisationen nebst Luxusstrukturen ist es sogar möglich, daß Funktionsträger eines Energons mit fremden Energonen oder deren Funktionsträgern Kooperationen eingehen.

37. Die Energonentfaltung ist durch Wertkonflikte gekennzeichnet, die sich aus divergierenden Interessen zwischen Individuum, Art und Evolution sowie im hierarchischen Stufenbau ergeben. Bei den Berufskörpern und Erwerbsorganisationen setzen darüber hinaus angeborene und erworbene Verhaltensweisen des Menschen ausgeprägte Werte. Insbesondere sind dies metaphysisches Bedürfnis, ästhetisches Empfinden, Sitte, Brauchtum und Streben nach Glück.

38. Zwischen Energonen bestehen Interdependenzen, die Gleichge-

wichtszustände anstreben. In den einzelnen Bereichen der Energone ergeben sich so Vernetzungen, die desto komplexer, intransparenter und anfälliger sind, je mehr Energone und Energontypen auf einem Areal zusammenleben.

39. Energone können ihr Machtpotential steigern, indem sie sich nicht Umweltbedingungen anpassen, sondern diese zu ihrem Vorteil künstlich verändern. Richtet sich solche Manipulation gegen Pflanzen, Tiere und vom Menschen geschaffene Energone, dann kommt es zu Umschichtungen, die neue Interdependenzen und Machtverteilungen innerhalb des Lebensprozesses schaffen.

40. Die Evolution der Energone wird durch Epiphänomene begünstigt, die neue Entwicklungen einleiten und so zu Hauptstellenwert gelangen. Zusammenschrumpfen von Populationen, Isolation, Einnischung, Merkmalskoppelung und Nichtverwachsensein artifizieller Funktionträger führen zu Nebenauswirkungen und Rückwirkungen, welche die Evolution beeinflussen und fördern.

VI. Hauptsatz

Ökosysteme sind Gleichgewichtszustände und keine Energone. Symbiose und Verbandsbildung mit Hierarchien sind Formen der Kooperation und schaffen Energone höherer Komplexität und Effizienz. Daraus resultierende Wertkonflikte, limitierende Faktoren, Polaritäten in der Ausrichtung, passive Abhängigkeiten und aktive Veränderungen von Umweltbedingungen stellen primäre richtungweisende Evolutionsfaktoren dar. Positive oder negative, unbewußte oder gezielte Selektion entscheidet in diesem Geschehen, welches durch günstige Umweltfaktoren, evolutionsfördernde Mechanismen und Epiphänomene der Entwicklung beschleunigt wird.

Resümees

A. Gemäß bisheriger Überzeugung sind biologische Evolution und kulturelle Evolution des Menschen etwas grundsätzlich Verschiedenes. In der Kybernetik gelangte man zu der Vorstellung, daß Information neben Materie und Energie eine dritte Grundausrichtung der Welt sei. Zunehmende Komplexität wird als Zielrichtung der Evolution angesehen, die über Elementarteilchen, Atome, Moleküle, Zellen und vielzellige Lebewesen Strukturen von immer höherem Informationsgehalt anstrebt. Man beschäftigt sich deshalb mit der Frage, wie Zufälle ein so hohes Maß von Zweckmäßigkeit hervorbringen können.

Die Energontheorie sieht dagegen in der Lebensentwicklung ein energetisches Phänomen besonderer Art: einen Prozeß, der nicht Gleichgewichtszustände anstrebt, sondern in Potenz und Volumen zunimmt. Eine solche Steigerung kann nur über materielle Strukturen stattfinden, die klar definierbare Merkmale und Eigenschaften haben und demnach funktionell determiniert sind. Erwerb und Speicherung von Information sind nicht Ziel des Vorganges, sondern eine seiner wichtigsten Voraussetzungen. Ob Zufälle, Intelligenz oder sonstige Wirkungen eine Struktur hervorbringen, hat keinen Einfluß auf deren über Notwendigkeit diktierte Effizienz. Sämtliche Lebenserscheinungen sind demnach vom anorganischen Bereich eindeutig abgrenzbar, und sie umfassen auch alle Bereiche der menschlichen Entfaltung. Der Lebensprozeß wird nicht ausschließlich von den Zellkörpern fortgesetzt, sondern von Strukturen, die alle dafür nötigen Funktionsträger umfassen. Diese Strukturen werden Energone genannt.

B. Die Entwicklung zur Zelle begann mit Energonen, die im Urmeer durch zufälliges Aufeinandertreffen von energiereichen Molekülen zustande kamen. Über sie setzte ein sich in Potenz und Volumen steigernder Prozeß ein. Nucleotidketten in ihrem Gefüge bildeten den Genetischen Code, der Fortpflanzung bewirkt und Information speichert. Die Verknappung der im Urmeer frei verfügbaren energiereichen Bausteine führte dazu, daß jene Energone sich durchsetzten, denen die Synthese von Proteinen gelang. Energone, die über Photosynthese Lichtenergie zu gewinnen vermochten, begründeten die autotrophen Pflanzen. Diese reicherten das Wasser mit ausgeschiedenem Sauerstoff an, was die Voraussetzung für das Entstehen räuberischer Energone schuf – der Tiere. Über Steuerkausalität determinierten Räuber und Beute jeweils die Ausbildungsrichtung der anderen. Ein weiterer bahnbrechender Fortschritt war die Zweigeschlechtlichkeit, durch welche genetisch gespeicherte Information in neue Kombinationen gelangt, was die Chance zur Entstehung neuer effizienterer Typen steigert. In der Zelle gelangte die Energonentfaltung zu einer besonders leistungsfähigen Einheit, die ihre Vorstufen in der Evolution verdrängte.

C. Aus Einzellern entwickelten sich die Vielzeller, deren Körper fast ausnahmslos bei der Fortpflanzung von einer Einzelzelle aufgebaut wird. In den Zellen der Vielzeller werden Teile des bei allen Individuen einer Art gleichen Genetischen Codes durch Regelproteine blockiert, was Differenzierung für verschiedene Funktionen bewirkt. Diese gingen im Lauf der Höherentwicklung von zelleigenen auf vielzellige Funktionsträger über, zuletzt auch die Funktion der Bildung von Organen.

Den vielzelligen Pflanzen und Tieren gelang die Eroberung des trockenen Landes, was Gasgewinnung aus der Luft, Schutz vor Austrocknung und Auseinandersetzung mit stärker wirksamer Schwerkraft bedingte. Im Menschen gelangte die Energonentwicklung zu einer Einheit, die aufgrund besonderer geistiger Fähigkeiten vom Zellkörper getrennte Funktionsträger direkt aus anorganischer Materie aufbaut. Der Mensch bildet auf diese Weise Energone von höherer Leistungskraft, deren Aufbaurezepte nicht mehr im Genetischen Code verankert sind, sondern über Sprache und Schrift auf andere Menschen übertragen und damit vererbt werden.

D. Die Besonderheit des Menschen gründet sich auf seine höhere Intelligenz, die auf einer gesteigerten Entwicklung der Großhirnrinde beruht. Sie befähigt den Menschen, Eindrücke und Erfahrungen kausal miteinander zu verknüpfen, die räumlich und zeitlich weit getrennt sind. Sie befähigt ihn, daraus Schlußfolgerungen zu ziehen, zu planen, Zusammenhänge theoretisch zu beurteilen, Lösungsmöglichkeiten und Entscheidungen über Simulation der Praxis innerlich vorzubereiten. Darüber hinaus befähigt sie ihn, sich selbst zu objektivieren, wodurch es zum Ichbewußtsein kommt. Gesteigertes Vermögen zur Abstraktion und Begriffsbildung sowie die Fähigkeit, Begriffe mit Lautsymbolen zu verknüpfen, führten zur Sprache. Angst vor den Naturgewalten und die Problematik von Geburt, Leben und Tod bedingten metaphysische Vorstellungen, die durch die Naturwissenschaften weitgehend entkräftet wurden. Die Energontheorie sieht im Menschen nicht den derzeitigen Endpunkt und Höhepunkt der Evolution, sondern nur den talentiertesten und damit effektivsten Erfüllungsgehilfen eines physikalischen Geschehens. Aufgrund seiner Intelligenz vermag der Mensch seinen Zellkörper durch artifizielle Funktionsträger zu erweitern und größere Einheiten zu bilden, über die sich eine in Potenz und Volumen steigernde energetische Entfaltung fortsetzt.

E. Die vom Menschen geschaffenen künstlichen Organe befreiten die Evolution von der Fesselung durch die Zelle und eröffneten der Lebensentwicklung völlig neue Möglichkeiten einer Steigerung in Potenz und Volumen. Mit dem Zellkörper nichtverwachsene, artifizielle Funktionsträger führten nach der Entfaltung von Einzellern und Vielzellern zu einer dritten Entwicklungsphase, in der Energone von äußerlich total anderem Aussehen entstanden. Die künstlichen Organe bieten den Vorteil, daß sie ablegbar, auswechselbar und von mehreren Energonen verwendbar sind. Sie brauchen nicht selbst hergestellt zu sein, können aus beliebigem Material bestehen, und ihre Entwicklung muß nicht selbst finanziert werden. Sie sind durch die Geschichte ihres Zustandekommens weniger belastet. Sie müssen nicht mit körpereigener Energie betrieben werden, riesige Gemeinschaftsorgane werden möglich. Sie müssen nicht selbst gepflegt, kontrolliert und repariert werden und ermöglichen artungleiche Fortpflanzung. Fortschritte einer Energonart können durch sie der Entwicklung anderer zugute kommen, und individuelle Verwandlung findet statt. Sie erweitern die Sinnesleistungen außerordentlich, lassen alle Größenbeschränkungen der Energone fortfallen und ermöglichen einen beliebigen Transfer von Energie und Stoffen. Sie bewirken Kapitalakkumulation, den Einbau fremder Energone in das eigene Wirkungsgefüge und die Schaffung beliebiger Luxusstrukturen. Verlieren sie ihre Funktionsfähigkeit, dann sind sie abstoßbar und liquidierbar.

F. Nach der Evolution der Einzeller und der Vielzeller übernimmt der Mensch die Energonbildung durch bewußte Schaffung künstlicher Organe. In ihrem Verhalten wird die aufbauende und steuernde Keimzelle Mensch durch Triebe mit angeborenen und erworbenen Komponenten bestimmt, die, untereinander vernetzt, sich verstärkend und kollidierend in stetem Ringen mit dem Intellekt stehen. Sie wurzeln im angeborenen Erbe und lassen sich in Hauptgruppen einteilen: Nahrungstrieb, Sicherheitstrieb, Neugiertrieb, Geschlechtstrieb, Brutpflegetrieb, Gemeinschaftstrieb, Aggressionstrieb, Imponiertrieb, Schönheitstrieb, Nachahmungstrieb, Ordnungstrieb und Besitztrieb. Sie bestimmen die Pläne, Entschlüsse und Entscheidungen des Menschen und damit die Ausrichtung seines Energonbaues. Das ichbewußte Unterscheidungsvermögen von Lust und Unlust wird zum treibenden Motor. Steuerungen ähnlicher Mechanik wie die Triebe entstehen außerdem über Gewohnheiten und Tradition. Die menschliche Intelligenz, von diesen Kräften beeinflußt und dirigiert, verhilft dem Lebensstrom zu einem lawinenhaften Anwachsen in

Potenz und Volumen. Dies legt nahe, daß dieses energetische Geschehen einer globalen Selbstzerstörung zustrebt.

G. Indem Menschen ihrem Zellkörper künstliche Organe anfügen, entstehen Energone höherer Leistungskraft – Berufskörper und Erwerbsorganisationen, die zusätzlich Luxusstrukturen bilden. Die räuberische Form des Energieerwerbs wird zunächst beibehalten, jedoch durch künstliche Umweltveränderung – Ackerbau und Viehzucht – wesentlich gesteigert. Grundeinheit der Verbandsbildung ist die genetisch erzwungene Partnerschaft der Familie. Im Rahmen einer sich immer mehr differenzierenden Arbeitsteilung kommt es zur Erwerbsform über Tausch, wobei das Geld zum Universalvermittler wird. Es entstehen Erwerbsorganisationen, in deren Gefüge Berufskörper zu Funktionsträgern werden. Eine weitere Steigerung und Beschleunigung der Entwicklung bringt der technische Fortschritt über Dienstbarmachung von Naturkräften durch Maschinen und Verfahren. Zum Universalvermittler wird hier die Elektrizität. In Energonen, deren Potenz und Volumen sich immer mehr steigert, werden die Interessen des Menschen – durch Auswechselbarkeit und Ersetzbarkeit bedingt – nachrangig. Die artifiziellen Funktionsträger – die künstlichen Organe – determinieren die allen Staaten gemeinsame Auflage, Schutz nach außen und Ordnung im Inneren zu gewährleisten. Wesentliche Interessenkonflikte zwischen dem Menschen, seinen Energonen und den verschiedenen Staatsformen kennzeichnen die dritte Phase der Evolution, wobei Macht, Eigentum und Verfügungsgewalt im Zentrum der Auseinandersetzungen stehen.

V. Anhang

Hinweise und Erläuterungen

Die Energie als fundamentale Größe (zu Seite 63)

Die Bedeutung des Begriffes »Energie« wurde in der modernen Physik allerorts offenkundig. Trotzdem sehen nach wie vor viele Physiker von Rang und Namen in der Energie etwas Sekundäres und orientieren sich am Newtonschen Grundbegriff der »Kraft«. Hier äußert sich eine schwerwiegende Belastung durch ein in der Vergangenheit geschaffenes, an sich überwundenes, jedoch trotzdem persistierendes Denksystem. Auf der deutschen Physiker-Tagung 1977 setzte sich Gottfried Falk, Leiter des Instituts für Didaktik an der Universität Karlsruhe, mit dieser Problematik auseinander und wies auf die zentrale Bedeutung der Energie hin. (»Was an der Physik geht jeden an?«, erschienen in den Physikalischen Blättern, Heft 12, 1977.)

Falk legt dar, daß die Rangordnung der heute noch immer gelehrten physikalischen Begriffe irreführend sei: »Heute ist jedem Physiker klar, daß die Energie eine der fundamentalen physikalischen Größen ist. Schaut man aber in die Physikbücher, so erhält man einen durchaus anderen Eindruck. Sie beginnen mit der expliziten oder impliziten Versicherung, daß Raum und Zeit die fundamentalen Begriffe, ja sozusagen Voraussetzung jeder Naturerkenntnis überhaupt sind. Dann folgen Geschwindigkeit, Beschleunigung, Masse, Kraft. Aus diesen Größen wird zunächst der Begriff der Arbeit, dann erst der der Energie gebildet.« Diese Rangordnung der Begriffe ist aus der Newtonschen Mechanik übernommen, in der die Energie nur die Rolle eines »Hilfsbegriffes« hat, nur als mathematisch »abgeleitete« Größe erscheint. »Erfahrungsgemäß sitzt die Meinung, daß Raum und Zeit und damit die Größen Ort, Geschwindigkeit, Masse und Kraft die eigentlichen Fundamente der Physik bilden, ja daß es fraglich ist, ob sich ohne sie die Physik überhaupt aufbauen läßt, so fest, daß sie leicht für mehr als eine Lehrmeinung, unter Umständen gar für die tiefere Wahrheit gehalten wird.« Dementgegen hat die Entwicklung der wissenschaftlichen Physik in den letzten hundert Jahren gezeigt, daß die Begriffe, die in der Newtonschen Mechanik als Grundbegriffe fungieren, nicht diejenigen sind, die sich in der Beschreibung der Naturvorgänge als die tragfähigsten erwiesen. Demnach sollten nicht ausgerechnet diese Begriffe als Grundlagen gelehrt werden. »Jedem Physiker ist es geläufig, daß die Quantenmechanik nicht mit den ihr zunächst als fundamental vorgestellten Größen Lage, Geschwindigkeit, Kraft operiert, sondern mit anderen Größen, allen voran mit der Energie.«

Hier besteht eine deutliche Parallele zur Problematik, der die Energontheorie in der Biologie und in den Geisteswissenschaften gegenübersteht, wo noch immer ein altüberkommenes, am Visuellen orientiertes Begriffssystem die Grundeinschätzungen bestimmt – und auch hier »für die tiefere Wahrheit gehalten wird«.

Energie ist keineswegs eine Eigenschaft der mannigfachen Kräfte –, sondern alle Kräfte im Universum sind Eigenschaften, Ausdrucksformen von ein und demselben: Energie. Dieses wandelhafte Etwas präsentiert sich auch in Gestalt der Elementarteilchen als Masse – genauer: Ruhmasse. Sämtliche Materie, sämtliche Bewegung und Umsetzung sind Erscheinungsformen von Energie. Es gibt im Universum nichts wissenschaftlich Nachgewiesenes, das sich nicht als eine Erscheinungsform, Entfaltungsform von Energie erweist. Energie liegt demnach allem real Seienden zugrunde – konstituiert sogar Raum und Zeit. Was Energie letztlich ist und warum sie sich entfaltet, ist unbekannt, mag unserer Erkenntnisfähigkeit grundsätzlich unzugänglich sein. Die Gesetze, nach denen sie sich im anorganischen Bereich entfaltet, sind Gegenstand der physikalischen Forschung und bereits weitgehend erfaßt. Im Bereich der Lebensentfaltung zeigt die Energontheorie die Gründe für das »So und nicht anders Sein« – ja die Gesetze für »So sein Müssen« auf.

Infolge der historischen Entwicklung und aus Gründen der Handlichkeit werden auch heute noch zahlreiche Energiemaße nebeneinander verwendet, obwohl sie durchwegs ineinander umrechenbar sind, so daß man sehr wohl mit einem auskommen könnte. Außer in Erg mißt man in Meterkilopond, Atmosphären, Pferdekraftstunden, Kalorien, Wattsekunden, Elektronenvolt und weiteren Maßen. Auch dies trägt dazu bei, daß nicht die zugrunde liegende Einheit, sondern eine vermeintliche Vielheit zur Richtlinie von Betrachtungsweisen gemacht wird.

Masse und Energie (zu Seite 65)

Wilhelm Ostwald war der erste, der auf Grund seiner Untersuchungen auf den genialen, unseren Sinneseindrücken und überkommenen Betrachtungsweisen so eminent fernliegenden Gedanken kam, daß Materie sich als eine Erscheinungsform von Energie erweisen könnte. Bereits 1887 schrieb er: »Wie wäre es, wenn die Energie ganz allein existierte, wenn die Materie überhaupt nur ein sekundäres Produkt der Energie wäre?«

1904 wurde der österreichische Physiker Friedrich Hasenöhrl durch praktische Experimente zur gleichen Schlußfolgerung geführt. Durch Untersuchungen der elektrischen Hohlraumstrahlung gelangte er zum Konzept »einer scheinbaren, durch Strahlung bedingten Masse«. Ein Jahr darauf gelang es Albert Einstein als bedeutendstes Ergebnis seiner speziellen Relativitätstheorie die Äquivalenz von Masse und Energie mathematisch zu präzisieren. Die volle Bedeutung seiner einfachen, seither experimentell erwiesenen Formel $M = E/C^2$ (Masse ist gleich Energie gebrochen durch das Quadrat der Lichtgeschwindigkeit) ist bis zum heutigen Tag auch nicht im entferntesten in das Allgemeinbewußtsein menschlicher Weltanschauung eingedrungen. Das gleiche gilt für die ebenfalls erwiesene Tatsache, daß jenes solide Etwas, das wir »Materie« nennen, nur zum allergeringsten Teil echte Masse und zum ungleich größeren Teil leerer, nur von Energie erfüllter Raum ist. Die echte Masse, die jedes Atom enthält, macht volumenmäßig nur etwa den tausend billionsten Teil aus – in Zahlen ausgedrückt heißt das: jedes Atom ist etwa 1 000 000 000 000 000 mal größer als die wirkliche Masse, die es enthält. Und auch diese außerordentlich winzige Menge Masse, hauptsächlich im Atomkern konzentriert, ist Energie.

Für Energone nutzbare Energie (zu Seite 65)

Energie tritt als »freie« (bewegliche) oder »gebundene« (ruhende) Energie in Erscheinung. Nur erstere kommt für Energone als Energiequelle in Frage, denn nur sie kann Arbeit leisten. Und zwar um so mehr, je größer das »Gefälle« ist – das »Potential«, Ostwald sprach von »Intensität«. Wie er schrieb, ist zu unterscheiden zwischen dem »ruhenden Anteil, der sich niemals mehr aus sich selbst in Bewegung, das heißt in Umwandlung versetzen kann«, und dem beweglichen, »der allein zu Geschehnissen in der

Welt Anlaß gibt«. (»Die energetischen Grundlagen der Kulturwissenschaft«, 1909.)

Für Energone kommt es jedoch nicht nur darauf an, freie Energie zu gewinnen, sondern sie müssen diese auch zur Steigerung ihrer Potenz, den Lebensstrom fortzusetzen und zu steigern, nutzen können. Wird etwa ein Fuchs von einem Blitz getroffen, dann wird ihm freie Energie in beträchtlicher Intensität zugeführt – nützt ihm jedoch nicht, sondern zerstört seine Struktur. Wenn somit von »arbeitsfähiger Energie« gesprochen wird, dann ist - im Sinne der Thermodynamik – freie Energie gemeint, die außerdem so beschaffen ist, daß das betreffende Energon sie nutzen kann.

Kritisches zur Einteilung der Energone (zu Seite 66)

Die Einteilung der Energone in Pflanzen, Tiere, Berufskörper und Erwerbsorganisationen weist als Negativum auf, daß sie zwei verschiedene Unterscheidungskriterien heranzieht. Pflanzen und Tiere unterscheiden sich durch die Art ihres Energieerwerbes, Berufskörper und Erwerbsorganisationen dagegen durch das Integrationsniveau. Wollte man indes alle Energone nach der Art ihres Energieerwerbes einteilen, dann müßten sämtliche vom Menschen gebildeten und über Tausch erwerbenden Energone zusammengefaßt werden. Teilt man wieder nach dem Integrationsniveau ein, dann sind die Organismen in Einzeller und Vielzeller zu unterteilen, was ebenfalls eine übergroße Gruppe ergibt. Für praktische Belange ist darum die gegebene Unterteilung in vier große Hauptgruppen zweckmäßig und vertretbar, da jede den anderen gegenüber durch eine relevante Eigenschaft ausgezeichnet ist.

Künstliche Organe (zu Seite 66)

Goethe schrieb 1798 in dichterischer Ausdrucksform: »Aber entzifferst Du hier der Göttin heilige Lettern, überall siehst Du sie dann, auch im veränderten Zug. Kriechend zaudre die Raupe, der Schmetterling eile geschäftig, *bildsam ändre der Mensch selbst die bestimmte Gestalt*.« Die biologische Besonderheit des Menschen ist vielleicht nirgends einfacher und klarer beschrieben worden als in diesem letzten Satz. Was den Menschen auszeichnet und ihm zu seiner Machtsteigerung verhilft, ist: Er verändert selbst die ihm genetisch bestimmte Gestalt – durch Bildung artifizieller Funktionsträger, künstlicher Organe. Der erste, der in aller Konsequenz dafür eintrat, daß sämtliche Schöpfungen des Menschen »vitalisierte« Materie und somit Bestandteil der Lebensentwicklung seien, war Pater Teilhard de Chardin, dessen weltanschauliches Konzept im übrigen von der Energontheorie durchaus abweicht. Schon 1925 schrieb er, daß des Menschen »künstliches« Tun bloß eine »transformierte Verlängerung« des natürlichen Tuns der übrigen Lebewesen sei. Das Werkzeug ist »das Äquivalent des differenzierten Organes in der Tierreihe – das wirkliche Homologon und nicht die oberflächliche, aus einer banalen Konvergenz entstandene Nachahmung«. Des weiteren schrieb er: »Dasselbe Individuum kann gleichzeitig Maulwurf, Vogel oder Fisch sein.« Als einziges Tier »hat der Mensch die Fähigkeit, Abwechslung in sein Werk zu bringen, ohne endgültig sein Sklave zu werden«. Er kann sich verwandeln, »ohne sich somatisch zu binden«. (»Die Hominisation« in »Auswahl aus dem Werk«, Frankfurt 1967).

Der Wiener Volkswirtschaftler und Philosoph Othmar Spann faßte in seiner »Kategorienlehre« (1924) Organe und Wirtschaftsstrukturen unter dem Begriff »Leistungsträger« zusammen. Karl Stefanic-Allmayer nennt in seiner »Allgemeinen Organisationslehre« die künstlichen Erweiterungen des Menschen »technische Organe« (1950), der kanadische Soziologe Marshall McLuhan nennt sie »Medien« (»Understanding Media«, 1960). Den Begriff »Funktionsträger« verwendete bereits in der Biologie C. C. Schneider in seinem »Lehrbuch der vergleichenden Histologie der Tiere« (1902), in der Wirtschaftswissenschaft E. Gutenberg in seinen »Grundlagen der Betriebswirtschaftslehre« (1951). H. Hass prägte 1967 den Begriff »künstliche Organe« und 1970 den Begriff »Wirkungsträger«. Letzere Bezeichnung erschien ihm neutraler und daher besser als Funktionsträger – »denn Funktion ist etwas Potentielles, Wirkung dagegen etwas Aktuelles. Und Wirkungen sind es, woraus sich letztlich jedes Energon zusammensetzt.« Im vorliegenden Buch haben wir uns trotzdem für die Bezeichnung »Funktionsträger« entschieden. Sie ist anschaulicher, außerdem sind es Funktionen, die den Lebensbereich kennzeichnen, während Wirkungen für die gesamte energetische Entfaltung maßgebend sind.

Berufskörper und Erwerbsorganisationen (zu Seite 66)

Die Begriffe »Berufskörper« und »Erwerbsorganisation« sind im Begriff der »juristischen Person« bereits vorgebildet. Otto von Gierke fragte, welche »Wirklichkeit« diesem Rechtsphänomen zugrundeliege: diesen vom Recht anerkannten »Wesenheiten, denen es Persönlichkeit zuschreibt«. Hinsichtlich der menschlichen »Verbände« schrieb er: »Um den Teil des Rechtes, der sich als Lebensordnung von Verbänden gibt, zu verstehen und zu würdigen, muß man zu erfahren suchen, was denn eigentlich das ist, was hier in das Recht hineintritt und von ihm seine Ordnung empfängt.« (»Das Wesen der menschlichen Verbände«, Rektoratsrede, Leipzig 1902).

In der Betriebswirtschaft werden die Begriffe »Betrieb« und »Unternehmen« (auch »Unternehmung«) nicht immer gleich definiert. Für H. Nicklisch ist der Betrieb der eigentliche Produktionskörper; das Unternehmen ist dagegen die übergeordnete rechtliche Struktur. (»Die Betriebswirtschaft«, 1932). E. Gutenberg verwendet dagegen die beiden Begriffe fast synonym, was auch dem Sprachgebrauch entspricht. Da sich jedoch der Unternehmensbegriff deutlicher auf Gewinnerzielung stützt, steht er dem Energonbegriff näher und wird deshalb von uns verwendet. Ein Unternehmen kann auch mehrere Betriebe umfassen – die dann seine Organe, sein Funktionsträger sind –, und es kann auch ohne technischen Betrieb bestehen, etwa als Holding oder Dienstleistungsunternehmen.

Unter den Energonbegriff fallen auch alle rechtlich nicht erlaubten Erwerbsarten. Auch der Dieb, der Geldschrankknacker, der Erpresser, der Geheimagent sind Berufskörper, auch eine Räuberbande oder die Maffia sind Erwerbsorganisationen. In der Wirtschaftsliteratur werden diese Erwerbsformen mit Recht ausgeklammert – jedoch nicht grundsätzlich. So schreibt W. Sombart: »Nach meiner Definition ist also Arbeit ebenso die Tätigkeit, die der Dieb aufwendet, um einen Einbruch auszuüben, obwohl sie (sozial) schädlich ist.« (»Der moderne Kapitalismus«, München 1921).

Menschen, die ohne jede Berufstätigkeit, etwa vom unmittelbaren Verzehr einer Erbschaft oder von einer Unterstützung leben, sind trotzdem, solange ihnen Mittel zufließen oder zur Verfügung stehen, als Berufskörper anzusehen. Ihr Anspruch, wie auch immer er sich legitimiert, ist ihr Erwerbsorgan. Bei Rentnern und Pensionisten ist es ein Rechtsanspruch, den sie sich im Laufe ihres Lebens erarbeiteten.

»Stoffwechsel« und »Fließgleichgewicht« (zu Seite 73)

In der Biologie wird »Stoffwechsel« (einschließlich »Energiewechsel«) als grundlegendes Kriterium der Lebewesen angesehen. Ein solcher kennzeichnet in der Tat alle Zellen, doch gibt es auch Organe, die ohne Stoffwechsel ihre Funktion vorzüglich erfüllen. Kalk- und Chitinpanzer, Kieselnadeln und Statolithen erfüllen ohne Stoffwechsel vorzüglich ihren Dienst, ebenso das verholzte Stamminnere der Bäume. Der abgestorbene Stachel eines Rosenstrauches ist sogar härter und von größerer Abwehrkraft als ein noch lebender, in dem Stoffwechsel stattfindet. Ludwig von Bertalanffy bezeichnete als Charakteristikum der Lebewesen, daß sie sich in einem »Fließgleichgewicht« befinden und »offene Systeme« sind. Das stimmt, unterscheidet sie aber nicht von den anorganischen Erscheinungen. Auch ein Waldsee, in den ein Bach einmündet und aus dem ein anderer abfließt, ist ein »offenes System« und befindet sich ebenfalls im »Fließgleichgewicht«. Stoff*wechsel* und Energie*wechsel* sind von der Energontheorie her keine echten Kriterien für die Funktionsträger der den Lebensprozeß fortsetzenden Körper. Das Material, aus dem die künstlichen Organe bestehen, benötigt wohl in der Regel Pflege, zeigt jedoch keinen Stoffwechsel. Ein solcher ist bloß Auflage für das Bauelement Zelle.

Bertalanffy geht noch weiter, indem er erklärt: »Die Formen des Lebendigen sind nicht, sie geschehen.« Sie seien Ausdruck eines ständigen Fließens von Materie, Energie und Information (»Theoretische Biologie«, 1951). Diese Betrachtungsweise hat in der Biologie Eingang gefunden und dazu geführt, daß die Gegensätze von Struktur und Funktion, von Morphologie und Physiologie vielfach als überwunden angesehen werden. Was man als lebende Gestalt bezeichne, so wird erklärt, seien langsame und langanhaltende, was man als Funktion auffasse, schnelle und nur kurz währende Prozesse. Dieser Gedanke ist irreführend, weil die Bedeutung der Strukturen, aus denen sich die Gestalt der Pflanzen und Tiere zusammensetzt, keineswegs im Bewegungsvorgang liegt, der notwendig ist, um sie aufrechtzuerhalten. Diese Prozesse sind bloß eine Hypothek, mit der das Bauelement Zelle behaftet ist. Was den Strukturen ihre Daseinsberechtigung, ihren Selektionswert gibt, sind die von ihnen benötigten Leistungen –, die in einer differenzierten Fähigkeit zur Aktion oder Reaktion bestehen. In jedem Fall geht es, wie Ostwald sagt, um Energietransformation. Insgesamt ist der Lebensprozeß samt und sonders ein Prozeß – hier ist Bertalanffy zuzustimmen. Aber Wesen der Strukturen ist nicht ihr Stoffwechsel – ihr Fließgleichgewicht –, sondern: was sie leisten.

Energiegewinn und Wirkungsgrad (zu Seite 81)

Energone gewinnen aus sehr verschiedenen Quellen und über sehr verschiedene Verfahren ihnen nutzbare Energie. Sieht man von den jeweiligen Anstrengungen ab, um an die Energiequelle zu gelangen – die je Erwerbsakt beim gleichen Individuum sehr verschieden sein kann –, dann ergibt sich beim konkreten Akt der Umwandlung von Rohenergie in Nutzenergie (der Ostwaldschen Terminologie folgend) ein entsprechender Verlust an freier Energie, indem sich ein gewisser Prozentsatz in Wärme verwandelt. Bei Kraftmaschinen nennt man das prozentuale Verhältnis der Nutzenergie zur Rohenergie den jeweiligen »Wirkungsgrad«.

Aus anorganischen Quellen, die nicht Sonnenlicht sind, gewinnen heute noch Schwefelbakterien Nutzenergie durch Oxydation von Schwefelwasserstoff, Nitritbakterien durch jene von Ammoniak sowie Eisenbakterien durch Spaltung von Ferro- und Ferriderivaten. Diese Energiequellen sind jedoch sehr begrenzt, so daß hier keine Weiterentwicklung der Energone stattfinden konnte. Die Wirkungsgrade des Gewinnes von Nutzenergie liegen hier zwischen 20 und 30 Prozent.

Bei den Pflanzen, die durch Photosynthese, also aus Licht Nutzenergie gewinnen, verläuft der Erwerbsakt so, daß die Photonen des Sonnenlichtes dazu gebracht werden, Elektronen, die innerhalb von Atomen um die Kerne kreisen, auf eine entferntere Umlaufbahn »anzuheben«, wodurch sie auf ein »höheres Energieniveau« gelangen. Dieses Plus an vereinnahmter Energie wird dann über eine Stufenfolge von Reaktionen (Redox-Kette) in chemische Bindungsenergie verwandelt. Bei diesem Vorgang beträgt der Wirkungsgrad ca. 36 Prozent.

Tierische Organismen gewinnen über Gärung oder Oxydation die in organischen Molekülen erhaltene Bindungsenergie, indem sie im Vorgang der Verdauung diese Moleküle aufbrechen. Bei Gärung liegt der Wirkungsgrad um 30 Prozent, bei Oxydation um 65 Prozent.

Bei den vom Menschen gebildeten, über Tausch zu erwerbenden Energonen (Berufskörper und Erwerbsorganisationen) können Dank des Universalvermittlers Geld die Wirkungsgrade 100 Prozent erreichen. Wenn wir auch hier vom Bemühungsvorgang, das Tauschobjekt herzustellen und an den zu gelangen, der es benötigt, absehen, treten bei völlig fairem Leistungstausch keine Energieverluste ein. Letztlich reduziert sich hier der Vorgang auf die Geldübergabe, deren Energieaufwand vernachlässigt werden kann. Im Falle von Betrug kann der Wirkungsgrad des Leistungstausches 100 Prozent übersteigen. Im Falle von gesetzwidrigem Raub fällt er bis unter 10 Prozent, da im Gefüge der vom Gesetz kontrollierten Gemeinschaften Raubgut nur mit sehr beträchtlichen Werteinbußen – etwa über Hehler – veräußert werden kann. Bei der Nutzbarmachung von Fremdenergie durch Kraftmaschinen beträgt der Wirkungsgrad etwa bei der Dampfmaschine von 15 bis 20 Prozent, beim Benzinmotor bis 40 Prozent, bei Einsatz des Universalvermittlers Elektrizität beträgt er zwischen 50 und 80 Prozent.

Das Diktat von Wärme und Kälte (zu Seite 91)

Wie machtvoll der Umweltfaktor Temperatur auf das Verhalten, die Gestalt und die Struktur von Energonen Einfluß nimmt, sie determiniert, zeigt sich besonders deutlich bei den Tieren.

Steigt die Temperatur um 10 Grad, dann laufen chemische Reaktionen doppelt bis dreimal so schnell ab (van t'Hoffsche Regel). Demgemäß werden auch die Lebensprozesse entsprechend beschleunigt –, ob es dem Energon dient oder nicht. An den Küsten Grönlands lebt die Muschel Pecten groenlandicus in durchschnittlich 25 Meter Tiefe. Die Wasserschichten sind dort nahrungsarm, doch sobald sich die Muschel in den darüber liegenden wärmeren und nahrungsreicheren Schichten ansiedelt, steigen die laufenden Kosten ihres Stoffwechselvorganges so sehr an, daß ihre Bilanz erst recht negativ wird. Die Muschel ist genau an der »Sprungschicht« zwischen kaltem und wärmeren Wasser anzutreffen: Ihr Körper ist im kühlen Teil und wirtschaftet so sparsamer, während sie mit ihrem hochgestreckten Saugrohr – dem Sipho – Nahrung aus der darüberliegenden Schicht gewinnt. Weisheit? Keineswegs. Nur solche Pecten, die dem Diktat der Temperatur entsprechen, können überleben, pflanzen sich fort.

Der Einzeller Amoeba vespertilio hat normalerweise eine Länge von 0,07 mm. Wächst er weiter, dann teilt er sich. Bei absinkender Temperatur erlischt jedoch die Teilungsfähigkeit. Hält man das Tier bei 5 Grad, dann wird es 0,3 bis 0,4 mm lang. Sein Volumen wird dann mehr als 100 mal größer. Weisheit? Nein. Der Organismus reagiert wie ein Hampelmann, der von unsichtbaren Fäden gezogen wird. Die geheimnisvolle Norne, die hier die Fäden zieht – die Gestalt determiniert – ist die Kälte.

Die »Warmblüter« – Säugetiere und Vögel – vermögen ihre Innentemperatur konstant zu erhalten, sich den Diktaten der Temperatur zu widersetzen. Allerdings auch nur beschränkt: Denn wird ein Körper größer, dann wächst sein Volumen mit dem Kubus, seine Oberfläche jedoch nur mit dem Quadrat. Das bedeutet, daß größere Körper eine relativ kleinere Oberfläche haben. Und da größere Oberfläche erhöhten Wärmeverlust bewirkt, zeigen bei verwandten Arten jene, die in kälteren Gebieten leben, größeren Körperwuchs. Weisheit? Nein. Bei kleinerem Körper hätten sie dort größeren Wärmeverlust und wären Konkurrenten unterlegen (Bergmannsche Regel). Ja, noch mehr: Da somit kleinere Warmblüter entsprechend mehr heizen müssen, benötigen sie einen schnelleren Stoffwechsel – also einen regeren Blutkreislauf. Deshalb haben kleinere Tiere ein relativ größeres Herz. Bei einem 2 kg schweren Uhu beträgt das Herzgewicht 0,5 Prozent des Gesamtgewichtes, beim zehnmal leichteren Steinkauz dagegen 0,8 Prozent. Bei der 200 Gramm schweren Wanderratte beträgt das Herzgewicht 0,4 Prozent, bei der nur 5 Gramm schweren Zwergmaus 1,3 Prozent. Weisheit? Keineswegs. Diktat der Temperatur. Determination durch die Temperatur.

Roß und Reiter (zu Seite 92)

Das Roß-Reiter-Verhältnis gewann in der mit dem Menschen einsetzenden dritten Evolutionsphase besondere, ja überragende Bedeutung. Fast alle unsere Leistungen als aufbauende und steuernde Einheiten von Energonen verbinden sich mit der Nutzbarmachung fördernder und freundlicher Umweltfaktoren, auf ihre vorübergehende Ankoppelung an das eigene Funktionsgefüge. Die immense Vielheit von Einrichtungen, die nur in der zivilisierten Welt zur Verfügung stehen, ist das Ergebnis der Arbeit von anderen, die meist längst schon verstorben sind und deren geistige Produkte und Leistungen wir recht selbstverständlich benützen – wie ein Reiter ein ihm verfügbares Roß. Das gilt ebenso für den Stuhl, auf dem wir sitzen, wie für das Theater, das wir besuchen, die Sprache, die wir sprechen, das Gesetz, das uns schützt. Überall im täglichen Leben, in der Wirtschaft, der Politik, der Kunst äußert sich menschliche Intelligenz darin, daß sie fördernde, nutzbare Umweltbedingungen erkennt und zur besseren Verfolgung eigener Bestrebungen benutzt.

Wollen wir einen Bach überqueren, dann halten wir Ausschau nach geeigneten, darin liegenden Felsbrocken, um trockenen Fußes das andere Ufer zu erreichen. Wir machen sie für den Augenblick, da sie uns dienen, zu unseren Funktionsträgern. In der Neujahrsnacht 1813 auf 1814 herrschte so ungewöhnliche Kälte, daß bei Kaub der Rhein an den Ufern zufror und sein Wasserstand in der Mitte erheblich absank. Feldmarschall Blücher benützte dies, um – sein Winterquartier verlassend – nicht nur die Infanterie ans andere Ufer zu bringen, sondern auch schwere Waffen und Bagage. So gelang es ihm, Napoleon zu überraschen – und zu besiegen. Das Roß, auf dem er und seine Streitmacht ritten, war die Kälte. Im Getümmel der heutigen Städte bieten sich uns in jeder Auslage, an jedem Geschäftseingang Rösser an, die uns – für Gegenleistung – Dienste offerieren. Über das Tauschmittel Geld wird im Rahmen der menschlichen Gemeinschaft fast jeder zum potentiellen Roß des anderen. Wer genügend Geld in der Tasche hat – Anweisung auf spezialisierte menschliche Leistung –, kann sein Energon durch geradezu beliebig viele, ihm dienliche Einheiten oder Dienstleistungen erweitern, kann hunderttausende Einrichtungen zu seinem Vorteil benützen – kann in bunter Folge auf Hunderttausenden dienstwilliger Pferde reiten.

Vorstufen zu dieser Entwicklung sind etwa: der Efeu, der Löwenzahn, der Virus, die Larve des Maiwurms. Sie verfügen nicht über Intelligenz und Ich-Bewußtsein, jedoch über angeborenes Verhalten, das ihnen zu analoger Nutzbarmachung verhilft. Der Efeu klettert an Wänden, an Bäumen hoch, bringt seine Blätter näher zum Sonnenlicht – erspart sich die Bildung eines eigenen Stammes. Er ist ein Reiter, die Wand und die Bäume sind seine Rösser. Der Löwenzahn benützt den Wind zu seiner Samenverbreitung. Für die Dauer das Samenfluges macht er den Wind zu seinem Roß – so wie der Mensch, wenn er in einem Segelboot fährt. Der Virus ist ohne eigentliche Aktivität. Er kann warten, bis Fremdaktivität ihn zufällig ins Innere einer Zelle bringt – dort benützt er die Fließbänder der genetischen Maschinerie als dienstfertige Rösser. Der Virus programmiert sie um: statt körpereigene Stoffe zu bilden, erzeugen sie nun ebensolche Viren – bis sie erschöpft zugrunde gehen. Die Larve des Maiwurmes hat auch ein angeborenes Verhaltensrezept, über die sie günstige Umweltbedingungen zu willfährigen Rössern macht. Sie klettert an Blüten hoch, wartet, bis eine Biene sich dort niederläßt, klammert sich an ihr fest, wird von ihr unbemerkt in den Bienenstock getragen und gelangt so – unbemerkt an den Wachen vorbei – direkt zu den Eiern, die sie samt dem für die Larven bestimmten Nahrungsvorrat auffrißt.

Hat man erst das Auge für diese Betrachtungsweise geschärft, dann stößt man überall – bei primitiven wie hochentwickelten Energonen – auf den Kniff, bestehende Vorgänge und Umstände in das eigene Funktionsgefüge miteinzubauen –, wodurch eigene Anstrengung erspart, die eigene Leistungskraft gesteigert wird.

Steuerkausalität und Wirkungsfeld (zu Seite 97)

Der von B. Hassenstein geprägte Begriff der Steuerkausalität bezieht sich auf das Grundprinzip aller Steuervorgänge – auf genau jenes Phänomen, von dem Norbert Wiener, der Begründer der Kybernetik, ausging.

Steuern wir etwa ein mit konstanter Geschwindigkeit fahrendes Motorboot, dann benötigen wir für die Betätigung des Steuerrades Energie. Von dieser fließt jedoch nicht der allergeringste Teil in den von uns gesteuerten Vorgang über. Auch wenn wir das Steuerrad noch so sehr hin und her drehen, wird die Fahrt nicht schneller. Wir beeinflussen bloß die Richtung – die Fortbewegung wird durch den Motor bewirkt. Zwei kausale Verkettungen kreuzen sich hier: Der Motor dreht den Propeller – das ergibt die Fahrt. Wir drehen das Steuerrad – das ergibt die Richtung. Die zum Steuern verwendete Energie ist ungleich geringer als jene, die der Motor produziert. Trotzdem – ohne in sie einzutreten – beeinflußt sie deren Richtung.

Von großer praktischer Bedeutung ist dabei, daß so über eine Energieform auch ganz andere beeinflußt werden können. Dies zeigt etwa die Betätigung eines Regelwiderstandes. Drehen wir diesen, dann verstärken oder drosseln wir elektrische Energie. Die Drehbewegung ist kinetische Energie – und damit steuern wir elektrische Energie.

Auf eben diese Art wird die Evolution der Energone durch Umweltgegebenheiten gesteuert, determiniert. Vom Funktionellen her unterteilen wir in große Gruppen: Energiequellen, Stoffquellen, Ausbreitungsraum, störende und förderliche Umweltfaktoren – im menschlichen Bereich auch noch Glücksvermittler. Jede dieser mehr oder minder deutlich unterscheidbaren Gruppen ist als ein »Wirkungsfeld« besonderer Art und Ausrichtung anzusehen. In sich mannigfach überschneidende Wirkungsfelder wächst der Lebensstrom hinein, breitet sich in ihnen aus. Durch Selektion nimmt jedes von ihnen - über Steuerkausalität – auf die Formbildung der

Energone Einfluß. Keines trägt unmittelbar zu deren Bildung bei – und doch steuern sie den evolutionären Weg ihrer Entwicklung. Was zweckmäßiger ist, erhält sich – Zweckmäßigkeit entsteht so ganz von selbst. Und zwar deshalb: weil Unzweckmäßiges – gleichbedeutend mit funktionell nicht Geeignetem – den Lebensstrom nicht fortsetzen kann. Der dem menschlichen Denken so widersinnige Vorgang einer ganz von selbst – also auch über Zufälle – entstehenden Zweckmäßigkeit findet so seine Erklärung. Jedes der Wirkungsfelder stellt gleichsam Ansprüche, setzt Grenzen, eröffnet Möglichkeiten – und nimmt so Einfluß darauf, was den Lebensprozeß fortsetzen kann.

Eine andere Möglichkeit, die Zusammenhänge zu sehen und zu erklären, ist über den Begriff des »Lernkreises« gegeben. Er entstammt der Kybernetik und ist jenem des »Regelkreises« eng verwandt. Regelkreise sind dadurch charakterisiert, daß die Auswirkungen eines Vorganges diesen über Rückwirkungen unmittelbar beeinflussen – und zwar derart, daß er konstant gehalten wird, indem Abweichungen von einem Sollwert automatisch ausgeglichen werden. Beim Lernkreis wird nicht eine bestehende Ordnung aufrechterhalten, sondern verbessert, etwa durch Anpassung an Umweltbedingungen. Effizienz wird so gesteigert. Betrachtet man nun den Lebensstrom in seiner Gesamtheit und jede Energonart als eine ihn über entsprechend viele Individuen fortsetzende Einheit, dann kann man Verbesserungen in der Struktur dieser Art als einen Lernakt ansehen. Die Rückwirkungen – »Rückkoppelungen« – erfolgen dabei so, daß sie nicht das Individuum treffen, von dem die Wirkung ausgeht, sondern sich auf spätere Individuen in der Generationsfolge auswirken. Nachteil dieser Betrachtungsweise ist indes, daß sie zu einer atomistischen Beurteilung der Evolutionsvorgänge führt – ein Fehler, der vielen Biologen unterlaufen ist. Man faßt ein bestimmtes Merkmal ins Auge, verfolgt seine evolutionäre Entwicklung – und verfährt dabei so, als wäre dies ein isolierter Vorgang. In der Tat ist ein solcher jedoch gar nicht möglich. Wollte man wirklich die Evolution über Lernkreise beschreiben, dann müßte man berücksichtigen, daß diese keineswegs säuberlich getrennt wirken, sondern Millionen von ihnen durcheinanderlaufen: sich gegenseitig beeinflussen, behindern, begünstigen. Dies aber ergibt ein geradezu aussichtslos unübersichtliches Konzept. Dagegen macht das Denkmodell der sich überschneidenden Wirkungsfelder, in welche die Energone hineinwachsen und deren jedes über Steuerkausalität die Formbildung beeinflußt, sehr anschaulich deutlich, wie eine vernetzte Vielheit von Einflüssen den Evolutionsweg der Energone determiniert. In manchen Zeitstrecken mag eines der Wirkungsfelder von größerer Bedeutung für eine Energonart sein als die übrigen – dann wird es für diese Spanne zum leitenden Architekten seiner Gestaltung. An Überschneidungspunkten mehrerer Wirkungsfelder können Einzelmerkmale zu besonderer Bedeutung gelangen – dann werden sie zum gravierenden Problem: zum wichtigsten für das Energon zu überwindenden Engpaß, zum schwächsten Glied in der Kette seiner Gesamtwirkung. Im Gegensatz zur atomistischen Betrachtungsweise über unzählige gesonderte Lernkreise vermittelt diese universalistische Beurteilung weit eher Überblick und Verständnis. Die sich überschneidenden Wirkungsfelder diktieren jedem einzelnen Energon – an jedem einzelnen Raum-Zeit-Punkt, wie es beschaffen sein muß, um den Lebensprozeß fortzusetzen und zu steigern. So determinieren sie die jeweils notwendige und optimal mögliche raum-zeitliche Struktur.

Hinzuzufügen ist, daß letztlich eine wechselseitige Determination stattfindet. Durch die Anforderungen, denen die Energone entsprechen müssen, entscheiden letztere darüber, welche Umweltfaktoren für sie von Bedeutung sind. Und diese wiederum – in ständigem Wechselspiel – gewinnen dann Einfluß auf die notwendige Beschaffenheit ihrer Struktur.

Innere Wirkungsfelder (zu Seite 98)

Der Begriff des Wirkungsfeldes ist nicht nur für die von außen her die Energone formenden Umweltfaktoren anwendbar, sondern auch für jene, denen sie an ihrer Innenfront gegenüberstehen. Freilich wird hier dieser Begriff noch weit mehr abstrakt. Kälte oder Gravitation als ein Wirkungsfeld anzusehen, liegt eher nahe. Dagegen ist die Notwendigkeit einer Bindung aller Teile aneinander, der Koordination von Bewegungsabläufen und aller übrigen Ausrichtungen an der Innenfront weit weniger sinnlich erfaßbar, legen unserem Vorstellungsvermögen weit weniger nahe, sie gleichsam als Kräfte anzusehen.

Und doch diktieren diese Notwendigkeiten ganz ebenso Strukturen und Verhaltensweisen wie der fühlbare Sturm, wie der deutlich sichtbare Feind. Auch die Gesamtheit aller Bindungen, über die ein Energon verfügen muß, um bestehen – um den Lebensstrom fortsetzen zu können, stellt ein »Wirkungsfeld« dar. Nicht anders die Notwendigkeit der inneren Abstimmung. Nicht anders die Notwendigkeit der Erhaltung von Funktionskraft. Die Vorstellung dieser inneren Wirkungsfelder ist zweifellos weniger anschaulich – aber sie hilft, die für alle Energone notwendigen Ausrichtungen auch an der Innenfront zu sehen. Auch in diese Wirkungsfelder wachsen die Energone gleichsam hinein, auch ihrem Diktat müssen sie sich fügen. Auch diese zwingen ihnen Strukturen und Verhaltensweisen auf, die bestimmte benötigte Leistungen erbringen.

Einfluß der Energontheorie auf die Wirtschaftsberatung (zu Seite 105)

Wolfgang Mewes, der von der Bilanzbuchhaltung her zu unorthodoxen Schlußfolgerungen gekommen war, wurde 1970 mit der Energontheorie bekannt und begründete 1971 die inzwischen erfolgreiche EKS (= engpaßorientierte Strategie, später: »energonkybernetische Managementlehre« und zuletzt: »evolutionskonforme Managementstrategie«), die besonders im Gebiet der Bundesrepublik Deutschland zahlreiche Anhänger gefunden hat. Drei Grundgedanken, die der Energontheorie entsprechen, stehen hier im Vordergrund. Erstens: das Schlüssel-Schloß-Prinzip. Mewes entwickelte neun Denkstufen, über die der Anbieter von Produkten und Leistungen dazu gelangen kann, seine Fähigkeiten richtig einzuschätzen und an das geeignete Schloß – einen zu erschließenden Bedarf – zu gelangen. Zweitens empfiehlt Mewes »engpaßorientiertes Verhalten« und folgt so dem gleichen Weg, der für die biologische Evolution charakteristisch ist. Unter x möglichen Mutationen erweisen sich nur jene als bedeutsam, die den Selektionswert wirklich steigern. In gleicher Weise gibt es in jeder Wirtschaftsstruktur »schwächste Glieder in der Kette«, durch deren Beseitigung der höchste Nutzeffekt erzielt wird – was man bis dahin in der Nationalökonomie »Dominanz des Minimumfaktors« nannte. Indem man sich auf diese schwächsten Punkte konzentriert, folgt man einer »kybernetischen Spirale«. Drittens – und dies ist wohl der bedeutendste Aspekt – lehrt die EKS einen egoistischen Altruismus. Indem die Bedürfnisse der zunächst enggehaltenen Zielgruppe nicht nur optimal befriedigt werden, sondern der Anbieter einen Teil seines Gewinnes dazu verwendet, den hier zum Ausdruck kommenden Grundbedarf noch besser zu erforschen, ihm noch besser zu entsprechen, ja seiner Entwicklung sogar zeitlich vorauszueilen, macht sich der Anbieter unentbehrlich, verankert sich in seinem Markt – wo er dann die angesprochene Zielgruppe allmählich erweitern kann. Mit optimalen Bedarfsbefriedigungen verbindet sich somit eigener Erfolg, eigene Zufriedenheit, persönliche Entfaltung. Von der Energontheorie her wird diese dritte Strategie durch die Erfordernisse an der Innenfront »Abstimmung« nahelegt. So wie optimale Abgestimmtheit eines Organs auf den Gesamtkörper sich positiv für das Organ auswirkt – indem der Gesamtkörper besser gedeiht –, so hat auch optimale Bedarfsbefriedigung innerhalb der Volkswirtschaft eine positive Rückwirkung auf den Bedarfsbefriediger. Offen bleibt bei diesem Konzept freilich die Problematik, daß jeder so Erfolgreiche im Konkurrenzkampf Erfolgsärmere verdrängt und ihnen die Erwerbsbasis entzieht. Ob auch diesen dann über Empfehlung gleichen Verhaltens zu ebensolchem Erfolg verholfen werden kann, bedarf noch der Bestätigung.

Vater Krieg (zu Seite 109)

Der vielzitierte Satz des griechischen Philosophen Heraklit, der 500 vor Christus in Ephesos lebte, heißt im vollen Wortlaut: »Der Krieg ist der Vater aller Dinge, aller Dinge König.« Von besonderem Interesse ist Heraklits Weiterführung dieses Gedankens: »Man soll aber wissen, daß der Krieg das Gemeinsame ist und das Recht der Streit, und daß alles durch Streit und Notwendigkeit zum Leben kommt.«

Ohne Zweifel vollzog sich die Höherentwicklung der Organismen über ständigen Konkurrenzkampf, über rücksichtslose Auseinandersetzung. Auch Symbiose und Gemeinschaftsbildung – Recht in ursprünglichster Form – müssen als sekundäre Phänomene zum Zwecke des Machtgewinnes in diesem Kampf angesehen werden. Erst über Vernunft und Ich-Bewußtsein des Menschen kam echter Friedenswille in die Welt. Funktionell betrachtet ist er das einzige Regulativ, welches verhindern kann, daß der Lebensstrom, über seine Energone immer stärker anschwellend, sich letztendlich selbst zerstört.

Goethes Sicht (zu Seite 119)

In seiner Schrift »Erster Entwurf einer allgemeinen Einleitung in die vergleichende Anatomie, ausgehend von der Osteologie« (Jena 1795) führte Goethe aus: »Deshalb geschieht hier ein Vorschlag zu einem anatomischen Typus, zu einem allgemeinen Bilde, worin die Gestalten sämtlicher Tiere der Möglichkeit nach enthalten wären, und wonach man jedes Tier in einer gewissen Ordnung beschriebe. Dieser Typus müßte so viel wie möglich in physiologischer Rücksicht aufgestellt sein. Schon aus der allgemeinen Idee des Typus folgt, daß kein einzelnes Tier als ein solcher Vergleichskanon aufgestellt werden könne; kein einzelnes kann Muster des Ganzen sein.«

Und etwas später heißt es dort: »Doch müßte man vorerst über ein allgemeines Schema sich verständigen, worauf das mechanische der Arbeit durch eine Tabelle befördert werden könnte, welche jeder bei seiner Arbeit zugrundelegt ...«

Solche Schemata bietet die Energontheorie.

Die Begriffe »Natur« und »Seele« (zu Seite 120)

Die viel verwendeten Begriffe »Natur« und »Seele« werden in diesem Buch vermieden. Dies bedarf wohl einer Erklärung.

Der Begriff Natur gewinnt dort Bedeutung, wo es darum geht, die vom Menschen geschaffenen Werke gegen alles übrige abzugrenzen. Was der Mensch schafft, ist künstlich geschaffen –, alles übrige Natur. Und zwar sowohl Anorganisches als auch Organisches. Ein Vulkan und das Meer sind ebenso Natur wie ein Fisch, ein Grashalm oder eine Muskelzelle. Da jedoch von der Energontheorie her alle vom Menschen geschaffenen Objekte als Teile der Lebensentfaltung angesehen werden und da hier – zweitens – klar unterschieden wird zwischen Materie, die dem Lebensstrom angehört, und solcher, die das nicht tut, wäre die Verwendung des Begriffes Natur in doppelter Hinsicht irreführend. Dazu kommt noch, daß dieser Begriff in der neueren Zeit den in den Hintergrund tretenden Begriff Gott häufig ersetzt. Die Natur ist »weise«, die Natur hat es so oder so »eingerichtet«, dies oder jenes ist »wider die Natur« – solche Formulierungen findet man in der wissenschaftlichen und volkstümlichen Literatur in jeder

Zahl. Auch Autoren, welche die Tiere und Pflanzen keineswegs als Ergebnis eines gewollten göttlichen Herstellungs- oder Planungsaktes ansehen (sondern als Ergebnis von Mutation und Selektion), verwenden das Wort Natur – eher gedankenlos – überall dort, wo ihnen in der Aussage ein passendes Substantiv fehlt. Auch das ist irreführend, weil Äußerungen wie »die Natur will dies« oder »die Natur schuf jenes« die Vorstellung eines wollenden Agens hervorruft. Von der Energontheorie her sind jedoch alle Lebenserscheinungen die notwendige Voraussetzung und Folge eines an sich völlig blinden physikalischen Geschehens.

Was den Begriff »Seele« betrifft, so wurde bereits in einer früheren Schrift darauf hingewiesen, in wie vielen verschiedenen Bedeutungen er im Laufe der Geschichte verwendet wurde – und nach wie vor verwendet wird (H. Hass »Über das Wort ›Seele‹« in »Energon« 1970). Nach der christlichen Religion ist die Seele immateriell und unsterblich, nach der buddhistischen Glaubenslehre besiedelt sie in Aufeinanderfolge zahlreiche Menschen und andere Lebewesen. Für Spinoza war Seele und Körper ein und dasselbe, Aristoteles – und mit ihm viele Denker bis heute – sehen in der Seele ein »Formprinzip«, eine ordnungschaffende Kraft, welche Materie in Lebendiges verwandelt. Alkmaion sah in der Seele eine »sich selbst bewegende Zahl«, Cicero war der Ansicht, daß sie stofflicher Natur sei – »denn nur Stoffliches kann wirken und leiden«. Der Wiener Psychologe H. Rohracher wieder erklärte, daß Atome nicht leiden könnten – Materie könne weder »Angst noch Hoffnung empfinden«. Descartes erklärte, die Seele sei »unausgedehnt«, nach Kant ist sie kein »Ding an sich«, sondern nur »das Subjekt der Bewußtseinsprozesse«. Teilhard de Chardin vertrat die Ansicht, daß »eine gesteigerte Verdichtung des Geistigen, welches aller Materie innewohnt«, zur Bildung der Seele führe. R. Martin und K. Saller schlossen sich in ihrem »Lehrbuch der Anthropologie« (1966) der von Fischel gegebenen Definition an, derzufolge nicht der Geist die Seele, sondern vielmehr die Seele den Geist hervorbringt.

Die meisten heutigen Naturwissenschaftler sehen mit Schopenhauer und Nietzsche im Wort »Seele« einen Sammelbegriff für unser Innenerleben. In diesem Sinne definiert auch R. Eisler im »Wörterbuch der philosophischen Begriffe« (1942) die Seele als »die von innen erfaßte, sich unmittelbar in ihrer Eigenqualität erlebende Organisation, von welcher die einzelnen Bewußtseinszustände abhängig sind, durch deren Zusammenwirken sie selbst konstruiert und charakterisiert ist«. Da Worten – als Werkzeugen der Verständigung – nur dann Wert und Bedeutung zukommt, wenn einigermaßen feststeht, welchen Begriff sie bezeichnen, ist es unzweckmäßig, solche zu verwenden, die der eine mit dieser, der andere mit jener Bedeutung assoziiert. Das führt zwangsläufig dazu, daß die Gesprächspartner »aneinander vorbeireden«.

An diesem Punkt sei darauf hingewiesen, daß sich die Energontheorie gegen keine Glaubenslehre richtet – ja gar nicht richten kann. Wenn von naturwissenschaftlicher Seite her immer wieder religiöse Lehren angegriffen werden, dann ist dies – streng genommen – als unwissenschaftlich zu bezeichnen. Denn keine Religion oder Gottesvorstellung ist gegenbeweisbar – und das gilt auch für jene Religionen oder Gottesvorstellungen, die heute längst keine Anhänger mehr haben. Selbst die Götter der Griechen oder der Azteken sind nicht gegenbewiesen – es mag vielmehr in deren »unerforschlichem Ratschluß« liegen, erst wieder in zehntausend Jahren in Erscheinung zu treten. Die Forschungsergebnisse der Naturwissenschaften, insbesondere der Biologie, machen es unwahrscheinlich, daß der Mensch Zentrum des Interesses übersinnlicher Mächte ist – doch gegenbeweisbar ist das nicht. Die Energontheorie führt zur Schlußfolgerung, daß die energetische Entfaltung sich selbst determiniert –; warum sie jedoch stattfindet und was überhaupt Energie ist, bleibt völlig offen. Am Wert oder Unwert des Menschen, seiner Würde oder Nichtwürde, wird durch die Energontheorie nicht das geringste verändert. Sie präzisiert bloß seinen Standort im Rahmen der Evolution und zeigt Zusammenhänge auf, die ihn von den übrigen Lebenserscheinungen nicht prinzipiell gesondert, sondern ihnen zugehörig, ja auf das engste mit ihnen verwandt darstellen.

Präzision und Kunst (zu Seite 137)

Bei oberflächlicher Beurteilung der Energontheorie kann es leicht zur Kritik kommen, daß hier Welt und Mensch vom rein ökonomischen Standpunkt her beurteilt würden, während in entscheidend wichtigen Bereichen menschlicher Ausrichtung das Ökonomische von höchst untergeordneter Bedeutung sei – etwa bei Liebe und Freundschaft, Lebenskultur und ganz besonders in der Kunst.

Hier ist zu entgegnen, daß die Energiebilanz nur deshalb als vorrangig betrachtet wird, da arbeitsfähige Energie unabdingbare Voraussetzung für jegliche Aktivität ist. Den weiteren, die Lebensentfaltung beeinflussenden, sie determinierenden Faktoren wird durchaus Rechnung getragen. Von den drei Hauptkriterien für die Funktionseignung jeder Struktur – Kosten, Präzision und Zeitaufwand – ist das Kriterium Präzision das am weitaus schwierigsten zu erfassende und in meßbare Werte zu übertragende. In sehr vielen Lebensbereichen, die für den Menschen von besonderer Bedeutung sind, steht jedoch gerade dieses Kriterium im Vordergrund. So beruhen sexuelle Anziehungskraft, Liebe, Sympathie und Freundschaft auf einem ungemein komplexen Passungsverhältnis zwischen Umweltreizen und dem menschlichen Zentralnervensystem. Sind diese Wirkungen so beschaffen, daß sie – wie ein Schlüssel ein bestimmtes Schloß – im Empfangs- und Verarbeitungsapparat des Anderen Zuwendungsreaktionen bewirken, dann kommt es zu diesen Regungen.

Nicht anders ist es in den Künsten: Auch hier geht es um die Präzision der Passung zwischen Reizkombinationen und dem bewertenden Gehirn, das – genetisch bedingt oder auf Grund von Milieueinflüssen – sehr verschieden reagiert und auch je Stimmung nicht immer gleich reagiert. Die Faktoren Kosten und Zeit beeinflussen auch in der Kunst den Eignungswert einzelner Werke. So kann manches Werk wegen mangelnder Geldmittel nicht zustande kommen, und eine doppelt zu schnell oder zu langsam gespielte Symphonie von Beethoven verliert ihre Wirkungskraft. Im besonderen liegt jedoch der Eignungswert von Kunstwerken in der Kompetenz des Faktors Präzision. Höchst subtile raumzeitliche Passungsverhältnisse geben hier den Ausschlag. Manche sind – im statistischen Schnitt – für Menschen in aller Welt maßgebend. Andere sind nur in bestimmten Kulturkreisen wirksam – wo über Sitte und Erziehung der Schloß-Mechanismus ästhetischer Reaktionsnormen zurechtgefeilt wird. Wieder andere – und dies zeigt sich besonders in der modernen Kunst – sind auf sehr individuelle Wirkungen angewiesen und können auch ganz entgegengesetzte Regungen auslösen.

Präzision, Risiko und Chance (zu Seite 144)

Präzision und Risiko sind Kontraste. Je höher die Präzision, um so geringer das Risiko – je geringer die Präzision, um so größer das Risiko. Aber ganz so einfach ist die Sache nicht. Denn Risiko ist ebenso komplementär zum Erwerb. Dieser kann sehr präzise sein – und trotzdem höherem Risiko unterworfen, ebenso gibt es auch Erwerb ohne Risiko und mit geringer Präzision.

In der Wirtschaft wird gewöhnlich zwischen Erwerbsrisiko und Feind- und Störungsrisiko nicht unterschieden. Nach der Definition von K. Oberparleitner ist Risiko »jede außerhalb der Willens- und Machtsphäre liegende Möglichkeit, deren Eintritt oder Unterbleiben den Erfolg einer Leistung zu gefährden vermag«. In diesem Sinne ist für ihn Risiko schlechthin alles, was »eine die betriebswirtschaftliche Leistung beeinträchtigende Wirkung hat«. Andere legten ihrer Definition die für jede menschliche Erwerbsform charakteristische Planbildung zugrunde und definierten Risiko als »Maß der Planabweichung« (W. Wittmann), als »Distanz zwischen Plandaten und faktischen Daten« (W. Eucken) oder als »Eintreten des Falles, der nicht im Sinne der Zielsetzung war« (W. Krelle). Auch der Unterschied zwischen »inneren« und »äußeren« Gefahren wurde herangezogen – so gelangte etwa A. Walther zur Trennung von »Produktions-« und »Unternehmerrisiko«.

Von der Energontheorie her muß zwischen Erwerbstätigkeit und Störungsabwehr (einschließlich Feindabwehr) unterschieden werden. Mit hohem Erwerbsrisiko muß nicht unbedingt ein hohes Störrisiko einhergehen. Ist dagegen das Störrisiko groß, dann erhöht das fast immer auch das Erwerbsrisiko. Energone, die praktische Risikenabsicherung betreiben – etwa Versicherungsgesellschaften –, unterscheiden auch in dieser Weise. Absicherung gegen Schäden durch Sturm, Hagel, Erdbeben, Plünderung, Diebstahl, Raub, Betrug richten sich eindeutig gegen Umwelteinwirkungen und Raubfeinde. Solche gegen Erwerbsunfähigkeit, Arbeitslosigkeit, Transportschaden, Maschinenbruch, Kreditverlust, Geschäftsausfall richten sich ebenso eindeutig gegen Erwerbsgefährdung. Selbst bei der Abdekkung gemischter Risiken – etwa bei Feuer- und Unfallversicherung – zeigen meist die Policen diese funktionell bedingte Unterscheidung bei der Anführung von Kriterien, welche Prämienerhöhungen bedingen.

Vom Lebensstrom her gesehen war Risiko die Begleitmusik der gesamten Entwicklung. Ordnung und Erfolg waren Sicherheit – also vermindertes Risiko. Andererseits konnte Fortschritt nur über Risiko stattfinden. In diesem Sinne wurden Ordnung und Sicherheit auch wieder zum Hemmschuh – und Risiko wurde zur Chance.

Extremer Wertkonflikt (zu Seite 151)

Ein Beispiel für krasse Wertkonflikte innerhalb des Lebensstromes ist in unseren Tagen die Erpressung des Staates auf dem Weg der Entführung und angedrohten Tötung hochgestellter Persönlichkeiten. Das Individualinteresse der Betroffenen verlangt, daß alles mögliche geschieht, um ihr Leben zu erhalten. Auch ihre besondere Stellung legt dies nahe. Andererseits ist es vom Energon Staat und seiner Rechtsordnung her schwer zu vertreten, solche Erpresserwünsche zu erfüllen. Denn dadurch wird automatisch weiteren Aktionen ähnlicher Art Vorschub geleistet, außerdem wird das Machtpotential jener, die sich solcher Mittel bedienen, noch erhöht.

Interessant ist, wie Friedrich der Große darüber dachte – denn auch damals schon gab es diese Problematik. Als »Geheime Instruktion für den Kabinettsminister Graf Finckenstein« schrieb er am 10. Januar 1757: »Wenn mir das Verhängnis zustieße, in Feindeshand zu fallen, so verbiete ich die geringste Rücksicht auf meine Person zu nehmen und sich im geringsten an das zu kehren, was ich aus meiner Haft schreiben könnte.« Sein als Nachfolger bestimmter Bruder und ebenso sämtliche Minister und Generäle hätten mit ihrem Kopf für die Ausführung dieses Befehls zu haften. Es sei zu verfahren, »als ob ich nie gelebt hätte«.

Organisation und Ordnung (zu Seite 157)

Um die Vielheit der Erscheinungen und Vorgänge – besonders im Lebensbereich – besser zu erfassen und zu verstehen, wurde auf den Begriffen »Organisation« und »Ordnung« aufgebaut. Die sich daraus ergebenden Beurteilungssysteme sind von jenem, zu dem der Energon-Begriff führt, verschieden. Einschränkend ist zu sagen, daß Worte nicht die Wirklichkeit repräsentieren, sondern bloß Werkzeuge unseres Gehirnes sind, um Zusammenhänge zu erfassen. In diesem Sinne können sie – wie jedes andere Werkzeug – besser oder weniger gut ihren Zweck erfüllen. Dies ist das einzige vertretbare Kriterium ihres Wertes.

Auf dem Begriff »Organisation« bauten zahlreiche Denker auf. Im Lexikon »Der Große Herder« wurde dieser Begriff wie folgt definiert: »Wie im natürlichen Organismus verschiedene Teile als Gliedmaßen zu besonderen werkzeuglichen Verrichtungen im Lebenshaushalt des ganzen Lebewesens zusammengefügt sind, so gliedert menschliche Überlegung und Zielstrebigkeit eine Mehrzahl von Menschen zu einer Einheit zusammen, um in verschiedenartiger Weise zur Erreichung eines vorgesteckten Ziels planvoll zusammenzuwirken.« Dieser Organisationsbegriff ist mit dem Lebensbegriff eng verknüpft und weist eine enge Übereinstimmung mit dem Energonbegriff auf.

Die meisten Verfechter »Allgemeiner Organisationslehren« – etwa der russische Nationalökonom A. Bogdanow (1912, 1923) und der österreichische Wirtschaftswissenschaftler K. Stefanic-Allmayer (1950) – sehen indes auch Atome, Moleküle, Kristalle und Planetensysteme als »Organisationen« an. Aus dieser Sicht werden Vergleiche zwischen anorganischen und soziologischen Strukturen angestellt. Daß dies – wenn überhaupt – nur zu sehr allgemeinen und wenig ergiebigen Analogien führen kann, liegt von der Energontheorie her auf der Hand. Atome, Moleküle, Kristalle und Planetensysteme stellen im Gegensatz zu den Körpern der Tiere und den vom Menschen geschaffenen zweckdienlichen Strukturen passive Gleichgewichtszustände dar. Sieht man in ihnen – wie es für die meisten Religionen charakteristisch ist – eine zielhafte Schöpfung, ein gewolltes Werk, dann allerdings sind auch sie funktionell und zweckmäßig. Betrachtet man sie jedoch ohne Glaubensbindung, dann fehlt ihnen die für organische Systeme charakteristische Dynamik. Während diese zweckmäßig oder unzweckmäßig sein können – und demgemäß bestehen und sich fortsetzen oder nicht bestehen –, sind jene das Ergebnis eines Gleichgewichtes von Kräften. Es sind keine freie Energie akkumulierenden und damit der Entropie entgegenwirkenden Systeme.

In sehr ähnlicher Bedeutung wie der Begriff »Organisation« wird auch der Begriff »Ordnung« gebraucht. Aus Blickrichtung der Informationstheorie sehen heute viele in Ordnungen den Ausdruck akkumulierter Information. Das Wesen der Evolution – in physikalische, biologische und geistige unterteilt – wird in wachsender Komplexität und Differenziertheit gesehen. Der Begriff Zweckmäßigkeit tritt dadurch in den Hintergrund und wird tunlichst vermieden. Ordnungen – »Muster« – treten zu höheren Ordnungen zusammen: dies und nichts anderes sei die Evolution. Über Zufälle gelange Materie zu Ordnung, über Regelkreise würden Ordnungen aufrechterhalten. Man versucht aus dieser Sicht, Ordnungen miteinander zu vergleichen, ihr Wesen zu entdecken. Darstellungen dieser Betrachtungsweise, die in der Evolution eine Akkumulierung von Information über Ordnungen sieht, geben C. Bresch (»Zwischenstufe Leben« 1977), R. Riedel (»Die Ordnungen des Lebendigen« 1975, »Die Strategie der Genesis« 1976) sowie M. Eigen und R. Winkler (»Das Spiel« 1975). Es werden hier bemerkenswerte Gedanken darüber vorgelegt, wie über Zufall Ordnungen entstehen können. Doch darüber, wie innerhalb der Lebensentfaltung Ordnungen beschaffen sein müssen, um etwas zu leisten, läßt sich auch über die kunstvollsten Kombinationen von Molekülen nichts aussagen. Hier helfen die Begriffe Information und Ordnung nicht weiter.

Von der Energontheorie her sind Ordnungen nicht Wesen der Entwicklung, sondern eine Begleiterscheinung. Im anorganischen Bereich sind sie das Ergebnis eines Gleichgewichtes von Kräften. Im organischen Bereich kennzeichnen sie die Struktur erfolgreicher Energone – ebenso aber auch erfolgloser. Ein effizientes Energon hat Ordnung – doch in andere Umwelt versetzt, kann sein Wert auf Null absinken. Ein anderes Maß als Information wird hier notwendig, das über das Denksystem der Energontheorie entwickelt werden kann. Die anwachsende Vielheit zunehmender Komplexität kennzeichnet sehr wohl den Weg der Evolution – ist aber nicht Sinn oder Ursache, sondern Auswirkung.

Das verborgene Gemeinsame in der Lebensentfaltung (zu Seite 167)

Immanuel Kant sprach als erster den Gedanken von einem »Urbild« aller Tiere und Pflanzen aus. Er schrieb, daß eine noch fehlende »Naturgeschichte« die »Abartungen« der Geschöpfe vom »Urbild« lehren würde. Kant hielt die »Abstammung der Arten aus einer einzigen Gattung« für denkbar. (»Von den verschiedenen Racen des Menschen«, in L. Voss: »Immanuel Kants Schriften zur physischen Geographie«, 1839.) Die gleiche Grundidee wurde zum Leitfaden in Goethes naturwissenschaftlichen Bemühungen. Seine Suche nach der »Urpflanze« und dem »Urtier« galt nicht dem Auffinden eines gemeinsamen Ahnen, sondern je einer Grundstruktur, auf die sich die Vielheit der Pflanzen und Tiere zurückführen ließe. Diese Urbilder wären »wo nicht den Sinnen, doch dem Geiste nach darzustellen«. Gemeinsam mit K. F. Burdach wurde er zum Begründer der

Vergleichenden Morphologie. Seine auf ein »verborgenes Gemeinsames« ausgerichtete Sicht führte ihn zu bedeutenden Entdeckungen – in der Botanik zu jener der Metamorphose des Blattes in Dornen, Ranken, Staubgefäße und Stempel, in der Zoologie zum Auffinden des damals umstrittenen Zwischenkieferknochens beim Menschen. Auch im berühmten Akademikerstreit in Paris (1830) verfocht Geoffroy St.-Hilaire gegenüber Cuvier, daß es ein einheitliches, für das gesamte Tierreich gültiges Prinzip gäbe – eine »unité de composition organique«.

Knapp zehn Jahre später wurde die Zelle entdeckt und weitere zehn Jahre darauf veröffentlichte Darwin die Evolutionslehre. Damit schien das »verborgene Gemeinsame« in doppelter Weise gefunden zu sein: in Gestalt einer einheitlichen Grundstruktur und einer einheitlichen Abstammung. Dazu kam später die Entdeckung der Chromosomen und des Genetischen Codes. Im Standardwerk der Evolutionsforschung »Die Evolution der Organismen« von G. Heberer (1943) schrieb W. Zündorf: »Die von Goethe intuitiv erschaute und dichterisch gestaltete Einheit in allem Wechsel und in aller Mannigfaltigkeit der Formen enthüllt sich dem modernen Forscher als das dem Lebendigen zugrunde liegende Erbgut. Jede lebende Gestalt dankt ihm ihr Dasein, ihre Formfülle liegt in seiner Wandlungsfähigkeit begründet.« Im gleichen Sinne schrieb Werner Heisenberg, daß man im »Goetheschen Sinne« die Nucleinsäure als Urlebewesen bezeichnen könne – »da sie eine Grundstruktur für die ganze Biologie darstellt«. Die Elementarteilchen, aus denen die Atome bestehen, verglich Heisenberg mit den »regulären Körpern« in Platons »Timaios« und fährt dann fort: »Sie sind die Urbilder, die Ideen der Materie. Die Nucleinsäure ist die Idee des Lebewesens. Diese Urbilder bestimmen das ganze weitere Geschehen ...« (»Der Teil und das Ganze«, 1969.) Die heutige Lehrmeinung in der Biologie entspricht dieser Einstellung und erklärt die Bemühung der Molekularbiologen, über die Ausbildung des Genetischen Codes die Evolution zu verstehen. Die Energontheorie erklärt dementgegen, daß das »verborgene Gemeinsame« der Lebensentfaltung mit Zelle, Abstammungslehre und Genetischem Code noch nicht entdeckt worden ist –, und nimmt die Gedankenrichtung Kants, Goethes und Geoffroy St.-Hilaires wieder auf. Wenn Goethe erklärte, das allgemeine Bild, der anatomische Typus »müßte so viel wie möglich in physiologischer Richtung aufgestellt sein«, dann heißt dies in heutiger Sprache, daß nicht der sinnfällige Aspekt, sondern die Funktion, die Wirkung also im Vordergrund zu stehen habe – »wo nicht den Sinnen, doch dem Geiste nach darzustellen«.

Die Konzepte von Solvay und Ostwald (zu Seite 170)

Dem Energonbegriff kam Ernst Solvay, auf dessen Arbeit sich Wilhelm Ostwald stützte, sehr nahe (1906). Er definierte die Organismen als Energietransformatoren in potentiellem Zustand – »transformateur de l'état potentiel«. Den Menschen könne man nicht in sich selbst und für sich selbst beurteilen: »D'autre part, il apparaît avec la même évidence, que l'organisme ›homme‹ ne peut plus être envisagé en lui-même et pour lui-même exclusivement. Il doit être considéré dans ses rapports énergétiques avec la société.« Auch in den Menschengemeinschaften sah Solvay energetische Gebilde: »Chaque groupe humain particulier, l'espèce humaine tout entière, doivent être considérés comme une réaction chimique organisée qui se continue et tend à se développer sans cesse, suivant sa loi inéluctable, malgré les obstacles de tout ordres et l' intervention de facteurs intellectuels toujours nouveaux.« Die gesamte Evolution sah er in ihrer inneren Verwandtschaft: »En somme, et au point de vue le plus général, l'être vivant serait une réaction organisée spécialement pour oxyder à froid, de manière continue et avec dégagement final d'énergie, un milieu *propre*: sa raison d'être initiale, sa loi, son but, son intérêt seraient la production et la continuation prolongée de cette oxydation dans les meilleures conditions possibles.« (»Notes sur les Formules d'Introduction à l'Energétique et Psycho-Sociologique«.)

Wilhelm Ostwald übertrug den Begriff »Energietransformator« auf die Organe und auf die Werkzeuge der menschlichen Machtkörper, Maschinen inbegriffen. Ihre Bedeutung beruhe darauf, »daß sie eine günstige Transformation der mit ihrer Hilfe bearbeiteten Rohenergie ermöglichen und dadurch eine günstigere Produktion von Nutzenergie bewirken«. In diesem Sinne bezeichnete er das, was der Wirtschaftler »Produktionsmittel« nennt, als »Transformationsmittel«. Die Tiere nannte Ostwald »Parasiten des Pflanzenreiches«. In den Energiebilanzen sah er die zentrale Erscheinung (»Die energetischen Grundlagen der Kulturwissenschaft«, 1909).

Auch den begrifflichen Unterschied zwischen dem Energieerwerb und der Nutzbarmachung von Fremdenergie legte Wilhelm Ostwald bereits dar. Er hob hervor, daß beim Einsatz von »fremden Energien« durch den Menschen »diese nicht aus seinem Körper herrühren, sondern der Außenwelt entnommen sind«. In der direkten Nutzbarmachung, die nicht über den Umweg des Körpers erfolgt, sah er »den entscheidenden Schritt zur Herrschaft über die Erde«. *Schon 1912 formulierte Ostwald seinen »energetischen Imperativ«, der heute zu besonderer Aktualität gelangt. Er lautet: »Vergeude keine Energie, verwerte sie.«*

Außerirdischer Ursprung des Lebens (zu Seite 177)

Der schwedische Nobelpreisträger Sven Arrhenius (1859–1927) – neben Ostwald und van t'Hoff Mitbegründer der physikalischen Chemie – gehörte zu jenen, die den Ursprung des Lebens in den Kosmos verlegten. Durch Strahlendruck seien kleinste Urorganismen von anderen Himmelskörpern auf die Erde gelangt und hätten hier das Leben eingeleitet. Da zu jener Zeit dem Lebensanfang noch die Vorstellung eines besonderen Schöpfungsaktes anhaftete, war dieser Gedanke für viele erregend – obwohl er die Lösung des Geheimnisses bloß von einem Ort zu einem anderen verlegte. Inzwischen ist erwiesen, daß sich unter den Bedingungen, welche vor vier Milliarden Jahren auf unserem Planeten herrschten, in den heißen Urmeeren Bausteine für Proteine und Nucleinsäuren in reicher Zahl bildeten – im Experiment gelingt es heute bereits, sie in der Retorte zu erzeugen, ja sogar autokathalytische Prozesse einzuleiten. Daß solche Bausteine auch im Kosmos entstehen und von dort auf die Erde gelangen können, ist keinesfalls auszuschließen, jedoch von geringer Relevanz. Angewiesen war die Lebensentwicklung darauf jedenfalls nicht. Angewiesen war sie vielmehr auf das glückliche Zusammentreffen von energiereichen Verbindungen, die sie in solche Kombination brachte, daß ein Prozeß über sie seinen Anfang nahm, der sich in Potenz und Volumen steigerte. Die Wahrscheinlichkeit dafür ist im eisigen, nur von sehr verstreuten Materieteilchen erfüllten Weltenraum um ein Vieltausendfaches geringer – praktisch wohl Null. Da sich jedoch heute ein unbefriedigtes metaphysisches Bedürfnis bei vielen Menschen darin äußert, daß Gedanken über außerirdische Einwirkungen und übersinnliche Phänomene gesteigertes Interesse und Schriften über solche Thematik dementsprechenden Absatz finden, wird auch dieser Gedanke, in verjüngter Gestalt wieder aus der Schublade geholt und diskutiert.

Homologie, Analogie und Funktionsverwandtschaft (zu Seite 184)

In der Biologie steht die Unterscheidung homolog und analog im Vordergrund der Beurteilungen. Als homolog werden Organe bezeichnet, die entwicklungsgeschichtlich verwandt sind – etwa die Brustflossen der Fische, die Vorderextremitäten der Frösche und die Flügel der Vögel. Analoge Organe sind etwa die Augen der Wirbeltiere und jene der Molusken: Ihr Aufbau ist zwar sehr ähnlich, doch entstanden sie im Laufe der Evolution voneinander ganz unabhängig. In der Energontheorie tritt diese Alternative in den Hintergrund. Es geht hier um weit weniger sinnfällige Zusammenhänge. Ein Giftstachel und ein Steuerungsrezept für Fluchtverhalten sind weder homolog noch analog – und doch funktionsverwandt. In der Bilanz scheinen sie im Abwehrsektor auf. Ob so oder so Feindwirkung neutralisiert wird, ist für ein Energon von sekundärer Bedeutung. Primär wichtig sind die Kosten, welche die Abwehrstruktur verursacht, sowie die Präzision und die Schnelligkeit ihrer Leistung. Organe völlig verschiedenen Aussehens und völlig verschiedener Entstehungsweise können einander durchaus vertreten, ihren Energonen gleichwertige Effizienz und Konkurrenzfähigkeit vermitteln.

Das Erbrezept und sein »Programm« (zu Seite 188)

Die Bezeichnung »Rezept« wird nur von wenigen Biologen gebraucht – etwa von W. Weidel in der Virusforschung und von I. Eibl-Eibesfeldt in der Verhaltensforschung. Dieser Begriff ist wichtig, weil er den funktionellen Unterschied zur Steuerung hervorhebt. Rezept und Steuerung können zusammenfallen – bei den Erbrezepten dürfte das weitgehend der Fall sein. Funktionell aber handelt es sich um zwei sehr verschiedene Aufgaben, wie sich bei den vom Menschen gebildeten Energonen besonders gut zeigt: In einem Unternehmen ist es wesentlich einfacher, Leute zu finden, die nach gegebenem Programm Befehle erteilen können, als solche, die imstande sind, selbst neue, zielführende Programme zu entwerfen. Nicht die Steuerung ist die eigentliche Essenz zielführender Abläufe, sondern die dieser Steuerung zugrundeliegenden Koordinationsvorschriften.

In der Biologie, vor allem in der Verhaltensforschung, wird heute vielfach von angeborenen »Programmen« und von »Programmiertsein« gesprochen. Diese Bezeichnungen haben jedoch den Nachteil, daß sie sich stark mit der Vorstellung eines bewußten Agens, welches das Programm entwarf und vorschreibt, assoziieren. »Rezept« ist demgegenüber neutraler. Ein solches kann übernommen werden, wie es auch immer zustande kam (recipio = ich empfange). Entstehen über Mutation und Selektion förderliche Änderungen im Erbgut, dann ist es weniger mißverständlich, von neuen Erbrezepten als von neuen Programmen zu sprechen.

Über ganz kontinuierliche Änderungen in den Erbrezepten der Tiere unserer Ahnenreihe kam es zur Fähigkeit der Bildung von artifiziellen Funktionsträgern. Dies zeigte H. Hass in einem zehnstufigen Schema (»Zur erweiterten Energontheorie«, in »Energon«, 1970).

Zu den Vorzügen des vielzelligen Zentralnervensystems gegenüber dem Zellorgan Genetischer Code in seiner Funktion als Rezeptspeicher gehört auch der, daß es sich nichtbenötigter Rezepte leichter entledigen kann – indem es sie vergißt. Auf einen weiteren Vorteil wies K. Lorenz hin: Der Genetische Code gewinnt erhöhtes Angepaßtsein an die lebenswichtigen Bedingungen »nur durch Erfolg«, während das lernbefähigte Gehirn »auch durch seine Mißerfolge lernt« (»Innate Bases of Learning«, 1969).

Zwei altüberlieferte Sätze (zu Seite 210)

A. Naef schrieb im Handwörterbuch der Naturwissenschaften: »Natura non facit saltus! Jedes Formelement ist an vorherige gebunden und bestimmt nachfolgende, sofern es nicht an einem blinden Zweigende des Lebensbaumes steht. Es gibt morphologisch nichts schlechthin neu Auftretendes!« Dies kennzeichnet die bis heute herrschende Grundmeinung in der Biologie – die von der Energontheorie her als »Zellbiologie« bezeichnet werden muß. Am Entwicklungspunkt Mensch warf die Lebensentwicklung gleichsam die Fessel ab, die sie bis dahin am »Saltus« (Sprung) hinderte. Sobald die Funktion der Bildung von neuen Funktionsträgern vom Genetischen Code auf das vielzellige Zentralnervensystem überging, und im besonderen auf das menschliche Gehirn, wurde jeder »Saltus« möglich. Nicht nur konnten sich beliebig neue Organe entwickeln, sondern eine Energonart konnte auch total andere hervorbringen.

Gültigkeit behält dagegen der 1651 von dem englischen Anatomen William Harvey prophetisch geäußerte Satz »Omne vivum ex ovo«, der erst 1827 durch Karl Ernst von Baer bewiesen wurde, als dieser das Säugetierei entdeckte. Rudolf Virchow änderte Harveys Satz in »Omne cellula ex cellula« ab, W. Preyer in »Omne vivo ex vivo«. In dieser letzten Formulierung behält er auch von der Energontheorie her seine Gültigkeit. Ab Einsetzen des Lebensprozesses wird jedes Energon – stets und ausnahmslos – von anderen Energonen aufgebaut. In der durch menschliches Wirken gekennzeichneten dritten Phase der Evolution kam es sogar dahin, daß oft zahlreiche sehr verschiedene Energone an der Bildung eines neuen Energons zusammenwirkten.

Die biologische Betrachtung des menschlichen Verhaltens (zu Seite 225)

Die von Konrad Lorenz und Niko Tinbergen begründete Vergleichende Verhaltensphysiologie stieß, sobald sie die gewonnenen Erkenntnisse auf die Analyse menschlichen Verhaltens anwandte, auf erbitterte Gegnerschaft bei den Geisteswissenschaften. Der Mensch erscheint dem Tier durch seine Intelligenz immens überlegen, der Gedanke, daß wir aus dem Studium tierischen Verhaltens wesentliches über unser eigenes Verhalten und seine Motivationen lernen könnten, scheint darum abwegig. Demgemäß hatten sich die Geisteswissenschaften von den Naturwissenschaften weitgehend unabhängig entwickelt: so lange es Denker gibt, versuchte der Mensch sich aus unmittelbarer Betrachtung zu verstehen. Erst vor hundert Jahren wurde zur Gewißheit, daß wir dem Tierreich entstammen, ihm zugehören – was die Frage nahelegt, ob nicht neben der körperlichen Verwandtschaft auch eine solche im Bereich unseres Verhaltens besteht. Ein neuer, überraschender Weg zur Suche nach Selbsterkenntnis eröffnete sich. Dieser besteht darin, den eigenen Geist nicht mit dem eigenen Geist zu erforschen – also letztendlich ein Werkzeug gegen sich selbst einzusetzen –, sondern auf dem weiten Umweg über die tierische Evolution ein »Erkenne Dich Selbst« anzustreben. In der Ahnenreihe läßt sich verfolgen – und experimentell untersuchen –, welche Mechanismen für tierische Instinkt- und Lernleistungen verantwortlich sind, wie sie im einzelnen funktionieren, wo ihre Grenzen sind. Nähert man sich dem Menschen auf diesem weiten Umweg, der bei den allerniedersten Tieren beginnt, dann gelangt man zu anderen Beurteilungen, Fragestellungen und Denkkategorien, als wenn das Hirn – gleichsam von innen her – das von ihm gesteuerte Verhalten betrachtet. Vieles im Bereich der menschlichen Aktionen und Reaktionen erweist sich dann als den Tieren durchaus verwandt, ja bis zu den einfachsten unserer Verwandten hin verfolgbar. Die Besonderheit des Menschen stellt sich – gegen diesen Hintergrund – in ganz anderen Leistungen und Eigenarten dar, als man sie auf dem alten, direkten Weg zu erkennen glaubte. So bricht zur Zeit die Vergleichende Verhaltensforschung in Gestalt der Humanethologie mit ganz anderen Ausrichtungen und Gesichtspunkten in die Domäne der Philosophie, der Soziologie, der Rechts- und Kunstwissenschaften und vieler weiterer Disziplinen ein. Auch hier erfüllt sich Goethes Voraussicht, der bei seiner Bemühung zur Begründung einer vergleichenden Morphologie ausdrücklich hervorhob, daß die Gesamtschau »möglichst in physiologischer Rücksicht« orientiert sein müßte. Hält man sich dies vor Augen, dann darf man sehr wohl in ihm den geistigen Vater auch dieser erst kürzlich begründeten Forschungsrichtung einer stammesgeschichtlichen Beurteilung des menschlichen Verhaltens sehen. Wörtlich schrieb Goethe 1786: »Die Einsicht zuletzt, wie der Mensch dergestalt gebaut sei, daß er so viele Eigenschaften und Naturen in sich vereinige und dadurch auch schon physisch als eine kleine Welt, als ein Repräsentant der übrigen Tiergattungen existiere, alles dieses kann nur dann am deutlichsten und schönsten eingesehen werden, wenn wir nicht, wie bisher leider nur zu oft geschehen, unsere Betrachtungen von oben herab anstellen und den Menschen im Tiere suchen, sondern wenn wir von unten herauf anfangen und das einfachere Tier im zusammengesetzten Menschen endlich wieder entdecken.« (»Vorträge über die drei ersten Kapitel des Entwurfs einer allgemeinen Einleitung in die vergleichende Anatomie, ausgehend von der Osteologie.«)

Die Triebe des Menschen (zu Seite 231)

Die hier vorgelegte Einteilung der den menschlichen Willen beeinflussenden Triebkräfte stützt sich auf das klassische, von der Philosophie und der Psychologie entwickelte Triebkonzept und verbindet dieses mit gesicherten Ergebnissen der Vergleichenden Verhaltensforschung. Die von Rudolf

Eisler im »Handwörterbuch der philosophischen Begriffe« (1942) gegebene Definition lautet: »*Trieb* ist ein Willensimpuls, der durch gefühlsbetonte Empfindungen oder Vorstellungen unmittelbar, ohne Reflexion, ohne bestimmtes Zweckbewußtsein, aber doch zielstrebig, das heißt zur Befriedigung eines bestimmten Bedürfnisses, zur Entfernung einer Unlust oder Erreichung einer Lust, ausgelöst wird und sich in Bewegungen entlädt, deren Zweckmäßigkeit teils ursprünglich-reflektorischer Art (gattungsmäßig erworben), teils erst individuell-erfahrungsmäßig erworben ist. *Triebhandlung* ist eine einfache Willenshandlung, eine solche, die durch ein einziges Motiv unmittelbar, mit organisch-psychischer Nötigung, hervorgerufen wird. Primär sind jene Triebe, welche auf ursprünglich-organischen (psychophysischen) Dispositionen beruhen; sekundär jene, welche durch ›Mechanisierung‹ von Willkürhandlungen entstehen.«

Mit dieser Definition gehen wir konform. Wo die Übereinstimmung mit tierischem Verhalten eindeutig ist, haben wir die in der Biologie üblichen Bezeichnungen gewählt: das gilt für den Geschlechtstrieb, den Brutpflegetrieb, den Neugiertrieb und den Aggressionstrieb. Den Begriff »Nahrungstrieb« haben wir aus funktionellen Erwägungen auch auf den Erwerb gasförmiger Stoffe und die Exkretion von Nichtbenötigtem und von anfallenden Stoffwechselschlacken ausgedehnt. In Anlehnung an die biologische Terminologie sprechen wir statt vom Geltungstrieb vom Imponiertrieb. Die meisten der weiteren Bezeichnungen wurden bereits von anderen Autoren verwendet. Neu ist die Bezeichnung »Sicherheitstrieb«, der außer dem bei Tieren nachweisbaren Fluchttrieb noch weitere Komponenten umfaßt, jedoch – im Gegensatz zum viel verwendeten Begriff des »Selbsterhaltungstriebes«, der auch Ernährung miteinschließt – nur die zur Abwehr von feindlichen und störenden Einflüssen dienenden Impulse umfaßt. Ebenfalls neu ist die Bezeichnung »Schönheitstrieb« – in der Psychologie wurde von ästhetischen Trieben, auch von Schönheitsdrang gesprochen. Die als Nebentriebe zusammengefaßte Vielheit mag Anstoß erregen, doch sind diese Triebkräfte insofern verwandt, als sie nicht komplexe, hierarchische Steuerungsstrukturen darstellen, sondern individuelle Einzelgänger – sei es auf organisch-psychischer Grundlage, sei es in Gestalt individuell erworbener »Mechanismen«. Die Bezeichnung »Gewohnheitstriebe« wurde auch in der Psychologie bereits verwendet.

In der Verhaltensforschung vermeidet man tunlichst den Triebbegriff und spricht statt dessen von »endogener Reizproduktion«, von Antrieben, Drängen und ähnlichem. Dies erklärt sich aus der Bemühung, die Begriffe

»Instinkt« und »Reflex« im Sinne der von Tinbergen 1951 gegebenen Definition gegeneinander abzugrenzen, sowie aus der Auseinandersetzung mit den Geisteswissenschaften, besonders mit der Milieutheorie. Die Frage »angeboren oder erworben?« steht heute im Zentrum der Betrachtungen. Für die praktischen Bedürfnisse eines Überblickes über die Hauptausrichtungen menschlicher Motivationen ist es dagegen von sekundärer Bedeutung, aus welchen Einzelelementen sich diese zusammensetzen und welches ihr entwicklungsgeschichtlicher Hintergrund ist. Worauf es ankommt, ist die Realität menschlichen Verhaltens – und hier zeigen sich eindeutig universell gültige Ausrichtungen.

Auch die früher in der Biologie ganz ungezwungen verwendeten Bezeichnungen »Lust« und »Unlust« werden in der Verhaltensforschung heute unterdrückt, weil nicht nachweisbar ist, daß sich bei Tieren mit ihren Instinkthandlungen Empfindungen verbinden, die jenen des ichbewußten Menschen entsprechen. Nachweisbar sind bloß Erregungszustände, die sich mit Zuwendebewegungen und Abwehrreaktionen verbinden. Da es bei der erwiesenen und engen Verwandtschaft mit den Tiervorfahren jedoch überflüssig erscheint, päpstlicher als der Papst zu sein, behalten wir diese auch in der Philosophie üblichen Bezeichnungen bei. Dort wo der Lust-Begriff anstößig wird, weil er sich mit tierhafter Regung, ja sündhaften Bestrebungen assoziiert, verwenden wir statt dessen den neutralen Begriff »Glück«. Er paßt dort besser, wo sich Triebe mit positiv bewertetem, ja ethischem Verhalten verbinden.

Der Staat als Organismus (zu Seite 299)

Zu allen Zeiten gab es Denker, die im Staat einen echten Organismus sahen. Plato nannte den Staat »einen Menschen im großen«, Aristoteles nannte ihn »ein beseeltes Lebewesen«. Der englische Philosoph Thomas Hobbes sah in der Furcht den Ausgangspunkt zur menschlichen Staatsbildung und nannte den Staat »ein alles verschlingendes Ungeheuer«. Schelling erklärte, daß der Staat nicht ein Mittel für bestimmte Zwecke sei, sondern die »Konstruktion des absoluten Organismus« Hegel sah im Staat die »höchste Form des objektiven Geistes« – des sich entwickelnden Selbstbewußtseins: des Weltgeistes. Der bedeutendste Verfechter der »organischen« Richtung innerhalb der Staatslehre, zu der auch die Philosophen

G. Fechner und W. Wundt gehörten, war der Rechtsgelehrte Otto von Gierke. Der schwedische Historiker und Staatstheoretiker Rudolf Kjellén stellte den »Lebensformen« Pflanze, Tier und Mensch die Lebensform Staat zur Seite. Er bezeichnete den Staat als »eine wirkliche Persönlichkeit mit eigenem Leben«, als einen »Organismus im biologischen Sinne« (»Der Staat als Lebensform«, 1924). Auch der Biologe Oskar Hertwig bezeichnete den Staat als eine »dem Menschen übergeordnete, höhere Form von Organismus« (»Der Staat als Organismus«, 1922). Er knüpfte an Ernst Kapp an, der in seinen »Grundlinien einer Philosophie der Technik« (1877) den Staat als einen »sich dem Menschenleib nachbildenden Organismus« bezeichnet hatte.

Bei den modernen Auffassungen vom Staat sind wesentliche Übereinstimmungen mit der Gedankenrichtung der Energontheorie festzustellen. So charakterisiert H. Krüger in seiner »Allgemeinen Staatslehre« (1964) den Staat als »ein Gebilde, das der Geschichte angehört«, er sei eine »geschichtliche Antwort auf eine zeitlose Frage«. Und er fährt fort: »Denn immer muß eine solche Gruppe gebildet und zusammengehalten werden, stets bedarf sie der Ordnung und der Leitung, und allenthalben befindet sie sich in einer Auseinandersetzung mit der Umwelt.« Fast genau dieselbe Formulierung trifft als Definition für sämtliche Energone zu. Ihr wesentliches Charakteristikum ist: sie sind eine Antwort. Und zwar einerseits auf eine geschichtlich sich verändernde Umweltsituation – und andererseits auf Probleme, die jedes Zusammenwirken von Einheiten innerhalb einer Gruppe aufwirft.

Die Anstrengung eines veränderten Denkens (zu Seite 309)

Der Wiener Volkswirtschaftler und Philosoph Othmar Spann schrieb 1929: »Alle Stammbegriffe oder Kategorien müssen solche sein, die sich beim Leisten, Verrichten (Funktionieren) der Mittel ergeben.« Genau diesem Anspruch fügt sich die Energontheorie.

Das menschliche Gehirn sträubt sich allerdings energisch dagegen, wenn die ihm vertrauten, als Ausdruck der Wirklichkeit betrachteten Stammbegriffe oder Kategorien angetastet und ihm andere angeboten werden. Zu diesem Thema mögen zwei Aussprüche aus der Wende zwischen dem 17.

und 18. Jahrhundert interessieren. Der deutsche Dichter Friedrich Schiller schrieb: »Wer sich über die Wirklichkeit nicht hinauswagt, wird nie die Wahrheit erobern.« Und der Schweizer Sozialreformer Johann Heinrich Pestalozzi schrieb: »Die Freiheit wird unseren Kindern so wenig als eine gebratene Taube ins Maul fliegen, als sie je irgendeinem Volk der Erde also gebraten ins Maul geflogen.«

Neue Aufgaben der Frau (zu Seite 383)

Etwa die Hälfte aller Menschen sind Frauen. Auf Grund ihrer biologisch etablierten Funktion der Nachkommenerzeugung befinden sie sich im Rahmen der genetisch erzwungenen Symbiose mit dem Mann in einem Abhängigkeitsverhältnis zu diesem. Die heutigen Bestrebungen, geschichtlich zur Selbstverständlichkeit gewordene Rechtsnachteile und der Frau zum Nachteil gereichende Richtlinien von Sitte und Gepflogenheit zu beseitigen, sind verständlich und berechtigt. Im Eifer dieser Bestrebungen darf freilich nicht außer Acht bleiben, daß die Frau vom angeborenen Erbe her Bindungen anstrebt, ja solche eine wichtige Basis für ihr Glücklichsein und ihre Zufriedenheit darstellen.

Von der Energontheorie her ergeben sich indes Folgerungen, die über die heutigen Gleichberechtigungs- und Mitsprachebestrebungen der Frau noch hinausgehen. Die Denkweise der Energontheorie ist abstrakt und deshalb für das mehr praktisch orientierte Denken der Frau nicht leicht zugänglich. In den Konsequenzen führt jedoch diese Denkweise zu einer sehr nüchternen und praktischen Weltbetrachtung, die dem weiblichen Denken eher entgegenkommen dürfte.

Seit es menschliche Gemeinschaften gibt, hat sich die Frau stets darum bemüht, die Familie zusammenzuhalten, dem Zusammenleben Sinn und Ordnung zu geben – der problemreichen, Fortschritte anstrebenden und immer wieder Kriege entfachenden Grundausrichtung des Mannes ein Gegenpol zu sein. Heute ist die Entwicklung an den schicksalsschweren Punkt gelangt, da die Menschheit, wenn es nicht zu einer globalen Katastrophe kommen soll, lernen muß, den Planeten Erde in seiner beschränkten Größe als gemeinsame Heimat zu betrachten und sich, vernunftgesetzten Grenzen beugend, darauf einzurichten.

Voraussetzung dafür ist, daß der Mensch die eigenen Triebe nicht länger mit seiner Phantasie entstammenden Postulaten verwechselt, und daß die Kinder zu einer nüchternen Einschätzung der tatsächlichen Situation erzogen werden. Der Mensch ist keineswegs gleich, und sehr viele verschiedene Lebensformen sind möglich und, sofern sie andere nicht unter Zwang setzen, berechtigt. Interessenskonflikte sind so alt wie die Lebensentwicklung selbst – doch wenn die divergierenden Meinungen nicht überschätzt werden, ist jeder Konflikt zu regeln. Entscheidend wichtig wird heute somit die Erarbeitung globaler Normen, die den sehr verschiedenen Ausrichtungen menschlichen Lebens im Rahmen des insgesamt Möglichen Entfaltungsraum bieten. Bei dieser unabdingbaren und schwierigen Aufgabe, zu deren Bewältigung die Energontheorie ein die mannigfachen Wertungen verbindendes Begriffssystem beisteuert, kann gerade die Frau auf Grund ihres stärker in der Lebenspraxis verwurzelten Denkens eine hervorragende, ja entscheidende Rolle spielen. *Für die konkrete Konsolidierung neu gewonnener Heimaten war stets sie zuständig. Nun aber geht es – in globalem Ausmaß – nur eben wieder um diese Aufgabe: Sein oder Nichtsein künftiger Generationen hängt jetzt davon ab, ob es gelingt, eine gewonnene Heimat zu konsolidieren – den Planeten Erde.*

Literaturverzeichnis

Wegen des großen Umfangs an Literatur werden hier nur jene Werke zitiert, welche die Thematik der Energontheorie und verwandter Geistesrichtungen unmittelbar betreffen.

Baer, C. E. v.: Welche Auffassung der lebenden Natur ist die richtige?, Riga 1908
Bargmann, W.: Vom Bau und Werden des Organismus, Hamburg 1957
Bertalanffy, L. v.: Kritische Theorie der Formbildung, Berlin 1928
– Theoretische Biologie, Bern 1951
Bogdanow, A.: Allgemeine Organisationslehre, Berlin 1926
Brand, W.: Beitrag zu einer allgemeinen universalistischen Organisationslehre und die Anwendung ihrer Gesetze auf die Organisation des Staates (Dissertation), Wien 1931
Bresch, C.: Zwischenstufe Leben, München 1977
Broda, E.: Neue Erkenntnisse über die Energetik der lebenden Zelle, in »Mitteilungen des Instituts für Wissenschaft und Kunst«, Wien 1964

Darwin, Ch.: On the Origin of Species by Means of Natural Selection, 2 Bände, London 1859
– The Descent of Man, London 1871
Ditfurth, H. v.: Im Anfang war der Wasserstoff, 4. Aufl., Hamburg 1972
Domizlaff, H.: Analogik, Hamburg 1941
– Brevier für Könige, Hamburg 1952
Driesch, H.: Philosophie des Organischen, Leipzig o. J.
– Die Maschine und der Organismus, Leipzig 1935

Eibl-Eibesfeldt, I.: Grundriß der vergleichenden Verhaltensforschung, München 1967
– Krieg und Frieden, München 1975
– Liebe und Haß, München 1967
– und Hass, H.: Zum Projekt einer ethologisch orientierten Untersuchung menschlichen Verhaltens, Mitt. d. Max-Planck-Gesellschaft 6, 1966
Eigen, M.: Selforganization of matter and the evolution of biological macromolecules, Naturwissenschaften 58, 1971
– und Winkler, R.: Das Spiel, München 1975
Eisler, R.: Wörterbuch der philosophischen Begriffe, 3 Bände, Berlin 1929
Engels, F.: Hauptwerke, Berlin (Ost) 1961
Erdmann, R.: Grundlagen der Organisationslehre, Leipzig 1921
Eulenberg, F.: Das Geheimnis der Organisation, Berlin 1952

Fabrizi, F.: Ein Denkmodell der universellen Evolution, Philosophia Naturalis Band 15, Heft 2, 1975

Falk, G.: Theoretische Physik Band I, Elementare Punktmechanik, Heidelberger Taschenbücher Band 7, Berlin 1966
Feyerabend, O.: Das organologische Weltbild, Tübingen 1956
Fromm, E.: Haben oder Sein. Die seelischen Grundlagen einer neuen Gesellschaft, Stuttgart 1976

Galbraith, J. K.: Die moderne Industriegesellschaft, München 1968
Gehlen, A.: Der Mensch, Berlin 1940
Geoffroy de Saint-Hilaire, E.: Philosophie Anatomique, Paris 1818
– Philosophie Zoologique, Paris 1830
Gierke, O. v.: Die Grundbegriffe des Staatsrechts und die neuesten Staatsrechtstheorien, Tübingen 1874
– Das Wesen der menschlichen Verbände, Leipzig 1902
Goethe, J. W. v.: Naturwissenschaftliche Schriften, Zürich 1952
Graumann, P.: Betrachtungen über die allgemeine Stufenfolge der natürlichen Körper, Rostock 1777
Gutenberg, E.: Grundlagen der Betriebswirtschaftslehre, 2 Bände, Berlin-Göttingen-Heidelberg 1951–1955

Haire, M.: Modern Organization Theory, New York 1959
Hartmann, N.: Der Aufbau der realen Welt, Berlin 1964
Hass, H.: Energon, Wien 1970
– Wir Menschen, Wien 1968
Hassenstein, B.: Die bisherige Rolle der Kybernetik in der biologischen Forschung, in »Naturwissenschaftliche Rundschau«, Stuttgart 1960
– Kybernetik und biologische Forschung, in »Handbuch der Biologie«, Frankfurt 1966
– Was ist Information?, in »Naturwissenschaft und Medizin«, Mannheim 1966
Hayek, F. A.: Die Theorie komplexer Phänomene, Tübingen 1972
– Studies in philosophy, politics and economics, London 1967
– Individualismus und wirtschaftliche Ordnung, Salzburg 1976
Heberer, G.: Die Evolution der Organismen, Jena 1943; Stuttgart 1967
Heidenhain, M.: Theorie der Hystosysteme oder Teilkörpertheorie, 1907
– Formen und Kräfte in der lebendigen Natur, Berlin 1932
Heisenberg, W.: Der Teil und das Ganze, München 1969
Hertwig, O.: Die Lehre vom Organismus und ihre Beziehung zur Sozialwissenschaft, Berlin 1899
– Der Staat als Organismus, Jena 1922
Hesse, H.: Das Glasperlenspiel, Frankfurt 1967
Hesse, R. und Doflein, F.: Tierbau und Tierleben, Jena 1943
Höhn, R.: Führungsbrevier der Wirtschaft, 9. Aufl., Bad Harzburg 1977
– Sozialismus und Heer, 3 Bde., 2. Auflage, Bad Homburg–Berlin–Zürich 1961
Huizinga, J.: Homo ludens, Basel 1949
Huxley, J.: Ich sehe den künftigen Menschen, München 1965

Kapp, E.: Grundlinien einer Philosophie der Technik, Braunschweig 1877

Kaufmann, E.: Über den Begriff des Organismus in der Staatslehre, Heidelberg
Kjellén, R.: Der Staat als Lebensform, Berlin 1924
Köhler, W.: Intelligenzprüfungen an Menschenaffen, Berlin 1921
Koestler, A.: Das Gespenst in der Maschine, Wien 1968
Kosiol, E.: Grundlagen und Methoden der Organisationsforschung, Berlin 1925
– Bibliographie der Organisationsliteratur, Berlin 1961
Krieken, A. van: Über die sogenannte organische Staatstheorie, Leipzig 1873
Krüger, H.: Allgemeine Staatslehre, Stuttgart 1964

Lamarck, J. B.: Philosophie Zoologique, Paris 1809
Lenin, W.: Staat und Revolution, 4. Auflage, Stuttgart 1976
Lorenz, K.: Ganzheit und Teil in der tierischen und menschlichen Gemeinschaft, in »Studium Generale« 3, 1950
– Das sogenannte Böse, Wien 1966
– Innate Bases of Learning, in Pribram, K. H.: »On the Biology of Learning«, New York 1969
– Die Rückseite des Spiegels, München 1973
Lotze, R. und Sihler, H.: Das Weltbild der Naturwissenschaft, Stuttgart 1953
Luria, S. E.: Leben – das unvollendete Experiment, München 1973

Marx, K.: Das Kapital, Stuttgart 1962
– Die Frühschriften, Stuttgart 1953
Matheis, R., unter Mitarbeit von Ante, B., Willi, A., Schlicksupp, H., und Ferguson, J. R. G.: Praxis der marktorientierten Unternehmenssteuerung, Düsseldorf 1973
McLuhan, M.: The Gutenberg Galaxy, Toronto 1962
– Die magischen Kanäle, Düsseldorf 1968
Meadows, D. L.: The Limit to Growth, New York 1972
Mewes, W.: Die kybernetische Managementlehre (EKS), Frankfurt 1971–1977
Monod, J.: Zufall und Notwendigkeit, München 1971

Nicklisch, H.: Der Weg aufwärts! Organisation, Stuttgart 1922
– Die Betriebswirtschaft, Stuttgart 1932
Nietzsche, F.: Morgenröte, Chemnitz 1881
– Der Wille zur Macht, Leipzig 1930
Nooney, J. D.: The Principles of Organization, New York 1947

Odum, H. T.: Environment, Power and Society, New York 1971
Osche, G.: Evolution, 8. Auflage, Freiburg 1972
Ostwald, W.: Die energetischen Grundlagen der Kulturwissenschaft, Leipzig 1909
– Der energetische Imperativ, Leipzig 1912
– Moderne Naturphilosophie, Leipzig 1914

Packard, V.: Die geheimen Verführer, Düsseldorf 1958
Parkinson, C. N.: Parkinsons Gesetz und andere Untersuchungen über die Verwaltung, Düsseldorf 1957

Plenge, J.: Drei Vorlesungen über die allgemeine Organisationslehre, Essen 1919
Plessner, H.: Die Stufen des Organismus und des Menschlichen, Berlin 1928

Rensch, B.: Die Abhängigkeit der Struktur und der Leistungen tierischer Gehirne von ihrer Größe, in »Die Naturwissenschaften« 45, 1958
– Evolution als Eigenschaft des Lebendigen, in »Studium Generale« 3, 1959
– Biophilosophie auf erkenntnistheoretischer Grundlage, Stuttgart 1968
Riedl, R.: Die Ordnung des Lebendigen, Hamburg 1975
– Die Strategie der Genesis, München 1976
– Energie, Information und Negentropie in der Biosphäre, Naturwissenschaftliche Rundschau 26, 1973
Roux, W.: Der Kampf der Teile im Organismus, Leipzig 1881
– Gesammelte Abhandlungen über die Entwicklungsmechanik der Organismen, Leipzig 1895

Schmidt, F.: Ordnungslehre, München 1956
Schnutenhaus, O.: Allgemeine Organisationslehre, Berlin 1951
Schopenhauer, A.: Zur Philosophie und Wissenschaft der Natur, in »Parerga und Paralipomena, kleine philosophische Schriften«, Berlin 1851
Simpson, G. G.: Zeitmaße und Aufbauformen der Evolution, Göttingen 1951
Solvay, E.: Notes sur des Formules d'Introduction à l'Energétique Physio- et Psycho-Sociologique, Brüssel 1906
Sombart, W.: Der moderne Kapitalismus, München 1921
– Luxus und Kapitalismus, München 1922
– Die Ordnung des Wirtschaftslebens, 1925
– Die Grundformen des menschlichen Zusammenlebens, 1930
Spann, O.: Fundament der Volkswirtschaftslehre, Wien 1923
– Kategorienlehre, Jena 1939
Spengler, O.: Der Untergang des Abendlandes, München 1918
Stefanic-Allmayer, K.: Allgemeine Organisationslehre, Wien 1950
Süßmann, G.: Glaube und Naturwissenschaft – Quellenstücke, Göttingen 1962

Teilhard de Chardin, P.: Auswahl aus dem Werk, Frankfurt 1967
– Mensch im Kosmos, München 1959
– Die Zukunft des Menschen, Freiburg 1963
Troll, W.: Gestalt und Gesetz, 1925

Vester, F.: Das kybernetische Zeitalter, Frankfurt 1974

Wickler, W.: Die Biologie der zehn Gebote, München 1971
Wiener, N.: Cybernetics, Control and Communication in the Animal and the Machine, New York 1948
Wieser, K.: Das Gesetz der Organismen, Budapest 1943
– Bahnen und Formen der tastenden Systeme in der Natur (Manuskript bei der Nationalbibliothek), Wien 1949
– Übersicht über die Systemlehre (Manuskript bei der Nationalbibliothek), Wien 1950

Veröffentlichungen der Autoren

Hans Hass

1939 »Jagd unter Wasser«, Frankh, Stuttgart

1942 »Unter Korallen und Haien«, Ullstein, Berlin. Neubearbeitung 1977, Bertelsmann, München

1943 »Fotojagd am Meeresgrund«, Heering, München

1947 »Drei Jäger auf dem Meeresgrund«, Orell Füssli, Zürich

1948 »Beitrag zur Kenntnis der Reteporiden«, Zoologica Heft 101, Schweizerbarth, Stuttgart

1949 »Menschen und Haie«, Orell Füssli, Zürich

1952 »Manta«, Ullstein, Berlin

1954 »Ich fotografierte in den Sieben Meeren«, Heering, München

1957 »Wir kommen aus dem Meer«, Ullstein, Berlin

1959 gem. mit I. Eibl-Eibesfeld »Erfahrungen mit Haien«, Zeitschrift für Tierpsychologie Nr. 16, Berlin

1961 »Expedition ins Unbekannte«, Ullstein, Berlin

1962 »Central subsidence. A new theorie of atoll formation«. Atoll research Bulletin No 91, Washington

1966 gem. mit I. Eibl-Eibesfeldt »Zum Projekt einer ethologisch orientierten Untersuchung menschlichen Verhaltens«, Mitteilungen der Max-Planck-Gesellschaft Nr. 6

1967 gem. mit I. Eibl-Eibesfeld »Neue Wege der Humanethologie«, Homo Nr. 19

1968 »Wir Menschen«, Molden Wien

1970 »Energon. Das verborgene Gemeinsame«, Molden, Wien

1971 »In unberührte Tiefen«, Molden, Wien

1973 »Welt unter Wasser«, Molden, Wien

1974 »Welche Schlüsse läßt die Beobachtung tierischen Verhaltens auf das Sozialverhalten von Menschen zu?« in »Manual 74«, Edition Praeger, München

1976 gem. mit W. Katzmann »Tauchführer: Das Mittelmeer«, Molden, Wien

1976 »Eroberung der Tiefe«, Bertelsmann, München

1977 gem. mit I. Eibl-Eibesfeldt »Der Hai. Legende eines

Mörders«, Bertelsmann, München
1979 in Vorbereitung »Wie der Fisch zum Menschen wurde«, Bertelsmann, München
Die meisten dieser Bücher (1942, 1947, 1949, 1952, 1954, 1957, 1961, 1968, 1971, 1973) wurden in englisch, französisch, spanisch, portugiesisch, schwedisch, norwegisch, dänisch, holländisch, tschechisch, ungarisch, finnisch, russisch, japanisch und in weitere Sprachen übersetzt.

Horst Lange Prollius

1953 »Historische Entwicklung und kritische Analyse der Prawda« (in russischer Sprache). Diplomarbeit an der Heidelberger Universität, Philosophische Fakultät, Heidelberg
1962 »L'Allemagne vue par les Soviets«, »Wie die Sowjets uns Deutsche sehen«, erschienen in »Documents« no. 3 in französischer Sprache, in »Außenpolitik«, Köln, Nr. 3 in deutscher Sprache
1963 »Wie die Sowjets denken, fühlen und handeln«, dva Deutsche Verlagsanstalt, Stuttgart
1971 »Ostwesthandel für die 70er Jahre«, verlag wwt Bad Harzburg
1972 »Möglichkeiten der vermehrten Einschaltung Berlins (West) in den Ostwesthandel« – Forschungsauftrag Berlin Az 5169 Ag – Composerdruck U. Green, Großformat, Berlin-Charlottenburg
1974 »Ostwesthandel«, Kapitel in: Marketing-Enzyklopädie, Band 2 im verlag moderne industrie, München
1975 »Überleben durch Marketing-Management 1975–1990« mit einer Synopse in deutscher, englischer, französischer, spanischer und russischer Sprache in Gemeinschaft mit Ralph Neder, verlag wwt Bad Harzburg
1976 »Europas Führungsstil – Führungsstil und Effektivität in der europäischen Wirtschaft, Wissenschaft und Verwaltung«, verlag wwt Bad Harzburg
1977 »Praxis des Ostwesthandels und Wirtschaftsbeziehungen 1977–1990«, Econ-Verlag, Düsseldorf – Wien

1978 »Umsatz um jeden Preis« in Gemeinschaft mit Ralph Neder, verlag wwt Bad Harzburg

1978 »Le Style Directionnel D'EUROPE« verlag wwt Bad Harzburg

1978 »Estilos de Dirección en Europa«. Con una introducción del Prof. Dr. Santiago Garcia Echevarria. Editorial ESIC, Madrid, Revista 24/77

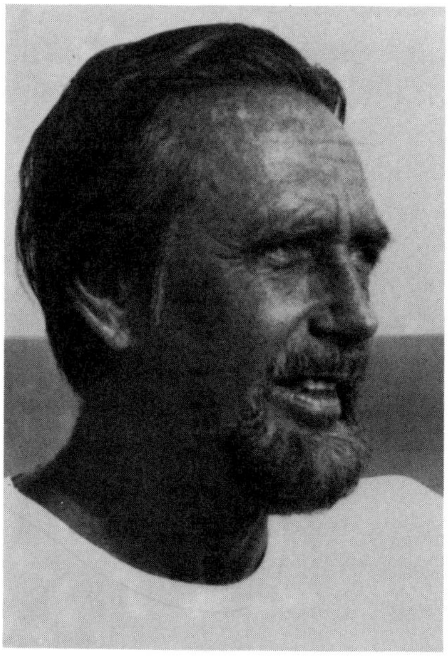

Hans Hass,
1919 in Wien geboren, Sohn eines Rechtsanwaltes, Begründer der modernen Unterwasserforschung. 1939 erste Expedition in tropische Gebiete (Westindien), 1941 Entwicklung des ersten Schwimmtauchgerätes. Studierte in Wien und Berlin Biologie, promovierte 1943 mit summa cum laude zum Dr. rer. nat. Ab 1949 Expeditionen ins Rote Meer und zum Barriereriff von Australien. 1950 Gründung des Internationalen Instituts für Submarine Forschung in Liechtenstein. 1952 Ausrüstung des Forschungsschiffes »Xarifa«, bis 1960 wissenschaftliche Expeditionen ins Karibische Meer, zu den Galapagos-Inseln, Rotes Meer, Indischer Ozean, Chinesisches Meer. Zahlreiche Veröffentlichungen, preisgekrönte Filme und Fernsehserien (Biennalepreis 1951, Oscar 1959). Seit 1953 Arbeiten über Grenzfragen der Biologie und Allgemeine Systemforschung. Begründer einer neuen Filmtechnik zur Analyse menschlichen Verhaltens, Expeditionen zu Naturvölkern in allen Weltteilen, 1963 Filmserie »Wir Menschen«, Mitbegründer des Max-Planck-Instituts für Humanethologie. Wurde 1977 auf Antrag der Wiener Universität Professor. Präsident des PEN-Clubs, Liechtenstein.

Horst Lange-Prollius, 1925 in Berlin geboren, Sohn eines Nationalökonomen. Von 1942 bis 1949 in der Sowjetunion. Studierte ab 1950 in Heidelberg und später in Bonn Philosophie, Slawistik, Osteuropäische Geschichte und Volkswirtschaft. Dipl.-Dolm. für Russisch. Ausbildung im Ruhrgebiet zum technischen Auslandskaufmann für Maschinenbau. Seit 1954 bis heute über hundert ausgedehnte Geschäfts- und Forschungsreisen in Europa, Amerika, Asien und Nordafrika. Intensive Beschäftigung mit dem Einfluß von Wirtschaftsformen, Eigentumsverhältnissen und Mentalität auf angestrebte Effizienz. Gilt als der führende Spezialist für den Ostwesthandel im deutschsprachigen Raum. Als Chef der Managerausbildung des Donaueuropäischen Instituts in Wien und als Inhaber der Internationalen Beratungsbüros für Ostwestgeschäfte in Bonn, Berlin (West) und Zürich ist er sowohl als Geschäftsmann wie als Wissenschaftler tätig. Autor zahlreicher mehrsprachiger Bücher über Marketing-Management und zweier Standardwerke über den Ostwesthandel. 1976 von der Academia Gentium P. P. in Rom zum Professor für Wirtschafts- und Sozialwissenschaften ernannt.

Register

Die Hinweise sind auf das Wesentliche beschränkt.

E

F

G